REFORMA TÓPICA DO PROCESSO PENAL:
inovações aos procedimentos ordinário e sumário, com o novo regime das provas, principais modificações do júri e as medidas cautelares pessoais (prisão e medidas diversas da prisão)

Walter Nunes da Silva Júnior

Mestre e Doutor em Direito. Ex-Promotor de Justiça, ex-Juiz de Direito, ex-Procurador da República, Professor da Graduação e da Pós-Graduação da Universidade Federal do Rio Grande do Norte – UFRN, Professor da Escola da Magistratura do Rio Grande do Norte – ESMARN, membro do Tribunal Regional Eleitoral, no biênio 1993/1995, Presidente da Associação dos Juízes Federais do Brasil – Ajufe, no biênio junho/2006 a junho/2008, Juiz Auxiliar da Presidência do Superior Tribunal de Justiça – STJ, no período de fevereiro/junho de 2009, Conselheiro do Conselho Nacional de Justiça, no biênio julho/2009 a julho/2011, Supervisor do Departamento de Monitoramento e Fiscalização do Sistema Carcerário do Conselho Nacional de Justiça, no período de outubro/2010 a julho/2011, Juiz Federal e Corregedor do Presídio Federal em Mossoró/RN.

REFORMA TÓPICA DO PROCESSO PENAL:

inovações aos procedimentos ordinário e sumário, com o novo regime das provas, principais modificações do júri e as medidas cautelares pessoais (prisão e medidas diversas da prisão)

De acordo com as Leis nºs. 10.792, de 2003, 11.689, de 2008, 11.690, de 2008, 11.719, de 2008 e 12.403, de 2011.

2ª. Edição
Revista, ampliada e atualizada
até a Lei nº 12.694, de 24/07/2012

RENOVAR
Rio de Janeiro
2012

Todos os direitos reservados à
LIVRARIA E EDITORA RENOVAR LTDA.
MATRIZ: Rua da Assembléia, 10/2.421 - Centro - RJ
CEP: 20011-901 - Tel.: (21) 2531-2205 - Fax: (21) 2531-2135
FILIAL RJ: Tels.: (21) 2589-1863 / 2580-8596 - Fax: (21) 2589-1962

www.editorarenovar.com.br SAC: 0800-221863
© 2012 by Livraria Editora Renovar Ltda.

Conselho Editorial:

Arnaldo Lopes Süssekind — Presidente (*in memoriam*)
Antonio Celso Alves Pereira
Caio Tácito (*in memoriam*)
Carlos Alberto Menezes Direito (*in memoriam*)
Celso de Albuquerque Mello (*in memoriam*)
Gustavo Binenbojm
Gustavo Tepedino
Lauro Gama
Luís Roberto Barroso
Luiz Edson Fachin
Luiz Emygdio F. da Rosa Jr.
Manoel Vargas
Nadia de Araujo
Nelson Eizirik
Ricardo Lobo Torres
Ricardo Pereira Lira
Sergio Campinho

00664

Capa: Sheila Neves

Editoração Eletrônica: TopTextos Edições Gráficas Ltda.

CIP-Brasil. Catalogação-na-fonte
Sindicato Nacional dos Editores de Livros, RJ.

S136r Silva Júnior, Walter Nunes da
Reforma tópica do processo penal: inovações aos procedimentos ordinário e sumário, com o novo regime das provas, principais modificações do júri e as medidas cautelares pessoais (prisão e medidas diversas da prisão) - 2.ed. revista, atualizada e ampliada/ Walter Nunes da Silva Júnior. — Rio de Janeiro: Renovar, 2012.
690p. ; 23cm.

Inclui bibliografia.
ISBN 978-85-7147-836-7

1. Direito processual penal. I. Título.

CDD 346.81015

Proibida a reprodução (Lei 9.610/98)
Impresso no Brasil
Printed in Brazil

A Arthur, pelo amor que nos une, fundamental, assim como em outras ações, para a elaboração deste livro.

A Aline, simplesmente por tudo.

Agradecimentos

A todos os servidores da Segunda Vara Federal da Seção Judiciária do Rio Grande do Norte, cuja dedicação, garra e inteligência na prestação de serviço funcional qualificado e proficiente incentivaram este livro, em especial a José Maurício Costa, Supervisor do Setor de Juizado Especial, pela cooperação de sempre, Erilson Leite, Supervisor da Seção Criminal, pelas constantes trocas de ideias sobre a forma mais eficiente e razoável de aplicação das novas regras do processo penal, e a Asilvan Moreira e Sérgio Giordano, auxiliares de grande saber jurídico, que sabem aliar a doutrina à realidade prática, pela leitura e releitura dos originais e pelas correções e sugestões ao texto.

Ao Juiz de Direito na Paraíba, Rúsio Lima, que, com o seu talento e experiência na presidência de julgamentos pelo tribunal do júri, leu e deu sugestões quanto à parte do livro referente a essa matéria.

A Patrícia Galdino, Diretora de Secretaria da Segunda Vara da Justiça Federal, mentora intelectual dos quadros sinóticos e dos fluxogramas, que deram uma qualidade toda especial ao livro.

Aos colegas juízes federais associados à Ajufe, que participaram ativamente dos debates sobre a reforma do processo penal, especialmente a Hallison Rêgo, juiz federal na Seção Judiciária do Rio Grande do Norte, com quem troquei várias ideias expendidas no livro.

Aos meus alunos da Universidade Federal do Rio Grande do Norte, que durante o segundo semestre do ano de 2008, durante as aulas da disciplina Direito Processual Penal I, enriqueceram, com as suas perguntas e colocações, as muitas reflexões aqui esposadas, além de exercerem estímulo permanente para a elaboração deste livro.

A minha família, especialmente meus sobrinhos Cíntia e Victor, cujos primeiros passos no universo jurídico me incentivam a fazer o que o meu pai faria, caso não tivesse sido escolhido por Deus para desempenhar outra missão.

Sumário

INTRODUÇÃO..1

1. Movimento reformista do processo penal 13
1.1. Reformas processuais penais na América Latina 14
1.2. Resgate das origens do processo penal, sob a orientação dos direitos fundamentais..16

2. Escorço histórico do processo penal no Brasil 19
2.1. Predominância da filosofia liberal beccariana na feitura do Código de Processo Criminal de 1832................................22
2.2. Perfil antidemocrático e policialesco do Código de Processo Penal de 1941..24

3. Movimento reformista no Brasil 29
3.1. Necessidade de uma reforma global do Código de Processo Penal..31
3.2. Método escolhido para a reforma global............................33
3.2.1. Críticas ao método da reforma tópica 37
3.2.2. Aspectos centrais da reforma tópica/global do Código de Processo Penal..45
3.2.2.1. Democratização do processo penal, alinhando-o à proteção dos direitos fundamentais, nos termos da Constituição 46
3.2.2.2. Desconstrução do sistema misto, com consequente sedimentação do sistema acusatório, com todos os seus corolários lógicos: o juiz é o garantidor do processo e o Ministério Público assume definitivamente o papel de *dominus litis* da ação penal de iniciativa pública..49

3.2.2.3. Duração razoável do processo 51
3.2.2.3.1. Duração razoável do processo no procedimento ordinário ..55
3.2.2.3.2. Duração razoável do processo no procedimento sumário 58
3.2.2.3.3. Duração razoável do processo no procedimento relativo ao tribunal do júri 59
3.2.2.4. Defesa efetiva e interrogatório no contexto do princípio da ampla defesa 62
3.2.2.5. Simplificação do processo, com plena adoção do princípio da oralidade, com a documentação dos atos praticados em audiência sem a necessidade de transcrição, e concentração dos atos processuais 63
3.2.2.6. Maior proteção e assistência ao ofendido e satisfação de seus interesses quanto à indenização pelos danos sofridos com a ação ilícita, com base na ideia da justiça restaurativa 65
3.2.2.7. Prisão processual como exceção, com a previsão de medidas cautelares diversas da prisão e redefinição do papel da fiança 66

4. Aplicação da lei processual penal no tempo 69

5. Considerações sobre os procedimentos 75
5.1. Procedimento ordinário 80
5.1.1. Sistema acusatório e ação penal 84
5.1.1.1. Conceito de ação penal 89
5.1.1.2. Requisitos da ação penal 91
5.1.1.3. Legitimidade para pedir fixação de valor mínimo para indenização pelos danos causados 93
5.1.2. Juízo de rejeição liminar da ação penal (art. 395) 95
5.1.2.1. Pressupostos processuais e condições da ação 98
5.1.2.2. Inépcia da inicial (pressuposto processual) e justa causa (condição da ação específica) 103
5.1.3. Juízo de admissibilidade da ação penal 105
5.1.3.1. (Des)Necessidade de fundamentação da decisão de recebimento da ação penal 107
5.1.3.2. Conteúdo da decisão de recebimento da ação penal 109
5.1.3.3. Possibilidade de suspensão condicional do processo 112
5.1.4. Chamamento do acusado para responder a imputação 113
5.1.4.1. Citação por edital e suspensão do processo 116

5.1.4.2. Citação por hora certa 118
5.1.4.3. Formação do processo..120
5.1.4.4. Suspensão do processo em razão da revelia e prisão preventiva 121
5.1.5. Princípio da ampla defesa 126
5.1.5.1. Defesa efetiva do acusado 133
5.1.5.2. Prazo para o oferecimento da resposta 138
5.1.5.3. Obrigatoriedade da resposta do acusado, por meio de advogado 141
5.1.5.4. Forma e prazo para apresentar as exceções.........................143
5.1.5.5. Abandono da causa pelo advogado. 144
5.1.5.6. Procuração outorgada ao advogado.....................................145
5.1.5.7. Direito de audiência (direito ao interrogatório)...................146
5.1.5.8. Direito à identidade física do juiz..149
5.1.5.9. Interrogatório como direito facultativo, não podendo o acusado ser obrigado a exercê-lo..153
5.1.5.10. Interrogatório por carta precatória. 159
5.1.5.11. Sistema do interrogatório 161
5.1.5.12. Interrogatório por videoconferência..................................163
5.1.6. Impugnação das preliminares e documentos 168
5.1.7. Decisão sobre o pedido de absolvição sumária 170
5.1.7.1. Natureza jurídica da decisão prolatada às matérias suscitadas na resposta do acusado. 175
5.1.7.2. Saneamento do processo..176
5.1.7.3. Decisão sobre as provas ilícitas 177
5.1.8. Das provas...180
5.1.8.1. Princípios gerais da prova 182
5.1.8.2. Inadmissibilidade das provas produzidas por meios ilícitos (teoria da *exclusionary rule*). 189
5.1.8.2.1. Inadmissibilidade das provas obtidas por meios ilícitos no ordenamento jurídico brasileiro 193
5.1.8.2.2. Inadmissibilidade das provas ilícitas obtidas em violação a normas constitucionais ou legais...195
5.1.8.2.3. Regras de exclusão adotadas pelo Código de Processo Penal...196
5.1.8.2.3.1. Falta de nexo de causalidade entre a prova originária ilícita e a derivada, quando esta não decorre exclusivamente daquela 203

5.1.8.2.3.2. Fonte independente (*independent source*) 206
5.1.8.2.3.3. Descobrimento inevitável (*inevitable discovery*) 210
5.1.8.2.4. Outras regras de exclusão 213
5.1.8.2.4.1. Prova benéfica em prol do acusado 215
5.1.8.2.4.2. Princípio da proporcionalidade ou *balancing test* 218
5.1.8.2.4.3. Boa-fé (*good faith*) 221
5.1.8.2.4.4. *Plain vie doctrine* e os campos abertos 224
5.1.8.2.4.5. Destruição da mentira do acusado 226
5.1.8.2.4.6. Teoria do risco 227
5.1.8.2.5. Inutilização por decisão judicial (momento da decisão) 232
5.1.8.2.6. Impedimento do juiz 233
5.1.8.3. Prova pericial 234
5.1.8.3.1. Número de peritos 235
5.1.8.3.2. Assistente técnico 236
5.1.8.4. Ofendido 239
5.1.8.5. Testemunha 244
5.1.8.5.1. Sistema do *cross examination* ou das perguntas diretas 247
5.1.8.5.2. Separação das testemunhas (art. 210) 251
5.1.8.5.3. Inquirição por videoconferência, precatória e rogatória 251
5.1.8.5.4. Número de testemunhas 255
5.1.8.6. Acareação 255
5.1.8.7. Reconhecimento de pessoas e coisas 257
5.1.9. Audiência de instrução e julgamento e duração razoável do processo 259
5.1.9.1. Audiência una de instrução e julgamento 261
5.1.9.1.1. Audiência una em dias sucessivos 266
5.1.9.1.2. Documentação da audiência e sistema audiovisual 268
5.1.9.1.3. Sistema audiovisual e oralidade 271
5.1.9.2. Adiamento da audiência em razão de impossibilidade da presença do advogado 272
5.1.9.3. Ordem de inquirição das testemunhas 275
5.1.9.4. Alteração da ordem de inquirição das testemunhas, devido ao não comparecimento de testemunha arrolada pelo Ministério Público 277
5.1.9.5. Diligências 280

5.1.9.6. Alegações finais..281
5.1.9.7. Modificação da imputação feita na denúncia (*mutatio libelli*)..283
5.1.9.8. Sentença...285
5.1.9.8.1. Ressarcimento de danos como efeito da sentença condenatória..292
5.1.9.8.2. Correlação entre a sentença e a denúncia (*emendatio libelli*)..297
5.1.9.8.3. Prisão (preventiva) com a sentença condenatória..............300
5.1.9.8.3.1. Necessidade de fundamentação da prisão preventiva ou da medida cautelar diversa imposta com a sentença recorrível ou, se for o caso, da sua manutenção.......................................306
5.1.9.8.3.2. Direito de recorrer, independentemente do recolhimento à prisão...308
5.1.9.8.4. Elementos da sentença absolutória...................................312
5.1.9.8.5. Efeitos civis da sentença absolutória................................316
5.2. Procedimento sumário...339
5.3. Principais modificações ao procedimento do tribunal do júri.....344
5.3.1. Primeira fase 357
5.3.1.1. Pronúncia..361
5.3.1.1.1. Prisão com a decisão de pronúncia..................................363
5.3.1.1.2. Intimação da decisão de pronúncia..................................365
5.3.1.2. Impronúncia..366
5.3.1.3. Absolvição sumária 367
5.3.1.4. Recurso 369
5.3.2. Segunda fase 369
5.3.2.1. Alistamento dos jurados 370
5.3.2.2. Desaforamento..371
5.3.2.3. Organização da pauta 372
5.3.2.4. Sorteio e convocação dos jurados 372
5.3.2.5. Função do jurado 374
5.3.2.6. Instrução plenária 375
5.3.2.7. Debates..378
5.3.2.8. Redação e votações dos quesitos 379
5.3.2.9. Sentença...383
5.3.2.10. Protesto por novo júri..384

6. Liberdade e medidas cautelares 401
6.1. Princípios e regras gerais aplicáveis às medidas cautelares pessoais detentivas ou diversas da prisão 411
6.1.1. Princípio do contraditório 414
6.1.2. Princípio da fungibilidade 416
6.1.3. Cumulação das medidas cautelares diversas da prisão 422
6.1.4. Excepcionalidade (requisitos) das medidas cautelares.............424
6.1.5. Princípio da subsidiariedade da prisão processual 426
6.1.6. Requisitos ou pressupostos (*fumus boni iuris* ou *fumus commissi delicti*), fundamentos (*periculum in mora* ou *periculum libertatis*) e critérios para a definição da medida cautelar adequada .428
6.1.6.1. Requisitos ou pressupostos (*fumus boni iuris* ou *fumus commissi delicti*) para a decretação da medida cautelar pessoal 431
6.1.6.2. Fundamentos quanto à necessidade da decretação de medida cautelar pessoal 435
6.1.6.2.1. Necessidade para a aplicação da lei penal 441
6.1.6.2.2. Necessidade para a investigação ou instrução criminal 447
6.1.6.2.3. Necessidade para evitar a prática de infrações ou assegurar a manutenção da ordem pública ou econômica 451
6.1.6.3. Critérios para definição (adequação) da medida cautelar pessoal 455
6.1.7. Legitimidade para o requerimento de medida cautelar pessoal. 457
6.1.7.1. Medida cautelar incidental 458
6.1.7.2. Medida cautelar preparatória 462
6.1.7.3. Ofendido (assistente) 466
6.1.8. Crimes nos quais cabível a medida cautelar pessoal................469
6.2. Medida cautelar detentiva: detenção/prisão em flagrante e prisão processual no direito constitucional 470
6.2.1. Tratamento constitucional à prisão processual no direito comparado 471
6.2.2. Sistema prisional no direito constitucional brasileiro..............475
6.2.3. Prisão no Código de Processo Penal 479
6.2.4. Prisão (detenção) em flagrante: natureza jurídica 481
6.2.4.1. Procedimento da prisão/detenção em flagrante 490
6.2.4.1.1. Recolhimento separado do preso provisório das pessoas presas definitivamente 492

6.2.4.1.2. Comunicação imediata ao juiz, à família ou pessoa indicada pelo detido 496
6.2.4.1.3. Comunicação imediata ao Ministério Público 503
6.2.4.1.4. Envio do auto de prisão em flagrante 507
6.2.4.1.5. Decisão judicial..513
6.2.4.1.5.1. Contraditório, prazo e forma de manifestação do Ministério Público e da defesa, antes da decisão judicial sobre o flagrante..515
6.2.4.1.5.2. Relaxamento da prisão...520
6.2.4.1.5.3. Conversão da prisão/detenção em medida cautelar (medidas cautelares diversas ou prisão processual) 525
6.2.4.1.5.4. Liberdade provisória, com ou sem fiança.......................531
6.2.4.2. Vedação da liberdade provisória..538
6.2.5. Prisão preventiva..544
6.2.5.1. Hipóteses de admissibilidade da prisão preventiva 550
6.2.5.1.1. Crimes dolosos com pena privativa de liberdade superior a 4 (quatro) anos 553
6.2.5.1.2. Condenação em outro crime doloso..................................556
6.2.5.1.3. Crime envolvendo violência doméstica e familiar.............559
6.2.5.1.4. Dúvida sobre a identidade civil 563
6.2.5.2. Prisão domiciliar 565
6.2.5.2.1. Requisitos para a prisão domiciliar....................................570
6.2.5.2.1.1. Idade..572
6.2.5.2.1.2. Doença grave e extremamente debilitada.....................573
6.2.5.2.1.3. Assistência familiar e social 574
6.2.5.2.1.4. Período de gestação 577
6.2.5.2.2. Prisão domiciliar em razão da ausência de estabelecimento ou local distinto para a prisão especial: prisão em sala de Estado Maior 578
6.2.5.3. Prazo da prisão preventiva (duração razoável) 580
6.2.6. Prisão temporária...587
6.2.6.1. Hipóteses de admissibilidade da prisão temporária 593
6.2.6.2. Prazo e prorrogação da prisão temporária (duração razoável) 595
6.2.7. Distinções entre a prisão temporária e a preventiva 598
6.2.8. Ressarcimento por dano decorrente de prisão indevida 601

6.2.9. Cumprimento do mandado de prisão (arts. 288, § 2º, 289, 299) 610
6.2.9.1. Cumprimento do mandado de prisão quanto ao dia, hora e lugar 611
6.2.9.2. Cumprimento de mandado de prisão de agente fora da jurisdição do juiz processante 615
6.2.9.3. Banco nacional de mandados de prisão 620
6.2.9.4. Banco nacional de dados sobre as medidas cautelares diversas da prisão 625
6.3. Medidas cautelares diversas da prisão 627
6.3.1. Espécies de medidas cautelares diversas no Código de Processo Penal (art. 319) 630
6.3.1.1. Comparecimento periódico em juízo 631
6.3.1.2. Proibição de acesso ou frequência a determinados lugares ...634
6.3.1.3. Proibição de manter contato com pessoa determinada 639
6.3.1.4. Proibição de ausentar-se da comarca 642
6.3.1.5. Recolhimento domiciliar 644
6.3.1.6. Suspensão do exercício de função pública ou de atividade econômica ou financeira 646
6.3.1.7. Internação provisória de inimputável ou semi-imputável 652
6.3.1.8. Monitoração eletrônica 655
6.3.1.9. Fiança 662
6.3.1.9.1. Conceito e espécies de fiança 665
6.3.1.9.2. Hipóteses para a decretação da fiança 668
6.3.1.9.3. Inadmissibilidade da fiança 670
6.3.1.9.4. Competência para a concessão da fiança 673
6.3.1.9.5. Critérios para fixação do valor da fiança 676
6.3.1.9.6. Quebra da fiança e consequência 678
6.3.1.9.7. Perda da fiança e consequência 680
6.3.1.9.8. Destino da fiança 681
6.3.2. Detração penal em relação às medidas cautelares diversas da prisão 682

Referências Bibliográficas 685

Prefácio

Apresentar aos leitores uma visão de qualquer obra técnica constitui sempre cogitação quase tão complexa quanto concebê-la e escrevê-la.

No caso, são diversas as considerações que o assunto sugere, e até reclama, em face da importância e consequências das alterações legislativas ao propósito das reformas recentemente efetuadas no Código de Processo Penal que Walter Nunes da Silva Junior, magistrado e professor, vem de examinar em livro cujo título, significativamente, é *Reforma Tópica do Processo Penal:* inovações aos procedimentos ordinário e sumário, com o novo regime de provas e principais modificações do júri, o qual ora oferece à comunidade jurídica.

Desde a situação histórica da evolução das propostas legislativas exposta com minúcia e exata visualização do momento político correspondente capaz de melhor fazer compreender as peculiaridades autoritárias do modelo adotado no Código de Processo Penal de 1941 até a descrição crítica dos projetos agora transformados em lei no final do ano passado, o texto discorre com inteligência e erudição jurídica sobre o alcance e abrangência das novidades.

Para bem compreender o alcance delas, primeiro, é bem de ver que as proposições originárias — veiculadas pelos Projetos de Lei 4.203 a 4.209 (alguns ainda em fase de discussão parlamentar) em numeração sucessiva e referindo diversos temas do processo penal — até mesmo pela composição do grupo de juristas redatores, tiveram manifesta inspiração no processo civil como um espelho penal da bem-sucedida reforma civilista dos anos 70.

Mesmo que a identificação dessas origens faça os processualistas do penal temer, com razão, uma equalização considerada irracional, o resultado das discussões parlamentares acabou por contribuir com vantagem

— ao menos como resposta às exigências da modernidade necessária — na reconstrução da estrutura e da dinâmica de um processo penal orientado para a célere e efetiva aplicação da lei criminal sem prejuízo do respeito a todas as garantias e direitos individuais previstos na Constituição.

Mas não se deve cair na tentação de confundir a apreciação crítica da obra com a apreciação crítica do assunto que ela versa e, sobretudo, com as críticas possíveis ao tratamento legislativo que ela examina.

Daí por que, a despeito de controvérsias doutrinárias, por exemplo, em temas como: a) atos judiciais a serem praticados a distância ou por videoconferência; b) juízos de admissibilidade da ação penal ou sua extinção precoce por absolvição sumária *"conforme o estado do processo"*; c) audiência única e concentrada; ou, então, apesar de discussões relacionadas com críticas ao excessivo privatismo nos juízos formais de produção de provas, nos ritos, na regulamentação da defesa, o precioso esforço de Walter de interpretação e reavaliação de seus termos economiza para o leitor o difícil trabalho de decantação dos conceitos estranhos ao processo penal tradicional assim como revela, numa sistematização criativa, a pacificação das eventuais perplexidades civilistas convertendo-as em leitura aceitável para os penalistas e processualistas do penal.

Talvez por isso o mérito maior da obra tenha sido revelar com inteligência a façanha do legislador, com todas essas possíveis ressalvas críticas em contrário, ao formatar, dentro do conjunto legislativo "autoritário", "fascista" e "burocrático" que lhe serviu de berço, um quadro de institutos processuais vocacionado para a convivência democrática e obediente aos estatutos de direitos fundamentais da pessoa humana.

Em outros termos — como o belo trabalho do autor mostra —, apesar das origens do sistema do CPP, seja pelo respeito absoluto ao contraditório e ao direito de defesa em sua amplitude mais dilatada com regras específicas de obediência capital, seja pela rigorosa extração constitucional e aplicação radical dos mecanismos do devido processo legal, a convicção do intérprete e do aplicador pode e deve convergir no rumo do processo democrático, célere, justo e preciso.

Parece extraordinário que no mesmo normativo possam conviver regras nascidas do período autoritário e antidemocrático da "ditadura Vargas" com a sofisticada disciplina do regime da prova a excluir qualquer delas cuja origem se manifeste como prova ilícita *"fruto da árvore envenenada"*.

Aliás, é perfeita a reconstituição que faz o autor da vacilante jurisprudência do Supremo Tribunal Federal a esse respeito, desde o exame de um dos paradigmas mais assinalados (*o HC 69.912/RS, cujo julgamento inicial pelo indeferimento da ordem contra o réu em 30.06.1993, depois*

— *reconhecida a contaminação de toda a prova pela ilícita escuta telefônica — foi, por admissão da nulidade do anterior na renovação do julgamento, em 16.12.1993, deferida por empate na votação*) até os julgados mais recentes.

A refinada incursão pela jurisprudência da Suprema Corte dos Estados Unidos, de resto uma constante nas análises ricamente desenvolvida pelo experiente magistrado[1], confirma a cuidadosa resenha dos temas em exame a mostrar ainda que em todos os pontos abordados a obra transpira precisão e excelência.

Neste delicado tema, entre nós, prevaleceu a solução da Lei nº 11.690, de 30 de junho de 2008, incluindo no texto do artigo 157 e parágrafos do CPP a disciplina específica na qual, contudo, foi afastada, por veto presidencial, a cláusula de exclusão total como previa o projeto enviado à sanção[2], a orientar agora o intérprete no sentido de que a contaminação da prova ademais de *não* afastar o juiz que dela conheceu também *não* faz dela causa de exclusão total (§§ 1º e 2º do referido artigo).

Outra inovação que o autor explora com muita atenção está na produção da prova testemunhal que é o coração da prova criminal. Com efeito, dá o texto a ênfase necessária à *cross examination* como técnica muito mais apurada de coleta dos depoimentos assim como ao cuidado que o texto legal agora dispensa aos comportamentos e procedimentos correspondentes em juízo ou fora dele, reconhecendo a sua real e vital importância para a boa edição do veredicto e a justa aplicação da lei penal.

O autor também consegue sublinhar com o devido realce a extraordinária importância desse momento do processo penal onde o cruzamento crucial de interesses da acusação e defesa tem de ser administrado concomitantemente ao rigor da apuração dos delitos, mas com escrupulosa obediência aos princípios constitucionais.

O trabalho desenvolve também com invejável acuidade um juízo crítico sobre as quase sempre inevitáveis incongruências entre o texto (reformado) codificado e a legislação extravagante que inobstante rema-

---

1 A busca dos precedentes da Suprema Corte americana no livro pode ser completada com a indicação do julgamento, em 14 de janeiro deste ano de 2009, do caso *Herring x United States* que versava justamente a aplicação da *exclusionary rule* em virtude da prisão do defendente por força de ordem pendente na base dados da polícia — fato depois verificado não verdadeiro porque não baixado oportunamente — de que resultou busca pessoal e a apreensão de arma e drogas pelos quais então foi condenado. A Corte entendeu, por maioria (5x4) que não teria havido uso abusivo ou ilícito da prova pelo oficial de polícia a justificar a cláusula de exclusão da prova. (*US Supreme Court opinions*, acesso na internet em 15 de janeiro 2009).

2 "§ 4º *O juiz que conhecer do conteúdo da prova declarada inadmissível não poderá proferir a sentença ou acórdão.*" (NR)

nesce esparsa em diferentes campos de disciplina a suscitar dificuldades de toda a ordem para o aplicador do código.

Nesse sentido, é muito oportuna a composição de quadros sinópticos para melhor descrever a topologia das disposições e seu enlaçamento com outras, ou para desenhar com singeleza sua dinâmica e funcionamento.

Como obra destinada aos aplicadores da nova legislação fica-lhe bem a figuração gráfica das assertivas de modo a facilitar a compreensão das novidades e, sobretudo, das eventuais dificuldades e aparentes contradições naturalmente resultantes da reforma.

Por fim, são extremamente oportunas as considerações sobre as muitas alterações do procedimento do tribunal do júri, espécie de tema sempre distante para a grande maioria dos juízes e advogados que dele não tratam no quotidiano.

Aqui, a obra oferece ao leitor uma visão em bom resumo das inovações e não desdenha o detalhe e os muitos ajustamentos que a praxe ensinou, do mesmo modo que a sua repercussão para as partes e para a sociedade no dia a dia forense.

Ao saudar a qualidade das opiniões e ideias expostas em linguagem fácil e elegante neste livro pioneiro que tenho a honra de recomendar aos estudiosos, quero assinalar principalmente o valor da iniciativa do autor — certamente realizada com sacrifício de outros interesses pessoais ou familiares — quer em benefício das letras jurídicas quer em favor da melhor e mais rápida absorção dos institutos recém-implantados por todos os profissionais militantes.

Brasília (DF), 2 de fevereiro de 2009.

Ministro Gilson Dipp
Superior Tribunal de Justiça
Corregedor Nacional de Justiça

Nota à 2ª edição

Eis a 2ª edição do livro, substancialmente revisada, ampliada e atualizada. Seguindo a ideia de apresentar estudo sistemático das profundas alterações promovidas no Código de Processo Penal, inserimos na obra o exame sobre a Lei nº 12.403, de 4 de maio de 2011, que trouxe alterações relativas à prisão processual, fiança, liberdade provisória e acrescentou as cautelares diversas da prisão. O título do livro agora é *Reforma tópica do processo penal*: inovações aos procedimentos ordinário e sumário, com o novo regime das provas, principais modificações do júri e as medidas cautelares pessoais (prisão e medidas diversas da prisão).

A parte referente às medidas cautelares acrescentada, pela extensão, poderia ter sido objeto de livro específico, mas comprometeria a visão global da Reforma Tópica que, infelizmente, não se encerrou, pois ainda falta a aprovação dos Projetos de Lei nºs 4.209/2001 e 4.206/2201, respectivamente, referentes à investigação e aos recursos e às ações autônomas de impugnação. Ademais, com a aprovação da Lei nº 12.403, de 2012, necessariamente, tendo em conta a abordagem doutrinária sistêmica quanto à Reforma Tópica, houve a necessidade de agregar considerações sobre o que foi escrito na 1ª edição, sem embargo de menção à jurisprudência construída, nesse pequeno intervalo de tempo, a respeito das inovações promovidas no sistema processual.

No meu sentir, é difícil compreender as alterações promovidas pelas Leis nºs 10.792, de 2003, 11.689, de 2008, 11.690, de 2008, 11.719, de 2008, e 12.403, de 2012, sem que a análise seja feita em conjunto. Até porque, nada obstante a opção por uma reforma tópica ao invés da edição de um novo Código de Processo Penal, a intenção da Comissão de Reforma do Executivo, com os sete Projetos de Lei encaminhados ao Congresso Nacional, foi modificar todo o sistema processual criminal, da fase pré-processual à recursal; só não cuidou da execução penal.

Em razão do fracionamento da aprovação dos projetos, com considerável decurso de tempo entre as primeiras e a última, identificamos na Reforma Tópica do sistema processual penal duas fases: (a) a primeira, conduzida pelas Leis nºs 10.792, de 2003, e 11.689, 11.690 e 11.719, de 2008; (b) a segunda, levada a efeito pela Lei nº 12403, de 2012.

Portanto, em homenagem ao leitor, foi mantida a metodologia de abordar as alterações sob a perspectiva do sistema processual, com o exame de todos os procedimentos ordinário, sumário e do tribunal do júri, o regime das provas e as medidas cautelares pessoais sob as perspectivas do modelo acusatório e das alterações principiológicas e normativas inerentes a um ordenamento jurídico adaptado ao perfil da Constituição de 1988, que tem como espinha dorsal os direitos fundamentais.

Quero agradecer as críticas e sugestões de vários colegas e alunos, muitas das quais foram incorporadas a esta 2ª edição. Em especial, quero agradecer a Rochester Araújo, Estagiário Docente da disciplina Direito Processual Penal I, da Universidade Federal do Rio Grande do Norte, pela leitura e correção da parte referente à liberdade e às medidas cautelares pessoais, e a Patrícia Galdino, Diretora de Secretaria da Segunda Vara Federal na Seção Judiciária do Rio Grande do Norte, especializada em matéria criminal, pela elaboração do fluxograma do procedimento referente à prisão/detenção em flagrante.

Dedico esta 2ª edição a Aline, Arthur e aos meus pais, exemplos vivos de que amar é (saber) viver e que a vida é bela, só nos resta (saber) viver.

INTRODUÇÃO

O Código de Processo Penal, editado pelo Decreto-Lei nº 3.689, de 3 de outubro de 1941, foi concebido em consonância com a ideia autoritária e policialesca da Constituição de 1937, a mais retrógrada de nossa história constitucional. A comissão criada pelo Presidente Getúlio Vargas, para cuidar da elaboração da nova legislação processual penal foi composta por juristas renomados: Narcélio de Queiroz, Cândido Mendes, que foi substituído por Florêncio de Abreu, Viera Braga, Roberto Lyra e Nelson Hungria. A intenção perquirida com a nova codificação do sistema processual penal foi bem revelada na exposição de motivos, elaborada pelo então Ministro da Justiça Francisco Campos. O propósito era eliminar aquilo que o Governo ditatorial de Vargas identificava como um *extenso catálogo de garantias e favores* conferidos aos acusados pelo Código de Processo Criminal de 1832, que fora concebido sob inspiração da filosofia liberal que se expraiou pelos continentes europeu e americano, a partir do pensamento difundido por Cesare Beccaria, por meio do livro *Dos delitos e das penas*.

Seguindo a linha do Código de Processo Penal italiano de 1930 de índole fascista, o Código de 1941, além de se apresentar mais como um *estatuto repressivo* do que como um *estatuto das liberdades*, com perfil nitidamente policialesco, concebeu um sistema processual marcadamente burocrático, com o viés inquisitivo bastante acentuado. Foi um Código que já nasceu velho e ultrapassado.

Por isso mesmo, a ideia da edição de outro Código é antiga. Após as várias alterações tópicas feitas ao Código de Processo Penal nas décadas de 50, 60 e no início da de 70, em 1975, o Executivo encaminhou ao Congresso Nacional um projeto de novo Código de Processo Penal, de autoria de Frederico Marques. Depois de várias tentativas, após várias modificações ao projeto original, o Governo reapresentou a proposta de novo Código. Somente conseguiu aprová-lo na Câmara

Federal, em 1984, não sendo o projeto, porém, sequer, votado no Senado.

Em razão desse entrave político no Parlamento, o Executivo retirou a proposta de reforma global do Código de Processo Penal, nomeou outra comissão, presidida pelo então Ministro do Superior Tribunal de Justiça Sávio de Figueiredo Teixeira, adotando, como estratégia de política legislativa, a elaboração de vários anteprojetos de lei, pretendendo, com o conjunto da obra, imprimir uma reforma substancial e global. Ou seja, por meio de alterações tópicas, promover a edição de um novo sistema criminal.

Elaborados vários anteprojetos de lei pela comissão, mais uma vez, o Executivo pediu a retirada das propostas, a fim de aperfeiçoá-las, por meio de outra comissão. Finalmente, em dezembro de 2000, foram enviados para o Congresso Nacional sete anteprojetos de lei: (a) PL 4.203/2001, transformado na Lei nº 11.689, de 9 de junho de 2008 (tribunal do júri): vigência a partir de 10 de agosto de 2008; (b) PL 4.204/2001, transformado na Lei nº 10.792, de 2003 (Interrogatório e defesa efetiva), em vigor a partir da data de publicação; (c) PL 4.205/2001, transformado na Lei nº 11.690, de 9 de junho de 2008 (Provas): vigência a partir de 10 de agosto de 2008; (d) PL 4.206/2001 (Recursos e ações de impugnação); (e) PL 4.207/2001, transformado na Lei nº 11.719, de 20 de junho de 2008 (Suspensão do processo, *emendatio libelli*, *mutatio libelli* e Procedimentos): vigência a partir de 23 de agosto de 2008; (f) PL 4.208/2001, transformado na Lei 11.403, de 4 de maio de 2011 (Prisão, medidas cautelares, fiança e liberdade): vigência a partir de 5 de julho de 2011; e (g) PL 4.209/2001 (Investigação criminal).

Como se observa, os sete anteprojetos elaborados pela Comissão de Reforma criada pelo Ministério da Justiça sugerem, ainda que por meio de reforma tópica, uma modificação ampla do Código de Processo Penal, mexendo em toda a sua estrutura, a partir da (a) investigação judicial, etapa anterior ao início da relação processual; passando pelas fases (b) postulatória, essencialmente quanto ao exercício do direito de defesa; (c) instrutória, com nova disciplina sobre a prova; (d) decisória, com a previsão do julgamento antecipado e alterações em relação às sentença condenatória e absolutória, (e) recursal, com sensível mutação da sistemática vigente; assim como alvitra modificações para (f) as medidas cautelares pessoais e o sistema prisional.

Esses projetos de lei, assim como vários outros fundamentais para a adequação do Poder Judiciário ao perfil desenhado pela Constituição de 1988, ficaram emperrados no Congresso Nacional. Diante disso, os órgãos jurisdicionais estratégicos e diversos setores da sociedade civil, notadamente as entidades de classe da magistratura e do Ministério Público, iniciaram amplo movimento de sensibilização da necessidade de reformulação do nosso modelo de prestação de atividade jurisdicional, o que fomentou a formulação, no ano de 2004, do Pacto por um Judiciário mais Rápido e Republicano, assinado pelos Presidentes da República, do Senado, da Câmara dos Deputados e do Supremo Tribunal Federal, consistente na consolidação de todos os projetos de lei prioritários para a reformulação dos processos civil, penal e trabalhista. Ao todo, em consenso, foram selecionados 25 projetos de lei, fazendo parte desse conjunto de proposições os sete projetos de lei mencionados acima, referentes ao processo penal.

Quando o pacto foi firmado, o Projeto de Lei nº 4.204/2201 já tinha sido transformado na Lei 10.792, de 2003. Mesmo assim, só quase cinco anos após é que mais três dos sete projetos de lei referentes à reforma global, embora tópica, do processo penal foram aprovados.

O certo é que os Projetos de Lei nºs 4.204/2001, 4.203/2001, 4.205/2001 e 4.207/2001, transformados, respectivamente, nas Leis nºs 10.792, de 1º de dezembro de 2003 (Interrogatório e defesa efetiva), 11.689, de 9 de junho de 2008 (tribunal do júri), 11.690, de 9 de junho de 2008 (Provas) e 11.719, de 20 de junho de 2008 (Suspensão do processo, *emendatio libelli*, *mutatio libelli* e Procedimentos) alteraram, de forma substancial, todos os procedimentos criminais. Em verdade, conceberam um novo modelo de processo penal, arquitetado tendo como norte, fundamentalmente, as seguintes ideias: (1) Democratização do processo penal, alinhando-o à proteção dos direitos fundamentais, nos termos da Constituição e da Convenção Americana de Direitos Humanos. (2) Desconstrução do sistema misto, com consequente sedimentação do sistema acusatório, com todos os seus corolários lógicos, com a redifinição das funções do juiz e do Ministério Público. 3) Duração razoável do processo. (4) Defesa efetiva e interrogatório no contexto do princípio da ampla defesa. (5) Simplificação do processo, com plena adoção do princípio da oralidade, com a documentação dos atos praticados em audiência por meio audiovisual, sem a necessidade de transcrição, e concentração dos atos processuais. (6) Maior proteção e assistência à vítima e satisfação de seus interesses, notadamente em relação à indenização pelos danos sofridos com a ação ilícita.

A linha de orientação da reforma, só por só, revela que as mudanças merecem aplauso da comunidade jurídica e da sociedade em geral. Todavia, conquanto as modificações introduzidas pelas quatro leis aprovadas representem um sensível avanço, na medida em que conceberam um sistema processual penal de perfil democrático, moderno, simplificado, tendo como esteio o modelo acusatório e o catálogo de direitos fundamentais encartado na Constituição de 1988, não se pode deixar de fazer as críticas pertinentes. E há muitas que precisam ter discussão mais densa, até porque, como é próprio de toda e qualquer reforma tópica, várias incongruências são verificadas, quando se faz exame sistemático das normas que compreendem o processo penal.

Ademais, a ausência de aprovação dos outros três anteprojetos de lei enviados pelo Executivo para o Congresso Nacional, que tratam, respectivamente, da fase investigatória, do sistema recursal e das medidas cautelares e das prisões, comprometeu, severamente, a estrutura harmônica do sistema processual penal. Em 2011, ou seja, quase três anos depois, eis que o PL 4.208/2001 referente à Reforma Tópica, enfim, foi aprovado, transformado na Lei nº 12.403. Essa Lei, alinhada com as Leis nºs 10.792, de 1º de dezembro de 2003 (Interrogatório e defesa efetiva), 11.689, de 9 de junho de 2008 (tribunal do júri), 11.690, de 9 de junho de 2008 (Provas) e 11.719, de 20 de junho de 2008 (Suspensão do processo, *emendatio libelli*, *mutatio libelli* e Procedimentos), trouxe substancial alteração para as medidas cautelares pessoais, incorporando, ao Código de Processo Penal, as medidas diversas da prisão, que já constavam em algumas leis esparsas, notadamente na chamada Lei Maria da Penha.

Mas o sistema continua capenga, pois ainda não foram objeto da devida atenção pelo Congresso Nacional os PLs. 4.206, de 2001, e 4.209, de 2001, que tratam, respectivamente, dos recursos e da investigação criminal. Para piorar, existem dispositivos que, por imposição de ordem lógica, deveriam ter sido revogados ou alterados, mas permaneceram com a redação originária, ao passo que determinadas modificações, especialmente aquelas introduzidas mercê dos debates parlamentares, não se afinam com o arcabouço da reforma, enquanto algumas delas contribuem para desarrumar, ainda mais, o sistema normativo processual.

Se não se pode estudar uma reforma tópica sem a análise sistêmica do processo penal, as singularidades aqui apontadas das modificações substanciais imprimidas pelas leis que compõem a reforma do nosso modelo de processo penal não permitem que a matéria seja estudada de outra forma. A fim de bem expor as ideias e proceder a uma efetiva análise do sistema processual penal alvitrado com a recente reforma, na elaboração do livro não houve a preocupação com a ordem cronológica de aprovação das leis e sim com a abordagem lógica de desenvolvimento dos atos processuais, em cada uma de suas fases, tendo em conta o sistema processual em sua inteireza.

Como preparação para o estudo do sistema processual de acordo com a nova reforma, foi feito o esboço de uma primeira parte, que se inicia com a exposição do movimento reformista do processo penal no Direito Comparado (itens 1, 1.1 e 1.2), a fim de revelar que as ideias dominantes das modificações introduzidas ao Código de Processo Penal são de todo semelhantes, quais sejam, aquelas pinçadas linhas acima (itens 2, 2.1 e 2.2).

Nessa passagem, diante do perfil ditatorial e policialesco do Código de Processo Penal de 1941, anota-se que o ideal seria a edição de novo Código, o que chegou a ser tentado, porém, como se disse, diante das idiossincrasias próprias do Legislativo, o Executivo abandonou essa ideia e findou enviando sete anteprojetos, propondo cada um deles reformas tópicas que, em seu conjunto, estabelecem uma reforma global do sistema processual. Malgrado justificável a *escolha* política do Executivo de enviar sete anteprojetos de lei para imprimir a reforma tópica do Código de Processo Penal, isso não serve para tornar indene de crítica a escolha *política*, diante dos prejuízos legados à coerência sistêmica desse ordenamento jurídico (itens 3.1 e 3.2).

Essa parte introdutória é finalizada com a análise do princípio da imediatidade e das regras específicas de direito intertemporal previstas na Lei de Introdução ao Código de Processo Penal, que são aplicáveis para resolver indagações sobre a aplicabilidade, ou não, das novas leis aos processos em curso (item 4).

A segunda parte começa com considerações gerais sobre os procedimentos, mediante a apresentação da estrutura topográfica do Código de Processo Penal, a forma de divisão dos procedimentos em comum e especial e o critério de classificação do procedimento comum em ordinário, sumário e sumaríssimo (item 5).

A partir do item 5.1 começa o estudo do procedimento ordinário, com a demonstração de como era esse rito na redação originária do Código de Processo Penal e como passou a ser a sua dinâmica devido às modificações impostas, fundamentalmente, pelas Leis nºs 11.690 e 11.719, ambas de 2008, especialmente por esta última. Mostra-se a relevância de expressamente o legislador ressaltar a adoção do modelo acusatório para o processo penal, a fim de discutir as novas regras aplicáveis à ação penal, especialmente quanto aos requisitos que ela deve conter quando de seu oferecimento e a legitimidade do Ministério Público para pedir ao juiz a fixação, na sentença condenatória, de valor mínimo líquido para fins de indenização da vítima pelos danos sofridos, decorrentes da ação criminosa (itens 5.1.1 a 5.1.1.3). Em passo seguinte, faz-se análise da nova disciplina a respeito do juízo de rejeição liminar da ação penal (5.1.2 a 5.1.2.2).

No item 5.1.4 faz-se a abordagem no que pertine às formas de chamamento do acusado para responder a imputação criminosa que lhe é feita com o ajuizamento da ação penal, com especial destaque para a citação por hora certa, que é a novidade sobre o tema, e o momento definido em lei como aquele em que se dá a formação do processo. Ressalta-se que, agora, diferentemente de como era antes, o acusado não é mais citado para ser interrogado, ou seja, para participar do primeiro ato de instrução do processo, mas para se defender por meio de advogado constituído ou defensor nomeado pelo juiz. (5.1.4.1 a 5.1.4.4)

Após cuidar da citação, passa-se a tratar das regras inerentes à materialização da cláusula constitucional da ampla defesa, que se traduz em defesa *efetiva* e *eficiente* (5.1.5 e 5.1.5.1). É exposto que, no lugar da defesa prévia, o acusado passa a ser citado para apresentar resposta, o que torna obrigatória a apresentação de defesa escrita com conteúdo, momento que pode ser aproveitado para, mediante peça própria, a apresentação de exceções (5.1.5.2 a 5.1.5.4). Afirma-se que a reforma, ao colocar a realização do interrogatório na audiência una de instrução e julgamento, após a produção de todas as provas, realçou que esse ato processual é um corolário lógico do direito à ampla defesa, correspondente ao direito de audiência (autodefesa) do acusado com o juiz responsável pelo seu julgamento (princípio da identidade física do juiz), razão pela qual não pode ser obrigado a prestá-lo (5.1.5.7 a 5.1.5.9). Finaliza-se o item com a exposição do sistema adotado para o interrogatório, que não se confunde com o previsto para a inquirição de testemunhas, assim como quanto à possibilidade de realização do interrogatório por videoconferência, com a análise da Lei nº 11.900, de 8 de janeiro de 2009, que disciplina essa questão (5.1.5.11 e 5.1.5.12).

No item 5.1.6 são feitas as considerações sobre a necessidade de intimação do Ministério Público, para fins de oportunidade de impugnação, quando na resposta o acusado suscita preliminares ou anexa novos documentos.

Demarcando o encerramento da fase postulatória, no desenvolvimento lógico da dinâmica processual tal como estabelecida com as novas regras, examina-se a novidade trazida pela Lei n° 11.719, de 2008, aplicável a todos os tipos de procedimento, mesmo àqueles tratados em leis extravagantes, do julgamento antecipado da lide, diante da possibilidade de o juiz, ao examinar a resposta do acusado, proferir sentença de absolvição sumária (5.1.7). Discute-se a natureza jurídica desse pronunciamento, que fica a depender do seu conteúdo, servindo, quando não é o caso de absolvição sumária, para sanear o processo e prepará-lo para a realização da audiência una de instrução e julgamento (5.1.7.1 e 5.1.7.2).

Passo seguinte, faz-se um recorte na abordagem que segue a ordem do momento de realização de cada ato processual, a fim de realizar, antes de passar a tratar das modificações introduzidas à audiência, às razões finais e à sentença, a explanação sobre a nova disciplina da prova (5.1.8). Procede-se ao esboço dos princípios gerais da prova e do princípio constitucional da inadmissibilidade das provas obtidas por meios ilícitos (5.1.8.1 e 5.1.8.2) para, então, esmiuçar as regras de inaplicação da *exclusionary rule* que foram introduzidas no Código de Processo Penal pela Lei n° 11.690, de 2008, consubstanciadas nas teorias da falta de nexo de causalidade entre a prova originária obtida por meio ilícito e a dela derivada, quando esta não decorre exclusivamente daquela, da fonte independente (*independent source*) e do descobrimento inevitável (*inevitable Discovery*), a despeito de fazer considerações sobre a incidência de outras teorias reconhecidas pela doutrina (5.1.8.2.1 a 5.1.8.2.4.6). Essa parte é concluída com o detalhamento sobre as modificações quanto à perícia, a adoção de normas inspiradas na justiça restaurativa a respeito do ofendido, da introdução em nosso meio do sistema do *cross examination* na inquirição das testemunhas, da acareação e do reconhecimento de pessoas e coisas. (5.1.8.3 a 5.1.8.7).

Destinou-se o item 5.1.9 para tratar das questões relativas à audiência, que na nova disciplina, salvo quando a causa for complexa, houver número excessivo de acusados ou for deferido pedido de diligência formulado por uma das partes, deverá ser não apenas de instrução, mas igualmente de julgamento, com a apresentação das razões finais pelas partes e prolação da sentença. São feitas anotações sobre a realização de audiência una, realizada em dias sucessivos, na qual devem ser tomadas as declarações do ofendido, inquiridas as testemunhas, tanto as arroladas pelo Ministério Público quanto pela defesa, feitos os esclarecimentos dos peritos, as acareações, o reconhecimento de pessoas e coisas, interrogado o acusado, apresentadas as razões finais e, por fim, proferida a sentença, sendo esmiuçadas as modificações introduzidas a respeito das alegações finais e da sentença, assim da condenatória quanto da absolutória, quanto aos elementos de cada uma delas, notadamente em relação à necessidade de, na hipótese de condenação, ser fixado valor mínimo líquido para o ressarcimento dos prejuízos sofridos pelo ofendido e, se for o caso, a decretação da prisão preventiva ou a fundamentação de sua manutenção.

Após a finalização do estudo sobre o procedimento ordinário, foi elaborado um quadro sinótico, assinalando, a primeira coluna, como era o tratamento normativo antes da reforma e, ao lado, outra, mostrando como o assunto está tratado atualmente no Código de Processo Penal, permitindo uma ampla visão sobre o impacto das modificações e servindo para uma revisão do conteúdo a respeito do tema tratado no livro. Para não quebrar a dinâmica de apresentação do procedimento em todas as suas fases, em seguida, cuidou-se da feitura de quadro sinótico específico para a nova disciplina sobre as provas, objeto da Lei nº 11.690, de 2008. Por fim, no desiderato de auxiliar a compreensão e visualização de todas as fases do procedimento ordinário, foi feito o respectivo fluxograma.

No item 5.2 são analisadas as regras específicas referentes ao procedimento sumário, que, assim como era antes, possui poucas alterações em relação ao rito ordinário. A fim de facilitar a compreensão das pequenas diferenças entre os dois ritos, elaborou-se outro quadro sinótico, também contendo duas colunas dispostas lado a lado, na primeira, com as regras do ordinário que não se aplicam ao sumário e, na segunda, com as que são próprias desse procedimento. Igualmente foi confeccionado o fluxograma sobre o rito sumário.

O item 5.3 foi reservado para tratar das principais modificações introduzidas no procedimento do tribunal do júri por obra da Lei nº 11.689, de 2008. Como toda a parte do tribunal do júri foi reescrita, em alguns casos com alteração do número do artigo ou mesmo de redação sem, porém, implicar em mudança de conteúdo, a análise se circunscreveu às modificações que trouxeram alguma inovação propriamente dita.

Em relação à primeira fase, foram comentadas apenas as regras específicas do rito aplicável aos julgamentos submetidos ao tribunal do júri que são diferentes daquelas previstas para o rito ordinário, concentrando-se o exame nas alterações estabelecidas para a decisão de pronúncia e as sentenças de impronúncia e de absolvição sumária, assim como a referente ao recurso cabível em relação a estas (5.3.1 a 5.3.1.4).

Quanto à segunda fase, foram apreciadas as alterações importantes e substanciais relativas ao alistamento dos jurados, desaforamento, à organização da pauta de julgamento do tribunal do júri, ao sorteio e convocação dos jurados, à instrução plenária, aos debates, à redação e votações dos quesitos, especialmente quanto às novas regras para assegurar o sigilo dos votos dos jurados e quanto à sentença nessa espécie de julgamento.

Assim como feito em relação aos outros procedimentos, também foi elaborado o quadro sinótico a respeito do rito relativo ao julgamento dos crimes dolosos contra a vida, com o respectivo fluxograma.

Nesta segunda edição, acrescentou-se o item 6 e seguintes, que tratam, especificamente, daquilo que aqui estamos denominando segunda etapa da Reforma Tópica, trazida a efeito com a Lei nº 12.403, de 2011. No item 6 é feita a explanação sobre a liberdade e as medidas cautelares, identificando o fenômeno da *cautelarização* no ambiente do processo penal para, em seguida, tratar dos princípios e regras gerais pertinentes a todas as medidas cautelares pessoas detentivas ou diversas da prisão, com especial destaque para o princípio da subsidiariedade da prisão processual e para os requisitos ou pressupostos (*fumus boni iuris* ou *fumus commissi delicti*), os fundamentos (*periculum in mora* ou *periculum libertatis*) e os critérios para a definição da medida cautelar pessoal adequada, no caso concreto (6.1 a 6.1.8). É feito o estudo sobre a medida cautelar detentiva, com a abordagem sobre o tratamento constitucional conferido à prisão no Direito Comparado, na Constituição brasileira e no Código de Processo Penal (6.2 a 6.2.3). Em seguida, cuida-se da prisão/detenção em flagrante, com a tese de que, em verdade, a autoridade policial não efetua a *prisão*, mas, apenas, a *detenção*, ao passo que é asseverada a sua natureza jurídica de ato administrativo, não podendo, por conseguinte, ser considerada medida cautelar, o que ficou mais claro ainda, diante da dicção normativa do art. 310, II, do CPP (6.2.4). É esmiuçado o procedimento referente à prisão/detenção em flagrante, com a distinção entre *comunicação imediata* e *envio dos autos de prisão em flagrante*, coisas que não se confundem, a par de ser ressaltada a possibilidade de haver contraditório prévio antes da decisão judicial, com detalhamento do prazo e forma da manifestação do Ministério Público e da defesa (6.2.4.1 a 6.2.4.1.5.1). Adiante, estão as considerações sobre o relaxamento da prisão, a conversão da prisão/detenção em flagrante em medida cautelar, cuja preferência há de ser a diversa do encarceramento, e a liberdade provisória, com ou sem fiança, parte na qual se defende que a exigência da fiança como condição para a soltura só deve ocorrer quando, entendendo que é caso para a decretação da prisão preventiva, pelo fato de o crime ser afiançável, portanto, menos grave do que aqueles considerados inafiançáveis pelo constituinte, o magistrado, tendo em conta os riscos, substitui a medida detentiva pela garantia financeira dada pelo agente, cumulada com outras cautelares, sendo sempre pertinentes, dentre outras mais adequadas à situação concreta, o recolhimento noturno e a monitoração eletrônica. (6.2.4.1.5.2 a 6.2.4.1.5.2). No item 6.2.4.2 é sugerida a interpretação conforme à Constituição para as normas estampadas em leis especiais que vedam a liberdade provisória em relação a determinados crimes. A prisão preventiva, agora admissível, em regra, apenas para os crimes para os quais prevista pena privativa de liberdade superior a 4 (quatro) anos e, ainda assim, quando não adequada e suficiente a aplicação de medida diversa da prisão, é objeto do item 6.2.5 a 6.2.5.1.4, sendo abordada, ainda, a prisão domiciliar como espécie de *prisão especial* (6.2.5.2 a 6.2.5..2.2). Do item 6.2.5.3 ao 6.2.5.3.3, está a discussão sobre a duração razoável do processo, sendo estimado o prazo de validade da prisão preventiva, respectivamente, nos procedimentos ordinário, sumário e no relativo ao tribunal do júri. No item 6.2.6, procede-se à releitura da prisão temporária, com detalhamento das hipóteses de admissibilidade e a duração razoável (6.2.6.1 e 6.2.6.2), ademais de serem pinçadas as distinções entre esta e a prisão preventiva (6.2.7). Defende-se a responsabilidade civil objetiva do Estado pelo erro judiciário no ambiente criminal quando a prisão processual é indevida (6.2.8). São estabelecidas as inovações a respeito do cumprimento do mandado de prisão, com especial atenção para o Banco Nacional de Mandados de Prisão — BNMP, inovação do legislador a fim de facilitar o conhecimento e a captura das pessoas procuradas pelo Judiciário e se critica pela circunstância de o legislador não ter previsto algo similar para possibilitar maior controle quanto ao cumprimento das medidas cautelares diversas da prisão (6.2.9 a 6.2.9.3). As medidas cautelares diversas da prisão, as suas espécies e características, com inclusão da monitoração eletrônica e a nova função da fiança estão tratadas do item 6.3 ao 6.3.1.9.8), finalizando com a discussão sobre a detração penal (item 6.3.2).

A forma de abordagem do assunto no livro teve em consideração a visão dogmática da matéria tal como ela é explorada, na qualidade de professor da Graduação e da Pós-Graduação da Universidade Federal do Rio Grande do Norte, em sala de aula, permeada com o modo como, na qualidade de juiz, vem sendo aplicada a nova sistemática do Código de Processo Penal nos muitos processos em tramitação na Segunda Vara Federal da Seção Judiciária do Rio Grande do Norte. Em síntese, as colocações aqui expendidas são reflexões oriundas do magistério e da magistratura.

Tratando-se de meditação simbiótica da docência e da judicatura, ao tempo em que se tem a preocupação com o apuro técnico-processual na explicação das novas categorias jurídicas trazidas a lume com a reforma perpetrada pelas leis analisadas, são apresentadas soluções práticas para situações concretas, a par de fornecidas sugestões para um melhor gerenciamento do processo, tendo em conta simplificar, ainda mais, o trâmite processual, em homenagem à cláusula constitucional, encartada dentre os direitos fundamentais, que impõe a duração razoável do processo. As considerações feitas quanto às nuances dos debates sobre as propostas elaboradas pela Comissão de Reforma criada pelo Ministério da Justiça, que foram apresentadas ao Congresso Nacional e transformadas nas leis que implementaram a reforma tópica aqui estudada, às discussões travadas no Parlamento e aos vetos presidenciais são resultantes, ainda, da intensa participação do autor, a partir do ano de 2000, como integrante das Comissões de Reforma do Código de Processo Penal criadas pela Associação dos Juízes Federais do Brasil — Ajufe. Quando da aprovação das Leis nºs 11.689, 11.690 e 11.719, todas de 2008, na qualidade de Presidente da Ajufe, o autor participou diretamente das discussões no Parlamento, em conversas com parlamentares, debates e na emissão de diversas notas técnicas, além da apresentação de pedidos de veto presidencial quanto a alguns dispositivos.

Nesta segunda edição, quando pertinentes, foram inseridas considerações sobre o Plano de Gestão das Varas Criminais e de Execução Penal, elaborado pelo Conselho Nacional de Justiça, do qual fui relator na qualidade de Conselheiro, assim como da Resolução nº 137, de 2011, do Conselho Nacional de Justiça, que regulamentou o Banco Nacional de Mandados de Prisão — BNMP.

Espera-se que o livro seja do agrado do leitor.
Natal (RN), 10 de janeiro de 2009.

1. Movimento reformista do processo penal

Experimenta-se amplo *movimento de reforma* do Direito Criminal, principalmente no que diz respeito às normas de ordem processual, cuja preocupação, sem perder de vista a maior eficácia e celeridade na composição dos litígios, tem sido a construção de sistema com foco nos direitos fundamentais. O movimento de reforma procura prescrever equilíbrio mais justo entre os direitos fundamentais e as exigências da sociedade amedrontada com o incremento da criminalidade. Mireille Delmas-Marty[1] salienta que, em reiteradas decisões, a Corte Europeia dos Direitos do Homem tem dado destaque a violações à Convenção de Proteção dos Direitos Fundamentais, em processos criminais tanto no Reino Unido, quanto na Europa continental.

Daí por que, embora as reformas do processo penal na Europa, em certa medida, sejam uma consequência natural das profundas *mudanças políticas* de democratização ocorridas no Sul e no Leste daquele continente, elas têm origem, especialmente em relação a Países como Alemanha, Inglaterra, Espanha, Itália, França e Portugal, no controle supranacional exercido pela Corte de Estrasburgo e pela Corte de Justiça de Luxemburgo, fatores que geraram um movimento mundial sem precedentes de reforma do processo penal. Para Delmas-Marty[2], esse movimento revela como esse ramo do direito "... está ligado — mais ainda que o direito penal material que define os delitos e as penas — ao processo de democratização."

---

[1] *Processo penal e direitos do homem:* rumo à consciência europeia. Tradução Fernando de Freitas Franco. Barueri: São Paulo, 2004, p. XVII.
[2] Ibid. MIREILLE salienta que os não juristas parecem mais conscientes do que os juristas, quanto a essa estreita ligação entre democracia e Processo Penal. (Ibid.) Cf. SILVA JÚNIOR, Walter Nunes da Silva Júnior. *Curso de direito processual penal:* teoria (constitucional) do processo penal. Renovar: Rio de Janeiro, 2008, especialmente p. 253-279.

Em alguns países, como são os casos da Alemanha, da Espanha, da Áustria e da Itália, as mudanças das normas processuais, além da jurisprudência do Tribunal Europeu de Direitos Humanos, foram incentivadas, ainda, pela jurisprudência firmada pelas respectivas Cortes Constitucionais.

A AIDP — Associação Internacional de Direito Penal merece posição de destaque na construção das ideias que têm direcionado as tendências do movimento de reforma. No *Congresso de Viena* ocorrido em 1989, estudaram-se as relações entre o processo penal e a organização judiciária, tema que voltou a despertar a atenção no Colóquio realizado no Rio de Janeiro, de 4 a 10 de setembro de 1994[3].

No 11º Congresso das Nações Unidas sobre Prevenção do Delito e Justiça Penal, realizado em Bangkok, Tailândia, no período de 18 a 25 de abril de 2005, os Estados-Membros da ONU, dentre outros compromissos, reafirmaram, com ênfase, que as medidas a serem adotadas no combate à criminalidade, até mesmo em relação ao terrorismo, devem ser compatíveis com o Direito Internacional e de conformidade com a Carta das Nações Unidas, em particular com os textos que encartam as declarações dos *direitos fundamentais*.

Conquanto seja certo que no horizonte do conjunto das reformas dos Códigos de Processo Penal Europeus estejam os preceitos da Convenção Europeia de Proteção dos Direitos do Homem e das Liberdades Fundamentais e a jurisprudência do Tribunal Europeu, há uma tendência em direção à adoção do sistema acusatório, em detrimento do inquisitório e mesmo do misto, com o qual se procura atribuir ao Ministério Público o papel de parte, reservando, para o juiz, a função de garantidor dos direitos fundamentais, especialmente na fase pré-processual[4].

1.1. Reformas processuais penais na América Latina

No final dos anos 90 para os anos 2000, a reforma dos Códigos de Processo Penal foi inserida, igualmente, no processo de democratiza-

---

3   Nesse período, realizou-se, aqui no Brasil, o XV Congresso Internacional de Direito Penal.
4   TULKENS, Françoise. *O procedimento penal*: Grandes linhas de comparação entre sistemas nacionais. In: Processo penal e direitos do homem: rumo à consciência europeia, p. 9-16. SALAS, Denis. *Alguns exemplos nacionais*. In: Processo penal e direitos do homem: rumo à consciência europeia, p. 27-29.

ção da América Latina, constituindo-se a Convenção Americana de Direitos Humanos e os direitos fundamentais catalogados nas Constituições as colunas das ideias.

Após intensos estudos, uma comissão formada pelos professores Jaime Bernal, Fernando de la Rua, Ada Pellegrini Grinover e Júlio Mayer apresentou, em 1988, o Código de Processo Penal para Ibero-América. Esse modelo, calcado na Convenção Americana de Direitos Humanos tem sido fonte orientadora das recentes reformas processuais penais de países como Argentina, Guatemala, Costa Rica, El Salvador, Chile, Venezuela, Bolívia, Paraguai e às reformas parciais no Brasil[5]. Na exposição de motivos do trabalho apresentado a título de reforma do processo penal, por comissão criada pelo Ministério da Justiça, na qualidade de presidente, Ada Pellegrini esclareceu que o Código Modelo de Processo Penal para Ibero-América serviu de bússola para guiar os passos da comissão.

A ideia central adotada pelos países da América Latina na reformulação de suas legislações processuais é a substituição do tradicional modelo *inquisitivo, escrito, burocrático, pouco transparente e moroso*, por um modelo de tipo *acusatório, simplificado, transparente, oral*, com o *Ministério Público como parte, garantias do acusado, defesa efetiva, direito ao silêncio, presunção de não culpabilidade, proibição de provas ilícitas e* a *imparcialidade do juiz*, que não deve se substituir ao Ministério Público para assumir função mais própria a quem exerce o *jus persequendi*[6].

Essa foi a linha de pensamento seguida pelo legislador na feitura das Leis nºs 10.792, de 2003, e 11.689, 11.690 e 11.719, todas de 2008, que trouxeram profundas alterações na sistemática da produção e do exame da prova, dos ritos ordinário e sumário, do tribunal do júri e, enfim, de todos os procedimentos, ainda que não reguladas no CPP, mercê da regra do art. 394, § 4º (conforme redação da Lei nº 11.719/2008) — formam o que chamamos de primeira etapa da Reforma Tópica — e da Lei nº 12.403, de 2011, que inverteu a lógica anterior sobre a prisão processual e inovou com a previsão das medidas cautelares diversas da prisão — a segunda etapa da Reforma Tópica.

---

5   O *código modelo de processo penal para Ibero-América 10 anos depois*. In: A marcha do processo, Rio de Janeiro: Forense Universitária, 2000, p. 70/76.
6   Cf. AMBOS, Kai; CHOUKR, Fauzi Hassan. *A reforma do processo penal no Brasil e na América Latina*. São Paulo: Editora Método, 2001.

1.2. Resgate das origens do processo penal, sob a orientação dos direitos fundamentais

Em verdade, esse amplo movimento de reforma do processo penal tem como norte o resgate das suas origens, servindo de pano de fundo o *Estado constitucional* ou o neoconstitucionalismo. Com efeito, o exame acurado das origens da ciência criminal revela que o seu surgimento somente se deu a partir da segunda metade do Século XVIII, sob a orientação do pensamento filosófico-liberal plasmado na obra *Dos delitos e das penas*, de autoria de Cesare Beccaria. Sem desconhecer a sua importância para o Direito Penal, notadamente devido à dedução e exposição dos princípios da *reserva legal* e da *proporcionalidade entre o crime e a pena*, o estudo acurado do excepcional livro do milanês revela que a sua maior e mais fundamental contribuição foi para o processo penal.

De fato, àquela época, o Estado era absoluto, e a persecução penal — mero ritual — era deduzida sem o conhecimento de *regras* ou *limites*, circunstância que dava guarida à prática de toda sorte de arbitrariedades, como julgamentos secretos, negativa do direito de defesa, aplicação da tortura e outras práticas inconcebíveis.

A ideia central de Beccaria era a *processualização* do direito de punir como instrumento indispensável para limitar a persecução criminal, doutrina que influenciou a declaração de direitos fundamentais na Constituição americana, enxertados mediante as primeiras emendas que lhe foram incorporadas.

Ademais, o exame dos direitos fundamentais firmados nas Constituições alemã, italiana, espanhola e portuguesa mostra a influência da doutrina *beccariana*, assertiva que se aplica, igualmente, ao constitucionalismo brasileiro, como se percebe do estudo das Cartas Políticas promulgadas ao longo do tempo, notadamente da de 1988.

O aspecto aqui assinalado da identidade das ideias de Beccaria com o conteúdo dos direitos fundamentais reconhecidos nos textos constitucionais é tão instigante que basta observar que princípios nunca antes consignados expressamente em nossas constituições, como o da *presunção de não culpabilidade ou de inocência*, do *direito ao silêncio*, da *publicidade* e, até mesmo, mais recentes, como o da *duração razoável do processo*, inserido pela Emenda Constitucional nº 45, de 2004, fizeram parte das suas ideias.

Em verdade, a doutrina *beccariana* foi a resposta ao *Direito Penal do Terror*, cuja plataforma era a dominação do indivíduo mediante a sua subjugação física à força do Estado, que fez surgir a *Escola Clássica*, corrente de pensamento originária propriamente da ciência criminal, concebida como conjunto de regras básicas a veicular direitos indispensáveis à condição humana que devem ser respeitados pelo Estado, quando este se encontra no exercício do dever-poder de punir.

Como se vê, ao contrário do que, à primeira vista, pode-se supor, o Direito Processual Penal não surgiu tendo como escopo armar o Estado no combate à criminalidade. A intenção efetiva era impor limites ao *jus persequendi*, por meio da edificação de regras indispensáveis à legitimação desse agir estatal, o que, posteriormente, foi desvirtuado pela *Escola Positiva*. O positivismo criminal surgiu com a pretensão de mudar o foco da questão para privilegiar, na relação processual penal, a posição do Estado. O pensamento liberal foi desconstruído com a radicalização do discurso jurídico operada por Escolas *neopositivistas*[7].

Após a Segunda Guerra Mundial, os países, influenciados pela Escola Penal da *Nova Defesa Social*, difundida por Marc Ancel, nas ondas do *neoconstitucionalismo* ou do *estado constitucional*, iniciaram o processo de recuperação do perfil democrático do processo penal, que deve ser visto e entendido sob a perspectiva dos direitos fundamentais, vazados em forma de *princípios*, que não apenas possuem *força normativa* como são considerados *normas* de hierarquia superior às *regras* jurídicas estampadas na legislação infraconstitucional, de modo que, além de deixarem de desempenhar *mera função integrativa* das eventuais lacunas do Direito, passaram a ocupar posição *hegemônica, estruturante e interpretativa* do sistema jurídico[8].

Em compasso com esse pensamento, sob a perspectiva do *Estado democrático-constitucional*, no qual toda a base teórica do ordenamento jurídico se sustenta nos direitos fundamentais, ao invés de falar-se em *teoria geral do processo penal*, é mais apropriado falar-se em *teoria constitucional do processo penal*[9]. Na dedução *dogmática* e *lógica* dessa base constitucional do processo penal, os princípios que ex-

---

7   A corrente do *Tecnicismo Jurídico Penal*, neopositivista, influenciou o legislador nacional na edição do Código de Processo Penal de 1941, ainda hoje em vigor, como se verá mais adiante.
8   Cf. STRECK, Lenio Luiz. *Jurisdição constitucional e hermenêutica*: uma nova crítica do direito. Porto Alegre: Livraria do Advogado, 2002.
9   SILVA JÚNIOR, op. cit., p. 10.

pressam os direitos fundamentais podem ser divididos naqueles relativos (1) ao devido processo legal em sentido estrito; (2) à presunção de não culpabilidade; (3) ao sistema acusatório; (4) à intimidade em geral; (5) à ampla defesa; e (6) à liberdade.

2. Escorço histórico do processo penal no Brasil

Quando o Brasil foi descoberto, estavam em vigor as *Ordenações Afonsinas*. O Direito Penal e Processual Penal, como era próprio na época, vinham disciplinados, em conjunto, no Livro V, com a plena adoção do procedimento inquisitorial. Em 1521, procedeu-se à edição das *Ordenações Manuelinas*, destinando-se, igualmente, o Livro V para o disciplinamento do Direito Penal e Processual Penal e, como novidade, trouxe o disciplinamento a respeito do promotor de justiça, mas não inovou em relação ao início do processo[10].

Por fim, promulgaram-se as *Ordenações Filipinas*, mantendo a praxe de destinar o Livro V para tratar do Direito Penal e Processual Penal. Os seus preceitos eram *desumanos* e *bárbaros* e, dentro de um sistema normativo *cruel* e *despótico*, o processo inquisitivo, aparelhado das *devassas*, servia a um Direito Penal *retrógrado* e *sanguinário*[11]. Tinha como características primordiais a finalidade de incutir o terror, a aplicação da pena de morte, com execução mediante suplício (enforcamento seguido de esquartejamento), sendo a prisão pouco usada como sanção, preferindo-se as penas infamantes, castigos corporais e as mutilações[12]. A acusação era pública, nas hipóteses em que ofertada

---

10 De conformidade com Almeida Júnior, iniciado o processo, o acusado era, *ipso facto*, preso preventivamente (*O processo criminal brasileiro*, 4. ed. Rio de Janeiro: Livraria Freitas Bastos, 1959, p. 124).
11 MARQUES, José Frederico. *Elementos de direito processual penal*. Campinas: Bookseller, 1997. v. 1. p. 95.
12 Sobre como eram os julgamentos conforme o sistema das Ordenações Filipinas, e a influência da Coroa Portuguesa e da Igreja nos julgamentos, cf. LOPES, Paulo Guilherme M.; TOSTO, Ricardo. *O processo de Tiradentes*. São Paulo: Conjur Editorial, [?]. A leitura da sentença bem demonstra como era o sistema. A sentença contra Tiradentes, lavrada em nome da princesa de Portugal, D. Maria I (a *Rainha Louca*), com data de 18 de abril de 1792, na parte do dispositivo, assim estava redigida: "Portanto, condenam o réu Joaquim José da

por qualquer do povo, ou particular, nos casos em que o próprio ofendido era quem tratava de fazê-la. Em algumas situações, cabia a acusação da justiça, competindo ao Ministério Público substituir o *queixoso*.

Os *tormentos*[13] por meio da tortura eram amplamente permitidos, não podendo ser aplicados, porém, em se tratando de fidalgo, cavaleiro, doutor em cânones, leis ou Medicina, e vereadores, exceto nos casos de falsidade, moeda falsa, testemunho falso, sodomia, alcoviteria e furto. O *suplício*[14] era autorizado, se houvesse permissão do regedor e dos desembargadores, na hipótese em que fossem evidentes os indícios de o acusado ser o autor do crime, assim como quando houvesse prova produzida por testemunha, confissão extrajudicial, fama pública ou fuga[15]. A sentença, que tinha de ser escrita e assinada pelo juiz, podia desapartar-se do que constava do libelo e, salvo quando as penas eram certas e determinadas na lei, ele podia aplicá-la conforme o seu arbítrio[16].

Silva Xavier; por alcunha o Tiradentes, alferes que foi da tropa paga da Capitania de Minas, a que, com baraço e pregão, seja conduzido pelas ruas públicas ao lugar da forca, e nela morra natural para sempre, e que depois de morto lhe seja cortada a cabeça e levada a Vila Rica, onde no lugar mais público será pregada em um poste alto, até que o tempo a consuma, e o seu corpo será dividido em quatro quartos, e pregados em postes, pelo caminho de Minas, no sítio da Varginha e das Cebolas, onde o réu teve as suas infames práticas, e os mais nos sítios de maiores povoações, até que o tempo também os consuma... (Ibid., p. 206). Como se não bastasse, a condenação foi além da pessoa de Tiradentes, na medida em que declarou, ainda, infame os seus filhos e netos, o confisco dos bens, determinando-se, de toda sorte, que a "... casa em que vivia em Vila Rica será arrasada e salgada, para que nunca mais no chão se edifique..." (Ibid.)
13   Os tormentos eram inquirições judiciais feitas ao réu nos crimes graves, nos quais se procurava, por meio da tortura, *compeli-lo a dizer a verdade* (ALMEIDA JÚNIOR. Op. cit., p. 136).
14   Era aplicado ante a presença do julgador, do escrivão e do ministro (MARQUES. Op. cit., p. 97). João Mendes Júnior informa que a tortura, usada no Direito Romano, desapareceu das legislações e, posteriormente, do século XIV em diante, ressurgiu, passando a ser utilizada largamente, em razão de os juízes, na época, por hábito, sempre procurarem fundamentar as suas decisões com base na confissão do acusado. Com isso, os juízes envidavam todos os esforços no sentido de extorquir a confissão, "... ostentando uma habilidade sem escrúpulo, quer para a sugestão, quer para as ciladas, quer para o cansaço do interrogado; e, ainda assim nada conseguisse, recorria às ameaças e depois aos tormentos." (Op. cit., p. 138).
15   MARQUES. Op. cit., p. 96-97.
16   MARQUES. Op. cit., p. 97.

Esse trâmite dizia respeito ao *procedimento ordinário*, mas havia, ainda, o *procedimento sumário*, concebido, segundo FREDERICO MARQUES[17], para os crimes mais graves como homicídios voluntários, roubos nas ruas ou estradas, desafio, delitos capitais praticados com circunstâncias agravantes etc., embora admissível, igualmente, para alguns crimes leves.

Com a declaração da Independência do Brasil, a Constituição Política do Império de 1824, sensivelmente liberal, sob a rubrica *direitos civis e políticos dos cidadãos brasileiros* (art. 179), plasmou *preceitos* e *princípios* inerentes a um processo criminal *garantista*, nos termos do arcabouço teórico da Escola Clássica, frontalmente contrário, por conseguinte, às normas emanadas do Livro V das Ordenações Filipinas. As *Ordenações Filipinas*, porém, por disposição expressa, permaneceram em vigor, até que fosse editado o Código de Processo Criminal.

Mediante a Lei de 29 de novembro de 1832, foi promulgado o Código de Processo Criminal[18], revestido dos anseios *humanitários* e *liberais* que agitavam o mundo. As *devassas gerais*[19] e *especiais* foram abolidas, assim como as *querelas* e as *denúncias*. No lugar das querelas, vieram as *queixas*, que podiam ser acionadas não só pelo ofendido, como ainda pelo pai, mãe, tutor, curador e cônjuge. A *denúncia*, no sistema do Código de Processo Criminal, passou a designar a ação movida por meio do Ministério Público ou então quando fosse a *ação pública* aforada por qualquer do povo.

Alinhado com o pensamento clássico, o legislador brasileiro alargou, sobremaneira, a competência do tribunal do júri, que, até então, era restrita para o julgamento dos crimes de imprensa (Lei 18 de junho de 1822). O *processo ordinário* era o que disciplinava a instituição do júri[20], até porque a competência desta se estendeu para todos os

---

17 Ibid., p. 98.
18 Note-se a terminologia utilizada: Código de Processo *Criminal*, que é mais adequada à Escola Clássica e, de resto, para um processo de cunho democrático, que não tem a pena como a sua principal preocupação. Cf. item 8.2.3.3, infra.
19 Em Portugal, as *devassas gerais* foram abolidas pela Lei de 12 de novembro 1821 (Ibid., p. 150).
20 BARROS, Romeu Pires Campos. *Sistema do processo penal brasileiro*. Rio de Janeiro: Forense, 1987. v. 1. p. 226. Certamente essa é a explicação para que, no Código de Processo Penal de 1941, em sua redação originária, o procedimento do Tribunal do Júri ter sido, ao lado do ordinário, classificado de *comum*, o que só foi corrigido com a Lei nº 11.719, de 2008.

crimes de pena superior a seis meses de prisão ou degredo[21], estruturada numa espécie de ecletismo das legislações inglesa e francesa[22]. Arraigado ao sistema misto francês, o Código de Processo Criminal, além de admitir o procedimento de ofício em todos os casos em que era cabível o ajuizamento da denúncia, previa uma fase preliminar investigatória, desenvolvida perante o juiz de paz, ao qual competia conhecer da queixa ou denúncia, proceder à formação de culpa (diligências, inquirições, interrogatórios) e, por fim, pronunciar, ou não, o acusado. Pronunciado o réu, aí, sim, o processo era remetido para o *júri de acusação* — o *grande júri* do sistema inglês —, composto de 23 jurados, sorteados em sessão presidida pelo juiz de Direito.

Esse grande júri, sem se recolher à sala secreta, decidia se *achou matéria para a acusação*. Nesse caso, o processo ia à decisão do *júri de sentença* — o *pequeno júri* —, formado por doze membros, sorteados no dia da sessão de julgamento, sendo a decisão tomada com a resposta dada a um questionário, em sala secreta[23]. Na verdade, o Código de Processo Criminal foi uma adaptação do Código de Napoleão, editado em 1808, mas que somente começou a viger em janeiro de 1811[24].

2.1. Predominância da filosofia liberal beccariana na feitura do Código de Processo Criminal de 1832

Para Romeu Pires de Campos Barros, o Código de Processo Criminal tinha "... as qualidades de um verdadeiro monumento legislativo, para a época em que foi promulgado." No mesmo passo, Ricardo de Brito[25] revela que a doutrina nacional identifica o código em destaque como um *grande monumento jurídico imperial*, não só em virtude de ter sido redigido com amparo na *melhor doutrina clássica penal*, como também por se afinar com o *espírito liberal da época*, constituindo-se, assim, significativo avanço humanitário, principalmente *se comparado aos processos cruéis das ordenações*. Aliás, como adverte

---

21 Ibid., p. 176.
22 BARROS. Op. cit., p. 64.
23 Ibid., p. 227.
24 TOURINHO FILHO, Fernando da Costa. *Processo penal*. 7. ed. São Paulo: Saraiva, 1982-1984. v. 1. p. 71.
25 Op. cit., p. 240.

João Mendes Júnior, o *liberalismo, regime consagrado pelo Código de Processo Criminal*, foi tão acentuado e promoveu uma modificação tão profunda em relação ao que anteriormente se tinha sob a égide das Ordenações Filipinas que o próprio autor do projeto de lei que se transformou em nosso primeiro código processual criminal, Senador Alves Branco, teve a iniciativa de propor, já em setembro de 1835, uma reforma, *sobretudo em relação aos juízes de paz e à instituição do júri*[26].

A par disso, as agitações políticas e os movimentos revolucionários efervescentes durante toda a década de 1830, como lembra Frederico Marques[27], suscitaram uma reação autoritária do Governo monárquico e, mesmo sob o protesto e a oposição veemente do partido liberal[28], aprovou-se a Lei de 3 de dezembro de 1841, que tinha a deliberada intenção de *armar* o Executivo de instrumentos para *debelar* a *desordem* e impor a sua *autoridade*. Para a consecução desse escopo e, assim, pôr freios ao que se chamou de *judiciarismo policial*, o primeiro cuidado da lei em foco foi organizar um aparelhamento policial extremamente centralizado, operando uma excessiva inversão da situação, a ponto de atribuir à autoridade policial várias das atribuições que eram próprias da magistratura, criando um lídimo *policialismo judiciário*.

Essas alterações na ideologia clássica do Código de Processo Criminal coincidiram, não por acaso, com a chegada em nosso meio das ideias da Escola Positiva no Brasil, o que ocorreu na segunda metade do século XIX, e encontrou campo fértil para sua propagação, principalmente, nas últimas décadas daquele período, diante das "... transformações então operadas na realidade brasileira no final do império e início da República..."[29].

A evolução do processo penal, porém, sofreu um duro golpe com a Constituição de 1891 que, elaborada sob a ascendência da Carta americana, inseriu, na seara da competência dos Estados-membros, a

---

26 ALMEIDA JÚNIOR. Op. cit., p. 176.
27 Op. cit., p. 101.
28 ALMEIDA JÚNIOR. Op. cit., p. 179.
29 FREITAS, Ricardo de Brito A. *As razões do positivismo penal no Brasil*. Rio de Janeiro: Lumen Juris, 2002. Ricardo de Brito noticia que, tendo sido a obra O *homem delinquente*, de Lombroso, editada em 1876, há registro de trabalho assinado por Tobias Barreto, datado de 1884, com referência ao pai da Escola Positiva (Ibid., p. 272).

missão de legislar sobre o Direito Processual Penal, quebrando, com isso, a sua unidade.

A situação assim perdurou até a retomada da unidade processual, que ocorreu com a edição da Constituição de 1934, ficando logo estabelecida, nas disposições transitórias, a determinação para que fosse nomeada uma comissão de três juristas, sendo dois ministros do Supremo Tribunal Federal e um advogado, para cuidar da feitura do novo Código de Processo Criminal. A comissão formada em 15 de agosto de 1935 pelos ministros Bento de Faria e Plínio Casado e pelo professor Gama Cerqueira, todos renomados juristas, submeteu o trabalho ao Presidente da República pelas mãos do ministro da Justiça, o professor Vicente Ráo.

2.2. Perfil antidemocrático e policialesco do Código de Processo Penal de 1941

Com o Golpe de Estado de 1937, o projeto Vicente Ráo não foi adiante[30]. Designou-se, então, outra comissão para elaborar o projeto do novo Código de Processo Criminal, dela fazendo parte Narcélio de Queiroz, Cândido Mendes, Vieira Braga, Roberto Lyra e Nelson Hungria, todos juristas reverenciados pelo grande saber jurídico. O *Golpe de Estado* patrocinado pelo Governo de Getúlio Vargas, resultou na dissolução da Câmara dos Deputados e do Senado e revogação da Constituição de 1934, vindo, em seu lugar, a de 1937, a mais retrógrada de nossa história constitucional, concebida para dar legitimidade a um Estado autoritário, com forte concentração do poder político nas mãos do Executivo, em detrimento da independência dos demais poderes.

Para se ter ideia mais concreta desse aspecto, os Códigos Penal e Processual Penal foram editados sem passar pelo Congresso Nacional, uma vez que eles foram inseridos no nosso ordenamento jurídico por meio dos Decretos-Leis nº 2.848, de 7 de dezembro de 1940, e 3.689, de 3 de outubro de 1941, na época em que o Congresso Nacional estava fechado. Ou seja, o processo penal que tem um histórico de ins-

---

30 Muito provavelmente, a postura daquele que recebeu a alcunha de *espadachim na defesa dos direitos fundamentais da pessoa humana* não era a pessoa mais indicada para coordenar a elaboração de um projeto de lei de Código de Processo Penal orientado pelo Código de Processo Penal italiano *fascista*.

trumento de afirmação dos direitos essenciais da pessoa humana não foi objeto, sequer, de debate no parlamento[31].

O Código de Processo Penal, ainda hoje em vigor, foi elaborado no contexto de todos esses ingredientes políticos internos. Ademais ele foi inspirado no Código de Processo Penal italiano de 1930, que seguia a ideologia *fascista*.

Na exposição de motivos do Código de Processo Penal, o ministro Francisco Campos revela a ideologia que orientou a sua confecção[32]. No pressuposto de que os réus possuíam um *extenso catálogo de garantias e favores*, o então ministro arrematou que era necessário ajustar as leis processuais no desiderato de servirem de instrumento a *maior eficiência e energia da ação repressiva do Estado contra os que delinquem*[33]. Para tanto, julgava Francisco Campos necessário que fosse "... abolida a injustificável primazia do interesse do indivíduo sobre o da tutela social. Não se pode continuar a contemporizar com pseudodireitos individuais em prejuízo do bem comum." Esse foi, segundo as próprias palavras assacadas na exposição de motivos, "... o critério que orientou a elaboração do presente projeto do Código."[34]

Mostrando a sua afinidade com a ideologia que comandava a Itália fascista, na exposição de motivos, Francisco Campos faz referência ao ministro italiano Arturo Rocco que, ao apresentar o projeto de reforma processual penal da Itália, que findou, sob o comando da corrente Técnico-Jurídica, sendo transformado no Código de 1930, advertia que algumas das medidas "... certamente iriam provocar o desagrado daqueles que estavam acostumados a aproveitar e mesmo abusar das inveteradas deficiências e fraquezas da processualística penal até então vigente"[35]. Mais adiante, repetindo as palavras do criminalista ita-

---

31 Se o Legislativo não teve a possibilidade nem mesmo de discutir sobre o projeto dos Códigos Penal e Processual Penal, imagine a sociedade em si.
32 Nada mais correta a posição da doutrina que não identifica a exposição de motivos como elemento interpretativo. De todo modo, senão para outros fins, a exposição de motivos se apresenta como um fragmento histórico de fundamental importância para identificar o perfil *ideológico* do legislador. Nesse particular, Francisco Campos, com a sua apurada verve literária, com rara felicidade, não só sumariou, com profundidade, os aspectos técnicos da nova codificação, como sublinhou o traço *político-ideológico* embutido no projeto.
33 CAMPOS, Francisco. *Código de processo penal*. 41ª ed. São Paulo: Saraiva, p. 6.
34 Ibid.
35 Ibid. p. 6.

liano, realçou: "Já se foi o tempo em que a alvoroçada coligação de alguns poucos interessados podia frustrar as mais acertadas e urgentes reformas legislativas."[36] Em suas últimas palavras sobre o espírito do código, ainda que elas não mais fossem necessárias, Francisco Campos acrescentou que "... se evidencia que este (projeto) se norteou no sentido de obter equilíbrio entre o interesse social e o da defesa individual, entre o direito do Estado à punição dos criminosos e o direito do indivíduo às garantias e seguranças de sua liberdade". Por fim, como uma espécie de carta de seguro, ele acrescentou: "Se ele não transige com as sistemáticas restrições ao poder público, não o inspira, entretanto, o espírito de um incondicional autoritarismo do Estado ou de uma sistemática prevenção contra os direitos e garantias individuais"[37].

Ser mais claro era impossível. A inspiração do Código de Processo Penal não vinha do movimento liberal que marcou o surgimento da Escola Clássica que, deduzida juridicamente por Carrara, concebia o processo penal como o instrumento mais importante para a proteção dos direitos individuais, servindo, por conseguinte, antes de tudo, como uma forma de limitação do poder de punir do Estado. Agora, na linha de ação das Escolas Positiva e do Tecnicismo Jurídico, o processo penal brasileiro deveria ser uma ferramenta qualificada para servir à repressão do Estado. Força repressiva passava a ser o norte do novo Código de Processo Penal.

Em ligeira análise do conteúdo político dos Códigos Penal e de Processo Penal, Roberto Lyra, após considerar que os críticos o consideram *ora atrasado, ora avançado, ora benévolo, ora rigoroso*, diz que, não obstante a *política reacionária que* policiava *a questão social*, o que de mais substancial tinha o Código de Processo não era a técnica, *mas o seu efetivo, minucioso e intransigente respeito às liberdades e às garantias individuais e o seu espírito de justiça social*[38]. O tratamento dispensado ao direito de defesa, exigindo-a substancial, não apenas formal; a dispensa do pagamento da fiança pelo réu pobre; a disciplina do *habeas corpus*, com a permissibilidade de sua impetração por qualquer pessoa e mesmo o seu deferimento de ofício; a prevalência da decisão mais favorável ao réu, no caso de empate, dentre outras

---

36 Ibid.
37 Ibid., p. 16.
38 LYRA, Roberto. *Novíssimas escolas penais*. Rio de Janeiro: Editor Borsoi, 1956, p. 105-106.

normas específicas do novo Código de Processo Penal, na concepção de Roberto Lyra, deixam transparecer a sua *substância democrática*, o seu *apreço pela liberdade individual*, muito embora ressalte que tudo isso não prejudique a sua função de *defesa social*[39]. Na sua conclusão sobre a ideologia do Código de Processo Penal, dá a última pincelada no quadro por ele imaginado: "Um Código que, apesar da mentalidade política imperante à época da elaboração, consulta assim à tradição liberal do país, não poderia conter resíduo antidemocrático."[40]

Em que pese louvável a preocupação de Roberto Lyra de colocar em evidência o verniz democrático do novo Código de Processo Penal, a realidade é que ele foi idealizado à imagem e à semelhança de um autêntico Estado ditatorial. Foi pensado mais como arma poderosa colocada à disposição de um Estado antidemocrático do que como instrumento *garantista* de *limitação* do direito de punir estatal. Ainda que a ideia reformista fosse no sentido de conferir ao processo penal um melhor desempenho de sua função de meio adequado para se obter a condenação das pessoas que põem em estado de insegurança a sociedade, não podia, nem precisava, erigir essa linha como o norte de seu mister. Poderia, sim, corrigir eventuais erros políticos, estratégicos e mesmo práticos da legislação anterior, sem, de toda sorte, desmerecer e relegar a segundo plano a ideologia *garantista* da lei processual, escrita como conquista histórica da humanidade na Declaração dos Direitos do Homem, como denuncia a leitura harmônica e arejada dos arts. 7º e 8º do referido diploma universal.

No pertinente à Escola Penal que guiou os passos da comissão na elaboração dos Códigos Penal e de Processo Penal em vigor, Roberto Lyra, ao rebater as críticas de que teria renunciado ao seu *positivismo*, lembra que o projeto foi obra de uma comissão, da qual ele era o único a seguir aquela corrente de pensamento, sendo nada mais natural, portanto, que, em vários assuntos, fosse vencido pela maioria[41]. Nos termos da compreensão de Roberto Lyra[42], o código "... não representa a vitória ou a derrota de qualquer escola, mas a colaboração de homens

---

39 Ibid., p. 108.
40 Ibid.
41 Ibid., p. 118. Lyra repele os que afirmaram (cita especialmente Asúa e Galdino Siqueira) ter havido na comissão uma desarmonia, decorrente da divergência filosófica entre os dois mais ilustres membros dela, em razão do *positivismo* de Roberto Lyra e do *ecletismo* de Nelson Hungria, classificado como *classicista* por Asúa.
42 Ibid.

livres e sinceros" e, dando ênfase ao seu elevado espírito de homem público, sublinha que um código é uma obra de técnica jurídica coletiva, motivo pelo qual há de resultar "... da média das soluções práticas e, não, das opiniões doutrinárias"[43], sendo imprescindível que, em um ou outro ponto, todos cedam e, em relação a isso, afiançou: "... não foi ao positivista solitário que coube a maior parte."[44]

Da leitura mais superficial que se faça do Código de Processual Penal vigente no Brasil, uma verdade exsurge sem a menor possibilidade de contestação: é uma posição *eclética* das Escolas Clássica e Positiva, sob forte influência do Tecnicismo Jurídico, inspirado pelo Código de Processo Penal italiano de 1930, que adotou o perfil fascista.

43 Ibid.
44 Ibid.

3. Movimento reformista no Brasil

Editado em consonância com a ideologia ditatorial da Constituição de 1937, o Código de Processo Penal, ao longo do tempo, vem sofrendo seguidas alterações pontuais. Em rigor, é fácil notar que, a cada nova Constituição editada no país, um conjunto de leis foram promulgadas, em linhas gerais, tentando adaptar o Código de Processo ao novo arcabouço jurídico.

Promulgada a Constituição de 1946, de cunho democrático, vieram a Lei nº 263, de 23 de março de 1948 (modificou a competência do tribunal do júri e modificou regras procedimentais) e a Lei nº 1.408, de 9 de agosto de 1951 (prorrogou o vencimento de prazos judiciais e deu outras providências), além de outras de menor importância. Promulgada a Constituição de 1967, a despeito de seu caráter ditatorial, foi editada uma série de leis que, em certa medida, melhoraram o Código de Processo Penal, especialmente em relação ao sistema prisional. Na redação originária do Código, ocorrida a prisão em flagrante, sendo ela legal[45], o preso só teria direito à liberdade provisória caso o crime fosse afiançável. Ademais, se a pena máxima prevista para o crime fosse igual ou superior a dez anos, ocorria a prisão preventiva obrigatória. A Lei nº 5.349, de 3 de dezembro de 1967, modificou, em substância, a parte da prisão preventiva, especialmente com a revogação dessa malsinada prisão preventiva obrigatória. Outro diploma legal que trouxe sensível e importante modificação para o sistema prisional do Código de Processo Penal foi a Lei nº 5.491, de 22 de novembro de 1973, também denominada Lei Fleury[46]. Sem em-

---

45 Sendo a prisão em flagrante ilegal, o preso tinha o direito ao relaxamento da prisão.
46 Essa lei é denominada Fleury em alusão ao Delegado de Polícia do Departamento de Ordem Política e Social — DOPS de São Paulo, Sérgio Fernando Paranhos Fleury, comandante do esquadrão da morte que atuou nos porões da

bargo de a lei em referência ter sido editada com o claro propósito de beneficiar o então todo-poderoso Delegado do DOPS paulista Sérgio Fleury, não se pode negar que ela representou um notável avanço na nossa legislação processual, porquanto, a partir daí, mesmo quando a sentença fosse condenatória, antes de seu trânsito em julgado, se não fosse o caso de decretação da prisão preventiva, para que a pessoa fosse levada à prisão, passou-se a exigir a necessidade de demonstrar-se, no pronunciamento judicial, que o acusado não tinha bons antecedentes ou que ele não era mais primário[47]. Complementando a obra, a lei em referência alterou, ainda, o caput do art. 596, a fim de ressaltar que "A apelação da sentença absolutória não impedirá que o réu seja posto imediatamente em liberdade."

Outra modificação significativa quanto ao sistema prisional se materializou com o enxerto do parágrafo único ao art. 310 do Código de Processo Penal, operada pela Lei nº 6.416, de 24 de maio de 1977. Essa lei trouxe outra substancial modificação no Código de Processo Penal em relação ao instituto da prisão, sendo digno de nota que, a partir de então, a prisão em flagrante perdeu a grande importância que detinha, ao passo que a fiança, em sua parte mais significativa, foi derrogada. A Lei nº 7.210, de 11 de julho de 1984 deu nova disciplina à execução penal, revogando praticamente todo o Título V do Código de Processo Penal.

Porém, foi com a edição da Constituição de 1988 que veio o maior número de alterações para o Código de Processo, a despeito das muitas alterações e inovações às leis processuais penais esparsas, como Lei da Prisão Temporária (7.960, de 1989), Lei dos Crimes Hediondos (8.072, de 1990), Lei de Combate ao Crime Organizado (9.034, de 1995), Lei dos Juizados Especiais Cíveis e Criminais (9.099, de 1995), Lei de Combate ao Crime de Lavagem de Dinheiro (9.613, de 1998), Lei de Proteção a vítimas e testemunhas (9.807, de 1999), Lei dos Juizados Especiais da Justiça Federal (10.259, de 2001) e Lei contra o Uso e Tráfico de Entorpecentes (11.343, de 2006).

---

ditadura militar, instaurada a partir de 1964. Alvo de diversas denúncias da execução de presos, para evitar a prisão do então delegado, que seria inexorável diante do que prescrevia o Código de Processo Penal, a solução encontrada foi modificar a lei, criada casuisticamente para beneficiá-lo. A lei foi promulgada em um mês. (SOUZA, Percival de. *Autópsia do medo*: vida e morte do delegado Sérgio Paranhos Fleury. São Paulo: Globo, 2000, p. 319).
47   Cf. SIQUEIRA, Geraldo Batista de. *Processo penal:* comentários à Lei nº 5.941, de 22 de novembro de 1973. Bauru: Editora Jalovi Ltda., 1980.

Quanto às alterações de dispositivos do Código de Processo Penal, merecem destaque: Lei nº 8.038, de 1990, regulou as ações originárias e os recursos perante o Supremo Tribunal Federal e o Superior Tribunal de Justiça; Lei nº 8.658, de 1993, estendeu a aplicação da Lei nº 8.038/2001 aos processos perante os Tribunais de Justiça e Regionais Federais; Lei nº 9.061, de 1995 (alterou o art. 80 do CPP que trata dos dados estatísticos criminais); Lei nº 9.113, de 1995 (deu nova redação ao inciso III do art. 484 do CPP, em relação à forma dos quesitos no julgamento pelo tribunal do júri); Lei nº 9.271, de 1996 (alterou do art. 366 ao 370 do CPP, para incluir a suspensão do processo, em caso de revelia de acusado citado por edital e estabelecer, como regra, a citação por meio do órgão incumbido da publicação oficial dos atos judiciais); Lei nº 10.792, de 2003 (revogou o art. 194 e modificou as regras do interrogatório — arts. 185 a 196, 261 e 360 —, a fim de assegurar a defesa efetiva nessa fase); Lei nº 11.101, de 2005 (nova Lei de Falências, revogou os arts. 503 a 512 do CPP); Lei nº 11.113, de 2005 (alterou as redações do caput e do § 2º do art. 304 do CPP, modificando as formalidades da prisão em flagrante); Lei nº 11.449, de 2007 (com as alterações ao art. 306, determinou que a comunicação da prisão em flagrante ao juiz seja imediata e que o auto de prisão em flagrante, dentro do prazo de 24 horas, seja encaminhado, também, ao advogado ou, sendo o caso, à Defensoria Pública).

3.1. Necessidade de uma reforma global do Código de Processo Penal

Essas modificações pontuais, porém, não se prestaram, efetivamente, para eliminar os principais vícios estruturais do Código de Processo Penal, que se concentram nos seguintes pontos: (a) Foi editado há mais de meio século. (b) Perfil antidemocrático e policialesco, elaborado que foi sob a batuta da Constituição de 1937. (c) Forte influência do sistema inquisitivo. (d) Burocrático e moroso. (e) Sistema presidencial das audiências. (f) Necessidade de adaptação à Constituição de 1988.

As críticas procedem. O Código entrou em vigor há mais de meio século, está com mais de sessenta e sete anos e, a despeito disso, já foi concebido com ideias ultrapassadas que foram sufragadas pelo Código de Processo Penal italiano de índole *fascista* de 1930. José Frederico

Marques[48] criticava a comissão que cuidou de elaborar o projeto que se transformou no CPP, pois, enquanto em outros setores a renovação legislativa se operava em alto grau, ela "... não soube dotar o país de um estatuto moderno, à altura das reais necessidades de nossa Justiça Criminal."

O perfil antidemocrático e policialesco é revelado no escorço histórico da edição do Código de Processo Penal[49]. O Código sofreu os influxos autoritários do Estado Novo, de modo que foi editado com o propósito claro de se transformar em um instrumento de força do regime ditatorial, sendo mais um *estatuto repressivo* do que um *estatuto das liberdades* ou de regras estabelecidas tendo como escopo regrar o exercício do *dever-poder* de punir do Estado com base no enunciado de normas protetivas dos direitos essenciais da pessoa humana.

Conquanto adotado, como regra, o sistema acusatório, como se verá mais adiante, estão imanentes na parte estrutural do Código de Processo Penal as ideias do sistema misto, com forte sotaque inquisitorial, circunstância que confere ao juiz a prática de diversos atos processuais que não são compatíveis com a posição de julgador, ao passo que, em rigor, o Ministério Público não é tratado efetivamente como parte.

A disciplina procedimental extremamente arcaica, especialmente para os processos de rito ordinário e para o tribunal do júri, tornava esses procedimentos excessivamente burocráticos e morosos. Nos processos de rito ordinário, em detrimento da orientação dos princípios da celeridade, economia, oralidade e concentração dos atos processuais, eram previstas nada menos do que três audiências distintas. Nada obstante, o procedimento era eminentemente escrito, porquanto tudo que era tratado na audiência tinha de ser reduzido a termo, pela sistemática de ditado feito pelo juiz, adotando-se a oralidade, propriamente, apenas nas sessões do tribunal do júri, isso mesmo só em relação aos debates. Sem embargo disso, era o juiz quem fazia todas as perguntas, não sendo permitido às partes fazê-las diretamente às testemunhas.

Por fim, a densidade principiológica da Constituição de 1988, notadamente em relação às declarações dos direitos fundamentais, que passaram a ser concebidos na qualidade de normas jurídicas elevadas

---

48 *Elementos de direito processual penal*. V. I, Campinas: Bookseller, 1977, p. 108.
49 Cf. item 2.2, supra.

à potência máxima, revogou diversos dispositivos do Código de Processo Penal, ao tempo em que determinou uma (re)leitura e (re)interpretação de seus dispositivos com esteio nessa nova ordem jurídica, o que recomenda e exige uma modificação substancial da legislação infraconstitucional criminal, a fim de adequá-la ao paradigma do Estado constitucional, o qual possui como meio e fim os direitos fundamentais.

3.2. Método escolhido para a reforma global

Conforme foi examinado no item 2.2, supra, elaborado sob a ideologia do Estado ditatorial forjado pela Constituição de 1937, cada nova Constituição, daí em diante editada no Brasil, foi acompanhada por uma série de reformas tópicas do Código de Processo Penal. A par disso, de há muito tempo, há a intenção de que seja feita uma reforma global do sistema processual penal, com a edição de um novo Código. No ano de 1975, diante das diversas alterações sofridas pelo Código de Processo Penal, o que comprometeu a sua estrutura sistêmica, com suporte em anteprojeto de autoria de José Frederico Marques, o Executivo encaminhou proposta de elaboração de um novo Código de Processo Penal, transformada no Projeto de Lei nº 633/75, o qual foi bastante modificado e findou não sendo aprovado. Em razão disso, foi nomeada uma comissão integrada por Francisco de Assis Toledo (Coordenador), José Frederico Marques, Jorge Alberto Romeiro e Rogério Lauria Tucci, que manteve as partes fundamentais da codificação anteriormente proposta por José Frederico Marques, e apresentou o trabalho ao Parlamento, sendo transformado no Projeto de Lei nº 1.655, de 1983, chegando, até mesmo, a ser aprovado pela Câmara Federal em 26 de junho de 1984, mas não foi votado pelo Senado.

Se mesmo antes da edição da Constituição de 1988 já se sentia a necessidade da edição de um novo Código de Processo Penal, após a sua promulgação, então, diante do novo paradigma com ela instaurado, essa necessidade passou a ser inadiável. Note-se que, na seara cível, com a reunificação do direito processual por obra da Constituição de 1946, editou-se o Código de Processo Civil de 1939, que, a despeito de todos os defeitos, ainda era considerado, em termos *metodológicos e dogmáticos*, mais avançado do que o Código de Processo Penal ainda hoje em vigor. Nada obstante isso, a doutrina processual civil, ao anotar diversas críticas ao sistema processual implantado pelo CPC de

1939, tachando-o de arcaico e anacrônico, logrou êxito nas reclamações, com a consequente aprovação do Código de Processo Civil de 1973, o qual, apesar da excelente estrutura e concepção científica, foi extremamente criticado por estar arraigado a dogmatismos e, por isso mesmo, ao longo das últimas três décadas, sofreu muitas e substanciais modificações[50].

O Código de Processo Penal, porém, ainda é aquele mesmo que surgiu logo após a reunificação, de sorte que ele é o segundo ordenamento processual penal da história normativa do País, época em que até mesmo o Processo Civil possuía uma posição subalterna em relação ao Direito Civil, quando ainda estava aceso o debate, na doutrina, quanto a sua efetiva autonomia em relação ao Direito material.

Essas considerações demonstram que o ideal seria uma reforma global ou total do Código de Processo Penal. Isso foi reconhecido, até mesmo, por Ada Pellegrini Grinover, ao elaborar, na qualidade de

---

50   Em outro trabalho, foi dito que "O Código de Processo Civil em vigor, editado em 1973, conquanto tenha representado um avanço técnico-conceitual em relação ao de 1939, não trouxe nada revolucionário no que diz respeito às categorias fundamentais do processo, consubstanciadas na jurisdição, ação, processo e defesa. Cândido Rangel Dinamarco chama a atenção que, na batuta do CPC de 1973, a única inovação de monta quanto ao processo de conhecimento foi a possibilidade do julgamento antecipado da lide, no processo de execução nada de relevante merece destaque, uma vez que foram mantidas as suas três espécies e, no processo cautelar, igualmente, não se percebeu nenhuma inovação profunda ou estrutural. — O modelo processual então consagrado, de cunho eminentemente individualista e burocratizado, foi mantido no CPC de 1973. Ou seja, já nasceu velho, ultrapassado no tempo e, por isso mesmo, durante a própria *vacatio legis*, já mereceu várias alterações em seu texto, operadas por obra da Lei n. 5.925, de 1º de outubro de 1973. Posteriormente, diversas leis esparsas cuidaram de modificar o Código de Processo Civil. (...). — Esse conjunto de alterações pontuais do Código de Processo Civil, em razão da profundidade das modificações introduzidas, recebeu a denominação de *reforma*. Posteriormente, no afã de implementar mudanças outras, necessárias para a simplificação e aceleração do processo, e mesmo aprimorar e corrigir algumas inovações trazidas com a reforma, veio a lume outro pacote de leis, também modificando em substância o Código de Processo Civil. (...). A par disso, os Presidentes da República, do Supremo Tribunal Federal, do Senado Federal e da Câmara dos Deputados, firmaram um Pacto pelo Poder Judiciário mais Rápido, Eficiente e Republicano, com o que elegeram um conjunto de projetos fundamentais para a reforma infraconstitucional do Judiciário, alguns dos quais, inclusive, já foram aprovados." (SILVA JÚNIOR. Walter Nunes da. Informatização do processo. IN: Direito processual do trabalho: reforma e efetividade. Ltr: São Paulo, 2007, p. 418-420.

Presidente da Comissão de Reforma do Código de Processo Penal, a exposição de motivos do trabalho. A escolha pela *reforma tópica* não foi técnica, mas *pragmática*, dentro da ótica da política do possível, que permeia, em regra, as grandes, e pequenas também, questões que são submetidas ao crivo do Parlamento. A inexequibilidade operacional, diante da morosidade própria da tramitação legislativa dos códigos, a dificuldade prática de o Congresso Nacional aprovar um estatuto inteiramente novo, os obstáculos à atividade legislativa do Parlamento, foram circunstâncias apontadas como preponderantes para se afastar a ideia de uma reforma global do Código de Processo Penal.

Diante disso, seguindo a mesma orientação adotada para a reforma do Código de Processo Civil, por pragmatismo, o Executivo resolveu adotar a sistemática de nomear uma comissão para, a despeito de pensar em uma reforma ampla do ordenamento processual, ao invés de elaborar um novo código, com a apresentação de uma única proposta de projeto de lei, tratar da feitura, em conjunto, de uma série de projetos. A Comissão do Ministério da Justiça, presidida pelo Ministro Sávio de Figueiredo Teixeira, fazendo uma revisão das propostas de autoria de comissão anterior, apresentou diversos anteprojetos de lei, encaminhados, em 1994, para o Congresso Nacional.

O Governo, porém, retirou os projetos para aperfeiçoá-los, ao tempo em que convidou o Instituto Brasileiro de Direito Processual para apresentar sugestões[51]. Após trabalho do IBDP, o Mistério da Justiça, por meio da Portaria nº 61, de 20 de janeiro de 2000, nomeou comissão para, no prazo de noventa dias da instalação, apresentar propostas de reforma do Código de Processo Penal. Essa Comissão foi formada por juristas integrantes do IBDP, Ada Pellegrini Grinover (Presidente), Petrônio Calmon Filho (Secretário), Antônio Magalhães Gomes Filho, Antônio Scarance Fernandes, Luiz Flávio Gomes, Nilzardo Carneiro Leão, René Ariel Dotti, Rogério Lauria Tucci e Sidnei Beneti. Quando seis anteprojetos já haviam sido finalizados e apresentados ao Ministro José Carlos Dias, assumiu o Ministério da Justiça José Gregori. Ele confirmou a comissão e prorrogou o prazo para a conclusão dos trabalhos em mais noventa dias. Houve, ainda, a substituição de René Ariel Dotti por Rui Stoco. A comissão, então, entregou ao Ministro José Gregori mais cinco anteprojetos.

---

51 Aviso nº 1.141, de 29 de outubro de 1999, assinado pelo então Ministro da Justiça, José Carlos Dias.

Depois de vários debates com os mais diversos segmentos da sociedade, como membros e entidades públicas e associações da polícia, da advocacia, do Ministério Público e da magistratura, que teve como ponto alto a III Jornada Brasileira de Direito Processual Penal, no período de 23 a 26 de agosto de 2000, em Brasília/DF, finalmente, em 6 de dezembro de 2000, a Presidente, Ada Pellegrini Grinover e o Secretário, Petrônio Calmon Filho, entregaram ao Ministro da Justiça, José Gregori, os textos finais de sete anteprojetos de lei.

Sem embargo de levar adiante a tarefa de produzir reformas tópicas, a comissão se preocupou em manter a *unidade* e *homogeneidade do sistema* do ordenamento processual penal, tendo como linha de orientação alterações que tomassem por base institutos processuais inteiros, não apenas sobre alguns dispositivos, de forma a remodelá-los completamente, em harmonia com os outros.

Um total de onze propostas foi agrupado em sete anteprojetos, que se transformaram nos projetos de lei a saber:

a) PL 4.203/2001, transformado na Lei nº 11.689, de 9 de junho de 2008 (tribunal do júri): vigência a partir de 10 de agosto de 2008.
b) PL 4.204/2001, transformado na Lei nº 10.792, de 2003 (Interrogatório e defesa efetiva), em vigor a partir da data de publicação.
c) PL 4.205/2001, transformado na Lei nº 11.690, de 9 de junho de 2008 (Provas): vigência a partir de 10 de agosto de 2008.
d) PL 4.206/2001 (Recursos e ações de impugnação)
e) PL 4.207/2001, transformado na Lei nº 11.719, de 20 de junho de 2008 (Suspensão do processo, *emendatio* libelli, *mutatio libelli* e Procedimentos): vigência a partir de 23 de agosto de 2008.
f) PL 4.208/2001, transformado na Lei 12.403, de 4 de maio de 2011 (Prisão, medidas cautelares, fiança e liberdade).
g) PL 4.209/2001 (Investigação criminal)

A leitura conjunta desses sete projetos de lei revela que a reforma sugerida pela Comissão do Ministério da Justiça, apesar de tópica, é ampla, não apenas porque abrange todo o processo de conhecimento e cautelar, nas fases pré-processual (investigatória), postulatória, probatória, decisória e recursal, mas porque ela é, antes de tudo, substancial, na medida em que modifica a estrutura do Código de Processo Penal, a fim de adequá-lo à Constituição de 1988, a partir do modelo acusatório.

A ideia é reformar o Código de Processo Penal a fim de adequá-lo à Constituição de 1988, especialmente em relação aos direitos fundamentais, e à Convenção Americana de Direitos Humanos, tendo como orientação, ainda, o Código Modelo de Processo Penal para Ibero-América e em consideração as peculiaridades locais.

3.2.1. Críticas ao método da reforma tópica

De primeiro, não se pode deixar de consignar que as Leis nºs 10.792, de 2003, 11.689, 11.690 e 11.719, todas de 2008, e 12.403, de 2011, produziram mudança profunda e representam grande avanço para o ordenamento processual brasileiro. Isso é patente e merece ser ressaltado. Mas não se pode deixar de fazer as críticas pertinentes ao método escolhido para a reforma.

Com efeito, nada obstante todo o cuidado da comissão que elaborou as propostas, era patente o risco de fragmentação do sistema, diante da falta de sistematização sólida e coerência, na medida em que não foi elaborado um novo código. O risco de as novas regras, embasadas na ideia democrática e do sistema acusatório, terem de conviver com aquelas impregnadas de forte conteúdo inquisitivo, que não fossem modificadas menos pela falta de atenção do que pelo fato de não ter sido, formalmente, reescrito um novo código, era muito grande. Aliás, há de se reconhecer que, mesmo que tivesse sido elaborado um novo código, ainda assim, a possibilidade de incongruência sistemática em alguns pontos seria bastante concreta. Mas seria, certamente, em menor medida.

Mas isso não é o pior. Pelo que foi expendido, a reforma do Código de Processo Penal pretendida, apesar de materializada por meio de sete propostas tópicas, promove alteração global e, mais do que isso, substancial de todo o sistema processual. Contudo, em que pese tenham sido apresentados sete projetos para esse fim, em 2003, foi aprovado só um (Lei nº 10.792), enquanto mais três em 2008 (Leis nºs 11.689, 11.690 e 11.719). Quase três anos depois, mais um (Lei nº 12.403). Esse acontecimento permite que se identifique na Reforma Tópica duas fases: a primeira, iniciou em 2003, com a 10.792, e foi concluída em 2008, com as Leis nºs 11.689, 11.690 e 11.719; a segunda, em 2011, com a Lei nº 12.403.

Ao se privilegiar a reforma global fatiada do Código de Processo Penal sabia-se dos prejuízos à reforma, caso não fossem aprovados todos os projetos ou mesmo, diante das vicissitudes do processo legislativo, houvesse a demora legislativa em concluir a votação de alguns deles. Nesse caso, com a aprovação, primeiro, de 4 (quatro) dos sete projetos, e, depois, quase 3 (três) anos após, de apenas mais um, o suporte sistêmico e global que o conjunto das propostas tópicas da Comissão de Reforma cuidadosamente teve em mira preserva foi, irremediavelmente, comprometido.

Assim, o Código de Processo Penal em vigor que, devido à sua própria gênese e às alterações que lhe foram feitas ao longo de quase 70 (setenta) anos, já se apresentava assistemático, restou ainda mais desarticulado. Ou seja, enquanto em relação à efetividade da defesa, com a modificação do interrogatório, aos procedimentos ordinário, sumário e especiais, às provas e ao tratamento dispensado ao acusado e à vítima existem regras normativas sobremaneira avançadas, elaboradas sob a perspectiva da posição hegemônica dos direitos fundamentais em um sistema normatizado de modelo acusatório, no que diz respeito a outros institutos disciplinados pelo mesmo código, como o inquérito policial, a prisão, as medidas cautelares e os recursos, os dispositivos estão vazados sob uma perspectiva ditatorial, policialesca, de acordo com um sistema misto, com forte influência inquisitiva. A aprovação da Lei 12.403, de 2011, diminui o problema, mas, naturalmente, não o elimina. Falta aprovar os outros dois projetos de lei.

Note-se que entre a aprovação da primeira lei do conjunto das propostas que dão forma à reforma global e as três últimas, há um espaço temporal de nada mais nada menos do que praticamente cinco anos. A Lei nº 10.792, de 2003, destinada a modificar o interrogatório, de modo a dar-lhe o tratamento de genuíno meio de defesa, dentro da concepção de um sistema acusatório com esteio na materialização da chamada *defesa efetiva*, teve de ser aplicada, durante mais de quatro anos, dentro da sistemática anterior, que, concebida em compasso com a ideia inquisitiva, ao conferir ao depoimento do acusado a natureza jurídica de prova, colocava esse ato processual como o primeiro a ser praticado após o ajuizamento da ação penal, antes até mesmo da defesa. Ou seja, era praticado um ato instrutório quando o acusado não tinha sequer feito, ainda, a sua defesa. Por isso mesmo, o juiz fazia as perguntas tendo a visão dos fatos apenas sob as lentes da ação penal. Dessa forma, a ideia efetiva da Lei nº 10.792, de 2003, só veio a ganhar substância com a aprovação da Lei nº 11.719, de 2008, que, complementando a nova disciplina dada ao interrogatório, desconstruiu completamente a natureza probatória desse ato processual, para colocá-lo como efetivo meio de defesa, na qualidade de direito outorgado ao acusado de, após a produção de todas as provas, poder, em audiência perante o juiz, na qual está presente quem é o responsável pela imputação criminosa que lhe é feita, dar a sua versão dos fatos, produzindo aquilo que se convencionou chamar *defesa natural* (direito de audiência), subprincípio da cláusula constitucional da ampla defesa. O mesmo se verifica com a aprovação da Lei nº 12.403, de 2011. Só agora se compreende, ao certo, porque o ofendido deve ser intimado das decisões sobre a prisão do acusado. É que, como aqui exposto, diante das alterações operadas pela Lei nº 12.403, de 2011, o ofendido tem legitimidade para pedir a aplicação de qualquer medida cautelar, seja ela detentiva, ou não[52].

Como se nota, para uma melhor consistência e coerência sistêmica do ordenamento processual penal, não se pode deixar de reconhecer, era de fundamental importância que todos os projetos fossem aprovados e entrassem em vigor no mesmo momento.

Mas não é só. Há várias incongruências entre as 5 (cinco) leis aprovadas que compõem, até aqui, a Reforma Tópica (global) do processo penal, algumas delas mercê das diversas alterações que foram introduzidas no Parlamento, as quais nem sempre observaram a coerência sistêmica esboçada pela Comissão de Reforma, especialmente em razão da dinâmica de trabalho nas Casas Legislativas. O mais grave é que os três projetos de lei que foram transformados nas Leis nºs 11.689; 11.690 e 11.719, de 2008, apesar de aprovados em conjunto no Parlamento, tiveram relatores diferentes tanto na Câmara dos Deputados quanto no Senado, quando tudo recomenda, em uma reforma tópica, um relator único, em cada Casa Legislativa, para todos os projetos[53].

A falta de adoção dessa regra trouxe alguns senões que comprometem a integridade e coerência sistêmica da reforma do Código de Processo Penal. Vamos pinçar, aqui, aquelas que se apresentam mais evidentes, e que, de certo modo, podem dar ensejo a sérias divergências.

A fim de sanar a atecnia do Código de Processo Penal, a Lei nº 11.719, de 2008, procurou eliminar a confusão entre procedimento e processo[54] e disse que os procedimentos comuns seriam o ordinário, o sumário e o sumaríssimo. O rito referente ao tribunal do júri, dessa

---

52 Cf. item 6.1.7.3, infra.
53 Ainda assim, em razão da demora da sanção presidencial em relação à Lei nº 11.719, de 2008, essa Lei só entrou em vigor depois das outras duas.
54 Cf. item 5, infra.

forma, passou a ser considerado procedimento especial. Nada obstante, não se atentou para alterar as nomenclaturas tanto do Livro II, quanto dos Títulos I e II, de modo que os procedimentos comum e especial estão inseridos no Livro *DOS PROCESSOS EM ESPÉCIE*, e, respectivamente, nos Títulos *DO PROCESSO COMUM* e *DOS PROCESSOS ESPECIAIS*. Ora, o que é comum ou especial é o procedimento, não o processo. Como se não bastasse, os procedimentos do tribunal do júri e do sumário permaneceram na mesma localização topográfica no Código. Com isso, o procedimento do tribunal do júri continua no Título I, cuja rubrica é *DO PROCESSO COMUM*, enquanto o procedimento sumário, agora reconhecido como comum, está no Título II, cuja denominação é *DOS PROCESSOS ESPECIAIS*. Quem lê o código fica perplexo, situação que só é explicada com o bosquejo histórico.

O art. 394, § 4º, do Código de Processo Penal, diz que os arts. 395 a 398 se aplicam a todos os procedimentos, ordinário, sumário, sumaríssimo e especial, mesmo àqueles disciplinados em lei extravagante, porém o art. 398 não existe, uma vez que não foi aprovado pelo Parlamento.

Na ideia original da Comissão de Reforma, o juízo de admissibilidade da denúncia deveria ocorrer, apenas, depois da defesa escrita. Houve alteração no Parlamento, de modo que o art. 396, caput, do CPP ((Lei nº 11.719, de 2008), deixa claro que, não sendo rejeitada a denúncia, o juiz deverá recebê-la, mas, por lapso, não se fez a alteração do art. 399, caput, do CPP (Lei nº 11.719, de 2008) que, em sintonia com o texto original, assevera que, após a defesa, não tendo sido o caso de absolvição sumária, o juiz receberá a denúncia. Fica a falsa impressão de que o juízo de admissibilidade da ação penal se dará em dois momentos distintos[55].

De acordo com o texto do art. 396-A, caput, parte final do CPP, introduzido pela Lei nº 11.719, de 2008, ao arrolar testemunhas, a defesa, caso queira que haja intimação pelo Judiciário, terá de demonstrar a necessidade. Porém, em se tratando de um sistema acusatório, no qual o Ministério Público deve ser tratado como parte e não pode ter privilégios em relação ao acusado, deveria ter sido providenciada, igualmente, a modificação do art. 41 do CPP, para dizer que a mesma providência há de ser feita na denúncia, ao indicar as testemu-

---

55 Cf. item 5.1.3, infra.

nhas[56]. Ademais, inovando em relação ao antigo art. 455, caput, do CPP, o art. 461, caput, com a redação determinada pela Lei nº 11.689, de 2008, diz que o julgamento pelo júri não será adiado se a testemunha não comparecer à sessão, salvo se uma das partes, ou seja, Ministério Público ou a defesa, houver requerido a intimação por mandado. Ou seja, de praxe, não haverá intimação judicial, sendo da alçada tanto do Ministério Público quanto da defesa providenciar o comparecimento das testemunhas por eles arroladas.

O mesmo art. 396-A, caput, na penúltima parte, exige que, com a resposta, a defesa, desde logo, especifique as provas que pretende sejam produzidas, o que compreende o requerimento de perícia. Nada obstante, não se providenciou, igualmente, modificação no art. 41 do CPP, para deixar claro que o pedido de esclarecimentos periciais pelo Ministério Público, em homenagem à cláusula da isonomia, tem de ser na denúncia.

Ao tratar do prazo para a defesa quando a citação é feita por edital, o art. 396, parágrafo único, do CPP, acrescentado pela Lei nº 11.719, de 2008, preceitua que o prazo, de dez dias, será contado "... a partir do comparecimento pessoal do acusado ou do defensor constituído', quando, em verdade, o chamamento não será para ele comparecer em Juízo, mas sim para ele se defender, daí por que o prazo deveria ser contado a partir da publicação do edital[57]. O inciso IV do art. 365 do CPP, ao dizer que o edital indicará "o juízo e o dia, a hora e o lugar em que o réu deverá comparecer", assim o fez porque, antes das alterações da Lei nº 11.719, de 2008, o acusado era citado para ser interrogado. Agora, como a citação é para se defender, não tem mais sentido o edital de citação assinalar uma data e local para comparecimento do acusado. Faltou fazer essa correção.

Os incisos I e II do art. 363 do Código de Processo Penal foram revogados pela Lei nº 11.719, de 2008, porém, não se providenciou a revogação, igualmente, do art. 364, cujo conteúdo faz referências àqueles incisos.

O § 1º do art. 363 do CPP, introduzido pela Lei nº 11.719, de 2008, ao tratar da citação por edital, não faz qualquer referência a prazo, porém, o art. 361 da redação originária do Código de Processo Penal estabelece, para o caso de citação por edital, o prazo de 15 (quinze) dias.

---

56 Cf. item 5.1.1.2, infra, que faz abordagem sobre os requisitos da ação penal.
57 Cf. item 5.1.5.2, infra, que trata da crítica ao prazo para a resposta, quando a citação é feita por edital.

O art. 399, caput, do CPP (Lei nº 11.719), ao indicar as pessoas que deverão, necessariamente, ser intimadas para a audiência de instrução e julgamento, omite o ofendido, enquanto o § 2º do art. 210 do CPP (Lei nº 11.690, de 2008), a torna obrigatória, mesmo que não seja para depor.

No que diz respeito à inquirição das testemunhas, em harmonia com o sistema acusatório, adotou-se o sistema direto ou do *cross examination* (art. 212, caput, primeira parte, do CPP — Lei nº 11.690, de 2008), a par de, em consonância com esse modelo, definir que a função do juiz se restringe à complementação sobre os pontos não esclarecidos (art. 212, parágrafo único, do CPP — Lei nº 11.690, de 2008)[58]. Em direção diametralmente oposta e inadequada, o art. 473, caput do CPP (Lei nº 11.689, de 2008), apesar de adotar o sistema direto, dá a ordem de inquirição com o juiz sendo o primeiro a fazer perguntas, em nada se justificando esse tratamento diferente, ainda que se trate de sessão do tribunal do júri.

O art. 185, § 1º, do CPP (Lei nº 10.792, de 2003), determina, como regra, o interrogatório do preso no estabelecimento prisional, enquanto o art. 399 e seu § 1º do CPP (Lei nº 11.719, de 2008), que será em audiência, devendo ser feita a requisição para o comparecimento. No art. 188 do CPP (Lei nº 10.792, de 2003), tendo em conta que o interrogatório é exercício do direito de defesa, que se traduz, em verdade, no direito de audiência do acusado com o responsável pelo seu julgamento, foi mantido o sistema presidencial, cabendo às partes apenas a complementação, enquanto na sessão do tribunal do júri, por força do art. 457, § 1º, do CPP (Lei nº 11.689, de 2008), permite-se as perguntas diretas pelas partes[59].

A Lei nº 10.792, de 2003, embora tenha modificado o art. 186 do CPP, para dizer, no parágrafo único, que "O silêncio, que não importará em confissão, não poderá ser interpretado em prejuízo da própria defesa", inadvertidamente, deixou de revogar o art. 198, que tem conteúdo diametralmente oposto: "O silêncio do acusado não importará confissão, mas poderá constituir elemento para a formação do convencimento do juiz."

Em relação ao júri, o art. 409 (Lei nº 11.689) estabelece que o Ministério Público deve ser ouvido, no prazo de cinco dias, sobre as

---

58 Cf. item 5.1.8.5.1, infra. No referido item, é feita a explanação sobre a adoção do sistema do *cross examination*.
59 Cf. item 5.1.5.11, infra, a respeito do sistema do interrogatório.

preliminares e documentos, enquanto o art. 397, caput (Lei nº 11.719), em relação aos demais procedimentos, silencia quanto a essa necessidade, em homenagem ao princípio do contraditório[60].

A absolvição sumária está prevista tanto para os demais procedimentos (art. 397, I a IV — Lei nº 11.719) como para o rito do tribunal do júri (art. 415, I a IV — Lei nº 11.689), sem harmonia da terminologia. Ademais, há previsão da *extinção da punibilidade* (art. 397, IV — Lei nº 11.719, de 2008) como causa de absolvição sumária apenas para os demais procedimentos, enquanto só para o júri quando *provada a inexistência do fato,* (art. 415, I, do CPP) ou quando existente *prova de não ser o acusado autor ou partícipe do fato* (art. 415, II, do CPP, com redação da Lei nº 11.689, de 2008)[61].

No caso desse julgamento abreviado, em relação aos demais procedimentos, não se diz qual é o recurso cabível, ao passo que, em se tratando de processo afeto ao tribunal do júri, fala-se que é o de apelação (art. 416 do CPP — Lei nº 11.689, de 2008).

A prescrição, por força do art. 397, IV, do CPP, introduzido pela Lei nº 11.719, de 2008, está no rol das hipóteses de absolvição sumária. Todavia, não foi prevista como absolvição liminar no procedimento relativo aos crimes da competência do tribunal do júri, plasmada no art. 415 do CPP e, nem muito menos, consta do rol dos incisos do art. 386 do CPP, que trata da sentença absolutória[62].

Muito embora toda a reforma esteja calcada no princípio acusatório, não houve a alteração do art. 385 do Código de Processo Penal, que possibilita a prolação de sentença condenatória, mesmo quando o Ministério Público pede a absolvição. Essa regra era compatível com o sistema misto, de modo que a adoção do modelo acusatório com ela se atrita.

Revogou-se o art. 594 (Lei nº 11.719, de 2008), que condicionava o direito a recurso, quando o acusado não era primário ou não tinha bons antecedentes, ao prévio recolhimento à prisão, mas não foi revogado, igualmente, o art. 595, que falava em deserção, no caso de fuga, assim como perdeu-se a oportunidade, mais uma vez, de revogar o inciso I do art. 393, que já deveria ter sido revogado pela Lei Fleury. O legislador só cuidou de revogar os arts. 393 e 595 do CPP na segunda

---

60 Cf. item 5.1.6, infra, sobre a possibilidade de impugnação às preliminares e documentos tratados na resposta do acusado.
61 Cf. item 5.1.7, infra.
62 Cf. itens 5.1.9.8.4 e 5.3.1.3, infra.

etapa da Reforma Tópica, quando entrou em vigor a Lei n° 12.403, de 2011.

Um dos fins da Reforma Tópica é consolidar a cláusula da justiça restaurativa, porém, não se promoveu, com a Lei n° 12.403, de 2011, modificação no art. 326 do CPP, a fim de estabelecer, dentre os critérios para a fixação do valor da fiança, o prejuízo ocasionado com a infração[63].

A mais gritante de todas as incongruências, porém, é a do art. 265 do Código de Processo Penal. Por pura falta de atenção, o referido dispositivo tem o caput, os §§ 1° e 2° e um parágrafo único, sendo que o conteúdo deste é diametralmente oposto ao que dizem aqueles dois. Nos parágrafos, como inovação, afirma-se que, diante da impossibilidade de comparecimento do defensor, é possível adiar-se a audiência, enquanto no parágrafo único continua a regra anterior, segundo a qual essa circunstância não é motivo para o adiamento de nenhum ato judicial.

Como se verifica, a Reforma Tópica trouxe sério comprometimento da organização sistêmica do Código de Processo Penal. Ainda assim, em um primeiro instante, pareceu no mínimo despropositada a criação, pelo Senado Federal, de uma comissão de juristas para estudar a elaboração de um novo Código de Processo Penal, logo após a aprovação das Leis n°s 11.689, 11.690 e 11.719, todas de 2008, especialmente quando ainda estavam pendentes de apreciação, no Congresso Nacional, mais três projetos de lei. Mesmo com a aprovação da Lei n° 12.403, de 2011, e ainda que sejam aprovados os outros dois projetos de lei, é mais do que necessária a edição de um novo Código de Processo Penal. Como é natural, o projeto de novo Código de Processo Penal, já aprovado no Senado, merece várias críticas, ao passo que avança em algumas questões. Certamente a parte que merece maior atenção é quanto aos procedimentos, pois representa, a nossa sentir, retrocesso em relação à sistemática introduzida em nosso sistema com a Reforma Tópica. Outro ponto a merecer preocupação no projeto de novo CPP é quanto aos recursos, diante da pretensão de trazer para a área criminal a experiência do cível, no sentido de permitir, em princípio, impugnação de toda e qualquer decisão interlocutória, ademais de, em algumas questões, servir para permitir a rediscussão de assuntos que foram objeto de deliberação na aprovação da primeira fase da Reforma Tópica.

---

63 Cf. item 6.3.1.9.5, infra.

Não se pode pretender com o novo Código de Processo Penal fazer uma espécie de *reforma da reforma*, mantendo a linha de ação encetada com a Reforma Tópica, a qual está embasada no que há de mais moderno na área criminal, com os ajustes necessários, notadamente no sentido de tornar mais presente a oralidade.

Aliás, as várias reformas pontuais, especialmente a última, comentada mais amiúde neste livro, que mexe na estrutura do Código de Processo Penal, se apresenta como importante instrumento a permitir que, agora, se parta, decisivamente, para a edição de um novo Código, elaborado com melhor método e disposição dos institutos, tal como se tem no Código de Processo Civil, com a colocação dos dispositivos como desenvolvimento lógico das fases investigatória, postulatória (ação e defesa), probatória, decisória e recursal, ademais da rearrumação quanto à disposição de alguns assuntos, a exemplo do interrogatório, que não pode mais ficar no título referente às provas.

O novo Código de Processo Penal, proposto por meio do Projeto de Lei nº 156, de 2009, já aprovado no Senado, à espera de deliberação da Câmara dos Deputados, em linhas gerais, embora tenha incluído algumas novidades, como a figura do *juiz das garantias*, preservou os avanços promovidos com a Reforma Tópica. Infelizmente, na parte referente aos procedimentos, não foi mantida a ideia da concentração, sendo alvitrada a possibilidade de o juiz, em detrimento da audiência una, fracionar a instrução processual.

3.2.2. Aspectos centrais da reforma tópica/global do Código de Processo Penal

Como se vê, menos pelas leis aprovadas e mais pela forma adotada para a reforma global do Código de Processo Penal, que contou com a colaboração decisiva do Parlamento, na medida em que, do conjunto dos sete projetos, aprovou 1 (um), depois de cinco anos, mais três (3) e, por fim, quase 3 (três) anos depois, mais 1 (um), há uma patente e substancial desarmonia normativa no arcabouço do Código de Processo Penal. A despeito da necessidade de rearrumação das ideias, a ser promovida com a edição efetiva de um novo Código de Processo Penal, a arte da interpretação deve ser utilizada como ferramenta para contornar as dificuldades para um olhar sistêmico e coerente do ordenamento processual criminal.

Nessa empreitada, a efetiva compreensão dos aspectos centrais da reforma global do Código de Processo Penal, subjacente no conjunto das sete propostas encaminhas pelo Executivo ao Congresso Nacional, é importante contribuição para a interpretação sistêmica. De uma análise dos movimentos de reforma do Processo Penal no Direito Comparado, das posições e compromissos assumidos pelo Brasil perante a ordem internacional, da dogmática jurídica formada pela doutrina dominante e da jurisprudência do Supremo Tribunal Federal e do Superior Tribunal de Justiça e, por fim, das sete propostas tópicas que perfazem o conjunto da reforma global, por ora apenas parcialmente implementadas com a aprovação de 5 (cinco) delas em lei, o domínio das ideias a esse respeito pode ser dividido em: (1) Democratização do processo penal, alinhando-o à proteção dos direitos fundamentais, nos termos da Constituição e da Convenção Americana de Direitos Humanos. (2) Desconstrução do sistema misto, com consequente sedimentação do sistema acusatório, com todos os seus corolários lógicos: o juiz é o garantidor do processo e o Ministério Público assume definitivamente o papel de *dominus litis* da ação penal de iniciativa pública. (3) Duração razoável do processo. (4) Defesa efetiva e interrogatório no contexto do princípio da ampla defesa. (5) Simplificação, com plena adoção do princípio da oralidade, com a documentação dos atos praticados em audiência sem a necessidade de transcrição, e concentração dos atos processuais. (6) Maior proteção e assistência da vítima e satisfação de seus interesses, notadamente em relação à indenização pelos danos sofridos com a ação ilícita. (7) prisão processual como exceção, com a previsão de medidas cautelares diversas da prisão e redefinição do papel da fiança.

3.2.2.1. Democratização do processo penal, alinhando-o à proteção dos direitos fundamentais, nos termos da Constituição

O sentido nuclear da reforma global do sistema processual penal é a sua adequação à Constituição de 1988, notadamente quanto sua organização com base nos direitos fundamentais. Note-se que, após a Segunda Guerra Mundial, surgiu um novo paradigma constitucional que dá suporte para falar-se daquilo que se convencionou, entre os doutrinadores estrangeiros, denominar *Estado (neo)constitucional*.

O constitucionalista italiano Luigi Ferrajoli[64], em estudo dessa

---

64 Pasado y futuro del Estado de derecho. In: *Neoconstitucionalismo(s)*. Madrid: Editorial Trota, 2003. p. 18. Robert Alexy realça, com inteira procedência, que, no Estado constitucional, os direitos fundamentais se exprimem por meio de quatro características bem singulares: (a) são as normas de maior grau no sistema, de modo que todas as demais lhe devem conformação; (b) possuem a

questão, leciona que, se a primeira mutação do paradigma do Direito adveio com o nascimento do Estado moderno, *"un segundo cambio, no menos radical, es el producido en este último médio siglo com la subordinación de la legalidad misma — garantizada por uma específica jurisdicción de legitimidad — a Constituciones rígidas, jerárquicamente supraordenadas a las leyes como normas de reconocimiento de su validez"*.

De acordo como o contexto dessa nova ideia de Estado — o chamado *Estado Constitucional*, os direitos fundamentais possuem função *fundamentadora, interpretativa e supletiva* do ordenamento jurídico processual penal[65]. Nada obstante boa parte dos países, ao final da Segunda Guerra, seguindo a orientação da Declaração Universal dos Direitos Humanos de 1948, voltou a cultuar os direitos fundamentais, o Brasil não teve tempo suficiente para modificar a cultura do processo penal. Até porque a Constituição de 1946, embora tenha reeditado a supremacia dos direitos fundamentais em relação à *vontade do Estado*, teve curta vigência, uma vez que foi revogada pela Constituição de 1967, que, em relação a essa espécie de direitos, teve representação meramente simbólica. O *Direito subconstitucional nacional* permaneceu com a sua função hegemônica do ordenamento jurídico, razão pela qual o intérprete, na busca das respostas jurídicas para os casos concretos sobre os quais tinha que se posicionar, olhava o sistema de *cima para baixo*, partindo da legislação ordinária para o texto

---

máxima força jurídica, no sentido de que vinculam não apenas o Executivo e o Judiciário, mas igualmente o Legislativo, o que implica dizer "... que cada juez debe tener em cuenta em cada decisión los derechos fundamentales", (c) têm como objeto bens jurídicos da mais alta importância para o grupo social, não só do ponto de vista individual como coletivo; (d) alto grau de indeterminação, o que exige acurado trabalho interpretativo, pois o seu conteúdo somente é possível de ser identificado caso se some ao enunciado normativo a jurisprudência consolidada sobre os mais diversos aspectos pertinentes a sua abordagem Los derechos fundamentales en el estado constitucional democrático. In: *Neoconstitucionalismo(s)*. Madrid: Editorial Trota, 2003. p.34-36.

65   Em comentário sobre a reforma do processo penal operada na Itália, Mario Chiavario afirma que, no preâmbulo da Lei que delegou ao governo a redação do novo código, ficou ressaltado que um dos objetivos principais seria, além do respeito aos princípios constitucionais, a observância das cláusulas das convenções internacionais. (Processo penal na Itália. O processo penal na frança. In: *Processo penal e direitos do homem:* rumo à consciência europeia. Mereille Delmas-Marty (org.). Tradução Fernando de Freitas Franco. Barueri: Manole, 2004.)

constitucional. A norma constitucional, dessa forma, tinha uma *função complementar*, e não propriamente *fundamentadora, interpretativa e supletiva* do sistema jurídico.

A mudança de paradigma em nosso meio começou a partir da segunda metade dos anos oitenta, cuja base normativa é a Constituição de 1988, marco da *(re)tomada* da democracia como ideologia política do poder político nacional. Daí em diante, o sistema jurídico, em especial o processo penal, na esteira do ideário democrático, que tem como valor supremo os direitos fundamentais, necessita ser *(re)estruturado e visto* sob a perspectiva do conteúdo normativo e democrático dessas normas constitucionais, e não mais como um *instrumento de força* do Estado, como fora concebido quando editado sob a batuta da Carta de 1937.

Nesse novo modelo, as normas constitucionais, especialmente as que expressam valores essenciais, habitam, efetivamente, a pirâmide do sistema jurídico, nos sentidos formal e material, daí por que elas exercem a função hegemônica da ordem jurídica, relegando a segundo plano a legislação infraconstitucional. No *paradigma do Estado Democrático-Constitucional*, a Constituição é a ordem jurídica *global* e *concreta* que estabelece a base teórica de todo o ordenamento jurídico, cuja essência está na declaração, em forma de princípios, dos direitos fundamentais.

Se o processo penal regula o *dever-poder* de punir do Estado na perspectiva democrática, ele é um instrumento de tutela dos direitos essenciais da pessoa humana, razão pela qual a finalidade da reforma global foi, exatamente, alterar o modelo ditatorial e policialesco com o qual foi elaborado o Código de Processo Penal, a fim de adaptá-lo ao perfil do Estado constitucional, que tem como diretriz a pauta de valores escrita por meio dos direitos fundamentais declarados na Constituição. A par disso, mesmo em relação aos dispositivos que, por não terem sido objeto de alteração, permanecem com a sua redação originária, o Código deve ser enxergado sob uma nova perspectiva, a democrática, perquirida, principalmente, com a compreensão dos valores que alicerçam os direitos fundamentais.

A Presidente da Comissão de Reforma do Código de Processo Penal, ao enviar a proposta de reforma do Código de Processo Penal, que resultou na aprovação da Lei nº 10.792, em 2003, e, depois, das Leis 11.689, 11.690 e 11.719, de 2008, e 12.403, de 2011, ao redigir a exposição de motivos, ressaltou, como primeiro aspecto, que a ideia era alterar esse ordenamento para adaptá-lo ao conjunto de *princípios e regras* introduzidos no sistema penal pela Constituição de 1988.

3.2.2.2. Desconstrução do sistema misto, com consequente sedimentação do sistema acusatório, com todos os seus corolários lógicos: o juiz é o garantidor do processo e o Ministério Público assume definitivamente o papel de *dominus litis* da ação penal de iniciativa pública

O sistema adotado pelo Código de Processo Penal era o misto, razão pela qual havia exceções ao princípio acusatório, com a admissão de que, em alguns casos, o processo tivesse início por provocação do próprio juiz. O Código de Processo Penal chegava ao ponto de prever, no art. 531, que o processo criminal relativo às contravenções penais teria início com o auto de prisão em flagrante ou mediante portaria expedida pela autoridade policial ou pelo juiz, ou a requerimento do Ministério Público, forma que foi estendida, por força da Lei nº 4.611, de 1965, para as lesões corporais e homicídios culposos[66]. Desse modo, na sistemática do Código de Processo Penal, adotou-se um sistema misto, pois, embora como regra geral o processo fosse organizado sob a batuta do sistema acusatório, para alguns casos — contravenções, homicídios e lesões corporais culposos —, o processo podia ter início por portaria do juiz, o que é próprio do sistema inquisitivo. A circunstância de o legislador ter seguido um sistema misto, naturalmente, teve repercussão igualmente na redação de outros dispositivos, especialmente quanto à definição do papel que pode ser desempenhado tanto pelo juiz quanto pelo Ministério Público na relação processual.

Em alguns sistemas, como é o caso do português, a própria Constituição, de forma expressa, estabelece o sistema acusatório como o modelo do ordenamento processual penal. Embora a Constituição de

---

66 Vicente Greco ressalta que essas exceções ao princípio acusatório, "... apesar de terem resistido ao crivo jurisdicional por mais de 30 anos, eram, na verdade, inconstitucionais, e no novo texto constitucional desapareceram totalmente." (GRECO FILHO, Vicente. *Manual de processo penal*. 5. ed. São Paulo: Saraiva, 1998, p. 73). Como se nota, o processo poderia ser iniciado, de ofício, tanto pela autoridade policial quanto pelo juiz, algo que é difícil, hoje, acreditar que tenha vigorado em nosso sistema, até 1988.

1988 não tenha seguido essa linha, pode-se dizer que, implicitamente, acolheu o sistema acusatório como princípio retor do processo penal, até porque este é o único que se pauta em consonância com o modelo de Estado democrático. A interpretação sistemática da Constituição de 1988 conduz à conclusão de que o princípio acusatório está imanente no nosso ordenamento jurídico, a partir do momento em que, com a redação do art. 129, inciso I, da Constituição, tornou privativa do Ministério Público a propositura das ações penais de iniciativa pública[67]. Ademais, ao cuidar de disciplinar a organização do Poder Judiciário e definir as suas atribuições, não conferiu aos juízes a possibilidade de ajuizar ação penal, sequer de fazer a instrução investigatória.

A importância do modelo acusatório para a construção de um ordenamento processual criminal sob a arquitetura constitucional democrática é de tal maneira que, no esboço daquilo que se pode denominar *Teoria Constitucional do Processo Penal*, esse princípio se apresenta como um dos seis que se sobressaem da leitura dos direitos fundamentais plasmados na Constituição que orientam essa doutrina, com todas as repercussões daí decorrentes[68].

O Código de Processo Penal, portanto, precisa ser revisitado sob as lentes de um ordenamento jurídico democrático efetivamente inaugurado com base na Constituição de 1988, o que implica que a sua leitura seja feita sob a concepção de que ele não é orientado mais pelo sistema misto, mas sim pelo acusatório.

Note-se que a maioria dos doutrinadores, com muita propriedade, prefere falar em *sistema inquisitivo, sistema misto e sistema acusatório*, a falar em *princípio inquisitivo, princípio misto ou princípio acusatório*, pois, na verdade, cada um deles representa um sistema processual distinto, com características determinantes, das quais resultam diversos princípios próprios à forma escolhida pelo legislador. Por isso mesmo, com a mudança do sistema misto para o acusatório, não houve a simples alteração de um princípio específico do processo criminal, mas a transformação do paradigma mesmo desse ordenamento, advindo daí as mais diversas consequências, dentre elas a necessidade

---

[67] Na sistemática do processo criminal, a forma inquisitiva somente era admissível nos crimes que desafiavam ação penal de iniciativa pública. Por conseguinte, ao dizer que, nas ações penais de iniciativa pública, a função acusatória é privativa do Ministério Público, o constituinte suprimiu a possibilidade de a autoridade policial ou o juiz, em qualquer hipótese, dar início ao processo.
[68] SILVA JÚNIOR. Op. cit., p. 553-605.

de modificação substancial do Código de processo Penal, a fim de adaptá-lo a esse novo perfil.

De fato, com a mudança do modelo inquisitivo para o tipo acusatório, tem-se em mente a adoção de um sistema simplificado, transparente, oral, sendo o Ministério Público concebido como parte e assim tratado na relação processual, com substancial preocupação com as garantias do acusado, especialmente em relação à defesa efetiva, ao direito ao silêncio, à presunção de não-culpabilidade e à invalidade das provas obtidas por meios ilícitos, sem se descurar de resguardar o juiz para o desempenho propriamente da função de julgador, sem se imiscuir naquelas reservadas a quem é o autor da ação.

Com acuidade, a comissão que tratou de elaborar a proposta de modificação do Código de Processo Penal apontou, como segunda orientação dos trabalhos, a consideração da necessidade de estruturá-lo de acordo com o *modelo acusatório*, com o perfeito delineamento das *funções da acusação, da defesa e do juiz*, sob a batuta de um processo pautado em uma relação processual própria de um *sistema de partes*.

3.2.2.3. Duração razoável do processo

A morosidade do Judiciário é o centro de toda e qualquer abordagem crítica que lhe é feita, especialmente no âmbito criminal. Isso porque ela alimenta, decisivamente, o sentimento de impunidade, que se reaviva sempre que algum fato criminoso é explorado pela mídia. É um tema recorrente que desafia a identificação das causas e a busca de soluções.

O ponto de partida dessa questão é a análise e definição da duração razoável do processo. Os diversos níveis de complexidade de uma causa são determinantes na duração do processo. Aqueles contra o crime organizado, pelas inúmeras conexões e atividades ilícitas envolvidas, não podem ser resolvidos com a mesma rapidez que se espera quando se trata de um furto simples.

O objeto do processo criminal é gerenciar a crise social gerada pela ação ilícita com o escopo voltado à manutenção e/ou restauração da segurança da vida em sociedade. Se assim é, mais do que o processo civil, o criminal precisa ser elaborado tendo como orientação a rápida solução do problema levado a julgamento pelo Judiciário. Se, de um lado, a demora do processo causa, na sociedade, a falsa impressão de impunidade, de outro, o decurso de excessivo espaço de tempo entre a ocorrência do fato e o julgamento definitivo do acusado torna ineficiente ou mesmo contraproducente a execução do que for determinado na sentença definitiva.

Isso porque, na medida em que se acredita que a solução criminal, qualquer que seja a situação do caso concreto, deve ser alvitrada no propósito de buscar, dentro do possível, a recuperação do agente autor da ação ilícita, tem-se que a resposta criminal exige celeridade. A rapidez se impõe uma vez que, enquanto não for adotada a medida adequada para a recuperação do agente, ele, de regra, continuará no convívio com a sociedade, podendo, a todo e qualquer momento, exteriorizar a sua propensão ao delito ainda não tratada devidamente. Sem embargo disso, passado lapso temporal considerável após a ocorrência do delito, não só parece ineficiente, como indevido mesmo, submeter a pessoa ao cumprimento de uma medida ou sanção penal — principalmente esta —, quando, ao longo desse período, ele tenha demonstrado a sua plena recuperação[69]. Nesse caso, a pena seria meramente retributiva, o que não se mostra em sintonia com um sistema criminal de cunho democrático.

Nesse cenário, a demora do processo criminal é tormentosa igualmente para o acusado, até pelos problemas pessoais, familiares e sociais que isso acarreta, incluídos os malefícios de ordem psicológica daí advindos, campo fértil para a proliferação de doenças psicossomáticas[70]. Sensível a esse aspecto, alguns países inserem, dentre os direitos fundamentais, o direito do acusado de ser julgado dentro de um prazo razoável. Sem registro na tradição constitucional nacional, a Constituição de 1988, conquanto tenha incorporado, ao lado do devi-

---

[69] Se o acusado, durante o lapso temporal posterior à prática do ilícito em apuração no processo, manteve-se comportado, convivendo normalmente com o grupo social, e mesmo com a demonstração de que as agruras do processo criminal fizeram com que se (re)orientasse na vida, não parece razoável que ele venha a ser compelido a cumprir uma sanção cujo escopo seja buscar uma recuperação que já ocorreu.

[70] Em rumoroso caso de homicídio ocorrido em Município do interior do Rio Grande do Norte, diante da repercussão negativa do crime, ninguém queria defender o acusado. Em razão disso, o processo, à falta de advogado que aceitasse a causa, ficou certo tempo paralisado. O acusado, impaciente, mesmo solto, procurou o juiz de direito, para pedir que ele fosse, de uma vez por todas, julgado. No final, quando finalmente ocorreu a sessão do júri, foi absolvido. Esse não foi um caso isolado vivenciado na atividade forense.

do processo legal, outras garantias no rol dos direitos fundamentais, em sua redação originária, não trouxe nenhuma cláusula expressa quanto à celeridade do processo criminal na qualidade de direito afeto ao acusado, independentemente de ele se encontrar preso, ou não[71]. De todo modo, o Supremo Tribunal Federal vinha reconhecendo que o direito do acusado ao julgamento em prazo razoável estava implícito em nosso sistema constitucional e, ademais, que ele estava garantido na Convenção Americana sobre Direitos Humanos (art. 7º, n°s. 5 e 6), ratificada pelo Brasil[72].

No desiderato de contornar a omissão sentida na Constituição de 1988, a emenda Constitucional nº 45, de 2004, que cuidou da primeira etapa da Reforma do Judiciário, acrescentou ao rol dos direitos fundamentais, contemplado no art. 5º, o inciso LXXVIII, a fim de estabelecer que "a todos no âmbito judicial e administrativo, são assegurados a razoável duração do processo e os meios que garantam a celeridade de sua tramitação".

As Leis nºs 11.689, 11.690 e 11.719, todas de 2008, têm como uma das orientações centrais a preocupação em dotar o sistema criminal de mecanismos indispensáveis em busca de uma duração razoável do processo. A previsão de prazo máximo (no rito ordinário de 60 dias, no sumário de 30 dias e no júri de 90 dias) entre a data do recebimento da denúncia (entendida esta a decisão interlocutória sobre os argumentos expostos na resposta do acusado) e a realização da audiência de instrução e julgamento no processo, não é mera retórica. Serve para estabelecer parâmetros para se observar o tempo razoável de duração do processo.

Infelizmente, na parte fundamental sobre a duração razoável que é quanto à prisão processual, o legislador não cuidou, na segunda etapa da Reforma Tópica, em estabelecer o prazo de validade da prisão preventiva. De forma expressa, temos, apenas, o prazo de duração da prisão temporária que é, conforme o crime, de 5 (cinco) ou 30 (trinta) dias, prorrogável, respectivamente, por iguais prazos. De qualquer

---

71 A Sexta Emenda à Constituição americana, em sua primeira parte, diz que "Em todo processo criminal, o acusado terá direito a um julgamento célere..."
72 BRASIL. Supremo Tribunal Federal. O JULGAMENTO SEM DILAÇÕES INDEVIDAS CONSTITUI PROJEÇÃO DO PRINCÍPIO DO DEVIDO PROCESSO LEGAL, Relator Ministro Celso de Mello, Classe: HC/SP, Segunda Turma, Data da decisão: 18/12/2000, Disponível em: www.stf.org.br/jurisprudencia. Acesso em: 14 fev. 2005.

forma, com a contagem dos prazos processuais, é possível afirmar qual é a duração razoável do processo, quando houver prisão preventiva. Estando o acusado preso, a estimativa do lapso temporal que caracteriza a duração razoável do processo se presta para definir se, em um determinado caso concreto, o acusado está recolhido à prisão por mais tempo do que o permitido em lei, ou não. Inclusive, com base na estimativa de prazo para a conclusão do processo, feita a seguir, no item 6.2.5.3, infra, é estabelecida a duração razoável da prisão preventiva, lapso temporal que, quando extrapolado, em tese, caracteriza constrangimento ilegal, em razão de o acusado ficar preso por mais tempo do que o determinado em lei, sanável por via do habeas corpus.

Por outro lado, delimitação da duração razoável do processo serve, ainda, como termômetro para verificar a eficiência da atuação jurisdicional e orientar a elaboração de plano estratégico, para fins de definição de metas a serem atingidas e, até mesmo, para que o Ministério Público, o ofendido e/ou sua família ou o próprio acusado reclamem diante da morosidade. No Conselho Nacional de Justiça, em seu Regimento Interno, inclusive, há espécie de procedimento específico para reclamação contra a demora na tramitação do processo.

Na sistemática anterior, a jurisprudência firmou o entendimento de que a duração razoável do processo era de 81 (oitenta e um) dias. Naturalmente, a modificação dos procedimentos exige a revisão desse prazo, que há de ser definido conforme as novas regras. Na primeira edição deste livro, fizemos o exame desse assunto e chegamos a estabelecer prazos específicos conforme os procedimentos ordinário, sumário e relativo ao tribunal do júri. Nesta segunda edição, estamos fazendo algumas complementações, diante de algumas variáveis, incluindo as situações em que a defesa é por defensor constituído ou pela defensoria pública ou dativa.

Como veremos a seguir, da conclusão e envio do inquérito policial até a decisão sobre a resposta do acusado os prazos são idênticos para os procedimentos ordinário, sumário e do tribunal do júri. As singularidades têm início com os prazos diferentes estabelecidos para a realização da audiência de instrução e julgamento, pois o do ordinário é de 60 (sessenta) dias, o do sumário é de 30 (trinta) dias e o do tribunal do júri de 90 (noventa) dias.

Para melhor exposição, o assunto será tratado abaixo, em três itens específicos para cada espécie de procedimento.

Antes de iniciar o exame dos prazos processuais para fins de estimativa da duração razoável do processo, registre-se que a Lei nº

12.483, de 8 de setembro de 2011, inseriu o art. 19-A na Lei nº 9.807, de 13 de julho de 1999, a fim de estabelecer a *prioridade na tramitação do inquérito e do processo criminal em que figure indiciado, acusado, vítima ou réu colaboradores, vítima ou testemunhas protegidas pelos programas de que trata a lei.*

3.2.2.3.1. Duração razoável do processo no procedimento ordinário

Antes de mencionar cada um dos prazos, é preciso fazer alguns esclarecimentos. Na contagem dos prazos, vamos partir da premissa de que não seria gasto um dia sequer para a distribuição, uma vez que a Constituição determina que seja imediata. Isso não é impossível e, em se tratando de acusado preso, é necessário que seja observado. Note-se que na Justiça Federal da Quinta Região, nos juízos informatizados, que estão utilizando o Processo Judicial Eletrônico — PJE, a distribuição é automática, a qualquer hora do dia, com o envio do documento.

Por outro lado, o CPP não regula, expressamente, o prazo para cumprimento de mandado pelo oficial de justiça. Assim, aqui se aplicou, analogicamente, o prazo de dois dias previsto para que o escrivão cumpra as determinações do juiz, estampado no art. 799 do CPP. A esse respeito, releva ter presente que dificilmente um mandado é cumprido pelo oficial de justiça no prazo de dois dias. Em qualquer lugar do mundo, mesmo um tempo médio entre cinco a dez dias para o cumprimento dos mandados pelos oficiais de justiça seria um prazo mais do que razoável. Apesar de termos considerado várias nuances, é preciso, ainda, ter em conta que, em alguns processos criminais, que não é tão raro quanto se pensa, há número excessivo de acusados e/ou de testemunhas para serem ouvidos. Quando são muitos os réus e testemunhas, dificilmente os prazos serão rigorosamente cumpridos. Especialmente quando há a necessidade de expedição de carta precatória ou rogatória.

Feitos esses esclarecimentos, vamos ao detalhamento, primeiro, do procedimento ordinário, tendo em consideração que o acusado possui defensor constituído:

a) 10 (dez) dias: a conclusão do inquérito (art. 10 do CPP);
b) distribuição imediata (art. 93, XV da CF);
c) 2 (dois) dias (art. 799 do CPP): ato ordinatório da secretaria/escrivania (remessa para o Ministério Público);

d) 5 (cinco) dias: denúncia (art. 46, caput, 1ª parte, do CPP);
e) 2 (dois) dias (art. 799 do CPP): ato de secretaria/escrivania (para conclusão ao juiz);
f) 5 (cinco) dias: decisão interlocutória simples de admissibilidade da ação penal (art. 800, II, do CPP);
g) 2 (dois) dias (art. 799 do CPP): atos de secretaria/escrivania (expedição do mandado de citação);
h) 2 (dois) dias (art. 799 do CPP — interpretação extensiva): cumprimento do mandado de citação pelo oficial de justiça;
i) 10 (dez) dias: resposta do acusado (art. 396, caput, do CPP);
j) 2 (dois) dias (art. 799 do CPP): ato de secretaria/cartório (conclusão ao juiz);
k) 5 (cinco) dias(art. 399 e 800, II, do CPP): decisão judicial (saneador); e
l) 60 (sessenta) dias (art. 400, caput, do CPP): realização da audiência de instrução e julgamento

A regra geral, portanto, é de que, no caso de procedimento ordinário, preso o acusado e com defensor constituído, a duração razoável do processo, e a consequente validade da prisão preventiva, é de *105 (cento e cinco) dias*. Na hipótese de se entender pela necessidade de intimação do Ministério Público para fins de manifestação sobre as preliminares e/ou documentos apresentados com a resposta, devem ser acrescentados mais 7 (sete) dias: (a) 2 (dois) dias: ato da secretaria/cartório (abertura de vista para o Ministério Público); e (b) 5 (cinco) dias: manifestação do Ministério Público, o que corresponderia a 112 (cento e doze) dias.

Esse prazo ainda pode ser elastecido, se as razões finais não forem feitas em audiência, com o acréscimo de mais 26 dias: (a) 2 (dois) dias: secretaria/cartório, por ato ordinatório, abrir vista para o Ministério Público; (b) 5 (cinco) dias: razões finais do Ministério Público; (c) 2 (dois) dias: secretaria/cartório abrir vista para a defesa; (d) 5 (cinco) dias: razões finais da defesa; (e) 2 (dois) dias: secretaria/cartório fazer a conclusão para o juiz; e (f) 10 (dez) dias: sentença, de modo que o prazo seria, conforme o caso, 131 (cento e trinta e um) ou 138 (cento e trinta e oito) dias.

A duração razoável do procedimento ordinário, quando a defesa do acusado é feita por advogado constituído, pode ser, dependendo das circunstâncias: 105 (cento e cinco), 112 (cento e doze), 131 (cento e trinta e um) ou 138 (cento e trinta e oito) dias.

Entretanto, sendo a representação processual do acusado patrocinada pela defensoria pública ou por defensor dativo, diante da contagem em dobro para as manifestações da defesa, tem-se o acréscimo de mais 10 (dez) dias. No caso de as razões finais serem apresentadas por memoriais, mais 5 (cinco) dias para a defesa. Portanto, o prazo de duração razoável, no procedimento ordinário, quando a defesa feita pela defensoria pública ou por defensor dativo, será 115 (cento e quinze), 122 (cento e vinte e dois) ou 146 (cento e quarenta e seis) ou 153 (cento e cinquenta e três) dias.

Em resumo, pode-se asseverar que, de acordo com o procedimento ordinário, quanto à duração razoável do processo e o prazo de validade da prisão preventiva, sem levar em consideração eventual prazo para cumprimento de diligência:

a) Defesa constituída:
(1) de regra: *105 (dias)*; ou
(2) se houver intimação do Ministério Público para falar das preliminares e/ou documentos anexados com a resposta, *112 (cento e doze) dias*; ou
(3) razões finais por memórias, sem o item 2: 131 (cento e trinta e um) dias;
(4) razões finais por memoriais, com o item 2: 138 (cento e trinta e oito) dias.
b) Defensa pública ou dativa:
(1) de regra: 115 (dias);
(2) se houver intimação do Ministério Público para falar das preliminares e/ou documentos anexados com a resposta: *122 (cento e vinte e dois) dias*;
(3) razões finais por memoriais, sem o item 2: 146 (cento e quarenta e seis) dias
(4) razões finais por memoriais, com o item 2: 153 (cento e cinquenta e três) dias.

Portanto, no caso de haver defensor constituído, o tempo de duração pode variar entre 105 (cento e cinco) e 138 (cento e trinta e oito) dias. Ao passo que, se tiver a participação da defensoria pública, pode variar entre 115 (cento e quinze dias) e 153 (cento e cinquenta e três) dias, isso se não houver, no curso do processo, antes ou depois da audiência, o deferimento da realização de diligência, perícia ou outro incidente qualquer, quando, então, o prazo para conclusão do processo vai depender do tempo necessário para levar a efeito a providência prévia.

Se for processo da competência da Justiça Federal, há de considerar-se, ainda, que o prazo para a conclusão do inquérito, ao invés da regra geral de 10 (dez) dias, é de 15 (quinze), podendo, inclusive, ocorrer a prorrogação por igual prazo, ou seja, mais 15 (quinze) dias. Assim, no âmbito da justiça federal, havendo defensor constituído, pode variar entre 110 (cento e dez) a 143 (cento e quarenta e três) dias e, no caso de prorrogação de mais 15 (quinze) dias para a conclusão do inquérito, mais 20 (vinte) dias, perfazendo, assim, conforme seja, entre 130 (cento e trinta) e 163 (cento e sessenta e três). Se houver defensor público, entre 120 (cento e vinte) e 158 (cento e cinquenta e oito) dias e, no caso de prorrogação do prazo do inquérito, mais 20 dias, perfazendo entre 140 (cento e quarenta) e 178 (cento e setenta e oito) dias[73].

3.2.2.3.2. Duração razoável do processo no procedimento sumário

Em relação ao procedimento sumário, quanto à regra geral, os atos e os prazos são os mesmos, sendo a única diferença, que influencia na diminuição do tempo de duração razoável, o intervalo para a realização da audiência de instrução, a contar da decisão sobre a resposta da defesa. Enquanto no procedimento ordinário, conforme o art. 400, primeira parte, do CPP, a audiência de instrução e julgamento tem de ocorrer no máximo em 60 (sessenta) dias após a decisão sobre a resposta da defesa, no sumário esse prazo é reduzido para 30 (trinta) dias (art. 531, caput, primeira parte, do CPP). Assim, de regra, a duração do processo no procedimento sumário, estando o acusado preso, é de 75 (setenta e cinco) dias[74].

Como não há, nesse tipo de rito, hipótese de determinação de diligências durante a audiência, de as razões finais serem apresentadas por memoriais nem de a sentença ser em gabinete, pode o tempo de duração ser acrescentado, apenas, de 7 (sete) dias, referentes à intimação do Ministério Público para impugnar as preliminares e/ou documentos apresentados com a resposta, e de 10 (dez) dias, quando a

---

73 Além de mais 15 (quinze) dias da prorrogação, 2 (dois) dias de atos cartorários para o recebimento e conclusão, 1 (um) dia para o despacho do juiz (art. 800, III, do CPP) e 2 (dois) dias para os atos burocráticos relativos à devolução.
74 Cf. item 5.2, supra.

defesa for pública, alcançando o prazo, respectivamente, de 82 (oitenta e dois), 85 (oitenta e cinco) ou 92 (noventa e dois) dias.

Resumidamente, tem-se o seguinte quadro:

a) Defesa constituída:
(1) de regra: 75 *(setenta e cinco) dias*; ou
(2) se houver intimação do Ministério Público para falar das preliminares e/ou documentos anexados com a resposta: *82 (oitenta e dois) dias*; ou
b) Defesa pública ou dativa:
(1) de regra: 85 (oitenta e cinco) dias; ou
(2) se houver intimação do Ministério Público para falar das preliminares e/ou documentos anexados com a resposta: *92 (noventa e dois) dias*.

Portanto, no caso de haver defensor constituído, pode variar entre 75 e 82 dias. Ao passo que, se tiver a participação da defensoria pública, pode variar entre 85 e 92 dias, isso se não houver, no curso do processo, antes da audiência, o deferimento da realização de diligência, perícia ou outro incidente qualquer, quando, então, o prazo para conclusão do processo vai depender do tempo necessário para tanto.

Como visto quando cuidamos do procedimento ordinário, no caso de processo da alçada da Justiça Federal, o prazo para a conclusão do inquérito é de 15 (quinze) dias, cabendo a prorrogação por mais 15 (quinze) dias. Assim, em se tratando de competência da justiça federal, pode variar entre 80 (oitenta) a 87 (oitenta e sete) dias e, no caso de prorrogação por mais 15 (quinze) dias para a conclusão do inquérito, mais 20 (vinte) dias, perfazendo, assim, conforme seja, entre 90 (noventa) e 107 (cento e sete) dias. Se houver defensor público, entre 90 (noventa) e 97 (noventa e sete) dias e, no caso de prorrogação do prazo do inquérito, mais 20 dias, perfazendo entre 100 (cem) e 107 (cento e sete) dias.

3.2.2.3.3. Duração razoável do processo no procedimento relativo ao tribunal do júri

Cabe considerar que o procedimento do tribunal do júri possui duas fases. Porém, o legislador, assim, como fez em relação aos ritos ordinário e sumário, estabeleceu o prazo razoável de duração do processo apenas entre a data da decisão sobre a resposta do acusado e o encerramento da primeira fase, restando, portanto, a indagação quanto à duração do processo em relação à segunda fase. Quanto à primeira fase, diante do que já foi aqui exposto, não há maior dificuldade, pois a diferença em relação à regra geral do procedimento ordinário é de que, entre a decisão sobre a resposta e a realização da audiência de instrução e julgamento, ao invés de 60 (sessenta) dias, o prazo de duração razoável estabelecido é de 90 (noventa) dias.

Dessa forma, de regra, o prazo é de 135 (cento e trinta e cinco) dias[75]. Assim como no procedimento sumário, na primeira fase do júri não há, nesse tipo de rito, hipótese de determinação de diligências em audiência, de as razões finais serem apresentadas por memoriais nem de a sentença ser em gabinete. Assim, em rigor o tempo de duração pode ser acrescentado, apenas, de 7 (sete) dias, referentes à intimação do Ministério Público para impugnar as preliminares e/ou documentos apresentados com a resposta, e de 10 (dez) dias, quando a defesa for pública. Todavia, conquanto não tenha a previsão de razões finais por memoriais, a sentença poderá ser prolatada em audiência, ou no prazo de 10 (dez) dias. Dessa maneira, o prazo de duração razoável, na primeira fase do procedimento do tribunal do júri, pode ser alargado para 142 (cento e quarenta e dois), 145 (cento e quarenta e cinco), 152 (cento e cinquenta e dois), 155 (cento e cinquenta e cinco) ou 162 (cento e sessenta e dois) dias.

Em suma, quanto à primeira fase do procedimento do tribunal do júri, o quadro é o seguinte:

a) Defesa constituída:
(1) de regra: *135 (cento e trinta e cinco) dias*; ou
(2) se houver intimação do Ministério Público para falar das preliminares e/ou documentos anexados com a resposta: *142 (cento e quarenta e dois) dias*; ou
(3) sentença em gabinete, sem o item 2: 145 (cento e quarenta e cinco) dias; ou
(4) sentença em gabinete, com o item 2: 152 (cento e cinquenta e dois) dias.
b) Defesa pública ou dativa:
(1) de regra: 145 (cento e quarenta e cinco) dias; ou
(2) se houver intimação do Ministério Público para falar das prelimi-

---

75 Cf. item 5.3.1, supra.

nares e/ou documentos anexados com a resposta: *152 (cento e cinquenta e dois) dias.*
(3) sentença em gabinete, sem o item 2: 155 (cento e cinquenta e cinco) dias; ou
(4) sentença em gabinete, com o item 2: 162 (cento e sessenta e dois) dias.

Como se vê, o prazo de duração razoável da primeira fase do procedimento relativo ao tribunal do júri, no caso de haver defensor constituído, variar entre 135 (cento e trinta e cinco) e 152 (cento e cinquenta e dois) dias. Ao passo que, se tiver a participação da defensoria pública, pode variar entre 145 (cento e quarenta e cinco) e 162 (cento e sessenta e dois) dias, isso se não houver, no curso do processo, antes da audiência, o deferimento da realização de diligência, perícia ou outro incidente qualquer, quando, então, o prazo para conclusão do processo vai depender do tempo necessário para levar a efeito a providência prévia.

Se for processo da competência da Justiça Federal, da mesma forma como nos procedimentos ordinário e sumário, o prazo para a conclusão do inquérito é de 15 (quinze), prorrogável por mais 15 (quinze). Nesse caso, havendo defensor constituído, pode variar entre 140 (cento e quarenta) a 157 (cento e cinquenta e sete) dias e, se houver prorrogação, para a conclusão do inquérito, mais 20 (vinte) dias, perfazendo, assim, conforme seja, entre 160 (cento e sessenta) e 177 (cento e setenta e sete) dias Se houver defensor público, entre 150 (cento e cinquenta) e 167 (cento e sessenta e sete) dias e, no caso de prorrogação do prazo do inquérito, mais 20 dias, perfazendo entre 170 (cento e setenta) e 187 (cento e oitenta e sete) dias.

Resta saber, porém, qual o parâmetro para estabelecer a duração razoável quanto à segunda fase. Não parece que aqui seja o caso de seguir a ideia de contar os prazos em si, até porque, dada a singularidade da segunda fase, ademais da forma como está regulamentada, esse não seria o melhor referencial. Até porque, como se sabe, não se marca a realização de uma sessão do júri como se procede em relação a uma audiência de instrução e julgamento pelo juízo singular. As normas referentes à preparação e organização da pauta, com a formação e convocação do corpo de jurados, impede, muitas vezes, que um processo, embora pronto para ir a júri, seja submetido a julgamento[76].

---

76 A esse respeito, cf. itens 5.3.2.1, 5.3.2.3 e 5.3.2.4, supra.

Ao que parece, a melhor orientação é a do art. 428, caput e § 2º, do CPP, que estabelece o prazo de 6 (seis) meses ou 186 (cento e oitenta e seis) dias, contado da data da preclusão da decisão de pronúncia, como o razoável para o julgamento pelo tribunal do júri, sob pena de desaforamento. Crê-se que esse é o tempo razoável, estando o acusado preso, processo que, inclusive, tem preferência em relação aos demais (art. 429, I, do CPP). Tanto é que o art. 428, § 2º, do CPP, confere ao acusado o direito de pedir ao *tribunal que determine a imediata realização do julgamento* do processo.

Ainda tendo em conta essas peculiaridades do procedimento destinado ao tribunal do júri, para fins de validade da prisão preventiva, quanto à caracterização, ou não, de constrangimento ilegal pelo fato de o acusado ficar mais tempo do que o devido, é de levar-se em consideração o prazo global apenas em relação a cada uma das fases. Portanto, quanto ao tribunal do júri, a duração razoável, estando o acusado preso, é a seguinte:

a) primeira fase: entre 135 (cento e trinta e cinco) e 162 (cento e sessenta e dois) dias;
b) segunda fase: 186 (cento e oitenta e seis) dias.

Na hipótese de o processo ser da competência da justiça federal, a primeira fase pode variar entre 140 (cento e quarenta) e 187 (cento e oitenta e sete) dias. Na segunda, os mesmos 186 (cento e oitenta e seis) dias.

3.2.2.4. Defesa efetiva e interrogatório no contexto do princípio da ampla defesa

A ampla defesa, na qualidade de princípio encartado dentre os direitos fundamentais, ao contrário do que se dá em relação ao processo civil, que é estipulado para os litigantes, não está previsto para as duas partes. É da nossa história constitucional que o direito à ampla defesa é estabelecido, apenas, em relação ao acusado. Ademais disso, conquanto na visão individual a ampla defesa seja um direito de se contrapor à imputação criminosa, no sentido coletivo, a ampla defesa representa o direito ao *giusto processo*[77]. É questão de ordem pública. Dessa

---

77 Cf. ASSOCIAZIONE FRA GLI STUDIOSI DEL PROCESSO PENALE. Il giusto processo. Milano Giuffré Editore, 1998.

forma, se para o processo civil a ampla defesa se mostra prestigiada apenas com a concessão de oportunidade para que ela seja manifestada, no ambiente criminal a defesa, além de substancial, ou seja, *efetiva*, tem de ser *eficiente*. A par de ter como elementos a *efetividade* e a *eficiência*, a ampla defesa criminal contempla, ainda, como característica, os direitos de *participação, audiência e silêncio*[78].

Na sistemática anterior, a defesa propriamente dita do acusado só era manifestada nas razões finais, posto que a defesa prévia era meramente facultativa, razão pela qual, de regra, era utilizada, apenas, para o arrolamento de testemunhas. Agora, após a citação, a defesa *efetiva* no início do processo é obrigatória[79].

De outra banda, o interrogatório, com o novo procedimento, deixa de ser o primeiro ato da instrução do processo, e passa a ser considerado, propriamente, como exercício do direito de defesa, ou melhor, o *direito de audiência* do acusado com o juiz responsável pelo seu julgamento. Sendo assegurado e ressaltado o *direito ao silêncio*, de ter *advogado presente* na audiência em que se dá o interrogatório, de *se entrevistar com o defensor* antes de prestar o depoimento e, ainda mais, de falar, apenas, após a produção de toda a prova, cria-se o ambiente necessário para que a defesa tenha mais efetividade. Para complementar essa garantia, com as mudanças, expressamente, determinou-se a aplicação, na seara do processo criminal, do princípio da *identidade física do juiz* (art. 399, § 1º, do CPP, introduzido pela Lei nº 11.719, de 2008), com isso querendo dizer que o magistrado vinculado ao processo é aquele perante o qual o acusado exercitou o direito de audiência[80].

3.2.2.5. Simplificação do processo, com plena adoção do princípio da oralidade, com a documentação dos atos praticados em audiência sem a necessidade de transcrição, e concentração dos atos processuais

O princípio retor da processualística moderna é o da simplificação. Não é de hoje que a tônica em volta da reforma do Judiciário se concentra na eliminação da burocracia cartorária, a fim de que a pres-

---

78 Cf. itens 5.1.5 e 5.1.5.1, infra.
79 Sobre a obrigatoriedade da resposta escrita, por meio de advogado, no prazo de dez dias, contado da citação, cf. item 5.1.5.3, infra.
80 O princípio da identidade física está tratado no item 5.1.5.8, infra.

tação jurisdicional seja mais ágil e eficiente. A Lei nº 11.419, de 2006, que dispõe sobre a informatização do processo, permite a adoção da técnica de Gerenciamento Eletrônico de Documentos (GED), com consequente automação do funcionamento do Judiciário. A tecnologia eletrônica é instrumento indispensável para a simplificação do processo. A reforma dá um importante passo no sentido de eliminar a burocracia, na medida em que admite a documentação dos depoimentos por meio de gravação audiovisual, sem necessidade da degravação[81]. Esse tratamento, por outro lado, homenageia o princípio da oralidade, que, até que enfim, passa a ser adotado no processo penal, na medida em que o juiz não precisará, por meio de ditado, consignar no termo de audiência o que for respondido pela vítima, testemunha e/ou acusado[82].

Indo mais além, o legislador eliminou o fracionamento da produção da prova oral, tendo como suporte as técnicas da concentração, da imediatidade e da economia dos atos processuais. Ao invés de uma audiência específica para os interrogatórios, outra para a inquirição das testemunhas arroladas pelo Ministério Público e mais outra para as testemunhas indicadas pela defesa, agora, em uma única audiência, todas essas pessoas devem ser ouvidas[83].

Mantendo coerência com essa ideia própria de um sistema acusatório, as perguntas às pessoas ouvidas, que eram realizadas por intermédio de reperguntas feitas pelo juiz, agora serão diretamente formuladas pelas partes, com a adoção do *cross examination* do sistema americano. Todo esse conjunto de alterações desburocratiza e confere velocidade bem maior às audiências, fazendo com que o seu tempo de duração seja bem mais razoável do que anteriormente[84].

Por fim, a audiência é de instrução e julgamento, de modo que, após encerrados os depoimentos, as partes devem apresentar as razões finais, vindo, em seguida, a sentença[85]. Em razão disso, as partes vão

---

81 Sobre a documentação por meio audiovisual da prova oral produzida na audiência, cf. o item 5.1.9.1.3, infra. Há sistemas eletrônicos inclusive gratuitos disponíveis. Basta a aquisição da câmera para a filmagem, cujos preços são bastante acessíveis.
82 Maiores considerações a respeito desse tema, cf. item 5.1.9.1.3, infra.
83 Cf. itens 5.1.9.1 e 5.1.9.1.1, infra, abordam a audiência una, ainda que realizada, quando necessário, em dias sucessivos.
84 O sistema do *cross examination* ou das perguntas diretas pelas partes está analisado no item 5.1.8.5.1, infra.
85 Sobre esses aspectos, cf. itens 5.1.9, 5.1.9.6 e 5.1.9.9, infra.

fazer mais razões finais em audiência do que por memoriais. Os juízes, por sua vez, proferirão mais sentenças em audiência do que em seus gabinetes. É uma mudança, como se vê, de cultura.

Lamenta-se que o legislador da segunda etapa da Reforma Tópica não tenha rendido homenagem ao princípio da oralidade, especialmente no procedimento a respeito do flagrante delito. Deveria ter sido prevista a apresentação do preso ao juiz, a fim de permitir melhor apreciação dos fatos pelo juiz, assim como dar ensejo propriamente ao contraditório, tal como se dá em outros sistemas jurídicos, sendo referência o Código de Processo Penal chileno, com o chamado *juízo oral*.

3.2.2.6. Maior proteção e assistência ao ofendido e satisfação de seus interesses quanto à indenização pelos danos sofridos com a ação ilícita, com base na ideia da justiça restaurativa

Um dos maiores desafios do processo penal reside em sua legitimidade, especialmente em relação à vítima, que é, ainda hoje, a grande esquecida do sistema criminal. Se é certo que a finalidade do processo não é atender aos fins dos governantes, porém aos lídimos interesses da sociedade, não se pode perder de vista a necessidade de que a resposta como resultado final do processo, na medida do possível, não se descure em satisfazer o sentimento de justiça do ofendido[86]. A doutrina processual, mesmo no campo cível, identifica a legitimidade do processo quanto mais próximo for o resgate, *in natura*, do direito lesionado. Embora não seja frequente, não raro se consegue com o processo civil o usufruto *in natura* do direito malferido e, quando tal não é possível, o resultado se aproxima disso, o que leva a maior satisfação da pessoa. Ademais, quando a *justiça é preventiva*, de modo que a atuação do Judiciário se dá quando ocorre a mera ameaça de lesão, tanto quanto mais legítima é a solução alvitrada por meio do processo.

Todavia, no processo criminal, isso não ocorre. A lesão ao bem jurídico, raramente, é satisfeita de forma plena por meio do processo criminal. A perda de um ente querido, a agressão física ou moral sofrida não são propriamente reparáveis por meio do processo criminal. Salvo em alguns casos de crimes contra o patrimônio, pode-se dizer

---

86 As modificações referentes ao ofendido, que foram inseridas tendo em conta o princípio da justiça restaurativa, estão contempladas no item 5.1.8.4 e 5.1.9.9.1, infra.

que a restauração é possível, mesmo assim, quando não há, na prática desses delitos, ofensa física ou moral.

No Direito Comparado registram-se intensos estudos sobre o papel da vítima no processo penal, o que gerou movimentos crescentes de associações internacionais, regionais e nacionais voltadas a "... delimitar, definir, difundir e assegurar os direitos da vítima." Em razão desses trabalhos, a Assembleia Geral das Nações Unidas de 29 de novembro de 1985, proclamou a Declaração dos Direitos Fundamentais da Vítima.

Esse movimento além fronteiras, na seara processual, recebeu o nome de *justiça restaurativa*[87], que propugna a reforma dos ordenamentos processuais criminais, no desiderato de que o ofendido seja olhado com mais consistência, para que sejam observados os seus direitos básicos que, a par do estabelecimento de regras pertinentes à participação mais ampla no processo e de segurança e proteção contra violências, abrange, igualmente, ações sociais que visem ampará-la com programas tendentes a reparar ou diminuir os efeitos maléficos do ilícito, sem embargo da reparação civil pelos danos sofridos. A reforma do processo penal, decisivamente, abraçou essa ideia, ao dar novo tratamento ao capítulo do ofendido e à reparação do dano ocasionado.

3.2.2.7. Prisão processual como exceção, com a previsão de medidas cautelares diversas da prisão e redefinição do papel da fiança

Se tinha uma parte do Código de Processo Penal comprometida com o regime de força sob a batuta do qual ele foi editado, estreme dúvidas, era a referente à prisão. Na redação originária do CPP, a ideia central era de que, em se tratando de crimes mais graves, o agente responderia o processo preso. Nesse momento, o critério para fazer a distinção entre os crimes mais ou menos graves era classificá-los em afiançáveis ou inafiançáveis. A maioria dos crimes era inafiançável.

---

[87] A ideia da justiça restaurativa é o estabelecimento de um sistema complementar ao processo criminal, a fim de conceber programas de segurança e auxílio não apenas às vítimas, mas igualmente às testemunhas e aos acusados. Esse tema, já debatido e regulamentado na ONU com a declaração sobre os princípios fundamentais de justiça para as vítimas de delitos e do abuso de poder, voltou a ser agitado no Décimo Primeiro Congresso das Nações Unidas sobre Prevenção do Delito e Justiça Penal, realizado em Bangkok, na Tailândia, em abril de 2005.

Ademais disso, não sendo o crime afiançável, se o agente fosse pego em flagrante delito, a regra é que ele ficaria recolhido à prisão, independentemente de haver, ou não, motivo demonstrando a necessidade do encarceramento. A fiança, portanto, era a única forma de o agente conseguir a liberdade provisória. Como se não bastasse, ao lado da prisão preventiva facultativa, havia a prisão preventiva obrigatória, de modo que, caso a pena prevista para a infração fosse igual ou superior a 10 (dez) anos, mesmo não tendo ocorrido a prisão em flagrante e não houvesse motivo para o recolhimento à prisão, o juiz deveria determinar o encarceramento. Era a prisão pela vontade da lei ou do legislador. O juiz não precisava fundamentar, sendo bastante a identificação do dado objetivo, qual seja, a quantidade da pena estabelecida para o crime em apuração. O regime jurídico do Ordenamento Processual Penal era tão rígido a esse respeito, que, se o acusado estivesse preso, sendo a sentença absolutória, o eventual recurso de apelação interposto pelo Ministério Público tinha efeito suspensivo quanto à soltura. Isto é, mesmo tendo sido absolvido, bastava que a impugnação da sentença pelo *parquet* para que o agente permanecesse preso.

A despeito das alterações pontuais que foram sendo levadas a efeito ao longo do tempo, essa sistemática foi desconstruída com a Lei nº 6.416, de 1977, ao enxertar um parágrafo único no então art. 310 do Código de Processo. A partir daí, houve a descaracterização da fiança, pois, independentemente de o crime ser afiançável, ou não, tendo ocorrido a prisão/detenção em flagrante delito, o juiz deveria decidir pela soltura do agente, caso não houvesse motivo para a decretação da prisão preventiva. Apesar dessa modificação substancial, ocorrida faz muito tempo no sistema normativo, muitos operadores jurídicos continuaram, quando se tratava de crime afiançável, a exigir o prévio pagamento da fiança para conceder a liberdade provisória. Por outro lado, paradoxalmente, quando se tratava de crimes inafiançáveis, portanto, mais graves, tais como hediondos ou a eles equiparados, em caso de flagrante delito, quando não havia fundamento para a prisão preventiva, o juiz simplesmente determinava a soltura, sem exigir nenhuma contrapartida. Outros juízes, cientes da incongruência, entendiam que, nesse ponto, a fiança estava revogada, o que significava na perda de sentido de sua previsão.

A Lei nº 12.403, de 2011, a qual promoveu o que denominamos segunda etapa da Reforma Tópica, procurou sanar essa incongruência. Consolidou a natureza jurídica de medida cautelar de toda e qualquer prisão processual e, indo mais longe, introduziu o princípio da subsidiariedade, de modo que o juiz só deve aplicar cautelar detentiva quando nenhuma das medidas diversas da prisão for adequada e suficiente para prestar a devida tutela ao processo criminal. Trouxe para o ambiente do processo penal a tendência moderna de procurar soluções outras diferentes da prisão, principalmente em se tratando de mera medida cautelar.

A fiança passa a ter novo papel no sistema processual, com a possibilidade de o juiz estimar valores significativos, compatíveis com as condições econômico-financeiras do agente, mas a forma como redigido o art. 310, II, do CPP, exige do intérprete a construção de entendimento que não traga como consequência tornar mais rígido o tratamento para os crimes afiançáveis que são menos graves em relação aos afiançáveis e, por outro lado, que prestigie, ainda mais, a intenção de situar a prisão processual como uma exceção.

4. Aplicação da lei processual penal no tempo

A discussão sobre a aplicação da lei processual penal nova, efetivamente, ocorre em relação aos processos em curso. Em linhas gerais, quanto à lei processual no tempo, há três teorias: (1) a da unidade processual, que considera o processo em sua integralidade, de modo que ele, conquanto se paute em vários atos, deve ser regido por apenas uma lei, necessariamente a velha, aquela que estava em vigor quando de seu início; (2) a das fases processuais, segundo a qual deve ser aplicada uma única lei em cada uma das fases do processo (postulatória, probatória, decisória, recursal e executória); (3) a que leva em consideração cada ato processual por si, em que a lei nova não tem reflexos sobre os atos já praticados, porém, aplica-se aos atos processuais ainda não praticados. Este é o *princípio da imediatidade*.

Assim como é em relação ao processo civil, por expressa disposição legal, a lei processual penal nova aplica-se, desde logo, ao processo em curso, sem prejuízo, naturalmente, da validade daqueles atos já realizados sob a vigência da lei anterior (art. 2º do CPP). Com isso, adota-se o princípio da imediatidade. Em rigor, pouco importa a data da prática do crime. O que se tem em consideração é o momento em que se vai praticar o ato processual. Até porque, se o processo é um conjunto ordenado de atos, a lei de regência é aquela que está em vigor na época em que vai ser praticado o ato processual.

As normas processuais, porém, com resquício de direito material, desde que beneficiem o acusado, podem ser aplicadas, até mesmo, aos processos criminais acobertados pela coisa julgada, diante do preceito constitucional que determina o efeito retroativo da lei penal, quando ela for mais benéfica para o acusado (art. 5º, XXXIX e XL da Constituição).

Adotado o princípio da imediatidade como regra, a Lei de Introdução ao Código de Processo Penal (Decreto-Lei nº 3.931, de 11 de dezembro de 1941) cuidou de estabelecer exceções. Embora desnecessário, diante da evidente natureza mista das normas processuais que tratam dos institutos da prisão preventiva e da fiança, o legislador cuidou de esclarecer que, em caso de lei nova a respeito dessas matérias, deverão ser aplicadas as regras mais favoráveis ao acusado (art. 2º). Quanto ao prazo, até mesmo o previsto para a interposição de recurso, já em curso no momento da entrada em vigor da nova lei, determina-se a aplicação da lei velha, desde que o prazo desta não seja menor. Ou seja, aplica-se a lei velha ou a nova, a depender de qual delas tenha o prazo maior. Em relação à prova testemunhal, o legislador seguiu, em certa medida, a orientação da teoria das fases do processo, pois afirmou que, iniciada a produção de prova testemunhal, aplica-se o rito da lei anterior, até a sentença de primeira instância (art. 6º, caput). Por fim, o legislador esclareceu, sem que fosse necessário, que, já tendo sido interposto o recurso, as condições de admissibilidade, a forma e o julgamento serão regulados pela lei anterior (art. 11).

No que diz respeito às regras específicas para o procedimento do tribunal do júri, a do art. 6º é norma transitória para disciplinar os casos em que os processos da competência do referido órgão jurisdicional passaram para o juiz singular, enquanto a do art. 10 trata dos quesitos, a fim de estabelecer que os relativos às causas de exclusão de crime ou isenção de pena devem ser formulados, sempre, de acordo com a lei mais favorável, assim como, no caso de condenação, o juiz deve fazer o confronto entre a pena aplicada e a que seria pertinente conforme a legislação anterior (§ § 1º e 2º).

Por fim, quanto à perícia, o art. 8º da Lei de Introdução ao Código de Processo Penal estabelece que, iniciadas antes da vigência da nova lei, deve-se aplicar a lei antiga.

De toda sorte, há divergência na doutrina quanto a se seria aplicável, ou não, essas regras do Decreto-Lei nº 3.931, de 1941, porquanto elas foram pensadas e editadas para disciplinar, especificamente, a entrada em vigor do novo Código de Processo Penal, de modo que não seriam pertinentes para regrar, quanto ao tempo, a aplicação das leis novas de alteração a esse diploma normativo. Conquanto a dicção normativa literal do art. 1º do Decreto-Lei nº 3.931/41 anime interpretação nesse sentido, essa não parece a melhor solução, até porque as regras nele encartadas se mostram razoáveis e têm o mérito de uniformizar o entendimento a respeito, evitando a instabilidade quanto à lei aplicável, ademais de não haver justificativa para tratamento diferente entre uma situação e outra. De todo modo, caso o legislador queira dar orientação diferente daquela que está na Lei de Introdução ao Código de Processo Penal, basta dispor, expressamente, a respeito, o que não foi o caso das Leis nºs 11.689, 11.690 e 11.719, de 2008, e 12.403, de 2011.

Não há, assim, maior problema quanto à aplicação no tempo das Leis nºs 11.689, 11.690 e 11.719, de 2008. As regras especiais pertinentes ao tribunal do júri não possuem aplicação pois com as inovações trazidas pela Lei nº 11.689, de 2008, não houve alteração quanto à competência do tribunal de júri nem em relação aos quesitos referentes às causas de exclusão de crime ou isenção de pena. Portanto, diante das peculiaridades do momento que motivaram as previsões contidas nos arts. 6º e 10 da Lei de Introdução ao Código de Processo Penal, não se enxerga nenhuma que seja aplicável à presente reforma albergada pela Lei nº 11.689, de 2008.

Registre-se, porém, que, nos processos em curso nos quais já realizado o interrogatório, mais ainda não encerrada a inquirição das testemunhas, deve ser conferida nova oportunidade, agora no final da audiência de instrução e julgamento, para novo pronunciamento do acusado. Como o interrogatório, com a nova sistemática, passou à categoria efetiva de direito de defesa, em que o acusado tem a oportunidade de se explicar perante o magistrado responsável pelo julgamento, após ter a ciência de toda a prova produzida contra si, se não for facultado o novo interrogatório, com certeza, isso poderá gerar nulidade, caso seja demonstrada ocorrência de prejuízo para a defesa.

Questão interessante, porém, é em relação à citação por hora certa. De acordo com a redação originária do art. 362 do CPP, certificado que o acusado se ocultava para não ser citado, esse tipo de comunicação processual deveria ser feito por edital, razão pela qual, caso fosse declarado revel e não constituísse advogado, era determinada a suspensão do processo quanto a ele, com consequente suspensão do prazo prescricional (art. 366, caput, do CPP). Como agora, nesse caso, a citação deve ser feita por hora certa (art. 362 e parágrafo único do CPP, com a alteração determinada pela Lei nº 11.719, de 2008), o que não ocasiona a suspensão do processo, nem muito menos da prescrição, o que importa saber é se essa norma se aplica, apenas, para os casos em que, na entrada em vigor da lei, ainda não tinha sido feita a citação por edital nos termos da norma que foi revogada, ou se ela alcança, igualmente, os processos nos quais já se determinou a suspensão.

Esse assunto será melhor explicado quando for abordado o acerto da reforma ao contemplar a previsão da citação por hora certa, sendo suficiente, por ora, dizer que, em verdade, a suspensão do processo, como decorrência lógica da revelia, tinha como pressuposto a ficção de que o acusado, por ter sido citado por edital, não tinha conhecimento da existência de uma demanda contra si, o que não se verificava quando essa modalidade de chamamento a Juízo se fazia pelo fato de ele se esconder para não ser citado[88].

A nova lei, em relação à fixação, na sentença condenatória, de valor mínimo líquido para fins de ressarcimento dos prejuízos, só deve ser aplicada em relação aos processos nos quais, quando de sua entrada em vigor, não houvesse sido ultrapassada, ainda, a fase das razões finais. Isso porque, na primeira instância, os momentos para a defesa a respeito desse tema são na resposta e nas razões finais. Ultrapassada a fase das alegações finais sob a regência da lei anterior, a lei nova não pode ser aplicada, sob pena de supressão de instância quanto à discussão da matéria em primeiro grau[89].

Divergência surgiu quanto à aplicação imediata do princípio da identidade física do juiz. O Supremo Tribunal Federal, seguido pelo Superior Tribunal de Justiça, firmou passo no sentido de que, nesse ponto, aplica-se a cláusula geral da imediatidade, todavia, *a aplicação do princípio da identidade física do juiz no processo penal antes do advento da Lei nº 11.719/08, sob a perspectiva da instrumentalidade das formas*, impõe *reconhecer nulidade apenas no caso de patente descompasso entre a decisão e as provas colhidas*[90]. As decisões do Superior Tribunal de Justiça, inclusive, são mais incisivas, ainda, quanto a ser mera nulidade relativa a inobservância do princípio da identidade física do juiz[91].

Por fim, em relação às novas regras referentes às medidas cautelares pessoais, incide a inteligência do art. 2º da Lei de Introdução do Código de Processo Penal, de modo que devem ser aplicadas, aos crimes praticados anteriormente à vigência da Lei nº 12.403, de 2011, as normas que forem mais favoráveis. Quanto à prisão preventiva, note-se que a disciplina atual é mais benéfica, uma vez que, com a nova lei,

---

88 No item 5.1.4.2, infra, o assunto é tratado mais amiúde.
89 A respeito desse aspecto, cf. item 5.1.9.9.1, infra.
90 BRASIL. Supremo Tribunal Federal. Relator Luiz Fux, Classe HC-ED/SP 104075, Primeira Turma, un., Data da decisão 27/09/2011, Acesso em 14 fev. 2011.
91 Cf. STJ, HC 201000355972, Relator Desembargador Convocado Celso Limongi, Sexta Turma, DJe 11/10/2010; HC 201000325213, Relator Ministro Félix Fischer, Quinta Turma, DJe 06/09/2010; e HC 200900848960, Relator Ministro Og Fernandes, Sexta Turma, DJe 19/10/2009.

só é admissível a sua decretação, como regra geral, nos crimes dolosos punidos com pena privativa de liberdade superior a 4 (quatro) anos, enquanto na anterior bastava que para o crime fosse prevista a pena de reclusão. No ponto, a Lei nº 12.403, de 2011, tem de ser aplicada retroativamente, por ser mais benéfica[92]. E mais, diante da regra da subsidiariedade, plasmada no art. 282, § 6º, do Código de Processo Penal, inserida pela Lei nº 12.403, de 2011, em rigor, todas as prisões processuais anteriores à vigência das novas regras precisam ser reexaminadas, a fim de se verificar a possibilidade de sua substituição por medida cautelar diversa da prisão. Esse foi um dos motivos pelos quais o Conselho Nacional de Justiça, ao editar a Resolução nº 137, de 13 de julho de 2011, a fim de regulamentar o Banco Nacional de Mandados de Prisão — BNMP, determinou que as corregedorias gerais dessem o apoio aos magistrados na revisão dos mandados de prisão já expedidos, a fim de verificar a necessidade, ou não, da manutenção da prisão preventiva decretada ou, até mesmo, a mera aplicação de medida cautelar diversa.

Há, porém, três aspectos de direito intertemporal, em relação à Lei nº 12.403, de 2011. Primeiro, na sistemática anterior, ou era o tudo, a prisão preventiva, ou o nada, a liberdade. A nova lei trouxe as medidas cautelares diversas, acompanhadas da cláusula de prevalência, de modo que quando uma delas, cumulada ou não com outras, for adequada e suficiente para tutelar o processo, o juiz não deve decretar a prisão processual. A prisão processual penal agora é medida cautelar subsidiária. Naturalmente que se deve aplicar retroativamente a nova lei, a fim de substituir a prisão processual por medida cautelar alternativa. Mas as medidas cautelares diversas da prisão são admissíveis em todo e qualquer crime punido com pena privativa de liberdade, pouco importando a quantidade da pena ou a espécie, se de reclusão ou detenção[93]. Diante dessa singularidade, a aplicação retroativa das medidas cautelares diversas só é aceita para os casos em que, conforme a disciplina anterior, era possível a decretação da prisão preventiva. Se assim não for, as medidas cautelares diversas serão aplicadas retroativamente para casos nos quais não havia nenhuma medida possível de ser determinada, em flagrante prejuízo para o agente.

Segundo, com as mudanças ocorridas, quando houver dúvida sobre a identidade civil da pessoa ou quando esta não fornecer elemen-

---

92 Cf. item 6.2.5.1.1, infra.
93 Cf. item 6.1.8, infra.

tos suficientes para esclarecê-la, a prisão processual é admissível, até mesmo, em se tratando de crime culposo, o que não era na regra anterior[94]. Nesse caso, portanto, não se pode ser aplicado o art. 313, parágrafo único, quanto aos crimes anteriores à vigência da Lei nº 12.403, de 2011.

Terceiro, houve o aumento considerável do rol dos crimes inafiançáveis. Em rigor, inafiançáveis permaneceram, apenas, aqueles assim considerados na Constituição, quais sejam, os crimes de: (a) racismo; (b) tortura, tráfico ilícito de entorpecentes e drogas afins, terrorismo e nos definidos como hediondos; (c) cometidos por grupos armados, civis ou militares, contra a ordem constitucional e o Estado Democrático (art. 323, incisos I, II e III, do CPP)[95]. Portanto, crimes para os quais o juiz não podia aplicar a medida alternativa consistente na fiança, agora, podem. Estreme de dúvidas que, nesse caso, a aplicação retroativa é mais prejudicial. A única forma de admitir-se a aplicação retroativa da fiança aos crimes anteriores à vigência da segunda etapa da Reforma Tópica é quando essa medida diversa é utilizada para fins de substituição da prisão processual decretada, conforme a tese defendida neste livro quanto à interpretação do art. 310, II, do CPP[96].

---

[94] Cf. item 6.2.5.1.4, infra.
[95] Cf. item 6.3.1.9.3, infra.
[96] Cf. item 6.2.4.1.5.4, infra.

5. Considerações sobre os procedimentos

Na sua arquitetura, o Código de Processo Penal de 1941 foi concebido em *Livros*, os livros em *Títulos*, os Títulos em *Capítulos* e os Capítulos em *Seções*. Dos seis *Livros*, o segundo foi denominado, atecnicamente, *DOS PROCESSOS EM ESPÉCIE*. Em verdade, deveria ser intitulado *DOS PROCEDIMENTOS* ou *DOS PROCEDIMENTOS EM ESPÉCIE*. O referido Livro está dividido em dois Títulos, atecnicamente chamados *DO PROCESSO COMUM* e *DOS PROCESSOS ESPECIAIS*.

Como se vê, ao invés de o legislador dizer que há o *procedimento comum e o especial*, fala que existem o *processo comum* e o *processo especial*. Acontece que o que é comum ou especial é o *procedimento*, não o *processo*. Como se não bastasse, influenciado pelo Código de Processo Criminal de 1832, o legislador originário do CPP classificou o tribunal do júri como espécie do procedimento comum. Consoante aqui foi visto, no Código de Processo Criminal de 1832, o rito previsto para a maioria dos crimes era o do tribunal do júri, daí por que ele era considerado como procedimento ordinário[97]. Todavia, na medida em que o rito do tribunal do júri foi restringido, de modo que passou a ser contemplado apenas para os crimes dolosos contra a vida, ele passou a ser especial, aliás, o mais especial de todos, diante das peculiaridades significativas em relação a sua composição, assim quanto ao seu funcionamento, com a previsão de duas fases bem distintas, a primeira, o juízo de acusação, da competência do juiz singular, e, a segunda, o juízo de julgamento, perante um colegiado, presidido por um magistrado, mas composto de pessoas leigas.

Por outro lado, o procedimento especial foi contemplado para os crimes de falência, contra a honra, de responsabilidade dos servidores

---

97 Cf. item 2.1, supra.

públicos e contra a propriedade imaterial. Incluiu, também de modo atécnico, o sumário dentro do procedimento especial.

O critério utilizado para a definição dos ritos ordinário e sumário era o tipo de pena previsto para o crime no Código Penal, o que bem demonstra que, em verdade, o rito sumário era comum, e não especial como dispunha a lei processual[98]. Para os crimes mais graves, agraciados com pena de reclusão, um procedimento mais amplo, o ordinário, ao passo que para os delitos menos graves, quando prevista a pena de detenção, o sumário. Em rigor, não havia diferença maior entre um rito e outro, a não ser quanto a pequenos detalhes, a saber:

a) Enquanto no ordinário eram previstas três audiências, uma para o interrogatório, uma para inquirição das testemunhas arroladas pelo Ministério Público e outra para as indicadas pela defesa, no procedimento sumário eram apenas duas, uma para o interrogatório e uma única para ouvir tanto as testemunhas arroladas pelo Ministério Público quanto pela defesa.

b) O número de testemunhas no ordinário era de oito, e no sumário de cinco.

c) No ordinário, após as inquirições das testemunhas, as partes, sucessivamente, primeiro o Ministério Público, tinham o prazo de 24 horas para requerer diligências, cuja necessidade ou conveniência se originasse de circunstâncias ou de fatos apurados na instrução, porém, no sumário, não havia essa fase.

d) As razões finais, no ordinário, eram no prazo de cinco dias, ao passo que no rito sumário, eram em audiência.

e) A sentença, no rito ordinário, era no prazo de cinco dias, enquanto no sumário, em audiência, podendo, porém, quando o juiz não se julgasse habilitado, ser proferida no gabinete.

Com apuro técnico, a Lei nº 11.719, de 2008, sanou algumas das impropriedades aqui apontadas. Corretamente, no art. 394, caput, do CPP, está dito que o procedimento será comum ou especial, para ressaltar, no § 1º, que o comum será ordinário, sumário e sumaríssimo. Abandonou-se o critério de fazer a divisão entre procedimento ordinário e sumário de acordo com a espécie da pena para adotar o da

---

98 Ora, como o procedimento sumário foi estabelecido para todo e qualquer crime punido com pena de detenção, ele não era especial, mas sim comum. Veja-se que o procedimento sumário, no processo civil, corretamente, é considerado como procedimento comum.

quantidade da pena privativa de liberdade da infração objeto do processo. Desse modo, na nova disciplina, o procedimento comum é:

a) Ordinário, quando a pena privativa de liberdade for igual ou superior a quatro anos. b) Sumário, quando a pena privativa de liberdade, superior a dois anos, for inferior a quatro. c) Sumaríssimo para as infrações de menor potencial ofensivo, assim considerados os crimes cuja pena máxima não é superior a dois anos e todas as contravenções, independentemente da quantidade da pena[99].

O procedimento do júri, acertadamente, ficou classificado como especial, pois comum são apenas aqueles assim definidos no § 1º do art. 394, do CPP.

De qualquer forma, infelizmente, o legislador, não se sabe o motivo, deixou de modificar os nomes do Livro II e dos Títulos I e II. Assim, os denominados procedimentos comum e especial estão inseridos no Livro *DOS PROCESSOS EM ESPÉCIE*, e, respectivamente, nos Títulos *DO PROCESSO COMUM* e *DOS PROCESSOS ESPECIAIS*. O pior é que o legislador não providenciou a modificação quanto às localizações topográficas dos procedimentos do tribunal do júri e do sumário. Assim, os artigos que disciplinam o procedimento do tribunal do júri estão grafados no Título I, cuja rubrica é *DO PROCESSO COMUM*. Por outro lado, o procedimento sumário, agora reconhecido como comum, está no Título II, cuja denominação é *DOS PROCESSOS ESPECIAIS*.

A Lei nº 11.719, de 2008, naturalmente, deveria ter feito a devidas retificações, mas, infelizmente, assim não procedeu. Essas anomalias vão ter de ser reparadas, com a brevidade possível[100].

Voltando a comentar sobre o conteúdo das modificações introduzidas pela Lei nº 11.719, de 2008, ao tempo em que se determinou a aplicação subsidiária das disposições do procedimento ordinário aos

---

99 O rito sumaríssimo, apesar de ser substancialmente diferente dos procedimentos ordinário e sumário, ainda assim, é, tecnicamente, comum, pois é definido para qualquer espécie de crime, conquanto que a pena não seja superior a dois anos. Apesar de esses crimes serem considerados de menor potencial ofensivo, note-se que o critério é o da quantidade da pena prevista na lei, não da natureza em si do delito. Ademais disso, independentemente do tipo de pena, é o procedimento estabelecido pela Lei nº 9.099, de 1995, para toda e qualquer espécie de contravenção.
100 Cf. 3.2.1, supra.

procedimentos especial, sumário e sumaríssimo, acrescentou-se que as regras contidas nos arts. 395 a 398 devem ser aplicadas a todos os procedimentos penais de primeiro grau, mesmo aqueles não tratados pelo Código de Processo Penal (art. 394, § 4°). Por via de consequência, as referidas regras deverão ser observadas, até mesmo, nos procedimentos regidos por leis extravagantes. Esses dispositivos dizem respeito às hipóteses de rejeição (art. 395 do CPP), ao recebimento da denúncia e à determinação da citação para a resposta, no prazo de dez dias (art. 396 do CPP), à obrigatoriedade da apresentação da defesa e o seu conteúdo (art. 396-A, § 1° e 2 §, do CPP) e ao instituto da absolvição sumária (art. 397 do CPP). A remissão ao art. 398 foi um lapso, na medida em que a proposta de que esse dispositivo passasse a dispor sobre a admissibilidade do recurso de apelação da decisão de rejeição da denúncia ou queixa não foi aprovada no Parlamento. Esse dispositivo, por conseguinte, não existe[101].

Note-se que, em diversos procedimentos, como os previstos para o processo e julgamento dos crimes de responsabilidade dos funcionários públicos (art. 513 do CPP), crimes de responsabilidade (art. 2°, I, do Decreto-lei n° 201, de 1967), nos processos da competência originária dos tribunais (art. 4°, § 1°, da Lei n° 8.038, de 1990), nos crimes de tráfico de entorpecentes (arts. 55 e 56 da Lei n° 11.343, de 2006), há a previsão de que, ofertada a denúncia, antes da decisão sobre o seu recebimento, ou não, deve ser notificado o acusado, para fins de apresentação de resposta. Essas previsões específicas para os procedimentos especiais, em razão da norma inserta no art. 394, § 4°, do CPP, foram revogadas, salvo em relação ao procedimento estabelecido na Lei n° 8.038, 1990, uma vez que não se trata de rito aplicável à primeira instância, mas sim aos tribunais[102].

Com efeito, o art. 396 do CPP, de forma peremptória, diz que, oferecida a denúncia, deve o juiz decidir sobre o seu recebimento ou não, devendo, no caso da admissibilidade, determinar, incontinenti, a citação para a apresentação da resposta no prazo de dez dias. Se esse dispositivo, por expressa disposição legal, é aplicável a todo e qualquer tipo de procedimento penal de primeiro grau, ainda que especial, re-

---

101 Cf. 3.2.1, supra.
102 Esse foi o entendimento sufragado no Fórum Nacional dos Juízes Criminais — FONACRIM, cujo enunciado contém o seguinte teor: "o § 4° do art.394 do CPP entendeu pela revogação da defesa preliminar da Lei de Drogas, em primeiro grau de jurisdição.".

gulado, ou não, no CPP, não cabe mais a notificação ou intimação para a apresentação da defesa preliminar, para só depois haver a decisão quanto ao recebimento, ou não, da ação penal.

De qualquer sorte, para evitar maiores discussões ou incidentes no trâmite processual, quando da elaboração do Plano de Gestão das Varas Criminais e de Execução Penal pelo Conselho Nacional de Justiça[103], foi alvitrada como melhor solução para os casos em que há lei especial prevendo a defesa preliminar antes do recebimento, o juiz, de imediato, determinar a realização da citação do acusado, deixando para decidir se recebe ou rejeita a ação penal para depois da resposta. Esse procedimento, ao tempo em que permite a eliminação da defesa preliminar prevista, preserva a garantia da ampla defesa do acusado e confere a celeridade necessária para o julgamento do processo, especialmente quando há acusado preso. Quando assim não procede o juiz, os termos da defesa preliminar são repetidos, *ipsis litteris*, em claro prejuízo, apenas, à duração razoável do processo,

Porém, em se tratando de crime contra a honra de competência do primeiro grau, deve o juiz, antes de receber a queixa, oferecer às partes a oportunidade para se reconciliarem, nos termos do art. 520 do CPP. Não havendo a reconciliação, então, deve ser prolatada a decisão sobre o recebimento, ou não, da ação penal, com consequente citação para a resposta pelo querelado.

De toda maneira, ao que parece, o art. 394, § 4º, do CPP, disse mais do que queria ou deveria. Decerto que o art. 396 do CPP não deve ser aplicado quanto ao procedimento estipulado para o juizado especial, uma vez que o prazo para a resposta é na data da audiência de instrução e julgamento, quando o juiz deverá, antes de iniciar a inquirição das testemunhas, decidir se a receberá, ou não.

Por fim, cabe registrar que, diante do entendimento adotado tanto pelo Supremo Tribunal Federal quanto pelo Superior Tribunal de Justiça, respectivamente, por meio das Súmulas nºs 723[104] e 243[105],

---

103 Coordenamos o grupo de trabalho que elaborou o Plano de Gestão, ademais de termos sido o relator da matéria em plenário do Conselho Nacional de Justiça, aprovada à unanimidade (Cf. http://www.cnj.jus.br/images/programas/justica-criminal/plano-gestao-varas-criminais).
104 "Não se admite a suspensão condicional do processo por crime continuado, se a soma da pena mínima da infração mais grave com o aumento mínimo de um sexto for superior a um ano."
105 "O benefício da suspensão do processo não é aplicável em relação às infrações penais cometidas em concurso material, concurso formal ou continuidade

não se tem dúvidas de que, na definição do procedimento aplicável, devem ser levadas em consideração as eventuais qualificadoras e causas de aumento e de diminuição. Dessa forma, no caso de concurso material e formal impróprio, as penas máximas devem ser somadas, de concurso formal próprio, deve-se aplicar o aumento na fração máxima (metade) e, na hipótese de crime continuado, a majorante máxima (dois terços). Até porque o critério eleito não foi a espécie de crime ou de sanção, mas sim a quantidade da pena.

5.1. Procedimento ordinário

O rito ordinário foi substancialmente alterado. De acordo com a disciplina anterior do Código de Processo Penal, seguindo a ideia preconizada por um sistema misto em que imperava um forte conteúdo inquisitivo, o procedimento ordinário era anacrônico e sobremaneira burocrático. Apresentada a ação penal, o acusado, ao invés de ser chamado para se defender por intermédio de advogado, era citado para, em dia e hora, comparecer em juízo, a fim de ser interrogado. Como o interrogatório foi catalogado dentre as espécies de prova, em rigor, a instrução do processo se iniciava quando o acusado, sequer, tinha se entrevistado com o seu advogado, até porque, não raro, nem mesmo ainda o tinha constituído. Como o Supremo Tribunal Federal, mesmo depois da Constituição de 1988, adotou o entendimento de que o acusado, a despeito do direito ao silêncio, podia ser conduzido coercitivamente para o interrogatório e que, nessa audiência, não era imprescindível a presença de defensor, era comum que o seu depoimento fosse prestado sem assistência jurídica, de modo que o advogado só era constituído depois desse ato judicial. Essa situação somente foi remediada com a vinda a lume da Lei nº 10.792, de 2003, que tornou obrigatória, no interrogatório, a presença de advogado constituído ou nomeado (art. 185, caput, do CPP). Como se disse, essa lei faz parte do conjunto de propostas da reforma do processo penal, que findou sendo aprovada quase cinco anos antes dessas últimas três.

Antes da referida lei, via de regra, o interrogatório era um ato solitário entre o juiz e o acusado, porquanto, não sendo obrigatória a presença de defensor e não se admitindo a possibilidade de perguntas pe-

delitiva, quando a pena mínima cominada, seja pelo somatório, seja pela incidência da majorante, ultrapassar o limite de um (01) ano."

las partes, nem o Ministério Público nem o advogado compareciam. Dessa forma, não era raro o Ministério Público, além de não conhecer o acusado tampouco chegar, pelo menos, a vê-lo pessoalmente. Bastava o juiz. Ou seja, o primeiro ato de instrução do processo era conduzido e feito sozinho pelo juiz, dele não tendo participação o Ministério Público e o advogado.

Após o interrogatório, o acusado saía intimado para procurar e constituir advogado. Não sendo apresentada a defesa prévia, como ela era facultativa, presumia-se que o acusado tinha preferido não se utilizar dessa oportunidade. Apenas quando o acusado era revel, e isso não acarretasse a suspensão do processo por força do art. 366 do CPP, é que o juiz nomeava, para fins de apresentação da defesa prévia, um defensor dativo.

Passado o prazo da defesa prévia, com ou sem a sua apresentação, o juiz, por meio de despacho, determinava a intimação da data da audiência ao Ministério Público, ao defensor, se já houvesse, do acusado, da vítima, se fosse o caso, e das testemunhas arroladas pelo Ministério Público.

No dia da audiência, se o acusado estivesse sem advogado, o juiz nomeava defensor dativo ou *ad hoc*. Concluída a audiência, em seguida, os autos eram conclusos ao juiz, para novo despacho, agora para marcar a audiência de inquirição das testemunhas apontadas pela defesa, determinando, novamente, a intimação do Ministério Público, do defensor constituído ou nomeado, do acusado, assim como das pessoas indicadas para o depoimento[106].

Encerrada a audiência, mais uma vez, depois, os autos eram conclusos ao juiz, para novo despacho, agora para intimar, primeiro o Ministério Público, depois a defesa, para, no prazo sucessivo de vinte e quatro horas, dizer se tinham, ou não, diligências a requerer.

Vencida essa etapa, por despacho do juiz, era determinada a intimação do Ministério Público para apresentar as razões finais, no prazo de três dias. Em seguida, em outro despacho, o juiz determinava a intimação da defesa, para o mesmo fim, em igual prazo. Só depois de todo esse périplo é que os autos eram conclusos para fins de sentença pelo juiz.

---

106 Alguns juízes, para evitar a renovação das intimações, determinavam a oitiva das testemunhas arroladas pela defesa na própria audiência prevista para as testemunhas indicadas pelo Ministério Público.

Alguns juízes, porém, evitavam toda essa burocracia e faziam um gerenciamento do processo menos ortodoxo e mais inteligente, tendo como orientação os princípios da concentração e da economia dos atos processuais. Dessa forma, ao invés de no despacho inicial apenas tratar de designar a data do interrogatório e determinar a citação do acusado e a notificação do Ministério Público, desde logo, no mesmo ato, o juiz designava a data para a inquirição das testemunhas. Assim, com o mesmo ato com o qual o acusado e o Ministério Público eram cientificados do interrogatório, eram intimados, outrossim, da data da audiência. O advogado, caso comparecesse ao interrogatório, era intimado, na própria audiência, não apenas para a defesa prévia, como igualmente para a audiência de inquirição de testemunhas[107].

Mesmo em se tratando do rito ordinário, ao invés de serem designadas, como recomendava o CPP, duas audiências, uma para ouvir as testemunhas arroladas pelo Ministério Público e outra, em data diferente, para a inquirição das indicadas pela defesa, no despacho inicial, determinava-se a oitiva de todas elas em um mesmo dia.

Na audiência, após as inquirições, intimava-se, incontinenti, para as diligências e, em seguida, caso as partes nada tivessem a requerer, para as razões finais. Salvo casos mais complexos, via de regra, as partes, em audiência mesmo, diziam quais diligências queriam. Do mesmo modo, a não ser em situações de maior complexidade, o Ministério Público cuidava de fazer oralmente as suas razões finais. Na hipótese em que o Ministério Público pedia vista para as razões finais, o juiz fazia consignar no termo de audiência o dia em que os autos estariam em cartório, à disposição do advogado, com vista para que ele ofertasse as suas razões finais. Com isso, havia uma sensível diminuição do serviço cartorário, ao tempo em que se dava maior celeridade ao andamento do processo.

Assim, nada obstante a burocracia procedimental normativa, muitos juízes faziam a concentração dos atos processuais e, com isso, imprimiam considerável celeridade aos processos.

A leitura da Lei nº 11.719, de 2008 revela que a ideia da concentração e economia dos atos processuais foi adotada na concepção do novo rito ordinário, simplificando, sobremaneira, a tramitação do processo. Aliás, as técnicas da concentração, imediatidade e economia dos atos processuais, regidas pelo princípio da simplificação, são as li-

---

107 Como juiz de direito e, depois, juiz federal, sempre adotamos essa prática, com inegável êxito na aceleração do andamento processual.

nhas mestras das normas que estabelecem os novos ritos do processo penal.

Em rigor, com o novo rito ordinário alvitrado pela Lei n° 11.719, de 2008, após o oferecimento da denúncia, não sendo o caso de rejeição, o juiz dá o despacho[108] recebendo-a, com a consequente citação do acusado para apresentar, no prazo de dez dias, a resposta. A defesa que, nesse momento processual, se faz mediante a *resposta*, assim como as razões finais, passa a ser obrigatória e tem de ser *efetiva*, cujo conteúdo deve conter toda a matéria de defesa, não apenas em relação ao mérito, mas a preliminares, exceções, especificação de provas e requerimento de diligências[109]. Caso não seja dada a resposta, o juiz deverá intimar a Defensoria Pública ou nomear defensor. Apresentada a resposta, sendo alegadas preliminares e/ou anexados documentos pelo acusado, deverá ser dada vista ao Ministério Público, para fins de impugnação[110]. Em seguida, o juiz deverá proferir decisão interlocutória, quando, se for o caso, poderá absolver sumariamente o acusado. Não sendo o caso de absolvição sumária, na própria decisão, o juiz deverá designar a data e hora para a realização da audiência de instrução e julgamento, com a determinação de que sejam intimados o acusado, o seu defensor, o Ministério Público, o ofendido e, se for o caso, o querelante ou advogado do assistente. A audiência seguirá a seguinte ordem:

a) depoimento do ofendido, se for o caso; b) inquirição das testemunhas; c) esclarecimentos dos peritos; d) acareações; e) reconhecimento de pessoas e coisas; f) interrogatório do acusado; g) requerimento de diligências; h) alegações finais; i) sentença.

É um procedimento moderno, simplificado e racional, o qual, mercê de outras modificações, como a inquirição pelo sistema do *cross examination* e a documentação dos atos processuais por meio de gravação audiovisual, viabiliza a condução do processo dentro de uma

---

108 A fim de imprimir melhor ritmo ao andamento do processo, o juiz, no despacho de recebimento da denúncia, deverá, neste momento, já marcar a data de realização da audiência de instrução e julgamento. Essa questão está melhor detalhada no item 5.1.3.2, infra.
109 Sobre a resposta do acusado à citação, cf. itens 5.1.5 e 5.1.5.1, infra.
110 Nada obstante o dispositivo que sugeria essa providência tenha sido rejeitado pelo Legislativo, aqui se defende que a intimação do Ministério Público para a impugnação é obrigatória. Cf. item 5.1.6, infra.

perspectiva real de duração razoável. Não se trata de uma modificação tão radical, especialmente para os juízes que, mesmo quando era caso de rito ordinário, faziam audiência de instrução única. A diferença é que, além das testemunhas, o acusado irá ser ouvido na mesma audiência e as razões finais e a sentença deverão ser feitas nesse momento processual. Merece ser ressaltado que essa é uma parte fundamental da reforma. Os membros do Ministério Público, advogados e juízes precisam se adaptar à nova realidade, de maneira a passar mais tempo em audiência, pelo menos em relação ao que era anteriormente[111].

5.1.1. Sistema acusatório e ação penal

Como foi salientado, uma das ideias centrais da Lei nº 11.719, de 2008, como de resto da reforma do Código de Processo Penal, é a desconstrução do modelo misto e a solidificação do sistema acusatório. Nesse passo, o legislador, além de procurar adequar os institutos da *emendatio*[112] e da *mutatio libelli*[113] ao perfil acusatório, preocupou-se, até mesmo, em reafirmar, no nível infraconstitucional, que cabe ao Ministério Público "promover, privativamente, a ação penal pública" (art. 257, I, do CPP, com a redação da Lei nº 11.719, de 2008).

Com a redação do inciso I do art. 257, procura-se dar ênfase ao sistema acusatório e contribuir para se romper com a ideia do sistema misto, ainda latente na nossa cultura. A sistemática inquisitiva alimenta, por exemplo, a ideia de que o processo criminal, ao contrário do civil, não possui lide, e que o Ministério Público, a bem da verdade, não é parte. Com o sistema acusatório, essas assertivas perdem sentido, pois ele se pauta na noção do contraditório manifestado pela existência de uma pretensão acusatória, deduzida pelo autor da ação, resistida por quem ocupa o pólo passivo da relação processual, por meio da defesa feita pelo acusado[114]. Nessa concepção de processo crimi-

---

111 Esse aspecto da reforma está mais explorado nos itens 5.1.9.6 e 5.1.9.9, infra.
112 A correlação entre a sentença e a denúncia está no item 5.1.9.9.2, infra.
113 A respeito da modificação da imputação feita na denúncia, cf. item 5.1.9.9.7, infra.
114 Não se pense que essas assertivas sejam feitas diante de uma visão do tema com a contaminação dos conceitos e institutos do processo civil. O pensamento sedimentado aqui está em consonância com a premissa de que a teoria do processo penal não se confunde com a do processo civil, até porque os direitos fundamentais, que servem para a sua formulação, têm alcance e aplicação específica na área criminal, a ponto de a ciência criminal somente ter exsurgido na

nal, o Ministério Público, assim como o acusado, é parte e como tal há de ser visto, a fim de que ambos sejam tratados com igualdade e, até mesmo, haja um tratamento sobremaneira atencioso quanto ao direito de liberdade, que decorre, naturalmente, da aplicação do princípio do *in dubio pro reo*, o que já foi, até mesmo, reconhecido pelo Supremo Tribunal Federal.

O pensamento de que o processo criminal não comporta lide é resquício do sistema inquisitivo, no qual não havia, propriamente, o devido processo legal, pois não se imaginava poder dizer-se que alguém tinha o direito de colocar resistência ao desempenho de uma atividade necessária e fundamental, como é o exercício do dever-poder de punir aquele que praticou ações ilícitas. No sistema inquisitivo e mesmo no misto, a pretensão acusatória recebia tratamento privilegiado em detrimento do direito de defesa, razão pela qual o Ministério Público detinha posição de destaque no processo criminal, no sentido de receber homenagens como se fora uma espécie de magistrado.

Quanto à postura do Ministério Público no processo criminal, os resquícios do sistema misto são revelados, até mesmo, em situações que parecem apenas simbólicas, como é o caso da posição que ele deve ocupar nas audiências[115]. Em razão de dispositivos da lei orgânica dos Ministérios Públicos federal e estaduais, eles têm a prerrogativa funcional de sentar à direita do juiz ou do presidente do órgão judicial

---

segunda metade do Século XVIII, com a proclamação dos direitos essenciais à condição humana. A elaboração pelo autor do *Curso de processo penal*: teoria (constitucional) do processo penal, Renovar: Rio de Janeiro, 2008, serviu, exatamente, para insistir no dualismo teórico entre a ciência processual criminal e a civil, até porque há uma distinção ontológica entre uma e outra (Cf. ROSENBERG, Leo. *Tratado de derecho procesal civil*. 4. ed. Tradução Ângela Romera Vera. Buenos Aires: Ediciones Jurídicas Europa-America, 1995, p. 70). Merece destaque que: "Em julgamento sobre o recebimento de queixa criminal, o Ministro do Supremo Tribunal Federal Cesar Peluso pinçou, com régua e compasso, a diferença ontológica entre o processo penal e o civil, partindo da premissa de que, enquanto, neste, o que está em debate é a esfera jurídica dos contendores, naquele, em relação ao réu, trata-se de discutir a própria liberdade física e moral da pessoa" (SILVA JÚNIOR, Op. cit., p. 272).

115 Quanto aos membros do Ministério Público estadual, a Lei nº 8.625, de 12 de fevereiro de 1993, art. 41, XI, estatui como prerrogativa institucional: "tomar assento à direita dos juízes de primeira instância ou do Presidente do Tribunal, Câmara ou Turma. Em relação ao Ministério Público Federal, a Lei Complementar nº 75, de 20 de maio de 1993, é mais incisiva: "sentar-se no mesmo plano e imediatamente à direita dos juízes singulares ou presidentes dos órgãos judiciários perante os quais oficiem" (art. 18, I, a).

colegiado, o que resulta em uma imagem de superioridade quanto à defesa do acusado, que não fica sentado na mesma bancada do juiz[116]. De acordo com o sistema acusatório, no qual o Ministério Público é parte e não tem posição de destaque em relação à defesa do acusado, autor e réu devem sentar-se à mesa de audiência da mesma forma como se faz no processo civil[117]. Até porque a audiência deve retratar fielmente a figura triangular que representa graficamente a relação processual, de modo que o juiz deve ficar equidistante das partes, no vértice do triângulo, enquanto estas devem ocupar, na mesma linha, cada uma um dos dois lados opostos.

A par dos resquícios simbólicos, há outros que decorrem especialmente da forma como foram estabelecidos os deveres do juiz. Ora, se no sistema misto, então concebido pelo Código de Processo Penal, o juiz, em alguns casos, podia, até mesmo, dar início ao processo em substituição ao Ministério Público, como decorrência natural dessa forma de processo, várias outras atribuições lhe foram passadas que são mais próprias do autor da ação. É o que ocorre, v. g., com a atribuição outorgada ao juiz pelo art. 5º, II, do CPP, de representar à autoridade policial a instauração de inquérito policial[118]. Mediante a requi-

---

116 Não raro o acusado se impressiona com a cena que ele vivencia na audiência, pois vê o Ministério Público, que é contra quem ele está debatendo no processo, sentado do lado do juiz, à sua direita, como se fosse alguém que pertencesse ao Judiciário, do outro o escrivão, e mais ao fundo, do lado esquerdo, o seu advogado.
117 Porém, no julgamento do RHC 13.720/SP, a Quinta Turma do Superior Tribunal de Justiça, em acórdão relatado pelo Ministro Gilson Dipp, assim decidiu: "O fato de o defensor do réu não estar assentado ao lado do Juiz Presidente, por ocasião de julgamento na Sessão Plenária do Tribunal do Júri, não configura constrangimento à liberdade de ir e vir. O posicionamento do Ministério Público, que se coloca sentado ao lado do Magistrado Presidente do Tribunal do Júri, decorre da Lei nº 8.625/1993, não significando superioridade em relação ao defensor." BRASIL. Superior Tribunal de Justiça, Data da decisão: 09/09/2003.Disponível em: www.stj.org.br/jurisprudencia. Acesso em: 11 out. 2005.
118 Dentre outras hipóteses, Afrânio Silva Jardim identifica o art. 5º, II, do Código de Processo Penal como resquício do *inquisitorialismo* e acredita que "... a provável legislação processual penal varrerá de nossa ordem jurídica tais indesejáveis dispositivos, preservando o Juiz destas funções anômalas, porque persecutórias." (*Direito Processual Penal*: Estudos e Pareceres, RJ, Forense, 1987, p. 87). No Projeto de Lei nº 4.209, de 2001, que trata da investigação criminal, no caput do art. 4º, não fala mais em instauração do inquérito por meio de reaquisição do juiz.

sição, o juiz determina que a autoridade policial instaure o inquérito que, depois, servirá de base para o ajuizamento da ação penal, a qual poderá ser julgada pelo próprio magistrado.

Essa forma de proceder não se coaduna com o sistema acusatório, cuja regra é deixar a iniciativa da persecução criminal com quem tem a legitimidade para a propositura da ação, como forma de resguardar a neutralidade do órgão julgador[119]. A tendência do sistema acusatório "... é retirar do Poder Judiciário qualquer função persecutória"[120], de modo que ao juiz não deve ser dada iniciativa que provoque, mesmo indiretamente, a sua própria jurisdição[121].

Outro resquício muito claro do sistema misto é a previsão contida no art. 28 do Ordenamento Processual Penal. Em face da adoção do sistema acusatório puro, em que não é admissível a existência de processo sem ação penal, seja ela pública ou privada, o art. 28 do CPP se encontra revogado, não mais podendo ser aplicado, pois aqui a provocação da persecução criminal pelo juiz não é apenas indireta, mas direta mesmo. Sob essa ótica, o art. 28 do Código de Processo Penal representa reminiscência do sistema inquisitivo, presente em nosso ordenamento processual até a instauração da nova ordem constitucional, ocorrida com a promulgação da Lei Maior de 1988[122].

Agora é hora de avançar o entendimento, para afirmar que, em homenagem ao sistema acusatório puro, a instauração do processo criminal pelo juiz nos termos do art. 28 do Código de Processo Penal encontra-se revogada, pois tal não se coaduna com aquela forma de organização processual[123]. Ademais, cabe agregar em socorro a essa tese

---

119 JARDIM. Op. cit., p. 196.
120 Ibid. p. 196.
121 Ibid. p. 197.
122 Após a promulgação da nova Constituição, a doutrina, se não em consenso em sua ampla maioria, acompanhada do Supremo Tribunal Federal e do Superior Tribunal de Justiça, entendeu como revogados os dispositivos de lei infraconstitucional que admitiam o início de processo criminal mediante portaria do juiz ou da autoridade policial.
123 Observe-se que alguns doutrinadores, com suporte na assertiva de que não há mais possibilidade de que seja instaurada a relação processual de ofício, chegam a vaticinar que não mais subsiste a figura do duplo grau de jurisdição necessário. Aliás, a esse respeito, existe registro de diversos julgados, aos quais não faço remissão, no momento, para não alongar a exposição. Acrescente-se, apenas, que não merece procedência a argumentação, pois o duplo grau necessário não infirma o sistema acusatório puro, uma vez que se trata de providência consentânea com a segurança jurídica que se reclama para situações mais melindrosas.

que o Projeto de Lei n° 4.209/2001, que cuida da investigação criminal, e está em discussão no Congresso Nacional, em sintonia com o sistema acusatório, propõe a alteração do art. 28 do Código de Processo Penal, no sentido de que o próprio Ministério Público, quando se convencer da inexistência de base razoável para o oferecimento da denúncia, promova, fundamentadamente, o arquivamento do inquérito, com o consequente envio da promoção para o órgão superior da instituição[124]. Outro ponto de destaque na proposta, é a previsão de que tanto o investigado ou indiciado como o ofendido poderão, enquanto não houver o pronunciamento do órgão superior do Ministério Público, apresentar razões escritas, na defesa de seus interesses. A adoção da mesma solução alvitrada para o arquivamento de inquérito civil, de modo que a questão quanto ao oferecimento, ou não, da ação penal seja resolvida no interior do próprio órgão ministerial, é a solução mais adequada. Nem se diga que tal providência tem a possibilidade de gerar algum tipo de instabilidade, até porque, mesmo com a disciplina empregada pelo art. 28 do CPP, a última palavra quanto ao oferecimento, ou não, da denúncia fica com o Ministério Público[125].

Há outro dispositivo que é um evidente corolário lógico do sistema inquisitivo. Trata-se do art. 385 do Código de Processo Penal, o

---

[124] O que não se compreende, e revela os riscos próprios de uma reforma tópica, é que o § 1° do art. 384 do CPP, alterado pela Lei n° 11.719, de 2088, determina, quando o Ministério Público se recusar a aditar a denúncia para fins de proceder à *mutatio libelli*, que o juiz se utilize, exatamente, do art. 28 do CPP, que é objeto de alteração por parte do Projeto de Lei n° 4.209, de 2001, a fim de adequá-lo ao sistema acusatório. Esse assunto voltará a ser tratado no item 5.1.9.7, infra.

[125] De qualquer modo, para que o Ministério Público não fique, enquanto não é aprovado o projeto de lei em referência, com o monopólio, sem nenhum controle, quanto ao oferecimento, ou não, da ação penal, pode-se construir uma solução intermediária, no sentido de que, quando o acolhimento do pedido de arquivamento importar, apenas, em coisa julgada formal, deve o juiz, sem adentrar ao exame dos fundamentos, acolher a promoção. Porém, quando a decisão tiver o condão de fazer coisa julgada material, e o pedido for teratológico, deve o juiz fazer análise do mérito da questão e, se não concordar, remeter para o Procurador-Geral ou câmara de procuradores. (SILVA JÚNIOR, Op. cit., p. 561-562). É a aplicação do entendimento esposado pelo Ministro Sepúlveda Pertence do STF, da ocorrência, diante de certas circunstâncias, de uma espécie de *inconstitucionalidade progressiva*, ou melhor, *revogação progressiva*. Essa parece ser a solução mais adequada, enquanto não aprovada, por obra legislativa, a forma de controle consentâneo com o sistema acusatório, para os pedidos de arquivamento por parte do Ministério Público.

qual expõe que, "Nos crimes de ação pública, o juiz poderá proferir sentença condenatória, ainda que o Ministério Público tenha opinado pela absolvição..." Ora, um ordenamento jurídico processual penal arquitetado sob a orientação do sistema acusatório, tem como norte que cabe ao Ministério Público o exercício da ação penal, o qual é parte e deve ser tratado como tal, sendo da alçada do juiz o julgamento da causa tal como se dá a manifestação da pretensão acusatória. Se o Ministério Público, que é o *dominus litis*, pede a absolvição, como o juiz, em um processo penal concebido no modelo acusatório puro, pode proferir sentença condenatória? Isso só é possível em um sistema misto, como muito propriamente observou Basileu Garcia, em comentário à regra jurídica aqui em foco[126]. Porém, infelizmente, o art. 385 do Código de Processo Penal não foi objeto da atenção da Comissão de Reforma ou, pelo menos, não foi objeto das propostas de reforma.

De qualquer sorte, ainda que se alvitre a possibilidade, em um sistema acusatório puro, sem conteúdo misto, que foi introduzido pela Constituição de 1988, de o juiz, nada obstante o pedido de absolvição do Ministério Público, proferir sentença condenatória, essa não é uma decisão natural e, ainda que possível, somente há de ser tomada em *situações teratológicas*.

5.1.1.1. Conceito de ação penal

A ação diz respeito ao direito público subjetivo do titular de um direito pleitear a proteção jurisdicional. É um direito exercitado mediante o desenvolvimento do processo que é instaurado com o seu exercício.

---

126 Basileu Garcia, escrevendo no distante ano de 1945, após ressaltar que o Código de Processo Penal é de *fundo acusatório*, explicou que "Não convinha, porém, que o tipo acusatório do processo excluísse inteiramente a iniciativa do juiz, cujo poder inquisitivo, temperado pela atividade das partes, submetidas ao princípio do contraditório, seria de vantagem estimular." (*Comentários ao Código de Processo Penal*. Rio de Janeiro: Forense, 1945, v. 3, p. 514) Com base na doutrina daquela época, arrematou o grande jurista: "Dilatando-se a margem de ação do magistrado, para que ele busque a verdade onde se encontre, quando sonegada no processo, e para que possa sentenciar com justiça, interpenetrou-se visceralmente, do sistema inquisitório, o nosso sistema acusatório, constituindo-se de modalidade mista, hoje predominante entre os povos." (Ibid., p. 514-515) Se àquela época o que predominava era o sistema misto, agora, não é mais. O sistema que prevalece no Direito Comparado é o acusatório.

Nesse passo, observa-se que o processo é, por sua vez, a relação jurídica em que se desenvolve o conhecimento e o julgamento da pretensão manifestada mercê do aforamento da ação. A ação é um — e o primeiro — ato do processo. É o ato processual que faz com que se dê início ao processo. Com o seu ajuizamento, independentemente de ser, ou não, recebida a ação penal, o processo já existe, embora para a sua formação haja necessidade da ocorrência da citação[127].

A ação penal não difere da civil em substância, embora se confunda com o direito de pedir ao Estado-Juiz para que seja aplicada a lei penal em relação a alguém[128]. O direito de ação, dessa forma, ao contrário do que possa parecer, é invocado contra o órgão judicante, porquanto a este, em consequência do monopólio estatal da jurisdição, é que compete, com exclusividade, não só o poder, mas acima de tudo o dever de efetivar a prestação da atividade jurisdicional. Trata-se, portanto, de direito público subjetivo, autônomo e abstrato, destinado à aplicação das normas de direito material. Assim, quando ocorrida hipótese tipificada como ilícito criminal, exsurge para o Estado-Administração o *jus puniendi* (dever-poder de punir), ou seja, a pretensão punitiva[129].

Quando a titularidade para a ação penal recai no Ministério Público, que é a regra, com o exercício da ação penal, não se defende um direito ou interesse que seja seu, mas sim um bem jurídico que é coletivo ou, em outras palavras, que pertence ao grupo social. A ação penal, por conseguinte, é confiada ao *parquet* não apenas para evitar que o processo criminal se transforme no *locus* para a manifestação do desejo de vingança pela vítima direta da ação ilícita, mas em primazia para que toda a coletividade seja por ele representada. A segurança pública e o desejo para que seja perquirida a responsabilidade penal contra quem comete crimes traduzem esse interesse coletivo, de

---

127 Cf. item 5.1.4.3, infra.
128 Vale aqui a advertência feita em nota de rodapé ao item 5.1.1, supra, de modo que, nada obstante o que vem de ser dito, o processo penal tem uma diferença ontológica em relação ao civil.
129 "Na tripartição dos poderes políticos, a missão quanto ao exercício do dever-poder de perseguir a responsabilidade criminal de quem, contrariando o ordenamento jurídico, atenta contra os valores mais caros à sociedade — a vida, o patrimônio e as integridades física, psíquica e moral — recai sobre o Estado-administração, o qual, para bem exercê-la, organiza e estrutura o Ministério Público, confiando a este o desempenho dessa função perante o Judiciário" (SILVA JÚNIOR, Op. cit., p. 598.)

modo que sua defesa não pode ficar ao talante de um particular, porém de um órgão estatal comprometido em tutelar a sociedade. O Ministério Público, por conseguinte, assim como ocorre na ação civil coletiva, defende o interesse da sociedade, ao manejar a ação penal, não o governo. Note-se que, em alguns casos, quem responde a ação penal é o chefe do Executivo.

5.1.1.2. Requisitos da ação penal

Não houve a preocupação do legislador em promover nenhuma alteração no art. 41 do Código de Processo Penal, que estabelece o conteúdo da ação penal, seja ela elaborada por meio de denúncia, quando a iniciativa é do Ministério Público, seja por queixa, nos casos em que a iniciativa é privada, sob pena de sua rejeição por inépcia. De conformidade com o art. 41, a peça acusatória deverá conter a (a) exposição do fato criminoso, com todas as suas circunstâncias (descrição das condutas de cada um dos réus, sendo abrandada essa formalidade nos crimes societários), (b) qualificação do acusado ou esclarecimentos pelos quais se possa identificá-lo (certeza da identidade física do réu, ainda que desconhecido o seu verdadeiro nome); (c) classificação do crime (indicação do dispositivo legal no qual se enquadra a conduta ilícita narrada); e o (d) rol de testemunhas. Deve-se acrescentar a esses elementos a proposta de suspensão do processo ou a exposição dos motivos para não fazê-la, quando a pena mínima prevista para o crime não for superior a um ano[130].

Desde sempre, ao contrário da petição inicial no cível, a denúncia deveria conter, se fosse o caso, os nomes das testemunhas que o Ministério Público pretende sejam inquiridas, cabendo à defesa, na primeira oportunidade para falar nos autos, proceder de igual modo. Por isso mesmo, embora a defesa prévia fosse facultativa, ela era geralmente utilizada apenas com a intenção de não se perder a oportunidade própria para arrolar as testemunhas. Mantendo essa regra, com a substituição da defesa prévia pela resposta, restou consignado, no art. 396-A do CPP, que deverão, nesse momento, ser arroladas as testemunhas. Mas não foi só. Acrescentou-se que, quando necessária a intimação judicial das testemunhas, terá de ser feito requerimento nesse sentido, pela defesa. Por conseguinte, como regra, a própria defesa

---

[130] Quanto a ser a suspensão condicional do processo um direito subjetivo do acusado, cf. SILVA JÚNIOR, Op. cit., p. 451-454.

deve se encarregar de comunicar, às testemunhas por ela arroladas, da data da realização da audiência de inquirição.

Se assim é em relação à defesa, tratando-se de um sistema acusatório, em que o Ministério Público tem a postura de parte, em decorrência da cláusula da isonomia, também como regra, as testemunhas arroladas pelo Ministério Público não serão intimadas pelo Judiciário, devendo, o próprio órgão ministerial, se encarregar dessa atribuição. A intimação judicial só se dará quando, sendo necessário, houver requerimento, na denúncia, com a apresentação das razões que o justificam.

Aqui não se pode deixar de levar em consideração que o Ministério Público tem muito mais estrutura para providenciar a intimação das testemunhas por ele arroladas do que a defesa as suas. A não ser em alguns Municípios menores, em que o Ministério Público não possui estrutura administrativa, se concebe que as intimações, em relação às testemunhas por ele arroladas, sejam feitas, até quando a situação perdurar, pelo Judiciário.

É verdade que a testemunha arrolada pela defesa, no mais das vezes, é amiga do acusado e pode ter o interesse em dar o depoimento para, de alguma forma, ajudá-lo, especialmente quando é chamada apenas com a finalidade de dar informações quanto ao seu conceito, personalidade, caráter etc., enquanto aquela, indicada pelo Ministério Público, quase sempre, só vai a Juízo porque é obrigada. Porém, essa realidade, por si só, não justifica um tratamento diferente.

Até porque, em razão da imagem que ostenta perante a sociedade em geral, um documento com o timbre do Ministério Público tem o mesmo efeito persuasório daquele dimanado do Judiciário. Uma convocação do Ministério Público não deixará de ser atendida, notadamente quando se tratar de agente de polícia ou de servidor público em geral[131].

Com a mesma ordem de ideias, a denúncia deverá especificar todas as provas que tiver a intenção de produzir, como qualquer tipo de diligência, sob pena de preclusão. As diligências que não forem requeridas com a denúncia, em princípio, só serão admissíveis caso se demonstre que a sua necessidade somente se revelou em decorrência de

---

131 Alguns membros do Ministério Público têm alegado que, nos quadros funcionais da instituição, não há cargo similar ao de oficial de justiça, de modo que não há como realizar as intimações. Essas comunicações, porém, podem ser feitas por carta, o que é adotado, até mesmo, por alguns juízes, com resultado plenamente satisfatório.

fato surgido após a prática desse ato. Isso se aplica, como não poderia deixar de ser, quanto à perícia. Se for a intenção do Ministério Público a realização de nova perícia, para substituir ou complementar aquela feita na fase investigatória, ou mesmo tiver a pretensão apenas de obter esclarecimentos, o momento oportuno para tanto é quando do oferecimento da denúncia.

5.1.1.3. Legitimidade para pedir fixação de valor mínimo para indenização pelos danos causados

Tanto o Código Penal quanto o de Processo Penal, embora de forma tímida, tinham alguma preocupação quanto ao ressarcimento ao ofendido pelos danos sofridos como consequência do crime. De fato, o Código Penal, no art. 91, inciso I ("São efeitos da sentença: I — tornar certa a obrigação de indenizar o dano causado pelo crime"), e o Código de Processo Penal, no art. 63 ("Transitada em julgado a sentença condenatória, poderão promover-lhe a execução no juízo cível, para o efeito da reparação do dano, o ofendido, seu representante legal ou seus herdeiros"), tratam da matéria.

Tendo em conta a perspectiva da justiça restaurativa, a Lei nº 11.719, de 2008 alterou o inciso IV do art. 387 do CPP, para dizer que, em se tratando de sentença condenatória, deverá nela constar a fixação de "... valor mínimo para a reparação dos danos causados pela infração, considerando os prejuízos sofridos pelo ofendido."

A questão a saber é se, agora, deve constar da denúncia, necessariamente, a estipulação de valor, ainda que mínimo, para a reparação dos danos sofridos pela vítima. Como já se disse, a reforma não trouxe nenhuma alteração para o art. 41 do Código de Processo Penal, dispositivo encarregado de definir o que deve conter essa peça. Pela sistemática até então adotada, como a responsabilidade civil pelo dano era efeito da sentença condenatória, em rigor, a pretensão acusatória esboçada com o ajuizamento da ação penal abrangia, igualmente, a condenação dos eventuais prejuízos decorrentes da ação ilícita. Note-se que, mesmo em se tratando de ação penal de iniciativa privada, para que a sentença condenatória tivesse o condão de constituir-se em título executivo para o cível, nunca houve a necessidade de pedido expresso nesse sentido.

Como se nota, a única alteração a esse respeito é que, doravante, a sentença deverá conter um valor mínimo. Assim, a mesma pretensão acusatória deduzida na denúncia que, caso julgada procedente, fazia com que o pronunciamento judicial tivesse, como um de seus efeitos, a condenação, em valor suscetível de liquidação, no ressarcimento de danos, a partir de agora, dá suporte a que seja, desde logo, fixado na sentença pelo menos um valor mínimo[132].

Embora não se tenha como requisito da denúncia a estipulação, pelo Ministério Público, de valor mínimo para a condenação líquida no ressarcimento dos danos, o ideal é que, doravante, sempre que possível, isso seja feito.

Nem se diga que, quanto ao dano material, o Ministério Público não detém legitimidade para fazer qualquer postulação nesse sentido, diferente da hipótese do dano moral, o qual seria questão de ordem pública. Note-se que a pena de multa prevista no Código Penal, assim como a fiança, possui, dentre outras finalidades, o ressarcimento dos prejuízos sofridos pela vítima. Se esse raciocínio for válido para sustentar a posição de que o Ministério Público não possui *capacidade de ser parte*, ou seja, para postular quanto à condenação no dano material, seria válido, igualmente, para os casos de multa e de fiança, pelo menos quanto à quantia arrecadada por esses instrumentos, de forma que não seria possível o seu repasse, ainda que de parte, para a vítima. Exigir que para a condenação de dano patrimonial seja de mister a participação, no processo, na qualidade de assistente, da vítima, não se conforta com o ideário da *justiça restaurativa*. Ademais, não é de hoje que, no processo penal, em algumas situações, o Ministério Público tutela, igualmente, o ressarcimento do dano. Veja-se, a respeito, a proposta da suspensão do processo, que é da alçada do Ministério Público, a qual fica condicionada, dentre outras condições, a quando houver a reparação do dano, salvo a impossibilidade do acusado (art. 89, § 1º, I, da Lei nº 9.099, de 1995).

Como é efeito da sentença condenatória tornar certa a indenização cível (art. 91, inciso I) e sendo, agora, elemento obrigatório da sentença condenatória a fixação de valor mínimo para a reparação dos danos sofridos pelo ofendido (art. 387, IV, do CPP), é pertinente que na denúncia conste consideração em relação a essa matéria.

A omissão, porém, não é caso de inépcia, não suscitando, assim, a sua rejeição. É recomendável, porém, diante da omissão na denúncia de valor mínimo líquido para o ressarcimento dos danos sofridos pela vítima, o juiz, sem deixar de recebê-la, no despacho de sua admissibilidade, determinar a intimação para que seja feita a devida complementação.

---

132 Cf. item 5.1.9.9.1, parte em que se volta ao assunto.

5.1.2. Juízo de rejeição liminar da ação penal (art. 395)

No processo penal, via de regra, mesmo antes do ajuizamento da ação penal, o juízo competente já está definido, em razão da anterior distribuição do inquérito policial, que, embora se trate de uma atividade pré-processual, de acordo com o Código de Processo Penal, há de ser distribuído no órgão jurisdicional[133]. Porém, apenas com o ajuizamento da ação penal é que se dá o início do processo[134], com o respectivo registro na distribuição. Depois de autuado o processo, assim como ocorre no cível, providencia-se a conclusão dos autos ao juiz, a fim de que seja feito o exame quanto a se a petição inicial deve ser rejeitada ou recebida.

Em verdade, embora a rejeição possa ocorrer com uma apreciação de mérito, em regra, esse é o momento oportuno para o juiz observar se falta algum pressuposto processual ou alguma condição da ação.

Não há, propriamente, uma ordem lógica quanto à apreciação dos pressupostos processuais e das condições da ação. Mas em alguns casos, isso é patente. Se o juiz é incompetente ou impedido para funcionar no processo, por exemplo, que se tratam de pressupostos processuais de ordem subjetiva, é evidente que ele é incompetente ou impedido, até mesmo, para dizer se a petição satisfaz, ou não, as condições da ação.

Muito embora na reforma processual operada pela Lei nº 11.719, de 2008, o legislador não tenha tido a atenção de promover alterações no art. 41 do Código de Processo Penal, seguindo a melhor técnica processual, ele providenciou a revogação do art. 43 do mesmo diploma normativo, que tratava, inadequadamente, das hipóteses de rejeição da ação penal. Ali era elencada como caso para a rejeição da denúncia, a circunstância de o *fato narrado evidentemente não constituir crime*, que se trata de questão de mérito.

Afinado com a melhor processualística, o legislador cuidou das hipóteses de rejeição da ação penal no art. 395 do CPP e, em relação às questões de mérito que podem dar ensejo ao julgamento antecipado da lide, no art. 397 do CPP, como situações que conferem lastro à absolvição sumária, após o contraditório.

---

133 Eis aí outro flagrante resquício do sistema inquisitivo. Com o Projeto de Lei nº 4.209/2001, referente à investigação, há a previsão de que, ao concluir a investigação, a autoridade policial deverá encaminhar os autos diretamente para o Ministério Público (art. 23).
134 Cf. item 5.1.1.1, supra.

Assim, todas as vezes que se tratar de matéria afeta a condição da ação ou pressuposto processual, o que pode ocorrer é a rejeição da ação penal, ao passo que, quando for a hipótese de questão de mérito que possibilita o julgamento antecipado da lide, de absolvição sumária.

Nessa passada, a primeira missão do juiz, ao ser submetida a ação penal a sua apreciação, para fins de pronunciamento quanto a sua admissibilidade, ou não, é o exame em relação à presença dos pressupostos processuais e às condições da ação. É um exame de censura, para fins de rejeição, se for o caso.

Aliás, na proposta encaminhada pela Comissão de Reforma[135], nesse momento, ao juiz era vedado, sequer, fazer o juízo positivo, ou seja, de admissibilidade da ação penal[136]. O texto aprovado, todavia, manteve a ordem dessa lógica, ou seja, é possível o juízo de admissibilidade, como consequência natural de não ser caso de rejeição da ação penal. Com efeito, no caput do art. 396 do CPP ficou a seguinte redação: "Nos procedimentos ordinário e sumário, oferecida a denúncia ou queixa, o juiz, *se não a rejeitar liminarmente, recebê-la-á...*" (Grifei).

Em verdade, a rejeição da ação penal é uma exceção, posto que a regra é a sua admissibilidade. Seja por falta de pressuposto processual, seja por ausência de uma condição da ação, a rejeição da ação penal importa em encerramento do processo sem que, sequer, ocorra a sua formação, nem muito menos a sua instrução. A exigência da satisfação dos pressupostos processuais e das condições da ação, em rigor, é uma limitação ao direito fundamental do amplo acesso à justiça, que quer dizer muito mais do que acesso ao Judiciário em si, pois importa em assegurar à pessoa o direito de ver o seu direito tutelado pelo órgão jurisdicional de forma efetiva e em duração de tempo razoável. Rejeitar a ação penal, por conseguinte, equivale a negar o direito de discutir o assunto pela via judicial. Por isso mesmo, sendo uma exceção, a decisão judicial nesse sentido tem de ser, necessariamente, fundamentada em uma das hipóteses do art. 395 do Código de Processo Penal.

---

135 Cf. item 3.3, supra.
136 A redação proposta pela comissão da reforma para o caput do art. 396 do CPP era a seguinte: "Nos procedimentos ordinário e sumário, oferecida a denúncia ou queixa, o juiz, *se não a rejeitar liminarmente*, ordenará a citação do acusado para responder à acusação, por escrito, no prazo de dez dias, contados da data da juntada do mandado aos autos ou, no caso de citação por edital, do comparecimento pessoal do acusado ou do defensor constituído." (Grifei)

Restar indagar: Se com o oferecimento da ação penal, nesse exame quanto à existência dos pressupostos processuais e das condições da ação, o juiz verificar, por exemplo, que a pretensão punitiva está extinta, poderá rejeitá-la liminarmente? Isso não seria possível uma vez que o momento próprio é o do art. 396-A, caput, do Código de Processo Penal, que se dá apenas após a apresentação da defesa pelo acusado?

Naturalmente que o juiz não apenas poderá como deverá, nesse caso, absolver liminarmente, sem o consequente recebimento da ação penal. Seria desarrazoado que o juiz, mesmo tendo a plena convicção de que a pena está extinta, não pudesse, desde logo, decidir pela absolvição sumária. Exigir que o juiz tenha de aguardar o momento do art. 396-A do CPP, além de representar pensamento burocrático, não se coaduna com a dimensão democrática de um ordenamento jurídico pautado pelos princípios da simplificação e da duração razoável do processo. Dilargar o encerramento do processo apenas para cumprir uma de suas etapas, traz diversas consequências para o acusado, não apenas quanto à necessidade da contratação de advogado para a apresentação de sua defesa, como prejuízos de ordem pessoal, familiar, social e mesmo financeira.

A identificação da prescrição diante do mero exame da petição inicial, seja ela em perspectiva, ou não, é mais comum do que se pode supor. Ademais, tecnicamente, a prescrição é representada pela falta de pressuposto processual objetivo de ordem intrínseca. O legislador, com acerto, por uma questão de política criminal, elencou, dentre as hipóteses de absolvição sumária, a prescrição, de modo que, doravante, nesses casos, ao invés de extinguir o processo, deverá, em verdade, absolver o acusado[137].

Embora seja mais difícil, nessa etapa inicial do processo, enxergar a *existência manifesta de causa excludente da ilicitude do fato* ou a *da culpabilidade do agente* ou verificar que *o fato narrado evidentemente não constitui crime*, que justificam a absolvição sumária, também não se pode descartar a possibilidade de o juiz, no exame da inicial, julgar antecipadamente o processo, com base em uma dessas hipóteses.

---

137 A prescrição, por força do art. 397, IV, do CPP, introduzido pela Lei nº 11.719, de 2008, passa a ser mais uma hipótese de prolação de sentença absolutória, quando, no final do processo, o juiz entender de sua ocorrência, nada obstante o legislador não ter tido o cuidado de fazer a sua necessária inclusão no rol dos incisos do art. 386 do CPP. Cf. item 3.2.1, supra.

Nesse caso, é verdade, não se trata, propriamente, de rejeição da denúncia, mas sim de absolvição sumária, só que feita no momento em que a petição inicial é submetida ao crivo do juiz para fins de análise da existência, ou não, dos pressupostos processuais e das condições da ação.

5.1.2.1. Pressupostos processuais e condições da ação

A rejeição liminar da ação penal, nos termos do art. 395 do CPP, com a redação da Lei n° 11.719, de 2008, se dará quando:
a) for "manifesta" a inépcia da petição inicial;
b) faltar pressuposto processual ou condição para o exercício da ação penal; ou
c) faltar justa causa para o exercício da ação penal.

Para analisar essas hipóteses de rejeição da ação penal, faz-se necessário, antes, fazer algumas considerações sobre as condições da ação e os pressupostos processuais. É preciso lembrar que as condições da ação não se confundem com os pressupostos processuais, até porque, como salientado, ação e processo são coisas distintas[138]. A ação diz respeito ao direito de se pleitear a prestação da atividade jurisdicional, enquanto o processo é a relação jurídica em que se desenvolve o conhecimento e o julgamento do pleito manifestado pela parte autora.

As condições da ação, assim, referem-se, única e exclusivamente, ao direito de invocar a atuação jurisdicional, ao passo que os pressupostos processuais são exigências previstas em lei, cujo desatendimento a relação jurídica processual não se estabelece ou não se desenvolve validamente.

Os pressupostos processuais, que dizem respeito à relação processual, se apresentam sob duas ordens: (a) quanto à sua existência válida e (b) quanto ao seu desenvolvimento válido. Os pressupostos de existência válida do processo são os requisitos necessários para que a relação processual se constitua de modo eficaz. Os pressupostos de desenvolvimento do processo, que pressupõem a prévia existência de uma relação processual válida, são requisitos necessários que precisam ser observados até o final da demanda.

Os pressupostos processuais podem ainda ser observados sob os ângulos subjetivo e objetivo. Os subjetivos, referentes aos sujeitos

---

138 Cf. item 5.1.1.1, supra.

principais que participam da relação processual: o juiz (art. 251 a 256 do CPP), o autor (art. 257 a 258 do CPP) e o réu e seu defensor (art. 259 a 267 do CPP)[139]. Os pressupostos referentes ao juiz são: (a) que se trate de autoridade judiciária investida em órgão judicante (princípio da investidura); (b) que o magistrado seja competente para o conhecimento e julgamento (capacidade subjetiva), o que compreende, agora, em relação à capacidade para julgar, a identidade física do juiz (art. 399, § 2º, introduzido pela Lei nº 11.719, de 2008); e (c) que o juiz subjetivamente seja capaz, ou melhor, seja imparcial, não haja nenhuma causa de impedimento ou suspeição (arts. 252 e 254, do CPP).

Os pressupostos atinentes às partes: (a) capacidade de ser parte, que se confunde, assim como no processo civil, com a personalidade jurídica[140]; (b) capacidade de estar em Juízo, que se relaciona com a capacidade de exercício, de praticar, por si, os atos da vida civil, de conformidade com o regramento insculpido no Código Civil; e (c) capacidade postulatória, referente ao *jus postulandi*, que no processo penal, diante da magnitude do princípio da ampla defesa na proteção ao *jus libertatis*, segue orientação peculiar, afastando-se das diretrizes gerais, contempladas no Código de Processo Civil. Em razão de a titularidade da ação penal de iniciativa pública ser deferida ao órgão do Ministério Público, de regra, só quem estiver em representação a ele, possui o *jus postulandi* como autor. Porém, se é de iniciativa privada, ou em se tratando de assistente, que se habilita nos autos para coadjuvar a acusação e da queixa subsidiária, a despeito das capacidades de

---

139 Em rigor, todo aquele que pratica ato processual é sujeito da relação processual, como são os casos, por exemplo, dos servidores do Judiciário, especialmente os oficiais de justiça, as testemunhas, os peritos etc. Esses são os chamados sujeitos secundários.

140 No entanto, capacidade de ser parte, em processo penal, distancia-se substancialmente da que é traçada para o processo civil. Na relação processual penal, a capacidade de ser parte, quanto ao pólo ativo, pertence, sempre que se tratar de ação penal pública, ao órgão do Ministério Público, sendo deferido, ao ofendido, tão somente, auxiliá-lo na acusação, ou mesmo, em caso extremo, apresentar queixa-crime subsidiária. Na ação penal de iniciativa privada, a pertinente ao pólo ativo, fica com o próprio ofendido ou seu representante legal, ou então, no caso de morte ou de declaração judicial de ausência, mediante os substitutos processuais previstos em lei — cônjuge, ascendente, descendente ou irmão. Quanto ao réu, a capacidade de ser parte se confunde com a responsabilidade penal, que só se adquire aos 18 anos de idade. Assim, oferecimento de denúncia contra menor de 18 anos não merece apreciação quanto ao mérito, pois que não atendido pressuposto de ordem processual, no que diz respeito à capacidade de ser parte da pessoa indicada como ré.

ser parte e de estar em Juízo, a pessoa terá de valer-se de bacharel em direito, a fim de manifestar-se no processo. Conquanto a defesa técnica seja *obrigatória*, e tenha de ser *efetiva* e *eficiente*, em homenagem ao *jus libertatis*, há várias hipóteses em que se concebe o *jus postulandi*[141].

Os pressupostos objetivos dizem respeito à inexistência de fatos impeditivos à formação da relação processual, ou quanto à observância da forma processual adequada à pretensão, ou ao desenvolvimento válido da relação processual. Podem ser, assim, extrínsecos ou intrínsecos. Os extrínsecos se referem à inexistência de fatos impeditivos para a formação da relação processual, tal como ocorre quando verificada a litispendência, prescrição, decadência, perempção, coisa julgada, falta de requisição do Ministro da Justiça ou de representação do ofendido, nas ações penais de iniciativa pública condicional, e a falta de autorização da Câmara dos Deputados para instauração de processo contra o Presidente e o Vice-Presidente da República e os Ministros de Estado (art. 51, I, da Constituição)[142].

Os pressupostos objetivos intrínsecos são aqueles quanto à observância da forma processual adequada para a pretensão preceituada em lei, como o tipo de procedimento (ordinário, sumário, sumaríssimo ou especial), ao preenchimento dos requisitos necessários à petição inicial (art. 41 do CPP, portanto), o instrumento procuratório, para o advogado postular em nome da parte etc.

---

141 Isso se verifica com o manejo do habeas corpus, que, como garantia constitucional à liberdade de locomoção, pode ser ajuizado por qualquer do povo em nome de outrem, pela própria pessoa que se encontre sob constrangimento, pelo Ministério Público e até mesmo de ofício pelo juiz ou tribunal. Aqui vige o princípio do *jus postulandi*, em que o pressuposto da capacidade postulatória é estendido a toda e qualquer pessoa, independentemente de ser advogado ou não. A revisão criminal pode ser pedida pelo próprio réu (art. 623, CPP), assim como a arguição de suspeição de juiz (art. 98, CPP). No art. 578, do Ordenamento Processual Penal, encontra-se escrito que o recurso poderá ser interposto tanto pelo próprio recorrente, quanto por seu representante. Por isso mesmo, tem-se entendido que o recurso interposto pelo próprio réu, nada obstante não arrazoado pelo defensor no prazo legal, produz efeito. É o *jus postulandi* em matéria recursal criminal. Anteriormente, o acusado podia, até mesmo, fazer a defesa prévia. (art. 395 do CPP revogado pela Lei nº 11.719, de 2008). Também assim é em relação aos incidentes no processo de execução penal.
142 Há doutrinadores que classificam a falta de representação ou de requisição, nos crimes de ação penal pública condicionada, como condição de procedibilidade. Em verdade, porém, são pressupostos processuais.

A falta de atendimento de pressuposto processual, salvo quando a não-observância da forma prescrita em lei gera, apenas, mera irregularidade, impõe a extinção do processo, com, ou sem, julgamento do mérito.

Já as condições da ação, são requisitos necessários e condicionantes ao exame do mérito da pretensão manifestada pelo autor, que, caso não atendidos, acarreta a sua rejeição, por carência do direito de ação. Na lição clássica de Liebman[143], conquanto a ação seja autônoma em relação ao direito material que se pretende, por seu intermédio, tutelar com o processo, para que haja o direito ao seu exercício, mister se faz o preenchimento do que se convencionou denominar *tríade condicional das ações*: (a) legitimidade *ad causam ativa e passiva*, refere-se à pessoa que pode promover a ação e àquela a quem se aponta como a responsável para apresentar a resposta; (b) *interesse jurídico*, que se tem por satisfeito, quando demonstrada a *necessidade* do ajuizamento da ação para que a pretensão seja satisfeita[144]; e (c) possibilidade jurídica do pedido, quando o que se pretende, com a promoção da ação, não é admissível de ser atendido pelo Judiciário.

Há divergência, até mesmo entre os processualistas civis, quanto a se a impossibilidade jurídica do pedido é caso efetivo de carência do direito de ação, pois, para analisá-lo, o juiz precisa, em verdade, adentrar o mérito da questão. De qualquer forma, parte da doutrina processual penal, diante do que estava plasmado no art. 43, I, do CPP, que consignava ser hipótese de rejeição da inicial, a circunstância de "o fato narrado evidentemente não constituir crime", defendia que essa era a situação em que se dava a impossibilidade jurídica do pedido.

Agora, pelo menos para o ambiente criminal, quando o *fato narrado evidentemente não constituir crime*, tal será situação para julgamento de mérito, portanto, de absolvição sumária[145], não servindo essa hi-

---

143 *Manual de direito processual civil*. Tradução Cândido Rangel Dinamarco, v. 1, Forense: São Paulo, 1984, p. 161.
144 Como no ambiente criminal não pode haver reconhecimento de responsabilidade penal, com a aplicação da pena, sem processo (*nulla poena sine judicio*), quando se trata de pretensão condenatória, sempre e sempre, o *interesse jurídico*, na qualidade de condição da ação, está satisfeito. Mas isso pode ocorrer em relação a algumas medidas cautelares, como por exemplo, pedido de quebra de sigilo telefônico, bancário, fiscal, busca e apreensão etc., ou mesmo em casos de habeas corpus, em que não há, propriamente, ameaça ao direito de liberdade. Sobre o assunto, cf. SILVA JÚNIOR, Op. cit., p. 419-421.

pótese de exemplo, por conseguinte, para a *falta de possibilidade jurídica do pedido*, em matéria criminal. Até porque o art. 386, III, do Código de Processo Penal, em sua redação originária e atual, acertadamente, dispõe que, quando o juiz reconhecer *não constituir o fato infração penal*, deve proferir sentença de absolvição.

Doutrinadores há, como Afrânio Silva Jardim[146], que defendem existir, quanto à ação penal, uma quarta condição da ação, que seria a "... justa causa, ou seja, um suporte probatório mínimo em que se deve lastrear a acusação, tendo em vista que a simples instauração do processo penal já atinge o chamado status dignatatis do imputado". A mera existência do processo criminal, não se há de negar, gera para o acusado uma série de efeitos negativos, das mais diversas ordens, até mesmo psicológica, o que afeta a sua qualidade de vida pessoal, familiar, social e pode, inclusive, comprometer, irremediavelmente, o seu futuro. Diante disso, não se pode oferecer uma ação penal contra alguém, a não ser que se tenha uma *culpa sumária formada* contra ele, sob pena de inexistir justa causa, até mesmo, para o indiciamento. Assim além das três condições da ação clássicas, a ação penal tem uma quarta e específica condição, que é a justa causa, o suporte probatório mínimo que aponte a existência do crime e indícios de sua autoria.

Gilmar Mendes, Inocêncio Mártires e Paulo Gonet[147] ressaltam que o Supremo Tribunal Federal tem entendido que, diante dos danos que a mera existência de um processo criminal acarreta à dignidade pessoal do indivíduo, ocorre constrangimento ilegal, quando a persecução penal é *injusta*, o que se verifica quando não há elementos de materialidade e indícios suficientes de autoria para dar base à ação penal[148].

---

145 Cf. item 5.1.7, infra.
146 Op. cit, p. 70
147 Op. cit., p. 529.
148 MARIA THEREZA MOURA não considera a *justa causa* mais uma das condições da ação, porquanto, para ela, a falta de uma das três condições da ação constitui-se, por si mesmo, em uma das hipóteses de *falta de justa causa*. Sobre o assunto (MOURA, Maria Thereza Rocha de Assis. *Justa causa para a ação penal*: doutrina e jurisprudência. São Paulo: Revista dos Tribunais, 2001, p. 221). Dessa forma, para MARIA THEREZA, justa causa corresponde a um "... juízo de mínima probabilidade de condenação" (Ibid., p. 245), até porque, segundo ela, para o ajuizamento da ação penal, "Não se exige, de pronto, a certeza moral quanto à ocorrência do fato, da autoria e da culpabilidade. Esta será imprescindível no final, para autorizar um decreto condenatório." (Ibid., p. 245).

5.1.2.2. Inépcia da inicial (pressuposto processual) e justa causa (condição da ação específica)

Aparentemente, houve uma atecnia do legislador, na medida em que tratou da inépcia da petição inicial como se ela não fosse uma falta de *pressuposto objetivo intrínseco*. Da mesma forma, à primeira vista, o legislador considerou a falta de *justa causa* uma circunstância que não se enquadra quer como pressuposto processual, quer como condição da ação, o que dá fôlego, em uma primeira análise, à conclusão de que seria hipótese de falta de condição de procedibilidade.

Certamente ninguém haverá de dizer que a inépcia da ação, que se verifica quando não há o pleno preenchimento dos requisitos necessários à petição inicial (art. 41 do CPP), não tem a natureza jurídica de falta de pressuposto processual, apenas porque o legislador disse, no inciso I, do art. 395, que esse vício é hipótese de rejeição da denúncia ou queixa, e, no inciso II do mesmo comando normativo, afirmou que a mesma consequência jurídica se dará quando *faltar pressuposto processual*.

Tampouco parece razoável partir-se da premissa de que os integrantes da comissão de reforma, uma vez que a proposta, tal como aprovada, partiu dela, não tivessem o conhecimento doutrinário de que a inépcia da petição inicial é causa de extinção do processo, sem julgamento de mérito, por falta de cumprimento de pressuposto processual.

Menos preocupado com o rigor científico do que com a realidade, o que se teve em mente, com a redação emprestada ao art. 395 do CPP, foi ressaltar que, no momento desse exame, o juiz, dentre os pressupostos processuais e as condições da ação, deve dar acentuado destaque exatamente para aqueles vícios que, mais frequentemente, são questionados no decorrer do processo, muitas vezes, até mesmo, por meio da interposição de habeas corpus.

A denúncia bem elaborada, especificamente em relação à imputação criminosa, que exige narrativa fática pormenorizada e individualizada, por mais paradoxal que seja, é *conditio sine qua non* para o exercício da defesa com foros de efetividade. Isso é sobremaneira importante para o acusado. Daí por que é de fundamental importância, o exame criterioso da adequação da petição inicial aos requisitos do art. 41 do CPP.

Por outro lado, a exigência de *justa causa* como condição para o exercício da ação penal é uma garantia muito cara, porque assegura que nenhuma pessoa será constrangida, por meio de processo criminal, quanto ao seu direito de liberdade e mesmo à honra e à imagem, sem ter contra ela provas de que o fato efetivamente ocorreu, assim como de indícios que, se não autorizam a conclusão de sua culpa, justificam que ela seja apontada como a possível autora do fato criminoso.

Em outro estudo, sem embargo de rechaçar a nomenclatura *presunção de inocência* como princípio determinante no processo criminal, pois o art. 5º, LVII, da Constituição, diz respeito ao juízo de culpabilidade, afirma-se que aquela denominação tem campo de aplicação diverso[149]. A presunção de inocência, nessa orientação, conquanto não se faça sentir após o ajuizamento da ação penal, impõe uma condição para o recebimento desta, que corresponde, exatamente, à presença da justa causa, que se traduz no binômio materialidade e indícios suficientes de autoria.

É como se o sistema dissesse que todas as pessoas são *presumidamente inocentes*, daí por que, para que ela seja apontada como a provável autora de um crime, exige-se que essa imputação esteja apoiada em uma culpa sumária. Dessa forma, para o cidadão, essa presunção de inocência é uma garantia no sentido de que ele não poderá ser perturbado em sua paz nem arranhado em sua dignidade como pessoa em razão de imputações levianas, invocadas sem a menor plausibilidade, com o propósito apenas de deixá-lo em situação constrangedora[150].

A importância da análise da justa causa como condição da ação, de maneira a abortar a existência de um processo temerário, com consequente comprometimento desnecessário da imagem e da tranquilidade de uma pessoa, revela o acerto do devido destaque que lhe foi conferido na lei, como forma de recomendar ao juiz, no momento da feitura do exame da petição inicial, especial atenção a esse aspecto.

Ainda que sem a melhor técnica, de todo justificável, a modificação introduzida no Código de Processo Penal por obra da Lei nº 11.719, de 20 de junho de 2008, dá a entender que a *justa causa* é

---

149 Cf. SILVA JÚNIOR, Op. cit., p. 552-553.
150 "Para os órgãos do Estado encarregados da persecução criminal, a presunção de inocência, na perspectiva aqui sustentada, impõe uma limitação quanto a essa atuação, na medida em que exige a necessidade de que a imputação criminosa tenha como lastro uma prévia reunião de elementos probatórios a respeito da materialidade e autoria do delito, ou seja, haja *justa causa* para a persecução criminal." (Ibid., p. 553).

uma condição específica da ação penal, à qual o juiz, ao lado da cobrança do preenchimento dos requisitos encartados no art. 41 do CPP para a denúncia ou queixa, deve dar a máxima atenção[151].

5.1.3. Juízo de admissibilidade da ação penal

A intenção da comissão de reforma, ao estabelecer normas pertinentes a todas as espécies de procedimento, foi no sentido de evitar que fosse feito o juízo de admissibilidade da ação penal, sem o prévio contraditório. Dessa forma, em consonância com a redação do art. 395, caput, proposta pela Comissão de Reforma, antes da citação do acusado, o juiz só poderia, se fosse o caso, rejeitar a denúncia.

Não sendo feito o juízo de rejeição, necessariamente, sem se pronunciar quanto ao recebimento, o juiz deveria prolatar despacho, determinando a citação, para que o acusado, no prazo de dez dias, apresentasse a resposta. Apresentada a resposta pelo acusado, o juiz, na hipótese de suscitada preliminares e/ou anexados documentos, deveria intimar o autor (Ministério Público ou querelante), para, querendo, impugnar, no prazo de cinco dias. Havia ainda, na proposta da Comissão de Reforma, a previsão de que, reputando imprescindível, antes do juízo de admissibilidade, o juiz poderia determinar a realização de diligências, no prazo máximo de dez dias[152]. Somente após essa etapa, era que o juiz teria a oportunidade para decidir sobre o recebimento da ação penal, como estava expresso no caput do art. 396, que constava da proposta sugerida pela comissão de reforma.

Diante disso, havia um hiato sobremaneira extenso, entre a data do ajuizamento da ação e a do seu recebimento, situação indesejável, pois, especialmente devido à existência, em nosso meio, da prescrição retroativa, em muitos casos, nesse intervalo de tempo, dar-se-ia a extinção de punibilidade.

Por isso mesmo, na Câmara dos Deputados, houve a modificação, a fim de inserir, no caput do art. 395 da proposta apresentada pelo Executivo, após a expressão *se não rejeitar liminarmente*, o termo *recebê-la-á*. Assim, houve a antecipação do momento próprio para o recebimento da ação penal, mas não se teve, porém, o cuidado de modi-

---

151 Art. 395: "a denúncia ou queixa será rejeitada quando: I — for manifestamente inepta; II — faltar pressuposto ou condição para o exercício da ação penal; ou III — faltar justa causa para o exercício da ação penal."
152 Art. 395, § 5º, do anteprojeto encaminhado pelo Executivo.

ficar o então art. 399 do Projeto de Lei, que fixava o momento posterior à resposta do acusado, como a oportunidade própria para esse fim.

Identificando essa anomalia, com base no parecer da senadora Ideli Salvatti, o Senado Federal suprimiu, do art. 395, a palavra *recebê-la-á*[153]. Diante das diversas alterações aprovadas pelo Senado, o Projeto de Lei nº 4.207, de 2001, voltou para a Câmara Federal. O deputado Régis de Oliveira, porém, relator da matéria na Comissão de Constituição e Justiça, manteve o texto aprovado, anteriormente, na Câmara. Pela justificativa apresentada pelo deputado para não acolher a alteração promovida pelo Senado, ao que parece, a questão não foi devidamente compreendida[154]. A incongruência, assim, restou mantida.

De toda sorte, o melhor é que, antes mesmo da resposta do acusado, haja a oportunidade para que o juiz se pronuncie, não apenas pela rejeição, como era a proposta original do Executivo, como, igualmente, ser for o caso, pelo recebimento da ação penal, o que, aliás, é a regra. Seria um tanto quanto canhestra a situação que seria criada caso a proposta original fosse aprovada, pois o juiz, tendo feito o exame e visto que não era caso para rejeição, mesmo sendo imperativo de ordem lógica pronunciar-se pelo recebimento da ação penal, não poderia, nesse momento, dizer nada a respeito. Não seria razoável retardar essa decisão apenas pelo fato de o acusado, nesse momento, ainda não ter tido a oportunidade de oferecer a sua resposta. Seria um apego excessivo à dogmática, que não se justifica.

Ademais, apesar do silêncio da lei, nada impede que, conquanto tenha sido, anteriormente, recebida a denúncia, com a resposta do acusado, dentre as preliminares, seja suscitada a falta de pressuposto processual ou condição da ação, devendo, neste caso, o juiz reexami-

---

153 Coerentemente, a senadora assim justificou, em seu parecer, o acolhimento da Emenda nº 8, oriunda de sugestão de uma comissão formada pelo Supremo Tribunal Federal: "O ato do recebimento da denúncia está previsto no momento descrito no artigo 399, ou seja, após a oportunidade de resposta preliminar. A atual redação do projeto antecipa desnecessariamente o exame de admissibilidade da denúncia."

154 O deputado, em seu parecer, apresentou a seguinte justificativa: "O instrumento que é o processo, não pode ser mais importante do que a própria relação material que se discute nos autos. Sendo inepta de plano a denúncia ou queixa, razão não há para se mandar citar o réu e, somente após a apresentação de defesa deste, extinguir o feito. Melhor se mostra que o juiz ao analisar da denúncia ou queixa ofertada fulmine relação processual infrutífera."

nar o assunto, agora sob o enfoque do contraditório[155]. Tem-se, assim, que, a despeito da decisão pelo recebimento da ação penal, a matéria não está preclusa, sendo passível de nova deliberação a respeito, o que poderá, até mesmo, importar na sua rejeição. Portanto, se o acusado, ao ser citado, na resposta apresentada nos termos do art. 396-A do Código de Processo Penal, inserido pela Lei n° 11.719, de 2008, suscitar, como matéria preliminar, a falta de pressuposto processual ou condição da ação, aí incluídas a inépcia da inicial ou a ausência de justa causa, a decisão, em relação a essas matérias que podem dar ensejo à rejeição à denúncia, terá de enfrentá-las, por meio de decisão devidamente fundamentada.

Assim, nada obstante já recebida a ação penal, se for do interesse do acusado estabelecer o contraditório sobre essa questão, poderá suscitá-la na resposta, como preliminar. Nada obsta, pelo contrário. A matéria, em relação ao acusado, não está preclusa, pois a primeira oportunidade que tem para sobre ela se manifestar é, justamente, ao atender a citação. Ademais, as primeira e segunda partes do art. 396-A do CPP, ao afirmarem que, com a resposta, o "acusado poderá arguir preliminares e alegar tudo o que interesse a sua defesa", não permitem outra interpretação, ou seja, muito embora ao analisar a petição inicial, se não for caso de rejeição, ao juiz seja dado, desde logo, decidir pelo seu recebimento, o reexame da matéria pode ser provocado, desde que haja pedido nesse sentido, no momento da resposta.

5.1.3.1. (Des)Necessidade de fundamentação da decisão de recebimento da ação penal

Conforme foi ressaltado, sendo rejeitada a denúncia, isso se faz por intermédio de sentença, podendo, ou não, dependendo da situação, ocorrer, até mesmo, a coisa julgada material. Ademais, acrescentou-se que, sendo um juízo negativo de acesso à justiça, a rejeição da ação penal é uma exceção, de modo que, não só pelo fato de se tratar de uma decisão, mas devido a representar uma negativa de prestação da atividade jurisdicional efetiva, ela tem de ser devidamente motivada.

Aliás, como uma consequência natural do princípio da publicidade e da ampla defesa, aqui enxergada quanto ao direito de recorrer, todo e qualquer ato judicial de conteúdo decisório há de ser fundamentado. Ressaltando esse aspecto, o constituinte de 1988, inovando, nessa

---

155 Essa questão voltará a ser discutida no item 5.1.7, infra.

parte, a nossa tradição constitucional, achou por bem estabelecer essa garantia de forma expressa, cuidando de fazê-lo com a redação do art. 93, IX. Em sua primeira parte, a norma constitucional em foco ressalta que *todos os julgamentos dos órgãos do Poder Judiciário serão públicos, e fundamentadas todas as decisões, sob pena de nulidade*[156]. A exposição dos motivos que levaram o juiz a decidir de uma determinada forma é, por conseguinte, requisito de validade de toda e qualquer decisão. A fundamentação das decisões torna efetiva a publicidade do processo, no que se refere a essa espécie de ato, além de ser indispensável para a preservação do princípio da ampla defesa, uma vez que, sem a exposição dos motivos que conduziram o juiz a se pronunciar em um determinado sentido, resta comprometida a possibilidade de sua impugnação por meio da interposição do recurso cabível[157].

Por isso mesmo, parte da doutrina defende que, no caso de recebimento da ação penal, igualmente como se exige na hipótese de rejeição, a decisão tem de ser fundamentada. Mais do que no processo civil, no processo penal, diante da existência de uma quarta condição da ação, consubstanciada na justa causa, que é a existência de suporte probatório sumário a revelar a existência do crime e indícios suficientes de que o acusado foi o agente que o praticou, essa necessidade parece mais evidente. Como saber se o juiz, efetivamente, analisou os pressupostos processuais e as condições da ação, especialmente em relação à justa causa, se não há a motivação da decisão? Note-se, ainda, que o recebimento da ação penal tem o importante efeito de interromper a fluição do prazo prescricional do crime. Não é a mera interposição, nem muito menos a citação válida, que gera a interrupção da prescrição, mas o recebimento da ação penal.

Essa posição doutrinária tomou fôlego com a edição da Constituição de 1988, diante do princípio da *decisão motivada*, catalogado no art. 93, IX.

---

[156] Os dois princípios, da publicidade do processo e da motivação das decisões, possuem justificação política, que é a *legitimação da função jurisdicional*.

[157] A decisão do tribunal do júri, que é feita por leigos, mediante resposta *sim ou não* às perguntas constantes do questionário elaborado pelo juiz — agora mais simplificado, com as alterações promovidas pela Lei nº 11.689, de 2008 —, em razão dessa técnica, não precisa ser motivada. Ademais, em razão do Princípio Constitucional da Soberania dos Vereditos, que se traduz na inadmissibilidade de reexame do mérito da decisão (veredito) do Tribunal do Júri, a ausência de fundamentação não acarreta prejuízo às partes.

Acontece que o debate arrefeceu, porquanto o Supremo Tribunal Federal e o Superior Tribunal de Justiça não acolheram essa doutrina. Ambas as Casas têm manifestado posicionamento no sentido de que não há necessidade de fundamentação (STF, 2ª T., HC j. 28.11.95, RTJ 160/299 e STJ, 5ª T., HC j. 16.12.97, RT 753/554), salvo quando o procedimento prevê, antes do pronunciamento do juiz, a notificação do acusado para, querendo, impugnar o recebimento, hipótese, aí sim, em que a decisão tem de ser motivada. Essa posição, conquanto se reconheça que seja ditada mais pelo pragmatismo, não se mostra correta.

A decisão de recebimento da ação penal, no Código de Processo Penal, em razão da Lei nº 11.719, de 2008, passou a ser tratada no art. 396, caput. O referido dispositivo, a esse respeito, não traz nenhuma modificação de substância em relação à antiga redação do art. 394 do CPP, ao estabelecer que "Nos procedimentos ordinário e sumário, oferecida a denúncia ou queixa, o juiz, se não a rejeitar liminarmente, recebê-la-á e ordenará a citação...".

Em verdade, conquanto tenha sido rejeitada a proposta inicial da Comissão de Reforma no sentido de que o recebimento da denúncia fosse submetido a prévio contraditório, de modo que o juízo de admissibilidade só seria feito após a manifestação da resposta pelo acusado, findou sendo adotada uma solução intermediária. Se for do interesse do acusado submeter a questão do recebimento da ação penal ao contraditório, de modo que haja decisão fundamentada a respeito, será suficiente que ele, na resposta, suscite a questão como matéria preliminar. A decisão fundamentada, portanto, será em outro momento processual, diferente daquele do recebimento.

5.1.3.2. Conteúdo da decisão de recebimento da ação penal.

Ainda que, nos termos da jurisprudência do Supremo Tribunal Federal e do Superior Tribunal de Justiça, não seja de mister a fundamentação da decisão de recebimento da ação penal, para imprimir um ritmo melhor ao andamento do processo, impõe-se que o juiz aproveite esse ato judicial para determinar outras providências e mesmo procurar concentrar os atos processuais.

A experiência mostra que, quanto menos atos processuais forem necessários, menos burocrático será o trâmite do feito, com economia de tempo e de serviço cartorário. Mais concentração, menos serviço burocrático e mais celeridade. Essa é a lei que rege o andamento dos processos.

Dessa forma, o despacho inicial, seja no processo criminal ou civil, se reveste de momento ímpar para efetivar a gestão inteligente do processo. Com o recebimento da ação penal, se não há grande volume de processos, não se deve apenas determinar a citação do acusado. O juiz deve, desde logo, antes mesmo da realização da citação e consequente resposta do acusado, de acordo com a pauta de audiência, designar a data para a realização da instrução e julgamento do processo. O único inconveniente aqui é que essa providência, à primeira vista, seria um contrasenso, porquanto o juiz não deve, desde logo, fixar a data da audiência, quando, em consonância com o novo rito, há a possibilidade de ocorrer antes de sua realização a absolvição sumária. Mas eventual crítica nesse sentido não procede. O fato de o juiz designar, desde logo, a data para a realização da audiência de instrução e julgamento, não compromete, em nada, a decisão que o juiz há de proferir após resposta do acusado, a qual poderá importar, até mesmo, na absolvição sumária. Sendo acolhida a tese da absolvição sumária, evidentemente, é encerrado o processo em primeira instância, com o consequente cancelamento da audiência.

Adotada a sugestão aqui alvitrada, quando o acusado for citado, será intimado, igualmente, da data que está reservada para a realização da audiência de instrução e julgamento. Isso elimina, depois, a necessidade de ser dado outro despacho e, consequentemente, de ser cumprido mais um mandado de intimação pessoal por meio do oficial de justiça. A posterior intimação do advogado, de igual modo, será desnecessária, bastando a consignação expressa, no mandado entregue ao acusado, da data e hora da realização da audiência.

Em rigor, nessa hipótese, o mandado expedido para ser entregue ao acusado, tendo anexa a ação penal, é *mandado de citação e intimação*. É recomendável, nesse caso, anexar ao mandado, além da copia da denúncia, a decisão do juiz, na qual consta a designação da audiência de instrução e julgamento.

Naturalmente que essa data assinada para a realização da audiência de instrução e julgamento deve levar em consideração o tempo médio gasto para o cumprimento do mandado de citação, o prazo de dez dias para a resposta e, se for o caso, os cinco dias para o Ministério Público fazer a impugnação[158]. É verdade que, quando se trata de acu-

---

158 Cf. item 5.1.6, infra. Na prática, alguns juízes procedem dessa forma, como,

sado residente em outra localidade distinta daquela em que corre o processo, a ensejar a expedição de carta precatória, essa circunstância é levada em consideração para a definição da data marcada para a audiência. Mesmo nesse caso, é recomendável que se marque logo a data da audiência, pois, se não, em seguida, será necessária a expedição de outra carta precatória, agora para intimar da data da audiência. O Ministério Público e as testemunhas por ele arroladas, se for a hipótese, devem ser desde logo intimados da data designada para a audiência de instrução e julgamento.

Contendo a vara um grande volume de processos, nesse caso, o melhor é não marcar a audiência com o despacho inicial de recebimento da denúncia. Isso porque embora as hipóteses de absolvição sumária sejam exceção, em alguns casos, ela ocorre. Tendo o juiz já marcado a audiência de instrução e julgamento antes da resposta do acusado, sendo prolatada sentença de absolvição sumária, resta prejudicada a realização da audiência de instrução e julgamento, o que acarreta prejuízo na organização da pauta de audiência, seja porque pode ficar um hiato entre uma audiência e outra, seja porque não será aproveitado esse espaço na pauta para a instrução e julgamento de outro processo. Portanto, a prática revela que, nesses casos, para uma melhor organização e eficiência da pauta de audiência, o melhor é deixar para designar a data da audiência de instrução e julgamento para o momento da decisão a ser dada após a resposta do acusado, o que, se retarda um pouco a definição do dia e mesmo a realização desse último ato do processo, permite que o tempo seja melhor aproveitado, na medida em que não se perderá espaço na pauta com a colocação de processos nos quais pode ser proferida sentença de absolvição sumária.

De mais a mais, fazendo-se a opção em deixar para marcar a data da audiência com a decisão proferida após a resposta do acusado, isso não burocratiza o andamento do processo, pois, em rigor, o ato a mais a ser praticado, com efetivo encargo para a secretaria, será, apenas, quanto à intimação do acusado, que deverá ser por mandado judicial.

---

aliás, já faziam mesmo no rito anterior. A experiência tem mostrado que um prazo entre cinquenta a sessenta dias para a realização da audiência de instrução e julgamento é por demais suficiente. Registre-se, apenas, que o prazo de sessenta dias, assinalado para que seja feita a audiência de instrução e julgamento, é contado a partir do momento em que o juiz aprecia a resposta do acusado, prevista no art. 399 do CPP, com a redação dada pela Lei nº 11.719, de 2008, e não do recebimento da ação penal. Cf. item 5.1.9, infra.

O Ministério Público é intimado com vista dos autos, enquanto o advogado mediante publicação do expediente, que, na maioria dos órgãos judiciais, ocorre com a disponibilização na internet, de forma automatizada.

Seja como for, sem embargo do silêncio da lei, é importante a consignação no mandado de que, sendo necessária a intimação judicial da testemunha, deverá ser pedida na própria resposta ou, então, no prazo de quinze dias antes da data designada para a audiência, que é um tempo bastante razoável.

Por fim, se o juiz verificar que é o caso de *emendatio libelli* para crime que permite a proposta de suspensão condicional do processo ou que é da competência de outro Juízo (art. 383, §§ 1º e 2º do CPP, com a redação dada pela Lei nº 11.719, de 2008), deve fazer a desclassificação com a decisão de recebimento. Evidentemente, nesses casos, não deverá deixar para decidir com a sentença[159].

5.1.3.3. Possibilidade de suspensão condicional do processo

Se a pena mínima prevista para o crime não for superior a um ano, havendo sinalização na ação penal quanto à possibilidade de suspensão condicional do processo, recebida a peça acusatória, o melhor é citar o acusado para, em dia e hora, comparecer em Juízo, para participar de uma espécie de audiência preliminar, na qual será tentada essa forma de solução consensuada do processo criminal. Quando a audiência preliminar é meramente protocolar, posto que não se logra êxito quanto ao fim para que foi designada, essa providência se mostra medida que serve, apenas, para atrasar o desenvolvimento normal do processo.

Todavia, quando essa espécie de audiência preliminar se apresenta eficiente, no sentido de se obter a suspensão condicional do processo, ela desafoga a pauta e dá mais celeridade ao serviço judicante, com menos carga de trabalho. Na Segunda Vara Criminal da Seção Judiciária da Justiça Federal do Rio Grande do Norte, em consonância com os dados estatísticos da movimentação forense, em noventa por cento dos casos, a audiência preliminar resulta em suspensão do processo. Para situações assim, essa espécie de audiência preliminar é plenamente recomendável.

---

[159] Cf. item 5.1.9.9.2, infra. Em relação à hipótese de suspensão do processo, verificar o item 5.1.3.3, infra.

Dependendo do número de processos, basta reservar um único dia da semana para realizar essas audiências, a fim de negociar a suspensão do processo, podendo ser marcados diversos processos para o mesmo dia.

Citar o acusado para que ele produza a defesa por meio de advogado e deixar para tentar a suspensão na audiência, não se mostra a medida mais razoável, pois finda ocupando a pauta, uma vez que tem de ser reservado, para o intervalo entre uma e outra audiência, o tempo necessário para a realização normal de cada uma delas, pois não se sabe, ao certo, em quais se terá êxito. O inconveniente, nesse caso, é que as testemunhas têm de comparecer a Juízo, quando isso seria evitado, se o assunto tivesse sido resolvido naquela espécie de audiência preliminar.

Ademais, sendo feita apenas a citação para a audiência preliminar, esta pode ser marcada, em regra, para um intervalo de tempo bastante inferior a cinquenta ou sessenta dias, até porque não há necessidade de se considerar o prazo para a resposta e a eventual intimação e impugnação por parte do Ministério Público.

5.1.4. Chamamento do acusado para responder a imputação

Ajuizada a ação penal, inicia-se o processo, e, não sendo caso de rejeição, o juiz deve recebê-la. A partir daí, para a formação da relação processual, é necessário o chamamento do acusado ao processo, o que se faz mediante a citação.

A citação, na regência do Código de Processo Penal em sua redação primeira, era o chamamento do acusado a Juízo, a fim de que ele fosse interrogado. Agora, é o chamado para o acusado apresentar resposta, ou seja, para se defender.

Da mesma forma como ocorre no cível, a citação, encontrando-se o acusado no território sujeito à jurisdição do juiz, desde que conhecido o endereço onde possa ser localizado, far-se-á por intermédio de oficial de justiça, em cumprimento a mandado expedido para esse fim[160]. Conhecido o endereço do acusado, mas estando em local de jurisdição de outro juiz, deve ser enviada carta precatória ao órgão ju-

---

160 Malgrado não haja disposição expressa, curial que seja anexada ao mandado cópia da ação penal, a fim de ser entregue ao citando, conjuntamente com a contrafé.

risdicional competente, no desiderato de que se determine a expedição de mandado para fins de citação.

Porém, encontrando-se o acusado em lugar incerto e não sabido, a citação far-se-á mediante edital, com o prazo de quinze dias[161]. Existiam outras hipóteses de citação por edital. O art. 363 do Código de Processo Penal dispunha que era caso, ainda, de citação por edital: (a) nada obstante a existência de endereço certo, quando se verificasse que o acusado estava se ocultando para não ser citado (art. 362 do CPP, revogado pela Lei nº 719, de 2008); (b) quando inacessível, em virtude de epidemia, de guerra, ou por outro motivo de força maior, o lugar em que estivesse o acusado (art. 363, inciso I, do CPP); (c) quando incerta a pessoa que tivesse de ser citada (art. 363, inciso I, do CPP); e (d) ainda que conhecida a residência do acusado, caso o crime fosse afiançável e o acusado se encontrasse no estrangeiro (art. 367 do CPP). Todos esses dispositivos foram revogados pela Lei nº 719, de 2008.

Por conseguinte, em razão das modificações introduzidas pela Lei nº 11.719, de 2008, a única hipótese que subsiste para autorizar a citação por edital é aquela em que o acusado, efetivamente, está em lugar incerto e não sabido, contemplada no art. 361 do Código de Processo Penal. Essa agora é a única hipótese existente de citação por edital.

Nesse aspecto, a reforma se mostrou coerente, pois todas essas demais hipóteses de citação por edital quando certo o endereço do acusado, era uma anomalia. Ainda assim, elas foram estabelecidas por pragmatismo, no interesse de fazer com que o andamento do processo não sofresse solução de continuidade devido à maior dificuldade em se fazer a citação pessoal. Contudo, quando a revelia decorrente da citação por edital passou a acarretar a suspensão do processo, o que veio a ser previsto com a alteração do caput do art. 366 do Código de Processo Penal promovida pela Lei nº 9.271, de 1996, a possibilidade abrangente de citação por edital deixou de ter sentido. A doutrina e a jurisprudência não admitiam a aplicação subsidiária do processo civil na parte em que dispõe sobre a citação por hora certa, em razão de, por expressa disposição legal no Código de Processo Penal, essa ser hipótese para citação por edital.

---

[161] Súmula nº 351 do Supremo Tribunal Federal: "É nula a citação por edital de réu preso na mesma unidade da federação em que o juiz exerce a sua jurisdição."

A lógica do legislador originário do CPP, pertinente com o seu viés policialesco e inquisitivo, foi no sentido de que, se o acusado estava se escondendo, não se deveria perder mais tempo, providenciando-se, logo, a citação por edital. Porém, como salientado, devido a alteração posterior introduzida ao Código de Processo Penal, essa modalidade de comunicação passou a ser motivo para a suspensão do processo, quando, sendo o acusado revel, não tivesse havido a constituição de advogado. Isto é, a razão de ser do dispositivo perdeu sentido

Do mesmo modo, determinar-se, mesmo sabendo onde se encontrava o acusado, a sua citação por edital só porque ele estava no estrangeiro e o crime era afiançável, não se mostrava razoável, além de ser inútil, pois, muito provavelmente, o processo iria ficar suspenso, devido à revelia. A revogação desses dispositivos, por conseguinte, é bem-vinda.

Por outro lado, nos tempos de hoje e com a tecnologia existente e disponível para as comunicações, não se imagina mais situação em que haja um lugar inacessível, no território nacional, em razão de *epidemia, de guerra ou por outro motivo de força maior*. Em situação excepcional, como correu com a enchente em Santa Catarina, no final do ano de 2008, o razoável é determinar-se a suspensão dos prazos do processo. Ademais, se a pessoa é incerta, obviamente, incerto é, igualmente, o local no qual se encontra, de modo que essa hipótese já está abrangida pelo art. 361 do CPP, como caso para a expedição de edital. Até porque se a pessoa é incerta, mas, sabe-se lá como, é conhecido o lugar no qual se encontra, a citação pessoal pode ser realizada.

A despeito de toda a acuidade demonstrada no trato dessa questão[162], ao que parece não se atentou para a modificação necessária ao inciso IV do art. 365 do Código de Processo Penal. Ora, o artigo em análise tornava obrigatória a indicação, no edital de citação, do "juízo e o dia, hora e o lugar em que o réu deverá comparecer", apenas e porque, no rito procedimental anterior às alterações promovidas pela Lei nº 11.719, de 2008, a citação não era para que fosse apresentada a resposta, como é agora, mas sim para que o acusado comparecesse em Juízo, para fins de interrogatório[163].

---

162 É preciso sublinhar que na proposta da Comissão de Reforma, as modificações referentes a essa parte da citação por edital propunha modificação, apenas, para os arts. 363 e 366. No Parlamento, como se verá, as demais modificações forem feitas por emendas de parlamentares.
163 Cf. item 5.1.5.2, infra, em que o assunto, tendo em conta a data de início da

5.1.4.1. Citação por edital e suspensão do processo

Como decorrência do princípio da ampla defesa, mais especificamente da *defesa efetiva* e do *direito de participação ativa* em todo o desenvolvimento do processo, não se admite que o feito tenha curso sem que o acusado tenha conhecimento de que está sendo demandado. Dessa forma, já na concepção originária do Código de Processo Penal, deixou-se consignado que, a despeito de o agente ter o pleno discernimento quanto ao caráter ilícito de seu comportamento, caso iniciado o processo ou em seu curso for identificada a ausência de higidez mental, a solução alvitrada é a suspensão do processo. Isso porque, nesse caso, o acusado, além de não possuir a capacidade de compreender o que representa o processo, não tem condições de, ele próprio, fazer a sua autodefesa, por meio do interrogatório, nem muito menos colaborar com o seu assistente jurídico, na defesa técnica[164].

Indo mais além, porém na mesma linha de pensamento, a Lei de nº 9.271, de 1996, estabeleceu que, quando o acusado, citado por edital, for revel e não tiver constituído advogado, a consequência direta daí decorrente será a suspensão do processo, diante da incerteza quanto à sua ciência sobre o processo instaurado contra si. Dessa forma, a revelia, que no processo penal, diferentemente da seara cível, não implica em perda da oportunidade de defesa, nem muito menos em presunção *juris tantum* da veracidade dos fatos alegados na ação penal, passou a trazer outra consequência, quando, oriunda da citação por edital, não houver advogado constituído. Isso é porque, além de a ampla defesa, no campo criminal, importar na exigência de defesa efetiva, ela assegura ao acusado o direito de participar, querendo, do processo, direito que somente poderá ser exercitado caso ele, efetivamente, saiba da existência do processo[165]. Como a citação por edital é uma ficção de que houve a comunicação judicial, ela, por si só, não serve para presumir, na hipótese em que o acusado é revel, que ele tem o efetivo conhecimento de que há uma demanda criminal contra si.

---

contagem do prazo para a apresentação da resposta pelo acusado, será discutido com mais profundidade.
164 Art. 152, caput e § 2º, do CPP.
165 Concretamente, o direito à autodefesa consiste nos direitos de o acusado *ser intimado* dos atos do processo, de *participar* das audiências e de *exercer* o *jus postulandi*.

Em rigor, há duas ficções, uma como consequência da outra. Como a citação por edital é uma ficção de que o acusado tomou conhecimento do chamamento judicial, também há a ficção de que ele não soube desse ato judicial. Entre uma ficção e outra, o legislador, coerente com o sistema do *in dubio pro reo*, aqui plenamente pertinente, privilegiou aquela, mais benéfica ao acusado, em tema sobremaneira fundamental em um processo criminal focado na defesa efetiva.

Por isso mesmo, conforme já salientamos em outra oportunidade, se quer evitar que uma pessoa seja processada e condenada, sem que se tenha certeza de que ela, realmente, sabia da existência do processo[166]. Coerente com essa premissa, o legislador considerou que, sem embargo de a citação ter sido levada a efeito por edital, se o acusado constitui advogado, a eventual revelia não tem o condão de suspender o processo, porquanto, nessa hipótese, resta inequívoco, por razões óbvias, que ele sabe que há uma imputação criminosa contra si.

O que se quer é ter a certeza de que o acusado sabe da existência do processo, e não apenas determinar a sua suspensão como consequência direta da revelia[167]. Esta, por si só, não é causa da suspensão, mas apenas quando ela decorre de uma citação por edital e não há prova robusta de que o acusado tomou conhecimento do processo. Assim, se de outra forma houver comprovação de que o acusado tem ciência da demanda e de seus termos, mesmo que o processo tenha sido suspenso, deve o juiz retomar o seu curso. Pode ocorrer, por exemplo, a situação em que o acusado, cuja revelia tenha determinado a suspensão do processo, compareça em juízo, no desiderato de saber sobre o andamento da demanda. Em situação como essa, não parece razoável que o processo continue suspenso, sob a impressão de que ele é insciente quanto à imputação que lhe é feita. Pode-se sustentar não ser bastante ter a comprovação de que o incriminado, antes de fugir ou mesmo quando já foragido, foi comunicado informalmente por alguém a respeito da imputação criminosa que lhe é feita, mas sim a prova de que ele conhece os termos da denúncia oferecida contra si. Mas não parece que essa seja a mensagem da norma em destaque[168].

---

166 SILVA JÚNIOR, Walter Nunes da. *Curso de processo penal*: teoria (constitucional) do processo penal, p. 723.
167 Ibid.
168 Esse posicionamento, em outro trabalho, pareceu ser bastante razoável (Ibid.). Em razão de maior meditação sobre o tema, entretanto, não se mostra a solução mais adequada.

O fundamental é que o acusado saiba que a ação foi ajuizada e, por conseguinte, que o processo existe. Se ele prefere ficar, mesmo assim, escondido, trata-se de uma opção que lhe cabe, mas que não pode prejudicar o andamento do processo, com a sua suspensão.

5.1.4.2. Citação por hora certa

A preocupação com a celeridade, pela própria razão de ser do sistema criminal, é algo bastante evidente da análise em todo e qualquer sistema contemporâneo, arquitetado sob a orientação da duração razoável do processo. Esse é um pensamento dominante e latente na redação originária do Código de Processo Penal nacional, embora, não se deva esconder e se tenha de compreender, que é próprio da ideologia abraçada pelo legislador originário do sistema criminal.

A citação por edital na hipótese em que, sendo certo o endereço do acusado, ele se esquiva para não ser citado, foi concebida pelo legislador para não atrapalhar o andamento do processo. De certo modo, era uma forma de penalizar processualmente com a citação por edital, o acusado que, sabedor da demanda que havia contra ele, procurava, com a atitude de se esconder e evitar a comunicação processual, comprometer o andamento do processo ou, apenas, ganhar tempo, até mesmo para beneficiar-se da prescrição.

Todavia, como aqui já foi ressaltado, a partir do momento em que a citação por edital, quando o acusado é revel e não constitui advogado, passou a ser hipótese de suspensão do processo, perdeu sentido a solução então alvitrada[169]. Atento à necessidade de rearrumação do sistema, comprometido devido a essas alterações pontuais a que foi submetido o Código de Processo Penal, com a Lei nº 11.719, de 2008, acertadamente, deu-se um novo tratamento para a situação.

A Lei nº 11.719, de 2008, em consonância com o pensamento aqui esposado, em boa hora, introduziu no Código de Processo Penal o instituto da citação por hora certa, nas hipóteses em que o acusado se oculta para não ser citado. Essa previsão diminui a aplicação do art. 366, pois, agora, quando não for caso de acusado foragido, em lugar incerto e não sabido, mas que apenas se esconde para não ser citado, ao invés da expedição de edital, o juiz deverá determinar a citação por hora certa, preservando, assim, o andamento do processo, mesmo se ocorrer a revelia.

---

[169] Cf. item 5.1.4.4, infra.

Nesse particular, são imerecidas as críticas que, aqui e ali, são ouvidas a respeito desse assunto. Não se pode negar que a citação por hora certa, tal qual a por edital, é hipótese de citação ficta. Mas a primeira difere, substancialmente, da segunda. Na primeira, sabe-se que o acusado ainda reside em um determinado local, mas, de toda sorte, usa artifício para não ser encontrado pelo oficial de justiça. Este, com a fé de ofício da qual é portador, ao empreender a diligência, certifica essa ocorrência e, diante disso, procede à citação por hora certa. A presunção de veracidade da certificação do oficial de justiça, que deve ser feita no mandado, gera a certeza, *juris tantum*, de que o acusado sabe que há no Judiciário uma imputação criminosa contra ele, mas, por não querer responder por ela, procura embaraçar a movimentação da máquina jurisdicional, esquivando-se da citação pessoal. Ora, se o acusado, possuindo endereço certo, se esquiva para não receber a comunicação processual, isso é prova inconteste de que ele sabe que há uma demanda contra si.

O acusado, por óbvio, não pode se beneficiar com a suspensão do processo, ainda que temporária, mediante essa torpeza. Não adianta dizer que a suspensão do processo, com a consequente suspensão do prazo prescricional, por si só, já se traduz em ônus processual a ser suportado pelo acusado diante de sua atitude. É certo que a defesa é ampla, porém, mesmo na seara criminal, há limites, dentre eles o que não tolera a utilização de ardis para evitar o trâmite normal do processo. Isso não é legítimo nem muito menos admissível.

Por outro lado, a paralisação do processo criminal é maléfica sobre os mais variados aspectos, notadamente no que diz respeito à aplicação da sanção ou medida criminal que, quanto mais tardia, mais ineficiente e menos necessária se mostra[170]. A suspensão do processo traz grave prejuízo para a instrução do processo, pois ele sempre é calcado em fatos sobre os quais são imprescindíveis os depoimentos da vítima e das testemunhas, elementos probatórios cuja credibilidade tem muito a ver com o espaço temporal existente entre a data da ocorrência do fato criminoso e aquela em que se dá a audiência judicial. Isso porque a psicologia judiciária comprova que, naturalmente, com o passar do tempo, a memória sobre os fatos passa por processo de glosa, de modo que detalhes, por vezes deveras importantes, são esquecidos, permanecendo vivas apenas as partes nucleares do acontecimento.

---

170 Cf. item 3.2.2.3, supra.

Ademais, o desgaste decorrente da demora do processo recai única e exclusivamente sobre o Judiciário, a gerar uma sensação de impunidade que compromete, sobremaneira, a credibilidade, em si, do sistema e é, sim, fator que alimenta a criminalidade. Não se pode esquecer, nessa questão, até em homenagem à justiça restaurativa, que a família da vítima e as pessoas que se sentem mais atingidas com o fato criminoso reclamam, até para uma satisfação psicológica, o encerramento do processo, com o respectivo julgamento. É evidente que o pronunciamento judicial não fica comprometido com aquilo que a *sociedade/opinião pública* quer, porém, deve-se ter preocupação com a duração razoável do processo.

Por isso mesmo, a suspensão processual nesse caso é assunto que deve ser tratado tendo em consideração não só o preceito da ampla defesa, mas igualmente o *amplo acesso à justiça* pelos interessados na responsabilização criminal de quem praticou a conduta ilícita. Impor a paralisação do processo devido à revelia importa, em outra ponta, na negativa do acesso à justiça, que compreende, como se sabe, o direito a um pronunciamento judicial em tempo razoável e eficiente.

A citação por hora certa para o ambiente do processo penal, por conseguinte, merece aplauso, em especial porque o legislador, a fim de espancar qualquer dúvida a respeito, tratou de esclarecer que "Completada a citação com hora certa, se o acusado não comparecer, ser-lhe-á nomeado defensor dativo" (Parágrafo único do art. 362 do CPP, com a redação dada pela Lei nº 11.719, de 2008), não sendo, assim, corretamente, prejudicado o andamento do processo.

5.1.4.3. Formação do processo

O art. 363 do Código de Processo Penal, com a redação dada pela Lei nº 11.719, de 2008, deixa expresso que "O processo terá completada a sua formação quando realizada a citação do acusado." Esse dispositivo não constava da proposta da Comissão de Reforma.

A regra preceituada tem razão de ser, que não é meramente acadêmica. É de sabença que, nada obstante o apuro dogmático do Código de Processo Civil, não há um dispositivo expresso dizendo quando está formada a relação processual. Coube à doutrina dizer que tal ocorre, independentemente de qualquer coisa, com a citação. Esse dispositivo, além de reforçar que se trata de um processo acusatório, embasado na existência de uma relação triangular, que envolve, como sujeitos principais, o autor, o acusado e o juiz, reafirma que o recebimento da ação penal ocorre, efetivamente, antes de o acusado apresentar a resposta.

Ora, como é que se teria um processo formado se, antes, não tivesse havido, sequer, o recebimento da ação penal. Cai por terra, assim, qualquer pretensão na defesa da tese de que, efetivamente, o recebimento da ação penal só ocorre na fase do art. 399 do Código de Processo Penal, com a redação determinada pela Lei nº 11.719, de 2008. A determinação da citação pressupõe o recebimento da ação penal. Assim, determinada a citação, ocorre o recebimento.

Independentemente do tipo de citação, se por mandado, com ou sem hora certa, ou por edital, assim como de ter, ou não, ocorrido a suspensão do processo devido à revelia, o chamamento ao processo é válido e a relação processual está formada na sua triangulação — autor, juiz e réu. Apenas o prazo para a defesa, quando se tratar de revelia com suspensão do processo, é que não começou, ainda, a fluir[171].

É verdade que, diante da doutrina formada entre os processualistas civis, essa regra jurídica não era de fundamental necessidade. De qualquer forma, ela contribui para uma compreensão sistêmica do ordenamento criminal.

5.1.4.4. Suspensão do processo em razão da revelia e prisão preventiva

Embora não tenha havido, com a reforma do Código de Processo Penal promovida com a Lei nº 11.719, de 2008, nenhuma modificação quanto ao conteúdo do caput do art. 366 do Código de Processo Penal, a visão sistêmica do ordenamento processual impõe alguma consideração a seu respeito. Como já foi aqui salientado, esse texto foi modificado pela Lei nº 9.271, de 1996, a fim de estabelecer o seguinte:

> Art. 366. Se o acusado, citado por edital, não comparecer, nem constituir advogado, ficarão suspensos o processo e o curso do prazo prescricional, podendo o juiz determinar a produção antecipada das provas consideradas urgentes e, se for o caso, decretar a prisão preventiva, nos termos do disposto no art. 312.§ 1º. As provas antecipadas serão produzidas na presença do Ministério Público e do defensor dativo.§ 2º. Comparecendo o acusado, ter-se-á por citado pessoalmente, prosseguindo o processo em seus ulteriores atos.

---

[171] Quanto ao início da contagem do prazo, quando se trata de citação por edital, cf. item 5.1.5.2, infra.

Esse dispositivo, porém, suscitou acirrada discussão na doutrina, que transbordou para os tribunais, uma vez que, sem que fosse hipótese prevista na Constituição, a partir do momento em que o caput estabeleceu a suspensão *sine die* do prazo prescricional, findou por criar mais um caso de imprescritibilidade de ilícito penal. Considerável parte da doutrina passou a sustentar que o rol estampado nos incisos XLI e XLIV do art. 5º da Constituição não podia ser alargado pelo legislador infraconstitucional, de modo que a interpretação conforme leva à conclusão de que o lapso temporal de suspensão é delimitado pelo prazo prescricional previsto para o crime. Assim, suspenso o processo devido à revelia, atingido o espaço de tempo da prescrição, o prazo voltaria a correr. Essa tese, porém, foi rechaçada pelo Supremo Tribunal Federal[172].

Nada obstante, para disciplinar essa questão, o Parlamento aprovou o seguinte texto:

"Art. 363. ....
....

§ 2º Não comparecendo o acusado citado por edital, nem constituindo defensor:

I — ficará suspenso o curso do prazo prescricional pelo correspondente ao da prescrição em abstrato do crime objeto da ação (art. 109 do Código Penal); após, recomeçará a fluir aquele;

II — o juiz, a requerimento do Ministério Público ou do querelante ou de ofício, determinará a produção antecipada de provas consideradas urgentes e relevantes, observando a necessidade, adequação e proporcionalidade da medida;

III — o juiz poderá decretar a prisão preventiva do acusado, nos termos do disposto nos arts. 312 e 313 deste Código.

§ 3º As provas referidas no inciso II do § 2º deste artigo serão produzidas com a prévia intimação do Ministério Público, do querelante e do defensor público ou dativo, na falta do primeiro, designado para o ato..." (NR)

Como a disciplina a respeito do § 1º do art. 366 do CPP, com a proposta aprovada pelo Parlamento, passou a fazer parte do inciso II do § 2º do art. 363, do mesmo Diploma Legal, no art. 3º da Lei nº

---

172 Cf. BRASIL. Supremo Tribunal Federal, Data da decisão: 19/12/2006. Disponível em: www.stf.jus.br/portal/Informativo. Acesso em 17 nov. 2008.

11.719, de 2008, ficou consignada a revogação expressa desse dispositivo. Do mesmo modo, como o art. 363, caput, do CPP, passou a discorrer que a citação tem o condão de completar a formação do processo, esclareceu-se que o § 2º do mesmo comando normativo também ficava revogado.

Por conseguinte, a Lei nº 11.719, de 2008, revogou o § 1º do art. 366 do Código de Processo Penal porque o mesmo conteúdo normativo passou a ocupar o inciso II do § 2º do art. 363 do CPP. Diante disso, como o texto do art. 366, caput, ficava integrando o inciso I do § 2º do art. 363 do Ordenamento Processual Penal, o Legislativo aprovou a seguinte redação para aquele dispositivo: "A citação ainda será feita por edital quando inacessível, por motivo de força maior, o lugar em que estiver o réu."

Acontece que o Presidente da República vetou o § 2º do art. 363, pelo que teve de vetar, igualmente, o § 3º, que fazia reminiscência àquele e, como não poderia deixar de ser, a nova redação proposta para o art. 366, todos do CPP. Em verdade, o veto presidencial aos referidos parágrafos decorreu de um erro da Mesa da Câmara dos Deputados. Isso porque, em razão dos debates na Câmara dos Deputados, foi aprovada a proposta de que, transcorrido o prazo máximo previsto para a infração penal, a prescrição, suspensa em decorrência de revelia, recomeçaria a fluir. Acontece que, por erro, no texto enviado pela Câmara para o Senado não constou, expressamente, a ocorrência, igualmente, da suspensão do processo. Assim, a disposição literal do texto dispunha que a revelia teria o condão de suspender a prescrição, que retomaria o seu curso após o lapso temporal previsto para a pena em abstrato, mas não a suspensão do processo, o que seria uma incongruência ímpar. No Senado, essa incongruência foi percebida, sendo providenciada a correção do texto. Mas, quando a Secretaria da Mesa da Câmara enviou a lei aprovada para a sanção presidencial, verificou-se, no Executivo, que a versão era aquela primeira, sem a correção feita no Senado. Em razão disso, o Presidente, para evitar dúvidas a respeito, preferiu vetar os dois parágrafos em referência[173].

---

173 "As razões do veto presidencial estão assim expostas: "A despeito de todo o caráter benéfico das inovações promovidas pelo Projeto de Lei, se revela imperiosa a indicação do veto do § 2º do art. 363, eis que em seu inciso I há a previsão de suspensão do prazo prescricional quando o acusado citado não comparecer, nem constituir defensor. Entretanto, não há, concomitantemente, a previsão de suspensão do curso do processo, que existe na atual redação do art. 366 do Código de Processo Penal. Permitir a situação na qual ocorra a suspensão do

Dessa forma, não se pense que a revogação do § 1º do art. 366 do Prescritor Normativo Criminal tenha sido motivada pela intenção de coibir, quando o processo estiver suspenso em razão da revelia, a produção antecipada das provas e muito menos de deixar de tornar obrigatórias as presenças do Ministério Público e do defensor dativo.

Ademais, em um sistema acusatório, ainda em se tratando de prova antecipada, obviamente, a ouvida de qualquer testemunha, ou mesmo vítima, enfim, a produção de toda e qualquer prova, necessita, obviamente, ser ante a presença do Ministério Público, na qualidade de autor, e de um defensor do acusado, a despeito de sua revelia. A revogação do § 2º do art. 366 do CPP não restou afetada, pois a matéria que era por ele tratada, como se disse, ficou disciplinada no caput do art. 363 do CPP. A esse respeito, em verdade, havia uma incongruência técnica. O comparecimento do acusado não serve para perfectibilizar a citação, sequer para transformar a citação por edital em pessoal. O comparecimento do acusado ou de seu defensor em cartório serve, apenas, para demarcar a contagem do prazo para a apresentação da resposta. Assim, diante do rigor técnico que se quis imprimir, a revogação do § 2º do art. 366 pela redação do art. 363, caput, ambos do CPP, foi adequada.

Em síntese, diga-se que as revogações dos § 1º e 2º do art. 366 do CPP não comprometem, em mínima medida, o conteúdo do respectivo caput.

É importante, nesse espaço, fazer algumas considerações a respeito da previsão contida na parte final do caput do art. 366 do Código

prazo prescricional, mas não a suspensão do andamento do processo, levaria à tramitação do processo à revelia do acusado, contrariando os ensinamentos da melhor doutrina e jurisprudência processual penal brasileira e atacando frontalmente os princípios constitucionais da proporcionalidade, da ampla defesa e do contraditório.Em virtude da redação do § 3º do referido dispositivo remeter ao texto do § 2º há também que se indicar o veto daquele.Cumpre observar, outrossim, que se impõe ainda, por interesse público, o veto à redação pretendida para o art. 366, a fim de se assegurar vigência ao comando legal atual, qual seja, a suspensão do processo e do prazo prescricional na hipótese do réu citado por edital que não comparecer e tampouco indicar defensor. Ademais, a nova redação do art. 366 não inovaria substancialmente no ordenamento jurídico pátrio, pois a proposta de citação por edital, quando inacessível, por motivo de força maior, o lugar em que estiver o réu, reproduz o procedimento já previsto no Código de Processo Civil e já extensamente aplicado, por analogia, no Processo Penal pelas cortes nacionais."(BRASIL. Presidência da República. Disponível em:www.planalto.gov.br. Acesso em 17 nov. 2008.)

de Processo Penal, com a redação determinada pela Lei n° 9.721, de 1996, que dispõe sobre a possibilidade de o juiz determinar a prisão preventiva, em decorrência da suspensão do processo. Ainda que o Código de Processo Penal, na primeira parte do art. 366, caput, do CPP, diga que, nesse caso, será determinada a suspensão do prazo prescricional, isso, para todos efeitos, não sana os prejuízos acarretados ao processo.

Ficando os autos paralisados, cujo andamento sujeita-se à vontade do acusado, o princípio da duração razoável do processo resta severamente comprometido e, mesmo, a imagem do Judiciário, sobre quem recai a pecha de moroso e cúmplice da impunidade. E não é só. Há prejuízo concreto para a instrução processual. Ainda que admissível a prova antecipada, isso somente é autorizado em relação àquelas que forem consideradas *urgentes* (art. 366, caput, segunda parte, do CPP). O prejuízo se dá essencialmente em relação à prova testemunhal, pois, de acordo com a psicologia forense e mesmo a experiência adquirida com o exame dos casos concretos, quanto maior for a distância temporal entre o fato criminoso e a audiência de instrução, menos preciso será o depoimento.

Se não for decretada a prisão do acusado, ninguém irá procurá-lo e pode ocorrer, até, que ele esteja preso, em alguma unidade prisional, mas sem que o agente penitenciário nem a autoridade policial ou judiciária saiba que há outro processo criminal contra ele paralisado, devido ao seu desaparecimento. O conhecimento desse fato somente será possível caso seja decretada a prisão preventiva, notadamente em razão da segunda etapa da Reforma Tópica, devido à criação do Banco Nacional de Mandados de Prisão — BNMP, sistema eletrônico previsto para hospedar todos os mandados de prisão, disponível na rede mundial de computadores, facilitando, assim, a ciência dessa circunstância[174].

Não são raros os casos em que, decretada a prisão preventiva com suporte na conveniência da instrução processual decorrente da suspensão do processo ocasionada pela revelia, logo depois, o feito retoma o seu curso normal, pelo fato de o acusado ter sido encontrado no cumprimento do mandado de prisão.

Por isso mesmo, o *caput* do art. 366 do Código de Processo Penal, com a redação determinada pela Lei n° 9.721, de 17 de abril de 1996, tornou o acontecimento suficiente para a caracterização de hipótese

---

174 Cf. item 6.2.9.3, infra, que discorre sobre o BNMP.

para a decretação de prisão preventiva, muito embora, para tanto, naturalmente, tenha o juiz que fundamentar a decisão que não se restringe à necessidade para a instrução do inquérito ou do processo, mas igualmente para assegurar a aplicação da lei penal. Com efeito, a jurisprudência vem firmando posição menos tolerante com a condição de foragido, de modo que esse é um dado objetivo a ser levado em consideração para se examinar se o caso é, ou não, para a decretação da prisão. No item 6.1.6.2.1, fazemos a abordagem desse assunto de forma mais densa, quando da discussão sobre um dos fundamentos que autorizam a decretação de medida cautelar detentiva, no caso, a *necessidade da aplicação da lei penal*, com referência a julgados do Supremo Tribunal Federal e do Superior Tribunal de Justiça, que dão suporte ao entendimento aqui sufragado.

O mandado de prisão, em casos que tais, se assemelha a um *mandado de procura*, isto porque a necessidade da decretação da medida preventiva se exaure com a eliminação do motivo que ensejou a suspensão do processo. Por isso mesmo, o mero comparecimento do acusado em Juízo ou a constituição de advogado, por si só, já acarreta a revogação da suspensão do processo, de modo que a prisão preventiva que foi decretada por conveniência da instrução criminal torna-se desnecessária, por perda do objeto.

Por outro lado, nesse caso, ainda que feita a prisão do acusado, a sua custódia somente se justifica até o momento em que ele for cientificado, pessoalmente, da demanda existente, que serve, conquanto a citação feita por edital seja válida, e a formação processual já tenha sido integralizada, apenas para o fim de revogar a suspensão do processo, e dar início à contagem do prazo para a resposta. Daí por que, depois disso, sanada a paralisação do processo, a liberação do acusado se impõe.

5.1.5. Princípio da ampla defesa

Na tradição do constitucionalismo brasileiro, o princípio da ampla defesa, além de ser estabelecido com status de direito fundamental apenas para o ambiente criminal, é previsto tão somente para o acusado[175]. A Constituição de 1988 inovou, a esse respeito, para estabele-

---

175 No Direito Comparado também se observa que o direito de defesa surgiu como uma garantia processual pertinente ao ambiente criminal, mais especificamente a quem é réu, tal como se percebe da leitura das Constituições dos

cer esse postulado, igualmente, para a seara do processo civil, tendo como destinatários tanto o autor quanto o réu. Porém, em relação ao campo criminal, a cláusula da ampla defesa permaneceu restrita ao acusado, a revelar que, conquanto o processo penal se baseie no modelo acusatório, a defesa deve ser mesmo privilegiada em relação à persecução criminal. Por conseguinte, se à defesa é conferida atenção especial mercê da incidência do princípio da presunção de não culpabilidade, notadamente quanto à valoração da prova, a compreensão do verdadeiro alcance do princípio da ampla defesa na área criminal mostra que essa cláusula é a pedra de toque de um sistema elaborado sob a batuta dos direitos fundamentais[176].

O *due process of law*, de criação americana a partir da inclusão, por meio das primeiras emendas, da declaração dos direitos fundamentais na Constituição, ou o *giusto processo*, vale repetir, é o regramento do exercício do dever-poder de punir do Estado, normas de proteção que, em essência, se traduzem em regras que circundam o exercício da defesa em si, que é o seu núcleo[177].

Não é sem razão que a inteligência da jurisprudência estabelecida pela Corte Constitucional espanhola a respeito da inadmissibilidade das provas produzidas por meios ilícitos preceitua que, em relação à

Estados Unidos, da Espanha e de Portugal. Nas Constituições alemã e italiana, porém, o direito de defesa está assegurado de forma genérica, com incidência tanto na seara criminal quanto na cível.

176 No livro *Curso de processo penal:* teoria (constitucional) do processo penal, elege-se o princípio da ampla defesa como uma das seis categorias lógicas, decorrentes da compreensão dos direitos fundamentais, que forma, ao lado dos princípios do *devido processo legal* (em sentido estrito), *da presunção de não culpabilidade, do direito à intimidade em geral, do sistema acusatório e do direito à liberdade*, a *espinha dorsal* do sistema processual penal. Nessa análise, a ampla defesa abrange o direito ao silêncio e a garantia da inviolabilidade da advocacia. O direito ao silêncio, por sua vez, ao ser alçado a nível constitucional, como consequência, tornou o interrogatório com genuína natureza jurídica de defesa, não mais de prova, na qualidade de direito de o acusado ser *ouvido* (*audiência*) pelo responsável pelo seu julgamento (*direito à identidade física do juiz*) e o direito de recorrer. (p. 694-793).

177 Antes da processualização do direito de punir, o acusado não era chamado para o processo a fim de se defender, mas para ser objeto de prova. Estabelecendo uma nova fase, a Sexta Emenda à Constituição americana afirmou como direito fundamental do acusado o direito de ser informado sobre a natureza e a causa da acusação, de ser acareado com as testemunhas, de obter o comparecimento compulsório de testemunhas de defesa e contar com a assistência de um advogado para a sua defesa.

prova derivada, a orientação deve ser no sentido de sua contaminação, quando, no caso concreto, ela comprometer o exercício da ampla defesa.

Há, em verdade, uma distinção ontológica entre a ampla defesa no processo criminal e no civil. Como se disse, além de no primeiro ele estar expresso apenas em relação ao acusado, em sede criminal esse postulado não se basta no oferecimento da oportunidade para a apresentação da defesa, precisa ser *efetiva* e *eficiente*. Por isso mesmo, a revelia, no processo civil, importa em perda da oportunidade para a manifestação da defesa e, como regra, torna incontroversos os fatos alegados na exordial, enquanto no processo penal a revelia importa, apenas, na perda do direito de o acusado ser intimado de todos os atos do processo[178].

A defesa efetiva quer dizer que ela tem de ser produzida, independentemente da vontade do acusado. Por mais que o acusado se ache culpado e queira, por meio da confissão, que a pena lhe seja aplicada, ainda assim, terá de haver o processo e a efetiva defesa, com assistência jurídica desenvolvida por advogado constituído, oferecida pelo Estado, por meio da Defensoria Pública, ou por pessoa nomeada pelo juiz, que tem de ser bacharel em direito. O brocardo jurídico *nulla poena sine judicio* é, em certa medida, a sedimentação da ampla defesa, na dimensão de sua efetividade.

A ampla defesa importa não apenas na necessidade de que a defesa seja efetiva e eficiente no sentido técnico, isto é, exercida por meio de advogado habilitado, como igualmente que o acusado seja intimado pessoalmente para participar e tomar ciência dos atos processuais, sob pena de nulidade, aceitando-se, ainda, que, em alguns casos, ele *fale* nos autos. Isso quer dizer que o acusado, além da assistência jurídica, detém o direito de participar dos atos processuais e, em alguns casos, de ele próprio fazer a sua autodefesa[179]. O direito à autodefesa é de três ordens: direito de (1) *ser cientificado* dos atos processuais, (2) *estar presente* às audiências e, por fim, (3) *falar nos autos*[180].

---

178 Salvo o caso de suspensão do processo.
179 Antonio Scarance sustenta que "Quando nas Constituições, se assegura a ampla defesa, entende-se que, para observância desse comando, deve a proteção derivada da cláusula constitucional abranger o direito à defesa técnica durante todo o processo e o direito de autodefesa." (FERNANDES, Antonio Scarance. *Processo penal constitucional*. 2. ed. São Paulo. Editora Revista dos Tribunais, 200. (Op. cit., p. 258).
180 Na compreensão do direito de falar nos autos, está o direito ao interrogató-

Além do direito de ser citado, que é a forma com que lhe é dado conhecimento da existência de uma demanda judicial contra si, o acusado, ao contrário do que sucede no processo civil, detém o direito de ser intimado pessoalmente da data da realização das audiências, das decisões interlocutórias e, ainda, da sentença[181]. É a forma de assegurar-lhe a participação direta no processo criminal, não só para acompanhar o desenrolar da relação processual, dando auxílio ao seu advogado, mas também para que ele possa verificar se o seu direito de liberdade está sendo eficientemente tutelado por meio do desempenho de seu advogado ou defensor constituído. A ausência de intimação da data de realização das audiências leva à nulidade relativa, enquanto a irregularidade quanto à comunicação sobre as decisões interlocutórias e a sentença importam em impedir a preclusão para o ajuizamento de eventual recurso, uma vez que o prazo recursal somente começa a fluir a partir da última intimação, sendo irrelevante se a primeira foi ao acusado ou a seu advogado[182].

Sem embargo do direito de ser intimado dos atos processuais, o acusado tem o direito de estar presente às audiências (*The right to be present*) e delas participar ao lado de seu advogado[183]. O direito de presença não está expresso na Constituição de 1988, mas foi objeto

---

rio, denominado, no Direito português, de *direito de audiência*. Pela especificidade e relevância do assunto, esse direito, como uma das espécies de autodefesa decorrente do direito à ampla defesa, será estudado no momento do interrogatório. Cf. item 5.1.5.7, infra.

181 A falta de intimação ao acusado da audiência, ainda que feita ao seu defensor, é causa de nulidade, se bem que relativa, o que exige, por conseguinte, a demonstração de prejuízo.

182 Tourinho Filho cita várias decisões nesse sentido (RSTJ, 2/230; RT, 607/419, 609/439, 612/390, 622/318, 645/326, 646/382), mas ressalta que, no seu entendimento, caso o defensor seja por primeiro, após a intimação do acusado, esta deve ser renovada, fazendo, em relação a essa posição, referência a decisões registradas na RT, 541/400, 596/305, 576/358, 598/324; JTACrimSP, 42/164, 44/164m 44/104, 58/199. (*Código de processo penal comentado*. v. 2. p. 279). Naturalmente que, quando a intimação da decisão interlocutória ou da sentença é feita apenas ao advogado ou defensor constituído, tendo sido interposto o recurso, resta obviada a irregularidade processual pela ausência de intimação pessoal do acusado.

183 No Código de Processo Penal português, o acusado tem o direito de "Estar presente aos atos processuais que directamente lhe disserem respeito" (art. 61º, 1, *a*), que se traduz, conforme Costa Pimenta, em *direito de presença*" (PIMENTA, José da Costa. *Código de processo penal anotado*. 2. ed. Lisboa: Rei dos Livros, [19--?], p. 204).

de reconhecimento normativo logo com a edição da Sexta Emenda à Constituição americana, na medida em que ali ficou assegurado ao acusado o direito de ser acareado com as testemunhas arroladas contra ele (*"The accused shall enjoy the right to... be confronted with the witness against him"*). O Pacto Internacional dos Direitos Civis e Políticos, no art. 14.3.*d*, diz que "Toda pessoa acusada terá direito ... a estar presente no julgamento." Ainda que implicitamente, a Convenção Americana dos Direitos Humanos, na medida em que veicula o "direito do acusado defender-se pessoalmente" e "... de inquirir as testemunhas presentes" (art. 8.2.d e f), também garante o direito de presença.

Essa garantia é para fins de permitir que o acusado preste auxílio na sua defesa feita em audiência, muitas vezes materializada com esclarecimentos fáticos importantes ao seu advogado ou defensor constituído, diante de afirmações feitas pelo ofendido, em suas declarações, ou pelas testemunhas, nas suas oitivas. O acusado não apenas tem o direito de participar da audiência, como de sentar ao lado de seu advogado e com ele conversar. Muito embora, na maioria das vezes, essa garantia seja preservada, especialmente quando se trata de julgamento pelo tribunal do júri, ainda há a prática inadequada de colocar o acusado sentado à frente da mesa do juiz, ladeado por dois policiais. Essa prática é condenável porque coloca o acusado em situação vexatória perante todos e sugestiona a sua culpabilidade para o corpo de jurados, além de afrontar, igualmente, o direito à ampla defesa que, em sua extensão, compreende, também, o direito de o acusado conversar com o seu advogado ou defensor nomeado, auxiliando-o na linha de argumentação e/ou nas perguntas que devem ser feitas em prol da defesa[184].

Conquanto tenha o direito de estar presente à audiência, a ausência do acusado, apesar de regularmente intimado, é irrelevante, não sendo causa de adiamento, ainda que justificada a impossibilidade de comparecer[185]. Pode ser determinada, porém, a sua retirada do recin-

---

184 Quem é advogado, especialmente quem possui militância na área criminal, sente a necessidade de se fazer acompanhar na audiência de seu cliente, pois há explicações imprescindíveis que precisam ser dadas, em razão de algumas afirmações feitas em depoimentos do ofendido e das testemunhas.
185 No caso de expedição de carta precatória, não está assegurado ao acusado o direito de estar presente na audiência realizada perante o Juízo deprecado (Nesse sentido, decidiu o Supremo Tribunal Federal: "Recurso ordinário em habeas corpus. 2. Oitiva de testemunhas por precatória. 3. Prescindibilidade da requisi-

to, quando o seu mau comportamento o recomendar ou na hipótese em que a sua presença venha a inibir o depoimento da vítima ou da testemunha, mas o art. 217 do CPP foi modificado pela Lei n° 11.719, de 2008, para alargar, ainda mais, o direito de estar presente, a ponto de estabelecer que, sendo possível, ao invés de determinar a saída do acusado do recinto, deverá ser feita a inquirição da testemunha pelo sistema de videoconferência[186].

A terceira dimensão do direito à ampla defesa na seara criminal é o reconhecimento de que o acusado, nada obstante tenha o direito de ter uma representação técnica no processo, exercida por advogado constituído ou defensor nomeado, ainda detém o direito de ele próprio, em muitas hipóteses, falar por si nos autos do processo[187]. É a autodefesa.

ção do réu preso, sendo bastante a intimação do defensor da expedição da carta precatória. 4. Desnecessidade de intimação do advogado da data da inquirição da testemunha. 5. Precedentes. 6. Recurso desprovido." (Cf. BRASIL. Supremo Tribunal Federal. Relator Ministro CELSO DE MELLO, Classe: RHC — Processo: 81322, UF: SP, SEGUNDA TURMA, m.v. Data da decisão: 12/03/2004. Disponível em: www.stf.gov.br/jurisprudencia/jurisp.asp. Acesso em: 22 mar. 2005.) Esse é o entendimento da Súmula n° 273 do STF: "Intimada a defesa da expedição da carta precatória, torna-se desnecessária intimação da data da audiência no juízo deprecado."

186 Sobre a videoconferência, cf. item 5.1.5.3, infra.

187 Ada Pelegrini, Antonio Scarance e Gomes Filho, advertem que "... com relação especificamente aos recursos penais, deve-se observar que o art. 577 do CPP outorga ao réu legitimação concorrente e autônoma aos recursos, investindo-o igualmente de capacidade postulatória", sendo possível, assim, que o acusado, independentemente de seu advogado, interponha o recurso (GRINOVER, Ada Pelegrini; FERNANDES, Antonio Scarance; GOMES FILHO, Antônio Magalhães. *As nulidades no processo penal*. 6. Ed. São Paulo: Revista dos Tribunais, 2000, p. 94). Isso somente é razoável em relação aos recursos em sentido estrito e de apelação, os quais, diferentemente das demais espécies recursais, possuem um procedimento com duas fases: a da interposição e a das razões. O que se reconhece ao acusado é o direito de interpor o recurso, pois aqui é suficiente a manifestação de vontade de impugnar a decisão ou sentença, sendo o seu defensor intimado para apresentar as suas razões, pois aquele não possui qualificação técnica para fazê-las. Na proposta de alteração do Código de Processo Penal enviada à Câmara dos Deputados pelo Governo Federal, que está em tramitação naquela casa legislativa, continua a previsão, nos arts. 577, caput, e 578, § 1°. O *jus postulandi* no processo de execução penal é amplo, pois, a capacidade postulatória é reconhecida não só a quem o represente, incluindo-se aí o advogado, como a ele próprio e mesmo ao seu cônjuge, parente ou descendente. Isso ocorre porque a experiência mostra que o momento mais crítico para a defesa da pessoa é justamente no processo de execução criminal, pois, nessa

Antes da reforma operada em relação aos procedimentos, objeto das Leis nºs 11.689 e 11.719, de 2008, essa capacidade postulatória do acusado verificava-se já no início do processo, a partir da defesa prévia, pois o art. 395 do Código de Processo Penal, em sua redação anterior, dispunha que "O réu ou seu defensor poderá, logo após o interrogatório ou no prazo de três dias, oferecer alegações escritas e arrolar testemunhas." Em razão disso, se o denunciado quisesse, no seu próprio interrogatório, ele poderia indicar as testemunhas que tivesse a pretensão de que fossem ouvidas. Por outro lado, ele próprio podia, querendo, em substituição ao seu advogado, apresentar a defesa prévia, que se tratava de peça facultativa e, normalmente, era utilizada apenas para arrolar testemunhas e, de soslaio, afirmar, sem adiantamento da tese e dos aspectos a serem explorados na defesa, que, no final do processo, seria comprovada a inculpabilidade do incriminado.

O interrogatório do acusado, corretamente, deixou de ser o primeiro ato de instrução do processo para ser o último (art. 400, caput, do CPP), ao passo que a defesa prévia foi eliminada[188]. Porém, assegurou-se ao acusado, no final da audiência de instrução, a possibilidade de requerer, independentemente da manifestação de seu advogado, "... diligências cuja necessidade se origine de circunstâncias ou fatos apurados na instrução." (art. 402 do CPP)[189].

---

fase, geralmente ela perde a sua capacidade econômica para custear advogado, enquanto a Defensoria Pública, quando existe, não tem quadro suficiente para prestar a devida atenção a todos os condenados. Todavia, os arts. 15 e 16 da Lei nº 7.210, de 1984, em materialização ao preceito da ampla defesa na execução penal, asseguram a assistência jurídica aos presos e internados sem recursos financeiros. Em algumas ações autônomas, também está assegurado o *jus postulandi*. O habeas corpus é o maior exemplo de que a capacidade postulatória no processo criminal é assegurada como forma de conferir o mais amplo acesso ao Judiciário na defesa do direito de liberdade. Quanto à revisão criminal, está assegurado o seu ajuizamento pelo *próprio réu ou por procurador legalmente habilitado*, permitindo-se, ainda, no caso de falecimento, que a ação seja ajuizada pelo *cônjuge, ascendente, descendente ou irmão* (art. 623 do CPP).

188 O legislador, seguindo a mesma ideia que norteou a concepção do sistema do juizado especial e tendo em conta que o direito ao silêncio, elevado à categoria de direito fundamental, fez sobressair a natureza jurídica de direito de defesa do interrogatório, deixou esse importante ato do processo para ser realizado na própria audiência de instrução, após as declarações do ofendido, a inquirição das testemunhas, os esclarecimentos dos peritos, as acareações e o reconhecimento de pessoas e coisas (art. 531 do CPP).

189 Cf. item 5.1.9.5, infra.

Registre-se, por fim, que o inciso LXXIV do art. 5º dispõe que "o Estado prestará assistência jurídica integral e gratuita aos que comprovarem insuficiência de recursos", tendo o cuidado de antes assinalar que "o preso será informado de seus direitos, entre os quais o de permanecer calado, sendo-lhe assegurada a assistência da família e de advogado" (art. 5º, inciso LXIII). Na medida em que se entende que a expressão *preso*, utilizada pelo constituinte, em verdade, quer dizer toda e qualquer pessoa a quem se imputa a prática de algum tipo de crime, tem-se que o direito de *assistência de advogado*, catalogado como direito fundamental no dispositivo em foco, é assegurado, igualmente, não apenas ao preso, mas ao acusado em geral. A assistência jurídica por parte do Estado ao acusado é garantia prevista não apenas para quem não possui recursos suficientes para patrocinar a sua defesa, mas a toda e qualquer pessoa, como está dito no inciso LXIII do art. 5º da Constituição. A estruturação da Defensoria Pública, por conseguinte, é dever constitucional decorrente de garantia com status de direito fundamental.

5.1.5.1. Defesa efetiva do acusado

Uma das preocupações da Comissão de Reforma foi redefinir a defesa no processo penal, dentro do contexto do sistema acusatório e do princípio da ampla defesa, no arcabouço de um sistema democrático.

Nos ritos previstos na concepção originária do Código de Processo Penal, salvo nos processos de competência originária dos tribunais (Lei nº 8.038/90) e em alguns poucos procedimentos especiais, com esteio em um sistema misto, o acusado era citado para ser interrogado. O interrogatório, dentro de uma visão *acusatória/inquisitória*, era, até então, considerado, a um só tempo, como meio de defesa e de prova. Mais de prova, é verdade, pois, conquanto fosse assegurada a possibilidade de o acusado ficar em silêncio, essa faculdade era menos um direito do que um ônus processual, com repercussão direta na valoração da prova, uma vez que o juiz podia interpretá-lo em prejuízo da defesa. Ou melhor, o silêncio podia valer como prova para refutar os argumentos da defesa.

Assim, o acusado não era chamado para se defender, mas para ser inquirido sobre a imputação delituosa narrada na ação penal. O acusado raramente se apresentava para o interrogatório acompanhado de advogado, ademais de não ser obrigatória a presença do Ministério Público, que, de praxe, não se fazia presente. O interrogatório era, em rigor, o primeiro ato de instrução do processo, feito pelo juiz sozinho, sem as presenças do Ministério Público e do advogado. A prova obtida por meio do interrogatório era produzida pelo juiz e só ele é que tinha contato direto com ela, pois, comumente, o conhecimento e contato do Ministério Público e da defesa só se faziam mediante a leitura do termo de interrogatório.

Como se isso não bastasse, depois do interrogatório, conferia-se a oportunidade de o acusado apresentar a sua defesa prévia, que era, porém, facultativa. Isto é, o acusado só após a convocação para o interrogatório, tinha assegurado o direito à defesa técnica[190]. Nessa ordem, o interrogatório era uma espécie de direito/dever, pois a falta de sua realização, quando o acusado comparecia a Juízo, era causa de nulidade (art. 564, III, alínea "e", do CPP)[191], ao passo que, não comparecendo, o juiz podia determinar a sua condução coercitiva (art. 260 do CPP)[192].

O nome defesa prévia revelava que esse não era o momento para a *defesa efetiva*, sendo oportunidade apenas para a suscitação de preliminares e o arrolamento das testemunhas indicadas pela defesa. A defesa técnica efetiva do acusado, nos termos do rito anterior, estava reservada para o momento das razões finais, que, feitas, ou não, em audiência, tinham de ser reduzidas a escrito e, ademais, eficientes, sob pena de nulidade diante da ofensa ao princípio da ampla defesa.

Por isso mesmo, a defesa após o interrogatório, prevista na sistemática anterior, era chamada *prévia* porque, além de não ser obrigatória, quando utilizada, não enfrentava o mérito em si da questão, reservando-se a discussão a esse respeito para o momento das razões finais. Muitos justificavam essa disciplina, ao argumento de que a concepção da defesa prévia com essa roupagem se tratava de estratégia, pois, não sendo exposta, desde o início, a linha de argumentação com a qual a assistência jurídica tentaria obter a absolvição do acusado, o Ministério Público não poderia, nas razões finais, refutá-la. De fato, deixando-se para revelar os fundamentos da defesa apenas no momento das razões finais, o Ministério Público pode ser surpreendido quanto à tese

---

[190] Se o acusado não comparecesse ao interrogatório, o juiz, por despacho, deveria declará-lo revel e, incontinenti, nomear defensor dativo para o oferecimento da defesa prévia.
[191] A jurisprudência era no sentido de que, sendo possível, o interrogatório haveria de ser feito, sob pena de nulidade (STF, RTJ 73/758).
[192] Cf. 5.1.5.9, infra.

com fulcro na qual se pede a improcedência da pretensão acusatória. Nesse caso, o Ministério Público, concretamente, somente poderia se reportar aos argumentos de mérito da defesa com a eventual interposição do recurso.

Sobre não ser necessária a efetiva defesa nesse primeiro momento, ela era, em rigor, de todo desnecessária e sem utilidade, até porque grassava o entendimento de que não havia possibilidade, na seara do processo penal, de o juiz, depois de receber a ação penal, reapreciar questão referente a esse juízo de admissibilidade ou absolver sumariamente o acusado, senão no momento próprio para a sentença. Ou seja, uma vez recebida a ação penal, o julgamento antecipado da lide era vedado.

O legislador da Lei nº 11.719, de 2008, acertadamente, desconstruiu a lógica anterior. Agora, o acusado é citado para se defender tenicamente, ou seja, por meio de advogado[193]. O interrogatório, decor-

---

193 A inviolabilidade da advocacia, princípio inserto no art. 133 da Constituição, é uma decorrência lógica da cláusula da ampla defesa. Daí exsurge a *imunidade judiciária* e a *inviolabilidade do escritório de advocacia*. Para assegurar a defesa efetiva, não caracteriza o crime de *injúria ou difamação* "a ofensa irrogada em juízo, na discussão da causa, pela parte ou por seu procurador." (art. 142, I, do CP), circunstância que não abrange o crime de calúnia. A Lei nº 8.906, de 1994 — Estatuto da Advocacia —, no art. 2º, § 3º, estabelece que, "no exercício da profissão, o advogado é inviolável por seus atos e manifestações, nos limites desta lei." e, mais adiante, no art. 7º, § 2º, esclarece que não constitui "... injúria, difamação ou desacato puníveis qualquer manifestação de sua parte, no exercício de sua atividade, em juízo ou fora dele". A extensão da imunidade ao crime de desacato, porém, foi suspensa por decisão do Supremo Tribunal Federal, adotada no julgamento da ADI 1.127-8. Ressalte-se que a imunidade criminal, relativa apenas aos crimes de injúria e de difamação, circunscreve-se às ofensas feitas na discussão da causa (art. 142, I, do CP) e nos limites desta lei (art. 7º, § 2º, da Lei nº 8.906/94). A inviolabilidade do escritório de advocacia, dos arquivos e dados, da correspondência e comunicações, incluídas as telefônicas ou afins, com a alteração da Lei nº 11.767, de 2008, estabelece a imunidade do escritório de advocacia em relação a busca e apreensão, salvo se "Presentes indícios de autoria e materialidade da prática de crime por parte de advogado..." (art. 7º, § 6º, da Lei nº 8.906/94). Assim, incrementou-se a inviolabilidade do exercício da advocacia, de modo que, doravante, independentemente da situação, a busca e apreensão só pode ser determinada em escritório de advocacia quando "Presentes indícios de autoria e materialidade da prática de crime por parte de advogado..." (§ 6º art. 7º da Lei nº 8.906, de 1994). Seja como for, no caso de mandado de busca e apreensão em residência ou escritório de advogado, expedido de conformidade com decisão judicial, a sua execução deverá ser acompanhada de representante da Ordem dos Advogados do Brasil (Art. 7º, § 6º, da Lei nº 8.096, de 1994).

rente da amplitude do princípio da ampla defesa, meio de autodefesa, ficou reservado para ser exercido após a realização do último ato de instrução, momento em que ele terá condições de saber de todas as provas existentes nos autos.

Assim, em atenção à citação, o acusado, por intermédio de advogado constituído ou nomeado, deverá apresentar resposta em peça escrita, na qual deverá conter a *alegação de tudo o que interesse à sua defesa*[194], notadamente quanto à arguição de *preliminares*, apresentação de *documentos*, requerimento de *justificações*, especificação de todas as *provas pretendidas* e *arrolamento das testemunhas*, com o *requerimento de intimação, quando necessário*.

Primeiro, note-se que, aqui, com apuro técnico, o legislador, seguindo a terminologia adotada pelo Código de Processo Civil (art. 285), deixou expresso que a citação é para o acusado apresentar resposta. Isso quer dizer que ele deve apresentar não apenas a *defesa direta*, que é impugnar/contestar os fatos e a argumentação jurídica exposta na ação penal, mas também as *exceções*, a chamada *defesa indireta*, com a qual o acusado se opõe à pretensão punitiva, sem indagação do mérito da questão, com o objetivo de extinguir o processo (*exceção peremptória:* litispendência, ilegitimidade de parte e coisa julgada), ou provocar o afastamento do juiz ou do juízo (*exceção dilatória:* suspeição e incompetência).

Nesse momento, o acusado pode, naturalmente, arguir, como matéria preliminar, a rejeição da denúncia, em razão da ausência de pressuposto processual ou de condição da ação, o que abrange a invocação da inépcia da inicial e a falta de justa causa. Essa é a forma de submeter essa matéria ao contraditório e, ademais, de exigir que sobre o assunto haja uma decisão fundamentada[195].

---

194 O CPP, no art. 571, II, estabelece que o momento para arguir nulidades, no procedimento ordinário e nos processo especiais, é no prazo das razões finais. As razões finais, agora, são, de regra, na audiência de instrução e julgamento. Para arguição de nulidade, nos processos de rito sumário, o art. 571, III, do CPP, estabelecia a defesa prévia, sendo, agora, o momento da resposta. Porém, as ocorridas depois, deverão ser arguidas quando aberta a audiência e apregoadas as partes. Se em audiência, logo depois que ocorrerem. Em se tratando do procedimento do tribunal do júri, de regra, nas alegações finais da primeira fase. As ocorridas depois, logo após a abertura da sessão de julgamento. As que surgirem em plenário, logo depois de ocorridas.
195 Para não repetir o que já foi dito, cf. item 5.1.3.1, supra.

Se a defesa pretende que, antes da sentença, o juiz se pronuncie sobre a inadmissibilidade de provas, a seu juízo, obtidas por meios ilícitos, a matéria, naturalmente, há de ser agitada na resposta. É o momento oportuno para fundamentar e pedir a absolvição sumária com base na (1) *existência manifesta* de causa excludente da ilicitude do fato, (2) *existência manifesta* de causa excludente da culpabilidade do agente, salvo inimputabilidade, (3) circunstância de o fato narrado *evidentemente não constituir crime*, ou na (4) extinção da punibilidade do agente.

As causas excludentes de criminalidade estão catalogadas no art. 23 do Código Penal, que são legítima defesa, estado de necessidade, estrito cumprimento do dever legal e exercício regular de direito. Quanto à excludente de culpabilidade do agente, o legislador excepcionou, como hipótese de absolvição sumária, a inimputabilidade, ou seja, quando o acusado, ao tempo da prática do crime, não tem o completo discernimento quanto ao caráter ilícito de sua conduta. A excludente de culpabilidade a ser arguida com a resposta, portanto, deve ser aquela decorrente de *erro sobre a ilicitude do fato* ou *erro de proibição* ou de *inexigibilidade de conduta diversa*.

O pedido de absolvição sumária pode ser justificado, também, na demonstração de que o fato evidentemente não é crime, hipótese que não é fácil de estar caracterizada quando não houver a apuração dos fatos por meio da instrução processual. Embora seja uma situação difícil de se verificar, ela não é impossível e, nada obstante sem muita frequência, a previsão normativa de que é causa de absolvição sumária, vai dar ensejo não apenas a pedido nesse sentido, como, em alguns casos, ao seu acolhimento.

Por fim, pode, ainda, ser objeto de pedido de absolvição sumária na resposta apresentada pelo acusado, a ocorrência de extinção da punibilidade. As causas de extinção da punibilidade estão elencadas no art. 107 do Código Penal[196], mas há outros fatos que detêm a mesma

---

[196] "Art. 107. Extingue-se a punibilidade: I — pela morte do ofendido; II — pela anistia, graça ou indulto; III — pela retroatividade de lei que não mais considera o fato como criminoso; IV — pela prescrição, decadência ou perempção; V — pela renúncia do direito de queixa ou pelo perdão aceito, nos crimes de ação privada; VI — pela retratação do agente, nos casos em que a lei a admite; VII — pelo casamento doa gente com a vítima, nos crimes contra os costumes, definidos nos Capítulos I, II, e III do Título VI da Parte Especial deste Código; VIII — pelo casamento da vítima com terceiro, nos crimes referidos no inciso anterior, se cometidos sem violência rela ou grave ameaça e desde que a ofendida

natureza jurídica, como são os casos dos crimes tributários, em que o pagamento do valor do tributo devido, em qualquer fase do processo, enseja a extinção da punibilidade. A arguição de extinção de punibilidade mais frequente é, sem dúvidas, a prescrição, mas, em se tratando dos crimes tributários, o mais frequente é a extinção da punibilidade pelo cumprimento da obrigação fiscal, mediante o pagamento da quantia devida. Note-se que o Código de Processo Penal já fazia previsão a respeito, ao estabelecer, no art. 61, que, "em qualquer fase do processo, o juiz, se reconhecer extinta a punibilidade, deverá declará-lo de ofício".

Há ainda mais duas hipóteses de absolvição sumária, que podem ser suscitadas na resposta do acusado, a saber, quando estiver provada a inexistência do fato ou provado que o acusado não foi o autor do fato[197].

5.1.5.2. Prazo para o oferecimento da resposta

Como regra geral, o legislador estabeleceu o prazo de dez dias para a apresentação da resposta (art. 396, caput, última parte), dispositivo que, por expressa determinação legal, se aplica a todos os procedimentos, mesmo aqueles regulados por lei extravagante.

Pelo fato de no Código de Processo Penal não haver nenhum dispositivo similar ao do Código de Processo Civil que elege como critério, para o termo de início da contagem do prazo, a data da juntada do mandado aos autos, no ambiente criminal o prazo inicia a sua fluência a partir mesmo da diligência[198]. Ou seja, da data consignada na certidão pelo oficial de justiça no próprio mandado de citação ou intimação. Diante de divergências surgidas a esse respeito quanto à aplicação subsidiária, ou não, do que prescreve o Código de Processo Civil, o Supremo Tribunal Federal editou a Súmula nº 710, vazada nos seguintes termos: "No processo penal, contam-se os prazos da data da intimação, e não da juntada aos autos do mandado ou da carta precatória ou de ordem."

A Comissão de Reforma tentou modificar a regra, sugerindo que a contagem dos prazos passasse a se dar, assim como no processo civil, a

---

não requeira o prosseguimento do inquérito policial ou da ação penal no prazo de 60 (sessenta) dias a contar da celebração; IX — pelo perdão judicial, nos casos previstos em lei."
197 Cf. item 5.1.7, infra.
198 Essa é a correta interpretação do art. 798, § 5º, alínea "a", do CPP.

partir da juntada do mandado cumprido nos autos. Mas essa sugestão não foi acolhida, o que foi de boa ordem, até porque não se tem registrado inconveniente devido à regra tradicionalmente estabelecida para a seara criminal[199].

Houve, porém, a incongruência de determinar-se que, em se tratando de citação feita por edital, o prazo terá início a partir do comparecimento pessoal do acusado ou do defensor constituído à secretaria do Juízo[200]. Ora, como já foi aqui salientado mais de uma vez, o acusado não é citado mais para ser interrogado, o que justificava a exigência contida no art. 365, VI, do Código de Processo Penal, como requisito necessário do edital expedido para esse tipo de comunicação processual, da indicação do *juízo, dia, da hora e do lugar em que o réu deveria comparecer.*

Se a citação era para o acusado ser interrogado, obviamente que o edital deveria conter o local e hora para o comparecimento. Agora, como se sabe, não é mais para esse fim. A citação, com a modificação do procedimento, acertadamente, é para a apresentação da defesa, ou melhor, da resposta, assim como se dá no processo civil. A contagem do prazo para a resposta, no caso de citação por edital, deveria, é verdade, até ser maior do que aquele estipulado pela lei para o caso em que esse chamamento é pessoal. Poder-se-ia estipular um prazo de trinta ou sessenta dias após a publicação do edital, por exemplo.

Pode-se dizer que não houve, propriamente, um lapso do legislador, pois o que ele quis, realmente, foi estabelecer que a perfectibilização da citação por edital, quanto ao início da contagem do prazo, só se dará a partir do comparecimento do acusado em Juízo, pelo fato de essa ser a oportunidade em que ele irá receber a cópia da ação penal.

---

199 A bem da verdade, o mais razoável era que se modificasse a regra do Código de Processo Civil para ajustá-la à do Código de Processo Penal. A interpretação anacrônica daquela regra do CPC faz com que se impeça a retirada dos autos do cartório quando, nada obstante já citada ou intimada a parte, não tem ocorrido ainda a juntada aos autos do mandado. Esse estado de coisas perdura, não raro, por um bom lapso temporal. Isso faz com que o advogado, dia sim, dia não, fique no controle quanto à juntada do mandado nos autos, muitas vezes pedindo certidão sobre a situação. Se o advogado se descuidar no acompanhamento sobre a juntada, finda sendo surpreendido com o início da contagem do prazo. O melhor, portanto, para todos os efeitos, é que a contagem se inicie a partir da diligência, o que, além de ser menos burocrático, simplifica a comunicação processual e imprime celeridade maior ao processo e, o que é importante, dá a certeza do termo inicial do prazo.

200 Cf. item 5.1.4, supra.

A esse respeito, releva acrescentar que o Supremo Tribunal Federal tem a Súmula n° 366, segundo a qual "Não é nula a citação por edital que indica o dispositivo da lei penal, embora não transcreva a denúncia ou queixa, ou não resuma os fatos em que se baseia."

Não se há de negar que, conquanto essa posição sumular do Supremo Tribunal Federal fosse coerente com o pensamento dogmático da época anterior à mudança de paradigma do ordenamento jurídico experimentada com a edição da Constituição de 1988, ela não se mostra afinada com a nova concepção da ampla defesa, em que se privilegia a defesa efetiva.

Se a preocupação do legislador foi obviar o início da contagem do prazo para a resposta sem que o acusado tenha conhecimento dos termos da ação penal, seria suficiente inserir, dentre os requisitos do edital de citação, o resumo da narrativa fática da ação penal, sob pena de nulidade do ato. Aliado a isso, poderia, ainda, como se disse, ser estabelecido um prazo mais alargado.

O mais provável é que houve, efetivamente, um lapso. Isso tanto parece ser o mais fatível, que o legislador sequer teve o cuidado de modificar o inciso VI, do art. 352 do Código de Processo Penal que, também coerente com a sistemática anterior, dentre os requisitos do mandado de citação, exige que dele conste exatamente a mesma dicção, ou seja, "o juízo e o lugar, o dia e a hora em que o réu deverá comparecer." Por óbvio que no mandado de citação expedido em consonância com o novo rito não deve constar o dia e hora para o comparecimento em Juízo, mas sim que o acusado tem o prazo de dez dias para apresentar a sua resposta.

Aliás, nessa parte da citação o legislador se superou em falta de análise de conjunto do Código de Processo Penal. Outro claro lapso do legislador da Lei n° 11.719, de 2008, sobre a matéria, se identifica na medida em que, com a nova redação determinada para o art. 363[201], revogou os incisos I e II então nele existentes, mas, por descuido, não alterou, também, o dispositivo seguinte, ou seja, o art. 364, que, textualmente, diz: "No caso do artigo anterior, I, o prazo será fixado pelo juiz entre 15 (quinze) e 90 (noventa) dias, de acordo com as circunstâncias e, no caso de II, o prazo será de 30 (trinta) dias." Pois bem, o artigo anterior (art. 363 do CPP) não tem mais os incisos I e II. Deveria, assim, ter sido revogado o art. 364 do CPP.

---

201 Tinham sido aprovados pelo Congresso Nacional quatro parágrafos. Porém, os §§ 2° e 3° foram vetados pelo Presidente da República.

Mas a desatenção ainda se revela pelo fato de o art. 363, em seu § 1º, com a redação dada pela Lei nº 11.719, de 2008, dizer que "Não sendo encontrado o acusado, será procedida a citação por edital", quando o art. 361, da redação originária do Código de Processo Penal, diz que "Se o réu não for encontrado, será citado por edital, com o prazo de 15 (quinze) dias." Como se observa, por falta da devida atenção, há dois dispositivos tratando de um mesmo assunto, sendo que um fala da existência de um prazo, enquanto o outro, que foi o inserido com a reforma, silencia a respeito. Nem esse novo dispositivo deveria fazer previsão de nenhum prazo, até porque o prazo para a defesa foi tratado pela Lei nº 11.719, de 2008, no art. 396 do Código de Processo, que é de dez dias. Uma interpretação literal dos textos contidos nos artigos mencionados levaria à perplexidade, diante da existência de dois prazos distintos para quando a citação for feita por edital: dez dias, do art. 396, e quinze dias, do art. 361.

De qualquer forma, esse prazo de quinze dias, previsto no art. 361 do CPP, era estabelecido com a intenção de fixar um prazo mínimo entre a ciência do chamamento judicial e a data da realização do interrogatório. Era para que o acusado tivesse um tempo para poder se preparar para o depoimento e, até mesmo, de procurar um advogado para orientá-lo sobre o assunto e mesmo para que ele, ou o seu advogado, pudesse, antes da realização do ato judicial, ir à secretaria do Juízo, ter vista dos autos, saber, enfim, não apenas o conteúdo da denúncia, que não constava, sequer em resumo, do edital, assim como das provas existentes nos autos em prol da imputação criminosa.

Diante dessas considerações, tem-se que na citação por mandado, assim como na realizada por meio de edital, não deve constar o local, dia e hora para o comparecimento do acusado, como determina o Código de Processo Penal, respectivamente, nos arts. 352, VI e 365, IV, mas sim a advertência de que deve ser apresentada a resposta no prazo de dez dias.

Em verdade, a regra de que a contagem do prazo, no caso de citação por edital, tem início com o comparecimento pessoal na secretaria do órgão jurisdicional do acusado ou de seu defensor constituído, só é válida para os casos em que, diante da revelia, o processo estiver suspenso.

5.1.5.3. Obrigatoriedade da resposta do acusado, por meio de advogado

Citado o acusado, a resposta é obrigatória, não sendo possível passar-se à fase seguinte, sem que ela tenha sido manifestada. A fim de ressaltar que assim como no final do processo, em relação às alegações finais, a defesa técnica nesse momento é indispensável, a Lei nº 11.719, de 2008, na redação dada ao art. 396-A, § 2º, disse que "Não apresentada a resposta no prazo legal, ou se o acusado, citado, não constituir defensor, o juiz nomeará defensor para oferecê-la, concedendo-lhe vista dos autos por 10 (dez) dias."

Como se vê, mesmo que haja defensor constituído, se a resposta não for apresentada no prazo legal, não é o caso de preclusão do direito de responder, mas de nomeação de defensor para fazê-la.

Isso pode gerar alguma complicação. Pode ser que o advogado constituído se sinta incomodado com a nomeação do defensor pelo juiz, especialmente com o teor da resposta por ele preparada, ao fundamento de que restou comprometida a estratégia de defesa, com a revelação da tese com a qual se tinha a intenção de buscar a absolvição do acusado.

Portanto, para evitar que algo dessa natureza ocorra, o advogado do acusado sempre terá de se manifestar. Não vale, aqui, alinhavar o chavão forense de que o acusado é inocente, mas que se reserva para fazer essa demonstração nas razões finais. É preciso habilidade e retórica. Se há algum ponto fundamental — e geralmente há, reconheça-se — que a defesa, por questão de estratégia, reputa necessário ocultar os argumentos a respeito, essa parte deve ser omitida, sem, entretanto, eximir o advogado do dever de fazer, nesse momento, uma defesa efetiva, não apenas simbólica.

Essa ausência de defesa efetiva, ainda que nessa fase inicial do processo, é matéria de ordem pública. Portanto, gera nulidade absoluta, sendo de inteira aplicação a Súmula nº 523 do Supremo Tribunal Federal: "No processo penal, a falta de defesa constitui nulidade absoluta, mas a sua deficiência só o anulará se houver prova de prejuízo para o réu." Assim, se a resposta não for apresentada, o juiz, necessariamente, sob pena de nulidade, terá de nomear defensor para esse fim. Todavia, se apresentada a resposta, ainda que ela seja deficiente, ou seja, não se mostre efetiva, isso, por si só, não acarreta nulidade, sendo necessária a demonstração de prejuízo daí decorrente para o acusado.

O defensor público, evidentemente, não pode se omitir em oferecer a resposta escrita, contendo a defesa efetiva. Comportamento dessa natureza caracteriza falta funcional.

5.1.5.4. Forma e prazo para apresentar as exceções

Conforme já foi aqui salientado, o prazo de dez dias assinalado no art. 396-A é para a apresentação da resposta[202]. Assim, nesse prazo, além da defesa direta, aqui já tratada, devem ser apresentadas, igualmente, as exceções, tendo o legislador cuidado de ressaltar que elas deverão ser processadas em autos apartados (art. 396-A, § 1º, do CPP, introduzido pela Lei nº 11.719, de 2008.

A *exceção*, a chamada *defesa indireta*, é a petição com a qual o acusado se opõe à pretensão punitiva, sem indagação do mérito da questão, com o objetivo de extinguir o processo (*exceção peremptória*: litispendência, ilegitimidade de parte e coisa julgada), ou provocar o afastamento do juiz ou do juízo (*exceção dilatória*: suspeição e incompetência). Isto é, a exceção é o procedimento com o qual se invocam essas matérias[203]. As exceções estão reguladas, fundamentalmente, do art. 107 ao 111 do CPP. A arguição de suspeição, impedimento, incompetência de juízo, litispendência, ilegitimidade de parte ou coisa julgada deve ser feita no prazo da resposta, por meio de exceção, ou seja, petição própria, a fim de que, nos termos do art. 111 do CPP, seja *processada em autos apartados*. De regra, não suspende o trâmite processual, devendo a referente à suspeição do juiz preceder às demais, salvo se fundada em motivo superveniente. Muitas vezes, porém, a exceção é feita na própria petição da defesa, especialmente quando se trata de incompetência, o que caracteriza mera irregularidade, sem prejuízo de sua apreciação. O próprio acusado, no exercício do *jus postulandi*, ou então mediante os seus defensores, desde que outorgados poderes especiais para esse fim, pode fazer a arguição de suspeição ou impedimento. A suspeição ou impedimento pode ser, ainda, em relação ao Ministério Público, perito, intérprete ou servidor do Judiciário, cuja competência para apreciação é do juiz, não cabendo, dessa decisão, recurso (art. 104 e 105). Em tese, admite-se mandado de segurança a ser interposto pelo Ministério Público, impugnando a decisão. Em se tratando de incompetência relativa, a ausência da exceção no prazo da defesa acarreta a preclusão da matéria. A absoluta, porém, assim como a litispendência, a ilegitimidade de parte e

---

202 Cf. item 5.1.5.1, supra.
203 A doutrina faz uma distinção entre exceção e objeção, sendo esta a impugnação de matéria que pode ser invocada como preliminar, independentemente de exceção, porquanto podem ser conhecidas até mesmo de ofício.

a coisa julgada (art. 110 do CPP), por se tratarem de matérias de ordem pública, não precluem e podem, a todo e qualquer momento, ser arguídas.

Em se tratando de ação de iniciativa privada, em que cabível a exceção da verdade, embora não houvesse, quer no Código de Processo Penal, quer no Código Penal, prazo para a sua manifestação, em petição específica, a doutrina majoritária defendia que o momento era o mesmo daquele previsto para a defesa. Agora, não se tem mais dúvidas em relação a isso, pois o prazo para a resposta, que compreende as exceções, é de dez dias. Deve ser apresentada, naturalmente, por meio de petição específica.

5.1.5.5. Abandono da causa pelo advogado

A preocupação em assegurar a efetividade da defesa no processo penal fez com que o legislador da Lei nº 11.719, de 2008, disciplinasse, com melhor técnica, o art. 265, que trata do abandono da causa pelo advogado, prática que, infelizmente, é bastante comum. Em muitos casos, após receber parte ou toda a verba honorária ajustada com o cliente, o advogado, no curso do processo, sem maiores explicações, deixa de patrocinar a causa. Esse comportamento não apenas compromete a defesa efetiva do acusado, como, igualmente, o andamento normal do processo, prejudicando a sua duração razoável. Na sua redação originária, o art. 265 dizia que "o defensor não poderá abandonar o processo senão por motivo imperioso, a critério do juiz, sob pena de multa de cem a quinhentos mil-réis." Agora, o dispositivo está assim redigido: "O defensor não poderá abandonar o processo senão por motivo imperioso, comunicado previamente o juiz, sob pena de multa de 10 (dez) a 100 (cem) salários mínimo, sem prejuízo das demais sanções cabíveis."

Como se observa, com melhor técnica, ficou estabelecido que não basta o advogado possuir *motivo imperioso* para desistir de patrocinar a causa. Ele tem, previamente, de fazer essa comunicação ao juiz. Por conseguinte, mesmo que ele tenha *motivo imperioso*, caso abandone a causa sem a prévia comunicação, a imposição da multa é devida. Essa prévia comunicação tem o condão de evitar que, por algum espaço temporal, o acusado fique indefeso no processo, sem que se tenha conhecimento de que o advogado deixou de defendê-lo. É dever do advogado fazer essa comunicação. Havendo a comunicação antes do abandono, o juiz irá intimar o acusado para constituir novo advogado, assinando prazo para essa finalidade, ao final do qual, se for o caso, intimar a Defensoria Pública ou nomear defensor.

Ademais, essa providência serve, igualmente, para que não sejam adiados atos do processo, especialmente, a audiência una. Se não for feita a prévia comunicação do abandono da causa, só se saberá desse fato no dia da audiência ou, quando intimado para algum fim, se e quando o advogado disser que não mais defende o acusado.

Nada obstante essa nova regra, muitos advogados, assim como faziam antes, não têm prestado atenção a esse ônus processual que lhe é imposto pela norma. É de fundamental importância que, nesses casos, os juízes não deixem de aplicar a multa. O valor foi atualizado pelo legislador exatamente para inibir o argumento de que ele era irrisório. Agora não se tem mais essa justificativa[204]. Uma pena de 10 (dez) a 100 (cem) salários mínimos, que, na sua fixação, deverá ser levada em conta a capacidade financeira do advogado ou do escritório de advocacia, é bastante expressiva. Ainda que aplicada no seu mínimo legal. Cabe aos juízes modificar a sua postura, não permitindo que um fato grave como o abandono da causa do advogado, deixando o acusado indefeso, fique sem a devida censura.

5.1.5.6. Procuração outorgada ao advogado

Verifica-se que o legislador pecou, na medida em que não alterou o art. 266 do Código de Processo Penal. É que esse dispositivo diz que "A constituição de advogado independerá de instrumento de mandato, se o acusado o indicar por ocasião do interrogatório."

Como o interrogatório, conforme aqui já foi várias vezes salientado, era feito no início do processo, antes mesmo da primeira defesa técnica, que se dava com as alegações preliminares, o juiz, dentre as perguntas, indagava se o acusado tinha, ou não, advogado constituído e se, caso não tivesse, se ele tinha condições de contratar um. Esse questionamento era necessário até mesmo para saber se seria o caso

---

204 Pena que o legislador não aproveitou a oportunidade para, em nome da coerência sistêmica do ordenamento processual, providenciar a alteração, igualmente, do artigo anterior, qual seja, do 264, a fim de atualizar o valor da multa a ser aplicada pelo juiz, quando o advogado, nomeado pelo juiz para defender o acusado, sem a existência de motivo relevante, recusar o *munus*. No caso, a multa prevista é do mesmo valor que constava do art. 265, alterado pela Lei nº 11.719, de 2008, isto é, de cem a quinhentos mil-réis.

de nomear-lhe um defensor dativo, quando, então, o próprio órgão jurisdicional se encarregava de fazer a intimação para a defesa prévia. Se o acusado dizia quem era o advogado, o juiz fazia consignar no termo o seu nome e dava cópia ao acusado, para ele entregar ao seu advogado, a fim de que fosse apresentada a defesa prévia. Quando era apresentada essa peça, não havia, assim, mais necessidade de ser juntada a procuração, uma vez que a declaração feita em audiência pelo acusado já servia para fins de constituição do advogado.

Quando adveio a Lei nº 10.792, de 2003, que tornou obrigatória a presença do advogado ao interrogatório, a constituição feita no termo restou ainda mais consolidada.

Porém, como o interrogatório, com a mudança do procedimento, agora é levado a efeito após o último ato de instrução, não é possível que a constituição do advogado se dê nesse ato, a não ser que seja no caso de substituição. Não sendo o interrogatório mais no início do processo, mas sim no final, necessariamente, o acusado deverá ter sido defendido por advogado, constituído ou nomeado.

De fato, sendo a resposta à citação obrigatória, quando manifestada por advogado constituído, deve-se exigir que esteja acompanhada da procuração[205]. Não constando a procuração, por aplicação analógica do Código de Processo Civil, o juiz deve intimar o advogado, para providenciá-la, no prazo de dez dias.

5.1.5.7. Direito de audiência (direito ao interrogatório)

Uma consequência direta da autodefesa, compreendida no princípio da ampla defesa, é o direito do acusado de ser ouvido por quem tem a competência para julgá-lo. Esse direito constou do artigo X da Declaração Universal dos Direitos Humanos de 1948 ("Todo homem tem direito, em plena igualdade, a uma audiência justa e pública..."). A cláusula está inserta, também, na Convenção Americana de Direitos Humanos, ao se estabelecer, no art. 8.1, que "Toda pessoa tem direito a ser ouvida, com as devidas garantias e dentro de um prazo razoável." A Constituição alemã preceitua, no art. 103, 1, que "Todos têm o direito de ser ouvidos legalmente perante os tribunais."[206] No

---

205 De acordo com o Código de Processo Penal, há exigência de poderes especiais na procuração para: (a) aceitar o perdão (arts. 55 e 59); (b) apresentar exceção de suspeição (art. 98); (c) arguir falsidade de documento (art. 146).
206 J. Maier leciona que, no ordenamento processual criminal alemão, o interro-

sistema português essa garantia é denominada direito de audiência, "Ser ouvido pelo tribunal ou pelo juiz de instrução sempre que eles devam tomar qualquer decisão que pessoalmente o afete." (art. 61°, 1, b, do Código de Processo Penal)[207]

No Direito anterior, o interrogatório era situado como ato de defesa, mas, com o advento do Código de Processo Penal de 1941, houve uma mudança substancial, pois passou a figurar como uma das espécies de prova[208], embora a doutrina ressaltasse que era, igualmente, um direito de defesa. Isso porque, embora o art. 186 do Código de Processo Penal, em sua redação originária, assegurasse o direito ao silêncio, na parte final da norma, havia a ressalva de que esse silêncio poderia *ser interpretado em prejuízo da própria defesa*. Se o silêncio era um direito de defesa, o seu exercício, evidentemente, não poderia prejudicar o acusado, i. é, essa própria defesa.

A Constituição de 1988, contudo, resgatou a natureza jurídica de genuíno meio de defesa para o interrogatório. Por isso, no desiderato de adaptar o sistema normativo à Constituição, foi dada nova redação ao art. 186 do CPP e se inseriu um parágrafo único a esse dispositivo, a fim de deixar claro que o silêncio é um direito, de modo que ele não importa em confissão, ademais de não poder ser interpretado em prejuízo da defesa[209].

Se o interrogatório provém do direito de audiência e se, ao ser ouvido, o acusado tem o direito ao silêncio, tem-se que esse ato processual está inserido no princípio da ampla defesa, muito embora, ocasionalmente, ele possa produzir prova que sirva para fundamentar a condenação[210].

---

gatório é o exercício de defesa material feito pelo próprio acusado, não se tratando de meio de prova, mesmo que, eventualmente, possa conter revelações incriminatórias (Apud TOURINHO FILHO. Op. cit., v. 3, p. 267).
207 Como adverte Germano Marques, "O direito de audiência não consiste apenas no direito de o arguido se pronunciar sobre os factos que lhe são imputados, mas também o de ser ouvido, de se pronunciar, sempre que o tribunal tenha de tomar qualquer decisão que o possa afectar pessoalmente." (*Curso de processo penal*. 3. ed. Lisboa/São Paulo: Verbo, 1996, v. 1., p. 276)
208 LEAL, Câmara. *Comentários ao código de processo penal brasileiro*. Rio de Janeiro: Livraria Editora Freitas Bastos, 1942. v. 1, p. 475.
209 Lei n° 10.792, de 1° de dezembro de 2003.
210 A doutrina tradicional, ao especificar as características do interrogatório, destaca o seu caráter (1) *personalíssimo* (a pessoa interrogada tem de ser o próprio acusado, daí por que, se vários os réus, os interrogatórios devem ser separados); (2) *judicial* (só ao juiz cabe presidi-lo, pois é a oportunidade que ele

A identificação da natureza jurídica do interrogatório como subprincípio do direito à ampla defesa[211], traz como consequência importante a definição do momento processual mais adequado para que o acusado seja ouvido no processo. Sendo o interrogatório uma forma de autodefesa, a audiência do acusado deve ser feita após uma primeira manifestação da defesa técnica, ademais de ser feita depois da produção das provas, aí se incluindo as oitivas da vítima e das testemunhas, a fim de que o acusado possa dar explicações a respeito do que existe no processo contra si.

O interrogatório realizado antes das demais provas prejudica as explicações do acusado, uma vez que ele não tem conhecimento consistente do que existe de efetivo no conjunto probatório e que pode incriminá-lo. Como é possível, por exemplo, ele refutar as afirmações da vítima ou das testemunhas, se não houve ainda a coleta desses depoimentos no processo?

Na mesma passada da Lei nº 9.099, de 1995 (art. 81, caput) e tendo em mira uniformizar o sistema criminal, as Lei nºs 11.689 e 11.719, ambas de 2008, passaram a estabelecer que, tanto no procedimento previsto para o tribunal do júri como nos demais, o interrogatório do acusado somente ocorrerá após a tomada das declarações da vítima, da inquirição das testemunhas e, caso seja necessário, dos esclarecimentos dos peritos, das acareações, do reconhecimento de pessoas e coisas (arts. 411, caput, e 474, caput, e arts. 400, caput, e 531). Como se vê, agora, sim, o ordenamento infraconstitucional está dando ao interrogatório o efetivo tratamento de direito de defesa, permitindo, que o acusado, ao exercer o direito de ser ouvido pelo juiz, possa reportar-se a todas as provas apuradas contra si e contraditá-las.

---

tem para conhecer o acusado e escutá-lo); (3) *pessoal* (não admite a intervenção seja do Ministério Público, seja da defesa, o que, agora, com a nova redação do art. 188 do CPP, ficou mitigado, diante da possibilidade de serem formuladas perguntas complementares sobre fatos pertinentes e relevantes); (4) *oral* (pois, se for escrito, fica prejudicada a intenção de o acusado fazer-se conhecer pelo juiz).

211 Ao acusado é assegurado o direito de ser interrogado, sob pena de a sua não-realização, quando isso é possível, poder ocasionar, desde que demonstrado o prejuízo daí resultante, a nulidade do processo (art. 564, II, *e*, do CPP), como também lhe é dado o direito de se submeter a novo interrogatório, quando houver motivo para tanto.

5.1.5.8. Direito à identidade física do juiz

Estando o interrogatório inserido dentro do princípio da ampla defesa, que significa, em verdade, o direito de audiência do acusado com a autoridade judiciária responsável pelo seu julgamento, é evidente que, a partir daí, passou a vigorar no âmbito criminal, como corolário lógico, o princípio da identidade física do juiz. Assim, deve ser assegurado ao acusado o direito de ser julgado pelo magistrado que lhe conheceu e lhe ouviu no interrogatório. De que serve dizer que se trata de direito fundamental do acusado ser ouvido em Juízo, como forma de permitir que ele se faça conhecer pelo juiz e tenha a oportunidade de se explicar, dando a sua versão para o caso, se, de outra banda, o processo pudesse ser julgado por um magistrado diferente?

Em que pese em sua redação originária o Código de Processo Penal não tenha adotado o princípio da identidade física do juiz, mesmo assim, não fez previsão quanto à expedição da carta precatória para o interrogatório do acusado, exatamente porque isso impede que este seja ouvido pelo magistrado responsável pelo seu julgamento. Marco Antônio Marques Silva[212], dando ênfase ao contato pessoal que o juiz faz com o acusado no interrogatório, realça que o "... magistrado que não participou dos atos processuais, por mais cuidadoso e minucioso que seja, não terá jamais condições de avaliar como um todo o conjunto probatório."

De fato, o processo criminal, mais do que o civil[213]:

> ... sempre e sempre está calcado na apreciação de fatos, os quais devem ser investigados e interpretados não apenas para o fim de determinar quem é o responsável pela autoria e identificar as circunstâncias mediante as quais eles foram perpetrados, como ainda se impõe ao julgador analisar os elementos subjetivos da conduta, que não se contenta na constatação da culpa a título de dolo ou *stricto sensu*. Por isso mesmo, cabe ao juiz apurar, no interrogatório, aspectos da personalidade, do comportamento social e da conduta imputada nos autos ao acusado, a fim de, com base nesses elementos, passar à dosagem da pena, tendo em mira cumprir o direito fundamental de individualizar a pena, tal como garantido no art. 5º, XLVI, caput, primei-

---

212 *A vinculação do juiz no processo penal*. São Paulo: Saraiva, 1993. p. 17.
213 SILVA JÚNIOR, Walter Nunes da. *Curso de processo penal*: teoria (constitucional) do processo penal, p. 748-749.

ra parte, da Constituição de 1988[214].Não se pode esquecer, com supedâneo em lição haurida de ENRICO ALTAVILLA[215], que o acusado é "... o principal actor de qualquer drama judiciário", daí por que o interrogatório deve "... ser proclamado o acto processual mais importante, visto que, tendo o processo como finalidade precípua a averiguação da culpa ou da inocência do acusado, claro que toda a actividade processual deste deve ser o centro de polarização de qualquer investigação."[216]. O juiz, quando julga o processo sem ele próprio ouvir o acusado, é como se aquele que vai ser julgado não tivesse rosto e alma, assentando-se a decisão apenas nos registros ou sombras existentes sobre ele nos autos.

Felizmente, atento a esse alcance do direito ao interrogatório, que se traduz em direito de audiência com a pessoa encarregada de seu julgamento, a Lei nº 11.719, de 2008, introduziu o princípio da identidade física do juiz no Processo Penal, mediante a previsão de que "O juiz que presidiu a instrução deverá proferir a sentença."(art. 399, § 2º)[217]. Se mais de um juiz tiver funcionado no processo, não há a me-

---

214 Note-se que foi inserido dentre os direitos fundamentais, aplicáveis ao processo criminal, o direito de o acusado ter a *individualização de sua pena*, o que, para ser cumprido, importa na dosimetria da sanção nos termos do Código Penal, com a observação das três fases previstas para esse fim (teoria de Nelson Hungria), sendo a primeira a fixação das circunstâncias judiciais, com as quais se estabelece a pena-base, depois as circunstâncias legais (atenuantes e agravantes) e, por fim, as causas de diminuição e de aumento, para, então, determinar a pena concreta. Especialmente na fixação das circunstâncias judiciais, previstas no caput do art. 59 do Código Penal, quanto à análise da culpabilidade, dos antecedentes, da conduta social, da personalidade do agente, dos motivos e das circunstâncias do crime, mostra-se de imperiosa necessidade que o juiz tenha tido a oportunidade de *ouvir/entrevistar* o acusado.
215 *Psicologia judiciária:* personagens do processo penal. 4. ed. Tradução Fernando de Miranda. Coimbra: Armênio Amado Editor Sucessor. 1959, p. 5.
216 Ibid., p. 9.
217 Note-se que, com as modificações introduzidas pela Lei nº 11.719, de 2008, a instrução probatória, de regra, é feita em uma única audiência, cujo último ato é, exatamente, o interrogatório. No caso de fracionamento da instrução, tendo mais de um juiz atuado, o mais correto é entender que a identidade física será em relação ao juiz que tomou o depoimento do acusado e, por isso mesmo, concluiu a instrução. A Associação dos Juízes Federais do Brasil — Ajufe sugeriu que a expressão "presidiu", do art. 399, § 2º, do Projeto de Lei nº 4.207, de 2001, que se transformou em lei, fosse substituída pela palavra "concluiu", o que, porém, não foi acolhido pelos parlamentares.

nor dúvida, a identidade física recai na pessoa daquele que presidiu a audiência na qual se deu o interrogatório do acusado.

De toda sorte, ainda que importante a adoção do princípio da identidade física, não se pode burocratizar o processo nem muito menos utilizá-lo como fonte de nulidade. Qual o prejuízo gerado com a inobservância do princípio da identidade física do juiz, desde que mantida a cláusula do juiz natural, ou seja, a regra de competência? Se o juiz que procedeu a toda a instrução for convocado para o tribunal por um período longo ou se afastar da jurisdição, por exemplo, para exercer mandato no Conselho Nacional de Justiça ou atuar como juiz auxiliar em algum órgão jurisdicional? E no caso, por exemplo, de um juiz federal substituto, designado, temporariamente, para desempenhar suas funções em outra unidade da federação? O processo ficará paralisado, aguardando o seu retorno? Óbvio que não. Ademais, conforme aqui defendido, a identidade física do juiz em matéria criminal não é, em tudo, similar ao que ocorre no ambiente cível. A grande razão de ser da identidade física do juiz é dar efetividade ao interrogatório como meio de defesa, ou melhor, direito de audiência do acusado perante o juiz responsável pelo seu julgamento, de modo que mais importante do que o juiz que encerrou a instrução do processo é aquele que cuidou de ouvir as explicações prestadas com o interrogatório.

Todavia, a jurisprudência, acertadamente, tem esclarecido que a cláusula da identidade física do juiz não tem um fim em si mesmo, de modo que a sua inobservância não gera nulidade absoluta, senão relativa, razão pela qual, no caso concreto, para que se tenha por inválida eventual sentença prolatada, mister se faz a demonstração do prejuízo legado à parte pela atuação do juiz. Nesse caso, a prova do prejuízo se faz com a demonstração de que o *decisum* foi exarado dissociado das provas coligidas no processo.

A esse respeito, o Supremo Tribunal Federal[218] possui precedente que, conquanto tenha sido em caso no qual se refutou a aplicação retroativa do princípio da identidade física do juiz, deixou consignado que o sopesar das cláusulas da identidade física do juiz e da instrumentalidade das formas leva à conclusão de que a nulidade há de ser reconhecida "... apenas no caso de patente descompasso entre a decisão e

---

218 BRASIL. Supremo Tribunal Federal. Relator Ministro Luiz Fux, HC 104075/SE, Primeira Turma, unânime. Data da Decisão 27/09/2011, Disponível em http://www.stf.jus.br/jurisprudencia/jurisp.asp. Acesso em: 14 fev. 2011.

as provas colhidas...", o que não se verificou no caso em julgamento, pois "... a sentença condenatória foi proferida em consonância com as provas dos autos..."

Em lapidar decisão sobre a questão, o Superior Tribunal de Justiça[219], no CC 99023/PR, relatado pelo Ministro Napoleão Maia Filho, asseverou que "

> (...) A adoção do princípio da identidade física do juiz no processo penal não pode conduzir ao raciocínio simplista de dispensar totalmente e em todas as situações a colaboração de outro juízo na realização de atos judiciais, inclusive do interrogatório do acusado, sob pena de subverter a finalidade da reforma do processo penal, criando entraves à realização da jurisdição penal que somente interessam aos que pretendem se furtar à aplicação da lei."

Essa posição assumida pelo Superior Tribunal de Justiça foi lembrada na redação da ementa do acórdão lavrado pelo Ministro Felix Fischer[220] no HC 201000325213, que achou por bem adicionar que "... Ademais, no sistema das nulidades pátrio, somente se proclama a nulidade de um ato processual quando houver efetiva demonstração de prejuízo à defesa, o que não ocorreu na hipótese dos autos (Precedentes)". Por sua vez, ao apreciar o HC 200900848960, o Ministro Og Fernandes[221], a par de reconhecer que a Lei 11.719, de 2008, introduziu, no sistema processual penal, o princípio da identidade física, "... segundo o qual o magistrado que colhe a prova se vincula ao julgamento da causa...", advertiu que "... Na seara processual penal, vigora o princípio do *pás de nulité sans grief*, segundo o qual não há nulidade sem que seja demonstrado o efetivo prejuízo para a parte, não tendo o impetrante logrado demonstrar qualquer gravame..."[222]

---

219 BRASIL. Superior Tribunal de Justiça. Terceira Seção. Data da decisão 10./06/2009, Disponível em http://www.stj.jus.br/jurisprudencia/juris. Acesso em 14 fev. 2011.
220 BRASIL. Superior Tribunal de Justiça. Quinta Turma. Data da decisão 27/05/2010, Disponível em http://www.stj.jus.br/jurisprudencia/juris. Acesso em 14 fev. 2011.
221 BRASIL. Superior Tribunal de Justiça. Sexta Turma. Data da decisão 17/09/2009 Disponível em http://www.stj.jus.br/jurisprudencia/juris. Acesso em 14 fev. 2011.
222 Ibid.

Por conseguinte, a nulidade processual sob o argumento de que malferido o princípio do juiz natural, porquanto relativa, só há de ser acolhida se demonstrado o prejuízo ocasionado à parte.

5.1.5.9. Interrogatório como direito facultativo, não podendo o acusado ser obrigado a exercê-lo

Tratando-se o interrogatório de um direito, resta saber se ele é obrigatório ou facultativo. À primeira vista, mesmo tendo a natureza jurídica de direito, nada impediria que o seu exercício fosse obrigatório, tal como se dá em relação à defesa técnica. Poder-se-ia dizer que isso decorreria mesmo da concepção de que, no ambiente criminal, a ampla defesa importa no entendimento de que ela há de ser efetiva. Acontece que o interrogatório, a despeito de ser meio de defesa, pode produzir prova decisiva contra o acusado, tudo a depender do seu desempenho na audiência.

Mesmo com a revogação da advertência de que o silêncio do acusado poderá ser interpretado em prejuízo da própria defesa e, em seu lugar, tenha sido colocada a observação de que o silêncio não importa em confissão nem pode ser interpretada em prejuízo da defesa (art. 186, parágrafo único)[223], a situação do acusado fica deveras delicada quando, na presença do juiz, após responder algumas perguntas, diz que prefere ficar em silêncio quanto a uma determinada indagação. Ainda que seja defeso ao juiz, na sentença, fazer alguma consideração quanto ao silêncio do acusado, a impressão negativa que daí resulta não deixa de ser sopesada na sua valoração a respeito dos fatos[224].

---

223 Igualmente por falta de visão sistêmica do ordenamento processual penal, a Lei nº 10.792, de 2003, inadvertidamente, deixou de revogar o art. 198, que tem conteúdo diametralmente oposto: "O silêncio do acusado não importará confissão, mas poderá constituir elemento para a formação do convencimento do juiz."
224 Se não comparecer à audiência ou dizer que não pretende ser interrogado é uma estratégia de defesa, responder algumas perguntas e ficar em silêncio quanto a outras, não é nada natural. Aliás, exercer o direito ao silêncio não é mesmo uma atitude natural, pois contradiz uma norma elementar da defesa pessoal, que é de dizer coisas favoráveis a seu favor. Mas o acusado pode deixar de proclamar a sua inocência em razão de: a) ser um álibi para afastar a imputação com relação a um crime mais grave; b) não existir no processo circunstâncias não conhecidas que poderiam ser reveladas com as suas palavras; c) da intenção de encobrir o verdadeiro culpado, que pode ser devido à intimidação; d) suas condições pessoais (emotiva, nervosa etc.); e) outras circunstâncias, mesmo fora da lógica, pois a anormalidade humana é imprevisível.

Por isso mesmo, o advogado criminalista atento não recomenda, nunca, que o seu cliente se abstenha de responder a alguma pergunta que lhe seja formulada pelo juiz, razão pela qual raramente acontece de o acusado deixar de respondê-la[225]. Diferente é quando se trata de interrogatório perante autoridade que não tem o poder de julgar o acusado, como é o caso do delegado de polícia e, no mais das vezes, dos membros das Comissões Parlamentares de Inquérito.

Se calar diante do juiz não é a melhor estratégia, falsear a verdade no interrogatório, geralmente, não se revela um bom negócio. Independentemente do grau de instrução do acusado, as suas condições pessoais podem, em uma situação como a do interrogatório, ser favoráveis ou desfavoráveis à defesa[226]. Do mesmo modo como ocorre no testemunho, o acusado, ainda se for inocente e disser, no interrogatório, a verdade, ele pode comprometer-se perante o juiz. Às vezes o depoimento do acusado é distorcido sem o interesse propriamente dito de falsear a verdade, mas pela má percepção dos fatos e até porque, por questão de ordem psicológica, é natural que a pessoa, ao realizar um ato impulsivo, tenha uma memória lacunar dos fatos, de modo que, não raro, ele "... só mantém claro na recordação o elemento central, podendo não se recordar de tudo o que fez contra os outros..."[227]. Pode ser que, em razão mesmo da fidelidade, o depoimen-

---

[225] Nas aulas sobre o direito ao silêncio, costumava afirmar que, durante mais de uma década de magistratura, nunca tinha deparado com hipótese em que o acusado manifestasse, na audiência, o direito de ficar em silêncio diante de uma determinada pergunta. Porém, isso ocorreu uma vez, em processo no qual se apurava crime de roubo a agência bancária. A linha da autodefesa no interrogatório era de negativa de autoria. O acusado chegou com uma estória pronta e acabada sobre o local no qual se encontrava quando da ocorrência do crime, o que estava fazendo e com quem se encontrava. Mais à frente, diante de uma pergunta para a qual ele não estava preparado, o acusado, após hesitar bastante, resolveu dizer que preferia não responder. Nesse momento, ele produziu uma prova fortíssima contra si, que ficou no subconsciente do julgador. O advogado, diante do silêncio de seu cliente, ficou visivelmente incomodado, uma vez que ele, sabiamente, percebeu, diante do contexto da situação, como tinha sido desastroso aquele comportamento.

[226] Em rigor, o acusado é uma espécie de testemunha de seus próprios atos, de modo que ele está sujeito, como alerta Enrico Altavilla, aos mesmos erros que perturbam o depoimento (Op. cit., p. 10). O fenômeno psicológico do testemunho tem o aspecto *subjetivo*, que é a capacidade psicológica do indivíduo para testemunhar, e o *objetivo*, que é a propriedade do objeto ou do fato a ser testemunhado ou recordado (diz respeito à memorialidade, que é a capacidade do objeto para se fazer recordar com exatidão).

to se apresente sem lógica, contraditório, sendo considerado pouco fiel, justamente porque se julga que o acusado não foi sincero[228]. Ademais disso, não se pode esquecer que é natural o nervosismo do acusado, principalmente quando ele é inocente, porquanto ele sabe, mais do que ninguém, que o interrogatório é o momento único que ele possui para tentar convencer, com as suas palavras, aquele que vai julgá-lo, além de se constituir o ato processual mais importante. Culpado ou inocente, o acusado responde ao processo em estado de emoção e o inocente, comumente, está com o espírito em desordem. Como a tendência natural é a defesa, muitas vezes, o acusado, por instinto, faz referência a circunstâncias não havidas, com as quais ele pensa que dará mais credibilidade às suas palavras[229].

O advogado adverte ao acusado que ele tem um papel fundamental a desempenhar no processo, que é, exatamente, no interrogatório, quando ele tem a missão de demonstrar ao juiz que é inocente ou de

---

227 Ibid., p. 11.
228 Todo depoimento possui certo coeficiente pessoal na percepção e na evocação mnemônica (associação daquilo que deve ser memorizado com dados da experiência já conhecidos ou vividos), daí por que não há nada mais errado do que se supor que as palavras do acusado devem encaixar-se como peças de um quebra-cabeça. Na psicologia judiciária, costuma-se identificar dois tipos de depoimento: aquele que é sereno, retilíneo e seguro, como o *voo de andorinha*, e aquele que é conturbado, sinuoso e inseguro, como o *voo de morcego*. A excessiva preocupação em relatar detalhes, com fatos bem encaixados, deve ser recebida com certa desconfiança, pois, mesmo que corresponda à verdade, exige que o acusado tenha memória fotográfica e atenção difusa incomum para a observação das pequenas coisas. Não é sem razão a conclusão de Altavilla: "Essa recordação exageradamente precisa, ou é consequência da atenção febril de quem cometeu ou está para cometer um crime, em virtude do qual um acontecimento pode ter sido registrado com toda a precisão, nos seus mais pequenos detalhes, por via do interesse que despertava no culpado, interesse que não poderia explicar-se num espectador indiferente, ou é consequência de um acto de atenção forçada, no caso do acusado ter querido fixar pequenas circunstâncias incalculáveis, com a evidente finalidade defensiva de dar à sua narrativa, ao seu álibi, uma aparência de veracidade." (Op. cit., p. 16).
229 De regra, o culpado tem uma orientação defensiva, conhece o fato criminoso, sabe a hora, o lugar, o modo e muitas vezes já pensou na forma da defesa, sabe do que pode ser dito contra ele e, por isso mesmo, estuda as explicações que dará, o que passa segurança e dá credibilidade à sua fala. Em contrapartida, o inocente debate-se no vácuo, é surpreendido pelo imprevisto. Por isso mesmo, é natural o inocente se encontrar em um grave estado de excitação ou de perturbação que o leva a cometer atos estúpidos, sendo a mentira, geralmente, um ato automático de quem afasta o perigo.

que é pessoa de boa índole, tem bom caráter etc. Ora, se até a testemunha, que não vai ser julgada, sente-se incomodada em ficar diante do juiz com o compromisso de dizer a verdade, pois tem a preocupação de fazer-se acreditar quanto aquilo que está dizendo, imagine-se como não fica o acusado, especialmente se ele é inocente[230]. O nervosismo, nesse caso, ao contrário de revelar que o acusado é culpado, pode ser resultante do fato de o acusado sentir a responsabilidade em tentar convencer o julgador de sua inocência.

Dessa forma, em que pese se trate de oportunidade ímpar para que o acusado se faça conhecer pelo juiz e possa dar a sua versão sobre a imputação delituosa que lhe é feita, sabe-se que eventuais deslizes cometidos ou a má-impressão deixada perante o julgador podem ser decisivos para a condenação[231]. Por isso mesmo, o advogado diligente procura, de toda maneira, orientar o seu cliente como deve comportar-se diante do juiz[232]. Ainda que, por questão de ordem ética, o advogado não deva determinar o conteúdo do interrogatório, afinal de contas a escolha entre dizer a verdade ou mentir é algo que consulta a intimidade do cliente, ele tem de mostrar as consequências das afirmações e pode, até mesmo, acrescentar o que seria recomendável falar[233].

---

[230] Mesmo um juiz, advogado e/ou membro do Ministério Público, que passaram vários anos estudando, quando participam da primeira audiência, sentem o peso da responsabilidade. Em alguns casos, o profissional já tem bastante experiência em fazer audiência, mas não na nova função, quando ocorre após aprovação em concurso para juiz ou membro do Ministério Público. A solenidade do ambiente judicial e a importância do ato processual conspiram para a anormalidade psicológica de quem vai depor.

[231] Em pesquisa informal, feita mediante conversas com vários juízes de larga experiência, pode-se dizer que a prova decisiva para o processo, mesmo quando o acusado comparece para negar a sua participação no *eventus sceleris*, decorre da impressão que se tem com o interrogatório, servindo a prova testemunhal para corroborar, ou não, aquela impressão.

[232] Não se pense que isso somente ocorre no tribunal do júri. O advogado recomenda a seu cliente que seja calmo, paciente, educado e seguro nas afirmações e, ainda, que se apresente ao juiz sem exageros, vestido adequadamente. É óbvio que a boa defesa começa com a impressão positiva que o acusado consegue transmitir ao juiz que irá julgá-lo.

[233] O advogado criminalista não deve ser recriminado, por mais hediondo que seja o crime, por exercer a defesa do acusado no processo. O causídico não defende o delinquente, mas o homem. Não defende o crime que foi praticado, e, sim, a pessoa que o praticou. Ademais, conforme já foi visto, o princípio da ampla defesa no ambiente criminal resulta na assertiva de que, sem defesa

Tendo em conta todos esses aspectos, muitas vezes, como estratégia de defesa, o mais adequado é que o acusado sequer atenda ao chamamento judicial para o seu interrogatório. Com base nessa perspectiva e na de que o interrogatório, agora, é substancialmente meio de defesa, mais especificamente forma de autodefesa que complementa a defesa técnica, a conclusão que se tira é de que o acusado tem o direito de, como estratégia traçada por seu advogado, abrir mão do *direito de audiência* e deixar de comparecer ao interrogatório.[234]

Isso porque o direito ao silêncio compreende, igualmente, o direito de não prestá-lo, mesmo presente à audiência de instrução e julgamento[235]. Sendo o direito ao silêncio decorrência lógica da magna

---

efetiva e eficiente, não é possível, validamente, se condenar alguém pela prática do crime.

234 No direito inglês, embora o acusado não possa ser obrigado ao interrogatório contra a sua vontade, o *Police and Criminal Act 1984* confere à autoridade policial, em certas circunstâncias, o poder de deter uma pessoa para fazer o seu interrogatório, o que é muito criticado. (Cf. ESPENCER, John. O processo penal na Inglaterra. In: *Processo penal e direitos do homem:* rumo à consciência europeia. Mereille Delmas-Marty (org.). Tradução Fernando de Freitas Franco. Barueri: Manole, 2004, p. 86.) Mas em Juízo, que é quando a prova efetivamente tem validade, o acusado não está obrigado a prestar depoimento. Se preferir fazê-lo, porém, assim como no sistema americano, ele terá de dizer a verdade, sob pena da prática do crime de perjúrio. O acusado é ouvido como se testemunha fosse.

235 Porém, no julgamento do Habeas Corpus 79244/DF, impetrado por Francisco Lopes contra ato praticado por Comissão Parlamentar de Inquérito, o Supremo Tribunal Federal, pela pena do Ministro Sepúlveda Pertence, em votação unânime, concluiu que do direito ao silêncio, consagrado em nosso sistema jurídico após a Constituição de 1988, "... não decorre o de recusar-se de logo a depor, mas sim o de não responder às perguntas que entenda possam vir a incriminá-lo." BRASIL. Supremo Tribunal Federal. Relator Ministro Sepúlveda Pertence, Classe: HC 79244/DF, Tribunal Pleno, un., Data da decisão: 23/02/2000. Disponível em: www.stf.org.br/jurisprudencia. Acesso em: 23 mar. 2005. Todavia, logo depois, no exame do Habeas Corpus 80592/PR, relatado pelo Ministro Sydney Sanches, a Primeira Turma do Supremo Tribunal Federal, expressou o entendimento de que, quando a pessoa é convocada para depor, mas deixa de comparecer ao interrogatório, ela não pode ser conduzida coercitivamente, uma vez que a sua recusa em se fazer presente perante o juiz deve *ser interpretada como preferindo calar-se.* (BRASIL. Supremo Tribunal Federal. DIREITO CONSTITUCIONAL E PROCESSUAL PENAL. INQUÉRITO POLICIAL CONTRA DEPUTADO FEDERAL, INSTAURADO POR DELEGADO DE POLÍCIA. "HABEAS CORPUS" CONTRA ESSE ATO, COM ALEGAÇÃO DE USURPAÇÃO DE COMPETÊNCIA DO S.T.F. E DE AMEAÇA DE CONDUÇÃO COERCITIVA PARA O INTERROGATÓRIO.

cláusula da ampla defesa, o acusado é detentor do direito de não ser obrigado, forçadamente, a produzir prova contra si, preceito que contempla, igualmente, o direito de o acusado, como forma de estratégia de sua defesa, deixar de comparecer ao interrogatório, ou, a ele estando presente, de não se submeter às perguntas do juiz.

A leitura do art. 185, caput, com a redação da Lei nº 10.792, de 2003, diz que "O acusado que comparecer perante a autoridade judiciária, no curso do processo penal, será qualificado e interrogado na presença de seu defensor, constituído ou nomeado". Esse dispositivo, embora não seja propriamente uma inovação quanto à sua redação originária, coaduna-se, em sua inteireza, com o caput do art. 474 do Código de Processo Penal, alterado pela Lei nº 11.689, de 2008, na parte em que ele diz que "... será o acusado interrogado, se estiver presente..."[236] Ou seja, se não estiver presente, não há o interrogatório, devendo o juiz passar para a fase dos debates entre o Ministério Público e a defesa. O interrogatório, por conseguinte, deixou de ser obrigatório, até porque a coercitividade de sua realização somente tinha sentido quando esse ato processual era considerado um meio de prova.

A conclusão que daí se tira é que o art. 260 do Código de Processo Penal se encontra revogado, na medida em que confere ao juiz o poder de determinar a condução à força do acusado a sua presença, a fim de que seja realizado o seu interrogatório

Se para os julgamentos pelo tribunal do júri o interrogatório passou a ser, expressamente, facultativo, porque ele seria obrigatório para os demais tipos de procedimento? A não ser que se diga que a obrigatoriedade do interrogatório, no procedimento do tribunal do júri, existe em relação a sua primeira fase, pois o art. 260 do CPP se aplica a todos os procedimentos. Mas há outro aspecto que precisa ser salientado. No Projeto de Lei nº 4.209/2001, que trata da investigação criminal e está, ainda, pendente de aprovação pelo Congresso Nacional, o interrogatório está sendo tratado como facultativo, e não obrigatório. Com efeito, o art. 8º, § 1º, do referido Projeto de Lei está assim redigido: "O indiciado, comparecendo, será interrogado com expressa observância das garantias constitucionais e legais."

COMPETÊNCIA ORIGINÁRIA DO S.T.F. PARA O JULGAMENTO DO "WRIT". INDEFERIMENTO DESTE. Data da decisão: 03/04/2001. Disponível em: www.stf.org.br/jurisprudencia Acesso em: 07 abr. 2005.)
236 Redação da Lei nº 11.689, de 2008.

Note-se que essa expressão *comparecendo*, utilizado pela Comissão de Reforma no art. 185, caput, 474, caput, do CPP e no art. 8º, § 1º, no Projeto de Lei nº 4.209/2001, quer dizer, em verdade, a hipótese em que o acusado ou indiciado comparece perante a autoridade judicial ou policial com a intenção de prestar o interrogatório. Por conseguinte, não é o fato de o acusado comparecer à audiência ou à sessão do tribunal do júri, que tornará necessário/obrigatóro o interrogatório. O acusado pode comparecer ao ato processual com outra finalidade, ou seja, de exercer o seu direito de presença na instrução e julgamento do processo a que responde. Por conseguinte, se o acusado está presente à audiência ou sessão, deve o juiz perguntar se ele deseja ser interrogado, de modo que, diante de sua negativa, não deverá ser realizado esse ato processual, com expressa consignação no termo de audiência.

Infelizmente, tanto a Lei nº 10.792, de 2003, quanto a Lei nº 11.719, de 2008, deixaram de revogar, expressamente, o art. 260 do Código de Processo Penal. Ainda que se entenda que o art. 260 do CPP não está revogado e que em virtude dele, mesmo sendo agora tratado como direito, o interrogatório não é facultativo, deve ser considerado que a norma em foco dá ao juiz uma possibilidade, na medida em que diz que "Se o acusado não atender à intimação para o interrogatório, .. a autoridade poderá mandar conduzi-lo à sua presença." Por conseguinte, mesmo assim, o juiz só excepcionalmente pode determinar a condução coercitiva para o interrogatório, em decisão devidamente fundamentada. Até porque, assim como se dá no procedimento do tribunal do júri, não estando o acusado presente à audiência, o juiz deve passar, sucessivamente, a palavra para o Ministério Público e para a defesa, a fim de que sejam apresentadas, em audiência, as razões finais e, em seguida, seja proferida a sentença[237].

5.1.5.10. Interrogatório por carta precatória

Concebido o interrogatório como instrumento da autodefesa, traduzindo-se, em verdade, no direito de audiência do acusado com o juiz responsável pelo seu julgamento, não há sentido em sua realização

---

[237] A regra, agora, é que as razões finais, assim como a sentença, devem ser apresentadas em audiência. As exceções são basicamente três: quando for deferido requerimento de diligências, feito em audiência, a complexidade do caso ou o número de acusados recomendar a apresentação de memoriais.

por meio de carta precatória. Ora, o juiz deprecado não é o competente para o julgamento do processo, daí por que, nesse caso, o interrogatório se mostra sem importância, além de não cumprir a sua função de meio efetivo de defesa..

Tendo em consideração esse aspecto, o legislador não contempla a hipótese de realização desse ato processual por meio da expedição de carta precatória[238]. Vale registrar, a esse respeito, que, devido ao fato de na redação originária do Código de Processo Penal não ser prevista a expedição de carta precatória para esse fim, não obstante alguma discordância da doutrina, muito juízes passaram a permitir a realização do ato processual por essa forma, aplicando-se, por analogia, o que se dispõe a respeito da testemunha.

Nada obstante essa discussão fosse do conhecimento do legislador, com a feitura da Lei nº 10.792, de 2003, não se cuidou, corretamente, de fazer previsão quanto à possibilidade de expedição de carta precatória para o interrogatório. O caput do art. 185 do CPP, aliás, é muito claro a respeito: "O acusado que *comparecer perante a autoridade judiciária*, no curso do processo penal, será qualificado e interrogado na presença de seu defensor, constituído ou nomeado." (Grifei) Pela dicção normativa peremptória do dispositivo em destaque, verifica-se que a ausência de menção do interrogatório por meio de carta precatória não foi mera omissão. Até porque, como o interrogatório, agora, está catalogado como meio de autodefesa, a ser exercido após a produção de toda a prova em audiência, o juiz teria de realizar a audiência de instrução e julgamento e, no seu final, ao invés de passar a palavra para as razões finais pelas partes e, em seguida, proferir sentença, determinar a expedição da carta precatória para o interrogatório, tudo em prejuízo da duração razoável do processo.

Portanto, ao lado das três hipóteses em que há o encerramento da audiência sem a prolação da sentença (deferimento de diligência, complexidade da causa ou número excessivo de acusados), acrescentar-se-ia outra, qual seja, quando fosse o caso de expedição de carta precatória para ouvir o acusado. O juiz não pode, nem muito menos deve, estabelecer essa anomalia para o procedimento, se não por outros motivos, pelo fato de trazer sérios prejuízos para a duração razoável do processo.

---

238 Nem o legislador originário do Código de Processo Penal nem o da Lei nº 10.792, de 2003, que trouxe diversas modificações para o interrogatório.

Se é certo que o acusado tem o direito de fazer a sua autodefesa, isso quer dizer que, quando quiser exercitá-lo, terá de comparecer perante o juiz do processo. Até porque, quando essa autodefesa é apresentada perante um juiz que não aquele que irá julgá-lo, ela não se tem por efetiva, na medida em que esse direito de audiência possui, como corolário lógico, o princípio da identidade física do juiz, que é o direito de o acusado ser ouvido pelo magistrado responsável pelo julgamento.

Poder-se-ia, é verdade, vislumbrar uma hipótese de interrogatório por carta precatória. Tal poderia se dar quando, estando o acusado impossibilitado, por enfermidade ou por velhice, de comparecer a Juízo, tendo ele manifestado o interesse em ser ouvido, por analogia, fosse aplicado o disposto no art. 220 combinado com o art. 222, ambos do Código de Processo Penal. Acontece que o Código de Processo Penal, com a alteração alvitrada pela Lei nº 11.900, de 8 de janeiro de 2009, estabelece, coerentemente, que, nesse caso, não se deve fazer o interrogatório pela forma tradicional da carta precatória, mas sim por videoconferência (art. 195, § 2º, II, do CPP). Ou seja, a expedição da carta precatória será, apenas, para que o Juízo deprecado providencie que o acusado, no dia e hora marcados, possa acompanhar, com a devida assistência de seu advogado, por videoconferência, em sua inteireza a audiência una realizada no Juízo deprecante, e, no final, por essa via, prestar o seu interrogatório. Essa é a única forma de interrogatório sem a presença física do acusado no juízo em que se dá a realização da audiência una.

Sendo o interrogatório, conforme a posição aqui esposada, uma faculdade, se o acusado não comparecer a Juízo, para exercer o direito de ser ouvido pelo juiz responsável pelo seu julgamento, deve-se entender que ele não quis praticar esse ato. Porém, tendo ele manifestado o desejo de exercer o seu direito de audiência com o juiz responsável pelo seu julgamento, mas estando impossibilitado de comparecer a Juízo, deve-se providenciar para que o depoimento seja colhido por meio da videoconferência, com expedição de carta precatória para esse fim.

5.1.5.11. Sistema do interrogatório

A Lei nº 11.690, de 2008, adotou o sistema do *cross examination* para a inquirição das testemunhas, assim como esclareceu que, ao contrário de como se dava no sistema presidencial, adotado anteriormente pelo Código de Processo Penal, às próprias partes caberá fazer as perguntas por primeiro, devendo o juiz, apenas, antes de encerrar a inquirição, complementá-las, se houver pontos a serem esclarecidos (art. 212, caput e parágrafo único, do CPP)[239].

Esse novo regramento, porém, não traz nenhuma alteração em relação ao interrogatório. Note-se que, embora a disciplina sobre o interrogatório tenha sido obra da Lei nº 10.792, de 1º de dezembro de 2003, esta resultou do Projeto de Lei nº 4.204, de 2001, que fez parte do conjunto de projetos elaborados pela Comissão de Reforma para a mudança global do Código de Processo Penal[240].

Por conseguinte, a despeito da modificação do sistema de inquirição das testemunhas, a Comissão de Reforma houve por bem sugerir a redação que findou sendo aprovada para o art. 188 do Código de Processo Penal. Conforme a regra ali estabelecida, as perguntas serão feitas pelo juiz, podendo as partes, caso tenha restado algum fato para ser esclarecido, fazer indagações ao acusado. De qualquer modo, a pergunta só deverá ser deferida pelo juiz se ela, além de *pertinente*, for *relevante*. Ou seja, quando se trata de interrogatório, cabe ao juiz iniciá-lo, fazendo as perguntas, podendo as partes apenas complementá-lo, quanto ao que for relevante. Ao contrário do que possa parecer à primeira vista, não há nenhuma incongruência em relação à sistemática estabelecida para a oitiva das testemunhas.

É que o direito ao silêncio se traduz em direito de audiência do acusado perante o juiz responsável pelo seu julgamento[241]. Assim, é o direito de ele se entrevistar com o magistrado, não de ser inquirido pelas partes. Por isso mesmo, não teria sentido se estabelecer, assim como ocorre em relação às testemunhas, que ao juiz caberia, apenas, a complementação das perguntas elaboradas pelas partes. Aqui a lógica, necessariamente, se inverte. Quem pergunta primeiro é o juiz, como oportunidade para o acusado, por si mesmo, apresentar a sua autodefesa.

Note-se, ainda, que, tecnicamente, o acusado, ao contrário do que ocorre no sistema americano, não é testemunha, não podendo com ela ser confundido, para fins de ser alvitrado o mesmo tratamento quanto ao depoimento[242]. Ademais, testemunha é prova, enquanto o interro-

---

239 Cf. item 5.1.8.5.1, infra.
240 Cf. itens 3.2 e 3.2.2.4, supra.
241 Cf. item 5.1.5.7, supra.
242 Cf. itens 5.1.8.4 e 5.1.8.5 e 5.1.8.5 .1, infra.

gatório, conquanto possa ser fonte de prova, trata-se de exercício do direito de defesa[243].

A redação do art. 188 do Código de Processo Penal dá a entender que, quanto ao interrogatório, as eventuais perguntas das partes seguem o sistema presidencial, ou seja, devem ser formuladas ao juiz, que as reperguntará ao acusado[244]. É que ali não se estabeleceu, efetivamente, o contraditório. Essa parece a solução acertada.

Como se sabe, o *cross examination* é sistema próprio para o efetivo contraditório da prova, o que não é o caso do interrogatório, até porque, repita-se, ele não é meio de prova, mas sim efetivo meio de defesa, de modo que o acusado não vai à audiência de instrução e julgamento para ser inquirido pelas partes.

Essa singularidade do interrogatório justifica que as perguntas complementares, elaboradas pelas partes, não sejam feitas com a adoção do sistema do *cross examination*. Alguns juízes, porém, permitem que as perguntas ao acusado, no interrogatório, sejam feitas diretamente pelas partes, o que se trata de mera irregularidade, devendo, neste caso, ser redobrada a atenção para não permitir a indução da resposta.

Até porque, mais uma vez, se desapartando da regra para os demais procedimentos, assim como já tinha feito em relação à ordem das perguntas para as testemunhas, quanto ao interrogatório do acusado na sessão do tribunal do júri, está definido que as partes "... poderão formular, diretamente, perguntas ao acusado." (art. 474, § 1º, do CPP). Esse tratamento diferente não se justifica, em que pesem as singularidades da sessão do tribunal do júri[245].

5.1.5.12. Interrogatório por videoconferência

O interrogatório por videoconferência é um grande avanço no sistema processual penal e compreende um dos passos necessários à informatização do processo, conforme a Lei nº 11.419, de 19 de dezembro de 2006. Não se diga que a videoconferência ofende aos princípios da ampla defesa e do contraditório. Basta que algumas cautelas para a

---

243 Cf. itens 5.1.5.8 e 5.1.5.9, supra.
244 "Art. 188. Após proceder ao interrogatório, o juiz indagará das partes se restou algum fato para ser esclarecido, formulando as perguntas correspondentes se o entender pertinente e relevante."
245 Cf. item 5.1.8.5.1, infra.

maior transparência da realização do ato processual sejam tomadas, as quais, é verdade, devem ser estabelecidas em lei, a fim de evitar que não sejam dadas as devidas garantias ao acusado. A tecnologia utilizada para alguns interrogatórios feitos por essa via permite o contato privativo — em linha exclusiva e criptografada — entre o acusado e seu defensor, sendo assegurada a presença do advogado ao lado de seu cliente.

Ademais, a regra a permanecer é de que, independentemente de o acusado estar solto ou preso, o interrogatório será presencial. O sistema de audiência por videoconferência deve ser restringido, em rigor, para os casos de presos de maior periculosidade, cujo transporte pelas vias das cidades traz insegurança à sociedade, devido ao risco de fuga por tentativa de resgate. Além disso, é relevante lembrar o alto custo do transporte desses presos de alta periculosidade, que, não raro, são levados para presídios de segurança máxima, localizados em local afastado dos grandes centros urbanos e, em determinados casos, em outros estados, como nos de presos sujeitos a recolhimento em presídio federal.

Não é incomum, ainda, que dificuldades burocráticas na disponibilização dos presos ou a falta de contingente para a escolta levem a adiamentos das audiências com réus presos, atrasando significativamente a resolução dos seus processos.

Nações democráticas da Europa já adotam o interrogatório por videoconferência sem qualquer lesão a direitos individuais dos acusados. Por isso, é preciso mudar a mentalidade para que o Poder Judiciário possa aprimorar a prestação da atividade jurisdicional, compassada com os novos tempos, valendo-se dos necessários avanços tecnológicos. Ademais, em tratados multilaterais e bilaterais, assinados pelo Brasil com países estrangeiros, tem sido previsto o interrogatório à distância, com a utilização de recursos tecnológicos. De fato, a Convenção das Nações Unidas contra o Crime Organizado Transnacional, incorporada em nosso sistema normativo infraconstitucional por meio do Decreto nº 5.15, de 12 de março de 2004, prevê a cooperação internacional quanto à produção do testemunho por videoconferência.

Ainda assim, nenhuma das quatro leis em exame disciplinou a possibilidade de realização do interrogatório por meio da videoconferência, quando o acusado se encontra preso[246]. Ademais, o art. 185, § 1º,

---

246 O Projeto de Lei nº 5.073, de 2001, que previa a videoconferência no interrogatório judicial, foi rejeitado.

do Código de Processo Penal, diz que, quando se tratar de acusado preso, o interrogatório, de regra, há de ser feito no estabelecimento prisional, desde que estejam garantidas as seguranças do juiz e das demais pessoas que tenham de participar do ato processual. A despeito de todos os inconvenientes de que assim seja, hoje, caso seja obedecido esse dispositivo, de duas uma: ou o juiz terá de marcar a audiência de instrução e julgamento para o presídio ou, então, depois da inquirição das testemunhas, terá de encerrar a audiência e marcar outra, agora, só para o interrogatório.

Talvez por isso mesmo, o § 1º do art. 399 do Código de Processo Penal, enxertado pela Lei nº 11.719, de 2008, determinou que "O acusado preso será requisitado para comparecer ao interrogatório, devendo o poder público providenciar sua apresentação." Ou seja, modificou substancialmente a regra plasmada no art. 185, § 1º, do CPP, mas, inexplicavelmente, não o revogou.

Com essa disciplina, dá-se a entender que a Lei nº 11.719, de 2008, conscientemente, afastou a possibilidade de realização de interrogatório pelo sistema de videoconferência. Essa posição estaria em consonância com a decisão do Supremo Tribunal Federal, exarada no julgamento do HC 88914, relatado pelo Ministro Cezar Peluso[247], se-

---

[247] Cf. Brasil. Supremo Tribunal Federal. Disponível em: www.stf.org.br/jurisprudencia. Acesso em 3 nov. 2008. Merece transcrição o que consta do informativo: "Inicialmente, aduziu-se que a defesa pode ser exercitada na conjugação da defesa técnica e da autodefesa, esta, consubstanciada nos direitos de audiência e de presença/participação, sobretudo no ato do interrogatório, o qual deve ser tratado como meio de defesa. Nesse sentido, asseverou-se que o princípio do devido processo legal (CF, art. 5º, LV) pressupõe a regularidade do procedimento, a qual nasce da observância das leis processuais penais. Assim, nos termos do Código de Processo Penal, a regra é a realização de audiências, sessões e atos processuais na sede do juízo ou no tribunal onde atua o órgão jurisdicional (CPP, art. 792), não estando a videoconferência prevista no ordenamento. E, suposto a houvesse, a decisão de fazê-la deveria ser motivada, com demonstração de sua excepcional necessidade no caso concreto, o que não ocorrera na espécie. Ressaltou-se, ademais, que o projeto de lei que possibilitava o interrogatório por meio de tal sistema (PL 5.073/2001) fora rejeitado e que, de acordo com a lei vigente (CPP, art. 185), o acusado, ainda que preso, deve comparecer perante a autoridade judiciária para ser interrogado. Entendeu-se, no ponto, que em termos de garantia individual, o virtual não valeria como se real ou atual fosse, haja vista que a expressão "perante" não contemplaria a possibilidade de que esse ato seja realizado on-line. Afastaram-se, ademais, as invocações de celeridade, redução dos custos e segurança referidas pelos favoráveis à adoção desse sistema. Considerou-se, pois, que o interrogatório por meio de teleconferência viola a publici-

gundo a qual o interrogatório feito "... por teleaudiência, estaria eivado de nulidade, porque violado o seu direito de estar, no ato, perante o juiz."

Se mantido esse entendimento, além de não ser possível a realização do interrogatório por meio da teleconferência, sequer a lei poderia assim dispor. Entretanto, no julgamento do HC 90900, em que relatora a Ministra Ellen Gracie, o Supremo Tribunal Federal, por maioria, reconheceu apenas a inconstitucionalidade formal de lei paulista que disciplinava o interrogatório por videoconferência, ao fundamento de que só a União pode legislar sobre matéria processual[248]. Assim, nada obsta que o legislador disponha nesse sentido.

Para sanar a omissão normativa, foi sancionada a Lei nº 11.900, de 2009, que trata da possibilidade de realização de interrogatório e outros atos processuais por sistema de videoconferência[249]. Em consonância com a lei em referência, excepcionalmente, o juiz poderá, por meio de decisão fundamentada, determinar que o interrogatório do acusado seja realizado por sistema de videoconferência ou outro recurso tecnológico de transmissão de sons e imagens em tempo real (art. 185, § 2, do CPP). Na decisão, o juiz deverá expor que essa medida adotada tem como finalidade atender um dos seguinte fins: (a) prevenir risco à segurança pública, quando exista fundada suspeita de que o preso integre organização criminosa ou de que, por outra razão, possa fugir durante o deslocamento; (b) viabilizar a participação do réu no referido ato processual, quando haja relevante dificuldade para seu comparecimento em juízo, por enfermidade ou outra circunstância pessoal; (c) impedir a influência do réu no ânimo de testemunha ou da vítima, desde que não seja possível colher o depoimento destas por videoconferência, nos termos do art. 217 do CPP; (d) responder à gravíssima questão de ordem pública. (art. 185, § 2º, I/IV).

---

dade dos atos processuais e que o prejuízo advindo de sua ocorrência seria intuitivo, embora de demonstração impossível. Concluiu-se que a inteireza do processo penal exige defesa efetiva, por força da Constituição que a garante em plenitude, e que, quando impedido o regular exercício da autodefesa, em virtude da adoção de procedimento sequer previsto em lei, restringir-se-ia a defesa penal. HC 88914/SP, rel. Min. Cezar Peluso, 14.8.2007. (HC-88914)" (Ibid.)
248 Cf. Brasil. Supremo Tribunal Federal. J. em 30 nov. 2008. Disponível em: www.stf.gov.br. Acesso em 3 nov. 2008.
249 Havendo as mesmas razões, a videoconferência é possível igualmente para que a pessoa presa possa participar da audiência para fins de acareação, reconhecimento de pessoas e coisas, inquirição como testemunha ou depoimento na qualidade de ofendido. (art. 185, § 8º, do CPP).

Exige-se que as partes sejam intimadas da decisão com a antecedência mínima de dez dias, devendo ser asseguradas ao acusado as seguintes garantias: (a) direito de acompanhar, pelo mesmo sistema tecnológico, a realização de todos os atos da audiência única de instrução e julgamento; (b) direito de entrevista prévia e reservada com o seu defensor, o que compreende o acesso a canais telefônicos reservados para comunicação entre o defensor que esteja no presídio e o advogado presente na sala de audiência do Fórum, e entre este e o preso.

Ainda se exige que o corregedor, o juiz de cada causa, assim como o Ministério Público e a Ordem dos Advogados do Brasil fiscalizem a sala no estabelecimento prisional reservada para a realização de atos processuais pelo sistema de videoconferência. Isso sem prejuízo de o juiz das execuções, nas visitas mensais aos estabelecimentos penais, fazer essa fiscalização.

Muito provavelmente, a Lei nº 11.900, de 2009, será discutida no STF, mas não se acredita que saia vitoriosa a tese, já adiantada por alguns membros da Suprema Corte, de vício de inconstitucionalidade material do interrogatório por meio de videoconferência, até porque ela não viola o exercício da defesa efetiva. A videoconferência, aliás, ao contrário da carta precatória, permite que o acusado seja ouvido pelo juiz responsável pelo seu julgamento.

Questão interessante é saber a quem, quando o ato judicial é feito por videoconferência, compete fazer as perguntas e, enfim, dirigir o ato processual. Em se tratando de videoconferência feita para o interrogatório de acusado encarcerado, não resta dúvidas de que a direção cabe ao juiz do processo, ainda que o estabelecimento penal esteja localizado em outra unidade da federação. É um caso interessante em que, para a realização de ato judicial em local diverso daquele em que situado o Juízo, o juiz não precisa da colaboração de outro. Se se pensar de forma diferente, seria burocratizar, sobremaneira, a realização da videoconferência. Mesmo quando for o caso de acusado solto, em que a expedição da carta precatória para o interrogatório se faz em consonância com o art. 195, § 2º, II, do CPP, para todos os efeitos, o depoimento será na audiência una realizada no Juízo deprecante, de modo que a direção do ato cabe ao juiz do processo. Basta que, no Juízo deprecado, no local em que o acusado prestar o seu interrogatório, esteja presente um oficial de justiça[250].

---

250 Cf. item 5.1.8.5.3, infra, que aborda a questão da direção do ato processual, quando se trata de inquirição de testemunha.

5.1.6. Impugnação das preliminares e documentos.

A Lei nº 11.719, de 2008, silenciou a respeito da necessidade de intimação, ou não, do Ministério Público, antes da decisão, caso com a resposta sejam suscitadas preliminares ou documentos. Em verdade, na proposta elaborada pela Comissão de Reforma, constava essa previsão. A proposta estava inserida no art. 395, § 4º ("Apresentada a defesa, o juiz ouvirá o Ministério Público ou o querelante sobre preliminares e documentos, em cinco dias"). Porém, no Parlamento, entendeu-se que ela afrontava o princípio do contraditório, na medida em que a decisão judicial seria tomada tendo como última palavra a do Ministério Público.

Esse argumento, todavia, não se sustém. Em algumas situações, pode ocorrer que o Ministério Público fale por último. É o que ocorre, por exemplo, na fase recursal. Se o recurso for interposto pelo acusado, quem fala primeiro é ele, seja na defesa escrita, seja na sustentação oral perante o tribunal.

Ademais, a doutrina insere dentre os princípios gerais da prova o do *contraditório da prova*, que quer dizer que as partes possuem o direito de tomar conhecimento e de se manifestar sobre a prova produzida pela outra. É para que uma não seja surpreendida pela outra[251].

Por isso mesmo, note-se que não é caso de intimação do Ministério Público, a fim de dar-lhe a possibilidade de impugnação, quando a resposta do acusado se concentra em argumentações jurídicas, no propósito de sustentar a incidência de uma das hipóteses de absolvição sumária, sem suscitar preliminares e/ou juntar documentos. Nesse caso, não tem sentido dar-se vista, antes da decisão, ao Ministério Público. Mesmo que, intimado para falar das preliminares e/ou dos documentos anexados, o Ministério Público passe à discussão dos argumentos jurídicos apresentados pelo acusado com a sua resposta, deve essa parte da manifestação ser ignorada. Mas, repita-se, a proposta contida no projeto de lei, que findou, inadequadamente, sendo rejeitada pelo Parlamento, não era a intimação do Ministério Público ou querelante para impugnar a tese de defesa, mas para, tão só, em homenagem ao princípio do contraditório, se pronunciar sobre as preliminares e os documentos anexados, como, aliás, se dá no processo civil, embora, muitas vezes, o autor vá além da impugnação propriamente dita, o que deve ser ignorado pelo juiz.

---

251 Cf. item 5.1.81, infra.

Acontece que, nada obstante a rejeição da proposta sob esse fundamento, no procedimento dos crimes da competência do tribunal do júri, idêntico dispositivo também foi sugerido pela Comissão de Reforma, mas, nesse caso, não houve rejeição por parte do Parlamento (art. 409 do CPP). Isso só evidencia, infelizmente, a falta de visão sistemática da matéria na discussão levada a efeito no Legislativo.

Anexados documentos com a resposta, ou suscitadas preliminares, deve o juiz determinar que o Ministério Público seja ouvido, antes de proferir a decisão. Aplica-se à espécie, por analogia, o art. 409 do CPP, que estabelece, em relação ao procedimento do tribunal do júri, que o Ministério Público deverá ser ouvido, no prazo de cinco dias, sobre preliminares e documentos[252]. A circunstância de o dispositivo que expressamente dava essa determinação ter sido rejeitado pelo Congresso Nacional não é suficiente para a sustentação do entendimento de que essa oitiva da parte autora é impertinente.

A interpretação sistêmica do Código de Processo Penal impõe que seja dada, independentemente do tipo de procedimento, a oportunidade de o Ministério Público impugnar a resposta, em relação às preliminares suscitadas e aos documentos anexados. Até porque, de duas uma: ou o argumento utilizado pelo Parlamento para rejeitar a aprovação do § 4º do art. 395, sugerido pela Comissão Revisora, está equivocado, ou então, se se entender que ele procede, a solução que se apresenta é a de entender-se que o art. 409 do Código de Processo Penal é inconstitucional. De fato, como não se admitir que, em obséquio ao contraditório, ao Ministério Público seja permitido, quanto aos demais procedimentos, de se pronunciar, antes da decisão, sobre as preliminares e/ou documentos juntados com a resposta, mas, de outra banda, aceitar que tal se verifique quando o procedimento for aquele alvitrado para os crimes julgados pelo tribunal do júri? Não há como. Ou a intimação é necessária para todos os procedimentos ou, então, para nenhum. Até porque, a esse respeito, não há nenhuma peculiaridade que justifique um tratamento diferente só para o procedimento do tribunal do júri.

A esse respeito, surgiram algumas decisões judiciais reconhecendo a nulidade do processo, quando o juiz, seguindo a orientação aqui alvitrada, que é similar à que foi adotada no Plano de Gestão das Varas Criminais e de Execução Penal, editado pelo Conselho Nacional de Justiça, concedia vista dos autos ao Ministério Público, para fins de

---

252 O Código de Processo Civil, igualmente, prevê a intimação do autor, a fim de impugnar as preliminares e/ou documentos anexados com a resposta.

manifestação sobre as preliminares e documentos anexados com a resposta.

Para complicar ainda mais, também havia questionamento quanto à regularidade processual, na hipótese em que o juiz, nesse caso, na direção do processo, sendo suscitada preliminar ou anexado documento novo com a resposta apresentada pela defesa, antes de decidir, não concedia vista dos autos ao Ministério Público.

A primeira turma do Supremo Tribunal Federal, todavia, em boa hora, firmou passo em consonância com o entendimento aqui sustentado, na medida em julgamento ocorrido em 07 de fevereiro de 2012, indeferiu, à unanimidade, o pedido de nulidade pleiteado no Habeas Corpus 105739/RJ, formulado com suporte no argumento de que a prévia oitiva do Ministério Público, após a apresentação da resposta e antes da decisão sobre a absolvição sumária, caracterizava inversão na ordem processual. Na ementa do voto, o Ministro Marco Aurélio[253] salientou que, sendo "... articuladas, até mesmo, preliminares, é cabível a audição do Estado-acusador, para haver definição quanto à sequência, ou não, da ação penal.

5.1.7. Decisão sobre o pedido de absolvição sumária

Em consonância com o art. 397 do Código de Processo Penal, apresentada a resposta, o juiz deve absolver sumariamente o acusado, desde que verifique uma das seguintes circunstâncias:

(a) a *existência manifesta* de causa excludente da ilicitude do fato;
(b) a *existência manifesta* de causa excludente da culpabilidade do agente, salvo inimputabilidade;
(c) o *fato narrado evidentemente* não constituir crime; ou
(d) extinta a punibilidade do agente[254].

Como se observa, salvo a hipótese de extinção da punibilidade do agente, que se trata de questão de ordem objetiva, nas demais, para que o juiz, nessa fase, prolate sentença absolvendo, sumariamente, o acusado, é preciso que a decisão seja calcada em um juízo de certeza, tal como se lhe é exigido para exarar, no final do processo, sentença condenatória. Vejam-se as expressões usadas, corretamente, pelo le-

---

253 BRASIL. Supremo Tribunal Federal, Disponível em stf.jus.br/portal/processo. Acesso em 17 jun. 2012.
254 Cf. item 5.1.5.1, supra.

gislador, que foram grifadas acima: *a existência manifesta* e *o fato narrado evidentemente*.

É que, aqui, não vigora o princípio do *in dubio pro reo*, mas sim o do *in dubio pro societate*, de modo que, na dúvida, o juiz deve deixar para analisar essa questão no momento natural, que é quando do final do processo. Aqui se aplica a doutrina a respeito da absolvição sumária prevista para o procedimento do tribunal do júri. Por conseguinte, ela somente é admissível quando o juiz tiver certeza da inculpabilidade, da inimputabilidade ou de que, efetivamente, o fato imputado ao acusado não é crime.

Inverte-se, por conseguinte, a lógica do processo: para absolver, sumariamente, a decisão do juiz, na sua motivação, tem de estar acompanhada de prova robusta em prol do acusado — prova material. Isso porque, em rigor, ela é uma decisão de exceção, que somente deve ser dada nas hipóteses em que o juiz está seguro, com base na robustez da prova, de que o acusado deve ser, independentemente da instrução do processo, desde logo absolvido.

Duas das hipóteses de absolvição sumária ensejam algumas explicações. Quanto à excludente de culpabilidade, o legislador ressaltou que a prolação da decisão de absolvição sumária somente deve ocorrer se não for hipótese de inimputabilidade, reportando-se aos casos em que a absolvição se dá devido à circunstância de, ao tempo da infração, o acusado ser considerado inteiramente incapaz de entender o caráter ilícito do fato ou de determinar-se de acordo com esse entendimento (art. 26, caput, do CP). Isso porque a sentença proferida sob esse fundamento não é efetivamente absolutória, uma vez que ela dá ensejo à aplicação de medida de segurança que, conquanto não se confunda com pena, impõe restrições à pessoa, podendo ser, até mesmo, com relação ao direito de liberdade, quando é de espécie detentiva. Ademais, sendo a medida de segurança detentiva, ela não possui, sequer, prazo definido. Por isso mesmo, para ser dada a sentença com esse fundamento, é preciso, antes, o juiz chegar à conclusão de que o fato criminoso ocorreu, que foi praticado pelo acusado, porém, em razão de não possuir higidez mental, não pode ser responsabilizado criminalmente com a imposição de pena, sendo passível, tão só, de medida de segurança, ainda que detentiva. Para essa conclusão, portanto, é preciso que haja o devido processo legal, máxime porque a tese de defesa pode ser de negativa de autoria, excludente de criminalidade, inexigibilidade de conduta diversa etc.

Outro aspecto que chama a atenção é que o legislador, talvez por questão de política criminal, elegeu a hipótese de extinção de punibilidade como causa de absolvição sumária. Note-se que, quando há a extinção da punibilidade, não há, efetivamente, pronunciamento da inculpabilidade do acusado. Aliás, a doutrina discute se, no caso em que o acusado afirma a sua inocência, sendo julgado extinto o processo diante do reconhecimento da extinção da punibilidade, seria admissível o recurso de apelação, a ser interposto por ele. A despeito de alguns serem favoráveis ao cabimento do recurso nessa hipótese, a jurisprudência majoritária é em sentido contrário, ao fundamento de que, tendo sido absolutória a sentença, o acusado não se apresenta como sucumbente para fins de interposição da apelação. Talvez para colocar fim a essa discussão, o legislador preferiu deixar esclarecido que, agora, quando for caso de extinção da punibilidade, a decisão judicial será de absolvição, não de mera extinção.

Essa tomada de posição põe fim, ainda, à discussão sobre a possibilidade de dar-se reinício ao processo, quando, extinto o processo com base em certidão de óbito, posteriormente, vem a se descobrir que o acusado está vivo. Nesse caso, não se pode alegar mais que a sentença de extinção faz coisa julgada apenas de ordem formal. Com a nova lei, a sentença que absolve sumariamente devido ao reconhecimento da extinção da punibilidade, dentre as quais se inclui aquela que é proferida com suporte em certidão de óbito que atesta o falecimento do acusado, faz coisa julgada material. É, para todos os efeitos, sentença absolutória. O fato de o legislador, por incoerência sistêmica, não ter incluído, no art. 386 do CPP, a extinção de punibilidade como hipótese de sentença absolutória, obviamente, não pode animar o intérprete a fazer outra leitura do art. 397, IV, do CPP. Seria surreal que uma circunstância seja suficiente para dar ensejo à absolvição sumária do art. 386 do CPP, mas, igualmente, não se preste para a sentença absolutória do art. 397 do mesmo Ordenamento Processual. Como os princípios que regem um e outro momento processual são diferentes, no caso da absolvição sumária, o do *in dubio pro societate*, e o da absolvição com a sentença final, o do *in dubio pro reo*, evidentemente, nem toda hipótese desta se aplica àquela. Mas, por imposição de ordem lógica, toda e qualquer hipótese de absolvição sumária é, do mesmo modo, causa para a absolvição com a sentença final.

Ainda há uma questão a ser destacada. O legislador merece critica porque não manteve a coerência entre as hipóteses de absolvição sumária previstas para todos os procedimentos, constantes do art. 397 do CPP[255], com aquelas específicas para o tribunal do júri, estampadas

---

255 O art. 394, § 4º, do CPP, preceitua que os arts. 395 a 398 do CPP se aplicam a *todos os procedimentos penais de primeiro grau, ainda que regulados neste Código*, de modo que as disposições do art. 397 incidem como hipótese de

no art. 415 do CPP. Veja-se que o art. 415 do Código de Processo Penal, com a alteração da Lei n° 11.689, de 2008, estabelece a absolvição sumária do acusado por meio de decisão fundamentada do juiz, quando:

I — provada a inexistência do fato;
II — provado não ser ele autor ou partícipe do fato;
III — o fato não constituir infração penal;
IV — demonstrada causa de isenção de pena ou de exclusão do crime.

Como se vê, em relação ao procedimento do tribunal do júri, *provada a inexistência do fato*, deve o juiz absolver, liminarmente, o acusado, sem submetê-lo a julgamento pelo conselho de sentença (art. 415, I, do CPP). Do mesmo modo, a existência de *prova de não ser o acusado autor ou partícipe do fato* (art. 415, II, do CPP, com redação da Lei n° 11.689, de 2008) é causa para a absolvição sumária. Adequadamente, essas duas hipóteses constam do rol das causas de prolação de sentença absolutória (art. 386, I e IV), as quais, para serem invocadas na sentença, exige que o pronunciamento judicial esteja calcado na verdade material, não sendo bastante a mera dúvida, uma vez que não se aplica o princípio do *in dubio pro reo*[256].

Acontece que essas duas hipóteses não foram imaginadas para a absolvição sumária do art. 397 do CPP, quando se tratar dos demais procedimentos. Não tem o menor sentido a omissão do legislador. Nesses casos, o juiz deve, igualmente, absolver sumariamente. Dessa forma, em verdade, ao invés de quatro hipóteses, o art. 397 do CPP, em razão de interpretação analógica com os arts. 415, incisos I e II, do CPP e 386, I e IV, contempla mais duas causas de absolvição sumária, quais sejam, quando *provada a inexistência do fato* e quando houver a *prova de não ser o acusado autor ou partícipe do fato*. Aliás, essa situação não é rara em processos que seguem ritos diferentes ao do tribunal do júri, sendo mesmo bastante comum nos delitos em que se apura infração tributária, quando a imputação pela prática do ilícito é feita aos sócios em geral, e não apenas àqueles que foram os responsáveis pela sonegação do tributo.

---

absolvição sumária no procedimento do tribunal do júri. Assim, após a resposta, se a matéria for suscitada pela defesa, o juiz deverá decidir fundamentadamente com base no art. 397 do CPP, sem embargo de esse exame ser renovado quando do encerramento da instrução da primeira fase, agora por força do art. 415 do mesmo Diploma Legal.
256 Cf. item 5.1.9.9.4, infra.

Por fim, ainda padece de crítica a falta de metodologia terminológica única para as hipóteses de absolvição sumária tratadas nos arts. 397 e 415 do CPP. Na primeira regra normativa, o legislador deu preferência pela expressão *existência manifesta*. No entanto, na segunda, ele achou por bem utilizar outra, qual seja, *provada* ou *demonstrada*. Aí uma pergunta há de ser feita: a *existência manifesta* de causa excludente da ilicitude do fato ou de culpabilidade do agente, que dá ensejo à absolvição sumária do art. 397, I, do CPP, é a mesma coisa de *demonstrada* causa de isenção de pena ou de exclusão do crime, estabelecida como hipótese de absolvição sumária no art. 415, IV, do CPP? Não se tem dúvidas que sim. O que se lamenta é que o legislador foi excessivamente incoerente.

Do mesmo modo, a causa de absolvição sumária consubstanciada na circunstância de *o fato narrado não constituir infração penal*, prevista no art. 415, III, do CPP, é a mesma coisa de o *fato narrado evidentemente não constituir crime*, hipótese catalogada no art. 397, III, do CPP. Isso porque, nada obstante a falta de técnica na redação do art. 415, III, do CPP, de há muito a jurisprudência é consolidada no sentido de que a absolvição sumária no procedimento do tribunal do júri só é cabível quando o juiz proferir a sentença com base em verdade real. Em outras palavras, na dúvida, ao invés de absolver sumariamente, deve ser pronunciado o acusado ou, ainda, se for o caso, até mesmo impronunciado.

Não se pode deixar de reconhecer, porém, que é provável que as nomenclaturas distintas utilizadas pelo legislador, nas hipóteses de absolvição sumária dos arts. 397 e 415 do CPP, tenham sido de caso pensado, diante da preocupação em realçar que a absolvição sumária do primeiro dispositivo ocorre quando não houve, sequer, a instrução do processo. Dessa forma, o exame feito, para fins de absolvição sumária, no momento do art. 397, é bem mais precário do que aquele do art. 415, pois este pressupõe toda a instrução da primeira fase e a apresentação das razões finais por ambas as partes. Nesse caso, o *in dubio pro societate* como limitação para a absolvição sumária do art. 397 do CPP é bem mais forte do que aquele do art. 415 do mesmo Diploma Legal[257].

Seja como for, a interpretação sistêmica dos arts. 397 e 415 do Código de Processo Penal permite a conclusão de que são hipóteses de absolvição sumária, em relação a todo e qualquer procedimento:

---

257 Cf. item 5.3.2, infra.

(a) a *existência manifesta* de (ou *quando demonstrada* a) causa excludente da ilicitude do fato;
(b) a *existência manifesta* de (ou *quando demonstrada* a) causa excludente da culpabilidade do agente, salvo inimputabilidade;
(c) *o fato narrado* (*evidentemente*) não constituir crime; ou
(d) extinta a punibilidade do agente;
(e) a *existência manifesta* da (ou *quando provada* a) inexistência do fato;
(f) a *existência manifesta* de (ou *quando provado*) não ser o acusado autor ou partícipe do fato.

Em todos esses casos, o pronunciamento do juiz se faz por meio de sentença, a qual faz análise de mérito, de modo que há formação de coisa julgada material.

5.1.7.1. Natureza jurídica da decisão exarada às matérias suscitadas na resposta do acusado e prazo

O Código de Processo Civil define os atos judiciais em: (a) *despacho de mero expediente*, com o qual se dá simples andamento ao processo, podendo ser delegado aos servidores; (b) *decisão interlocutória*, que dirime os incidentes, sem colocar fim à relação processual; e (c) *sentença*, pronunciamento com o qual se põe fim à relação processual, apreciando, ou não, o mérito da lide.

O Código de Processo Penal, todavia, segue uma nomenclatura bem diferente. No ambiente criminal, os atos judiciais praticados pelo juiz no curso do processo, são classificados como decisão: (a) *interlocutória simples*, que é o pronunciamento sem apreciação de mérito (ex. recebimento de denúncia, decretação ou rejeição da prisão preventiva, desacolhimento de alegação de ilegitimidade de parte, deferimento ou indeferimento de habilitação de assistente de acusação) e, por isso mesmo, de regra, não comporta recurso. (b) *interlocutória mista*, decisão com força de definitiva, tendo o condão de *encerrar uma etapa* do processo (não terminativa), como é o exemplo da decisão de pronúncia, ou de *encerrar o processo*, sem julgamento do mérito (terminativa), tendo como exemplos a impronúncia e a rejeição da denúncia, decisão pela ilegitimidade de parte ou que acolhe a exceção de coisa julgada ou de litispendência; e (c) *definitivas* (ou sentenças em sentido próprio), que são as que solucionam a lide, com o *julgamento do mérito*.

Se a decisão é de desacolhimento da absolvição sumária, ela é interlocutória mista, pois, nesse caso, ela encerra a fase postulatória do processo, demarcando o início da instrução. Aliás, essa decisão serve, igualmente, para sanear o processo. Caso na resposta a defesa suscitar a falta de algum pressuposto processual ou de alguma condição da ação, se for acolhida a preliminar, o pronunciamento judicial se dá por decisão qualificada como interlocutória mista, pois põe fim à relação processual, sem a apreciação de mérito[258].

Sendo a decisão de absolvição sumária, em qualquer uma das hipóteses elencadas no art. 397, ela possui a natureza de definitiva, ou seja, é sentença propriamente dita, pois com ela se julga o mérito, ainda que mediante cognição abreviada. Faz, por conseguinte, coisa julgada material.

Não tendo sido assinalado prazo específico para a prolação da decisão, aplica-se o preceituado no art. 800, I, § 1º, do Código de Processo Penal, de modo que deverá ser proferida no prazo de dez dias, se for definitiva ou interlocutória mista, e de cinco, se for interlocutória simples.

O juiz poderá, no entanto, deixar para intimar as partes do seu inteiro teor na própria audiência de instrução e julgamento, o que, em certa medida, é até recomendável, como forma de concentrar os atos processuais.

5.1.7.2. Saneamento do processo

A decisão prevista no art. 397 do Ordenamento Processual Penal se apresenta como o momento, igualmente, para o juiz promover o saneamento do feito, pronunciando-se, expressamente, sobre as provas requeridas e especificadas. Como foi salientado, no processo penal, toda a espécie de prova pretendida pelo Ministério Público, até mesmo a pericial, seja quanto ao pedido de realização de nova perícia, ou mesmo de esclarecimentos pelo experto na audiência, deve ser requerida na exordial, enquanto as da defesa com a resposta, sob pena

---

258 Como já foi salientado, a forma de a defesa suscitar o contraditório sobre os pressupostos processuais e as condições da ação é agitando essa matéria na resposta, quando, então, o juiz, necessariamente, terá de, no momento próprio do art. 397, decidir fundamentadamente sobre essas preliminares, com a consequente rejeição da denúncia ou a ratificação de seu recebimento, sem nenhuma implicação, nesse caso, quanto ao prazo prescricional, pois a sua ininterrupção se deu com o recebimento da denúncia, sendo que a segunda se dá, quando aquela é válida, apenas com a sentença condenatória.

de preclusão. Salvo quanto ao pedido, feito no curso do processo, de esclarecimentos ao perito que, nos termos do art. 156, § 5º, I, última parte, do Código de Processo Penal, deve tomar conhecimento da intimação com a antecedência mínima de 10 dias da audiência[259].

Não sendo o caso de rejeição da ação penal diante do reexame da matéria por força de preliminar nesse sentido agitada na resposta do acusado, nem de absolvição sumária, a decisão interlocutória simples se apresenta como momento para o juiz designar dia e hora para a audiência de instrução e julgamento.

Aqui foi ressaltado que esse é o momento para designar a data de audiência, quando se tratar de varas com maior número de processos em trâmite. Nas varas com poucos processo, o ideal é na decisão de recebimento da ação penal, que ocorre logo no início do processo, o juiz já marcar a data da audiência. Caso adotada essa providência, ganha-se em economia de atos processuais, com consequente menor carga de trabalho para a secretaria do Juízo, mais eficiência e celeridade do trâmite processual[260].

O art. 399 do Código de Processo Penal, com a redação determinada pela Lei nº 11.719, de 2008, em sua leitura literal, dá a entender que o recebimento da ação penal só se dará neste momento em que o juiz analisar a resposta do acusado, como consequência pelo fato de não ter rejeitado a ação penal ou não ter absolvido liminarmente o acusado. Porém, não é bem assim, pois o momento adequado é o do art. 396, caput. Para não repetir o que foi expendido a respeito, merece leitura o que restou esposado no item 5.1.3, supra.

5.1.7.3. Decisão sobre as provas ilícitas

Sendo espécie de despacho saneador, aqui seria o momento de o juiz decidir eventual arguição de inadmissibilidade da prova obtida por meio ilícito[261]. Naturalmente, se a defesa quer que esse assunto seja, necessariamente, enfrentado e decidido antes da sentença final, terá de suscitar essa questão na resposta.

É verdade que, em se tratando de matéria de ordem pública, independentemente de arguição, o juiz pode pronunciar a nulidade da prova, no momento da prolação dessa decisão. A questão poderá ser suscitada, até mesmo, pelo Ministério Público, quando da impugnação à resposta, em relação à prova que foi trazida pelo acusado.

---

259 Cf. item 5.1.9, infra.
260 Cf. item 5.1.3.2, supra.
261 Cf. itens 5.1.8.2 e sgs., infra.

Dependendo da implicação que o enfrentamento do assunto tiver quanto ao mérito, o juiz deverá deixar para apreciar a matéria relativa à prova ilícita para quando da prolação da sentença. Aliás, essa parece ser a melhor solução a ser adotada, a não ser, é claro, quando for hipótese de absolvição sumária. Se o juiz vai proferir, ao examinar a resposta do acusado, a absolvição sumária, é pertinente que ele, se for o caso, enfrente a questão referente à licitude, ou não, da prova.

Porém, quando não for o caso de absolvição sumária, mesmo que o exame da prova não implique em discussão do mérito em si, não deve a questão da ilicitude da prova ser enfrentada neste momento processual. Isso porque, acolhida, ou não, a tese da ilicitude da prova, independentemente da parte que a requereu, é mais do que evidente a necessidade de que seja dada oportunidade para a interposição de recurso, pelo sucumbente. E mais, que esse recurso seja decidido antes da sentença, ou seja, do final do processo. Parece evidente que mesmo não tendo o recurso cabível efeito suspensivo, na prática, o assunto nele tratado, que diz respeito à admissibilidade, ou não, de prova com direta implicação quanto ao julgamento do mérito, se apresenta como questão prejudicial. Na prática, ocasionará a suspensão do julgamento do processo, enquanto não definida a questão prejudicial. Até porque, se julgado o processo com a admissibilidade da prova e, nesse intervalo de tempo, apreciado o recurso, com a decisão pela inadmissibilidade, o processo, que poderá já estar em segunda instância para o exame do recurso de apelação, será considerado nulo, a partir da sentença. Ou seja, vários atos processuais subsequentes seriam praticados de forma totalmente inútil. Do mesmo modo, se ao sanear o processo o juiz considerar a prova inadmissível, proferindo, depois, sentença absolutória, sendo provido o recurso que impugnou a decisão interlocutória, isso traz consequência direta para a sentença, que não poderia ter desprezado a prova inadmitida.

A ideia de que essa decisão sobre a ilicitude da prova é recorrível está na expressão *preclusa* que consta do § 3º do art. 157 do CPP. Ali se diz que, sendo ilícita a prova, o juiz deve declará-la e determinar o seu desentranhamento, com a sua consequente inutilização, quando a decisão estiver preclusa.

Mesmo que venha a ser firmado o entendimento de que essa decisão sobre a inadmissibilidade da prova é irrecorrível, daí por que não há preclusão para a parte, razão pela qual a sua prolação deve ser feita antes da audiência, ainda assim, ela é de todo desaconselhável[262]. Ora, se for

---

262 No processo penal, como regra, as decisões interlocutórias não são passíveis

decidida pela ilicitude, mas, mesmo assim, a pretensão acusatória for julgada procedente pela sentença, nesse caso, o Ministério Público não será sucumbente para fins da interposição do recurso de apelação. Assim, devido à condenação, sendo interposto o recurso pelo acusado, na apreciação da apelação, o tribunal pode absolvê-lo tendo em consideração que as provas tidas como válidas e admitidas pelo juiz, são insuficientes para a condenação. O prejuízo aí está bastante evidenciado.

Por outro lado, se o juiz considerar as provas válidas, não sendo dado à defesa o direito de recurso, mas, mesmo assim, sendo julgada improcedente a sentença, não poderia ser manejada a apelação em prol do acusado. Isso poderia prejudicá-lo, caso interposto recurso pelo Ministério Público. É verdade que, nessa situação, o tribunal poderia, se aceita a tese de que não há o *tantum devolutum quantum appellatum*, de modo que as matérias que aproveitam à defesa podem ser conhecidas de ofício, declarar a ilicitude da prova admitida pelo juiz, da qual não foi interposto recurso. Mas, mesmo assim, não se pode deixar de reconhecer o inconveniente para a defesa.

Exatamente em razão dessas considerações, o Projeto de Lei nº 4.206, de 2001, que trata dos recursos e das ações autônomas de impugnação, incluiu no elenco de admissibilidade de recurso das decisões interlocutórias, a hipótese em que a decisão *declarar lícita ou ilícita a prova*[263]. Mas, ainda assim, como se disse acima, essa não é a solução para os problemas ocasionados com decisão prévia sobre a admissibilidade, ou não, da prova acostada aos autos.

O melhor mesmo é o juiz, pelo menos como regra, deixar para se pronunciar sobre a ilicitude ou não da prova com a sentença. Dessa forma, se dá uma concentração maior dos atos do processo, com ganho para a simplificação e consequente celeridade, além de não conferir ensejo a abertura de discussão paralela por meio da interposição de recurso, contemplando questão prejudicial.

Aliás, essa decisão prévia só teria sentido mesmo caso tivesse sido aprovado o § 4º previsto para o art. 156, que preceituava o impedimento do juiz que tivesse tido contato com a prova ilícita. Ora, se o juiz decidisse pela nulidade da prova, após a preclusão da decisão, ele teria de determinar a sua inutilização e, em seguida, afirmar o seu impedimento, com a consequente remessa dos autos para o juiz que iria

---

de recurso, a não ser, em princípio, quanto às materiais indicadas nos incisos do art. 581 do CPP.
263 Na proposta, o atual recurso em sentido estrito passa a ser chamado *agravo*, admissível, apenas, nas hipóteses mencionadas nos incisos do art. 582.

substituí-lo[264]. Evidentemente, o juiz não poderia deixar para decidir a respeito no momento de proferir a sentença. Isso porque, mesmo que ele considerasse a prova ilícita, pelo fato de ter tido contato com ela, não poderia julgar o caso, especialmente se fosse para condenar[265].

Se não fosse tomada essa providência, ou seja, caso a prova permanecesse nos autos, o juiz para o qual o processo fosse remetido, ao recebê-lo, igualmente, ficaria impedido, pois teria tido contato com a prova ilícita.

Por conseguinte, na medida em que o § 4º do art. 157 do CPP foi vetado pelo Presidente da República, não há a menor necessidade de que haja a decisão prévia sobre a inadmissibilidade da prova. A decisão sobre a ilicituda de prova, portanto, salvo quando for o caso de acolhimento da tese de absolvição sumária, deve ocorrer no final do processo, no momento próprio para o julgamento.

5.1.8. Das provas

As questões de ordem criminal, sempre e sempre, envolvem discussão de base fática com certo grau de complexidade[266]. Segundo Mittermayer[267], "... em toda sentença dada sobre a culpabilidade de um acusado há uma parte essencial que decide se foi cometido o delito, se o foi pelo acusado, e que circunstâncias de fato determinam a penalidade", questões que somente são elucidadas por meio da produ-

---

264 Cf. item 5.1.8.2.5, infra.
265 Pela forma como sugerido e aprovado pelo Congresso Nacional, o § 4º em comento, pela sua literalidade, estabelecia que o juiz, tendo tido contato com a prova ilícita, estaria impedido de funcionar no processo, o que incluía, naturalmente, para sentenciar, fosse para condenar, fosse para absolver. Cf. item 5.1.8.2.6, infra.
266 No processo criminal, além de o juiz ter como missão precisar os elementos objetivos pertinentes ao fato criminoso e às suas circunstâncias, ele ainda tem de imiscuir-se nos elementos subjetivos da conduta, a fim de definir, em muitos casos, se a ação foi praticada com dolo ou a título de culpa. Sem embargo disso, conquanto em muitos casos seja fácil se perceber que a ação delituosa, por meio mesmo de dados objetivos, foi praticada com dolo, não raro, há dificuldade extrema em se definir qual era a verdadeira intenção do agente. Observe-se a distinção, sempre tormentosa, se o agente queria praticar lesão corporal ou o crime de homicídio, quando da agressão resulta a morte da vítima. Nesse caso, o meio empregado ou a forma e circunstâncias da ação criminosa, por si sós, não se prestam para elucidar a dúvida. Por isso mesmo, a prova no processo criminal é reputada como a sua espinha dorsal.
267 Apud Dellepiane, Antonio. *Nova teoria da prova*. Tradução de Érico Maciel. 5. ed. Rio de Janeiro: José Konfino, 1958. p. 25.

ção das provas. Por isso mesmo, conforme ensina Malatesta[268], "... o fim supremo do processo judicial penal é a verificação do delito, em sua individualidade subjetiva e objetiva". Pode-se dizer, assim, que a prova é o elo essencial entre um acontecimento jurídico e a realização da justiça, escopo fundamental do Direito[269].

A missão investigadora do juiz, no exame das provas, assemelha-se à do historiador. Para revelar a verdade e, assim, poder decidir corretamente, utiliza-se dos rastros, vestígios ou sinais deixados pelo fato ou fatos em que precisam ser apurados e examinados. Reconstruir o passado não é fácil. Evidentemente que as coisas, fatos ou seres existentes ou que já existiram, em certo sentido, são únicos, sendo impossível a reprodução em idênticas condições de tempo, lugar e outras circunstâncias. De todo modo, podem ser repetíveis em condições às vezes idênticas às anteriores, exceto quanto às circunstâncias de tempo, ou, ainda, em condições quase idênticas ou com diferenças mínimas e não merecedoras de serem tomadas em consideração[270]. Parece óbvio asseverar que o juiz não julga os fatos *in natura*, tal como eles se verificaram no mundo fenomênico, mas apenas a versão desses fatos[271], de acordo com a prova carreada aos autos[272].

Diante do papel relevante assumido pela prova — notadamente

---

268 Malatesta, Nicola Framarino. *A lógica das provas em matéria criminal*. Tradução Waleska Girotto Silverberg. São Paulo: CONAN editora Ltda., 1995. v. 2. p. 88.
269 Carnelutti, em estudo dedicado à teoria da prova, diz que "O juiz, com efeito, ao julgar, quer saber o que houve, além do presente, no passado da pessoa aquém se julga, e o que haverá em seu futuro: se cometeu ou não um certo delito e se uma certa pena valerá ou não aos fins da prevenção e da repressão. O juízo é, em definitivo, uma espécie de salto além, mas para faltar é necessário algo firme sob os pés. Este algo de firme é o presente, do qual se argúi aquele desconhecido passado ou futuro; a isto se faz referência quando se fala de provas." (*Das provas no processo penal*. Tradução Vera Lúcia Bison. Campinas: Impactus, 2005. p. 13-14)
270 Na história, cria-se uma ficção que busca corresponder a uma realidade concreta que se deu em condições determinadas de tempo e espaço, elaborada em consonância com as evidências (provas). A prova, assim, serve para que se tenha a imagem de um fato acontecido no passado.
271 A história contada nos livros, de igual forma, não contém os fatos *in natura*, trata-se apenas da versão a respeito dos acontecimentos. Daí por que tanto mais verossímil é o livro de história quanto mais robustas forem as *evidências*, ou seja, as provas de que o que se está dizendo corresponde à realidade dos fatos.
272 Tendo em conta essa consideração, Malatesta leciona que "O objeto principal da crítica criminal é, portanto, indagar como, da prova, pode legitimamente nascer a certeza do delito..." (Op. cit., p. 88).

no processo penal —, nos Estados Unidos, diz-se que, como decorrência lógica do *due process of law*, as partes possuem o *right to evidence*[273].

Constituindo-se a espinha dorsal do processo criminal, nem por isso, o *direito de provar* é irrestrito. A mesma ordem de ideias que comandou a virada jurídica no sentido de não conferir validade à confissão tomada sob tortura, respaldou a concepção de que o processo criminal ditado pelo respeito aos direitos fundamentais e plantado sob a égide de princípios éticos não se harmoniza com a admissibilidade de provas que, conquanto verdadeiras, tenham sido produzidas com a agressão de regras de proteção, especialmente aquelas que estão catalogadas dentre os direitos fundamentais[274]. A validade da prova se insere no contexto do *devido processo legal* como categoria indispensável à legitimação do exercício da função jurisdicional, pautada em processo justo e legal, "... não só em benefício das partes, mas como garantia do correto exercício da função jurisdicional."[275]

5.1.8.1. Princípios gerais da prova

A doutrina elenca cinco princípios gerais aplicáveis ao regime da prova, os quais são os seguintes: (a) do ônus da prova, (b) do contraditório da prova, (c) da comunhão da prova, (d) do livre convencimento motivado, (e) da liberdade da prova e limitações quanto à forma de obtenção.

Sobre ser um direto das partes a produção da prova, especialmente no sistema acusatório, isso se traduz em um ônus[276]. O juiz não pode se substituir às partes, mesmo que a pretexto da busca da verdade material, na produção da prova. No modelo acusatório, especialmente em relação à produção das provas, as partes, tanto o Ministério Público quanto o acusado, assumem uma atuação muito mais ativa no processo. Em razão disso, até mesmo a comunicação da data da audiência às testemunhas arroladas fica sob a responsabilidade das partes, só devendo ser feita por meio de comunicação, quando, havendo

---

273 FERNANDES, Antonio Scarance. *Processo penal constitucional*. p. 66.
274 Cf. item 4.1.82, infra.
275 Ibid., p. 22.
276 Em um conceito simples, provas são aqueles atos praticados pelas partes, por terceiros (testemunhas, peritos, etc.), ou mesmo pelo próprio juiz, no escopo de certificar a verdade e formar a convicção do julgador quanto aos fatos debatidos no processo. O objeto da prova, por conseguinte, são os fatos, principais ou secundários, que exijam apreciação e comprovação.

justificativa, houver pedido nesse sentido. As partes têm o direito de indicar testemunhas, porém, assumem o ônus de conduzi-las a Juízo.

É comum o Ministério Público, por exemplo, pedir que o juiz determine a requisição de documentos, os mais variados, sendo mais frequentes certidões de antecedentes criminais. Ora, cabe ao Ministério Público, ele próprio, requisitar aos órgãos esses documentos. Não pode se valer da estrutura administrativa do Judiciário para esse fim. A defesa, igualmente, tem o mau vezo de solicitar ao Judiciário a requisição de toda sorte de documentação, quando isso não lhe é vedado obter, especialmente quando se trata de órgão público, diante do direito de petição. Em alguns casos, há, até mesmo, pedido da defesa para que o juiz faça a requisição da declaração de rendimentos prestada pelo acusado ao fisco ou informação à instituição bancária sobre as suas movimentações financeiras. Isso não é correto. Em um sistema acusatório, em princípio, cabe às próprias partes providenciar essas provas. A intervenção do Judiciário só pode ser solicitada e dada quando demonstrado que houve negativa em se obter a documentação ou informação, ou então, naqueles casos nos quais, para a diligência, exige-se prévia decisão judicial, flexibilizando garantia constitucional ou legal.

Todavia, a produção da prova, que para as partes se traduz em ônus, sob a ótica da missão judicante, apresenta-se como dever de determinar, de ofício, diligências para dirimir dúvida sobre ponto relevante. Esse dever do juiz, denominado *impulso oficial*, ficou ainda mais ressaltado com a nova redação, determinada pela Lei nº 11.690, de 2008, para o art. 156 do Código de Processo Penal.

Com efeito, em sua redação originária, o art. 156 do CPP dizia: "A prova da alegação incumbirá a quem a fizer; mas o juiz poderá, no curso da instrução ou antes de proferir sentença, determinar, de ofício, diligências para dirimir dúvida sobre ponto relevante." Com a edição da Lei nº 11.690, de 2008, o art. 156 passou a ter a seguinte redação: "A prova da alegação incumbirá a quem a fizer, sendo, porém, facultado ao juiz de ofício: I — ordenar, mesmo antes de iniciada a ação penal, a produção antecipada de provas consideradas urgentes e relevantes, observando a necessidade, adequação e proporcionalidade da medida; II — determinar, no curso da instrução, ou antes de proferir sentença, a realização de diligências para dirimir dúvida sobre ponto relevante." A crítica feita à reforma por ter realçado, com a nova redação emprestada a esse dispositivo, o impulso oficial, ao argumento de que ele se contrapõe a um processo arquitetado sob o modelo acusatório, procede apenas em parte. A regra ali contida, em certa medida, é o equilíbrio necessário aos princípios acusatório e da verdade material, de modo que não implica em dizer que o juiz deve, sempre, se substituir às partes. Isso deve ocorrer, apenas, excepcionalmente, e ademais de se reputar necessária e relevante a diligência.

Não se mostra razoável, porém, estabelecer-se que, antes de iniciado o processo, o juiz possa, de ofício, determinar a produção antecipada de provas. Nessa fase, em que não há, ainda, processo, somente deveria ser permitida a intervenção judicial mediante requerimento de quem tem a legitimidade para ajuizar a ação penal. Até porque, pode ser que não seja do interesse do autor da ação. Essa previsão normativa supõe que o juiz, tal como é hoje, terá contato e controlará a conclusão do inquérito policial, quando, conforme o Projeto de Lei nº 4.209/2001, os autos da investigação criminal tramitarão diretamente entre os órgãos da polícia e do Ministério Público. Aqui também se revela uma certa incoerência sistêmica na reforma do ordenamento processual penal.

O princípio da livre apreciação motivada das provas pelo juiz possui como corolário lógico a premissa de inocorrência de hierarquia entre as provas coligidas, de modo que ao juiz é conferido o dever-poder de analisar, com a sua consciência, liberto de amarras, de fórmulas preconcebidas ou de qualquer ingerência outra, a questão submetida a sua apreciação, a fim de, no cotejar as provas vivificadas nos autos, pronunciar seu pensamento acerca da matéria. Na redação originária do CPP, o princípio da livre apreciação das provas pelo juiz estava encartado no art. 157 ("O juiz formará a sua convicção pela livre apreciação da prova"). Com a modificação introduzida pela Lei nº 11.690, de 2008, essa cláusula passou a ter abrigo no art. 155, caput, com a seguinte redação: "O juiz formará sua convicção pela livre apreciação da prova produzida em contraditório judicial, não podendo fundamentar sua decisão exclusivamente nos elementos informativos colhidos na investigação, ressalvadas as provas cautelares, não repetíveis e antecipadas."[277]

---

277 Quanto à forma de valoração da prova há três sistemas: *(a) Sistema legal (formal ou da certeza moral do legislador)*, no qual as provas possuem o valor que a lei lhes atribui, devendo o juiz valorá-la em consonância com a previsão legal. Ex.: um só testemunho não tem valor; a confissão é absoluta. *(b) Sistema da íntima convicção do juiz(sentimental ou da certeza moral do juiz)*, é quando a lei não dispõe acerca do valor das provas, fundamentando-se, a valoração a seu respeito, unicamente ao pleno arbítrio do juiz. *(c) Sistema da livre convicção motivada (sistema real ou da verdade real*, art. 155, caput, do CPP), que parte da premissa do *valor relativo das provas*, de modo que não há hierarquia entre

A ressalva, no final do dispositivo, enseja algumas considerações. Note-se que o legislador, ao tornar defesa a prolação de sentença condenatória com base exclusivamente nos elementos probatórios colhidos durante o inquérito policial, abriu uma exceção, qual seja, em se tratando de *provas cautelares, não repetíveis e antecipadas*. A despeito de a redação não ser das melhores, a interpretação do dispositivo leva a crer que a referência é quanto aos elementos probatórios oriundos de alguma providência de natureza cautelar, determinada pela autoridade judiciária. É o que ocorre, por exemplo, nos depoimentos antecipados (arts. 225 e 336 do CPP), nas interceptações telefônicas (Lei nº 9.296, de 1996), nas buscas e apreensões (art. 240 e sgs. do CPP). Ainda assim, esses elementos informativos, produzidos na fase investigatória, à míngua da existência de provas coligidas durante o processo, somente podem valer para fins de sentença condenatória quando, tendo sido antecipada, não seja passível de ser repetida. Se assim for, a ressalva contida no final do dispositivo em foco ignorou que o inquérito policial não só coleta provas (documentos, objetos etc.), como produz provas, como é o caso da perícia, a qual, em alguns casos, não é possível de ser repetida e devem ser conhecidas como tais, pelo magistrado, mesmo tendo sido angariadas na fase da investigação. O exame de corpo de delito, por exemplo, não é, tecnicamente, prova cautelar, mas ele, para todos os efeitos, é prova que, embora possa, em muitos casos, ser repetida no processo, isso só ocorre quando o laudo é questionado[278].

Por outro lado, não se pode negar que a redação do princípio ficou mais técnica e de acordo com a jurisprudência do Supremo Tribunal Federal. Consoante precedentes reiterados do STF, ao juiz não é vedado levar em consideração, para fins de sentença condenatória, os elementos informativos colhidos na fase do inquérito. O que ele não pode é fazer a fundamentação, exclusivamente, com base nesses elementos. Mas se deve criticar a iniciativa legislativa, pois deveria ter sido ressalvado que a inadmissibilidade de fundamentação exclusivamente nos elementos informativos da investigação se restringe às sen-

---

elas, não estando o juiz, portanto, vinculado a critério legal de valoração, mas exige-se-lhe que fundamente o seu convencimento. Esse último é o sistema adotado em nosso ordenamento jurídico, sendo corrigida, com a nova redação do art. 155, caput, a imprecisão da redação originária do Código.
278 Cf. item 5.1.8.3, infra.

tenças condenatórias, pois, em se tratando de sentença absolutória, a vedação, por motivos óbvios, não se aplica[279].

Pelo princípio do contraditório da prova, a parte contrária tem o direito de se manifestar sobre tudo aquilo que for produzido pela outra. Para tanto, ela tem de possuir a oportunidade para se pronunciar a respeito. Veja-se a crítica aqui feita pelo fato de ter sido rejeitada pelo Parlamento, a sugestão da Comissão de Reforma, quanto à previsão normativa de que, sendo suscitadas preliminares ou apresentados documentos com a resposta do acusado, antes da decisão, ter de ser dada vista dos autos ao Ministério Público, para fins de impugnação, no prazo de cinco dias[280]. Com a adoção do *cross examination*, esse princípio sai prestigiado com a reforma, pois as partes, agora, poderão, diretamente, fazer as perguntas às testemunhas arroladas pela outra. Na redação originária do Código de Processo Penal, tendo em conta o sistema misto adotado, as inquirições das testemunhas seguiam o sistema presidencial, em que as partes faziam as suas perguntas por intermédio do juiz, que as reperguntava. Agora, o art. 212, caput, primeira parte, do Código de Processo Penal, com a redação determinada pela Lei nº 11.690, de 2008, "As perguntas serão formuladas pelas partes diretamente à testemunha..." Cabe ao juiz, apenas, a direção da audiência, no sentido de não admitir as perguntas "... que puderem induzir a resposta, não tiverem relação com a causa ou importarem na repetição de outra já respondida." (art. 212, caput, primeira parte, do CPP).

Assim como o sistema presidencial das audiências quanto às perguntas feitas para as testemunhas é consequência natural do sistema inquisitivo ou misto, o *cross examination*, de origem do direito americano, é próprio do sistema acusatório, no qual as partes, especialmente em relação à produção da prova, assumem papel ativo no processo. Não cabe ao juiz o papel de inquiridor, de modo a substituir as partes nas perguntas que devem ser feitas, nem muito menos impedir que elas sejam feitas diretamente às testemunhas, porém, uma atuação mais de moderador, com o dever de *impulso oficial* apenas para o fim de *complementar a inquirição, sobre os pontos não esclarecidos* (Parágrafo único do art. 212 do CPP). Ao Ministério Público, portanto, de forma clara, está re-

---

279 A redação desse dispositivo contou com a colaboração de comissão criada pela Associação dos Juízes Federais do Brasil — AJUFE, que sugeriu a inclusão, no seu texto, do advérbio de exclusão *exclusivamente*.
280 Cf. 5.1.6, supra.

servado o papel de iniciar a inquirição direta das testemunhas por ele arroladas, cabendo, em seguida, à defesa, a oportunidade de, igualmente, fazer as suas indagações diretas, reservando-se ao juiz, apenas, a função de controle e complementação do depoimento. Note-se que a lógica adotada com o sistema presidencial era diametralmente oposta. Ao juiz cabia fazer, por primeiro, as perguntas, cabendo às partes, apenas, a complementação da inquirição. A mudança, portanto, foi substancial e implica em mudança de paradigma.

Outra regra geral importante em relação à prova, advém do *princípio da comunhão da prova*. A prova, a despeito da parte que a tenha indicado, arrolado ou produzido, pertence ao processo, de modo que pode ser utilizada por qualquer um dos sujeitos do processo. Tecnicamente não é adequado dizer *testemunha de acusação ou de defesa*[281]. Não é correto, sequer, dizer que ela pertence ao juiz, embora seja certo que ele é o seu destinatário. Até porque, conquanto a prova seja produzida no interesse de convencer o juiz, ele, muito provavelmente, embora o primeiro, em razão da probabilidade da interposição de recurso, não será o único magistrado a apreciá-la e a ter a competência para definir qual o seu conteúdo, ainda mais em nosso sistema, em que o recurso de apelação é dotado de efeito devolutivo quanto a toda matéria examinada em primeiro grau, tanto de direito quanto fática.

Devido a esse princípio, apresentada a prova por uma das partes, ela não pode deixar de ser produzida, ainda que desista quem a requereu, sem o consentimento da outra.

Por isso mesmo, a Comissão de Reforma, ao propor nova dicção normativa para o § 2º do art. 401 do Código de Processo Penal, sugeriu que "A parte, com a anuência da outra, poderá desistir da inquirição de qualquer das testemunhas arroladas, ressalvado o disposto no art. 209." O único senão à redação proposta é que ela dava a entender que a desistência só poderia ocorrer se houvesse a anuência da parte contrária, e não a garantia de que esta seria ouvida a respeito. Mas a menção ao art. 209 do CPP contornava essa imprecisão[282].

---

281 O art. 400, caput, do CPP, com a redação determinada pela Lei nº 11.719, de 2008, fala adequadamente em testemunhas *arroladas* pela acusação e pela defesa. O único senão é chamar de *acusação* o órgão do Ministério Público. Isso porque representa reducionismo inadequado referir-se ao Ministério Público como se ele fosse órgão de acusação. A acusação é uma das possibilidades do Ministério Público, embora seja a regra.

282 O caput do art. 209 do CPP assim dispõe: O juiz, quando julgar necessário, poderá ouvir outras testemunhas, além das indicadas pelas partes. § 1º Se ao juiz

Aprovada essa redação na Câmara dos Deputados, no Senado, foi acolhida a Emenda nº 12, embasada em sugestão de autoria de uma comissão formada pelo Supremo Tribunal Federal, no sentido de retirar a expressão *com a anuência da outra*, ao argumento de que aquela proposição era um *retrocesso à sistemática atual*, diante da previsão contida no art. 404 do CPP. É verdade que o art. 404, em sua expressão literal, dava a entender que a parte, se fosse o caso, podia desistir do depoimento da testemunha por ele arrolada, mas, de toda sorte, a doutrina, com esteio no princípio da comunhão da prova, recomendava que se desse a oportunidade de a parte contrária se manifestar a respeito.

Por outro lado, a desnecessidade de anuência da parte contrária, em relação à desistência da ouvida de testemunha, pode ser extremamente prejudicial à defesa. Ora, diante do princípio da comunhão da prova, tendo a pessoa sido arrolada na ação penal, a defesa não irá repetir a indicação, por mais interesse que tenha em seu depoimento. Nesse caso, se o Ministério Público desistir de sua oitiva, caso não se dê à defesa a oportunidade de se pronunciar, evidentemente, essa será uma decisão que poderá prejudicar o acusado, sem que tivesse a oportunidade, sequer, de se manifestar. Para afastar tal possibilidade, pode ocorrer que, na resposta apresentada, ao indicar o rol de testemunhas, a defesa faça a repetição de nomes que já constam arrolados na ação penal.

Note-se, de todo modo, que essa exceção à regra da comunhão da prova diz respeito, apenas, à prova testemunhal. Se for documental, por exemplo, necessariamente, a desistência quanto a sua permanência nos autos, com o consequente pedido de sua retirada dos autos, terá de ser submetida à anuência da parte contrária.

É importante ressaltar que o princípio da comunhão da prova não quer dizer que a desistência da produção de uma prova ou da ouvida de testemunha, por uma parte, só possa ser deferida pelo juiz se houver a concordância da outra. O que se quer dizer é que a decisão a respeito tem de passar pelo contraditório, ou seja, à outra parte há de ser oferecida a oportunidade para se manifestar.

O juiz, seja como for, nos termos do art. 209, que é mencionado no art. 401, § 2º, ambos do Código de Processo Penal, irá avaliar se, a

parecer conveniente, serão ouvidas as pessoas que as testemunhas se referirem."
Se o juiz pode ouvir outras testemunhas, assim como as referidas pelas testemunhas, pode ouvir as que, referidas pelas próprias partes, depois, elas quiserem desistir.

despeito do pedido de desistência, há necessidade da oitiva da testemunha.

Por fim, há, ainda, o *princípio da liberdade da prova*, de forma que, no processo penal, em razão do princípio da verdade real, assim como do interesse público na resolução do conflito, exclui-se qualquer restrição ao uso dos meios probatórios, excetuando-se apenas a previsão do parágrafo único do art. 155: "No juízo penal, somente quanto ao estado das pessoas, serão observadas as restrições à prova estabelecidas na lei civil"[283], e a do art. 479, caput, do CPP, quanto à vedação, durante o julgamento na sessão do tribunal do júri, da leitura de documento ou da exibição de objeto que não tiver sido juntado aos autos com a antecedência mínima de três dias úteis.

5.1.8.2. Inadmissibilidade das provas produzidas por meios ilícitos (teoria da *exclusionary rule*)

À míngua de previsão normativa, foi por meio de construção jurisprudencial que se criou a tese da inadmissibilidade das provas produzidas por meios ilícitos. Coube a primazia à Suprema Corte americana, no julgamento do caso Boyd v. US, em 1886, sustentar que a *exclusionary rule* está implícita como forma de proteger os direitos fundamentais declarados na Constituição. Naquele julgamento, a Suprema Corte adotou a tese de que a prova deve ser considerada inválida quando ocorrer a violação simultânea tanto da Quarta Emenda (garante a segurança das pessoas, domicílios, documentos e bens contra buscas e apreensões arbitrárias) quanto da Quinta (garante o direito do acusado de não produzir prova contra si). Porém, em 1914, no caso Weeks v. US, a Suprema Corte defendeu que nos julgamentos perante as cortes federais, a ofensa à Quarta emenda, por si só, era causa de nulidade da prova[284]. Posteriormente, houve o avanço para se reconhecer a invalidade da prova, igualmente, quando se tratasse de julgamento pelas cortes estaduais. Em Silverthone Lumber Co. v US, no ano de 1920, a Suprema Corte criou a teoria dos *fruits of the poisoned*

---

283 Essa disposição normativa já constava da redação originária do Código de Processo Penal, fazendo parte de nossa tradição jurídica, tendo a Lei nº 11.690, de 2008, apenas, providenciado o seu deslocamento da cabeça do artigo para o parágrafo único por ela enxertado.
284 DRESSLER, Joshua. *Understanding criminal procedure*. 3 ed. New York: LexisNexis, p. 378.

tree (frutos da árvore envenenada), que consiste na invalidade não apenas da prova obtida por meios ilícitos, mas, igualmente, das que dela sejam derivadas[285]. O apogeu da teoria se deu na década de sessenta, no julgamento *Miranda v. Arizona*, o qual resultou no famoso *Miranda rights* ou *Miranda-warnings (avisos de Miranda)*, vazado no entendimento de que nenhuma validade pode ser conferida a declarações dadas por pessoa à polícia, sem que ela seja informada de que: (a) tem o direito de não responder; (b) tudo o que disser pode vir a ser utilizado contra si; (c) tem o direito à assistência de defensor escolhido ou nomeado.

Essa teoria da *exclusionary rule* se espraiou no Direito Comparado. O sistema alemão, mesmo ante o silêncio da Constituição germânica, adotou a tese das *Beweisverbote*, embasada no entendimento de que as limitações ou obstáculos à produção das provas, em verdade, são normas processuais impostas como forma de preservar os direitos subjetivos fundamentais encartados no ordenamento jurídico.[286]

Ainda que as *Beweisverbote* constituam instituto dogmático distinto das *exclusionary rule*, aquelas guardam convergência com estas no sentido de que não é a mera transgressão a um delineamento plasmado na StPO[287] que define a ineficácia da prova, pois o mais importante, em consonância com o princípio da proporcionalidade, "... é saber se a intromissão na esfera íntima do acusado se pode ou não considerar justificada, em nome do relevo da infracção que lhe é imputada."[288]

No livro *La prueba ilícita penal:* estúdio jurisprudencial, de Eduardo de Urbano Castrillo e Miguel Angel Torres Morato, em ampla análise da jurisprudência do Tribunal Constitucional e do Tribunal Supremo espanhóis, afirmam que se pode chegar a duas grandes conclusões:

> *La primeira, que en este momento no existe uma doctrina científica ni jurisprudencial concluyente y de carácter general sobre la ilicitud probatoria, quizá porque se trata de um tema eminentemente casuistico y práctico; y la segunda, que la regla de la indefensión efectiva y mate-*

---

285 HAIRABEDIÁN, Maximiliano. *Eficácia de la prueba ilícita y sus derivadas em el proceso penal*. Buenos Aires: Villela editor, 2002, p. 39.
286 ANDRADE, Manuel da Costa. *Sobre as proibições de prova*. Coimbra: Coimbra Editora, 1992. p. 140.
287 Código de Processo Penal alemão (StPO — Strafprozebordnung).
288 Ibid., p. 140.

rial, es la piedra de toque para declarar la ilicitud de un concreto meidio probatorio si bien ele va a depender, en casi todos los casos, de un análisis global de las acutuaciones y, en consecuencia, existe el riesgo de emitir resoluciones puntuales en función del interés que estime prevalente en cada asunto lo que puede hacer chirriar los principios y postulados generales mínimamente existentes.

Segundo Eduardo de Urbano, depois de alguma variação de entendimento, em 1986, o Tribunal Constitucional da Espanha definiu como critério fundamental, a fim de estabelecer a invalidade da prova angariada com vício de ilicitude, a regra que veda a restrição ao direito de defesa do acusado[289]. Esse mesmo pensamento foi sufragado pelo Tribunal Supremo, em 1988, nos termos seguintes[290]:

... la indefensión viene a ser quizás el último fundamento de todos los derechos fundamentales, porque cualquier alegación que se haga en defensa de la tutela efectiva del proceso, con todas las garantias y las dilalciones indebidas, también en defensa de la presunción de inocencia, busca, en definitivas, "que el justiciable no se encuentre en situación de indefensión para legítimamente actuar, ante la justicia".

Na Itália, diante da jurisprudência firmada pelo Tribunal Constitucional, o Parlamento inseriu cinco incisos no art. 111 da Constituição, no escopo de estabelecer os princípios centrais do processo criminal, os quais dão forma ao *justo processo* (*giusto processo*), destacando-se, dentre eles, o princípio da reserva legal processual[291]. A par disso, o legislador infraconstitucional tratou de disciplinar, de forma expressa, as hipóteses nas quais a prova deve ser considerada *inutilizável*, cuidando de dizer os casos em que a sua ineficácia é *absoluta*, de

---

289 Ibid., p. 33-34. Esse paradigma que orienta o Tribunal Constitucional espanhol é sedutor, porém contém perigoso reducionismo do alcance da teoria da *exclusionary rule*. Segundo esse entendimento, a legitimidade da persecução criminal se escora em assegurar ao acusado o exercício da ampla defesa. Por isso mesmo, ainda que produzida ilicitamente a prova, na medida em que isso não arranhe a cláusula da ampla defesa, ela será considerada válida.
290 Ibid., p. 34.
291 TONINI, Paulo. *A prova no processo penal italiano*. Tradução Alexandra Martins e Daniela Mróz. São Paulo: Editora Revista dos Tribunais, 2002, p. 23. Cf. ASSOCIAZIONE FRA GLI STUDIOSI DEL PROCESSO PENALE. IL giusto processo. Milano: Giuffrè Editore, 1998.

modo que o juiz não pode, com base nela, proferir a sua decisão, e aquelas em que a invalidade é apenas *relativa*, quando a vedação se concentra em um determinado ato ou tipo de decisão[292]. Em razão do princípio da reserva legal adotado no ordenamento jurídico italiano, adverte Paolo Tonini[293]: "A prova torna-se inutilizável somente se referida sanção for prevista expressamente pela lei como consequência da violação daquela regra de produção."

De todo modo, a guarida dada pelo Direito Comparado à teoria da *exclusionary rule* não se esgota com a doutrina e com os pronunciamentos jurisprudenciais. Algumas Constituições mais recentes não têm deixado passar a oportunidade de estabelecer, dentre os direitos fundamentais, a inadmissibilidade das provas obtidas por meio ilícito, inserindo, assim, essa teoria como mais um princípio afeto ao devido processo legal[294]. A Constituição paradigma dessa nova abordagem é a portuguesa, ao escrever, no art. 32, 8, que "São nulas todas as provas obtidas mediante tortura, coação, ofensa da integridade física ou moral da pessoa, abusiva intromissão na vida privada, no domicilio, na correspondência ou nas telecomunicações." Como se vê, o constituinte português, ao invés de inquinar de nulidade as provas ofensivas aos direitos fundamentais, preferiu dizer em quais hipóteses de malferição a essa classe de direitos devem ser consideradas nulas as provas produzidas. A Constituição brasileira, inspirada na Carta lusitânia, com melhor técnica, preferiu não dizer quais os direitos fundamentais, quando violados, acarretariam a nulidade da prova obtida, mas sim estabelecer uma regra geral de inadmissibilidade de prova obtida por meio ilícito. A escolha do constituinte brasileiro condiz mais com o entendimento de que, *a priori*, não se deve estabelecer hierarquia entre os direitos fundamentais.

---

292 Ibid. p. 23. Em verdade, de acordo com o Código de Processo Penal italiano de 1988, a *inutilizabilidade* da prova tanto é prevista para casos específicos como genericamente, em razão da regra inscrita no art. 1991, inciso I, do CPP, segundo a qual "as provas adquiridas com violação das proibições estabelecidas pela lei não podem ser utilizadas." (*Le prove acquisite in violazione dei divieti stabiliti dalla legge non possono essere utilizzate*). Por outro lado, no art. 421 combinado com o 514 e 526, todos do CPP italiano, está dito que a documentação dos atos da investigação, conquanto idônea para subsidiar a decisão quanto ao envio para a justiça, não serve como prova para a decisão na fase dos debates.
293 Ibid., p. 78.
294 Assim se deu com as Constituições portuguesa, canadense e brasileira (HAIRABEDIÁN. Op. cit., p. 34).

5.1.8.2.1. Inadmissibilidade das provas obtidas por meios ilícitos no ordenamento jurídico brasileiro

Mesmo antes da Constituição de 1988, a questão relativa à valoração das provas obtidas por meio ilícito suscitava acirrado debate em nosso meio. Sobre o tema, são conhecidas três correntes distintas: (1) a independência entre o direito processual e o material faz com que o ato de captação da prova, embora censurável até criminalmente, não contamine a prova produzida; (2) a invalidade da prova obtida ilicitamente, tendo em conta a unidade do ordenamento jurídico, tese mais radical da *exclusionary rule*; (3) a prova ilícita só não produz efeito quando viola norma constitucional ou um princípio geral da Constituição. Ainda assim, deve ter-se em conta a aplicação das exceções às *exclusionary rules*, tese mais flexível da teoria da inadmissibilidade das provas obtidas por meio ilícito. Esta última é a corrente mais aceita ultimamente, assim no Direito Comparado como no nacional, mercê da jurisprudência firmada pelo Supremo Tribunal Federal e, agora, diante da redação dada ao art. 157 do Código de Processo Penal pela Lei nº 11.690, de 2008.

Até então, a doutrina e a jurisprudência nacionais eram complacentes quanto à forma empregada para a produção das provas, privilegiando-se o descobrimento da verdade. Mais valia o que se descobria do que o meio empregado. Paulatinamente, observou-se uma evolução da *admissibilidade para a inadmissibilidade* das provas produzidas ilicitamente[295]. A doutrina dominante passou a sustentar a inadmissibilidade das provas obtidas por meio ilícito, flexibilizando, porém, a rigidez dessa tese mediante a aplicação do princípio da proporcionalidade[296]. Na evolução dessa posição doutrinária, Ada Pellegrini, Scarance Fernandes e Antonio Magalhães conferem destaque a três decisões do Supremo Tribunal Federal. Elas estão assim resumidas:

> A primeira decisão é de 11.11.1977, ocasião em que foi determinado o desentranhamento de fitas gravadas, correspondentes à interceptação de conversa telefônica da mulher, feita pelo marido, para instruir processo de separação judicial (RTJ 84/609). Segue-se a essa, em

---

[295] GRINOVER, Ada Pellegrini; FERNANDES, Antônio Scarance; GOMES FILHO, Antônio Magalhães. A*s nulidades no processo penal*. 6. ed. São Paulo: Revista dos Tribunais, 2000, p. 138.
[296] Ibid., p. 136.

outro processo cível, a decisão de 28.06.1984, também em caso de captação clandestina de conversa telefônica, igualmente determinando o desentranhamento dos autos da gravação respectiva. Finalmente, e agora para o processo penal, o Supremo Tribunal Federal, em decisão de 18.12.1986, determinou o trancamento de inquérito policial baseado em interceptações telefônicas feitas por particulares, confessadamente ilícitas (RTJ 122/47).

No âmbito processual criminal, ante a ausência de disciplinamento em norma de hierarquia superior, o tema era tratado sob a ótica intrincada do sistema das nulidades esmiuçado no Código de Processo Penal. O exame da questão, por conseguinte, dava-se mediante a interpretação do sistema subconstitucional, até porque a questão não continha nenhuma linha de direção apontada pela Norma Maior. A nulidade da prova, assim, era vista sob a perspectiva da disciplina prétraçada para os atos processuais em geral, de modo que eram plenamente aplicáveis os quatro princípios basilares elencados no ordenamento processual criminal: (1) nenhuma nulidade ocorre se não houver prejuízo para a acusação ou para a defesa, que é a consagração do brocardo francês *pas de nullité sans grief* (art. 563 do CPP); (2) nenhuma das partes poderá alegar nulidade a que haja dado causa (art. 565 do CPP); (3) não se pode invocar defeito de ato que só interessa à parte contrária (art. 565); e (4) não será declarada a nulidade de ato processual que não houver influído na apuração da verdade ou na decisão da causa (art. 566 do CPP). O assunto era tratado e debatido sob o enfoque do Direito infraconstitucional, o que tirava de foco a discussão relativa às consequências jurídicas decorrentes da violação de garantia emoldurada por direito fundamental.

A mudança de paradigma veio com a Constituição de 1988. Nela foi inserida, dentre os direito fundamentais, a cláusula peremptória de que "são inadmissíveis, no processo, as provas obtidas por meios ilícitos." (art. 5°, inciso LVI). Ou seja, além de proclamar os direitos fundamentais, a Constituição alçou a norma de igual estatura a garantia de ser sancionada com a invalidade, qualquer prova que, conquanto materialmente lícita, na sua obtenção ou produção, venha a ser contaminada com algum vício que comprometa a sua higidez.

A par da construção jurisprudencial desenvolvida pelo Supremo Tribunal Federal, a Lei n° 11.690, de 2008, se ocupou do assunto, a fim de dar um norte seguro na aplicação da sanção com a invalidade, em relação à prova obtida por meio ilícito. Além de dizer, no caput do art. 157, quais são as espécies de normas violadas que ensejam a declaração de invalidade, tratou, ainda, de estabelecer exceções à aplicação do princípio dos *fruits of the poisoned tree* (frutos da árvore envenenada), assim como o destino a ser dado a essas provas. Esses aspectos da lei precisam ser examinados mais amiúde, o que será feito nos itens seguintes.

5.1.8.2.2. Inadmissibilidade das provas ilícitas obtidas em violação a normas constitucionais ou legais

Embora colocada de forma peremptória a afirmação quanto à inadmissibilidade das provas obtidas por meios ilícitos, a Constituição não contempla a disciplina em relação a diversas questões que permeiam o seu alcance. Sendo um princípio catalogado na categoria de direito fundamental, não era mesmo tarefa para o constituinte entrar em detalhes, missão mais adequada para o legislador infraconstitucional. Uma primeira colocação sobre o tema é a respeito de quais direitos estão sendo protegidos com a sanção de nulidade, na hipótese de a prova ser obtida por meio ilícito. Ou seja, o que devem ser consideradas como *provas obtidas por meios ilícitos*, para os fins pretendidos pelo constituinte? Duas posições se credenciam: provas obtidas ilicitamente são todas aquelas para cuja produção (a) ocorre a transgressão de prescrição contida em norma jurídica, ou (b) ocorre a malferição a direito fundamental. A primeira é mais abrangente, enquanto a segunda mais restritiva. Uma coisa parece fora de dúvida: o tratamento constitucional dado ao tema seria em sentido estrito, ou seja, a nulidade ali prevista, ao tempo em que passa a integrar a declaração de direitos sufragada pela Constituição, serve de *norma-princípio-sanção* para quando, na produção da prova, não forem respeitados os direitos fundamentais. Ela é a sanção colocada em forma de princípio pelo constituinte tendo em mira dar a devida garantia de que a falta de atenção aos direitos fundamentais acarreta consequência drástica para o *jus persequendi*.

Ada Pellegrini, Antônio Scarance e Antônio Magalhães[297] também encaram o assunto sob essa perspectiva, muito embora os doutrinadores em referência cuidem de especificar que esse sentido estrito diz respeito às provas colhidas "... infringindo-se normas ou princípios colocados pela Constituição e pelas leis, frequentemente para a prote-

---

[297] Ibid., p. 131.

ção das liberdades públicas e dos direitos da personalidade e daquela sua manifestação que é o direito à intimidade."

Essa questão foi debatida no Parlamento, quando da reforma do Código de Processo Penal em relação aos dispositivos que tratam da prova. A Comissão de Reforma, ao sugerir a normatização do assunto no ambiente subconstitucional, propôs que fossem consideradas ilícitas apenas aquelas obtidas com violação a princípios ou normas de cunho constitucionais.

Na discussão no Parlamento, porém, a garantia foi alargada, de modo que restou aprovada a seguinte redação: "São inadmissíveis, devendo ser desentranhadas do processo, as provas ilícitas, assim entendidas as obtidas em violação a normas constitucionais ou legais." (art. 157, caput, do CPP, com a redação determinada pela Lei nº 11.690, de 2008). Findou, assim, sendo acolhida a tese da segunda corrente, segundo a qual prova ilícita tanto é aquela produzida com violação às *normas constitucionais* como às *normas legais*, parecendo mesmo ser esta a posição mais adequada. Até porque, ainda que se entenda que o preceito do inciso LVI do art. 5º da Constituição é direcionado à proteção dos direitos fundamentais, em compasso com a teoria geral dessa categoria de direitos essenciais, ele deve ser entendido como uma garantia mínima, pelo que, embora não possa o legislador infraconstitucional suprimi-lo ou, salvo previsão normativa, diminuir o seu alcance, pode alargar o seu conteúdo. Foi o que se fez com a aprovação da nova redação do art. 157 do Código de Processo Penal.

5.1.8.2.3. Regras de exclusão adotadas pelo Código de Processo Penal

O exame da jurisprudência do Supremo Tribunal Federal sobre a inadmissibilidade da prova obtida por meios ilícitos revela que o tema passou por intenso debate. A posição inicial do Supremo Tribunal Federal quanto ao alcance do princípio da inadmissibilidade das provas obtidas por meio ilícito veio a ocorrer exatamente naquele que foi um dos principais julgamentos de toda a história jurídica brasileira, em processo criminal promovido contra o ex-Presidente da República Fernando Afonso Collor de Melo, em que se adotou, de modo comedido, a cláusula da *exclusionary rule*, na medida em que não se deu guarida à teoria dos *frutos da árvore envenenada* (*fruits of the poisoned tree*)[298]. O Relator, Ministro Ilmar Galvão, acolhendo preliminar sus-

---

298 BRASIL. Supremo Tribunal Federal. AÇÃO CRIMINAL. CÓDIGO PE-

citada pela defesa, declarou inadmissíveis o laudo de degravação de conversa telefônica e o laudo de degravação da memória dos microcomputadores apreendidos em uma determinada empresa[299], aquele pelo fato de a gravação ter sido clandestina, enquanto este pelo fato de a apreensão não ter sido precedida de autorização judicial (a apreensão havia sido feita por agentes fiscais em diligência realizada com o fim de arrecadar mercadorias importadas de forma irregular), ademais de a Polícia Federal ter providenciado, ao seu alvedrio, a recuperação da memória dos equipamentos de informática para fins de revelação dos dados ali contidos, o que, no pensar verberado no acórdão, mostrava-se inadmissível, porquanto o sigilo garantido na Constituição a esse aspecto, assim como em relação à correspondência, teria sido ditado pelo constituinte de forma *absoluta*[300]. Na qualidade de Revisor, o Ministro Moreira Alves[301] alertou para o fato de que a questão não se esgotava na declaração de invalidade das provas consistentes nas degravações da conversa telefônica e dos dados computadorizados, senão igualmente de fazer abordagem quanto à eventual contaminação das provas colhidas por derivação daquelas.

Naquele mesmo julgamento, o Ministro Moreira Alves, reafirmando a sua posição no HC 69.912/RS, afirmou que, para ele, com a dicção normativa empregada pelo constituinte no art. 5º, LVI, claramente se sufragou a tese de que somente devem ser inadmissíveis no processo *as provas ilícitas em si mesmas*, e não as outras "... a que se

---

NAL. CORRUPÇÃO PASSIVA (ART. 371, CAPUT), CORRUPÇÃO ATIVA DE TESTEMUNHA (ART. 343), COAÇÃO NO CURSO DO PROCESSO (ART. 344), SUPRESSÃO DE DOCUMENTO (ART. 305) E FALSIDADE IDEOLÓGICA (ART. 299). PRELIMINARES: INADMISSIBILIDADE DE PROVAS CONSIDERADAS OBTIDAS POR MEIO ILÍCITO E INCOMPETÊNCIA DO SUPREMO TRIBUNAL FEDERAL PARA OS CRIMES DO ART. 299, À AUSÊNCIA DE CONEXÃO COM O DE CORRUPÇÃO PASSIVA, QUE DETERMINOU A INSTAURAÇÃO DO PROCESSO PERANTE ESSA CORTE, POSTO QUE ATRIBUÍDO, ENTRE OUTROS, A PRESIDENTE DA REPÚBLICA, Relator Ministro ILMAR GALVÃO, Classe: AP — Processo: 307-3, UF: DF, PLENO, Data da decisão: 13/12/1994. Disponível em: www.stf.gov.br/jurisprudencia/IT. Acesso em: 14 mar. 2005. (BRASIL. Supremo Tribunal Federal, Data da decisão: 16/12/1993.Disponível em: www.stf.org.br/jurisprudencia. Acesso em: 7 set. 2005.

299 A empresa pertencia a Paulo César Farias, o *PC*, que havia sido o tesoureiro da campanha presidencial de Fernando Collor e era acusado de ser o principal mentor e executor da rede de corrupção que se instalou no governo.
300 Ibid.
301 Ibid.

chegou por meio daquelas, consideradas não como provas, mas apenas como pistas, e que foram produzidas licitamente."[302] Em conclusão, o Ministro Moreira Alves acrescentou que, do modo como o assunto foi tratado no texto constitucional, não há margem para que se defenda a presença da *figura retórica dos frutos da árvore venenosa*.[303]

Essa posição, no entanto, foi contundentemente rechaçada pelo Ministro Celso de Mello[304]. O Ministro Celso de Mello disse que "... ninguém pode ser acusado ou condenado com base em provas ilícitas, eis que a atividade persecutória do poder público, *também nesse domínio, está necessariamente* subordinada à *estrita* observância de parâmetros de caráter ético-jurídico cuja transgressão só pode importar, no contexto emergencial de nosso sistema normativo, na *absoluta ineficácia* dos meios probatórios produzidos pelo Estado."[305] De acordo com o Ministro em referência, a hostilidade às provas tanto ilícitas quanto ilegítimas, decorrência do primado do *due process of law*, restou patenteada no texto constitucional que, de forma expressa, previu a *sanção* de inadmissibilidade para elas, daí por que esse tipo de prova *deve ser repudiado sempre,* "... por mais relevantes que sejam os fatos por ela apurados, uma vez que se subsume ela ao conceito de inconstitucionalidade."[306] Nessa linha de pensamento, defendeu o Ministro Celso de Mello que a ilicitude original da prova "... transmite-se, por repercussão, a outros dados probatórios que *nela se apóiem*, ou *dela* derivem ou, finalmente, *nela* encontrem o seu fundamento causal."[307]

---

302 Ibid.
303 Ibid.
304 Porém, o Ministro Ilmar Galvão, relator do processo, diante da observação feita pelo Ministro Moreira Alves de que a preliminar referente à inadmissibilidade das provas ilícitas era mais abrangente, no sentido de incorporar, igualmente, as provas derivadas, pedindo a palavra pela ordem, aditou ao seu voto as considerações feitas pelo então decano da Suprema Corte, acostando-se ao pensamento por ele exposto. (Ibid.)
305 Ibid.
306 Ibid. Em passagem do voto, o Ministro afirma: "A cláusula constitucional do *due process of law* — que se destina a garantir a pessoa do acusado contra eventuais ações abusivas do poder público — tem, *no dogma da inadmissibilidade das provas ilícitas* uma de suas projeções concretizadoras mais expressivas, na medida em que o réu tem o impostergável direito de *não ser denunciado, de não ser sentenciado e de não ser condenado* com apoio em elementos instrutórios obtidos ou produzidos de forma incompatível com os limites impostos, pelo ordenamento jurídico, ao poder persecutório e ao poder instrutório do Estado". (Ibid.)
307 Ibid.

O Ministro Celso de Mello argumentou que a redação empregada pela Constituição a respeito da inadmissibilidade das provas obtidas por meio ilícito não dá ensejo a que se aplique, diante do caráter absoluto da regra ali inscrita, como exclusão dessa sanção, o princípio da *proporcionalidade* construído pela cultura jurídica alemã, uma vez que nela não há nenhuma previsão nesse sentido. Essa proposição, sustentada pelo Ministro Celso de Mello, deu caráter absoluto à *exclusionary rule*, em aplicação ampla da doutrina dos *frutos da árvore venenosa*[308].

Contudo, a maioria dos ministros seguiu o pensamento expendido pelo Ministro Moreira Alves, a fim de não estender a ineficácia às provas derivadas, rejeitando, por conseguinte, a teoria dos *fruits of the poisoned tree*. O Ministro Sydney Sanches, em seu voto, salientou que a teoria dos *frutos da árvore venenosa* pode conduzir a situação inquietante, citando como exemplo a hipótese em que a polícia, chamada pelo marido para investigar o desaparecimento da mulher que teria, segundo ele, sido sequestrada, mediante interceptação telefônica sem autorização judicial — por isso mesmo ilícita — vem a descobrir que, em verdade, ela fora assassinada pelo esposo e que o corpo se encontrava enterrado em determinado local.

Nesse caso — argumentou o Ministro Sydney Sanches — não seria razoável que fosse considerada inválida, sob o pálio de ilicitude por derivação, apenas pela circunstância de a polícia ter dado início a sua investigação com base naquela informação colhida ilicitamente com a interceptação telefônica inidônea, igualmente a prova de balística que demonstra ter partido da arma do marido os disparos referentes aos projéteis encontrados no corpo da esposa, na autópsia realizada após a exumação do cadáver, todas essas diligências realizadas em consonância com os preceitos normativos[309]. Essa posição foi seguida pela maio-

---

308 O Ministro Sepúlveda Pertence, que votou em seguida, finalizou, sem maiores considerações, que "Se essa (prova) é ilícita, o que dela advier, não apenas como prova de ilícito fiscal mas como prova eventual de outros ilícitos, estará contaminado. Já aplico, aqui, Sr. Presidente, a tese dos 'frutos da árvore venenosa', suscitada genericamente pela defesa neste processo." (Ibid.)

309 Ibid. Em outra parte de seu voto, advertiu o Ministro Sydney Sanches: "Se se entender, em casos como esse, que o ato inicial de interceptação telefônica, pela polícia, praticado inconstitucionalmente, por constituir prova ilícita, inadmissível, por isso mesmo, em Juízo, contamina todos os demais elementos probatórios, obtidos licitamente, inclusive a confissão judicial do réu, em perfeita harmonia com os demais elementos de convicção, então jamais se poderá

ria dos ministros, no sentido de que, tendo em conta a forma como redigido, o art. 5º, LVI, da Constituição, não alberga a teoria originada do sistema americano, denominada *fruits of the poisoned tree*[310].

Essa posição, porém, não persistiu por muito tempo. Já no ano de 1996, no julgamento do Habeas Corpus 73351/SP, por maioria, o Pleno do Supremo Tribunal Federal adotou o princípio dos *fruits of the poisoned tree* como razão de decidir, ao deixar escrito que "... a ilicitude da interceptação telefônica — à falta da lei que, nos termos do referido dispositivo, venha a discipliná-la e viabilizá-la —, contamina outros elementos probatórios eventualmente coligidos, oriundos, direta ou indiretamente, das informações obtidas na escuta."[311]. Aqui se deu a aplicação da teoria em sua dimensão mais abrangente, sem que fosse feita qualquer consideração referente a regras de exclusão quanto à aplicação desse princípio. Porém, também não demorou para que, em outro caso, no Habeas Corpus 72588/PB, o Pleno do Supremo Tribunal Federal, ainda no ano de 1996, em relação à inadmissibilidade da prova por derivação, fizesse importante ponderação quanto à aplicação da cláusula dos *frutos da árvore envenenada*[312]. Em seu voto, o

---

punir um crime como esse. E a consequência será, sempre e sempre, a absolvição do autor do delito, o que, '*data venia*', me parece um rematado contrassenso". (Ibid.)

310 Conforme o extrato da ata do julgamento da AP 307-3, quanto à repercussão da prova inadmissível sobre as demais dela decorrentes, restaram vencidos o Ministro Celso de Mello e, em menor extensão, os Ministros Sepúlveda Pertence e Néri da Silveira. (Ibid.)

311 BRASIL. Supremo Tribunal Federal. HABEAS CORPUS. ACUSAÇÃO VAZADA EM FLAGRANTE DE DELITO VIABILIZADO EXCLUSIVAMENTE POR MEIO DE OPERAÇÃO DE ESCUTA TELEFÔNICA, MEDIANTE AUTORIZAÇÃO JUDICIAL. PROVA ILÍCITA. AUSÊNCIA DE LEGISLAÇÃO REGULAMENTADORA. ART. 5º, XII, DA CONSTITUIÇÃO FEDERAL. FRUITS OF THE POISONOUS TREE. Relator Ministro Ilmar Galvão, Data da decisão: 09/05/1996. Disponível em: www.stf.org.br/jurisprudencia. Acesso em: 8 set. 2005. No corpo de seu voto, o Ministro Ilmar Galvão, após considerar que a apreensão da droga e consequente prisão dos acusados somente foram possíveis em decorrência da interceptação telefônica obtida sem a necessária autorização judicial, arrematou que "... o caso demanda a aplicação da doutrina que a melhor jurisprudência americana constituiu sob a denominação de princípios dos '*fruits of the poisonous tree*', é que as provas diversas do próprio conteúdo das conversações telefônicas interceptadas só se pode chegar, segundo a própria lógica da sentença, em razão do conhecimento delas, isto é, em consequência da interceptação ilícita de telefonemas." (Ibid.)

312 BRASIL. Supremo Tribunal Federal. HABEAS-CORPUS. CRIME QUALIFICADO DE EXPLORAÇÃO DE PRESTÍGIO (CP, ART. 357, PÁR. ÚNI-

relator, Ministro Maurício Corrêia, escreveu que "... as provas obtidas por meios ilícitos contaminam", *apenas e tão somente,* "... as que são exclusivamente delas decorrentes"[313].

A aplicação da teoria dos frutos da árvore venenosa, na apreciação do Habeas Corpus 72588/PB, mais uma vez, foi acatada por maioria. Além de ter se consolidado a existência de duas correntes de pensamento no Supremo Tribunal Federal, uma liderada pelo Ministro Moreira Alves, contra a aplicação da teoria dos *fruits of the poisoned tree,* e outra, capitaneada pelo Ministro Celso de Mello, no sentido de que o texto constitucional dá guarida a essa cláusula, restou consignada a tese de que não se tem como imprestáveis todas as provas derivadas, senão aquelas *derivadas exclusivamente da prova obtida por meio ilícito.*

Reforçando esse entendimento, no final do ano de 1996, ao apreciar o Habeas Corpus 74530/AP, a Primeira Turma do Supremo Tribunal Federal, em acórdão unânime, lavrado pelo Ministro Ilmar Galvão[314], esclareceu, em mitigação a essa teoria, que a prova por derivação, a princípio inidônea, pode ser admissível, na hipótese em que "... não for a prova exclusiva que desencadeou o procedimento penal, mas somente veio a corroborar com as outras licitamente obtidas pela equipe de investigação policial." A Segunda Turma do Supremo Tribunal Federal[315], que passou a apoiar a tese dos *fruis of the poisoned tree* em sua forma mitigada, por maioria, no Habeas Corpus

CO). CONJUNTO PROBATÓRIO FUNDADO, EXCLUSIVAMENTE, DE INTERCEPTAÇÃO TELEFÔNICA, POR ORDEM JUDICIAL, PORÉM, PARA APURAR OUTROS FATOS (TRÁFICO DE ENTORPECENTES): VIOLAÇÃO DO ART. 5º, XII, DA CONSTITUIÇÃO. Data da decisão: 12/06/1996. Disponível em: www.stf.org.br/jurisprudencia. Acesso em: 9 set. 2005.

313 Ibid.

314 BRASIL. Supremo Tribunal Federal. HABEAS CORPUS. INÉPCIA DA DENÚNCIA. ALEGAÇÃO EXTEMPORÂNEA. PARECER DO MINISTÉRIO PÚBLICO PELA CONCESSÃO DA ORDEM DE OFÍCIO. PROVA ILÍCITA. ESCUTA TELEFÔNICA. FRUITS OF THE POISONOUS TREE. NÃO ACOLHIMENTO. Data da decisão: 12/11/1996. Disponível em: http://www.stf.gov.br/jurisprudencia/jurisp.asp. Acesso em: 7 set. 2005.

315 BRASIL. Supremo Tribunal Federal. HABEAS CORPUS. PROCESSO PENAL. ESCUTA TELEFÔNICA. OUTROS MEIOS DE PROVA. LICITUDE. Relator p/ acórdão Ministro Nelson Jobim. Data da decisão: 16/06/1998. Disponível em: http://www.stf.gov.br/jurisprudencia/jurisp.asp. Acesso em: 9 set. 2005. No julgamento, ficaram vencidos os Ministros Marco Aurélio e Maurício Corrêa, que defendiam a aplicação abrangente da cláusula dos *frutos da árvore venenosa.*

76203/SP, ressaltou que a "Escuta telefônica que não deflagra ação penal, não é causa de contaminação do processo", devendo ser emprestada, ao caso, a "Interpretação restritiva do princípio da árvore dos frutos proibidos."

Nota-se, assim, que, em pouco tempo, o Supremo Tribunal Federal, após intensos debates, inicialmente, firmou o entendimento de que a cláusula da inadmissibilidade das provas obtidas por meio ilícito (*exclusionary rule*), nos termos como redigida pelo constituinte, não alcança as provas derivadas, posteriormente, modificou essa orientação, de modo a entender que o vício da prova ilícita contamina, igualmente, por derivação, as demais provas, acolhendo, assim, a teoria dos frutos da árvore envenenada (*fruits of the poisoned tree*) em sua dimensão ampla, mas, finalmente, mediante *interpretação restritiva*, construiu a tese de que não se aplica essa teoria quando as derivadas não decorrem *exclusivamente* da prova originária eivada de ilicitude. Assim, o Supremo Tribunal Federal saiu da posição de *inadmissibilidade* da teoria dos frutos da árvore envenenada para a de *admissibilidade irrestrita* e, por fim, para uma mais ponderada, em que a admite (*admissibilidade restrita*), porém em sua forma mitigada.

Análise desse escorço jurisprudencial sobre o tema revela que o Supremo Tribunal Federal acolhe, em nosso meio, a regra de exclusão de ilicitude da prova derivada consubstanciada nas teorias da quebra do nexo de causalidade entre a originária ilícita e a derivada lícita, da *fonte independente* (*independent source*) e, em certa medida, do *descobrimento inevitável* (*inevitable discovery*), hauridas da jurisprudência da Suprema Corte Americana.

Essa posição jurisprudencial foi acolhida pelo legislador, por meio da Lei nº 11.690, de 2008, ao alterar o art. 157 do CPP e, com o enxerto do § 1º, definir que "São também inadmissíveis as provas derivadas das ilícitas, salvo quando não evidenciado o nexo de causalidade entre umas e outras, ou quando as derivadas puderem ser obtidas por uma fonte independente das primeiras." Indo mais além, o legislador cuidou de considerar fonte independente "... aquela que por si só, seguindo os trâmites típicos e de praxe, próprios da investigação ou instrução criminal, seria capaz de conduzir ao fato objeto da prova." (§ 2º). Aqui, como se verá mais adiante, ao dar a definição de fonte independente, em verdade, o legislador tratou da teoria da descoberta inevitável.

Isso não quer dizer, porém, que outras exceções às *exclusionary rules* não possam ser invocadas, consoante será analisado a seguir. O que se tem é que, expressamente, o legislador infraconstitucional, em rigor, adotou três regras oriundas da jurisprudência americana: (1) falta de nexo de causalidade entre a prova originária ilícita e a derivada; (2) fonte independente da prova derivada; (3) descoberta inevitável da prova derivada.

5.1.8.2.3.1. Falta de nexo de causalidade entre a prova originária ilícita e a derivada, quando esta não decorre exclusivamente daquela

No texto sugerido pela Comissão da Reforma constava, no § 1º do art. 157, a observação de que "São também inadmissíveis as provas derivadas das ilícitas, quando evidenciado o nexo de causalidade entre umas e outras e, quando as derivadas não pudessem ser obtidas senão por meio das primeiras." A previsão normativa proposta padecia da necessidade de maior detalhamento, a fim de facilitar a compreensão de seu efetivo alcance.

Tentou-se, porém, um avanço maior, a fim de agasalhar a doutrina sufragada pela Suprema Corte americana da *mancha purgada (purged taint)*, dos vícios sanados ou da tinta diluída. É o caso em que, diante da falta de imediatidade, a prova posterior não é considerada contaminada pelo vício embutido em ato antecedente do qual mantém relação de derivação, o que faz com que ocorra a atenuação, diluição ou eliminação da ilicitude primária. Em sintonia com essa cláusula de exceção, não se aplica a teoria dos *fruits of the poisoned tree*, "... *si la relación entre la ilegalidad y la prueba actualmente cuestionada es tal que el veneno de la ilicitud fue atenuado al momento en que la evidencia fue obtenida.*" Conforme exame dos precedentes das Cortes americanas, Strong[316] pinça os seguintes elementos que devem estar presentes para a aplicação da cláusula de exceção *purged taint*:

a) Secuencia de tiempo: Um prolongado lapso temporal entre la ilegalidad primaria y la evidencia cuestionada em último término.
b) Circusntancias interferentes: La cantidad y naturaleza de los factores lícitos que intervienen entre la ilicitud original y la última prueba, pueden ser tenidos en cuenta para la procedencia de la limitación a la regla de exclusión por disipación del tinte de ilegalidad. Alguns sugeren que si en algunas de las circunstancias interferentes autóno-

---

316 Apud HAIRABEDIÁN. Op. cit., p. 87-88.

mamente legales ha obrado la autoridad judicial, ello también es una base importante para el funcionamiento de la excepción.

c) Magnitud de la inconducta funcional: El propósito y la intensidad de la primera ilegalidad es relevante para tomar en cuenta la "dosis de veneno que puede transmitir a la evidencia subsecuente. Ello está medido en función de la utilidad de la exclusión para disuadir la mala conducta policial.

d) Elección voluntaria: Se da cuando la cadena de hechos involucra una decisión voluntaria de alguno de cooperar con la investigación, generalmente en casos de arrestos incorrectos (como en "Wong Sun")[317]

Na pesquisa levada a efeito em relação à jurisprudência do Supremo Tribunal Federal e do Superior Tribunal de Justiça, não se observou a existência de pronunciamento com o qual se dê abrigo a essa tese. Esta teoria guarda alguma similitude com a da *independent source*, mas com ela não se confunde, pois o nexo causal entre a prova primária e secundária é atenuado não em razão da circunstância de esta possuir existência independente daquela, mas em virtude de o espaço temporal decorrido entre uma e outra, as circunstâncias intervenientes na cadeia pertinente ao conjunto probatório, a menor relevância da ilegalidade ou a vontade do agente em colaborar com a persecução criminal atenuarem, sobremaneira, o procedimento ilícito inicial. Hairabedián[318] cita decisão do Tribunal Supremo da Espanha que não acolheu essa tese, ao argumento de que, mesmo debilitado o nexo causal entre a prova primária ilícita e a derivada, ainda assim ele continua a existir, de modo que a contaminação há de ser reconhecida.

Para que essa teoria fosse adotada em nosso sistema, a Associação dos Juízes Federais do Brasil — Ajufe sugeriu que, no § 2º do art. 157 do CPP constasse a seguinte redação: "Não se considera evidenciado

---

317 No caso Wong Sun v. Us, a polícia, ilegalmente, obteve a confissão de A, com base na qual se efetuou a apreensão de drogas em posse de B, que, por sua vez, disse tê-la recebido de C. Em razão disso, a Suprema Corte reconheceu a nulidade da confissão, assim como de seu efeito imediato, a apreensão da droga que estava com B, porém não entendeu que a falta de eficácia da prova por derivação ilícita atingisse o que se apurou contra C, ao argumento de sua "... *tenue relación com la ilicitud inicial que disipó el tinte de ilegalidad.*" (HAIRABEDIÁN. Op. cit., p. 86.)

318 Op. cit., p. 89.

o nexo de causalidade, quando for tênue o liame de conexão entre a prova ilícita e a que dela possa derivar." Essa sugestão, porém, não foi acolhida pelo Legislativo.

Talvez o melhor tenha sido mesmo que não fosse aprovada a sugestão. As regras de exclusão consubstanciadas nas teses da fonte independente e do descobrimento inevitável, ao que parece, já são o bastante para podar o alcance da teoria dos frutos da árvore envenenada, de modo que não se mostra muito adequado, mediante a adoção do *purged taint*, contemporizar ainda mais com a cláusula constitucional que impõe a inadmissibilidade das provas obtidas por meio ilícito.

Mesmo assim, note-se que, para todos os efeitos, o legislador brasileiro, com a redação do § 1º do art. 157 do Código de Processo Penal, admitiu a validade da prova derivada das ilícitas, se e quando ".. não evidenciado o nexo de causalidade entre umas e outras". Como se vê, expressamente, o sistema jurídico brasileiro passou a aceitar a prova derivada como lícita quando ela não tiver *nexo de causalidade* decorrente da ilícita, ou seja, quando ela não depender *exclusivamente* desta, tese essa consagrada na jurisprudência do Supremo Tribunal Federal.

Essa cláusula de exclusão da sanção de inadmissibilidade da prova derivada tem sido sufragada pelo Supremo Tribunal Federal de há muito tempo — mais precisamente a partir do julgamento do Habeas Corpus 72588/PB, no qual se esclareceu que a prova derivada da originária obtida por meio ilícito, embora em princípio seja inválida, isso não ocorre quando ela "... não for a prova exclusiva que desencadeou o procedimento penal..", uma vez que esteja suficientemente corroborada pelas demais provas obtidas de forma lícita[319].

Em estudo anterior, a prova derivada considerada lícita pelo fato de não depender, *exclusivamente*, da originária contaminada com vício de ilicitude, foi catalogada como hipótese de fonte independente[320]. Todavia, tal como redigido o § 1º do art. 157 do CPP, não resta dúvidas de que o legislador quis extremar uma situação da outra. O nexo de causalidade entre a prova originária e a derivada não se faz sentir, quando esta não decorre exclusivamente daquela, conforme reiterada jurisprudência do Supremo Tribunal Federal.

---

319 Cf. item 5.1.8.2.3, supra.
320 Cf. SILVA JÚNIOR, Op. cit., p. 500-5004.

5.1.8.2.3.2. Fonte independente da prova derivada (*independent source*)

A teoria da *fonte independente* (*independent source*) tem sido adotada em vários pronunciamentos da Suprema Corte Americana, que consiste em relevar a nulidade da prova quando, ainda que ilícito o meio empregado na apuração, esta exista por si mesma, podendo ser obtida em conformidade com o ordenamento jurídico. Ela serve para temperar o rigor da teoria dos frutos da árvore envenenada, excepcionando-se "... da vedação probatória as provas derivadas da ilícita, quando a conexão entre umas e outras é tênue ou de modo a não se colocarem as primárias e as secundárias como causa e efeito"[321]. Essa hipótese denomina-se, no sistema americano, *independent source*[322].

Nessa linha de pensamento, a despeito da ilegalidade praticada na obtenção da prova (confissão à força, por exemplo), não se tem por contaminada a prova que resulta de procedimento independente, sem conexão direta com a violação constitucional anteriormente praticada na investigação. Conforme Hairabedián[323], a Suprema Corte americana, em relação à exclusão de contaminação da *prova derivada* decorrente da *prova obtida por meio ilícito*, faz notar que a tese da *fonte independente* tem sido fundamentada em dois sentidos: (1) casos em que o Ministério Público, tendo obtido provas de forma legal e ilegal, faz uso apenas da obtida licitamente, que é a *hipótese propriamente dita da fonte independente* (*independent source*); (2) ou quando o Ministério Público faz uso em conjunto de todas as provas obtidas na investigação, incluindo as contaminadas, o que enseja a necessidade de que sejam especificadas as provas que, com a supressão hipotética do ato eivado de vício, podem igualmente permitir a mesma conclusão ou substituir a inválida[324].

---

321 GRINOVER, Ada Pellegrini; FERNANDES, Antonio Scarance; GOMES FILHO, Antonio Magalhães. Op. cit., p. 136.
322 Hairabedián faz notar que "Ya em 1920, cuando la Corte extendió la ineficacia probatoria a la prueba derivada de la ilegal en el caso 'Silverthone', el voto de juez Holmes agregaba que la teoría de la extensión no necessariamente implicaba que las pruebas adquiridas en virtude la violación eran de una invalidez 'sagrada', y que si el 'conocimiento de ellas es obtenido de una fuente independiente, pueden servir como prueba como cualquer otra." (Op. cit., p. 68)
323 Ibid. p. 68.
324 Como exemplo de julgado com base nessa tese, Hairabedián cita o caso em que, feito o reconhecimento do autor do crime por testemunha, sem a prévia cientificação ao defensor, o ato se renova no julgamento. Adverte Hairabedián

Em análise do sistema processual alemão, Manuel da Costa[325] diz que a vedação se restringe à "... valoração das declarações obtidas pelos métodos proibidos e legalmente descritos, mas já não dos meios de prova que aquelas declarações tornam mediatamente possíveis", porquanto "... a ilicitude que inquina a prova primária, não preclue a possibilidade de acesso, por procedimentos legalmente admissíveis, à prova secundária."[326] Em citação à lição emanada de Gössel, o doutrinador português diz que

> O § 136 da StPO quer seguramente impedir que seja utilizado para efeitos de convicção o material directamente resultante do atentado à livre conformação da vontade do arguido (v.g. uma confissão obtida mediante tortura); mas já não impedir a consideração dos demais resultados daquela investigação que, apesar de obtidos a partir dos dados indevidamente alcançados, podem ser legitimamente introduzidos no processo.

O Tribunal Supremo Espanhol também tem reconhecido a tese da *fonte independente* (*independent source*), ao deixar consignado que a prova derivada não há de ser tida como contaminada, não sendo, por conseguinte, considerada ilícita, na hipótese em que "... *es posíble establecer desconexión causal entre lãs que fundan la condena y lãs ilicitamente obtenidas*"[327]. Há registro, até mesmo, da adoção pela Corte Suprema espanhola da tese do descobrimento inevitável hipotético, registrado em caso no qual, em que pese tenha ocorrido interceptação telefônica ilegal, a pessoa já vinha sendo investigada pela polícia, tendo ocorrido anteriormente, inclusive, autorização judicial para que fosse violado o sigilo telefônico, de modo que, "... *'inevitablemente' y por métodos regulares, ya había cauces en marcha que habrían desembocado de todos modos en el descubrimiento de la entrega del alijo.*"[328]

---

que a jurisprudência norte-americana, em alguns casos, quando surgem dificuldades fáticas para definir o grau de nexo de causalidade entre a ilicitude originária e a última prova derivada, não tem aplicado a cláusula de exclusão das *exclusionary rules*, ressaltando que, nesses casos, tem plena aplicação o princípio do *in dubio pro reo* (Op. cit., p. 69).
325 Op. cit., p. 171.
326 Ibid. p. 171.
327 HAIRABEDIÁN. Op. cit., p. 70. No mesmo sentido, cf. Eduardo de Urbano. Op. cit., p. 46-47.
328 Ibid., p. 76.

Existem precedentes do Supremo Tribunal Federal em ambos os sentidos com os quais é concebida a teoria da *independent source*. Com efeito, no julgamento do Habeas Corpus 76203/SP, ocorrido perante a Segunda Turma da Excelsa Corte, observou-se que a prova ilícita decorrente da escuta telefônica indevida não ocasiona a contaminação das demais provas, na hipótese em que ela não é utilizada para *deflagrar a ação penal*, ou seja, o Ministério Público, no momento da propositura da denúncia, não faz uso da prova inadmissível por ofensa a preceito fundamental[329]. No referido julgado, no corpo da ementa, ressaltou-se que essa linha de entendimento, que na verdade acolhe a teoria da *independent source* propriamente dita, confere uma "Interpretação restritiva do princípio da árvore dos frutos proibidos."[330] Essa é aquela hipótese em que o Ministério Público, de posse de provas obtidas de forma lícita e ilícita, ao oferecer a denúncia, escora a pretensão acusatória apenas nas que foram validamente produzidas, de modo que, mesmo estas tendo grau de derivação da que estava contaminada, não se há de falar em aplicação da tese dos frutos da árvore venenosa, uma vez que gozam de existência autônoma.

Há registro na jurisprudência do Supremo Tribunal Federal, igualmente, de acolhida da tese da *força independente* mesmo quando o Ministério Público, a um só tempo, apoia a sua pretensão punitiva em provas carreadas para o processo mediante procedimento lícito e ilícito. Tal se observa da leitura do acórdão redigido no Habeas Corpus 83921/RJ, no qual funcionou como relator o Ministro Eros Grau[331], merecendo destaque a parte da ementa em que se diz que não cabe censura a decisão judicial quando, a despeito da existência de ilicitude no procedimento adotado para que fosse colhido o reconhecimento fotográfico, o pronunciamento se escora "em provas autônomas pro-

---

329 BRASIL. Supremo Tribunal Federal. HABEAS CORPUS. PROCESSO PENAL. ESCUTA TELEFÔNICA. OUTROS MEIOS DE PROVA. LICITUDE. Relator p/ acórdão Ministro Nelson Jobim. Data da decisão: 16/06/1998. Disponível em: http://www.stf.gov.br/jurisprudencia/jurisp.asp. Acesso em: 9 set. 2005.
330 Ibid.
331 BRASIL. Supremo Tribunal Federal. HABEAS CORPUS SUBSTITUTIVO DE RECURSO ORDINÁRIO. RECONHECIMENTO FOTOGRÁFICO NA FASE INQUISITORIAL. INOBSERVÂNCIA DE FORMALIDADES. TEORIA DA ÁRVORE DOS FRUTOS ENVENENADOS. CONTAMINAÇÃO DAS PROVAS SUBSEQUENTES. INOCORRÊNCIA. SENTENÇA CONDENATÓRIA. PROVA AUTÔNOMA. un., Data da decisão: 03/08/2004. Disponível em: http://www.stf.gov.br/jurisprudencia/jurisp.asp. Acesso em: 9 set. 2005.

duzidas em juízo." De acordo com essa mesma orientação, o Superior Tribunal de Justiça, por sua Quinta Turma, em votação unânime, tendo como Relator o Ministro Félix Fischer[332], atestou que "Não há como acolher a pretensão do recorrente de aplicação da teoria dos frutos da árvore envenenada (the fruits of the poisonous tree), haja vista que o vergastado acórdão reconheceu a independência entre a prova tida como ilícita e as demais...", tese que igualmente passou a ser defendida em outros julgados[333].

A tese defendida pelo Supremo Tribunal Federal e pelo Superior Tribunal de Justiça, por conseguinte, é no sentido de que a prova, mesmo derivada de outra que é considerada ineficaz por ter sido obtida por meio ilícito, não deve ser considerada contaminada pelo vício, na medida em que ela tem existência própria, independente da prova colhida de forma ilícita. Essa posição foi defendida, com bastante sagacidade, pelo Ministro Sydney Sanches, no já mencionado julgamento do caso Collor[334].

---

[332] BRASIL. Superior Tribunal de Justiça. PROCESSUAL PENAL. AGRAVO REGIMENTAL NO HABEAS CORPUS. ARTS. 213 E 214 C/C ART. 224, A, E ART. 147, TODOS DO CÓDIGO PENAL. GRAVAÇÃO CLANDESTINA. DEGRAVAÇÃO. PROVA ILÍCITA. ORDEM CONCEDIDA PELO E. TRIBUNAL A QUO PARA DETERMINAR O DESENTRANHAMENTO DA REFERIDA PROVA. PRETENSÃO DE APLICAÇÃO DA TEORIA DOS FRUTOS DA ÁRVORE ENVENENADA. INDEPENDÊNCIA ENTRE AS PROVAS RECONHECIDA PELO E. TRIBUNAL A QUO. NECESSIDADE DE ACURADO EXAME DO MATERIAL COGNITIVO. IMPOSSIBILIDADE NA VIA ELEITA, Data da decisão: 28/06/2005. un. Disponível em: www.stj.gov.br/SCON/jurisprudencia. Acesso em: 9 set. 2005.

[333] À guisa de exemplo, a Sexta Turma do Superior Tribunal de Justiça, também à unanimidade, no Recurso Especial nº 204080/CE, relatado pelo Ministro Fernando Gonçalves, certificou que, no caso, não merecia censura a decisão de pronúncia prolatada, uma vez que os indícios de materialidade e autoria que lhe deram suporte não foram "... derivados de provas ilícitas (utilização de dados telefônicos sem autorização judicial), mas autônomos, sem a contaminação de que fala a teoria dos frutos da árvore envenenada." (BRASIL. Superior Tribunal de Justiça. RESP. CRIMINAL. PREQUESTIONAMENTO. VIOLAÇÃO GENÉRICA DE LEI. PRONÚNCIA. PROVAS ILÍCITAS. FRUTOS DA ÁRVORE ENVENENADA. NÃO-OCORRÊNCIA DE NULIDADE. SÚMULA Nº 7. Data da decisão: 21/08/2001. Disponível em: www.stj.gov.br/Jurisprudencia. Acesso em: 10 set. 2005.)

[334] Com base nessa tese, imagine-se a situação em que, mediante escuta telefônica ilegal, obtém-se a confissão do crime, a qual em si é uma prova que decorre do meio ilegal empregado. Em outras palavras, não existe senão em razão da ilicitude, mas tal não contamina, por exemplo, a diligência que, feita sob as cautelas legais, porém a partir da informação colhida naquele procedimento,

No julgamento do processo nº 2006.84.00.004873-0, que tramitou perante a Justiça Federal, Seção Judiciária do Estado do Rio Grande do Norte, a despeito de se reconhecer a ilicitude da prova derivada da diligência levada a efeito em busca e apreensão aparelhada com decisão oriunda de Juízo com incompetência absoluta, entendeu-se pela validade da prova consistente de fotografias da fachada do estabelecimento, as quais, para serem obtidas validamente, prescindiam da autorização judicial[335]. Ou seja, tratou-se de prova cuja obtenção não teve relação de dependência do mandado de busca e apreensão, considerado ilícito porque expedido com base em decisão de juiz incompetente.

Como já foi salientado, com a edição da Lei nº 11.690, de 2008, essa jurisprudência do STF, seguida pelo STJ, foi transformada em lei, na medida em que, nos termos do art. 157, § 1º, do CPP, a prova derivada não é considerada inadmissível, quando ela tiver origem em *fonte independente*. Note-se que a definição de fonte independente, encartada no § 2º do art. 157 do CPP, não se coaduna propriamente com a explicação dada a essa teoria quer pela jurisprudência, quer pela doutrina, mas à teoria do descobrimento inevitável, que será estudada a seguir.

5.1.8.2.3.3. Descobrimento inevitável da prova derivada (*inevitable discovery*)

Outra tese que, em consonância com a jurisprudência da Suprema Corte americana, serve para dar flexibilidade à teoria *dos frutos da árvore envenenada* é a doutrina do *descobrimento inevitável* (*inevita-

---

logra encontrar o corpo da vítima. Para utilizar a expressão do Ministro Moreira Alves, aquela prova ilícita originária, no caso, serve como *pista*, não como prova.
335 A primeira parte da ementa está assim redigida: "A busca e apreensão, determinada pela justiça estadual em crime de alçada federal, diante da incompetência absoluta, compromete a validade da diligência, sendo consideradas, assim, ilícitas as provas delas decorrentes, sem contaminação, porém, das demais que não guardam nexo de causalidade com a prova primária ilegal ou que possuem fonte independente, como são os casos das fotografias tiradas da fachada da empresa, que podiam ser feitas independentemente de autorização judicial, e dos depoimentos prestados em Juízo, salvo em relação àquilo que o policial, na qualidade de testemunha, relata com base no que tomou conhecimento na execução do mandado viciado (art. 157, caput e §§ 1º e 2º, do Código Penal, com a alteração da Lei nº 11.690, de 2008.). Precedentes do Supremo Tribunal Federal."

ble discovery). Tal ocorre quando, sem embargo do procedimento ilegal empregado para o descobrimento do fato, é possível obter-se a prova de forma lícita[336]. Conquanto parecida com a tese da *independent source*, daquela se distingue devido à circunstância de não prescindir de produção probatória independente, senão de que o descobrimento inevitável seja *hipoteticamente fatível*[337]. No caso do *inevitable discovery*, "... as provas derivadas da ilícita poderiam de qualquer modo ser descobertas por outra maneira"[338], ou, em outras palavras, "... a prova ilícita não foi absolutamente determinante para o descobrimento das derivadas."[339] Aqui parece evidente que a tese admite a validade da prova derivada quando ela, suprimida a prova anterior e ilícita, seja possível exsurgir licitamente, o que pressupõe, por conseguinte, a existência concreta dessa prova derivada, não apenas a possibilidade de ela ter sido obtida[340].

O que se verifica é que essa cláusula de exceção contém acentuado grau de indefinição, daí que merece atenção a advertência de que *"La doctrina del descubrimiento inevitable debe ser usada com restricción para que no se convierta en um vehículo que derogue el derecho de todos los ciudadanos a estar libres de registros y secuestros irrazonables."*[341]

---

336 HAIRABEDIÁN, p. 73.
337 A despeito da distinção, reconhece Hairabedián, "... es común la confusión entre uma excepción y outra, dadas las similares características que presentan ambas, o que há llevado a tratarlas em conjunto." (Op. cit. p. 73)
338 GRINOVER, Ada Pellegrini; FERNANDES, Antonio Scarance; GOMES FILHO, Antonio Magalhães. Op. cit., p. 136.
339 Ibid. p. 136.
340 De todo modo, Hairabedián cita caso em que a Suprema Corte entendeu pertinente para dar validade à prova que, embora obtida ilicitamente, seria inevitável a sua produção ou obtenção caso adotada a forma legal (Op. cit., p. 74), tese que, segundo o autor em referência, é sufragada por Roxin, que crê acertado aplicar-se essa exceção ante um *alto grau de probabilidade do descobrimento inevitável*. Contudo, o mais correto parece ser a exigência de que a prova derivada exista concretamente, pois a validade não é da prova obtida por meio ilícito, mas sim da que dela é derivada, porém, por não depender única e exclusivamente daquela e, por isso mesmo, ser inevitável o seu descobrimento, tem-se por eficaz, como exceção das *exclusionary rules*. Ademais, no caso em que o descobrimento inevitável se sustenta ante uma *probabilidade fatível*, tem-se uma mera presunção de prova derivada lícita, o que não se coaduna com o princípio do *in dubio pro reo*, que dimana do direito fundamental da *presunção de não culpabilidade*.
341 HAIRABEDIÁN. Op. cit., p. 79. Por isso mesmo, além de alguns tribunais,

Eduardo de Urbano[342] menciona decisão do Tribunal Supremo espanhol, prolatada no ano de 1995, na qual se adotou essa tese, ao argumento de que não se deve ter como ineficaz a prova derivada, *"si es posible estabelecer una desconexión causal entre las que fundan la condena y las ilícitamente obtenidas; y que esa desconexión siempre existe en la jurisprudencia norte-americana en los caso de hallazgo inevitable"*.

A Sexta Turma do Superior Tribunal de Justiça, em votação unânime, no julgamento do Habeas Corpus 16956/RJ, em que se apresentou como Relator o Ministro Fernando Gonçalves[343], acolheu expressamente essa tese, ao preceituar que "Não se aplica à espécie a doutrina 'dos frutos da árvore envenenada' se a escuta telefônica, malgrado tenha sido realizada sem a observância do devido processo legal, não foi a prova decisiva ou única para o indiciamento do paciente."

---

como é o caso da Suprema Corte de Massachusetts, exigirem, para aplicar a exceção, a demonstração da certeza do descobrimento inevitável, a boa-fé da polícia e a prova de que não houve violação do domicílio, outros, a exemplo da Suprema Corte do Arizona, em alguns casos, mesmo quando suprida a exigência do *inevitable discovery*, ainda assim, não fazem uso da excepcionalidade, tendo em conta a intensidade do direito fundamental violado, "... que debe disuadirse aun cuando el descubrimiento de la evidencia secuestrada hubiese sucedido inevitablemente." (Ibid.)

342 Op. cit., p. 44.
343 BRASIL. Superior Tribunal de Justiça. PROCESSUAL PENAL. HABEAS CORPUS. MATÉRIA NÃO DECIDIDA PELO TRIBUNAL ATACADO. NÃO CONHECIMENTO. NULIDADE. PROCESSO. INOCORRÊNCIA. ESCUTA TELEFÔNICA. PROVA ILEGÍTIMA, Data da decisão: 13/11/2000. Disponível em: www.stj.gov.br/Jurisprudencia. Acesso em: 10 set. 2005. Esse pensamento foi repetido em votação unânime da Sexta Turma do Superior Tribunal de Justiça, no julgamento do Habeas Corpus 5062/RJ, também relatado pelo Ministro FERNANDO GONÇALVES, com ementa vazada nos seguintes termos: "'HABEAS CORPUS'. NULIDADE DO PROCESSO. ESCUTA TELEFÔNICA. PROVA ILEGÍTIMA. 1. SE A ACUSAÇÃO RESULTA DE UM CONJUNTO PROBATÓRIO, NO QUAL A ESCUTA TELEFÔNICA, JUDICIALMENTE AUTORIZADA, FOI APENAS UM MEIO PARA SE CHEGAR A VERDADE DOS FATOS, TEM-SE POR EXCLUÍDA A TESE DA ILICITUDE DA PROVA, COM BASE NA TEORIA DOS FRUTOS DA ÁRVORE ENVENENADA. 2. A INFLUÊNCIA DE UM DESTES MEIOS PROBATÓRIOS NO RESULTADO DO JULGAMENTO DEVERÁ SER PESQUISADA EM SEDE DE APELAÇÃO. 3. PRECEDENTES DO STF (HC 69.912-0/RS) E DO STJ (RHC 45.158/SP). 4. ORDEM DENEGADA." (BRASIL. Superior Tribunal de Justiça. Data da decisão: 10/12/1996. Disponível em: www.stj.gov.br/Jurisprudencia. Acesso em: 19 set. 2005).

Vê-se que, nesse caso, para o Superior Tribunal de Justiça, mesmo sendo ilícita a prova produzida, deve-se relevar essa irregularidade, e, assim, admitir a prova derivada, desde que a prova originária contaminada não seja decisiva ou então não seja a única. Note-se que o precedente do Superior Tribunal de Justiça vai além da forma como é concebida no sistema americano a cláusula do *inevitable discovery*, pois ali, para se admitir a exceção à *exclusionary rule*, exige-se que a prova originária angariada de forma ilícita não seja determinante, enquanto, no pronunciamento judicial em comento, para afastar essa regra, afirmou-se que basta, para tanto, não ser ela a decisiva ou a única.

Porém, se a cláusula do *inevitable discovery*, aplicada sob o argumento de que se deve ter como admissível a prova obtida de forma ilícita quando ela não é *determinante* para a condenação, possuindo, assim, apenas uma força subsidiária, é extremamente perigosa, o que não dizer alargá-la para afirmar que a exceção à *exclusionary rule* deve ocorrer sempre que se verificar a existência de outras provas que autorizam a condenação. Se assim for, praticamente não se aplicará a tese da *inadmissibilidade das provas obtidas por meio ilícito*, pois, dificilmente, em um processo, há apenas as provas que foram angariadas ilicitamente, na medida em que o conjunto probatório, em seu todo, além delas, compreende as que são colhidas de forma lícita. Não se pode perder de vista, no entanto, que o precedente em foco do Superior Tribunal de Justiça foi dado no ambiente estreito do exame de habeas corpus, com o qual se pretendia a extinção do processo (impropriamente denominado *trancamento da ação penal*). Certamente, a tese da *inevitable discovery* não seria recebida dessa forma abrangente, caso a manifestação da Egrégia Corte fosse dada em julgamento quanto ao mérito da demanda, quando se faz o *juízo de culpabilidade*.

De qualquer sorte, consoante já foi aqui salientado, o legislador, ao definir o que seria fonte independente, findou tratando de hipótese que mais se assemelha à *inevitable discovery*: "... aquela que por si só, seguindo os trâmites típicos e de praxe, próprios da investigação ou instrução criminal, seria capaz de conduzir ao fato objeto da prova." (art. 157, § 2º, do CPP)[344].

5.1.8.2.4. Outras regras de exclusão

Conforme assinalado, as regras de exclusão acima, expressamente

---

[344] Esse texto foi sugerido por comissão da Associação dos Juízes Federais do Brasil — AJUFE.

agora acolhidas no Código de Processo Penal por força da nova redação emprestada ao art. 157 pela Lei nº 11.690, de 2008, são fruto da construção jurisprudencial da Suprema Corte norte-americana que, depois de adotar a teoria dos *fruits of the poisoned tree*, passou a tergiversar sobre o tema[345]. Em verdade, ao mesmo tempo em que a teoria das *exclusionary rules* atingia, nos Estados Unidos, a sua expressão máxima com o entendimento de que ela abrangia, ainda, as provas derivadas, surgia, em contranota, uma forte reação contra a rigidez dessa regra, que ganhou fôlego com as vozes fortes do movimento criminal denominado *law and order*, com o qual se reclamava a adoção de temperamento à tese, com consequente redução do seu alcance, especialmente em relação à contaminação das provas por derivação[346]. Joshua Dressler afirma que durante a presidência de Eral Warren (1953-1969), a Suprema Corte americana se notabilizou pelo desenvolvimento de regras mais favoráveis aos direitos fundamentais da pessoa em relação ao Estado[347]. Por outro lado, sob a presidência dos outros dois que lhe seguiram, Warren Burger e William Rehnquist, especialmente este último, acentuou-se o trato da questão dos direitos fundamentais tendo em conta interpretação mais consentânea com um modelo de processo penal que favorece ao *crime control*. Com a eleição de Richard Nixon, que tinha como promessa de campanha a aplicação da teoria da *law and order* no trato da criminalidade, que coincidiu com a aposentadoria de Eral Warren, deu-se início ao desenvolvimento, pela Suprema Corte, de entendimento mais comedido quanto à aplicação da teoria dos *fruits of the poisoned tree*.

Em detalhado estudo do Direito Comparado, Maximiliano Hairbedián identifica doze exceções às *exclusionary rules*, as quais mitigam sobremaneira a teoria dos *fruits of the poisoned tree*: (1) a fonte independente; (2) o descobrimento inevitável; (3) a boa-fé (*good faith*); (4) a doutrina do *purged taint* ou dos vícios sanados; (5) a prova benéfica em prol do acusado; (6) o princípio da proporcionalidade ou *balancing test*; (7) a destruição da mentira do imputado; (8) a teoria

---

345 A Suprema Corte Americana, tempos antes, fez o mesmo percurso do Supremo Tribunal Federal: recalcitrou, no início, em admitir a teoria dos frutos da árvore envenenada, depois passou a admiti-la de forma ampla e, por fim, passou a criar uma série de regras de exclusão.
346 ANDRADE, Manuel da Costa. *Sobre as proibições de prova*. Coimbra: Coimbra Editora, 1992, p. 23.
347 Op. cit., p. 20-21.

do risco; (9) a *plain view doctrine* e os campos abertos; (10) a renúncia do interessado; (11) a infração constitucional alheia; e (12) a infração constitucional por pessoas que não fazem parte do órgão policial[348].

Muitas delas, como se nota, não foram contempladas na Lei nº 11.690, de 2008, mas, todavia, são plenamente aplicáveis em nosso sistema. Não era de se esperar que o legislador contemplasse todas as regras conhecidas de exceção às *exclusionary rules*, até pela dificuldade de traduzir normativamente, nessa seara, o pensamento jurisprudencial e doutrinário. A melhor postura foi a do legislador, que se contentou em anunciar aquelas teorias que são mais evidentes, deixando o mais para a jurisprudência e a doutrina, especialmente a primeira, na aplicação aos casos concretos, diante das circunstâncias que devem preponderar, para excluir, ou não, a contaminação da prova derivada.

É válido, assim, fazer-se aqui o esboço de algumas dessas outras regras de exclusão.

5.1.8.2.4.1. Prova benéfica em prol do acusado

Conforme registra Hairabedián, a doutrina de alguns países tem adotado a tese de que a prova produzida de forma ilícita há de ser considerada eficaz, quando ela é utilizada em prol do acusado[349]. A esse respeito, o doutrinador argentino faz referência a decisão do Tribunal Supremo espanhol, na qual se admite a utilização da prova ilícita em prol do acusado, até porque se, em razão do princípio da presunção de

---

348 Para melhor compreender a adoção dessas exceções à regra das *exclusionary rules* pela Suprema Corte americana, impõe-se esclarecer que, no sistema estadunidense, o escopo dos direitos fundamentais é *prevenir* e *reprimir* os abusos praticados pela polícia criminal na apuração dos fatos criminosos. Por isso mesmo, pode-se concluir que, no sistema americano, em primeiro lugar, os direitos fundamentais servem de parâmetros para a atuação da polícia, o que faz sobrelevar o entendimento de que algumas cláusulas de exclusão, como a *good faith*, são adotadas pela jurisprudência como forma de atenuar, em prol da atividade policial, a rigidez das *exclusionary rules*. O mesmo não se dá em outros sistemas jurídicos, como é o caso brasileiro, em que os direitos fundamentais são previstos como regras que vinculam não apenas os aparelhos dos órgãos de segurança que se ocupam da atividade investigatória, mas igualmente todos, com isso se dizendo que não se tratam de normas cujas garantias se contentam em inibir o abuso do poder público, até porque eles visam garantir o respeito à dignidade da pessoa humana, que pode ser arranhada não só por aqueles, como igualmente por qualquer pessoa.
349 Op. cit., p. 90.

não-culpabilidade, na dúvida, o juiz deve absolver, não teria sentido que ele não desse a devida atenção a uma prova que, conquanto produzida de forma ilícita, demonstra a inculpabilidade do acusado[350].

Concebida a declaração de direito fundamental como limitação ao direito de punir do Estado, facilmente se percebe que o juiz pode, com suporte em uma prova obtida ilicitamente, proferir uma sentença absolutória. Isso porque, quando o constituinte diz que é inadmissível a prova ilícita, deixa escrito que o Estado não pode apoiar-se nesse tipo de prova para lograr a condenação do acusado. Daí se tem que a vedação estampada na Constituição direcionada para o juiz é em relação à prolação de sentença condenatória com suporte em prova angariada com vício, nunca, porém, que ele, com suporte nela, profira sentença absolutória.

Ademais, a forma como estão dispostos e disciplinados, na Constituição de 1988, os princípios da ampla defesa e da inadmissibilidade das provas obtidas por meios ilícitos, reforça a aplicação dessa tese em nosso meio. Com efeito, no inciso LV do art. 5º da Constituição está previsto o princípio da ampla defesa que, em relação ao processo criminal, diz respeito apenas à defesa[351]. Em consonância com o afirmado no item 5.1.5, supra, a norma jurídica em foco, enquanto trata da cláusula da ampla defesa na seara cível como garantia inerente ao autor e ao réu, pois fala em *litigantes*, no pertinente ao ambiente criminal, o preceito constitucional está direcionado tão somente ao acusado, uma vez que utiliza a expressão *acusados*. Ou seja, a ampla defesa no processo criminal está constitucionalmente assegurada apenas para o incriminado, permitindo que se diga que, em nosso sistema constitucional, enquanto a defesa do acusado é ampla, a do autor sofre limitações, sendo as principais as que se encontram plasmadas na categoria de direitos fundamentais.

A limitação mais evidente do direito de provar em relação ao autor no processo criminal, está exposta justamente no inciso seguinte, pois lá está dito que "são inadmissíveis, no processo, as provas obtidas por meios ilícitos" (LVI do art. 5º da Constituição). A análise conjunta dos incisos LV e LVI, ambos do art. 5º da Constituição, leva à conclusão de que os seus comandos normativos, dentro da ideia de que os direitos fundamentais, no âmbito do processo criminal, expressam limitações ao dever-poder de punir do Estado, estão direcionados para

---

350 Ibid., p. 91.
351 Cf. item 5.1.5, supra.

regrar a atuação do Ministério Público, pois tanto a *ampla defesa do acusado* quanto a *inadmissibilidade das provas ilícitas* estão catalogadas dentre os direitos fundamentais como medidas de proteção ao direito de punir.

O que não se admite é que o juiz condene alguém tendo como base uma prova produzida ilicitamente. Contudo, quando serve para inculpar, ou seja, para absolver o acusado, nada impede que o juiz, em seu pronunciamento, dela faça uso. Se esse não for o entendimento, pode-se argumentar, de qualquer modo, que, ficando comprovada, com a prova produzida de forma ilícita, a inocência do acusado, seria o caso de o juiz, pelo menos, absolvê-lo alegando a insuficiência de provas para a condenação (art. 386, VII, do CPP)[352]. O que não pode é um juiz condenar o acusado, sabendo que ele é inocente.

Ada Pellegrini, Antonio Fernandes e Gomes Filho[353] afirmam que a tese da admissibilidade da prova ilícita quando ela é produzida em benefício do acusado tem sido acolhida praticamente à unanimidade, com base no princípio da proporcionalidade, mediante a conclusão de que o direito de defesa deve preponderar no confronto com o direito de punir. Sem embargo disso, quando o acusado pratica uma ilegalidade para poder defender-se de modo amplo e efetivo no processo criminal, verifica-se o fenômeno da exclusão de ilicitude, com base no instituto da legítima defesa, daí por que, em verdade, não se há de falar propriamente em prova obtida de forma ilícita.

Não se tem conhecimento de precedente do Supremo Tribunal Federal acolhendo diretamente essa tese. Mas após o caso *Magri*, o Supremo Tribunal Federal passou a entender que, embora a prova obtida por meio de gravação clandestina seja considerada, em tese, ilícita, uma vez que afronta o direito à intimidade, ela é válida quando feita como forma de defesa. Nesse caso, ela possui plena validade, pois, prevalece o direito fundamental de defender-se, no confronto com o direito à intimidade da outra pessoa. Isso se deu no julgamento do RE 212081/RO, caso em que, um dos interlocutores, diante da exigência do outro para que lhe fosse concedida propina, resolveu gravar, sem o conhecimento deste, as conversas entre os dois e, depois, apresentou-as como indício de que estava sendo acossado para cobrar o valor indevido. O conteúdo das gravações, embora tenha servido para incriminar um dos interlocutores, somente foi aceito porque, em

---

352 Conforme alteração da Lei nº 11.690, de 2008.
353 *As nulidades no processo penal*. p. 134-135.

verdade, serviu para demonstrar a liceidade da conduta de quem efetuou a gravação clandestina. Esse fato foi o bastante para o Supremo Tribunal Federal admitir a prova, postura que vem sendo mantida.

Como se observa, o Supremo Tribunal Federal tem posição mais avançada do que aquela que propõe a admissibilidade da prova ilícita produzida em prol do acusado, pois, consoante o seu posicionamento, não apenas pode ser utilizada para a defesa do agente na fase do inquérito ou do processo judicial, como é idônea, também, para, eventualmente, incriminar outra pessoa, desde que produzida para servir de defesa.

5.1.8.2.4.2. Princípio da proporcionalidade ou *balancing test*

A Suprema Corte americana também agasalhou a cláusula de exceção à regra da *exclusionary rule* identificada como *balancing test*, que corresponde à versão adaptada do *princípio da proporcionalidade*, originado do sistema jurídico alemão. Para flexibilizar a rigidez da *exclusionary rule*, tem-se aceitado que o juiz, em cada caso concreto, faça a ponderação de valores assegurados pela Constituição, tendo em consideração a *intensidade e quantidade da violação ao direito fundamental* e o dano que poderá advir caso a prova não seja admitida. Na apreciação do caso US v. Payner, em pronunciamento feito no ano de 1980, a Suprema Corte americana assinalou que "*La exclusión de la prueba em cada caso de ilegalidad debe ser sopesada frente al considerable dano que pueda surgir de uma aplicación indiscriminada de la regla de exclusión.*"[354]

O princípio da proporcionalidade foi construído na doutrina e jurisprudência alemãs, possuindo ampla aceitação no Direito europeu continental. Quanto ao tema da inadmissibilidade das provas obtidas por meios ilícitos, que, na dogmática alemã, segue o regime das *Beweisverbote*, o Tribunal Constitucional Federal do referido país, em compasso com anotação de Costa Andrade[355], adota, em sua linha ar-

---

[354] HAIRABEDIÁN. p. 97. Em verdade, essa posição já havia sido defendida, em 1948, em voto do juiz Jackson, que entendia ser a ineficácia da prova dependente da *gravidade* da ofensa ao direito fundamental (Ibid., p. 97-98). No precedente colhido da Suprema Corte americana no exame do caso Schmerber v. Califórnia, aceitou-se como válida a prova oriunda "... de una extracción de sangre al acusado hecha sin orden judicial en virtud de la urgencia para evitar la eliminación de alcohol." (Ibid.)
[355] Op. cit., p. 142.

gumentativa, duas vertentes, pondo, de um lado, o paradigma da preservação dos direitos da personalidade (direitos fundamentais) e, do outro, recorre ao princípio da proporcionalidade, a fim de fazer a *ponderação de interesses* e, com isso, conceber a legitimação da prova, sacrificando, assim, na hipótese, o bem jurídico do acusado. A proibição da valoração da prova adquirida de forma ilícita, sob a batuta do princípio da proporcionalidade, deve ser o resultado de apreciação judicial que tem de levar em consideração (1) o interesse concreto da persecução criminal, (2) a gravidade da lesão à norma, (3) o bem jurídico tutelado pela norma constitucional violada e (4) a carência de tutela do interesse lesado[356].

Embora não se tenha encontrado registro de adoção dessa tese pelo Superior Tribunal de Justiça, no julgamento do Habeas Corpus 39052/SP, em acórdão lavrado, à unanimidade, pela Quinta Turma do Superior Tribunal de Justiça, o Ministro Arnaldo Esteves, diante da jurisprudência firmada na referida Corte, muito embora tenha ressalvado o seu ponto de vista pessoal, sustentou que, com "... base nos princípios da proporcionalidade e da razoabilidade, na busca do bem jurídico maior a ser protegido no caso concreto, de acordo com a vontade do legislador constituinte", deve ser valorada prova consistente em registros, em inquéritos e processos criminais sem sentença transitada em julgado, para fins de dosimetria da pena na sentença condenatória, à conta de circunstâncias judiciais.

Na apreciação do caso *Collor* pelo Supremo Tribunal Federal, o Ministro Celso de Mello categoricamente refutou a aplicação, em nosso sistema, da teoria da proporcionalidade, cunhada pela doutrina e jurisprudência alemãs, ao fundamento de que o constituinte, ao estabelecer a cláusula da inadmissibilidade das provas obtidas de forma ilícita, não fez nenhuma consideração a esse respeito[357]. Em 2001, ao decidir o Habeas Corpus 80949/RJ, o Ministro Sepúlveda Pertence[358], na qualidade de relator, asseverou:

Da explícita proscrição da prova ilícita, sem distinções quanto ao crime objeto do processo (CF, art. 5º, LVI), resulta a prevalência da garantia nela estabelecida sobre o interesse na busca, a qualquer cus-

---

[356] ANDRADE. Op. cit., p. 143.
[357] Cf. item 5.1.8.2.3, supra.
[358] BRASIL. Supremo Tribunal Federal. HABEAS CORPUS: CABIMENTO. Data da decisão: 30/10/2001. Disponível em: http://www.stf.gov.br/jurisprudencia/jurisp.asp. Acesso em: 7 jul. 2008.

to, da verdade real no processo: consequente impertinência de apelar-se ao princípio da proporcionalidade — à luz de teorias estrangeiras inadequadas à ordem constitucional brasileira — para sobrepor, à vedação constitucional da admissão da prova ilícita, considerações sobre a gravidade da infração penal objeto da investigação ou da imputação.

Como se vê, o STF rechaçou a aplicação do princípio da proporcionalidade como forma de validar a admissibilidade de prova obtida por meio ilícito, ao fundamento de que o nosso sistema, diferentemente do que ocorre em outros, diante da forma como foi redigida a norma constitucional — inserida dentre os direitos fundamentais —, veda o uso da prova obtida por meio ilícito, não sendo o caso de se cogitar em fazer a ponderação entre os direitos fundamentais protegidos e que se atritam, uma vez que deve prevalecer, sempre, em detrimento da persecução criminal, a garantia da inadmissibilidade, estabelecida na Constituição. No mesmo ano, a matéria voltou a ser debatida no Pleno do Supremo Tribunal Federal, no julgamento do Habeas Corpus 79512/RJ, quando então, malgrado mantida a orientação da inaplicação da teoria da proporcionalidade, o pronunciamento, que também teve o Ministro Sepúlveda Pertence[359] como relator, deu-se de forma mais comedida, porquanto se admitiu, ainda que excepcionalmente, a possibilidade de o princípio da proporcionalidade ser invocado pelo juiz. Eis a ementa daquele julgado:

(...) 2. Objeção de princípio — em relação à qual houve reserva de Ministros do Tribunal — à tese aventada de que à garantia constitucional da inadmissibilidade da prova ilícita se possa opor, com o fim de dar-lhe prevalência em nome do princípio da proporcionalidade, o

---

[359] BRASIL. Supremo Tribunal Federal. PROVA: ALEGAÇÃO DE ILICITUDE DA OBTIDA MEDIANTE APREENSÃO DE DOCUMENTOS POR AGENTES FISCAIS, EM ESCRITÓRIOS DE EMPRESA — COMPREENDIDOS NO ALCANCE DA GARANTIA CONSTITUCIONAL DA INVIOLABILIDADE DO DOMICÍLIO — E DE CONTAMINAÇÃO DAS PROVAS DAQUELA DERIVADAS: TESE SUBSTANCIALMENTE CORRETA, PREJUDICADA NO CASO, ENTRETANTO, PELA AUSÊNCIA DE QUALQUER PROVA DE RESISTÊNCIA DOS ACUSADOS OU DE SEUS PREPOSTOS AO INGRESSO DOS FISCAIS NAS DEPENDÊNCIAS DA EMPRESA OU SEQUER DE PROTESTO IMEDIATO CONTRA A DILIGÊNCIA. Data da decisão: 16/12/1999. Disponível em: http://www.stf.gov.br/jurisprudencia/jurisp.asp. Acesso em 7 jul 2008.

interesse público na eficácia da repressão penal em geral ou, em particular, na de determinados crimes: é que, aí, foi a Constituição mesma que ponderou os valores contrapostos e optou — em prejuízo, se necessário da eficácia da persecução criminal — pelos valores fundamentais, da dignidade humana, aos quais serve de salvaguarda a proscrição da prova ilícita: de qualquer sorte — salvo em casos extremos de necessidade inadiável e incontornável — a ponderação de quaisquer interesses constitucionais oponíveis à inviolabilidade do domicílio não compete a posteriori ao juiz do processo em que se pretenda introduzir ou valorizar a prova obtida na invasão ilícita, mas sim àquele a quem incumbe autorizar previamente a diligência.

No caso, pretendia-se valorar, sob o pálio do princípio da proporcionalidade, a prova obtida com invasão de domicílio sem a prévia autorização judicial, o que não foi aceito. De toda sorte, a tese vitoriosa, além de não ter sido à unanimidade, ainda se mostrou mais restrita do que aquela constante do julgamento do Habeas Corpus 80949/RJ, decidido pela Primeira Turma. Isso porque, conquanto se tenha estabelecido que coube ao próprio constituinte proceder à *ponderação de valores* e, no caso, escolher a prevalência da inaceitabilidade das provas obtidas por meios ilícitos, ressalvou-se que essa regra pode ser excepcionalizada *em casos extremos de necessidade inadiável e incontornável*.

Dessa forma, o Supremo Tribunal Federal admitiu que cabe ao juiz, mesmo que remotamente, aplicar a teoria da proporcionalidade e, assim, dar validade à prova que, em princípio, devido à ilicitude de sua obtenção, não tem validade, desde que a inobservância da regra formal que alberga direito fundamental tenha sido cometida *em caso extremo de necessidade inadiável e incontornável*, situação que deve ser considerada tendo em conta o caso concreto.

5.1.8.2.4.3. Boa-fé (*good faith*)

No sistema americano, ainda se afasta a aplicação das *exclusionary rules* tendo como suporte a boa-fé (*good faith*) dos agentes incumbidos de realizar os atos investigatórios. Esse tema é extremamente delicado, visto que trata de situação em que o agente, em razão de *erro de fato*, finda malferindo, com o seu agir, um direito fundamental; todavia, em virtude de sua boa-fé, tem-se por afastada a ilegalidade. Para exemplificar a situação, Hairabedián imagina caso em que a polícia, ao fazer a ronda de rotina, escuta gritos oriundos do interior de uma residência e, em razão disso, nela ingressa sem autorização judicial, porém lá verifica que, em verdade, está ocorrendo uma festa, não se tratando de pedido de socorro; mas, antes de se retirar, vê a ocorrência de um crime. Essa tese foi acolhida pela Suprema Corte americana no *leading case* US v. Leon, em julgamento verificado no ano de 1984, no qual ficou assentado que deve ter-se por válida a prova obtida com violação a princípios constitucionais, desde que isso não tenha decorrido da intenção de quem procedeu à investigação, mas sim de erro ou ignorância, pois *"la Cuarta Enmienda no requiere la exclusión de prueba secuestrada de acuerdo com uma orden aparentemente válida em la que la policía actuó de buena fe."*[360]

Naquele julgamento, os agentes policiais pediram ao juiz um mandado de busca de arma que estaria em poder de uma pessoa, porém, ao ser feita a diligência, ao contrário da coisa em razão da qual foi dada a autorização, encontrou-se droga. A Suprema Corte americana sublinhou que a *exclusionary rule* está prevista como forma de limitar a atuação policial na atividade investigatória, de modo a dissuadir a malferição dos direitos fundamentais por parte de seus agentes, razão pela qual não se impõe a sua aplicação, nos casos em que a atuação é feita com base em uma ordem dada tendo em consideração uma pressuposição fática, todavia, no momento da sua execução, descobre-se outro fato ilícito[361].

Em consonância com o entendimento firmado pela Suprema Corte, John Strong[362] doutrina que, para a aplicação da exceção da boa-fé, faz-se mister que o procedimento adotado pela polícia seja objetivamente razoável, não se prestando, para tal fim, uma boa-fé subjetiva, sendo exigido, ainda, que o defeito da ordem ou da lei que ampara a ação não "... *es tan evidente que razonablemente um polícia bien entrenado lo advertiria.*".

De toda sorte, muitos tribunais estaduais estadunidenses rechaçam, nesses casos, a exceção da boa-fé. Hairabedián[363] registra que, na Europa Continental, a teoria da boa-fé (*good faith*) não tem merecido adesão, trazendo, à guisa de exemplo, posicionamento de doutrinador alemão para quem a licitude ou ilicitude probatória não fica a depen-

---

360 HAIRABEDIÁN, p. 80.
361 Ibid., p. 80.
362 Apud HAIRABEDIÁN, p. 82.
363 Ibid., p. 85.

der da boa ou má-fé do funcionário encarregado da investigação. No ordenamento jurídico brasileiro, assim como no alemão, essa doutrina da boa-fé, também, não merece guarida. Observe-se que, quando se trata de diligência a ser executada em *casa* — aí estando compreendida não apenas a residência ou domicílio no qual a pessoa vive só ou com a sua família, mas também os locais nos quais ela exerce atividade profissional (escritório) ou cultural (escolas, associações) —, a autorização judicial, que supre a ausência de consentimento do *morador*, formalizada por meio do mandado de busca e apreensão, deve indicar, expressamente, quais os objetos, coisas, documentos ou pessoas que podem ser recolhidos pela autoridade policial, sob pena de invalidade.

Naturalmente que, se a polícia, de posse de mandado de busca e apreensão, ao fazer a diligência em uma residência, encontra drogas, tal possui validade em nosso sistema, pois, na hipótese, como se trata de tráfico de entorpecentes, crime classificado sob a categoria de *permanente*, ocorre flagrante delito, daí por que, para esse fim, não seria necessária a autorização judicial para a invasão do domicílio. Seria surreal que, em caso assim, o agente policial tivesse de fazer vista grossa para o crime de tráfico. Em qualquer que seja a hipótese, a despeito de o ingresso da polícia no local ter sido legitimado por mandado de busca e apreensão, no qual se encontra especificado o que deve ser objeto da diligência, sendo caso de flagrante delito, tem-se por válida a ação do agente do órgão de segurança no sentido de fazer a pronta intervenção.

Situação diferente é aquela em que a autoridade policial, de posse de mandado de busca e apreensão de uma arma, na diligência, encontra um bilhete, que é prova do crime. Nesse caso, como o bilhete não é objeto do mandado de busca e apreensão, essa prova colhida não tem validade. Para evitar que isso venha a ocorrer, os juízes, quando fazem a expedição do mandado de busca e apreensão, geralmente especificam um determinado objeto ou documento a ser arrecadado com a diligência, mas cuidam, por cautela, de colocar uma cláusula aberta de que sejam apreendidos objetos e documentos que tenham relação direta ou indireta com o ilícito em apuração. Essa previsão, que consta em alguns mandados de busca e apreensão, não malfere a cláusula constitucional que dá abrigo à inviolabilidade do domicílio, nem muito menos ao que está disposto no art. 243 do Código de Processo Penal, pois ali, conquanto se exija a indicação, o mais precisamente possível, da casa e do nome do respectivo proprietário, em relação ao objeto da diligência, estabelece, apenas, que constem os fins da diligência.

Acrescente-se, a respeito do tema, que o assunto fez parte da discussão encetada no julgamento do caso *Collor*. Com efeito, naquela oportunidade, discutiu-se, entre os Ministros do Supremo Tribunal Federal, a validade da degravação dos dados da memória de computadores que foram apreendidos em uma das empresas de Paulo César Farias. O problema foi que os computadores não haviam sido apreendidos em diligência dos agentes policiais acobertados por mandado de busca e apreensão. Em verdade, os equipamentos de informática foram recolhidos por agentes fiscais, sob suspeita de que eles tinham sido importados sem o devido pagamento do Imposto de Importação, o que, em tese, no nosso ordenamento jurídico, caracteriza o crime de descaminho. Essas máquinas, posteriormente, foram encaminhadas pelos agentes fiscais para os policiais federais, o que foi o bastante para se entender que as provas derivadas da recuperação da memória dos equipamentos de informática eram ilícitas, posto que a autoridade policial, para dispor dos microcomputadores que estavam guardados em escritório profissional, teria de ter empreendido, antes, diligência no local com base em mandado de busca e apreensão.

Porém, essa teoria, ainda que não em sua essência, vem sendo adotada pelo Supremo Tribunal Federal. De acordo com a Lei nº 9.292, de 1996, a interceptação telefônica somente é admissível em se tratando de crime punido com reclusão. Ainda assim, dada a autorização judicial para o monitoramente em razão do crime punido com reclusão, na eventualidade de haver crime de detenção conexo, o Supremo Tribunal Federal entende que os elementos de prova em relação a este também são válidos. Aqui pode-se invocar a boa-fé, uma vez que se colheu prova relativa a crime que não admite a interceptação telefônica sem que houvesse a intenção de burlar a vedação legal.

5.1.8.2.4.4. *Plain vie doctrine* e os campos abertos

A *plain view doctrine* (doutrina da visão aberta), outra regra de exclusão da teoria dos frutos da árvore envenenada, reporta-se, especificamente, às buscas e apreensões realizadas em local protegido pela cláusula constitucional que veda a invasão do domicílio sem ordem judicial. Essa doutrina foi construída nos Estados Unidos porque lá, se a autoridade policial obtém autorização judicial para apreender documentos ou objetos relacionados a um crime, mesmo que seja encontrada, na diligência efetuada em cumprimento à ordem passada pelo juiz, uma grande quantidade de droga, em tese, tal fato não teria validade, pois a circunstância de tratar-se de crime permanente, o que caracteriza o flagrante delito, não inibe a necessidade de prévia ordem do órgão jurisdicional.

Essa teoria se aplica como uma forma de tornar, com base no princípio da razoabilidade, legítima a apreensão de elementos probatórios do fato investigado ou mesmo de outro crime, quando, a despeito de não se tratar da finalidade gizada no mandado de busca e apreensão, no momento da realização da diligência, o objeto ou documento é encontrado por se estar à *plena vista* do agente policial[364]. Noticia Hairabedián[365] que a teoria em foco tem sido acolhida em diversos pronunciamentos judiciais americanos, pois

> *la jurisprudência de la Corte Suprema de los Estados Unidos há admitido la validez de las probanzas adquiridas durante um allanamiento, aunque los efectos no estén enumerados en la orden judicial respectiva, cuando en oportunidad de sua ejecución el funcionário tropieza por accidente con pruebas de um delito, o donde las encuentra a simple vista, ya que en tal caso no necesita desviar la mirada e ignorar lo que evidentemente tiente frente a él.*

Há registro, porém, na jurisprudência americana, de decisões que invalidam a aplicação da tese da *plain view doctrine*, nos casos em que o agente policial (1) já tenha cumprido a diligência que consta do mandado judicial ou (2) faz revista em lugares em que claramente não estaria o documento ou objeto conforme a finalidade do mandado de busca e apreensão assinado pelo juiz[366].

Extremamente assemelhada à cláusula de exceção da *plain view doctrine* é a dos *campos abertos*. Esta também foi construída no Direito judicial americano, a fim de dar validade à busca e apreensão de

---

364 HAIRABEDIÁN. Op. cit., 116-117.
365 Op. cit., p. 117. O autor menciona, ainda, o julgamento do caso United States V. Carty, em que se conferiu validade à busca e apreensão de arma equipada com silenciador, encontrada na casa do acusado, muito embora o documento judicial a ela não fizesse referência.
366 HAIRABEDIÁN. Op. cit., p. 118. O doutrinador em destaque relata que o Tribunal Supremo espanhol tem admitido a aplicação dessa tese, quando o que é encontrado pelo agente policial se trata de flagrante delito de outro crime (Ibid., p. 119). No nosso sistema, como já foi dito, isso é plenamente possível, até porque a regra constitucional que assegura a inviolabilidade do domicílio, de forma expressa, faz a ressalva.

drogas que, muito embora feita em propriedade privada, ocorre em local ao ar livre. No nosso ordenamento jurídico, especialmente em se tratando de substâncias entorpecentes, não há necessidade de recorrer-se a essa teoria, pois, nessa situação, como já se disse, por se tratar de flagrante delito, não seria de mister a exigência de prévia autorização judicial. O assunto pode despertar interesse quando, não se tratando de droga, o objeto ou documento esteja à vista, em um terreno baldio, não habitado. Parece razoável admitir-se, nesse caso, que seja feita a busca e apreensão, independentemente da expedição do mandado judicial, muito embora não seja recomendável que assim proceda a polícia, pois quando a apreensão do documento ou objeto assim ocorre, a prova quanto às circunstâncias em que se desenvolveu a diligência mostra-se fragilizada. Essa cláusula pode ser invocada, ainda, como justificativa para a legalidade das gravações clandestinas feitas em vias públicas, muito embora essa hipótese esteja mais ligada ao que expõe a teoria do risco, que se apresenta, igualmente, como cláusula de exclusão da ilicitude da prova[367].

5.1.8.2.4.5. Destruição da mentira do acusado

Outra exceção ao princípio da *exclusionary rule* é a teoria da *destruição da mentira do acusado*. Essa doutrina se aplica nos casos em que a prova é obtida sem a observância das formalidades estabelecidas e, por isso mesmo, ilícita, não é utilizada para provar a culpabilidade do acusado, mas sim para demonstrar que o autor do fato criminoso está mentindo. Essa teoria surgiu no julgamento do caso Walder v. US, verificado no ano de 1954. O acusado, ao ser perguntado, em seu interrogatório, se já tinha sido pego anteriormente com droga, respondeu negativamente, o que não era verdade, pois, tempos atrás, em uma operação considerada ilícita, a polícia havia apreendido, em sua casa, uma determinada quantidade de heroína. Argumentou-se que foi o próprio acusado quem "... *abrió la puerta al uso de la prueba ilícita*", ademais de esta ser admissível quando se baste para rebater a declaração falsa prestada[368].

---

[367] Cf. item 5.1.8.2.4.6, que trata da teoria do risco.
[368] HAIRABEDIÁN. Op. cit., p. 99. Em outro julgado significativo, argumentou a Suprema Corte americana: "'Uma cosa es decir que el Estado no puede utilizar evidencia obtenida ilegalmente', otra muy distinta es que el acusado torne el método ilegal 'em su propia ventaja y se provea de um escudo contra las contradicciones de sus mentiras" (Ibid., p. 99-100).

Sem embargo de no julgamento ter ficado consignado que a prova obtida ilicitamente, em se tratando de declarações, não pode ser utilizada para fins de comprovação da culpabilidade, a exceção ao princípio da *exclusionary rule* somente é aceita em relação às afirmações do agente que praticou o crime, não sendo possível dela se fazer uso no desiderato de desacreditar testemunha, conforme decidiu a Suprema Corte dos Estados Unidos, no caso James v. Illinois, em julgamento ocorrido no ano de 1990[369]. Estreitando, ainda mais, essa regra de exceção, a Alta Corte americana faz a distinção entre as declarações ou confissões obtidas sem as devidas formalidades legais, a exemplo daquelas que são tomadas sem a especificação dos *Miranda-rights*, da hipótese em que as informações são coligidas com base na força ou tortura, até porque, nesse caso, faltam confiança e segurança quanto ao que foi dito pela pessoa[370].

Não se tem conhecimento de precedente do Supremo Tribunal Federal ou do Superior Tribunal de Justiça a respeito do tema. De toda sorte, a teoria merece ser olhada com atenção, porque os termos como ela vem sendo aceita pela jurisprudência da Suprema Corte americana estão contidos em níveis extremamente aceitáveis.

Poderia ser aplicada, por exemplo, nas gravações clandestinas que, quando são feitas para fins investigatórios, não estritamente como forma de defesa, são consideradas, inadmissíveis. Se viesse a ser adotada essa tese, as gravações clandestinas, notadamente as que são feitas pelos órgãos de imprensa, passariam a ter alguma serventia para a apuração de ilícitos. A adoção dessa teoria, porém, é uma decisão que contém forte componente de ordem política, pois a eventual acolhida a esse pensamento pode fomentar, ainda mais, esse procedimento indevido da imprensa.

5.1.8.2.4.6. Teoria do risco

Ainda merece menção a *teoria do risco*. Com ela se procura dar sustentação à validade de prova obtida mediante malferição ao direito

---

[369] HAIRABEDIÁN. Op. cit., p. 100.
[370] Ibid., p. 101. Assinala Strong, apud Hairabedián, que muitos tribunais de Estados americanos aceitam apenas limitadamente essa tese, enquanto outros a rechaçam, como é o caso da Corte de Oregon, que defende a ineficácia da prova obtida por meio ilícito, seja para condenar, seja para contradizer declarações falsas dadas pelo acusado. (Ibid. p. 102)

à intimidade, com a utilização de escutas telefônicas, filmagens e fotografias clandestinas. O argumento é de que a pessoa que faz, espontaneamente, revelações a respeito de sua participação em eventos ilícitos, assume o risco quanto à documentação do fato por outrem"[371]. Essa doutrina parte da premissa de que quem faz a confissão ou revelações espontâneas de um delito a outrem, que não tem o dever legal de não contar o segredo, assume o risco de que o assunto esteja sendo registrado, sendo irrelevante a circunstância de um dos interlocutores não ter conhecimento concreto de que, no momento, estão sendo tiradas fotografias, procedidas escutas ou filmagens etc.

No caso do *gravador*, decidido em 1960, tendo em consideração que a palavra falada faz parte do direito geral de personalidade, o Tribunal Federal alemão firmou posição no sentido de que uma gravação, sem o conhecimento de um dos interlocutores, não se reveste de legalidade[372]. O Supremo Tribunal Federal segue o mesmo entendimento. Malgrado em um primeiro instante a nossa Suprema Corte tenha entendido que, embora aética, a gravação de conversa, por parte de um dos interlocutores, sem o conhecimento do outro, não gera a nulidade desse tipo de prova, posteriormente, passou a entender que a gravação ou filmagem clandestina com desiderato investigatório, mesmo realizada por um dos interlocutores ou por terceiros com o consentimento de um dos interlocutores, é contaminada por vício de ilicitude, uma vez que invade a esfera de intimidade, resguardada como direito fundamental no art. 5º, X, da Constituição[373].

Já no caso *Magri* ficou estabelecido que a gravação clandestina, mesmo sendo realizada por um dos interlocutores, ofende o direito à intimidade, a não ser quando é feita para fins de defesa. Em verdade, o Supremo Tribunal Federal estabeleceu a seguinte posição, a respeito da prova clandestina: (a) viola o direito à intimidade, de modo que é inadmissível, quando realizada na qualidade de diligência investigatória; (b) porém, é admissível, desde que a gravação, feita por um dos interlocutores ou por alguém com o seu consentimento, como forma de defesa. De acordo com esse entendimento, a gravação de conversa feita por um dos interlocutores, ou por terceiro com a autorização de

---

371 Ibid., p. 102.
372 ANDRADE. Op. cit., p. 141.
373 Com essa garantia constitucional, a pessoa não apenas tem o direito ao ressarcimento de danos decorrentes da violação de sua intimidade, como, ainda, no ambiente criminal, traz como consequência a nulidade da prova.

um dos interlocutores, conquanto represente violação ao art. 5º, X, da Carta Magna, quando feita como forma de defesa, tem a ilicitude afastada, devido a ação caracterizar exercício de legítima defesa (STF, RE 212081/RO, Primeira Turma, Relator Ministro Octavio Galloti[374])

Devido a essa posição do Supremo Tribunal Federal, as gravações ou filmagens clandestinas, feitas com a *finalidade investigatória*, despidas de autorização judicial, são provas ilícitas. Isso porque, como visto, de acordo com a jurisprudência do Supremo Tribunal Federal, a ilicitude da obtenção dessas provas sob essa forma somente resta afastada com base na legítima defesa. Infelizmente, com frequência cada vez mais acentuada, veem-se jornalistas, em atividade investigatória, munidos de câmeras ocultas para captar sons e imagens de condutas ilícitas.

Essa forma de atuação, também, contaminou as autoridades policiais, que passaram a se utilizar das gravações clandestinas de sons e imagens[375]. Para realçar a imprestabilidade das provas angariadas sob

---

[374] A ementa está assim redigida: "Captação, por meio de fita magnética, de conversa entre presentes, ou seja, a chamada gravação ambiental, autorizada por um dos interlocutores, vítima de concussão, sem o conhecimento dos demais. Ilicitude da prova excluída por caracterizar-se o exercício de legítima defesa de quem a produziu. Precedentes do Supremo Tribunal. HC 74.678, DJ de 15-8-97 e HC. 75.261, sessão de 24-6-97, ambos da Primeira Turma." (BRASIL. Supremo Tribunal Federal. Classe: RE — Processo: 212081, UF: PRIMEIRA TURMA, un. Data da decisão: 05/07/97. Disponível em: http://www.stf.gov.br/jurisprudencia/jurisp.asp. Acesso em: 7 fev. 2005.) Quanto à gravação de conversa telefônica, no mesmo ano, também à unanimidade, tendo como relator o Ministro Moreira Alves, a Primeira Turma do Supremo Tribunal Federal, assim se posicionou: "Habeas corpus'. Utilização de gravação de conversa telefônica feita por terceiro com a autorização de um dos interlocutores sem o conhecimento do outro quando há, para essa utilização, excludente de antijuridicidade. Afastada a ilicitude de tal conduta — a de, por legítima defesa, fazer gravar e divulgar conversa telefônica ainda que não haja o conhecimento do terceiro que está praticando crime —, é ela, por via de consequência, ilícita e, também consequentemente, essa gravação não pode ser tida como prova ilícita, para invocar-se o artigo 5º, LVI, da Constituição com fundamento em que houve violação da intimidade (art. 5º, X, da Carta Magna). 'Habeas Corpus' indeferido." (BRASIL. Supremo Tribunal Federal. Processo: 74678-1, UF: SP, PRIMEIRA TURMA, Data da decisão: 10/06/1997. Disponível em: http://www.stf.gov.br/jurisprudencia/jurisp.asp. Acesso em: 4 fev. 2005.)

[375] O PL nº 4.209, de 2001, um dos sete projetos de lei que compõe a reforma do Código de Processo Penal, encaminhado ao Congresso Nacional no ano de 2001, ao dispor sobre o sigilo que deve imperar na investigação levada a efeito no inquérito policial, estabelece, no art. 20, § 1º, que "Durante a investigação, a autoridade policial, o Ministério Público e o juiz tomarão as providências neces-

essa forma com fins investigatórios, por meio da Lei nº 10.217, de 11 de abril de 2001, o legislador cuidou de acrescentar ao art. 2º da Lei nº 9.034, de 1995, o inciso IV, para esclarecer que a captação e a interceptação ambiental de sinais eletromagnéticos, óticos ou acústicos, e o seu registro e análise somente podem ser feitos mediante circunstanciada autorização judicial. De toda maneira, para bem compreender o alcance da norma em comento, é preciso, para todos os efeitos, fazer-se a distinção entre gravação clandestina para fins investigatórios, que deve ser precedida de autorização judicial sob pena de ilicitude, daquela que é feita em locais públicos e privados como forma de dar segurança aos ambientes. Uma coisa é a autoridade policial sair, de posse de uma câmera, para fazer uma investigação criminal, com consequente monitoramento dos passos de uma determinada pessoa, e outra, substancialmente diferente, é a colocação de câmeras em vias públicas e prédios públicos e particulares, visando, com isso, exercer certa vigilância sobre o comportamento das pessoas nesses ambientes, adotando-se, aqui, em certa medida, a teoria do risco ou dos campos abertos.

Parece evidente que o registro feito por uma câmera de vigilância, esteja ela colocada em uma via pública ou em prédio público ou particular, não se confunde com as gravações feitas em procedimentos investigatórios conduzidos pela autoridade policial, por jornalistas ou por outras pessoas, sem a devida autorização judicial. Se não for feita essa distinção, também não seriam admitidas as gravações que são realizadas dos mais diversos crimes. Note-se que, com muita frequência, nos roubos a agências bancárias, postos de combustível, supermercados e shoppings centers, a identificação dos autores do ilícito é feita com base nas gravações das câmeras de vigilância[376]. Agora, com o

---

sárias à preservação da intimidade, vida privada, honra e imagem do investigado, do indiciado, do ofendido e das testemunhas, vedada sua exposição aos meios de comunicação." Note-se que, da forma como redigido o dispositivo, o investigado ou indiciado — que são os mais procurados pelas reportagens — ficarão protegidos contra a sua exposição aos meios de comunicação, ainda que isso se dê com fins meramente informativos. Nesse caso, a norma jurídica está dando prevalência à preservação da intimidade, em detrimento, até mesmo, do direito de a sociedade ser informada por meio de fotografias da imagem de pessoas que são apontadas como autoras de ilícitos.

376 Em fevereiro de 2005, um caso ganhou grande repercussão na mídia nacional. As câmeras de vigilância de um supermercado exibiram as imagens que mostraram um juiz de direito do Ceará, na cidade de Sobral, literalmente executando um vigilante com quem discutira momentos antes de entrar no estabeleci-

maior número de câmeras instaladas em vias públicas, principalmente na maioria das capitais, tem-se registrado a diminuição de ocorrências delituosas e, cada vez mais, tem sido possível efetuar prisões em flagrante delito, muitas vezes sendo possível até, conforme notícias veiculadas em telejornais, conseguir abortar as ações criminosas[377].

Certa vez, um cinegrafista amador flagrou uma *blitz* da polícia militar, realizada em via pública de São Paulo, na qual os agentes extorquiam as pessoas e usavam de excessiva violência nas abordagens. Nisso, flagrou um dos policiais matar um motorista[378]. Não há ilicitude quanto à prova nesse caso, pois a filmagem não se deu como medida investigatória, mas sim em um flagrante feito por alguém que estava no momento em que o crime ocorreu.

O que diferencia uma situação da outra é que, mesmo que o cinegrafista tivesse saído à noite à procura de acontecimentos que poderiam lhe render um grande furo de reportagem, ele não estava fazendo, *sponte sua*, a investigação de um caso determinado.

---

mento. Ao se apresentar, o juiz deu a versão de que a arma disparou sem querer, tese refutada diante da clareza das imagens. Esse tipo de filmagem é plenamente válida, não podendo, naturalmente, ser confundida com a gravação clandestina de som ou imagem. Naturalmente que não se admite que, com os recursos tecnológicos, as câmeras instaladas nas vias públicas captem imagens no interior de ambientes fechados, como casas, escritórios etc., pois, nesse caso, ocorre afronta à vida privada. Esse era o problema maior do dirigível utilizado, em certa época, pelos órgãos de segurança do Rio de Janeiro, que ficava monitorando as favelas, pois havia a captação de imagens do interior das casas dos moradores. Uma coisa é o próprio dono pôr, no interior de suas casas e estabelecimentos, câmeras para fazer as imagens, outra, totalmente diferente, é os órgãos de segurança colocarem, ainda que nas vias públicas, câmeras destinadas a captar imagens no interior de estabelecimentos e casas particulares. O que o poder público pode, sem nenhuma afronta ao direito à intimidade, é colocar, nas sedes dos prédios públicos e nas vias públicas, câmeras para fazer as filmagens.
377 *Jornal Nacional*, Rio de Janeiro: Rede Globo de Televisão, 07 mar. de 2005. O noticiário mostrou que, em algumas cidades, ficam agentes da polícia em frente às câmeras, examinando o comportamento das pessoas e, ao detectar alguma ação ilícita ou suspeita, imediatamente faz contato com policiais que se encontram nas imediações, a fim de que eles surpreendam os autores das ações. As câmeras possuem recursos que permitem o seu pleno controle por quem está no comando do monitoramento, fazendo a aproximação das imagens ou o giro de até 360°, permitindo ampla visualização dos locais. Na mesma matéria, foi exibida a imagem que flagra pessoas agindo nas praias do Rio de Janeiro, sendo efetuadas, devido a esse monitoramento, as prisões em flagrante.
378 O policial era identificado como *Rambo* e ficou famoso com o episódio.

Nesses casos de *filmagens fortuitas* feitas por cinegrafistas, desde que não se trate da captação de imagens no interior de casas ou estabelecimentos, cabe a aplicação da teoria do risco, que, a despeito de não ter sido expressamente incluída no art. 157 do CPP, não está afastada de ser utilizada como exceção à *exclusionary rules*.

Em apertada síntese, podem-se fazer as seguintes conclusões: (1) a gravação clandestina, mesmo feita por um dos interlocutores ou com o seu consentimento, é ilegal, sendo excluída a sua ilicitude, porém, quando feita como forma de defesa; (2) a gravação clandestina, realizada para fins investigatórios, seja ela feita por agente de polícia, por jornalista ou por qualquer pessoa, somente é lícita caso haja autorização judicial, nos termos do art. 2º, IV, da Lei nº 9.034, de 1995; (3) a gravação de imagens e sons feita por câmeras de vigilância não se confunde com *gravação clandestina*, daí por que tem validade independentemente de autorização judicial; (4) a gravação de imagens e sons feita na via pública por jornalistas, cinegrafistas profissionais ou amadores ou por qualquer pessoa, quando realizada ao flagrar um ilícito, tem plena validade, pois, nesse caso, levada a efeito sem a finalidade de investigar um caso específico.

Portanto, embora a doutrina do risco não seja, em sua inteireza, chancelada pelo Supremo, pode ser invocada em relação às filmagens que são feitas como forma de segurança, e não de investigação, como são os casos das câmeras instaladas em estabelecimentos bancários, supermercados e outros locais, até mesmo em casas residenciais ou quando, fortuitamente, um cinegrafista amador ou profissional flagra alguém na prática de crime em via pública.

5.1.8.2.5. Inutilização da prova por decisão judicial: momento da decisão

Esse dispositivo foi previsto para o § 3º do art. 157 tendo como premissa a circunstância do impedimento do juiz que tivesse contato com a prova ilícita, disciplinado no § 4º do mesmo dispositivo. Isso porque, proferida a decisão interlocutória de inadmissibilidade da prova, o juiz, para não tornar impedido aquele que iria substituí-lo em decorrência de seu impedimento, teria que determinar o seu desentranhamento dos autos.

Por conseguinte, tendo sido vetado o § 4º, essa determinação de inutilização, por decisão judicial, da prova declarada inadmissível, perdeu o seu sentido, que era o de evitar que o contato com ela ocasionasse o impedimento dos demais juízes. A respeito dessa questão, veja-se a explanação sobre o assunto, no item a seguir.

Ademais, para a efetiva aplicação do referido dispositivo, teria que ser proferida a decisão interlocutória, considerando a inadmissibilidade da prova obtida por meio ilícito e, após a sua preclusão, o juiz deveria, por meio de outra decisão, determinar a sua inutilização, sendo facultado às partes acompanhar o incidente.

Aqui cabe a releitura do que foi exposto neste livro sobre a inadequação de o juiz, em decisão prévia, a não ser quando se trate de absolvição sumária, abordar a questão da ilicitude da prova, sendo pertinente deixar a discussão da matéria para o momento da sentença. Para não repetir a argumentação ali desenvolvida, remete-se o leitor para o item 5.1.7.3.1, supra.

5.1.8.2.6. Impedimento do juiz

Outra matéria enfrentada pelo Parlamento foi quanto à perda da competência subjetiva para o julgamento do processo pelo juiz que tivesse mantido contato com a prova produzida por meio ilícito. O Congresso nacional, ao aprovar a Lei nº 11.690, de 2008, estabeleceu que "O juiz que conhecer do conteúdo da prova declarada inadmissível não poderá proferir a sentença ou acórdão." (art. 157, § 4º). O Presidente da República, no entanto, sensível a argumentos em contrário, especialmente a nota técnica da Associação dos Juízes Federais do Brasil — AJUFE, vetou o dispositivo. Na primeira parte das razões do veto presidencial consta o seguinte: "O objetivo primordial da reforma processual penal consubstanciada, dentre outros, no presente projeto de lei, é imprimir celeridade e simplicidade ao desfecho do processo e assegurar a prestação jurisdicional em condições adequadas. O referido dispositivo vai de encontro a tal movimento, uma vez que pode causar transtornos razoáveis ao andamento processual, ao obrigar que o juiz que fez toda a instrução processual deva ser, eventualmente substituído por um outro que nem sequer conhece o caso."

Até porque, nos termos do texto sugerido, produzida a prova obtida por meio ilícito, ainda que o juiz, ao tomar conhecimento, não a admitisse no processo, mesmo assim ficaria impedido para o julgamento. O inconveniente, porém, não seria só esse. Nos colegiados seria pior ainda. Imagine-se a hipótese em que o juiz, de primeira instância, na sentença, admitisse a prova produzida por meio ilícito, mas o tribunal, ao julgar o recurso de apelação, reconhecesse a sua invalidade. Anulado o julgamento e determinada a devolução dos autos para fins de novo julgamento por outro juiz singular, se eventualmente interposto recurso da nova decisão, todos os membros do tribunal que tivessem participado do julgamento anterior, pelo fato de na apreciação do primeiro recurso de apelação terem tido contato com a prova tida como inválida, estariam impedidos. O razoável seria o legislador estabelecer que, anulada a sentença pelo tribunal sob o fundamento de ter sido embasada em prova produzida por meio ilícito, devolvidos os autos para novo julgamento, o juiz que proferiu a sentença anterior ficaria impedido de decidir o processo. Aliás, a despeito do silêncio do legislador é razoável sustentar-se que, nesses casos, o juiz do primeiro julgamento anulado fica impedido de proferir a nova sentença.

5.1.8.3. Prova pericial

A perícia, diante da evolução tecnológica, não tem se prestado, apenas, para certificar a materialidade do crime, mas, não raro, para determinar ou excluir a autoria. Está tratada pelo código como espécie de prova, cuja produção se faz necessária em todos os crimes que deixam vestígios materiais *(delicta facti permanentis)*. Ela sempre serve, no processo penal, para comprovar a materialidade do crime, salvo quanto àqueles que não deixam vestígios *(delicta facti transeuntis)*[379].

Há discussão quanto a que tipo de prova é a pericial: (a) uns dizem que é meio de prova, assim como as outras espécies previstas no ordenamento jurídico; (b) para outros, é espécie de prova testemunhal, pois se trata do testemunho prestado em juízo por pessoa experta em um determinado assunto; (c) por fim, há quem entenda que é mais do que prova, na medida em que é uma análise técnica, elaborada por profissional especializado em um assunto específico.

Em um sistema embasado no livre convencimento motivado do juiz, no qual não há hierarquia entre as provas, a perícia tem o mesmo peso das demais provas, sendo possível ao juiz refutá-la, quando não concordar com as conclusões do perito. Cuida-se, assim, de prova no mesmo nível das demais[380].

---

379 A inexistência do exame pericial, por si só, não obsta o recebimento da denúncia, desde que a materialidade esteja demonstrada por outras provas. Máxime quando ainda possível a realização do exame de corpo de delito. Cf. art. 564, III, alínea "b", do CPP.
380 Cf. item 5.1.8.1, supra. Embora se trate de prova, o que é elemento probatório nos autos é o laudo pericial elaborado. Isso quer dizer que o perito não é

A perícia deve ser elaborada tendo em consideração que ela há de ser entendida por quem é leigo no assunto, até porque é destinada não apenas ao juiz, mas, igualmente às partes. Como se observou, pelo princípio da comunhão da prova, os elementos probatórios não pertencem a um sujeito específico da relação processual, mas sim ao processo[381].

5.1.8.3.1. Número de peritos

Pela redação originária do caput do art. 159 do Código de Processo Penal, a perícia podia ser feita por um único perito, desde que ele fosse oficial, ou seja, ocupante de cargo público de perito. Quando se tratasse de peritos não-oficiais, o § 1º do art. 159 do CPP era peremptório, no sentido de exigir que o laudo fosse elaborado por duas pessoas idôneas.

De qualquer forma, por meio da Súmula nº 361, o Supremo Tribunal Federal deixou assentado que "No processo penal, é nulo o exame realizado por um só perito, considerando-se impedido o que tiver funcionado, anteriormente, na diligência de apreensão".

Porém, fixou-se o entendimento de que a exigência da feitura do laudo pericial por dois expertos se dava, apenas, quando fosse de autoria de perito não oficial. Coube à Lei nº 8.862, de 1994, modificar o caput do 159, para estabelecer que, mesmo quando elaborada por perito oficial, a perícia teria de ser obra conjunta de dois peritos.

Com a reforma, mais uma vez, o caput do art. 159 do CPP voltou a ser objeto da atenção do legislador. Agora para voltar à regra anterior, ou seja, em se tratando de perito oficial, basta que um proceda a sua elaboração.

À primeira vista, não se traz nada de novo, nem, em princípio, melhora ou piora, em relação à situação anterior. Talvez o legislador tenha sido movido pelo pragmatismo. O laudo elaborado por um único perito é mais rápido, menos burocrático, ademais de, na prática, via de regra, só um experto cuidar de sua feitura, limitando-se, o outro, apenas a colocar a sua assinatura no laudo. Por outro lado, não vai ser o

---

considerado testemunha, pois ele não é chamado para falar sobre fatos dos quais tomou conhecimento. Ele é chamado para instruir o processo, mediante esclarecimentos técnicos sobre fatos importantes para a solução da questão. O perito nomeado pelo juiz é uma espécie de assessor.
381 Cf. item 5.1.8.1, supra.

número de peritos que confeccionou o laudo que irá dar mais ou menos credibilidade às conclusões.

Aparentemente, o legislador se preocupou mais com a qualidade do perito oficial e menos com a quantidade de assinaturas. A inovação está na circunstância de que, antes da lei 11.690, de 2008, a exigência de diploma de curso superior só estava encartada no § 1º do art. 159 do CPP, direcionada, portanto, para os peritos não oficiais.

Agora, mesmo sendo perito oficial, como requisito, se estabelece que ele seja portador de diploma de curso superior, ainda que não seja na especialidade do objeto da perícia. Quando não houver perito oficial, deverão ser nomeadas duas pessoas idôneas, porém, nesse caso, além da exigência de diploma de curso superior, recomenda-se que, de preferência, a qualificação seja em área específica relacionada com a natureza do exame.

O legislador deveria ter aproveitado a oportunidade para esclarecer que, tendo elaborado a perícia na fase do inquérito policial, não poderia, o mesmo perito, ser nomeado para a que fosse determinada para o processo, como, aliás, assinala a jurisprudência.

5.1.8.3.2. Assistente técnico

Sem embargo de toda a importância da perícia, o seu momento de realização, de regra, ocorre ainda na fase pré-processual, durante a investigação levada a efeito no inquérito policial. Como se isso não bastasse, em consonância com jurisprudência do Supremo Tribunal Federal, tal como redigido o Código de Processo Penal, a figura do assistente pericial não era admissível, sequer na fase processual. As partes, assim, não tinham nem mesmo direito de contraditar, com maior qualidade, uma prova fundamental no processo penal.

Para sanar essa anomalia, a Lei nº 11.690, de 2008, inseriu um § 3º ao art. 159, a fim de, expressamente, facultar ao Ministério Público, ao assistente de acusação, ao ofendido, ao querelante e ao acusado, a elaboração de quesitos e a indicação de assistente técnico.

A medida é salutar, embora a redação esteja sobremaneira defeituosa. Na sugestão elaborada pela Comissão de Reforma, constava a possibilidade de elaboração de quesitos e a indicação de assistente técnico também pelo investigado, com isso querendo deixar claro que essa faculdade também seria reconhecida na fase investigatória pré-processual, aliás, onde, de regra, são feitas as perícias, as quais, mesmo quando possíveis de ser repetidas na fase do processo, diante do passar do tempo, não são mais com a mesma precisão[382]. De toda sorte, nada obstante a forma como foi aprovada a redação, não se pode deixar de reconhecer o direito à nomeação do assistente ainda na fase do inquérito policial. Até porque, em verdade, na maioria dos casos, a perícia é feita exatamente apenas na fase do inquérito. E essa perícia mais qualificada, diante da permissibilidade da nomeação de assistente, poderá ser fundamental para, até mesmo, o pedido de arquivamento da investigação criminal.

Ademais, fala-se em *assistente* e em *ofendido*. Ora, assistente é o *nomen juris* com o qual se identifica o ofendido que, por intermédio de advogado, se habilita nos autos para auxiliar o Ministério Público na persecução criminal, cuja intervenção é justificada, em nosso sistema, diante do interesse cível decorrente da sentença condenatória, que torna certa a obrigação de indenizar[383]. Assistente e ofendido, portanto, são as mesmas pessoas. Afora isso, o dispositivo fala em *querelante*, mas omite o *querelado*. Por óbvio que o *querelado*, igualmente, tem o direito de formular quesitos e de indicar assistente.

Não se apresenta adequado, ainda, sujeitar a atuação do assistente técnico da parte a sua admissão pelo juiz (§ 4º do art. 159 do CPP)[384]. Note-se que, se o Ministério Público tiver a pretensão de contraditar, na fase do processo, o laudo elaborado quando da investigação criminal, deverá, com a denúncia, trazer os elementos de prova a respeito, hipótese em que poderá fazer acompanhar a peça acusatória o parecer ou laudo de seu assistente. O mesmo se diga em relação à defesa, que poderá, e mesmo deverá, assim proceder com a resposta. Não tem sentido, nesses casos, a atuação do assistente ficar condicionada a sua

---

382 Rumoroso caso envolvendo o falecimento de uma criança, que teria sido jogada da janela do apartamento, em que aparecem como principais suspeitos o pai e a madrasta, a perícia realizada, inclusive com a reconstituição do crime, foi amplamente acompanhada por intermédio da mídia (televisão, jornal, rádio, internet etc.). O episódio serve para ilustrar quão importante é que a possibilidade de nomeação de assistente técnico se dê ainda na fase do inquérito.
383 Cf. item 5.1.9.9.1, infra, que trata do ressarcimento de danos como efeito da sentença condenatória.
384 O § 3º do art. 159 do CPP está assim redigido: "O assistente técnico atuará a partir de sua admissão pelo juiz e após a conclusão dos exames e elaboração do laudo pelos peritos oficiais, sendo as partes intimadas desta decisão." Outra impropriedade do texto em referência, é na parte que, ao falar em *peritos oficiais*, dá a entender que o laudo, mesmo nesse caso, teria de ser assinado por dois peritos, que era a regra anterior, quando no caput do referido dispositivo está dito que basta um experto.

admissão pelo juiz, até porque, conforme a nova disciplina do assistente técnico, introduzida no Código de Processo Civil, ele é auxiliar da parte que o contratou, não do Juízo.

Cabe observar que esse § 4º não foi sugerido pela Comissão de Reforma. Foi obra de modificação ao texto introduzida durante a discussão no Parlamento sobre o projeto de lei. Evidentemente o assistente técnico deveria ter sido concebido tal como ele está situado no Código de Processo Civil, após as alterações introduzidas pela Lei nº 8.444, de 1992, onde passou a ser tido como um *auxiliar da parte*[385] que o contratou e não um *auxiliar da justiça*, como é o caso do perito judicial.

Por fim, o desacerto do comando normativo encartado no mencionado § 4º se revela, com igual intensidade, em sua segunda parte, ao definir o momento em que será admitida a atuação do assistente técnico. De acordo com a sua dicção normativa, a atuação do assistente só será possível depois da conclusão dos exames e consequente elaboração do laudo. Ora, em alguns casos, o trabalho do assistente somente será eficiente se ele puder, logo no início, participar dos trabalhos de perícia[386].

Essa situação é minorada, em parte, diante da determinação de que, quando houver requerimento de uma das partes, o material com base no qual foi confeccionado o laudo pericial seja disponibilizado, a fim de permitir o seu exame pelos assistentes (§ 6º do art. 155 do CPP). Note-se que, independentemente de requerimento, é dever do perito conservar o material probatório que serviu de base à perícia independentemente de pedido nesse sentido das partes.

Isso mesmo, só quando for possível a conservação, o que não ocorre, por exemplo, quando se trata do corpo da vítima. O adequado, po-

---

385 Cf. art. 422, primeira parte da segunda parte, do CPC.
386 Caso que ainda hoje suscita discussões acirradas, e está catalogado como insolúvel, é o episódio da morte de Paulo César Farias, acusado de mentor da rede de corrupção que teria sido montada durante a presidência de Fernando Collor de Melo. Ele faleceu juntamente com a namorada, em um dos quartos de sua residência. Ambos foram mortos em razão de disparos de uma mesma arma de fogo. A dúvida é se teria sido duplo homicídio ou homicídio seguido de suicídio. Diante de uma sucessão de erros praticados durante a realização dos trabalhos, especialmente quanto à documentação de vários dados essenciais, o resultado da perícia foi extremamente impreciso, suscetível a uma série de críticas. A possibilidade de atuação de assistente técnico, especialmente de quem está, logo aos primeiros instantes, sendo apontado como suspeito, está inserido no contexto da ampla defesa, que abrange *o direito à prova*.

rém, é que se permita o acompanhamento, tanto na fase do processo como ainda na do inquérito policial, pelo assistente contratado pelo suspeito, indiciado ou acusado, quando da realização dos trabalhos do experto, principalmente nesses casos em que não é possível a conservação de todo o material probatório.

5.1.8.4. Ofendido

Uma das ideias centrais do conjunto de projetos de lei com os quais a Comissão de Reforma apresentou as suas propostas para a modificação radical do sistema criminal foi a alteração do tratamento dispensado à vítima[387]. Sob a nomenclatura DO OFENDIDO, o legislador teve em mira buscar maior *legitimidade* ao processo criminal, na medida em que estabeleceu normas que se preocupam em preservar uma pauta maior de interesses de quem sofre diretamente os efeitos da ação criminosa.

Os abolicionistas, na abordagem crítica à organização da justiça criminal sob o modelo *punitivo*, apontam como maior defeito a forma como as vítimas são (des)tratadas pelo sistema. Eles censuram, com veemência, a inexistência de espaço para a participação ativa das vítimas, as quais, em prol da *legitimação* do sistema, precisam assumir uma posição ativa no *processo* empregado para a solução do problema, a fim de *orientar* a atuação dos profissionais das agências estatais. Ao contrário, como salienta Hulsman, não somente a polícia como também os órgãos jurisdicionais se dirigem menos pelos *desejos* e *reclamações* das pessoas que comunicaram a agressão de que foram vítimas do que *pelas exigências do procedimento legal que estão preparando*[388].

Por isso mesmo, ao invés de a vítima ser uma espécie de *guia* para as atividades das agências criminais, ou seja, órgãos policiais, do Ministério Público e judiciais, transforma-se e é tratada como uma espécie de testemunha *especial*. Ou seja, da posição de um dos principais atores do drama que é encenado no Judiciário, a quem, portanto, o funcionamento do sistema deve procurar conferir resposta com foros de legitimidade, passa a ser mais um *meio de prova*, dentre outros permitidos.

O pensamento abolicionista, a respeito de um processo criminal mais voltado aos interesses da vítima, não se direciona a dar-lhe satis-

---

[387] Cf. item 3.2.2.6, supra.
[388] Ibid., p. 200.

fação tornando mais rigorosa a punição prevista para o agente que pratica a agressão, porém conferir-lhe maior apoio, por meio da "... compensação econômica (do Estado) quando isso for pertinente, um sistema de seguro simplificado, apoio simbólico em situações de luto e pesar, abrigos para onde levar as pessoas quando necessitarem de proteção, centros de apoio para mulheres espancadas, solução de conflitos quando isso for possível, e assim por diante."[389] Nos termos dessa orientação, a vítima deve ser amparada em escala de apoio proporcional ao grau da agressão sofrida, mudança radical das coisas tal como era na ideia original do CPP ou, para ficar com as palavras de Mathiesen, uma guinada no sistema em 180 graus, o que, há de convir-se, "... seria racional do ponto de vista das vítimas e, provavelmente, também, útil para superar a resistência ao desmantelamento do sistema atual."[390]

Tendo em conta diretrizes traçadas em fóruns internacionais, o Brasil, com a edição da Lei nº 9.807, de 13 de julho de 1999, criou o sistema nacional de programas especiais de proteção a vítimas e a testemunhas ameaçadas[391]. O programa de proteção à vítima compreende, além de medidas de segurança que podem consistir, até mesmo, em providências que importem na transferência de residência ou acomodação provisória em local compatível, ajuda financeira mensal e apoio e assistência social, médica e psicológica. Nos termos do art. 7º da Lei nº 9.807, de 1999, o programa pode consistir em: (1) segurança na residência, incluindo o controle de telecomunicações; (2) escolha e segurança nos deslocamentos da residência, inclusive para fins de trabalho ou para a prestação de depoimentos; (3) transferência de residência ou acomodação provisória em local compatível com a proteção; (4) preservação da identidade, imagem e dados pessoais; (5) ajuda financeira mensal para prover as despesas necessárias à subsistência individual ou familiar, no caso de a pessoa protegida estar impossibilitada de desenvolver trabalho regular ou de inexistência de qualquer fonte de renda; (6) suspensão temporária das atividades funcionais, sem prejuízo dos respectivos vencimentos ou vantagens, quando servidor

---

389 MATHIESEN, Thomas. A caminho do século XXXI: abolição, um sonho impossível?, In: Conversações abolicionistas: uma crítica do sistema penal e da sociedade punitiva. Tradução Jamil Chade. São Paulo: IBBCrim, 1997, p. 276.
390 Ibid., p. 276.
391 A Lei em referência, seguindo a orientação da ONU, também dispõe sobre a proteção aos acusados.

público ou militar; (7) apoio e assistência social, médica e psicológica; (8) sigilo em relação aos atos praticados em virtude da proteção concedida; (9) apoio do órgão executor do programa para o cumprimento de obrigações civis e administrativas que exijam o comparecimento pessoal.

Com a Lei nº 11.690, de 9 de junho de 2008, o legislador, orientado por essa doutrina, que consagra a *justiça restaurativa*, a despeito das garantias já previstas na Lei nº 9.807, de 1999, inseriu no Código de Processo Penal alguns dispositivos que têm em mira satisfazer algumas necessidades básicas do ofendido[392]. Embora ainda tratado como prova, o ofendido passa a ter o direito de ser comunicado dos atos processuais, referentes ao ingresso e à saída do acusado da prisão, à designação de data para a audiência, assim como da sentença e respectivos acórdãos que a mantenham ou reformem (art. 201, § 2º, do CPP).

Ou seja, o ofendido passa a ter uma maior participação no processo, com o direito de ser intimado daqueles atos processuais que podem mais de perto lhe interessar. Parece claro que é importante o ofendido saber se o acusado está, ou não, preso. Dependendo da espécie do crime praticado, isso é de vital importância, até para que o ofendido passe a adotar algumas normas de segurança[393]. Com a nova regra, toda vez que relaxar a prisão ou conceder a liberdade provisória, havendo pessoa física como vítima direta da ação criminosa, deverá o juiz, na própria decisão, determinar que o oficial de justiça, além de cumprir o alvará de soltura, execute o mandado de intimação ao ofendido. As duas diligências devem ser feitas no mesmo dia, sob pena de ser frustrada a razão de ser da regra.

Lamenta-se que o legislador da primeira etapa da Reforma do Judiciário não tenha guardado a coerência sistêmica com o da segunda etapa, para estender esse direito de comunicação, igualmente, quanto às cautelares diversas da prisão. É claro que o ofendido precisa ser comunicado de eventual decisão judicial que concede e, especialmente da que revoga, qualquer medida cautelar de proteção, como a de proi-

---

392 O legislador dá preferência para a expressão *ofendido*.
393 Serve como exemplo os casos de agressão física entre casais. Geralmente, quando o marido agride a mulher, ainda faz a ameaça de novas agressões ou de morte, caso ela leve o fato a conhecimento da polícia. Tendo a mulher, mesmo assim, a altivez de fazer a devida comunicação, com a consequente prisão do marido, é de fundamental importância ela ser comunicada do alvará de soltura expedido.

bição de acesso ou frequência a determinados lugares[394], de manter contato com a vítima[395] e de determinação de recolhimento domiciliar no período noturno[396] (art. 319, II, III e V, do CPP).

Por outro lado, não raro, o processo e o seu andamento é tão desconhecido da vítima como para qualquer outra pessoa do grupo social. Não pode ser assim. As pessoas da família, amigos e vizinhos, com frequência, fazem indagações à vítima sobre o andamento do processo, ficando o ofendido, muitas vezes, constrangido por não saber de nada. Isso acontece, igualmente, com pessoas da família, quando, em razão do crime, o ofendido vem a falecer. A falta de conhecimento sobre o processo faz parecer que a família não está dando a devida atenção, em honra à memória do ofendido falecido, ao processo com a qual se busca a responsabilização do agente que praticou o crime. Por isso mesmo, teria sido melhor se o legislador tivesse ido mais longe, a ponto de determinar que, em caso de falecimento do ofendido, a comunicação deveria ser feita ao cônjuge, ascendente, descendente ou irmão, nessa ordem[397].

A par disso, agora com a vinda a lume da segunda etapa da Reforma do Judiciário, operada com a aprovação da Lei nº 12.403, de 2011, compreende-se todo o alcance da disposição normativa que impõe a necessidade de intimação do ofendido das decisões que importam no ingresso ou na saída do acusado. É que, conforme a nova disciplina das medidas cautelares pessoais, o ofendido tem a capacidade de ser parte em processo cautelar incidental[398]. Ou seja, o ofendido detém legitimidade para pedir a decretação de medida cautelar, seja ela detentiva ou diversa da prisão. E mais: dentre as cautelares diversas da prisão, contempladas na Lei nº 12.403, de 2011, seguindo a ideia de leis especiais com a Lei Maria da Penha e o Estatuto da Criança e do Adolescente, foram previstas medidas de caráter protetivo, no desiderato de preservar tanto à integridade física como psicológica do ofendido, que podem implicar na proibição de ofensor se aproximar ou manter con-

---

394 Cf. item 6.3.1.2, infra.
395 Cf. item 6.3.1.3, infra.
396 Cf. item 6.3.1.5, infra.
397 O Código de Processo Penal adota essa solução como regra geral, para as hipóteses em que o ofendido está falecido.
398 A impropriedade é quanto ao reconhecimento do direito ao pedido de decretação de medida cautelar ter sido restringido ao processo cautelar incidental. Sobre esse assunto, cf. item 6.1.7.3, infra.

tato com o ofendido, com a determinação, inclusive, para que deixe de residir no lar conjugal ou lugar de convivência.

Quanto ao aspecto social, no afã de atender a esse objetivo, que é próprio da *justiça restaurativa*, o legislador da primeira etapa da Reforma Tópica, com a edição da Lei nº 11.690, de 2008, deixou claro que o magistrado deverá, nos casos em que for sentida a necessidade, "... encaminhar o ofendido para atendimento multidisciplinar, especialmente nas áreas psicossocial, de assistência jurídica e de saúde, a expensas do ofensor ou do Estado." (art. 201, § 5º, do CPP).

No sentido de minorar os efeitos negativos do processo criminal, o legislador inseriu dentre os deveres processuais do magistrado a adoção das providências pertinentes à preservação da *intimidade, vida privada, honra e imagem do ofendido*, a fim de evitar a sua exposição perante os meios de comunicação (art. 201, § 6º, primeira parte, do CPP)[399]. Para resguardar esses direitos fundamentais do ofendido, o juiz poderá, inclusive, "determinar o segredo de justiça em relação aos dados, depoimentos e outras informações constantes dos autos a seu respeito..." (art. 201, § 6º, segunda parte, do CPP)

Por fim, tendo em conta a ideia restaurativa, o legislador, agora se fazendo valer da Lei nº 11.719, de 2008, em importante iniciativa, estabeleceu, como requisito essencial da sentença condenatória, a fixação de valor mínimo para a reparação dos danos causados pela infração, tendo em consideração os prejuízos causados ao ofendido (art. 387, IV, do CPP)[400].

De qualquer sorte, todas essas normas relativas ao ofendido estão inseridas no Capitulo V do Título VII do Livro I, cuja rubrica é *DA PROVA*. O ofendido é tratado, portanto, como prova[401]. Sendo tratado como prova, a despeito de todas as precauções para preservar ao

---

[399] Cf. SILVA JÚNIOR, Walter Nunes. *Curso de processo penal*: teoria (constitucional) do processo penal, p. 610-626.

[400] A fim de dar coerência sistêmica, com a mesma Lei, providenciou-se o acréscimo de parágrafo único ao art. 63 do CPP, para dispor que "Transitada em julgado a sentença condenatória, a execução poderá ser efetuada pelo valor fixado nos termos do inciso IV do caput do art. 387 deste Código sem prejuízo da liquidação para a apuração do dano efetivamente sofrido." Esse assunto será tratado no item 5.1.9.9.1, infra.

[401] A rubrica do Capítulo V foi melhorada. Na redação anterior, era *DAS PERGUNTAS AO OFENDIDO*, sendo, agora, *DO OFENDIDO*. Ali, se privilegiava, apenas, a prova, não a pessoa do ofendido. Agora, com a nova nomenclatura, parece haver uma maior preocupação com a pessoa do ofendido.

máximo o ofendido, que já sofreu as consequências do crime e não pode, com o processo, ser ainda mais agredido nem a sua situação agravada[402], persistiu a regra anterior no sentido de que o seu depoimento é obrigatório, de modo que, "Se, intimado para esse fim, deixar de comparecer sem motivo justo, o ofendido poderá ser conduzido à presença da autoridade[403]." (art. 201, § 1º).

Certamente tendo em consideração esses aspectos, conquanto na mesma Lei nº 11.690, de 2008, na esteira do sistema acusatório, tenha sido modificada a sistemática de inquirição das testemunhas, de modo que as partes, diretamente, devem formular as suas respectivas perguntas, cabendo ao juiz, apenas, no final, complementá-las sobre os pontos não esclarecidos, o mesmo não se deu em relação ao depoimento do ofendido. Tem-se, assim, que, em se tratando de depoimento do ofendido, que não é tecnicamente considerado testemunha, o juiz deve fazer as perguntas primeiro, competindo às partes, apenas, a complementação[404]. Isso é para evitar uma exposição maior da vítima. Tendo o juiz feito as perguntas por primeiro, naturalmente, as indagações das partes serão menores, ficando reduzidas as situações de constrangimento, especialmente nos casos de crimes sexuais.

Por fim, cabe ressaltar que o art. 271 do Código de Processo Penal, especialmente em razão da Lei nº 12.403, de 2011, precisa ser revisto, pois a participação do ofendido no processo criminal, sob a *nomem juris* de *assistente* foi ampliada, de modo que lhe é autorizado por lei pedir a decretação de qualquer medida cautelar.

5.1.8.5. Testemunha

Mesmo quando se trata de crime em que não há, propriamente, discussão quanto à autoria, mas apenas de aspectos normativos, ainda

---

402 Nesse sentido, o art. 201, § 4º, do CPP: "Antes do início da audiência e durante a sua realização, será reservado espaço separado para o ofendido." Mais adiante, no art. 217, caput, do CPP, está garantido que "Se o juiz verificar que a presença do réu poderá causar humilhação, temor, ou sério constrangimento à testemunha ou ao ofendido, de modo que prejudique a verdade do depoimento, fará a inquirição por videoconferência e, somente na impossibilidade dessa forma, determinará a retirada do réu, prosseguindo na inquirição, com a presença do seu defensor." A esse respeito, cf. item 5.1.8.5.3, infra, que trata do depoimento por videoconferência.
403 Ou seja, ao juiz ou ao delegado de polícia.
404 Cf. itens 5.1.5.11, supra, e 5.1.8.5 e 5.1.8.5.1, infra.

assim, sempre há aspectos fáticos a serem explorados por meio da prova testemunhal. Sem embargo da necessidade de depoimento sobre circunstâncias que são importantes para a melhor compreensão e definição do tipo de crime praticado, via de regra, o testemunho se presta para auxiliar na dosimetria e individualização da pena[405].

Por isso mesmo, embora não seja imprescindível, no processo criminal, sempre e sempre, há a produção de prova testemunhal[406].

Em nosso sistema, por definição, testemunha é a pessoa desinteressada que, indicada por uma das partes ou de ofício pelo juiz —, comparece a Juízo para, perante o magistrado, depor o que tem ciência sobre o fato debatido no processo. Assim, enquanto em outros ordenamentos, como o americano, o acusado, quando aceita depor, comparece a Juízo na qualidade de testemunha, recebendo o mesmo tratamento, no nosso o acusado, assim como a vítima, não é testemunha, razão pela qual o tratamento e a forma de ser colhido o depoimento é diferente[407].

Testemunha, repita-se, é uma terceira pessoa[408], distinta do agente que praticou o crime e da correspondente vítima.

---

405 São características do testemunho: (a) *judicialidade*, em rigor, só é prova testemunhal o depoimento prestado em Juízo; (b) oralidade (art. 204, caput e parágrafo único, do CPP); (c) objetividade (art. 213 do CPP), deve cingir-se aos fatos, sem externar qualquer juízo de valor (*testis nom est iudicare*); (d) retrospectividade, o depoimento é sobre fatos pretéritos.

406 Nada obstante, a literatura jurídica aponta que o testemunho é permeado por uma série de vícios, que contaminam a sua credibilidade. A despeito da intenção em falsear a verdade, a ruindade ou malignidade, o testemunho contém probabilidade de distorção acentuada, mesmo quando a intenção da pessoa é de dizer a verdade. Isso porque a essência do testemunho, que é a memória sobre o fato ocorrido no passado, é formado por um processo que se inicia com a apreensão dos fatos pelos sentidos, gerando os estímulos que são conduzidos para os centros cerebrais, daí advindo as sensações que concebem as percepções. Em verdade, a percepção é o conteúdo puro do testemunho, ou seja, é o resultado do processo mental que passa pelas fases de *aquisição, interpretação, seleção e organização* das informações sensoriais. Por isso mesmo, vários fatores interferem na formação do testemunho, dentre os quais se destacam:a) a maior ou menor duração dos estímulos; (b) o maior ou menor grau de iluminação; (c) o silêncio ou barulho; (d) a falta de atenção ou a atenção à espera de um acontecimento determinado; (e) o desvio da associação de ideias do seu curso normal; (f) a imaginação; (g) a emoção; (h) as ilusões; (i) as alucinações; (j) a perturbação da memória; (k) a falta de interesse; (l) a paixão; (m) a paranoia; (n) a imbecilidade; (o) a histeria; (p) a melancolia; (q) o tempo.

407 Cf. itens 5.1.5.11 e 5.1.8.4, supra.

408 Em atenção ao princípio da verdade real, toda e qualquer pessoa tem capa-

Há o dever jurídico de depor (art. 206, primeira parte, do CPP), de modo que o não comparecimento sujeita a testemunha às seguintes sanções: (a) condução coercitiva; (b) aplicação da multa prevista no arts. 219 e 458[409] c/c o 436, § 2º, do CPP; (c) responder pelo crime de desobediência; e (d) pagamento das custas da diligência (arts. 218 e 219 do CPP)[410]. Sendo a audiência una, o não comparecimento de algumas delas poderá ocasionar o seu adiamento, com sério prejuízo para a celeridade do processo e para as demais testemunhas, que deixaram os seus afazeres para comparecer a Juízo.

Como já foi aqui salientado, seguindo a experiência dos juizados especiais, de acordo com a Lei nº 11.719, de 2008, não há mais necessidade de que as testemunhas sejam intimadas por mandado judicial[411]. Cabe às partes providenciar a intimação. Apenas quando a parte que a arrolou, o Ministério Público ou a defesa, demonstrar a necessidade da intimação judicial, é que será providenciado o mandado.

Naturalmente que o requerimento há de ser feito com tempo hábil para que seja providenciada a intimação pelo Judiciário, sem prejudicar a realização da audiência já marcada. A lei não cuidou de estabelecer a antecedência mínima do requerimento. De qualquer modo, deve-se entender que, se o motivo preceder ao oferecimento da ação penal ou da resposta, o momento para o Ministério Público é quando do ajuizamento daquela, enquanto o da defesa da apresentação desta. Porém, será muito difícil, de antemão, já se saber que a testemunha indicada não se dispõe a comparecer. Se posterior, que é o que ocorrerá na maioria das vezes, por analogia, deve-se aplicar o prazo do art. 159, I, do Código de Processo Penal, introduzido pela Lei nº 11.690, de 2008. Assim, nesse caso, o requerimento para que o Judiciário providencie a intimação deve ser ofertado com *antecedência mínima de 10 (dez) dias*.

Como a parte saberá se haverá, ou não, a necessidade de pedir a intimação judicial? Basta que, quando a parte providenciar a intimação

---

cidade para testemunhar, inclusive os menores, os insanos, enfermos etc. (art. 202 do CPP)

409 O art. 219 do CPP manda aplicar a pena de multa prevista no art. 453 do mesmo Diploma Legal. Com a Lei nº 11.689, de 2008, o conteúdo do art. 453 foi para o art. 458, todos do CPP.

410 O art. 206, segunda parte, do CPP, trata das pessoas dispensadas de prestar testemunho, enquanto o art. 207, primeira parte, do CPP, das que estão proibidas de depor.

411 Cf. itens 5.1.1.2 e 5.1.5.1, supra.

da testemunha, que poderá, inclusive, ser mediante a expedição de carta, estabelecer prazo para que ela entre em contato, confirmando que irá comparecer[412]. Nessa comunicação feita pela parte à testemunha, deve ser colocada no texto do documento, a advertência das sanções previstas nos arts. 218 e 219 do Código de Processo Penal.

5.1.8.5.1. Sistema do *cross examination* ou das perguntas diretas

De acordo com a redação originária do art. 212, primeira parte, do Código de Processo Penal, "As perguntas das partes serão formuladas ao juiz, que as formulará à testemunha..."[413] Era o chamado sistema presidencial, próprio de um ordenamento jurídico de modelo misto, no qual o juiz, quanto à produção da prova testemunhal, assumia a posição das partes na inquirição, cabendo-lhe o papel de inquiridor. Diante disso, ainda que lhes fosse ofertada a possibilidade de fazer perguntas, as partes não podiam fazê-las diretamente à testemunha. Tinham de endereçá-las ao juiz, o qual cuidava de repergunta-las à pessoa inquirida.

Como se não bastasse, era da alçada do juiz ser o primeiro a fazer as perguntas às testemunhas. Às partes, era destinada uma função complementar, ou seja, após as perguntas feitas pelo juiz, poderiam formulá-las, para que o magistrado as repassasse à testemunha, desde que não importassem em repetição das que já tinham sido feitas. Assim, dependendo da situação, não era raro que a parte não tivesse uma única pergunta a fazer, uma vez que o juiz tivesse exaurido as perguntas que deveriam ser formuladas.

---

412 O Ministério Público pode adotar o sistema de fazer a intimação por carta, pedindo para que a testemunha, até 15 ou 20 dias antes da audiência, entre em contato com a instituição. Diante do silêncio, está justificada a necessidade de que a intimação se faça pela via judicial. O mesmo se diga em relação à defesa. Nesse caso, geralmente, a pessoa é conhecida do acusado. Se a testemunha disser que não vai comparecer ou se ela não for localizada, igualmente, está caracterizada a justificativa para o requerimento de intimação. Pode-se colocar no documento de intimação o número do telefone ou do fax ou mesmo o endereço eletrônico, para fins de contato da testemunha.

413 Diante da forma da redação originária do art. 467 do CPP, surgiu discussão sobre se, em relação à inquirição no plenário do júri, teria sido adotado o *cross examination*. Com efeito, o dispositivo estava assim redigido: "Terminado o relatório, o juiz, o acusado, o assistente e o advogado do réu e, por fim, os jurados que o quiserem, inquirirão sucessivamente as testemunhas de acusação."

Era, como se nota, um sistema, no mínimo, burocrático e, por isso mesmo, moroso. Muitos juízes, para imprimir mais celeridade à audiência, permitiam que as partes fizessem as perguntas diretamente às testemunhas.

A Lei nº 11.690, de 2008, coerentemente, modificou essa regra. Como consequência do modelo acusatório, adotou o sistema do *cross examination* do Direito americano, no qual é direito da defesa contraditar as testemunhas, por meio de perguntas feitas diretamente. A par disso, eliminou a figura do juiz inquiridor, e colocou as partes como as protagonistas da inquirição. Doravante, "As perguntas serão formuladas pelas partes diretamente à testemunha..." (art. 212, caput, primeira parte, do CPP, com a redação da Lei nº 11.690, de 2008). Em princípio, cabe às próprias partes produzir e explorar a prova testemunhal, reservando-se ao juiz a direção da audiência, a fim de vetar as perguntas que "... *puderem induzir a resposta, não tiverem relação com a causa ou importarem na repetição de outra já respondida.*"(art. 212, caput, segunda parte, do CPP, com a redação da Lei nº 11.690, de 2008).

No equilíbrio necessário de um sistema acusatório permeado pelo *princípio da verdade material*, que impõe certo impulso oficial do magistrado no que pertine à produção da prova, no parágrafo único do dispositivo em foco, de forma suficientemente clara, o legislador esclareceu que "Sobre os pontos não esclarecidos, o juiz poderá complementar a inquirição."

Porém, sem motivo aparente, embora quanto à instrução na sessão do tribunal do júri também tenha sido adotado o *cross examination*, apartando-se da regra geral, o art. 473, caput, do Código de Processo Penal, com a redação da Lei nº 11.689, de 2008, determina que as perguntas a serem formuladas pelo juiz sejam antes das pertinentes às partes. A incompatibilidade entre as regras dos arts. 212, parágrafo único, e 473, caput, ambos do Código de Processo Penal, não encontra justificativa. A incongruência poderia ter sido obra das discussões no Parlamento, como foi o caso de muitas delas. Nesse caso, não. A própria Comissão de Reforma, quando apresentou o seu trabalho, fez as duas sugestões tal como elas restaram aprovadas no Congresso Nacional e transformadas em lei, sem que, porém, tivesse feito o devido esclarecimento na exposição de motivos[414].

---

414 Os trabalhos da Comissão de Reforma foram divididos entre os seus dez membros. Acontece que, na distribuição das tarefas, conforme o Relatório das

Em que pesem as singularidades da instrução e julgamento na sessão do tribunal do júri, não se encontra justificativa para que, nesse caso, as perguntas do juiz não sejam, assim como ocorre nos demais procedimentos, após as das partes. O que se recomenda é que o juiz, de qualquer sorte, adote a regra geral do art. 212, parágrafo único, do Código de Processo Penal, que é mais consentânea com o sistema acusatório. Note-se, porém, como já foi expendido, que essa disciplina diz respeito às inquirições das testemunhas, não sendo pertinente aos casos de interrogatório e de depoimento do ofendido[415].

Alguns juízes, porém, ao argumento de que lhes cabe a direção do processo, recalcitram a adoção do *cross examination*, até mesmo com o argumento de que as partes não sabem fazer pergunta ou quando com essa prerrogativa, tendem a fazê-la de forma sugestiva. Esse argumento não procede. Ninguém nasce sabendo fazer inquirição. Os profissionais do direito, aí incluindo a grande maioria dos juízes, invariavelmente, não possuem conhecimentos teóricos ou estudos voltados à aplicação de técnicas recomendadas para a realização das perguntas e, ainda, de como fazer, corretamente, a interpretação das respostas, não apenas pelo que foi dito, mas essencialmente pelo que não foi mencionado e o que o corpo — em seu todo — da pessoa inquirida revelou.

Ademais, o *cross examination* não é uma mera forma de fazer a produção da prova, mas o direito da parte em produzir a prova conforme o seu interesse processual, ou seja, de ela própria explorar a prova, o que é inerente ao sistema acusatório. A inobservância dessa forma, por conseguinte, representa, antes de mais nada, em malferição ao direito de defesa, nesse ponto vista, igualmente, na perspectiva de quem é o autor da ação.

A esse respeito, o Superior Tribunal de Justiça[416], no exame do HC 200802559433, cujo relator foi o Ministro Jorge Mussi, pela sua Quinta Turma, à unanimidade, anulou o processo pelo fato de não ter sido garantido o direito da parte de fazer as perguntas diretas.

Atividades da Comissão, redigido por Ada Pellegrini Grinover, Presidente, e Petrônio Calmon Filho, Secretário, a incumbência para a elaboração dos esboços de anteprojetos para todos os tipos de procedimento ficou com um único membro.
415 Cf. itens 5.1.5.11 e 5.1.8.4, supra.
416 BRASIL. Superior Tribunal de Justiça. Data da decisão 19/05/2009. DJe de 01/06/2009. Disponível em: http://www.stj.jus.br/jurisprudencia. Acesso em 15 fev. 2012.

HABEAS CORPUS. NULIDADE. RECLAMAÇÃO AJUIZADA NO TRIBUNAL IMPETRADO. JULGAMENTO IMPROCEDENTE. RECURSO INTERPOSTO EM RAZÃO DO RITO ADOTADO EM AUDIÊNCIA DE INSTRUÇÃO E JULGAMENTO. INVERSÃO NA ORDEM DE FORMULAÇÃO DAS PERGUNTAS. EXEGESE DO ART. 212 DO CPP, COM A REDAÇÃO DADA PELA LEI 11.690/2008. OFENSA AO DEVIDO PROCESSO LEGAL. CONSTRANGIMENTO EVIDENCIADO. 1. A nova redação dada ao art. 212 do CPP, em vigor a partir de agosto de 2008, determina que as vítimas, testemunhas e o interrogado sejam perquiridos direta e primeiramente pela acusação e na sequência pela defesa, possibilitando ao magistrado complementar a inquirição quando entender necessários esclarecimentos. 2. Se o Tribunal admite que houve a inversão no mencionado ato, consignando que o Juízo Singular incorreu em error in procedendo, caracteriza constrangimento, por ofensa ao devido processo legal, sanável pela via do habeas corpus, o não acolhimento de reclamação referente à apontada nulidade. 3. A abolição do sistema presidencial, com a adoção do método acusatório, permite que a produção da prova oral seja realizada de maneira mais eficaz, diante da possibilidade do efetivo exame direto e cruzado do contexto das declarações colhidas, bem delineando as atividades de acusar, defender e julgar, razão pela qual é evidente o prejuízo quando o ato não é procedido da respectiva forma. 4. Ordem concedida para, confirmando a medida liminar, anular a audiência de instrução e julgamento reclamada e os demais atos subsequentes, determinando-se que outra seja realizada, nos moldes do contido no art. 212 do CPP.

Como se vê, no aresto acima foi concedido o habeas corpus impetrado pela defesa devido à circunstância de o juiz, na direção da audiência, não ter permitido que a parte fizesse as perguntas diretamente às testemunhas, situação que caracteriza *erro in procedendo*, maculando o devido processo legal, daí por que acarreta a nulidade processual. Note-se que a desobediência à forma foi considerada como nulidade absoluta. Talvez, a melhor solução fosse considerar, apenas, nulidade relativa, pois, não se pode deixar de reconhecer, em muitos casos, a inquirição pelo sistema presidencial, conquanto denote irregularidade, não compromete o devido processo legal ou o direito de defesa.

5.1.8.5.2. Separação das testemunhas

Desde a redação originária do Código de Processo Penal, para evitar que um depoimento influísse no outro, havia a determinação para que as inquirições das testemunhas fossem feitas, ainda que em mesma audiência, cada uma de *per* si, devendo o juiz providenciar para que uma não tomasse o conhecimento ou ouvisse o que fosse afirmado pela outra (art. 210 do CPP).

A Lei nº 11.690, de 2008, foi mais além, agora para determinar, com a inserção do parágrafo único ao art. 210 do Código de Processo Penal, que "Antes do início da audiência e durante a sua realização, serão reservados espaços separados para a garantia da incomunicabilidade das testemunhas."

Advirta-se, desde logo, que não foi a pretensão do legislador estabelecer uma regra de incomunicabilidade tal qual a prevista para o corpo de jurados do tribunal do júri. Desse modo, a eventual quebra de incomunicabilidade não leva, necessariamente, à anulação das inquirições ou da sentença. O prejuízo teria de ser demonstrado.

Ademais, essa incomunicabilidade, assim como em relação aos jurados, dá-se no ambiente do Juízo em que será tomado o depoimento. Não há nenhuma nulidade por quebra da incomunicabilidade, caso as testemunhas de defesa, por exemplo, sejam levadas para a audiência em um mesmo veículo.

Por outro lado, tal como redigida a norma em destaque, ao que parece, o fórum deverá *reservar espaços separados para a garantia da incomunicabilidade das testemunhas*, o que é, convenhamos, na prática, impossível, especialmente porque, de regra, um processo criminal tem no mínimo de quatro a seis testemunhas, isso quando se trata de um único acusado. Não há como colocar cada uma delas em um lugar separado. Em rigor, nada impede que elas fiquem todas em um mesmo recinto, porém, sob vigilância de um servidor, e com a advertência de que elas não podem se comunicar entre si, notadamente para falar sobre o processo no qual vão depor.

5.1.8.5.3. Inquirição por videoconferência, precatória e rogatória

Como decorrência do princípio da ampla defesa, o acusado tem o direito de *estar presente* à audiência, a fim de auxiliar o seu advogado. Como o interrogatório é posterior à oitiva das testemunhas, em verdade, realizado após a produção de toda a prova levada a efeito na instrução realizada em audiência, o acusado tem o direito de assistir os depoimentos das testemunhas, até para que possa, ao ser ouvido, se reportar a eles para se explicar adequadamente sobre a imputação criminosa que lhe é feita.

Esse direito de presença, porém, era mitigado pelo art. 217 do Código de Processo Penal, que permitia ao juiz, quando verificado que a presença do acusado poderia influir no ânimo da testemunha, determinar a sua retirada da sala de audiência.

Seguindo a ideia de garantir maior efetividade, durante a inquirição da testemunha, ao exercício do direito de defesa pelo acusado, procedeu-se à alteração do art. 217 do Código de Processo Penal (Lei nº 11.690, de 2008), a fim de estabelecer que essa providência de retirada do acusado da sala de audiência somente deverá ser adotada quando não for possível a tomada do depoimento da testemunha por videoconferência[417].

Geralmente, a testemunha ou o ofendido pede para não falar na presença do acusado no momento da realização da audiência. Dificilmente essa comunicação é feita com antecedência. Por isso mesmo, da forma como redigida a norma, parece que o legislador vislumbrou a hipótese em que, fazendo a testemunha ou o ofendido essa comunicação em audiência, dispondo de tecnologia adequada, o juiz determina que a pessoa vá para outra sala do fórum para, de lá, prestar o depoimento, ficando o juiz, as partes e o acusado na sala de audiências[418]. A intenção é que o acusado possa permanecer ao lado de seu advogado, até para auxiliá-lo em relação a alguma pergunta que deve ser feita, como, aliás, de praxe, ocorre.

De toda sorte, caso não haja a possibilidade de se fazer a inquirição por videoconferência, com a consequente determinação da retirada do acusado da sala de audiência, se for feita a gravação audiovisual,

---

417 "Art. 217. Se o juiz verificar que a presença do réu poderá causar humilhação, temor, ou sério constrangimento à testemunha ou ao ofendido, de modo que prejudique a verdade do depoimento, fará a inquirição por videoconferência e, somente na impossibilidade dessa forma, determinará a retirada do réu, prosseguindo na inquirição, com a presença do defensor."

418 Deve ser preparada uma sala para essa finalidade. A tecnologia eletrônica para a videoconferência é simples, de pouco custo, e está disponível no mercado. Basta possuir um computador ligado à internet, com uma webcam. Programas gratuitos, que podem ser baixados sem custo por qualquer usuário da internet, como MSN e Skype, permitem a comunicação por videoconferência, mesmo a pessoa estando no estrangeiro.

deve ser dada a oportunidade, antes do interrogatório, para que ele assista o depoimento da testemunha.

Injustificadamente, as Leis nºs 11.689, 11.690 e 11.719, todas de 2008, não fizeram propriamente a previsão da possibilidade de realização da inquirição de testemunhas por videoconferência. Coube à Lei nº 11.900, de 2009, acrescentando o paragráfo 3º, ao art. 222 do Código de Processo Penal, permitir que, quando se tratar de testemunha residente em outra localidade, ao invés de ser ouvida por carta precatória, seja realizada a inquirição "por meio de videoconferência ou outro recurso tecnológico de transmissão de sons e imagens em tempo real, permitida a presença do defensor e podendo ser realizada, inclusive, durante a realização da audiência de instrução e julgamento."

O aspecto referente a quem cabe a direção do ato processual, nessa hipótese de inquirição de testemunha por videoconferência, ganha maior relevância do que em relação ao interrogatório. Isso porque, evidentemente, estando a testemunha em outra unidade da federação, a realização da inquirição por videoconferência será feita com a presença da testemunha no fórum do Juízo no qual ela reside. Será expedida a carta precatória, com a solicitação de que o juiz deprecado, no dia e hora previstos, havendo possibilidade tecnológica, intime a testemunha para comparecer naquele Juízo, a fim de que ela participe da audiência una realizada no Juízo deprecante, mediante a sua inquirição por videoconferência. Verifique-se que, em verdade, com o auxílio da tecnologia, a testemunha, estando em oura unidade da federação, participa da audiência una levada a efeito no Juízo deprecante.

Não se imagina, evidentemente, que a testemunha possa, de qualquer lugar que queira, ainda que disponha de tecnologia para comunicação com o Juízo, ser inquirida por videoconferência. É preciso que o depoimento seja tomado no Juízo deprecado, até para que se tenha a certeza de que a testemunha não sofreu nenhum tipo de pressão para dar o seu testemunho.

Sendo ortodoxo, seria o caso de entender-se que a inquirição da testemunha por videoconferência deve ser feita na presença e sob a direção do juiz deprecado, com o argumento de que o deprecante não tem competência para dirigir um ato que, a bem da verdade, está sendo realizado em local no qual ele não possui jurisdição. Assim, no mesmo dia e hora, porém em locais diferentes, dois juízes seriam ocupados na realização de um mesmo ato processual. Acredita-se que o mais razoável é mudar esse conceito, a fim de adaptá-lo à nova realidade. É suficiente que o depoimento, prestado por videoconferência pela testemunha residente em outra localidade seja tomado no Juízo deprecado, com a presença de um oficial de justiça. Nesse caso, a direção do ato deve ser integralmente feita pelo juiz deprecante, até porque, como se disse antes, o depoimento da testemunha, com o auxílio da tecnologia, é prestado na audiência una que estará sendo realizada em outro Juízo.

Diferente, naturalmente, é o caso de cooperação internacional por meio de videoconferência. Nesse caso, por se tratar de questão afeta à soberania, a direção do ato processual deve ser feita pelo juiz do país em que está sendo tomado o depoimento, aliás, como recomendam, de regra, os tratados e convenções a respeito da matéria.

Por fim, embora não se trate propriamente de realização de ato por videoconferência, importante registrar que a Lei em referência, tendo em consideração os custos, as tratativas diplomáticas exigidas e a demora no cumprimento das cartas rogatórias, acertadamente, estabeleceu a regra de que elas "... só serão expedidas se demonstrada previamente a sua imprescindibilidade, arcando a parte requerente com todos os custos de envio." (art. 222-A do CPP, introduzido pela Lei nº 11.900, de 2009). Essa norma servirá para inibir essa prática costumeira de se arrolar testemunhas no estrangeiro, com o único propósito de dificultar o andamento normal do processo. Ademais, ainda que não houvesse necessidade, explicitou-se que são aplicáveis à carta rogatória os §§ 1º e 2º do art. 222 do CPP, os quais ressaltam que a carta precatória não tem efeito suspensivo, além de que a falta de seu cumprimento no prazo assinalado não impede o julgamento da causa[419].

---

[419] Na proposta aprovada pelo Parlamento, modificava-se o teor dos §§ 1º e 2º do art. 222 do CPP. O § 1º assim dispunha: "A carta precatória deve ser devolvida antes da realização da audiência única de instrução e julgamento de que tratam os arts. 400, 411 e 431, deste Código. Todavia, não sendo devolvida a tempo, a realização da referida audiência não será suspensa, salvo mediante requerimento de uma das partes comprovado prejuízo." Essa regra era um retrocesso em relação ao tratamento dado pelo Código de Processo Penal, a despeito de representar, em verdade, o retorno da discussão que permeou o acréscimo à ressalva quanto à aplicação do art. 222 do CPP, que foi inserida, por sugestão da Ajufe, no caput do art. 400 do CPP, quando da discussão da Lei nº 11.719, de 2008. Ressaltando, dentre ouros argumentos, que a proposta aprovada no Parlamento, por linhas transversas, era o reexame indevido daquele debate, a Ajufe liderou nota técnica, assinada pelas demais entidades de classe da magistratura e do ministério público, pedindo o veto presidencial à alteração dos §§ 1º e 2º do art. 222 do CPP. O Presidente da República acolheu o pedido de veto.

5.1.8.5.4. Número de testemunhas

O art. 402, caput, do Código de Processo Penal, com a redação determinada pela Lei nº 11.719, de 2008, cuidou de disciplinar o número de testemunhas possíveis de ser arroladas, tanto pelo Ministério Público quanto pela defesa, em se tratando do procedimento ordinário. Nesse sentido, manteve-se a regra anterior, ou seja, 8 (oito) testemunhas para cada. Para o procedimento do tribunal do júri, em relação à primeira fase, é o mesmo número, enquanto para o plenário de julgamento o máximo previsto é de 5 (cinco) testemunhas (art. 422 do CPP). No procedimento sumário e no juizado especial também o limite máximo é de 5 (cinco) testemunhas (art. 532 do CPP).

Perdeu-se, todavia, uma boa oportunidade de sanar a discussão a respeito desse número, se ele é um grupo de oito testemunhas para o Ministério Público tendo em consideração, ou não, a quantidade de acusados. Ademais, mesmo em se tratando de apenas um acusado, há discussão na doutrina se o número máximo de oito testemunhas é para cada fato criminoso.

Todavia, a doutrina majoritária se inclina a defender a posição de que o limite de testemunhas leva em conta cada fato imputado na denúncia, sendo irrelevante, quanto ao Ministério Público, o número de acusados. Em relação à defesa, sendo mais de um acusado, cada um deles — independentemente de serem defendidos pelo mesmo advogado, acrescentamos —, tem o direito de arrolar o número máximo de testemunhas previsto para o tipo de procedimento. Tal entendimento hegemônico é o que se revela mais acertado e condizente com a sistemática dos procedimentos previstos no Código de Processo Penal. De qualquer forma, não são levadas em consideração, para fins do limite estabelecido, as testemunhas que estejam dispensadas do compromisso de dizer a verdade, assim como aquelas que, referidas em depoimentos, forem convocadas pelo juiz.

5.1.8.6. Acareação

Na redação do art. 400, caput, do Código de Processo Penal, com a redação dada pela Lei nº 11.719, de 2008, na audiência de instrução e julgamento, pode ocorrer a acareação. A acareação é uma das hipóteses de prova, que está prevista no art. 229, do Ordenamento Processual Penal, ao dispor que há de "... ser admitida entre acusados, entre acusado e testemunha, entre testemunhas, entre acusado ou testemunha e a pessoa ofendida, e entre as pessoas ofendidas, sempre que divergirem, em suas declarações, sobre fatos ou circunstâncias relevantes."

Em verdade, acareação ou careação, que são expressões sinônimas, como pondera o insigne Câmara Leal[420], é "... o ato de acarear, isto é, de colocar cara a cara duas pessoas, a fim de inquiri-las sobre divergências de suas declarações, que somente haverá de ser produzida caso haja "... divergência manifesta e inconciliável entre duas afirmativas ou duas negativas relativas ao mesmo fato ou circunstância", isso mesmo se essa divergência for imprescindível para a solução do processo[421]. Se a divergência se situa sobre questões secundárias ou pontos cuja verificação não influa na decisão final, não há a menor necessidade em sua realização.

Vicente Greco Filho vai mais longe, ao afirmar, acertadamente, que a acareação, na qualidade de prova complementar, só deve ser produzida se, e quando, não for possível, com o exame dos demais elementos probatórios acostados aos autos, esclarecer os depoimentos contraditórios[422].

Verifica-se, assim, que a acareação, a despeito de ocorrerem com frequência divergências entre as pessoas ouvidas em Juízo, apenas em hipóteses excepcionais faz-se necessária a sua realização. Ademais, a doutrina recomenda parcimônia na realização dessa prova, tendo em consideração que a acareação, efetivamente, poucas vezes serve de meio de solução de divergências registradas nas declarações prestadas no processo, porque, de ordinário, os acareados sustentam o que disseram anteriormente e dificilmente modificam seus depoimentos. A despeito disso, dependendo das condições pessoais das pessoas acareadas, aquela que disse a verdade pode se sentir insegura na acareação, enquanto a outra, que mentiu, poderá se sair com muito mais desenvoltura e riqueza de detalhes em seu depoimento.

Diante dessas peculiaridades, tem-se reconhecido ao juiz o poder de analisar percucientemente o assunto, no escopo de decidir pela pertinência, ou não, da realização da acareação, sem que a denegação, por si só, caracterize cerceamento de defesa.

Como se isso não bastasse, em se tratando de acareação entre acusados ou entre acusado e testemunha, tem-se que o direito ao silêncio, que se traduz em direito de audiência perante o juiz responsável pelo julgamento, não permite a realização coercitiva dessa prova, a não ser se o acusado ou acusados consentirem. O assunto foi tratado no item 5.1.5.9, supra.

---

420 LEAL.Câmara. *Comentários ao Código de Processo Penal brasileiro*. Rio de Janeiro: Livraria Editora Freitas Bastos, 1942. v. 1, p. 69.
421 Ibid., p. 70.
422 Op. cit., p. 210.

5.1.8.7. Reconhecimento de pessoas e coisas

Dentre as espécies de provas disciplinadas no Código de Processo Penal, está o reconhecimento de pessoas e coisas[423]. No reconhecimento, a pessoa é chamada para confirmar a identidade de pessoas ou coisa que lhe é mostrada[424]. De acordo com a doutrina, nesse ato, não é admitida a intervenção das partes, embora possam e devam estar presentes ao ato, até porque, agora, com a nova redação emprestada ao art. 400, caput, do Código de Processo Penal, sendo essa prova produzida durante o processo, o ato terá de ser feito na audiência una de instrução e julgamento[425]. Nesse caso, estarão presentes o juiz, o Ministério Público, o defensor, a pessoa a ser reconhecida (que invariavelmente é o acusado) e a pessoa que irá fazer o reconhecimento

O art. 226 do Código de Processo Penal expõe a forma como deve ser feito o reconhecimento:

I — a pessoa que tiver de fazer o reconhecimento será convidada a descrever a pessoa que deva ser reconhecida;
II — a pessoa, cujo reconhecimento se pretender, será colocada, se possível, ao lado de outras que com ela tiverem qualquer semelhança,

---

[423] Afirma-se que os erros judiciários mais frequentes são provenientes de três espécies de provas: da confissão, dos indícios e do reconhecimento de pessoa, apresentando-se esta como a mais perigosa dentre elas, devido ao caráter sugestivo quanto ao reconhecimento.
[424] Existe discussão quanto à validade do reconhecimento por meio de fotografia, havendo, no entanto, decisão do STF admitindo-o. Mas, naturalmente, nesse caso, o reconhecimento não tem o mesmo valor. Houve um caso bastante curioso, a esse respeito. Em assalto a banco a agência da Caixa Econômica Federal, o gerente e os três vigilantes, no momento da inquirição, foram perguntados sobre se reconheciam os acusados, que estavam presentes, como as pessoas que praticaram o crime. O processo ficou paralisado por vários anos, em razão de os réus, citados por edital, terem sido declarados revéis. Todas as testemunhas, sem exceção, disseram que não acreditavam que fossem aqueles acusados as pessoas que cometeram o crime, pois estavam muito diferentes. Porém, quando as testemunhas eram perguntadas se os agentes que praticaram o crime tinham sido as pessoas cujas fotografias estavam acostadas aos autos, elas não tinham nenhuma dúvida em confirmar. É que as fotos eram contemporâneas à ocorrência do crime. Tratavam-se das mesmas pessoas. Não se sabe, ao certo, se foi de propósito, mas o agente que tinha cabelo, barba e bigode na época do crime e estava com essas características na foto, no dia da audiência, estava careca, sem barba e sem bigode e vice-versa. Esse foi um caso em que a identificação fotográfica, diante das circunstâncias, teve mais força do que a falta de reconhecimento no contato pessoal entre testemunhas e acusados.
[425] Cf. item 5.1.9.1, infra.

convidando-se quem tiver de fazer o reconhecimento a apontá-la;

III — se houver razão para recear que a pessoa chamada para o reconhecimento, por efeito de intimidação ou outra influência, não diga a verdade em face da pessoa que deve ser reconhecida, a autoridade providenciará para que esta não veja aquela.

Para fins da devida documentação desse ato, o inciso IV, do mencionado dispositivo, determina que seja lavrado *auto pormenorizado*, subscrito pela *autoridade, pela pessoa chamada para proceder ao reconhecimento e por duas testemunhas presenciais*. Sendo utilizado o sistema audiovisual para a documentação da audiência, como o reconhecimento é uma prova oral, nada obstante não haja disposição expressa, o certo é que se torna plenamente dispensável o *auto pormenorizado*. O auto de reconhecimento em si deve ser todo documentado pela via audiovisual.

Note-se que, em homenagem à ampla defesa, o art. 226, parágrafo único, do Código de Processo Penal, determina que, em se tratando de reconhecimento realizado durante o processo, não se admite a aplicação do inciso III do mesmo comando legal. Ou seja, naqueles casos em que a testemunha, por intimidação ou outra influência, não queira que o acusado lhe veja fazendo o reconhecimento, não é possível que o ato seja feito com a utilização de recurso que impeça o contato pessoal e direto entre aquele chamado a fazer o reconhecimento e o reconhecido[426].

Questão que suscita indagação é se o acusado, tendo o direito ao silêncio, pode ser obrigado a se submeter ao reconhecimento. É evidente que é inadmissível a condução coercitiva do acusado, ao encontro de uma testemunha, para passar pelo procedimento de reconhecimento.

Em verdade, a definição de data específica para o procedimento de reconhecimento de pessoa ou coisa ocorre com mais frequência no momento da investigação, durante o inquérito policial. Na fase processual, via de regra, o juiz não marca propriamente a realização do ato de reconhecimento. Com efeito, tendo o acusado comparecido à audiência de instrução e julgamento, o juiz, dentre as perguntas formuladas à testemunha, indaga se ela reconhece o acusado como a pessoa que praticou o crime. Em casos tais, mesmo que o acusado, no ato, proteste contra a medida, sob a invocação do direito ao silêncio, isso não tem o condão de invalidar a prova, pois, nesse caso, não há propriamente a exigência de que ele produza uma prova contra a sua vontade. Se assim não fosse, chegar-se-ia ao cúmulo de não se admitir como válido o testemunho, em

---

426 Cf. item 5.1.9.1.2, infra, que trata da documentação da audiência de instrução e julgamento por meio do sistema audiovisual.

crime de acidente de veículo, dando conta de que o acusado estava visivelmente embriagado, sob o argumento de que isso se trata de prova produzida pelo incriminado contra si.

O alcance da cláusula constitucional do direito ao silêncio não é tão alargado a ponto de entender-se que o reconhecimento pelo ofendido ou pela testemunha somente é admissível caso haja o consentimento do acusado. O que não se pode é obrigá-lo a comparecer ao ato processual. Por outro lado, o advogado deve orientar o seu cliente quanto ao que pode ocorrer na audiência, especialmente a respeito do reconhecimento, quando a tese for de negativa de autoria[427].

5.1.9. Audiência de instrução e julgamento e duração razoável do processo

Não sendo o caso do acolhimento de preliminar ou de absolvição sumária, o juiz deverá designar data para a realização da audiência que deverá ser de instrução e julgamento, de modo que nela deverá ser produzida toda a prova oral, o interrogatório do acusado, as razões finais pelo Ministério Público e pela defesa e, por fim, prolatada a sentença pelo juiz.

Porém, tendo em conta estabelecer prazo razoável para a duração do processo, assim como há prazos em geral para a prática dos demais atos, o legislador achou por bem preceituar um prazo razoável para que seja realizada a audiência de instrução e julgamento.

Com efeito, está expresso no art. 400, caput, primeira parte, do Código de Processo Penal, que a audiência de instrução e julgamento deverá ser realizada "no prazo máximo de 60 (sessenta) dias." O legislador não disse, expressamente, a partir de quando deve ser contado esse prazo. Todavia, a leitura sistêmica da Lei nº 11.719, de 2008, leva à conclusão de que esse prazo deve ser contado a partir da decisão exarada após a resposta do acusado.

Ou seja, não sendo acolhida nenhuma das preliminares suscitadas, nem sendo a hipótese de absolvição sumária, o juiz deverá marcar e realizar a audiência dentro do prazo de 60 (sessenta) dias..

---

427 A negativa de autoria é muito comum em crimes de roubo a agências de instituições financeiras. Esses crimes, invariavelmente, são praticados por um grupo de pessoas, as quais não residem no local em que se desenvolveu a ação ilícita. O gerente e os funcionários são chamados, ainda na fase do inquérito policial, para fins de descrever as identidades físicas dos agentes do delito e reconhecê-los por meio de fotografias. Quando chega a fase processual, essas testemunhas, na audiência, sempre são perguntadas sobre se reconhecem os acusados como as pessoas que praticaram o crime.

Esse prazo é importantíssimo. Ele demarca o que é duração razoável do processo criminal, pelo menos em relação à realização da audiência de instrução que, de regra, deve ser, igualmente, de julgamento. Se o acusado estiver preso, a não observância desse prazo caracteriza constrangimento ilegal, sanável por meio de habeas corpus, salvo justificativa para que não tenha sido encerrada essa fase processual. Aliás, com as novas regras, não custa repetir, não há mais de falar-se em encerramento do processo, no caso de acusado preso, no prazo de 81 (Oitenta e um) dias. Somando-se o prazo de todas as fases do processo, tem-se que, conforme a nova disciplina do procedimento ordinário, a realização da audiência de instrução e julgamento, estando o acusado preso, terá de ocorrer: (a) se na justiça estadual, entre 105 (cento e cinco) a 153 (cento e cinquenta e três) dias; e (b) se na justiça federal, entre 110 (cento e dez) e 178 (cento e setenta e oito) dias[428].

A esse respeito, merecem registro duas súmulas do Superior Tribunal de Justiça. A primeira é a 52, a qual dispõe que "Encerrada a instrução criminal, fica superada a alegação de constrangimento por excesso de prazo." Sem embargo da crítica que esse entendimento sumular merece, pois o encerramento da instrução criminal em si não elimina o excesso de prazo provocado pela eventual demora do juiz em proferir a sentença, note-se que, estando o acusado preso, não tendo havido expedição de carta precatória, o julgamento do feito deve ser na audiência. A norma do art. 403, § 3º, do CPP, que excepciona a regra geral de apresentação das razões finais e da prolação da sentença em audiência, tendo em conta a complexidade do caso ou o número de acusados, deve ser analisada com mais rigor, quando se tratar de acusado preso.

O mesmo se diga em relação ao pedido de diligências, previsto no art. 404, caput, que é outra hipótese a excepcionar o julgamento na audiência, em que a *imprescindibilidade* da prova deve ser sopesada com a circunstância de o acusado se encontrar preso. Se essa imprescindibilidade tiver como pano de fundo sanar substancial dúvida quanto à procedência da pretensão acusatória, o adiamento da finalização do processo deve ser conjugado com a eventual decisão de concessão de liberdade provisória do acusado.

O outro entendimento sumular do Superior Tribunal de Justiça pertinente ao tema é a Súmula nº 64: "Não constitui constrangimento ilegal o excesso de prazo na instrução, provocado pela defesa." Em princípio, se quem deu causa à demora foi a defesa, a circunstância de não ter sido encerrada a instrução ou o processo em primeira instân-

---

428 Cf. itens 5.2.2.3.1, supra.

cia, no prazo de 60 (sessenta) dias, não gera constrangimento ilegal sanável por meio de habeas corpus[429].

Via de regra, quando houver a necessidade de expedição de carta precatória, vai ser difícil a observância da regra geral que determina a realização da audiência de instrução e julgamento no prazo de 60 (sessenta dias). Mas há como remediar esse problema, como se verá no item 5.1.9.3, sendo necessário, para tanto, que a carta precatória seja expedida com antecedência e que o juiz deprecante assinale, como prazo de cumprimento, uns cinco dias antes da data marcada para a audiência de instrução e julgamento.

Por fim, consigne-se que a atenção devida a esse prazo serve como parâmetro para inferir o grau de eficiência do trabalho desenvolvido pelo juiz, que não basta julgar todos os eventuais processos conclusos, mas de guiá-los de acordo com um prazo razoável, o que depende, sobremaneira, dos atos de gestão do serviço forense[430].

5.1.9.1. Audiência una de instrução e julgamento

No desiderato de simplificar e concentrar, na medida do possível, os atos processuais, a Lei nº 11.719, de 2008, determinou que todas as

---

[429] Cf. item 6.2.5.3, infra.

[430] O maior problema do Judiciário, em relação à tramitação dos processos, é quanto ao planejamento da gestão do serviço forense. Os órgãos estratégicos do Poder Judiciário, como Conselho Nacional de Justiça, Conselho da Justiça Federal e Escolas da Magistratura, e mesmo entidades de classe da magistratura, faz algum tempo, despertaram para essa questão. O *Prêmio Inovare* também tem estimulado o planejamento, e consequente divulgação, de práticas eficientes para uma melhor qualidade da prestação jurisdicional, que passa, necessariamente, pela duração razoável dos processos. Boa parte dos juízes tem consciência de que, a par de julgadores, são administradores de uma massa de serviço, que deve ser gerida de acordo com as técnicas modernas de gestão. A informatização do processo, preconizada pela Lei nº 11.419, de 2006, em verdade, possibilita a adoção da tecnologia de Gestão Eletrônica de Documentos — GED, como instrumento indispensável para a simplificação dos atos do processo, com a eliminação de diversas etapas manuais antes necessárias para impulsionar o andamento dos feitos. É a implementação daquilo que se pode denominar *processo inteligente*. Porém, isso por si só não basta. O juiz, no dia-a-dia, junto com a sua equipe de trabalho, formada por servidores extremamente qualificados, recrutados mediante concurso público, muitos deles com formação superior em Direito e em cursos afins como Administração, Ciências Contábeis, Contabilidade, Psicologia, Pedagogia etc., deve debater e procurar encontrar meios de tornar o serviço mais racional e eficiente, tudo com base em dados estatísticos e o estabelecimento de metas a serem atingidas.

provas devem ser produzidas em uma única audiência, a ser realizada, no máximo, no prazo razoável de sessenta dias (art. 400, caput, primeira parte, e § 1º, do CPP). Ou seja, não impôs apenas a reunião em uma mesma audiência das inquirições das testemunhas arroladas pelo Ministério Público e pela defesa. A determinação vale para todas as provas.

Dessa forma, as declarações do ofendido, os esclarecimentos dos peritos, as acareações e o reconhecimento de pessoas e coisas, que, assim como a inquirição da testemunha, são provas produzidas oralmente, devem ser colhidas em uma única audiência.

Mas o legislador não se contentou apenas com a produção das provas na audiência. Foi mais além. O interrogatório, que como se viu é um meio de defesa, igualmente, foi inserido como ato a ser realizado na mesma audiência, logo após encerrados os atos de instrução. Assim, o acusado, estando presente à audiência, sendo de seu interesse, deverá ser interrogado, quando terá a oportunidade de defender-se, reportando-se a tudo aquilo que foi produzido em Juízo[431].

Todavia, a Lei nº 12.483, de 2011, ao determinar a inclusão do art. 19-A, caput e parágrafo único, na Lei nº 9.807, de 1999, a par de estabelecer a prioridade na tramitação dos inquéritos e processos em que figure indiciado, acusado, vítima ou réu colaboradores, vítima ou testemunha protegidas, preceituou, ainda, que, "Qualquer que seja o rito processual, o juiz, após a citação, tomará antecipadamente o depoimento das pessoas incluídas nos programas de proteção previstos nesta Lei, devendo justificar a eventual impossibilidade de fazê-lo no caso concreto ou o possível prejuízo que a oitiva antecipada traria pra a instrução criminal."

O dispositivo contém redação defeituosa, pois, à evidência, qualquer que seja o tipo de depoimento, não haverá de ser logo após a citação, mas sim depois da resposta do acusado. Não é admissível que se dê início à instrução do processo antes que o acusado tenha o direito de exercitar a sua defesa. Por outro lado, essa oitiva antecipada, quando for adotada em relação ao acusado colaborador, será bastante prejudicial a ele, que não terá o direito de ser interrogado após tomar conhecimento de todas as provas produzidas contra si. Melhor do que ter alvitrado norma imperativa, deveria o legislador ter previsto a oitiva antecipada como medida facultativa, a ser adotada pelo magistrado quando se faça necessária. Se assim fosse, teria sido preservada a audiência una, que é técnica de fundamental importância para a tramitação simplificada e célere do processo. Fracionar os depoimentos, decididamente, não é boa solução,

---

431 O entendimento de que o interrogatório é facultativo está no item 5.1.5.9, supra.

principalmente com a adoção da oralidade. Se a intenção é evitar que a pessoa protegida, em razão da audiência, mantenha contato com outras testemunhas, bastava dizer que a pessoa não deveria ser ouvida na mesma assentada. Ou seja, a pessoa poderia ser ouvida no mesmo dia, em horário diferente, por exemplo, no período matutino ou vespertino. Aliás, acreditamos que se deve realizar a oitiva antecipada no mesmo dia reservada para a instrução e julgamento, apenas em horários bem diferentes, de preferência, pela manhã, com o prosseguimento da instrução pelo período da tarde. Essa certamente é a melhor solução para o caso. Até porque, se, como aqui defendido, o depoimento, salvo no caso de produção antecipada de prova, que é outra coisa (art. 156, I, do CPP)[432], só pode ser marcado depois da apresentação da resposta do acusado, e não propriamente após a citação, o juiz já pode designar a data para a realização da audiência de instrução e julgamento.

Como não se trata apenas de *audiência de instrução*, mas de *audiência de instrução e julgamento*, determinou-se, ainda, como regra, que as razões finais das partes e a sentença sejam apresentadas em audiência.

Na dinâmica dos trabalhos, os atos praticados na audiência devem adotar a seguinte ordem, estabelecida no caput do art. 400, do Código de Processo Penal:

a) Declarações do ofendido, se possível.
b) Inquirição das testemunhas, primeiro as arroladas pelo Ministério Público, em seguida as designadas pela defesa.
c) Esclarecimentos dos peritos[433].
d) Acareações.
e) Reconhecimento de pessoas e coisas.
f) Interrogatório do acusado.
g) Requerimento de diligências.
h) Alegações finais.
i) Sentença.

Essa é a ordem a ser seguida na realização da audiência. A decisão sobre as provas que deverão ser produzidas na audiência de instrução e julgamento é aquela tratada no art. 399. Para não repetir o que já foi aqui exposto, merece ser lembrado o que escrito no tópico 5.1.7, especialmente no item 5.1.7.2, supra.

---

432 Cf. item 5.1.8.1, supra.
433 Embora esteja no plural, a Lei nº 11.690, de 2008, modificou a regra anterior do art. 159, caput, de modo que, agora, basta que os trabalhos periciais sejam feitos por um único perito. Cf. item 5.1.8.3.1, supra.

Todas as provas a serem produzidas na audiência devem ser requeridas e especificadas, as do Ministério Público, na denúncia, as da defesa, na resposta, mesmo em se tratando de pedido de esclarecimentos de perito. Com efeito, como a perícia, de regra, é feita na fase do inquérito policial, se o Ministério Público quer esclarecimentos por parte do perito, deve fazer o pedido no oferecimento da ação penal. De igual forma, se a pretensão é da defesa, manifestação nesse sentido deve ser feita com a resposta. No § 2º do art. 400 do Código de Processo Penal está preceituado, apenas, que "Os esclarecimentos dos peritos dependerão de prévio requerimento das partes." Não diz, porém, qual o momento desse *prévio requerimento* e não era o caso mesmo de dizer, a não ser que fosse para repetir que deve constar, se se trata de perícia realizada no inquérito policial, da ação penal, quando requerida pelo Ministério Público, ou da resposta, caso o pedido seja da defesa.

Porém, em relação aos esclarecimentos dos peritos, o legislador imaginou regra específica, que resultou em tratamento ilógico[434]. O inciso I do § 5º do art. 159 do Código de Processo Penal, enxertado pela Lei nº 11.690, de 2008, diz que às partes é permitido, *no curso do processo*, requerer a oitiva dos peritos em audiência, para fins de esclarecimentos quanto à prova ou para responderem a quesitos. Esse § 5º não constou da proposta da Comissão de Reforma, tendo sido inserido pelo Legislativo[435].

Ao utilizar a expressão *no curso do processo*, parece evidente que o legislador quis ressaltar que esse pedido não precisa ser feito na ação penal, se pelo Ministério Público, ou na resposta, se pela defesa. Não foi essa a proposta feita pela Comissão de Reforma. O pedido de esclarecimentos a ser feito no *curso do processo* só tem sentido em relação à eventual perícia que tenha sido realizada depois do inquérito policial, ou seja, na fase do processo. Se a perícia foi elaborada *no curso do processo*, evidentemente, o pedido não poderia ter sido manifestado na ação penal ou na resposta[436]. Portanto, só nessa hipótese é que se pode admitir que o pedido de esclarecimento seja esboçado, por qualquer das partes, *no curso do processo*.

Todavia, sem fazer a necessária distinção, estabelece a lei, como regra específica para o pedido de esclarecimento a perito, que o man-

---

[434] Cf. item 5.1.8.3, supra.
[435] A Comissão de Reforma, em sua sugestão, encaminhada pelo Executivo como anteprojeto de lei, só previa três parágrafos para o art. 159 do CPP.
[436] Obviamente, não há a menor possibilidade lógica de, devido a pedido contido na ação penal, ser realizada uma perícia *no curso do processo*, antes de apresentada a resposta pela defesa.

dado de intimação endereçado ao experto, contendo os quesitos ou as questões a serem esclarecidas, seja cumprido com, no mínimo, dez dias de antecedência da audiência de instrução e julgamento.

Na sugestão proposta para o art. 400 do CPP, que findou aprovada, a Comissão de Reforma já tinha colocado os esclarecimentos do perito dentre os atos possíveis de realização na audiência de instrução e julgamento. Como a lógica da proposta era de que todas as provas fossem especificadas na ação penal ou na resposta (art. 396-A), não tinha sentido dizer que, no caso de esclarecimentos solicitados ao perito, o momento seria no curso do processo. Por que essa diferença de tratamento em relação à regra geral de que todas as provas requeridas devem ser feitas, se pelo Ministério Público, na denúncia, se pela defesa, na resposta? Não tem justificativa plausível. Aqui, mais uma vez, o Parlamento, ao promover inovação em relação à proposta da Comissão de Reforma, desapartou-se da lógica que comandou os trabalhos desta.

O pior é que o legislador afirmou que o pedido de esclarecimento pode ser feito *no curso do processo*, não dizendo, portanto, quando. Contentou-se em asseverar que o requerimento será atendido "... desde que o mandado de intimação e os quesitos ou questões a serem esclarecidas sejam encaminhadas com antecedência mínima de 10 (dez) dias .." (art. 159, 5º, I, do CPP). É um prazo canhestro. O prazo estabelecido não é para que o requerimento seja protocolado em Juízo com dez dias de antecedência da data da audiência, mas para que o mandado de intimação, nesse prazo, esteja cumprido. Então, por conclusão lógica, tendo em consideração os prazos prescritos no Código de Processo Penal para a prática dos atos processuais, o requerimento tem de ser feito com, no mínimo, 21 dias de antecedência da data marcada para a audiência[437].

A necessidade de acareação, naturalmente, se dá apenas em relação ao que foi produzido no processo. Assim, só vai ser possível saber de sua necessidade, ou não, na audiência, a depender do que cada uma das testemunhas disser. Portanto, o pedido de acareação, se for o caso, será feito na própria audiência. Em rigor, o juiz deveria, terminado o depoimento da testemunha, determinar que ela ficasse aguardando o final dos depoimentos das demais testemunhas, pois a sua eventual liberação pode frustrar a acareação, com a consequente necessidade de designação de nova data para a realização da audiência. Mas isso não é razoável, na medida em que a acareação no processo penal é medida

---

437 De acordo com os arts. 799 e 800, II, do CPP, são dois dias para juntada da petição e conclusão ao juiz, com mais cinco para a decisão interlocutória simples, mais dois dias para expedição do mandado de intimação e, por fim, mais dois dias para o seu cumprimento, pelo oficial de justiça.

excepcional, além de, no mais das vezes, não apresentar nenhum resultado satisfatório[438]. De toda maneira, quando o juiz, diante do que consta do inquérito policial, notar a existência de divergências entre os testemunhos, pode, com antecedência, dependendo evidentemente do que for afirmado pela testemunha, verificar se é o caso, ou não, de, por cautela, determinar a sua permanência em Juízo, para, se for o caso, participar da acareação. Mas, repita-se, a acareação é ato por demais raro, especialmente na fase judicial.

Tem-se afirmado que não há como se realizar, em audiência única, todos esses atos. Há quem diga que não é possível, em uma audiência só, realizar todos esses atos, até mesmo pela própria impossibilidade material. Primeiro, raramente há a realização de acareação[439], assim como o reconhecimento de pessoas ou coisas e mesmo o pedido de esclarecimentos de peritos. Quando há o reconhecimento, geralmente é pessoal, que é um ato sem maior complexidade[440]. Comumente, na audiência são prestados os depoimentos apenas do ofendido, das testemunhas e, por último, como defesa, do acusado.

Por fim, merece esclarecimento que audiência una não se confunde com a realização desse tipo de ato processual em um único dia. Ela pode ser una, porém, desenvolvida em mais de um dia sucessivo, conforme expendido no item seguinte.

5.1.9.1.1. Audiência una em dias sucessivos

Em rigor, a determinação para que a audiência, no procedimento ordinário, seja una, não difere praticamente em nada da que era prevista para o rito sumário, na redação originária do Código de Processo Penal. Na sistemática anterior, nos processos que seguiam o rito sumário, os depoimentos das testemunhas arroladas tanto pelo Ministério Público quanto pela defesa, bem assim as razões finais de ambas as partes, eram todos atos processuais realizados em uma única audiência. Alguns juízes, nesses casos, proferiam sentença na própria audiência, e muitos assim procediam quando era caso de absolvição[441].

---

438 Cf. item 5.1.8.6, supra.
439 A acareação, pela forma como foi concebida em nosso sistema, é hipótese rara de ocorrer. Cf. item 5.1.8.6, infra.
440 Cf. 5.1.8.7, supra, na parte em que fala do reconhecimento de pessoa em Juízo.
441 Muitos juízes alegam que, quando se trata de sentença condenatória, diante da dosimetria da pena, o melhor é deixar para redigir a sentença no gabinete. Agora, não poderão mais fazer essa justificativa.

O ato a mais que, de regra, haverá é quanto ao interrogatório do acusado. Mas isso é compensado com a adoção do sistema do *cross examination*. Atente-se que, no sistema presidencial, só o juiz podia fazer as perguntas diretamente às testemunhas. Dessa forma, as partes faziam suas perguntas ao juiz, que tratava de repergunta-las às testemunhas. Como se isso não bastasse, após a resposta, o juiz tinha, ainda, que ditar para o escrivão ou quem as suas vezes fizesse, o que deveria ficar consignado no termo de assentada. Essa forma era extremamente burocrática e tornava, por isso mesmo, a audiência excessivamente demorada. Podendo as partes fazer as perguntas diretamente às testemunhas, a audiência flui com muito mais rapidez.

Porém, o que torna a audiência decisivamente mais rápida e ágil é a possibilidade de a documentação de todos os depoimentos ser feita pelo sistema audiovisual, sem a necessária degravação de seu conteúdo[442]. Adotada essa tecnologia, não há necessidade de o juiz fazer o ditado do que deve constar como resposta das pessoas ouvidas em audiência, o que, por si só, permite que esse ato processual seja concluído em tempo sobremaneira menor do que quando era feito no modo tradicional.

Ainda assim, dependendo do número de testemunhas e de acusados, enfim, de atos a serem realizados em audiência, é preferível, tal como se faz em relação ao tribunal do júri, o juiz marcar o início da audiência para o período matutino, com prolongamento pelo vespertino. O que não tem sentido é, diante do número de testemunhas, separar as arroladas pelo Ministério Público das indicadas pelo acusado, a fim de ouvi-las em mais de uma audiência, designadas para datas com certa distância temporal.

Se for o caso, o juiz deve, até mesmo, quando marcar a audiência, diante da quantidade de atos a serem realizados, já fazer a previsão de que ela irá se prolongar por mais de um dia, com pausa para as refeições e o descanso noturno, da mesma forma como se faz em relação às sessões do tribunal do júri. Sendo necessário, a audiência deve compreender mais de um dia sucessivo, tantos quantos forem necessários para o encerramento da instrução e, se for o caso, para o consequente julgamento[443].

---

442 Cf. item 5.1.9.1.1, infra.
443 Quando for processo em que a audiência se realizar em dias sucessivos, a complexidade quanto à compreensão de todo o arcabouço probatório poderá ensejar que se aplique a exceção à regra contida no art. 403, § 3º, do Código de Processo Penal, de modo que as razões finais sejam apresentadas por memoriais, assim como a sentença seja proferida em gabinete. Cf. 5.1.9.6, infra.

A reforma global imaginada para o Código de Processo Penal, ainda que feita por tópicos, é global e é, antes de tudo, cultural[444]. A mudança de paradigma em relação à forma de realização das audiências tem destaque todo especial. Se ela não for una, a ideia de simplificação e concentração dos atos processuais estará severamente comprometida.

Os juízes têm de compreender que, com a nova disciplina, pelo menos em comparação ao que era antes, vão passar mais tempo em audiência do que em gabinete. Da mesma forma, em regra, a maioria das sentenças será proferida em audiência.

5.1.9.1.2. Documentação da audiência e sistema audiovisual

A maior burocracia dos processos em geral se concentra na formas adotadas para a documentação dos atos realizados durante todo o seu trâmite. São vários e vários papéis e, até mesmo, em plena era eletrônica, carimbos e mais carimbos. Quem conhece de perto o funcionamento do Judiciário sabe que grande parte dos problemas que afetam o desenvolvimento mais célere do processo se concentra no modo como são documentados os atos processuais. Na parte das audiências, então, a burocracia era em demasia.

No modelo tradicional, que vigorava antes da reforma, feita a pergunta e dada a resposta pela pessoa inquirida (autor, réu, vítima ou testemunha), o juiz ditava para o funcionário o que deveria ficar documentado no termo de audiência. Ou seja, o que ficava documentado era o que o juiz havia ditado e não aquilo que realmente fora afirmado pela pessoa ouvida. Nada obstante a seriedade e o talento do juiz, mesmo procurando ser fiel à resposta fornecida, ainda assim, o que constava no termo de assentada era aquilo que ele próprio ditou, e não o depoimento *in natura* da pessoa ouvida em Juízo. Por isso se dizia, não sem razão, que o termo de depoimento era apenas a *sombra* do que fora respondido, não a sua essência, não só porque não se sabia o quê e como exatamente a pessoa respondeu a pergunta (tom da voz, expressões corporais, segurança ou insegurança etc.), mas porque, de regra, sequer a própria pergunta era consignada no termo.

A fim de sanar essa incongruência, a Lei nº 11.419, de 2006 (Lei de Informatização do Processo), acrescentou o § 2º ao art. 169 do CPC, para esclarecer que, quando se tratar de processo informatizado, os atos "poderão ser produzidos e armazenados de modo integralmente digital em arquivo eletrônico". Não fosse a circunstância de a gravação sem a necessidade da degravação posterior, representar eco-

---

444 Cf. item 3.2, supra.

nomia de tempo de audiência e de trabalho extenuante da secretaria, que não mais precisará degravar os depoimentos colhidos, essa prática é salutar, pois permite que se tenha a exata compreensão do contexto em que foram dadas as respostas pela pessoa inquirida, o que confere maior transparência e segurança à prestação jurisdicional, especialmente para o reexame, por via do recurso, dos aspectos factuais esclarecidos pela prova colhida com o depoimento.

Todavia, poucos juízes passaram a adotar esse novo modelo, de gravação das audiências, uma vez que restou firmado o entendimento de que, devido ao que consta do § 1º do art. 417 do CPC, também objeto da Lei nº 11.419, de 2006, em caso de recurso, tem de ser feita a degravação do áudio. Esse entendimento fez com que o sistema de gravação das audiências fosse abandonado pelos juízes, pois o trabalho de transcrição da gravação, além de demorado, é sobrecarregado: em média, para um minuto de gravação, leva-se dez para degravar. Caso fosse exigida a degravação, o melhor seria continuar com o modelo do ditado, pois a redução a termo dos depoimentos, em momento posterior, além de ocasionar excessiva carga de serviço para a secretaria, ainda ocasionaria a necessidade de intimação do seu teor e a possibilidade de incidente sobre o texto.

Conquanto equivocada essa interpretação[445], no escopo de eliminar toda e qualquer dúvida quanto à desnecessidade de redução a termo do depoimento gravado em audiência e conferir, por outro lado, melhor possibilidade de conhecimento do contexto em que foram feitas as afirmações dadas pela pessoa inquirida, o § 1º do art. 405 do Código de Processo Penal, introduzido pela Lei nº 11.719, de 2008, deixou consignado que, "Sempre que possível, o registro dos depoimentos do investigado, indiciado, ofendido e testemunhas será feito pelos meios ou recursos de gravação magnética, estenotipia, digital ou técnica similar, inclusive audiovisual, destinada a obter maior fidelidade das informações."

---

445 O art. 417, do CPC, após dizer, no seu § 1º, que registrado o depoimento por taquigrafia, estenotipia ou outro método idôneo de documentação, no caso de recurso, ele deverá ser passado para a versão datilografada, esclarece, no § 2º que, "Tratando-se de processo eletrônico, observa-se-á o disposto nos §§ 2º e 3º do art. 169 desta Lei." O § 2º do referido dispositivo, que é o que interessa para o momento, expõe que "Quando se tratar de processo total ou parcialmente eletrônico, os atos processuais praticados na presença do juiz poderão ser produzidos e armazenados de modo integralmente digital em arquivo eletrônico inviolável ..." Por conseguinte, a ressalva do § 1º do art. 417 do CPC não se aplica, na hipótese em que a gravação é feita em *processo total ou parcialmente eletrônico*, pois, nesse caso, a norma pertinente é aquela alvitrada pelo § 2º do art. 169 do mesmo Diploma Legal.

Merece atenção, aqui, a expressão *sempre que possível*, utilizada pelo legislador. Ou seja, a regra é que se deve lançar mão dessas técnicas modernas de documentação, quando houver possibilidade. Só quando não houver condições de adotá-las, é que o juiz deverá determinar que o registro desses atos processuais seja feito pelo meio tradicional, qual seja, por meio de ditado.

Sendo mais claro a respeito de qual, dentre as técnicas mencionadas para a documentação dos atos orais produzidos em audiência, deveria ser a preferida, no final do § 1º do art. 405 do CPP (Lei nº 11.719, de 2008), previu-se o registro dos depoimentos pela técnica (inclusive) audiovisual, *destinada a obter maior fidelidade das informações*. O sistema de gravação de som e imagem, assim, foi considerado técnica a ser utilizada, sempre que possível, tendo como finalidade *obter maior fidelidade das informações*. Essa tecnologia deve ser preferida, então, às demais formas possíveis, porquanto, nesse caso, a prova colhida, diante da forma adotada, por presunção eleita pelo próprio legislador, apresenta maior fidelidade.

Para deixar bem claro que o sistema audiovisual deve ser o escolhido para a documentação dos depoimentos, no § 2º do art. 405 do Ordenamento Processual Penal, de forma cogente, está inscrito que "No caso de registro por meio audiovisual, será encaminhado às partes cópia do registro original, sem necessidade de transcrição". Assim, na seara criminal, não há necessidade de transcrição nos autos dos depoimentos, bastando, para tanto, que os depoimentos sejam tomados pelo sistema audiovisual, que é aquele eleito pelo legislador como o mais adequado para *obter maior fidelidade das informações*.

Espera-se que os juízes não tenham receio de adotar essa regra e que os tribunais acompanhem essa evolução normativa de fundamental importância para a simplificação e agilização do processo criminal, indispensável para o aprimoramento da prestação jurisdicional e o cumprimento da cláusula da duração razoável do processo. Não é possível que, em razão do fetiche pelo papel e carimbos, alguns tribunais, ao receber os autos por força de recurso, determinem a sua devolução, a fim de que os juízes promovam a degravação, como se tem, aqui e ali, escutado ser cogitado.

Note-se, porém, que o que é possível de ser documentado pelo sistema audiovisual ou por quaisquer das técnicas previstas § 1º do art. 405 do CPP, são os depoimentos. Aí se inclui, ainda, quando houver, o ato de reconhecimento de pessoas e coisas[446]. Não, porém, as razões finais e a sentença. Dessa forma, essas peças, conquanto sejam elaboradas em audiência, elas não são orais, são, necessariamente, escritas.

---

446 Cf. item 5.1.8.7, supra.

Naturalmente, deverá ser lavrado o termo de audiência, no qual conterá a identificação do processo, das pessoas que dela participaram e *breve resumo dos fatos relevantes* ocorridos durante a sua realização (art. 405, caput, do CPP). Inadvertidamente, restou consignado, no dispositivo, que esse termo de audiência deverá ser lavrado em *livro próprio*, quando na maioria dos fóruns esse registro é eletrônico. Quando muito, por exigência da corregedoria, faz-se a impressão de cópia do termo eletrônico, para fins de colocá-la em uma pasta de audiências.

5.1.9.1.3. Sistema audiovisual e oralidade

O sistema audiovisual não apenas é instrumento fundamental para desburocratizar, simplificar e dar uma dinâmica mais célere na realização da audiência, como é imprescindível para que seja observado o princípio da oralidade. Note-se que a oralidade, a despeito de ser erigida como um dos princípios orientadores do sistema processual penal, em verdade, não tinha nenhum prestígio em nosso meio, sequer no processo civil. Em verdade, o nosso sistema processual penal era eminentemente escrito e de oralidade não tinha absolutamente nada, a não ser em relação ao tribunal do júri, mesmo assim, quanto aos debates das partes[447].

Diz-se que um ato é praticado pelo meio oral, quando não há a necessidade de sua documentação pela forma escrita. Se, quando o ato, praticado oralmente, para a sua documentação nos autos, for exigida a sua redução a termo, em verdade, a forma é a escrita, não a oral.

Assim, conquanto a prova testemunhal, seja no processo penal, seja no cível, fosse produzida de acordo com o princípio da oralidade, a sua documentação e a sua existência na qualidade de prova para fins de valoração eram escritas.

Por que em relação aos depoimentos, quanto à sua produção, o Código de Processo Penal, desde a sua redação originária, determinou que fosse utilizada a forma oral? Ora, para que o depoimento fosse mais fiel e espontâneo e para que se pudesse saber o efetivo contexto em que as afirmações foram feitas, o que não ocorreria se permitido fosse que o depoente levasse, por escrito, aquilo que quisesse dizer. Por que, então, se determinou que ficasse no processo não aquilo que a testemunha, diante do contexto das perguntas, disse de forma efetiva e espontânea, mas sim o que foi ditado pelo juiz? Porque não existia técnica melhor.

---

[447] Apenas os debates das partes não precisavam ser reduzidos a escrito.

Agora há. Não só os depoimentos podem ser produzidos oralmente, como igualmente há tecnologia disponível para que essa prova seja documentada sem que ela perca a característica da oralidade. Documentar os depoimentos pelo sistema audiovisual significa materializar o princípio da oralidade no processo penal. O exame dos depoimentos, quer na primeira, quer na segunda instância, será feito tal como se deu a sua colheita, não na forma escrita, que, a despeito de ser a representação por códigos do que foi afirmado pela pessoa, não passa de um resumo das afirmações do depoente, reputadas pelo juiz como as mais importantes.

5.1.9.2. Adiamento da audiência em razão de impossibilidade da presença do advogado

Nos termos da redação originária do Código de Processo Penal, nenhuma audiência deveria ser adiada, devido ao não comparecimento de quem dela deveria participar. A preocupação do legislador com esse aspecto era tal que, mesmo quando a falta de comparecimento fosse do advogado de defesa, esse acontecimento não era suficiente para adiar qualquer ato do processo, aí incluída, naturalmente, a audiência (art. 265, parágrafo único, do CPP). Era irrelevante a circunstância de o advogado possuir, ou não, justificativa para não comparecer à audiência. O ato não seria adiado, devendo o juiz "... nomear substituto, ainda que provisoriamente ou para o só efeito do ato." (art. 265, parágrafo único, parte final, do CPP).

Essa norma era criticada por alguns doutrinadores, especialmente após a edição da Constituição de 1988, ao argumento de que ela se traduzia em cerceamento de defesa, ao passo que, de certo modo, legava tratamento desigual, pois, quando a falta de comparecimento era do Ministério Público, mesmo que sem justificativa, a audiência tinha de ser adiada.

Como agora a audiência é de instrução e julgamento, o legislador abrandou a regra. Para tanto, foram inseridos, por obra da Lei nº 11.719, de 2008, dois parágrafos ao art. 265 do CPP. O § 1º para dizer que "A audiência poderá ser adiada se, por motivo justificado, o defensor não puder comparecer." Esse dispositivo merece atenção em dois aspectos. O fato em si de o defensor do acusado não comparecer à audiência, por si só, não acarreta o adiamento. É preciso que esse motivo seja justificado. Naturalmente, pode ser problema de saúde ou, até mesmo, profissional, quando houver outra audiência marcada anteriormente, para o mesmo dia e hora. O verbo *poderá*, empregado no texto, quer dizer que o juiz irá decidir se o motivo apresentado *justifica*, ou não, a falta de comparecimento, para fins de trazer, como consequência, o adiamento da audiência. Vai depender do caso concreto.

O § 2º inserido ao art. 265 do CPP se destinou a determinar o prazo para provar o impedimento quanto ao comparecimento pelo defensor, qual seja, *até a abertura da audiência*. Se não for provado o impedimento ou, ainda que sendo, o juiz entender que não há justificativa para o não comparecimento, a audiência será realizada, devendo ser nomeado defensor para participação na audiência. Não é razoável que o advogado, sabendo do impedimento de seu comparecimento à audiência, deixe para fazer o requerimento de adiamento apenas no dia, na abertura da audiência. Isso é uma descortesia com todos, especialmente com as testemunhas, muitas delas tendo de se deslocar de longe e de deixar de trabalhar para estar presente à audiência. É ainda mais incompreensível esse comportamento do advogado, quando no processo há outros acusados, com advogados diferentes. Deixando para fazer a comunicação no dia, os demais advogados ficam prejudicados, perdendo tempo em ir ao Juízo para uma audiência que poderia ter sido adiada com antecedência.

Quando o pedido de adiamento se faz com o argumento de que há outra audiência marcada para o mesmo dia e hora, é importante verificar em relação a qual das duas o advogado foi intimado antes. Em rigor, só é válido ele pedir o adiamento daquela para a qual ele foi intimado posteriormente. Vale aqui, também, verificar a partir de quando o advogado tinha conhecimento de que as duas audiências estavam marcadas para o mesmo dia.

O termo *"poderá"* utilizado pelo legislador serve para o juiz avaliar essas questões e o eventual prejuízo para a defesa do acusado, diante da ausência de seu advogado constituído e para, independentemente da decisão quanto ao adiamento da audiência, que sejam feitas considerações sobre a intenção procrastinatória do advogado, o que, infelizmente, não é raro.

Imagine-se que a audiência seja relativa ao cumprimento de uma carta precatória, destinada à oitiva de testemunha de defesa, a qual nada sabe sobre os fatos discutidos no processo, senão sobre as condições pessoais do acusado. A realização da audiência nesse caso, mesmo havendo motivo legítimo do advogado para não estar presente, não gera prejuízo para a defesa do acusado, solução que deve ser alvitrada, na hipótese em que a pauta de audiências do Juízo estiver muito extensa, de modo que o adiantamento levaria à necessidade de reaprazá-la para uma data que não seria razoável. Diferente é a hipótese de uma audiência de instrução e julgamento, que, em princípio, não pode ser realizada sem a presença do advogado constituído, quando ele tem motivo justificado para não comparecer.

Como devido às novas regras, as razões finais, de ordinário, são feitas na própria audiência, não adiar a audiência quando o defensor do acusado tem motivo legítimo para não comparecer à audiência seria uma ofensa clara ao princípio da ampla defesa, no que diz respeito à defesa *efetiva* e *eficiente*[448]. Nesse caso, ao reaprazar a data, é conveniente que o juiz determine a intimação da Defensoria Pública, a fim de que ela se inteire do processo e compareça à audiência, com isso evitando novo adiamento.

O que é inaceitável é o fato de o legislador não ter tido o cuidado de revogar, expressamente, o parágrafo único do art. 265 do CPP. Mais uma vez o legislador se mostrou extremamente desatento, sendo importante ressaltar que a Comissão de Reforma não propôs a alteração do referido comando normativo, tendo sido a atecnia obra exclusiva do Parlamento.

O assunto a respeito da realização de audiência mesmo diante da impossibilidade de o advogado do acusado estar presente, é tratado pelo Código de Processo Penal, no parágrafo único do art. 265. O mencionado dispositivo legal, que não foi alterado nem muito menos revogado expressamente, assim dispõe: "A falta de comparecimento do defensor, ainda que motivada, não determinará o adiamento de ato algum do processo, devendo o juiz nomear substituto, ainda que provisoriamente ou para o só efeito do ato." Cabe ressaltar que o dispositivo em foco, não consta do rol dos artigos e parágrafos revogados, tratados no art. 3º da Lei nº 11.719, de 2008.

Portanto, para todos os efeitos, o art. 265 do Código de Processo Penal está assim redigido:

> Art. 265. O defensor não poderá abandonar o processo senão por motivo imperioso, comunicado previamente ao juiz, sob pena de multa de 10 (dez) a 100 (cem) salários mínimos, sem prejuízo das demais sanções cabíveis.§ 1º — A audiência poderá ser adiada se, por motivo justificado, o defensor não puder comparecer.§ 2º — Incumbe ao defensor provar o impedimento até a abertura da audiência. Não o fazendo, o juiz não determinará o adiamento de ato algum do processo, devendo nomear defensor substituto, ainda que provisoriamente ou só para o efeito do ato.Parágrafo único. A falta de comparecimento do defensor, ainda que motivada, não determinará o adiamento de ato algum do processo, devendo o juiz nomear substituto, ainda que provisoramente ou para o só efeito do ato.

Afinal, o que é que está valendo? A impossibilidade de comparecimento do defensor, desde que apresentado motivo justificado, é, ou não, razão para o adiamento da audiência? Formalmente, o art. 265

---

448 Cf. item 5.1.5.5, que trata da presença do advogado à audiência.

tem o caput, os §§ 1º e 2º e um parágrafo único, o que revela a incongruência formal, sem falar que o conteúdo normativo deste parágrafo único é inteiramente incompatível com o dos dois primeiros parágrafos do mesmo artigo.

É evidente que o parágrafo único do art. 265 do CPP está revogado, até porque não se pode ter os §§ 1º e 2º e, ainda, um parágrafo único. O texto do parágrafo único, se fosse o caso, deveria ser colocado como § 3º. Mas, como se disse, o seu conteúdo é frontal e inteiramente incompatível com o dos dois que o antecedem e que foram introduzidos pela Lei nº 11.719, de 2008. O parágrafo único em referência está, portanto, revogado, mas tudo isso revela uma incrível e inaceitável falta de sistematização no trabalho desenvolvido pelo Legislativo. Inserir dois parágrafos em um dispositivo e não cuidar de fazer a devida alteração no texto originário que contava com um parágrafo único, é erro crasso, máxime quando os conteúdos são substancialmente incompatíveis.

5.1.9.3. Ordem de inquirição das testemunhas

Assim como era anteriormente, com a nova disciplina para a audiência, trazida com a Lei nº 11.719, de 2008, naturalmente, as testemunhas arroladas pelo Ministério Público são ouvidas antes das indicadas pela defesa.

Com a nova lei, essa ordem de inquirição das testemunhas ficou expressamente definida no caput do art. 400 do Código de Processo Penal, ao dizer que se procede, após *a tomada de declarações do ofendido*, "... à inquirição das testemunhas arroladas pela acusação e pela defesa, nesta ordem, ressalvado o disposto no art. 222 deste Código..."

O art. 222 do Código de Processo Penal, no caput, trata da expedição de carta precatória, com o estabelecimento de prazo pelo juiz deprecante para o seu cumprimento, quando a testemunha não residir na sede do Juízo em que tramita o processo[449]. O § 1º do citado artigo cuida de esclarecer que, nada obstante o prazo assinalado pelo Juízo deprecante para o cumprimento da diligência, não há suspensão da instrução

---

449 A estipulação de prazo pelo juiz deprecante não é inadequada nem afronta a independência do juiz deprecado. Um juiz, com a carta precatória, não dá ordem ao outro. Pede uma colaboração que, em verdade, se traduz em dever funcional para o juiz deprecado. A estipulação do prazo serve para demarcar o espaço de tempo que o juiz deprecante terá de aguardar, até estar habilitado para julgar o processo, independentemente da devolução da carta precatória, como se observa da leitura do 2º do art. 222 do CPP.

criminal[450]. Por fim, no § 2º, o art. 222 do CPP vai mais longe, para dizer que, ultrapassado aquele prazo assinado para o cumprimento da carta precatória, o juiz deprecante poderá proferir o julgamento do processo. De qualquer sorte, para fins de melhor instrução do processo, até para a análise em eventual recurso de apelação ainda não interposto ou que pende de apreciação pelo tribunal, o juiz deve determinar a juntada do depoimento da testemunha aos autos, seja qual tenha sido a sua forma de documentação, mesmo depois de proferida a sentença[451].

Essa ressalva expressa de aplicação do art. 222 que consta do caput do art. 400, ambos do Código de Processo Penal, não constava da proposta sugerida pela Comissão de Reforma. A sua inclusão foi uma sugestão da Associação dos Juízes Federais do Brasil — AJUFE, a fim de deixar claro que o art. 222, em sua inteireza, teria plena aplicação como exceção à regra da ordem de inquirição de testemunhas. Por conseguinte, a circunstância de ter sido expedida carta precatória para a inquirição de testemunha arrolada pelo Ministério Público não acarreta, como consequência, a impossibilidade de marcar-se, antes de seu cumprimento, a realização da audiência de instrução e julgamento.

Aqui foi recomendado que o juiz, ao decidir pelo recebimento da ação penal deve, se for o caso desde logo, marcar a data de realização da audiência de instrução e julgamento[452]. Nesse caso, o mandado expedido será de citação e intimação. Quando há a necessidade de inquirição de testemunha arrolada pelo Ministério Público por meio de carta precatória, o juiz deve determinar ainda, na mesma decisão, a expedição da carta precatória. Por racionalidade, deve determinar que a secretaria só providencie o envio da carta precatória para fins de inquirição de testemunhas ao Juízo deprecado, após a apresentação da resposta pelo acusado, até porque esta peça de defesa deve constar da carta[453].

Por conseguinte, ainda que recomendável que o juiz, no ato de recebimento da exordial, determine logo a expedição da carta precatória, de qualquer forma, o seu envio não poderá ocorrer antes da apresentação da resposta pela defesa, sob pena de claro prejuízo para o

---

450 Infelizmente, há juiz que ignora essa regra, de modo que, quando expede carta precatória, só marca a audiência para inquirir as testemunhas arroladas pela defesa, após a devolução da carta precatória, isso tudo em prejuízo da duração razoável do processo. É preciso abandonar essa prática, especialmente em razão das modificações introduzidas pela Lei nº 11.719, de 2008.
451 O depoimento colhido na carta precatória poderá servir, se for o caso, para a interposição de habeas corpus ou revisão criminal.
452 Cf. itens 5.1.3.2 e 5.1.7.2, supra.
453 Essa providência evita que, após o recebimento da resposta do acusado, seja dado novo despacho, determinando a expedição da carta precatória.

acusado. Na expedição da carta precatória, como o juiz do processo já sabe a data em que será realizada a audiência a ser por ele presidida, deve ser estipulado como prazo para o seu cumprimento, data anterior à marcada para a realização da instrução e julgamento do feito. Uns cinco dias antes é o suficiente.

Seguindo essas cautelas, em muitos dos casos, quando realizada a audiência de instrução e julgamento, a precatória já terá sido devolvida. Se não, mesmo sem o cumprimento da carta precatória, o juiz poderá julgar o processo em audiência. Se o prazo assinalado para o cumprimento da carta precatória não tiver sido exaurido, em hipótese alguma o juiz poderá julgar, em audiência.

Critica-se o fato de ser possível o julgamento do processo independentemente do cumprimento da carta precatória, especialmente quando se trata de testemunha arrolada pela defesa, ao argumento de que se trata de cerceamento do direito à ampla defesa, por deficiência do funcionamento do próprio Poder Judiciário. Essa crítica, não há de negar-se, procede. O juiz só deve tomar essa decisão de julgar independentemente do cumprimento da carta precatória, quando não tiver qualquer sinalização de que o testemunho que ainda não foi colhido é de fundamental importância. Caso tenha essa sinalização, dependendo do conjunto probatório do processo, terá de oficiar ao Juízo deprecado, explicitando a situação e, com a estipulação de novo prazo, solicitar, uma vez mais, o cumprimento da diligência.

Se o convencimento do juiz for quanto à absolvição, então, em princípio, o julgamento sem o cumprimento da carta precatória não traz nenhum prejuízo para a defesa. De qualquer forma, ainda que condenatória a sentença, se o depoimento da testemunha for efetivamente de fundamental importância para a solução do processo, a carta precatória cumprida posteriormente pode subsidiar habeas corpus ou mesmo a revisão criminal, dois tipos de ação autônoma de impugnação à sentença, a última só quando houver formação de coisa julgada, que podem, a todo e a qualquer tempo, ser ajuizadas, para fins de modificação da decisão.

5.1.9.4. Alteração da ordem de inquirição das testemunhas, devido ao não comparecimento de testemunha arrolada pelo Ministério Público.

A leitura atenta do art. 400, caput, do Código de Processo Penal, dá a entender que a ordem estabelecida para a inquirição das testemunhas, primeiro as indicadas pelo Ministério Público, depois as arroladas pela defesa, somente pode ser alterada quando for o caso de expedição de carta precatória.

O art. 535 do Código de Processo Penal, com redação dada pela Lei nº 11.719, de 2008, que é norma específica para o procedimento sumário[454], deixou consignado que "Nenhum ato será adiado, salvo quando imprescindível a prova faltante, determinando o juiz a condução coercitiva de quem deva comparecer." Quanto à possibilidade de quebra da ordem prevista para a inquirição das testemunhas, o art. 536 do CPP, também com a redação da Lei nº 11.719, de 2008, assevera que "A testemunha que comparecer será inquirida, independentemente da suspensão da audiência, observada em qualquer caso a ordem estabelecida no art. 531 deste Código." Seguindo a mesma orientação, o § 7º do art. 411 do Código de Processo Penal, em regra específica para o procedimento relativo aos processos da competência do tribunal do júri[455], repete que "Nenhum ato será adiado, salvo quando imprescindível a prova faltante, determinando o juiz a condução coercitiva de quem deva comparecer" e, no § 8º, esclarece que "A testemunha que comparecer será inquirida, independentemente da suspensão da audiência, observada em qualquer caso a ordem estabelecida no caput deste artigo."

A leitura apressada do dispositivo em foco pode levar a alguma perplexidade quanto à compreensão do seu efetivo alcance. O legislador poderia ter explicitado a regra em dicção normativa mais clara. Mas, não é difícil perceber, principalmente fazendo-se a análise conjunta dos arts. 535 e 536 do CPP, que a regra ali estabelecida é no sentido de que, em se tratando de procedimento sumário, a testemunha que comparecer a Juízo, independentemente de ter faltado uma das arroladas pelo Ministério Público, será ouvida pelo juiz, sendo, de toda sorte, entre as presentes, obedecida a ordem do art. 531 do Código de Processo Penal.

Como se nota, em três situações o legislador previu a possibilidade de alteração da ordem: (a) se houver expedição de carta precatória para inquirição de testemunha arrolada pelo Ministério Público; (b) no procedimento sumário, se, faltando alguma das testemunhas arroladas pelo Ministério Público, comparecer uma ou mais das indicadas pela defesa; e (c) no procedimento relativo aos crimes da competência do tribunal do júri, na mesma hipótese prevista para o rito sumário. Uma é regra geral, para todos os procedimentos, a outra, específica, apenas para os processos que seguem o rito sumário e o relativo ao tribunal do júri.

Essas três exceções, que são estabelecidas apenas com o propósito de não paralisar o andamento do processo, demonstram que a sequên-

---

454 Está no Título II do Capítulo V, cuja rubrica é *DO PROCESSO SUMÁRIO*.
455 Consta do Capítulo II do Título I, com a rubrica *DO PROCEDIMENTO RELATIVO AOS PROCESSOS DA COMPETÊNCIA DO TRIBUNAL DO JÚRI*.

cia estabelecida para a inquirição das testemunhas não é questão de *ordem pública*, de modo que tenha de ser, necessariamente, observada, sob pena de nulidade absoluta. Acredita-se que, diante da maneira como foram redigidos os arts. 400, caput, 535, 536 e 411, §§ 7º e 8º, todos do Código de Processo Penal, qualquer que seja o procedimento, a mera alteração da ordem de inquirição das testemunhas, por si só, não acarretará a nulidade do processo, salvo se demonstrado o prejuízo daí decorrente para a defesa

A ordem de inquisição é uma forma prevista em lei que visa estabelecer o modo lógico de produção das provas testemunhais. A inobservância dessa forma, obviamente, não é suficiente para anular a prova colhida, se o escopo almejado pela norma não foi tergiversado. Ademais, tenha-se presente que a testemunha não pertence a quem lhe arrolou. Repita-se, uma vez mais: ela não é do Ministério Público ou da defesa, nem sequer do juiz, mas sim do processo.

Tanto é assim, que o legislador, em lei especial, previu outra hipótese de quebra da ordem de inquirição, quando se trata de testemunha submetida a programa de proteção que, nesse caso, deve ter o seu depoimento antecipado (art. 19-A, parágrafo único, da Lei nº 9.807, de 1999, com a redação da Lei nº 12.483, de 2011.

Por isso mesmo, a jurisprudência e a doutrina consolidada sobre o tema, tendo em conta a redação originária do Código de Processo Penal, é no sentido de que a eventual modificação da ordem de inquirição das testemunhas, independentemente do tipo de procedimento, gera nulidade apenas relativa, sendo de mister, portanto, para o seu acolhimento, a demonstração de prejuízo para a defesa[456].

Assim, mesmo se tratando de procedimento ordinário, se alguma testemunha arrolada pelo Ministério Público não comparecer e houver a insistência quanto ao seu depoimento, o juiz não apenas pode, como deve, fazer a audiência, ouvindo todas as testemunhas que tenham comparecido[457].

Observe-se que, como a instrução não terá terminado, após ouvir a última testemunha presente, o juiz deverá marcar prosseguimento da audiência para colher o depoimento da testemunha arrolada pelo Ministério Público que não compareceu, quando, só então, será tomado o interrogatório do acusado. Este terá, de qualquer forma, a possibilidade de refutar tudo o que houver sido dito por todas as testemu-

---

456 Não se imagina como a inversão da ordem pode prejudicar o Ministério Público.
457 Observe-se que o juiz, se entender que as demais testemunhas ou provas suprem a necessidade de ser ouvida a que não compareceu, o juiz pode dispensar o testemunho, nada obstante a insistência do Ministério Público.

nhas, notadamente aquela arrolada pelo Ministério Público, que só foi ouvida depois das indicadas pela defesa.

É importante assinalar que, se a defesa sentir que houve prejuízo para o acusado em razão de uma das testemunhas arroladas pelo Ministério Público ter sido ouvida posteriormente às apontadas pela defesa, deverá pedir, ainda em audiência, que é a primeira oportunidade para falar sobre a matéria, que a ou as testemunhas de defesa sejam reinquiridas. Se não o fizer, tem-se por precluída a oportunidade e, como se trata de nulidade relativa, não poderá mais invocá-la.

Nessa hipótese, mesmo sendo modalidade de nulidade relativa, o juiz deve, se for o caso, ainda que de ofício, determinar a reinquirição da ou das testemunhas arroladas pela defesa.

5.1.9.5. Requerimento de diligências em audiência

Na sua redação anterior, o art. 499 do Código de Processo Penal determinava que, após a inquirição de todas as testemunhas, no prazo de 24 horas, o Ministério Público e, em seguida, por igual prazo, o acusado, podia requerer diligências, desde que a sua *necessidade ou conveniência* houvesse surgido de circunstâncias ou de fatos apurados na instrução. Assim, o prazo era de 24 horas e sucessivo. Ademais, o texto normativo dizia que, após o requerimento, os autos deveriam ser conclusos ao juiz, a fim de *tomar conhecimento do que* tivesse *sido requerido pelas partes*.

Diante da forma como estava redigido o texto do dispositivo em foco, esse pedido de diligência não precisava ser feito em audiência, até porque cada uma das partes tinha o prazo sucessivo de 24 horas para fazer o seu respectivo requerimento.

Em muitos casos, o Ministério Público e a defesa do acusado, ainda em audiência, diziam se tinham, ou não, diligências a requerer. Algumas vezes, especialmente nos casos mais complexos, as partes pediam o direito de usufruir do prazo de 24 horas, a fim de examinar com mais vagar o processo e, assim, definir se tinham, ou não, diligência a solicitar e, tendo, qual seria. Nesses casos, o Ministério Público já saía da audiência intimado e, depois, a defesa do acusado era intimada para, igualmente, fazer a sua manifestação.

Tendo em consideração a ideia da concentração dos atos processuais, a reforma deu outro tratamento para a matéria. Não há mais prazo para o requerimento de diligências, porém apenas momento adequado para tanto, qual seja, no final da audiência, logo após a produção de todas as provas. Sucessivamente, primeiro o Ministério Público, as partes poderão requerer, na própria audiência, as diligências (art. 402 do CPP, com a redação da Lei nº 11.719, de 2008). O juiz, igualmente, de ofício, poderá fazê-lo, o que não era previsto antes da reforma (art. 404, caput, do CPP, com a redação da Lei nº 11.719, de 2008).

Como as partes, ao irem para a audiência, devem estar preparadas para fazer as razões finais, pois esta é a regra do novo procedimento, tanto mais estarão se for para, diante das provas surgidas na instrução feita em audiência, apenas requerer diligências. Não teria sentido, portanto, a previsão de prazo, nem é razoável que, diante da complexidade de um caso, o juiz assine prazo para esse fim. A complexidade do caso poderá, quando muito, como se verá adiante, excepcionar a regra prevista quanto à apresentação, em audiência, das razões finais, nunca para o requerimento de diligências.

Duas questões merecem atenção. Primeiro. Tal como anteriormente, não é qualquer diligência que poderá ser requerida. Conforme já foi exposto, as eventuais diligências devem ser solicitadas, pelo Ministério Público, com o oferecimento da ação penal, enquanto pela defesa, com a apresentação da resposta. Se com a resposta do acusado for anexado algum documento novo, o Ministério Público, ao ter vista do processo para impugnar, poderá, se for o caso, fazer o pedido de diligência a respeito. Por isso mesmo, na audiência o requerimento de diligência só pode ter como objeto *circunstâncias ou fatos apurados na instrução* (art. 402, parte final, do CPP), aliás, como era antes, quando a matéria era tratada pelo art. 449 do CPP. E mais. Conforme o caput do art. 404 do CPP, com redação da Lei nº 11.719, de 2008, o juiz somente deve deferir a realização de diligência se ela for *considerada imprescindível.*

Segundo. A norma em destaque fala que o momento para o requerimento de diligência é após *produzidas as provas.* Embora o interrogatório, tecnicamente, não seja considerado prova, o mais razoável é que o requerimento de diligências só seja feito após o depoimento do acusado. Se, porventura, depois da diligência, a defesa entender que é necessário o reinterrogatório, poderá formular pedido nesse sentido, nos termos do art. 196 do Código de Processo Penal, com a redação determinada pela Lei nº 10.792, de 2003.

Sendo deferido o requerimento de diligência, essa é uma das hipóteses para que as alegações finais das partes, assim como a sentença, não sejam apresentadas em audiência.

5.1.9.6. Alegações finais

Na sistemática anterior, as razões finais, tanto do Ministério Público quanto da defesa, deveriam ser apresentadas no prazo de três dias, que era o mesmo estabelecido para a defesa prévia. Embora constasse a possibilidade de razões finais em audiência apenas para o procedimento sumário, não era raro o Ministério Público, e mesmo a defesa, nos crimes processados sob o rito ordinário, fazer, ainda na audiência, as razões finais. Tratava-se de mera irregularidade formal que, em verdade, contribuía para a maior celeridade do processo.

Seguindo a linha condutora da reforma de tentar, ao máximo, a concentração dos atos processuais, as razões finais devem ser feitas em audiência, por 20 (vinte) minutos, prorrogáveis por mais 10 (dez). Só excepcionalmente é que poderão ser apresentadas por meio de memoriais.

Merecem atenção as afirmações acima. Não se trata de razões finais orais[458]. Isso não foi previsto, infelizmente, em nosso sistema. As razões finais, ainda que feitas em audiência, terão de ser reduzidas a escrito. O Ministério Público e a defesa, querendo, podem digitar as alegações finais ou, então, ditar para o escrivão ou quem suas vezes fizer reduzir a termo.

O Código, com a nova redação emprestada pela reforma, apresenta três hipóteses para que as razões finais não sejam apresentadas em audiência, o que se dá nos casos de: (a) deferimento de diligência requerida em audiência (art. 404 do CPP); (b) complexidade do processo (art. 403, § 3º, do CPP); e (c) número excessivo de acusados (art. 403, § 3º, do CPP).

Sendo deferido o requerimento de diligência, a audiência é encerrada sem as alegações finais, para as quais as partes deverão ser intimadas, após a realização daquela. Não seria razoável marcar-se uma audiência, apenas para que as partes oferecessem as razões finais.

Quanto às outras duas hipóteses, o legislador excepcionou a apresentação das razões finais em audiência, tendo em conta a complexidade do caso e/ou o número excessivo de acusados, no intuito de conferir às partes, nessas hipóteses excepcionais, a oportunidade de fazer exame mais detalhado do caso[459]. Foi acertada a opção do legislador. Espera-se, porém, que os juízes, membros do Ministério Público e advogados, por pura comodidade, não façam sempre a opção em deixar para produzir as razões finais por memoriais, sob o argumento de que o caso é complexo e mesmo de que há outro processo com audiência marcada para logo depois. Note-se que os processos da competência do tribunal do júri comportam, sempre, certa complexidade, porém, em relação a eles, por mais intrincada que seja a questão e inde-

---

[458] O que pode ficar documentado pelo sistema audiovisual são os depoimentos orais. Não as razões finais ou mesmo a sentença. Essas peças, ainda que feitas em audiência, terão de ser redigidas ou ditadas. Cf. item 5.1.9.1.2, supra.
[459] No rito sumário, independentemente da complexidade do caso ou do número de acusados, as razões finais devem, sempre, ser apresentadas em audiência. Não há previsão de que sejam feitas por memoriais.

pendentemente do número de acusados, as alegações finais são feitas nos debates orais, na sessão.

Em razão disso, ressalte-se, uma vez mais, que a regra é de que as alegações finais sejam apresentadas em audiência. Excepcionalmente, por memoriais. A regra não pode virar a exceção nem muito menos a exceção a regra.

Quando for uma das três hipóteses para a apresentação das alegações finais por memoriais, o prazo é de cinco dias[460]. Na audiência, o juiz já deve intimar o Ministério Público, colocando os autos à sua disposição no encerramento do ato processual, fazendo consignar no termo, a data em que os autos estarão à disposição da defesa, para o mesmo, de modo que não haja mais necessidade de se fazer as intimações, por mandado ou pelo expediente forense. Se houver mais de um acusado, o prazo da defesa será comum, o que implica na impossibilidade da retirada dos autos da secretaria por um dos advogados.

5.1.9.7. Modificação da imputação feita na denúncia (*mutatio libelli*)

O Código de Processo Penal, em sua redação originária, já continha a distinção entre *emendatio* e *mutatio libelli*. Diferentemente da hipótese da *emendatio libelli*, na qual apenas se corrige erronia verificada na denúncia a fim de dar a definição jurídica correta do fato criminoso narrado (art. 383 do CPP), na *mutatio libelli* há o aditamento da ação penal em relação a um fato criminoso que não foi objeto da denúncia ou a alteração da pretensão acusatória, a fim de que seja dada nova definição jurídica ao fato. Nos termos da redação originária do art. 384, caput e parágrafo único, quando a nova definição não importava em aplicação de pena mais grave, não havia, sequer, necessidade de aditamento da peça acusatória, o que era, convenhamos, uma clara ofensa ao princípio acusatório[461]. Para parte da doutrina, esse dispositivo, nesse aspecto, encontrava-se revogado pela Constituição de 1988.

A nova redação emprestada por meio da Lei nº 11.719, de 2008, ao art. 384, caput, escoimou essa anomalia, de modo que, doravante, ainda que não seja o caso de aplicação de pena mais grave, sendo cabível, em consequência de prova existente nos autos de elemento ou circunstância da infração penal não contida na acusação, nova definição jurídica do fato, terá de haver, no prazo de cinco dias, o aditamen-

---

460 Na regra anterior, o prazo era de três dias.
461 Ada Pellegrini se manifestava nesse sentido (Cf. CHOUKR, Frauzi Hassan; AMBOS, Kai (Orgs.). *A reforma do processo penal no Brasil e na América Latina*. São Paulo: Editora Método, 2000, p. 86-87).

to por parte do Ministério Público. Assim, pouco importa se o crime em razão da *mutatio libelli* é, ou não, mais grave do que o que consta da ação penal: terá de haver o aditamento, em homenagem ao princípio acusatório.

O prazo para o aditamento da denúncia para fins da *mutatio libelli* é de cinco dias, contado da data da audiência, que está agora previsto no caput do art. 384 do CPP. O referido dispositivo, em redação um tanto quanto confusa, diz que, *encerrada a instrução*, o Ministério Público, se for o caso, deverá aditar a denúncia, no prazo de cinco dias.

Todavia, como de regra as razões finais devem ser apresentadas em audiência, para fazer o aditamento, o Ministério Público terá de, ao ser encerrada a instrução probatória, ainda na audiência, pedir vista dos autos, a fim de fazer a *mutatio libelli*. A não ser que, sendo hipótese em que as alegações finais vão ser feitas por memoriais, no prazo estabelecido para tal finalidade, que também é o mesmo, concomitantemente, seja feito o aditamento.

A parte final do caput do art. 384 do CPP prevê a possibilidade de o aditamento ser feito ainda na audiência, oralmente, quando então deverá ser reduzido a termo.

De outra banda, com a inserção do § 1º ao art. 384, restou estabelecido que o juiz deve utilizar, por analogia, a solução alvitrada pelo art. 28 do CPP, na hipótese em que o Ministério Público, ao receber vista dos autos para fins de aditamento na forma do art. 384, caput e parágrafo único, do mesmo Diploma Legal, recalcitra em fazer a mudança da acusação[462].

Dessa forma, forçoso reconhecer que, embora a disciplina dada ao assunto da *mutatio libelli* tenha ficado mais adequada ao sistema acusatório, ainda persiste certa incongruência na matéria, pois o art. 28 do CPP, em si, como aqui já foi dito, é resquício evidente do sistema inquisitivo, por ensejar claro impulso do juiz quanto à pretensão persecutória.

Feito o aditamento, abre-se a oportunidade para o contraditório, sendo ouvida a defesa do acusado, no prazo de cinco dias, quando, en-

---

[462] Essa solução não constava do anteprojeto de lei encaminhado pelo Executivo. O pior é que o Projeto de Lei nº 4.209, de 2001, que trata do inquérito policial, revoga esse art. 28 do CPP e estabelece, como solução para os casos em que o Ministério Público, ao invés de oferecer a denúncia, entende pelo arquivamento, a remessa da promoção nesse sentido para o órgão superior da instituição, com intimação para o investigado ou indiciado e o ofendido, os quais poderão apresentar razões escritas. Se não se tiver cuidado quando da votação do referido projeto de lei, findará sendo criada mais uma grande incongruência no Código de Processo Penal.

tão, usando quaisquer das partes da faculdade de arrolar até três testemunhas, deverá ser designada data para a realização de audiência, a fim de ouvi-las, assim como para o interrogatório do acusado (art. 384, § 2º e 4º, do CPP).

Certamente com a intenção de acentuar que a audiência é una, está dito no texto do art. 384, § 2º, do CPP, que, nesse caso, se trata de *continuação da audiência*. Mas, naturalmente, não se trata de mera continuação da audiência anterior[463]. A audiência, para todos os efeitos, foi encerrada. Cuida-se de nova instrução, e tanto é que o objeto da audiência fica "... adstrito aos termos do aditamento." (art. 384, § 4º, parte final, do CPP).

Se o juiz não receber o aditamento, o processo prosseguirá. Em verdade, o aditamento só tem sentido quando a *nova definição jurídica do fato* exclua a imputação tratada na denúncia. Se a nova definição jurídica do fato é para se entender que, efetivamente, foi praticado mais de um delito, melhor do que prejudicar, com o aditamento, a finalização de um processo que se encontra na sua fase final, é reunir os elementos probatórios e oferecer nova denúncia. Se for o caso, no momento da execução, faz-se a reunião dos processos, para fins de unificação das penas. O mesmo se diga se o aditamento é para incluir outro agente que tenha tido participação no delito.

5.1.9.8. Sentença

O processo se encerra com a sentença, que é o ato praticado pelo juiz mediante o qual, com pronunciamento sobre o mérito da questão, se põe fim à relação processual instaurada com o ajuizamento da ação penal. Com a Lei nº 11.719, de 2008, agora, de regra, ela deve ser proferida em audiência. Não se trata de sentença oral, mas sim escrita, nada obstante seja proferida em audiência. Somente haverá de ser feita em gabinete, quando as razões finais forem apresentadas por meio de memoriais[464]. Nesse caso, o prazo é de dez dias.

Para exarar o julgamento do processo em audiência, o juiz deverá se preparar para elaborar a sentença. Poderá, e deverá mesmo, levar anotações sobre o caso para a audiência. O relatório deverá estar pronto e, até mesmo, a análise ou anotações sobre as provas documentais, já existentes nos autos. Em rigor, deverá acrescentar ao esboço da sen-

---

[463] Parece que o legislador, aqui, exagerou na intenção de preceituar que a audiência de instrução e julgamento deve ser una. Cf. item 5.1.9.1, supra.

[464] O que foi dito a respeito das razões finais em audiência se aplica à sentença. Cf. item 5.1.9.6, supra.

tença, preparado antes da audiência, o resumo e exame da instrução realizada no mencionado ato processual[465].

Como consequência natural da maior aplicação do princípio da oralidade, assim como da concentração dos atos processuais, a sentença, sendo ela proferida de regra em audiência, será, evidentemente, elaborada pelo juiz que a presidiu (art. 399, § 2º, do CPP). Mesmo quando assim não seja, isto é, quando a sentença não for feita em audiência, incide o *princípio da identidade física do juiz*, por força do princípio do direito de audiência do acusado com a pessoa responsável pelo seu julgamento[466].

Quanto ao conteúdo, o Código de Processo Penal estabelece regras específicas dependendo do tipo de sentença, se condenatória ou absolutória. Em consonância com o art. 387 do Código de Processo Penal, com a redação determinada pela Lei nº 11.719, de 2008, o juiz, ao proferir sentença condenatória, deverá:

I — mencionar as circunstâncias agravantes ou atenuantes definidas no Código Penal, e cuja existência reconhecer;
II — mencionará as outras circunstâncias apuradas e tudo o mais que deva ser levado em conta na aplicação da pena, de acordo com o disposto nos *arts. 59 e 60 do Decreto-Lei nº 2.848, de 7 de dezembro de 1940 — Código Penal;*[467]
III — aplicará as penas de acordo com essas conclusões;
IV — *fixará valor mínimo para reparação dos danos causados pela infração, considerando os prejuízos sofridos pelo ofendido*[468];
V — atenderá, quanto à aplicação provisória de interdições de direitos e medidas de segurança, ao disposto no Título XI deste Livro;
VI — determinará se a sentença deverá ser publicada na íntegra ou em resumo e designará o jornal em que será feita a publicação (art. 73, §, do Código Penal). *Parágrafo único. O juiz decidirá, fundamentadamente, sobre a manutenção ou, se for o caso, imposição de prisão preventiva ou de outra medida cautelar, sem prejuízo do conhecimento da apelação que vier a ser interposta*[469].

As modificações em relação à redação anterior foram quanto aos incisos II, IV e o parágrafo único. No inciso II houve, apenas, a refe-

---

465 Sendo adotado o sistema audiovisual, o melhor é o juiz, na audiência, estar com um computador para fazer anotações sobre os depoimentos, a fim de utilizá-las na sentença.
466 Para não repetir o que já foi dito, cf. o item 5.1.5.8, supra.
467 Parte final, em itálico, inserida pela Lei nº 11.719, de 2008.
468 Inserido pela Lei nº 11.719, de 2008.
469 Inserido pela Lei nº 11.719, de 2008.

rência correta aos dispositivos do Código Penal que, com a reforma de 1984 da parte geral, passaram a disciplinar a fixação das penas privativas de liberdade e de multa, assim como a substituição da pena de prisão por outra cabível.

Na redação originária do Código Penal, essas regras estavam nos arts. 42 e 43. Assim, o legislador aproveitou a oportunidade para dizer que os artigos a serem observados são os 59 e 60, ambos do Código Penal.

Como grande inovação, a reforma elencou como requisito obrigatório da sentença condenatória a fixação de valor mínimo para o ressarcimento dos eventuais danos de ordem civil (IV do 387 do CPP). Esse assunto será tratado no item seguinte. É pertinente salientar que, na redação anterior, o dispositivo fazia referência à aplicação da medida de segurança em sentença condenatória, que era admissível no Código Penal antes da reforma de 1984, época em que vigorava, em nosso meio, o sistema do *duplo binário*[470]. Com a adoção do sistema *vicariante*, em que a medida de segurança só deve ser imposta a quem é inimputável, a alteração do inciso IV do art. 387 do CPP, ainda que tardia, foi bem-vinda.

Infelizmente, o legislador da Lei nº 11.719, de 2008, não atentou para o fato de modificar, igualmente, o inciso VI do art. 387 do Código de Processo Penal. Com efeito, antes da reforma de 1984, o Código Penal estabelecia, dentre as penas acessórias, a determinação da publicação da sentença em jornal, a fim de que todos tomassem conhecimento da sanção aplicada. Não mais existindo, desde 1984, as penas acessórias, perdeu sentido o dispositivo em destaque[471].

O parágrafo único foi uma modificação substancial, como se verá no item 5.1.9.9.3, infra. Aqui merece registro que a previsão de que o juiz, ao prolatar a sentença condenatória, deverá, se for o caso, impor a prisão preventiva ou *outra medida cautelar*, sem prejuízo do conhecimento da apelação que vier a ser interposta, à primeira vista, parece

---

470 Com o sistema do duplo binário, desde que existente a *periculosidade real*, além da determinação da pena, o juiz deveria, com a sentença, impor medidas de segurança. Isso fazia com que, em verdade, o encarceramento do condenado não tivesse prazo fixo, uma vez que, encerrado o tempo da pena, enquanto, por exame criminológico, não fosse certificado o desaparecimento da periculosidade real, ele não podia ser colocado em liberdade. A doutrina nacional defendia a adoção do sistema *vicariante*, o que ocorreu com a reforma da parte geral do Código Penal, por meio da Lei nº 7.209, de 1988.

471 A circunstância de a publicação da sentença como espécie de pena ser contemplada no art. 78 da Lei nº 8.078, de 1990 (Código de Defesa do Consumidor), não justifica a manutenção, como regra geral, da determinação contida no inciso VI do art. 387 do CPP.

sem sentido, pois não há, no Código de Processo, nenhuma medida cautelar substitutiva do encarceramento. Acontece que previsão nesse sentido consta do Projeto de Lei n° 4.208, de 2001, que trata da prisão, das medidas cautelares, da fiança e da liberdade. No referido Projeto de Lei há o elenco de várias medidas cautelares substitutivas da prisão preventiva[472].

Todavia, a grande novidade a respeito não veio a lume com a Reforma Tópica, mas, sim, com a recente edição da Lei n° 12.694, de 24 de julho de 2012, a qual dispõe sobre o julgamento colegiado em primeiro grau de jurisdição, no caso de crimes praticados por organizações criminosas. Isso mesmo, prevê hipótese na qual o julgamento do processo em primeiro grau, ao invés de ser feito na forma singular, por intermédio apenas do juiz competente, se faz por um órgão colegiado,

---

472 Em sintonia com o Direito Comparado, o Projeto de Lei n° 4.208, de 2001, propõe a modificação do art. 319, de modo a estabelecer, além da prisão preventiva, medidas cautelares que não importam em privação do direito de liberdade, mas apenas restrição de determinados direitos, quais sejam: (1) comparecimento periódico em juízo, quando necessário para informar e justificar atividades; (2) proibição de acesso ou frequência a determinados lugares em qualquer crime, quando, por circunstâncias relacionadas ao fato, deva o indiciado ou acusado permanecer distante desses locais para evitar o risco de novas infrações; (3) proibição de manter contato com pessoa determinada quando, por circunstâncias relacionadas ao fato, deva o indiciado ou acusado dela permanecer distante; (4) proibição de ausentar-se do país em qualquer infração penal para evitar fuga, ou quando a permanência seja necessária para a investigação ou instrução; (5) recolhimento domiciliar no período noturno e nos dias de folga nos crimes punidos com pena mínima superior a dois anos, quando o acusado tenha residência e trabalho fixos; (6) suspensão do exercício de função pública ou de atividade de natureza econômica ou financeira quando haja justo receio de sua utilização para a prática de novas infrações penais; e (7) fiança, nas infrações que a admitem, para assegurar o comparecimento aos atos do processo, evitar a obstrução do seu andamento ou em caso de resistência injustificada à ordem judicial. Outros projetos de lei propõem o monitoramento eletrônico e a decretação da indisponibilidade do patrimônio do agente. Esta já é adotada em casos de crimes contra o sistema financeiro, de lavagem de dinheiro, tráfico de entorpecentes e corrupção, porém, sem que haja explicitação no ordenamento jurídico de sua adequação como sucedâneo da prisão preventiva. Quanto ao monitoramento eletrônico, tem havido resistência entre alguns juristas, sob o fundamento de que se trata de medida atentatória à dignidade humana, uma vez que o equipamento eletrônico utilizado (tornozeleira, pulseira, colar etc.) teria o condão de gerar constrangimento no convívio social. Acontece que não há nada mais agressivo à dignidade humana do que a prisão, especialmente em razão das condições carcerárias em nosso País. Ademais, a aplicação do monitoramento eletrônico como medida substitutiva à prisão é condicionada à aceitação da pessoa.

constituído temporariamente, com a finalidade de prolatar a decisão, exaurindo o seu ofício com a publicação do ato decisório.

Essa Lei teve origem em iniciativa da Associação dos Juízes Federais do Brasil – Ajufe. Quando fomos candidato a presidente da mencionada associação, colocamos no programa da chapa a criação do Plano de Proteção e Assistência aos Juízes em Situação de Risco. Eleito, na primeira reunião da diretoria, foi constituída comissão para elaborar o referido Plano. A entidade apresentou, em outubro de 2006, à Comissão de Legislação Participativa da Câmara dos Deputados, a sugestão de projeto de lei, transformada no Projeto de Lei nº 2.057, de 2007, mas, apesar do pedido de urgência solicitado pela entidade e de a sua aprovação ter sido defendida no Plano de Gestão das Varas Criminais e de Execução Penal, elaborado pelo Conselho Nacional de Justiça, como política institucional para a proteção de juízes colocados em situação de risco, só agora foi transformado na Lei nº 12.694, de 2012.

A iniciativa legislativa parte da consideração de que a criminalidade em nosso meio sofreu profunda modificação nos últimos tempos, especialmente a partir de meados dos anos 90. De fato, são cada vez mais comuns os crimes de base organizativa, compreendendo corrupção sistêmica, tráfico internacional de drogas, armas e pessoas, milícias formadas por agentes policiais e a impressionante rede de lavagem de dinheiro, com ramificação no estrangeiro. A legislação brasileira a respeito foi aprimorada, ao passo que os órgãos jurisdicionais, com a especialização de varas criminais, experimentaram sensível qualificação em prol de uma atuação mais eficiente, daí por que passaram a ser registrados, com mais frequência, os casos de ameaças e mesmo de atentados contra os juízes. De outro lado, embora existente em nosso sistema jurídico lei que confere ampla proteção às vítimas e testemunhas e, até mesmo, aos próprios acusados, não havia nada nesse sentido em relação aos juízes.

Malgrado diversas outras medidas de segurança, em compasso com o art. 1º, da Lei nº 12.694, de 2012, nos processos envolvendo crimes praticados por organizações criminosas, o juiz de primeiro grau competente poderá, quando estiver em risco a sua integridade física, facultativamente, por meio de decisão, determinar a formação de colegiado para a prolação da sentença. Essa decisão de instauração do colegiado, que é irrecorrível, deve ser fundamentada, com a indicação dos motivos e as circunstâncias que acarretam risco à sua integridade física (art. 1º, § 1º, da Lei nº 12.694, de 2012), ademais da especificação de qual é a espécie de ato judicial a ser exarado. É que, conforme o art. 1º, da Lei nº 12.694, de 2012, o colegiado pode ser formado não apenas para a prolação de sentença, mas para a prática de qualquer *ato processual*, seja em processo ou procedimento, especialmente quando for caso de: "I – decretação de prisão ou de medidas assecuratórias; II – concessão de liberdade provisória ou revogação de prisão; III – sentença; IV – progressão ou regressão de regime de cumprimento de pena; V – concessão de liberdade condicional; VI – transferência de preso para estabelecimento prisional de segurança máxima; e VII – inclusão do preso no regime disciplinar diferenciado." Diga-se, *en passant*, que, a despeito de a norma jurídica falar em *ato processual*, é evidente que a formação do colegiado só se justifica quando se tratar de ato judicial de cunho decisório, à semelhança dos indicados nos incisos em foco.

Esse colegiado de primeiro grau, cuja competência se restringe e se exaure com a prática do ato jurisdicional para o qual foi constituído (art. 1º, § 3º, da Lei nº 12.694, de 2012), deve ser integrado pelo juiz do processo e, ainda, por 2 (dois) outros juízes, os quais, em preservação do princípio do juiz natural, deverão ser escolhidos por sorteio eletrônico, dentre aqueles de competência criminal e, naturalmente, em exercício na magistratura de base (art. 1º, § 2º, da Lei nº 12.694, de 2012). É vedado, portanto, que componha o colegiado magistrado de segundo grau.

Pelo disposto no art. 1º, § 4º, da Lei nº 12.694, de 2012, mesmo que na Comarca ou Seção Judiciária não tenha juízes criminais em número suficiente para a formação do colegiado com 03 (três) membros, não deve ser recrutado quem exerce jurisdição cível, devendo, na hipótese, ser providenciado o recrutamento de juízes criminais domiciliados em cidades diversas. Nesse caso, a fim de simplificar e viabilizar a reunião/sessão do colegiado quando for composto por juízes domiciliados em cidades diversas, a lei deixa plasmado que o ato poderá ser realizado à distância, pela *via eletrônica* (art. 1º, § 5º, da Lei nº 12.694, de 2012).

Sem embargo da atribuição de competência normativa aos tribunais para a expedição de *normas no sentido de regulamentar a composição do colegiado e os procedimentos a serem adotados para o seu funcionamento*, o legislador cuidou de preceituar duas regras de suma importância.

A primeira no sentido de que, se for o caso, especialmente quando se tratar de medida de urgência, como decretação de prisão, transferência de preso para estabelecimento prisional de segurança máxima ou inclusão do preso no regime disciplinar diferenciado, a reunião do colegiado deve ser sigilosa (art. 1º, § 4º, Lei 12.694, de 2012). Resta claro, assim, mesmo não sendo necessário, que, em princípio, toda e qualquer reunião do colegiado há de ser pautada pela publicidade. De soslaio, a norma em destaque revela que deverá ser marcada uma reunião/sessão para que a decisão do colegiado seja prolatada.

Essa regra, tal como catalogada, em certa medida, conflita com a segunda, que está plasmada no § 6º do art. 1º da Lei nº 12.694, de 2012, segundo a qual "As decisões do colegiado, devidamente fundamentadas e firmadas, sem exceção, por todos os seus integrantes, serão publicadas sem qualquer referência a voto divergente de qualquer membro."

Ora, se a intenção da norma é evitar a pessoalização, o melhor seria que constasse como exigência, apenas, a publicação do ato decisório, sem que fosse necessária a realização de uma reunião/sessão pública. Com a reunião/sessão pública, caso os 3 (três) integrantes, individualmente, tenham de expor os seus fundamentos, ainda que divergentes, de nada adiantará que a publicação formal e por escrito seja feita "... sem qualquer referência a voto divergente de qualquer membro."

A interpretação harmônica das duas normas leva à conclusão de que os membros do colegiado, conquanto devam realizar a reunião/sessão pública, não precisam expor os fundamentos divergentes, muito pelo contrário, não devem expressá-los em público, senão entre si. Com isso se quer dizer que a reunião/sessão pública é de todo dispensável, sendo suficiente, apenas, a publicação da sentença ou qual seja o ato decisório, devidamente assinada pelos 03 (três) integrantes.

Como se vê, o sistema do colegiado em primeiro grau, agora adotado em nosso ordenamento jurídico, não guarda nenhuma identidade com outras medidas imaginadas no direito comparado, notadamente em relação ao denominado *juiz sem rosto*, do sistema colombiano. Aliás, quando essa questão foi discutida entre os juízes federais para fins de elaboração da proposta a ser apresentada pela Ajufe, desde logo, refutou-se, com veemência, a introdução dessa figura do *juiz sem rosto* em nosso meio. No julgamento colegiado, há a plena identificação dos juízes prolatores da decisão, que terão de assinar a sentença ou o ato judicial que seja, não havendo, apenas, menção quanto a eventual divergência entre os seus membros.

À evidência que a formação do colegiado é medida válida, pois não há qualquer norma constitucional que, sequer implicitamente, reserve ao juiz monocrático o exercício da jurisdição em primeiro grau. Ilustrativamente, os artigos 106 e 109 da Constituição Federal referem-se aos "juízes federais" no plural. Note-se que a Constituição de 1988, a par de tornar obrigatória a competência do tribunal do júri para os crimes dolosos contra a vida, permite que o legislador infraconstitucional estenda a competência desse órgão colegiado de primeiro grau para outros delitos que entender conveniente. Cabe agregar que o Tribunal Regional Federal da Quarta Região, acertadamente, mesmo à míngua de lei, instituiu, por meio da Resolução nº 67, de 17 de outubro de 2006, a decisão colegiada, que tem funcionado a contento.

Além disso, cuida-se de medida que não atenta contra qualquer direito individual do acusado ou condenado. Pelo contrário, confere garantias adicionais, pois não há de negar-se que, em se tratando de colegiado, há menor risco de erro judicial.

Nem se diga que há maltrato à regra do princípio da identidade física do juiz. A ser assim, o julgamento pelo conselho de sentença, nos processos da competência do tribunal do júri, quando a inquirição das testemunhas e o interrogatório do acusado não fossem renovados na sessão de julgamento, também implicaria em ofensa ao princípio da identidade física do juiz. Ademais, para todos os efeitos, o juiz do processo está dentre os membros que integram o colegiado, o qual, naturalmente, terá posição proeminente no julgamento, que deverá, no ato normativo a ser editado pelos respectivos tribunais, ser definido como o seu presidente. Como se isso não bastasse, a adoção da documentação dos atos processuais pelo sistema audiovisual permite que os demais integrantes do colegiado tenham contato *direto* com a prova testemunhal e com o interrogatório do acusado.

De outra banda, e por fim, a medida é oportuna porque diminui a pessoalização do processo, o risco de pressões ou retaliações contra o juiz individual. Em outra perspectiva, serve, ainda, para assegurar a *imparcialidade* do órgão julgador. Por certo, não se tem a ilusão de que tais problemas cessarão com o colegiado, mas é forçoso reconhecer que essa medida leva a uma diminuição desses riscos.

5.1.9.8.1. Ressarcimento de danos como efeito da sentença condenatória

Conquanto o nosso sistema consagre como regra o princípio da separação das instâncias, de modo que o julgamento na área criminal não faz coisa julgada para o ambiente cível, nem vice e versa, em relação à sentença condenatória, o que nela restou decidido, quanto à ilicitude do fato e consequente responsabilidade daí decorrente, não pode ser mais rediscutido. Isso porque, como o processo penal é regido pelo princípio da *verdade real ou material*, segundo a qual, em obséquio ao princípio da presunção de não culpabilidade, na dúvida, o caso deve ser julgado em prol do acusado, a sentença criminal há de prevalecer para o cível, que se pauta com esteio na *verdade formal*, sendo defeso, assim, o reexame da matéria nesta via.

Dentro dessa concepção, o Código Penal, no art. 91, inciso I, já estabelecia que a sentença condenatória torna certa a obrigação do condenado quanto a indenizar o dano causado. No mesmo passo, o art. 63 do Código de Processo Penal esclarece que, "Transitada em julgado a sentença condenatória, poderão promover-lhe a execução no juízo cível, para o efeito da reparação do dano, o ofendido, seu representante legal ou seus herdeiros".

Complementando o disciplinamento quanto aos efeitos civis da sentença penal condenatória, o art. 935 do Código Civil dispõe que "A responsabilidade civil é independente da criminal, não se podendo questionar mais sobre a existência do fato, ou sobre quem seja o seu autor, quando estas questões se acharem decididas no juízo criminal."

O processo penal, por conseguinte, sempre serviu para equacionar não apenas a responsabilidade penal quanto a civil, tornar certa, na hipótese em que a sentença é condenatória, o dever de indenizar pelos danos causados. Como se vê, o nosso sistema normativo, desde sempre, previa que a sentença criminal, além de definir a responsabilidade penal, tornava certa, igualmente, a responsabilidade civil.

De toda sorte, a doutrina nacional, forte na concepção da *justiça restaurativa*, de há muito, vinha reclamando para que o processo penal também fosse instrumento mais eficaz no atendimento dos interesses da vítima, orientação, aliás, adotada pela Comissão de Reforma[473]. Tendo em mira a consecução desses objetivos, o legislador, com a edição da Lei nº 11.690, de 2008, deixou claro que o magistrado deverá, nos casos em que for sentida a necessidade, "... encaminhar o ofendido para atendimento multidisciplinar, especialmente nas áreas psicossocial, de assistência jurídica e de saúde, a expensas do ofensor ou do Estado." (art. 201, § 5º, do CPP). Avançando ainda mais, o legislador inseriu dentre os deveres processuais do magistrado a adoção das providências pertinentes para preservar a *intimidade, vida privada, honra e imagem do ofendido*, a fim de resguardar a sua exposição perante os meios de comunicação (art. 201, § 6º, do CPP). Para garantir esses direitos fundamentais do ofendido, o juiz poderá, inclusive, "determinar o segredo de justiça em relação aos dados, depoimentos e outras informações constantes dos autos a seu respeito..." Essas normas, adotadas em obséquio à *justiça restaurativa*, foram objeto de análise no item 5.1.8.4, supra.

Na mesma passada da justiça restaurativa, o legislador, agora se fazendo valer da Lei nº 11.719, de 2008, estabeleceu, como requisito essencial da sentença condenatória, a fixação de valor mínimo para a reparação dos danos causados pela infração, tendo em consideração os prejuízos causados ao ofendido (art. 387, IV, do CPP)[474]. Doravante, portanto, deve constar, da sentença condenatória, a fixação de valor mínimo para a reparação dos danos causados pela infração, devendo o julgador levar em consideração os prejuízos sofridos pelo ofendido.

---

473 Cf. Item 3.2.2.6, em que se faz incursão sobre a justiça restaurativa.

474 A fim de dar coerência sistêmica, com a mesma Lei, providenciou-se o acréscimo de parágrafo único ao art. 63 do CPP, para dispor que "Transitada em julgado a sentença condenatória, a execução poderá ser efetuada pelo valor fixado nos termos do inciso IV do caput do art. 387 deste Código sem prejuízo da liquidação para a apuração do dano efetivamente sofrido."

Essa questão em si enseja algumas ponderações. O nosso ordenamento criminal, seguindo a ótica dos Estados democráticos ou estruturados sob a forma dos ideais democráticos, possui atuação fragmentária no sistema normativo, de modo que só passa a se ocupar de uma conduta considerada ilícita quando a sanção prevista pelos demais ramos cíveis não é suficiente como resposta para fins de manutenção ou restauração da vida dentro dos padrões mínimos de harmonia. Dessa forma, toda conduta tipificada como ilícito criminal é, igualmente, um ilícito de ordem civil, de modo que, além da sanção penal, cabe a imposição, quando há a ocorrência de dano, do dever de ressarcimento dos prejuízos daí advindos, sejam eles de ordem material ou moral.

Tanto é assim, que, conforme se disse linhas acima, desde sempre, tanto o Código Penal, no art. 91, inciso I, como o Código de Processo Penal, com o art. 63 do Código de Processo Penal, estabelecem, respectivamente, que a sentença condenatória torna certo o dever da reparação pelos danos causados e se apresenta como título executivo para fins de cobrança do valor na seara cível.

Por conseguinte, o nosso sistema normativo, mesmo antes da alteração advinda com a Lei nº 11.719, de 2008, previa que a sentença criminal, além de definir a responsabilidade penal, tornava certa, igualmente, a responsabilidade civil. A modificação trazida com a Lei em referência foi, apenas, em deixar expresso que, a partir de sua vigência, sendo a sentença criminal condenatória, em seu conteúdo, deve constar, obrigatoriamente, sob pena de a omissão desafiar a interposição do recurso de embargos de declaração, um valor mínimo para o ressarcimento do dano ocasionado. Ou seja, agora se impõe que, em relação à condenação cível, a sentença tenha um mínimo de liquidez. Por conseguinte, a sentença penal que era, a esse respeito, ilíquida, agora terá de ser, necessariamente, pelo menos em parte, líquida.

O legislador da nova lei não fez, assim como não o fizeram os legisladores das leis anteriores, qualquer distinção entre dano material e moral. A responsabilidade civil, tornada certa com a sentença condenatória, tanto decorre de um tipo de dano quanto de outro. Ademais, nem poderia haver distinção na lei, sob pena de malferição ao que dispõe o inciso X do art. 5º da Constituição, que confere status de direito fundamental o *direito a indenização pelo dano material ou moral decorrente de sua violação*, sem fazer qualquer tergiversação entre uma espécie e outra de dano. Todavia, não há de deixar de reconhecer: é mais natural que o pronunciamento criminal se dê, apenas, em relação ao ressarcimento quanto ao dano material. Porém, em alguns casos, como nos crimes contra a honra, a indenização deve ser de ordem moral.

Como se vê, a norma é meramente processual, sem nenhum conteúdo de ordem material, sequer de natureza cível. Isso porque, como se disse, a condenação quanto ao ressarcimento dos danos já era efeito da sentença penal condenatória, ademais de ser previsto no Código Civil. O que não havia era a exigência, na qualidade de requisito necessário, de que a sentença criminal, quanto à condenação no dever de indenizar, fosse líquida, pelo menos em relação ao valor mínimo.

Não há, assim, nenhum empecilho para que, mesmo quanto aos crimes praticados antes da vigência da Lei nº 11.719, de 2008, a sentença criminal, quando condenatória, fixe o valor mínimo para o ressarcimento dos danos. Aliás, longe de ser vedado, o juiz, diante da nova lei, tem de estabelecer esse valor mínimo.

Note-se que não há necessidade de que o Ministério Público, na denúncia, estipule o valor da condenação cível mínima. Embora isso seja recomendável, mesmo diante da omissão do *Parquet*, o juiz pode, e deve, em consonância com os elementos contidos nos autos, fixar a quantia. Isso porque a pretensão acusatória esboçada com o ajuizamento da denúncia abrange, igualmente, a condenação em quantia líquida, pelo menos em seu valor mínimo, dos eventuais prejuízos decorrentes da ação ilícita. A esse respeito, não raro, em processo de responsabilidade civil, a parte autora não traz, na petição inicial, nem muito menos a defesa, na contestação, faz considerações a, um valor específico, mas, mesmo assim, nada impede, aliás, tudo recomenda, que o magistrado, tanto quanto possível, prolate sentença líquida. O que o juiz deve é, ao decidir pela admissibilidade da denúncia, sem prejuízo da determinação da citação, se for o caso, determinar a intimação do Ministério Público a fim de que ele, por meio de petição, especifique um valor mínimo para a condenação cível[475].

Nem se diga que, quanto ao dano material, o Ministério Público não detém legitimidade para fazer qualquer postulação nesse sentido, diferente da hipótese do dano moral, o qual seria questão de ordem pública. Note-se que a pena de multa prevista no Código Penal, assim como a fiança, possui, dentre outras finalidades, o ressarcimento dos prejuízos sofridos pelo ofendido[476]. Se esse raciocínio for válido para sustentar a posição de que o Ministério Público não possui capacidade de ser parte ou postulatória quanto à condenação no dano material, seria válido, igualmente, para os casos de multa e de fiança, pelo menos quanto à quantia arrecadada por esses instrumentos que, de alguma forma, pode ser repassada para a vítima. Merece registro que não é de hoje que, no processo penal, em algumas situações, o Ministério Público tutela, igualmente, o ressarcimento do dano. Veja-se, a respeito, a proposta de suspensão do processo, que é da alçada do Minis-

---

475 Cf. item 5.1.1.2, supra.
476 Cf. item 6.3.1.9.8, infra.

tério Público, o qual, dentre outras condições, somente poderá fazê-la se, e quando, houver a reparação do dano, salvo a impossibilidade do acusado (art. 89, § 1º, I, da Lei nº 9.099, de 1995). De mais a mais, exigir, para a condenação de dano patrimonial, a necessária participação no processo do ofendido, na qualidade de assistente, não se conforta com o ideário da *justiça restaurativa*.

Como se trata de condenação na área civil, cuja responsabilidade é quantificada, em seu valor mínimo, como decorrência do ato ilícito apurado no seu aspecto criminal, o que é imprescindível propriamente é a oportunidade para que seja manifestada a defesa em relação a essa matéria. O princípio da ampla defesa, aqui, é mais restrito do que aquele atinente à matéria criminal. Enquanto a ampla defesa no que diz respeito à responsabilidade penal não se contém na oportunidade formal para a apresentação da defesa, porquanto exige que, além de *efetiva*, ela seja *eficiente*, na seara cível é suficiente que a parte tenha tido a possibilidade de se manifestar.

Não sendo a ninguém dado desconhecer a lei, especialmente aos advogados, os quais são indispensáveis à administração da justiça exatamente em razão da adoção desse princípio em nosso ordenamento jurídico, a partir da vigência da lei em referência, a defesa, no ambiente criminal, deve ser conduzida, igualmente, para enfrentar a questão da quantificação da responsabilidade civil em valor mínimo, tendo em conta a eventualidade de a sentença ser condenatória. Atente-se para o detalhe de que, como a sentença criminal, quanto ao ressarcimento do dano, não era líquida, não havia interesse nenhum da defesa em travar essa discussão, sequer nas razões finais ou na apelação. Por conveniência, deixava-se esse assunto para se e quando, mantida a condenação com trânsito em julgado, fosse pedida, no cível, a liquidação da sentença criminal, para fins de ajuizamento da execução. Agora, como a sentença, necessariamente, vai dispor sobre o valor mínimo para a condenação, a defesa deve se manifestar sobre essa questão.

A oportunidade para esse fim se apresenta em dois momentos especiais. Na resposta a ser apresentada no prazo de dez dias da citação e, ainda, nas razões finais. Superadas essas duas fases, a defesa pode, evidentemente, ainda questionar com o manejo do recurso de apelação.

Transitada em julgado a sentença criminal condenatória, o ofendido poderá, desde logo, com base na parte líquida, promover a execução no cível do valor que foi fixado, sem prejuízo de promover a liquidação, também no Juízo cível, da outra parte, a ilíquida, para fins de ingresso de outra ação executiva.

Se houver fiança dada em garantia, tanto quanto melhor, pois, nesse caso, a execução do julgado se faz no próprio ambiente criminal, mediante a liberação para o ofendido do valor da fiança equivalente ao da condenação na parte líquida. Cabe notar, apenas, que, conforme a ordem de preferência estabelecida no art. 336, caput, do CPP, "O dinheiro ou objetos dados como fiança servirão ao pagamento das custas, da indenização do dano, da prestação pecuniária e da multa, se o réu for condenado." Deve-se entender que há uma ordem de precedência, de modo que, primeiramente, deve ser feita a quitação das custas, o que sobrar para a indenização dos danos e assim por diante. Em tese, é plenamente possível que o valor da fiança seja suficiente para o pagamento de todas essas verbas, uma vez que poderá ser fixada em quantia sobremaneira significativa[477].

Uma última palavra há de ser dita a respeito do tema. É comum, quando se trata de crime de natureza tributária ou previdenciária, concomitantemente, ser providenciada a execução fiscal do débito, de modo que, nesse caso, não deve haver pronunciamento, na sentença criminal condenatória, a respeito do dever quanto ao ressarcimento. O mesmo se afirme quando a vítima, a despeito do processo criminal, ingressa com a ação cível correspondente, no escopo de ser ressarcida quanto aos danos. Além de a discussão quanto à indenização pelos danos na esfera cível ser mais abrangente, lá não se aplica o princípio do *in dubio pro reo*, de modo que a pessoa pode ser absolvida no juízo criminal, porém, pelo mesmo fato, salvo as exceções discutidas no item 5.1.9.8.5, supra, condenada no ambiente cível.

5.1.9.8.2. Princípio da correlação entre a sentença e a ação penal (*emendatio libelli*)

Dentre os requisitos estabelecidos para o oferecimento da ação penal, elencados no art. 41 do Código de Processo Penal, está a *classificação do crime*, ou seja, o enquadramento legal da conduta narrada na peça acusatória. Porém, eventual erronia na identificação do tipo penal violado com a conduta narrada não enseja a caracterização da inépcia da inicial, porquanto a narrativa adequada da conduta é suficiente para a instauração válida do processo. Isso porque o juiz, ao decidir, está vinculado à *imputação criminosa* feita ao acusado, que corresponde à conduta narrada na ação penal e não, propriamente, à classificação jurídica feita por quem a redige. O princípio da correlação entre a sentença e a ação penal está vinculado à imputação criminal, pois o pedido de condenação é, efetivamente, em relação à imputação criminal, não quanto ao tipo penal no qual foi classificada a conduta descrita na peça acusatória.

---

477 Cf. item 6.3.1.9.5, infra.

Ademais, o acusado não se defende do tipo penal imputado a ele, mas sim do fato ou fatos descritos na ação penal, de modo que a eventual desclassificação da conduta para outro tipo penal em nada prejudica, na sua essência, a defesa do acusado, nem muito menos representa modificação do pedido feito pelo autor.

Assim, a classificação errônea estampada na peça acusatória, desde que as condutas ilícitas estejam suficientemente narradas, não impede o juiz de conferir definição jurídica diversa, mesmo que a nova classificação importe em condenação do acusado por crime mais grave. Basta, para todos os efeitos, que a conduta referente ao delito esteja suficientemente descrita na ação penal, tendo sido, apenas, defeituosa a classificação do crime.

Por isso mesmo, já na redação originária do Código de Processo Penal, o art. 383 assim dispunha: "o juiz poderá dar ao fato definição jurídica diversa da que constar da queixa ou da denúncia, ainda que, em consequência, tenha de aplicar pena mais grave." É que, aqui, diferentemente da hipótese da *mutatio libelli*, com a sentença, o juiz apenas corrige erronia verificada na denúncia, a fim de dar a definição jurídica correta do fato criminoso narrado.

A intenção da Comissão de Reforma, porém, era estabelecer o contraditório mesmo em se tratando de mera corrigenda da denúncia, impondo a intimação das partes em relação à nova definição jurídica emprestada ao fato em razão de decisão judicial. Ademais, tinha o propósito, igualmente, de resolver a discussão doutrinária quanto ao momento para a *emendatio libelli*, ao dispor que a decisão fazendo a corrigenda na denúncia podia ser adotada pelo juiz quando do recebimento da ação penal[478].

Esse contraditório, porém, não era necessário e serviria, apenas, para incentivar uma discussão *a latere* que, no mais das vezes, apenas prejudicaria o andamento do processo. Por isso mesmo, preferiu-se somente aproveitar a redação proposta para o caput do art. 383 e acolher as sugestões contidas nos §§ 3º e 4º.

Dessa forma, com melhor técnica redacional, a Lei nº 11.719, de 2008, modificou o texto normativo, estando assim redigido o caput do art. 383: "O juiz, sem modificar a descrição do fato contida na denúncia ou queixa, poderá atribuir-lhe definição jurídica diversa, ainda que, em consequência, tenha de aplicar pena mais grave." Seguindo a

---

478 Na redação proposta para o art. 383, a Comissão de Reforma, os §§ 1º e 2º preceituavam o seguinte: "§ 1º As partes, todavia, deverão ser intimadas da nova definição jurídica do fato antes de prolatada a sentença. § 2º A providência prevista no caput deste artigo poderá ser adotada pelo juiz no recebimento da denúncia ou queixa."

orientação da Súmula nº 337 do Superior Tribunal de Justiça[479], o §
1º esclareceu que "Se, em consequência de definição jurídica diversa,
houver possibilidade de proposta de suspensão condicional do processo, o juiz procederá de acordo com o disposto na lei." No § 2º, restou
assentado que "Tratando-se de infração da competência de outro juízo, a este serão encaminhados os autos."

A despeito de a sugestão da Comissão de Reforma quanto à possibilidade de o juiz, no momento do recebimento da ação penal, proceder à *emendatio libelli*, não ter sido aprovada pelo Parlamento, nada impede que essa providência seja tomada no início do processo. Note-se que, em relação à *emendatio libelli*, o texto normativo atual, assim como o anterior, não define o momento, ao contrário do que se faz em relação à *mutatio libelli*, que deve ser exercitada após "Encerrada a instrução probatória..."[480]

Aliás, sempre que a desclassificação importar em uma das consequências previstas nos §§ 1º e 2º do art. 383, o juiz deverá fazer a *emendatio libelli* no momento do recebimento da ação penal[481]. Com efeito, se o juiz, ao examinar a ação penal, observar que, a despeito da classificação feita na peça acusatória, o crime é daqueles que permitem a proposta de suspensão condicional do processo, ele deve fazer a desclassificação com a decisão de recebimento[482]. O mesmo se diga, evidentemente, se o juiz verificar que, com a desclassificação, o crime será da competência de uma vara privativa ou do juizado especial.

Com essa providência, evitará a prática dos demais atos do processo que não terão utilidade nenhuma. Nesses casos, como se vê, não tem sentido deixar para proceder à *emendatio libelli* no momento da sentença. A contrário senso, todas as vezes em que a aplicação da *emendatio libelli* não trouxer como consequência a possibilidade da suspensão condicional do processo ou de modificação da competência, o juiz deverá deixar para decidir a respeito no momento da prolação da sentença, o que, diga-se, é o que ocorre com mais frequência.

---

479 A Súmula nº 337 do STJ dispõe o seguinte: "É cabível a suspensão condicional do processo na desclassificação do crime e na procedência parcial da pretensão punitiva."
480 Cf. item 5.1.9.7, supra, que trata da *mutatio libelli* e do momento em que ela deve ser realizada.
481 A respeito da *emendatio libelli* na decisão de recebimento da ação penal, cf. item 5.1.3.2, supra.
482 Sobre a suspensão condicional do processo, cf. o item 5.1.3.3, supra.

5.1.9.8.3. Prisão (preventiva) com a sentença condenatória

Nada obstante a previsão normativa das prisões processuais denominadas preventiva e temporária, o direito de liberdade também podia ser restringido, antes do trânsito em julgado do processo em que se apura a culpabilidade do agente, por decisão nesse sentido contida na sentença condenatória ainda passível de recurso, com base na *falta de primariedade ou de bons antecedentes*. Na redação originária do CPP, a sentença condenatória, salvo quando se tratava de crime afiançável, tinha o condão de determinar, compulsoriamente, o recolhimento do acusado à prisão[483].

Em razão da promulgação da Constituição de 1988 houve acirrada discussão quanto à persistência da prisão que era insculpida no art. 594 do Código de Processo Penal, a prisão decorrente da sentença condenatória, em razão de o acusado não ser primário ou não possuir bons antecedentes. Contudo, tanto o Superior Tribunal de Justiça quanto o Supremo Tribunal Federal dirimiram a dúvida suscitada a respeito desse tema, mediante diversos pronunciamentos asseverando que essa medida não conflitava com o princípio constitucional da presunção de não culpabilidade, tendo o Superior Tribunal de Justiça, inclusive, editado a Súmula nº 9, para dizer, com todas as letras, que "A exigência de prisão provisória, para apelar, não ofende a garantia constitucional da presunção de inocência."[484]

Esse tipo de prisão que podia ser decretada pelo juiz com a sentença diferia, substancialmente, das prisões preventiva e temporária. Com efeito, a temporária somente é possível na fase do inquérito policial; enquanto a preventiva, a qualquer momento, antes ou depois de iniciada a relação processual, podendo, até mesmo, ser encartada na própria sentença condenatória, desde que presente, pelo menos, um dos fundamentos gravados no art. 312 do Código de Processo Penal. Já a hipótese de prisão que era registrada no art. 594 do mesmo diploma legal apenas podia ocorrer durante a relação processual instaurada mercê do oferecimento da ação penal, ainda assim, no exaurimento do ofício jurisdicional de primeira instância, que se dá com a prolação da

---

[483] Porém, devido à alteração legislativa do art. 594 do Código de Processo Penal, determinada pela Lei nº 5.941, de 22 de novembro de 1973, dali em diante, para que o juiz, nos crimes em geral, impusesse a prisão com a sentença condenatória, havia a necessidade de que o acusado fosse considerado *reincidente* ou possuidor de *maus antecedentes*. Essa é a denominada Lei Fleury, tão criticada quanto incompreendida. Como exposto mais adiante, o art. 594 do CPP foi revogado pela Lei nº 11.719, de 2008.
[484] Cf. item 5.1.9.9.3.2, infra.

sentença. Ademais, essa espécie de prisão possuía requisitos específicos em nada parecidos com os reclamados seja para a prisão preventiva, seja para a temporária, uma vez que a decretação da *prisão cautelar*, nesse caso, tinha a sua necessidade fundamentada na circunstância de o acusado *ser reincidente* ou *possuir maus antecedentes*.

A circunstância de ser espécie de prisão decretada pelo juiz no momento em que proferia a sentença, definindo a culpabilidade do acusado, fez com que a questão fosse tratada, por boa parte dos doutrinadores, como efeito do decreto jurisdicional condenatório, de modo que esse recolhimento ao cárcere estaria mais para uma *tutela antecipada* ou *execução provisória* do julgado do que para uma medida genuinamente acautelatória. Por enxergar esse tipo de prisão como forma de execução provisória da pena determinada na sentença, subordinada a condição resolutiva (provimento do recurso), essa parte da doutrina sustentava que tal espécie prisional estava em descompasso com a cláusula constitucional da presunção de não culpabilidade, razão pela qual defendia que ela havia sido revogada pela Constituição de 1988.

Tal entendimento sofria a influência da omissão do legislador em não ter providenciado a modificação, igualmente, da redação do art. 393, I, do Código de Processo Penal, que estabelece como efeito da sentença criminal condenatória "... ser o réu preso ou conservado na prisão, assim nas infrações inafiançáveis, como nas afiançáveis enquanto não prestar fiança."[485] De fato, antes da Lei Fleury (Lei nº 5.941/73), a decretação da prisão, mesmo nos crimes afiançáveis, era um efeito cogente da sentença condenatória. Depois, com a nova redação dada ao art. 594 do Código de Processo Penal pela Lei Fleury, para a imposição da prisão com a sentença deixou de ser suficiente a condenação, passando a ser necessário que o juiz fundamentasse tal necessidade baseado na circunstância de o acusado não ser primário ou não possuir bons antecedentes.

Antes, sem dúvida alguma, da forma como o assunto era tratado pela legislação processual, a prisão imposta com a sentença não tinha nenhuma função acautelatória e possuía clara natureza antecipatória, constituindo-se título executivo idôneo para que se desse início à execução provisória da condenação. Eugênio Pacelli[486], atento para esse importante detalhe, expõe que "Seja como for, na ordem jurídica precedente, sobretudo naquela que remonta ao início da vigência do CPP, as prisões decorrentes de sentença recorrível (art. 594) e de pronúncia (art. 408) não guardavam mesmo qualquer compromisso

---

485 O art. 393 só foi revogado com a Lei nº 12.403, de 2011.
486 *Curso de processo penal*, p. 536.

com a cautelaridade, impondo-se como verdadeiras execuções, no que tinha razão Afrânio Silva Jardim"[487]. Contudo, devido à mutação legislativa, que passou a exigir, para a decretação da prisão com a sentença, a sua fundamentação no fato de o acusado ser reincidente ou possuir maus antecedentes, essa medida, ao contrário do que sustenta Afrânio Silva Jardim[488], essa espécie de prisão passou a apresentar feição acautelatória, que guardava identidade com o gênero prisão provisória ou prisão processual.

Com efeito, antes, a decretação da prisão com a sentença condenatória era mero *efeito compulsório*. Era irrelevante a circunstância de o acusado ser primário ou reincidente, ter bons ou maus antecedentes. Proferida a sentença, o juiz, com ela, decretava a prisão, só não havendo o recolhimento do acusado para o cárcere nos casos em que, sendo afiançável o crime, efetuasse o pagamento para garantir a sua permanência em liberdade. Com a nova redação que foi dada ao art. 594 do Código de Processo Penal pela Lei Fleury, o juiz, para decretar a prisão com a sentença, salvo o caso da preventiva, tinha de fundamentar baseado na circunstância de o acusado ser reincidente ou possuir maus antecedentes.

Conforme o exame do tratamento então dispensado pela legislação brasileira ao tema, mostrava-se coerente sustentar-se o entendimento de que, antes de o acusado ser condenado, ele tem o direito de permanecer em liberdade durante o transcurso do processo, só sendo lícito coartá-la caso houvesse uma das hipóteses para a prisão preventiva. Durante esse tempo, a circunstância de o acusado ser primário, ou não, possuir bons antecedentes, ou não, por si só, apresentava-se insuficiente para a justificação dessa medida acautelatória.

Seja como for, ainda que o acusado fosse reincidente e não possuísse bons antecedentes, para a decretação da prisão preventiva, o juiz tinha de sustentar a decisão em um dos fundamentos plasmados no art. 312 do Código de Processo Penal, até porque, antes da sentença, ainda que certa a materialidade do crime, no que diz respeito à autoria, não há mais do que meros indícios. O que se quer dizer é que, como a prisão preventiva não é feita tendo como base um juízo de culpabilidade, porém apenas de probabilidade ou de verossimilhança da pretensão acusatória, para que se flexibilize uma garantia essencial do

---

487 De fato, Afrânio Silva Jardim sustenta, com base ainda na disciplina anterior, que a prisão resultante da eficácia da sentença condenatória passível de recurso não é espécie do gênero prisão provisória, de modo que, desde a origem do Código de Processo Penal de 1941, ela conserva a sua natureza de execução provisória (Cf. Op. cit., p. 276).
488 Ibid. p. 276.

cidadão da magnitude do direito de liberdade, é bastante razoável que o legislador se cerque de maiores cuidados quanto às hipóteses de prisão, por meio da previsão de critérios normativos mais rígidos.

No entanto, quando o magistrado, após vencer a resistência da dúvida, firma juízo de valor quanto à culpabilidade do acusado, de modo que conclui pela sua condenação, mostra-se adequado que, para ser demonstrada a necessidade de imposição da prisão com a sentença, seja suficiente fundamentar a tutela cautelar no fato de ser recomendável essa medida diante da falta de primariedade ou de bons antecedentes, como prescrevia o art. 594 do CPP. Não havia necessidade de invocar-se nenhuma das hipóteses do art. 312 do Código de Processo Penal, pois, conforme assinalado, os fundamentos da prisão decretada na sentença condenatória passível de recurso eram outros, aqueles então pinçados no art. 594 do CPP, bem diferentes dos que conferem azo à prisão preventiva, plasmados no art. 312 do CPP.

Note-se bem a diferença. A prisão preventiva tem como requisitos a prova da materialidade e indícios de autoria, de modo que ela reclama, para a sua decretação, apenas o *fumus boni iuris* quanto à pretensão acusatória, ou melhor, quanto à autoria e à culpabilidade. Aqui há apenas a plausibilidade da afirmação contida na peça acusatória em relação à culpa do acusado. A prisão com a sentença condenatória ainda sujeita a modificação por força do recurso interposto pelo sucumbente, nos termos do art. 594, se escorava em um juízo de certeza não apenas sobre a materialidade do ilícito, mas igualmente em relação à autoria e à culpabilidade. Nesse caso, a prisão processual detinha como suporte a conclusão judicial quanto à responsabilidade penal do incriminado, mesmo que esta ainda pudesse vir a ser modificada em razão de eventual acolhimento do querer veiculado em recurso com o qual se pede a modificação do que ali ficou assentado. Por isso mesmo, ou seja, devido à circunstância de, com a sentença, haver um juízo de culpabilidade formalizado contra o acusado, após lhe ser assegurado não só o pleno exercício do direito de defesa, como também o gozo do *favor rei* (*in dubio pro reo* ou presunção de não culpabilidade), que lhe dá o benefício da dúvida, para que ele permanecesse com o seu direito de liberdade incólume, não se exigia apenas que a situação não se enquadrasse em uma das hipóteses do art. 312 do Código de Processo Penal, mas igualmente que da análise de sua condição de reincidente e de portador de maus antecedentes, não exsurgisse fundamento para a decretação de sua prisão.

Em resumo, de conformidade com o entendimento aqui expendido, a fim de destacar as distinções entre a prisão preventiva e a processual que era embasada nos fundamentos do art. 594, impõe-se destacar o seguinte, em relação à prisão preventiva: (1) pode ser decretada em qualquer fase do inquérito ou do processo; (2) os seus fundamentos são os plasmados no art. 312 do Código de Processo Penal (para manutenção da ordem pública ou econômica, conveniência da instrução criminal ou assegurar a aplicação da lei penal); (3) tem como requisitos a materialidade do crime e indícios de autoria ou participação; (4) não contém juízo de valor sobre a culpabilidade, mas apenas de probabilidade de procedência do pedido condenatório; (5) não vigora o princípio do *in dubio pro reo*; e (6) de regra, tem o direito de defesa assegurado apenas depois de imposta a prisão, ainda assim, ela não é ampla, pois não se permite discussão aprofundada sobre os fatos e o mérito da questão.

Quanto à prisão processual decretada com base no que previa o art. 594 do Código de Processo Penal: (1) somente podia ser determinada na sentença; (2) os seus fundamentos eram os plasmados no art. 594 do Código de Processo Penal (reincidência ou maus antecedentes); (3) tinha como requisito não apenas a materialidade do crime, mas também a certeza da culpabilidade; (4) continha juízo de valor sobre a culpabilidade; (5) observava o princípio do *in dubio pro reo*; e (6) apenas podia ser imposta depois de assegurado ao acusado o exercício pleno do direito de defesa perante a Primeira Instância.

Em que pesem essas distinções, a prisão decretada com fundamento no art. 594 do Código de Processo Penal detinha natureza acautelatória, pois ela não era mero efeito da sentença condenatória, porquanto, para a sua imposição, exigia-se a demonstração da necessidade do encarceramento do acusado antes mesmo do exaurimento da ampla defesa, o que se fazia com o exame das consequências advindas da circunstância de ele não ser primário ou de não ter bons antecedentes.

Mas a Lei nº 11.719, de 2008, ao acrescentar um parágrafo único ao art. 363 do Código de Processo Penal, esclareceu que, com a prolação da sentença, o juiz deverá, fundamentadamente, dizer se é o caso de imposição de prisão preventiva *ou de outra medida cautelar*. Para deixar bem clara a sua intenção, o legislador, com a mesma lei, expressamente, revogou o art. 594. Assim, caso o juiz queira, com a sentença condenatória, passível de recurso, decretar a prisão do acusado, terá de fundamentá-la em uma das hipóteses do art. 312 do CPP, o que, em nosso sentir, não parece ter sido a melhor escolha. O pior é que o legislador da Lei nº 11.719, de 2008, assim como ocorreu com o da Lei Fleury, se esqueceu de modificar a redação do art. 393, inciso I, do Código de Processo Penal. Essa anomalia só foi resolvida com a segunda etapa da Reforma Tópica, que revogou, em sua inteireza, o art. 393 do CPP (art. 4º da Lei nº 12.403, de 2011).

Diante dessa nova disciplina, mais do que nunca, uma última palavra é pertinente sobre o assunto. Ferri[489], com carradas de razão, dizia que não se pode, em razão do princípio da presunção de não culpabilidade, conceber a impossibilidade de determinar-se, logo com a prolação da sentença, mesmo ainda sujeita a recurso de apelação, a prisão de quem seja condenado por uma *forma atávica de delinquência*. Garofolo[490], outro arauto da escola positiva, também não se conformava com a falta de *eficácia* das sentenças condenatórias, dado que a mera interposição do recurso já era suficiente para assegurar ao acusado o direito de permanecer em liberdade, nada obstante a certificação de sua culpa assentada em pronunciamento judicial. Esse tratamento legislativo, aponta Garofolo[491], dá ensejo a que, como estratégia de defesa, sejam adotadas medidas para retardar o andamento do processo e que sempre seja interposto o recurso da sentença, o que compromete, em tudo, a celeridade processual.

Uma coisa é certa: se se quer, realmente, diminuir o sentimento de impunidade que reina em nosso cenário, é indispensável repensar o papel da sentença dada pelo juiz de primeira instância. Ela não pode, especialmente no processo criminal, ser um *nada jurídico*. Dada a sentença, a regra é que ela tem de ter algum efeito concreto, sob pena de a jurisdição de primeira instância ser uma mera etapa de passagem, com concentração do poder decisório nas instâncias superiores. Urge a modificação do Código de Processo Penal, a fim de que o efetivo poder decisório da magistratura de primeira instância seja resgatado. Especialmente nos crimes mais graves, quando o juiz fizer a condenação, é imprescindível que seja feita a avaliação na sentença quanto à potencialidade lesiva da permanência em liberdade do acusado[492]. Todas as vezes que se fala na morosidade do Poder Judiciário, a identificação do problema, não raro, sinaliza para a exagerada quantidade de recursos. O problema maior, porém, não é bem o número de recursos, é o incentivo para que ele seja usado. Na medida em que a apelação

---

489 *Princípios de direito criminal*, p. 194-195.
490 *Criminologia*. 3. Ed. Tradução Júlio de Mattos, Lisboa: Livraria Clássica Editora, 1916, p. 419.
491 Ibid.
492 A Associação dos Juízes Federais do Brasil — Ajufe enviou para o Parlamento sugestão de mudança do Código de Processo Penal, sugerindo nova redação para o art. 393, § 2º, a fim de possibilitar que o juiz, nos casos de sentença condenatória impondo regime fechado, decrete a prisão ou, quando suficiente, determine outra medida cautelar menos gravosa, para afastar risco à segurança da sociedade ou para evitar a fuga do condenado (Cf. BRASIL. Associação dos Juízes Federais do Brasil. Disponível em: www.ajufe.org.br. Acesso em: 17 jan. 2007).

tem como regra o efeito de suspender o que é determinado na sentença, evidentemente que, sendo ela condenatória, a defesa do acusado sempre irá interpor o recurso.

5.1.9.8.3.1. Necessidade de fundamentação da prisão preventiva ou da medida cautelar diversa imposta com a sentença recorrível ou, se for o caso, da sua manutenção

Cabe verificar que, não sendo mais a decretação da prisão um mero efeito necessário da sentença condenatória, o juiz, caso queira dar essa determinação, a despeito de toda a fundamentação exposta quanto à responsabilidade do acusado pelo fato ilícito, terá de motivar a razão pela qual entende que este deve, desde logo, ser encaminhado para o cárcere[493]. Ademais, a partir do momento em que a Lei nº 11.719, de 2008, revogou, de forma expressa, o art. 594 do CPP, para que seja possível a prisão com a sentença condenatória, o juiz terá de escorar a fundamentação em uma das hipóteses do art. 312 do mesmo Diploma Legal. É que, nada obstante a ressalva feita no tópico anterior, o legislador se filiou à corrente doutrinária de que a prisão decorrente da sentença condenatória se confunde com a preventiva prevista no art. 312 do CPP. Dessa forma, evidentemente, a discussão anterior quanto à necessidade, ou não, da fundamentação da prisão decretada com a sentença condenatória passível de recurso perdeu razão de ser. A norma do art. 387, parágrafo único, do CPP, é expresso: "O juiz decidirá, fundamentadamente, sobre a manutenção ou, se for o caso, imposição de prisão preventiva ou de outra medida cautelar, sem prejuízo do conhecimento da apelação que vier a ser interposta." Portanto, o juiz terá de fazer fundamentação, mesmo que seja apenas para justificar a manutenção da prisão preventiva, anteriormente decretada.

---

493 No julgamento do Habeas Corpus nº 80174/SP o Ministro Maurício Corrêa, na redação do acórdão, disse que "A prisão do réu é mero efeito da sentença condenatória recorrível — salvo se for prestada fiança, quando cabível (CPP, artigo 393, I)" (BRASIL. Supremo Tribunal Federal. HABEAS-CORPUS. CRIME DE ROUBO QUALIFICADO, PRATICADO POR PACIENTE QUE CUMPRIA PENA PELO MESMO DELITO EM REGIME SEMI-ABERTO. RECEBIMENTO DA APELAÇÃO CONDICIONADO AO RECOLHIMENTO À PRISÃO. PRETENSÃO DE RECORRER EM LIBERDADE. IMPUGNAÇÃO DO DECRETO DE PRISÃO EXPEDIDO ANTES DO TRÂNSITO EM JULGADO DA CONDENAÇÃO SEGUNDA TURMA, Data da decisão: 06/06/2000. Disponível em: www.stf.jus.br/jurisprudencia. Acesso em: 15 jul. 2005.

Na primeira edição deste livro, pelo fato de não ter sido revogado o inciso I do art. 393, advertimos: "Não se pense que a circunstância de o legislador da Lei nº 11.719, de 2008, não ter revogado o inciso I do art. 393 do CPP enseja a interpretação de que a prisão, tal como ocorria antes da Lei Fleury, passa a ser efeito inexorável da sentença condenatória. É verdade que o legislador incorreu em lapso quando não determinou a revogação da norma jurídica em destaque." Pois bem, com a segunda etapa da Reforma Tópica, finalmente, o legislador resolveu a antinomia, determinado a revogação tanto do art. 393 quanto do art. 595, ambos do CPP (art. 4º da Lei nº 12.403, de 2011).

A revogação era devida, a fim de que fosse mantida a coerência com o parágrafo único do art. 387 do CPP, acrescentado pela Lei nº 11.719, de 2008, o qual deixa claro que, mesmo no caso de mera manutenção de prisão preventiva, ainda assim, o juiz terá de fazer a necessária fundamentação. Ou seja, se quando da prolação da sentença o acusado estiver preso, o juiz, em caso de condenação, terá de fundamentar a necessidade de sua manutenção.

A ausência de pronunciamento sobre a manutenção, ou não, da prisão, caracteriza omissão, a ser sanada por meio de embargos de declaração. Se, porém, não for interposto o recurso de embargos de declaração, a prisão preventiva decretada anteriormente à sentença passa a ser ilegal, podendo, esse vício processual, ser sanado por meio do relaxamento da prisão, mediante pedido nesse sentido em Primeira Instância ou, então, da interposição de habeas corpus, que é a solução mais adequada.

Obviamente, se a sentença for absolutória, o juiz não poderá decretar ou manter a prisão preventiva, de modo que, estando o réu preso, mesmo na hipótese de nada restar consignado no pronunciamento judicial, a soltura imediata do acusado se impõe, não sendo, aqui, propriamente caso de omissão a desafiar embargos de declaração.

Finalmente, com a segunda etapa da Reforma Tópica, completou-se o sentido do art. 387, parágrafo único, do CPP, diante da previsão das medidas cautelares diversas da prisão, que podem ser impostas, igualmente, com a sentença condenatória. Aliás, em virtude do princípio da subsidiariedade da prisão processual, inserido em nosso sistema com a segunda etapa da Reforma Tópica, o juiz deverá dar preferência a decretar, com a sentença, quando for o caso, medida cautelar diversa da prisão[494]. Malgrado a redação do dispositivo clara o suficiente, não há dúvidas de que, caso no curso do processo tenha sido decretada medida cautelar diversa da prisão, o juiz, na sentença con-

---

494 Cf. item 6.1.5, infra.

denatória, assim como tem de fazer em relação à prisão preventiva, haverá de fundamentar quanto a necessidade de sua manutenção.

5.1.9.8.3.2. Direito de recorrer, independentemente do recolhimento à prisão

O direito à ampla defesa, na qualidade de direito fundamental, abrange não apenas o direito de o acusado defender-se perante o juiz que vai julgá-lo em Primeira Instância, mas também o de impugnar as decisões que lhe são desfavoráveis[495]. É o chamado direito ao duplo grau de jurisdição[496], que corresponde ao direito de exaurir o debate sobre o assunto perante a justiça de partes, não o de levar a discussão da lide para todos os órgãos jurisdicionais previstos na organização judiciária[497].

Ademais de o duplo grau de jurisdição ser garantia implícita na cláusula da ampla defesa, com a ratificação da Convenção Americana sobre Direitos Humanos (Pacto de San José da Costa Rica)[498], ela restou positivada em nosso ordenamento jurídico, pois consta do documento internacional em referência — que, se não possui *status* constitucional, constitui-se lei ordinária federal —, como direito do acusado "... recorrer da sentença a juiz ou tribunal superior" (art. 8.2, *h*, da CADH). Do mesmo modo, no Pacto Internacional dos Direitos Civis e Políticos, de modo enfático, está dito que "Qualquer pessoa declarada culpada de um delito terá o direito de apelar da decisão e depois para uma instância superior, em conformidade com a lei" (art. 14.5)[499].

A consequência jurídica da garantia do duplo grau de jurisdição é que não pode haver a supressão do direito ao recurso da decisão de Primeira Instância. Nessa linha de pensamento, Ada Pellegrini, Anto-

---

495 Cf. SILVA JÚNIOR, Op. cit., p. 770-774.
496 A garantia do duplo grau de jurisdição, porém, comporta exceções, como se verifica nas hipóteses de competência por prerrogativa de função.
497 Consoante a organização judiciária brasileira, a justiça de partes é formada pelos órgãos de primeira e segunda instâncias. O Supremo Tribunal Federal e o Superior Tribunal de Justiça são tribunais de federação, cujas missões ordinárias são de uniformizar e dar a última palavra, aquele quanto às questões constitucionais, e este a respeito das matérias infraconstitucionais federais.
498 Por meio do Decreto Legislativo nº 89, de 3 de dezembro de 1998, o Brasil reconheceu a competência jurisdicional da Corte Interamericana.
499 GOMES, Luiz Flávio. *As garantias mínimas do devido processo criminal nos sistemas jurídicos brasileiro e interamericano:* estudo introdutório. p. 204. No plano jurídico internacional, o duplo grau de jurisdição está catalogado como um direito fundamental decorrente da ampla defesa.

nio Scarance e Gomes Filho[500] sustentam que, "... a partir de 1992, pela ratificação da Convenção Americana sobre Direitos Humanos, o princípio do duplo grau integra o direito positivo brasileiro em nível supralegal, mediante a norma do art. 8, n. 2-h, do Pacto, que assegura o direito de recorrer da sentença para juiz ou tribunal superior." Assim como ocorre no Processo Civil, no Processo Penal, exceto quando se trata de sentença exarada com suporte em decisão tomada pelo tribunal do júri, sempre é admissível o manejo do recurso de apelação, por meio de fundamentação livre.

Todavia, em alguns casos — art. 594 do CPP (na sua redação anterior); art. 59 da Lei nº 11.343/2006; art. 2º, § 2º, da Lei nº 8.072/90 e art. 9º da Lei nº 9.034/95 —, o legislador condiciona a interposição do recurso ao prévio recolhimento à prisão. Em outras palavras, o juiz, ao proferir a sentença e determinar o recolhimento do acusado à prisão mesmo antes do trânsito em julgado, expõe que o eventual recurso a ser interposto somente será admitido se, desde logo, ele passar a cumprir o que determina a decisão judicial. Se o acusado não passar a cumprir a decisão, mediante o seu recolhimento à prisão, não lhe será admitido o recurso cabível para impugná-la. A ausência do recolhimento à prisão, nesses casos, é eleita como fato impeditivo da admissibilidade recursal[501]. Com isso, quando o juiz decreta a prisão com a sentença ainda passível de recurso e diz, em seu texto, que este somente será cabível caso haja o prévio recolhimento à prisão, está negando o duplo grau de jurisdição ao acusado que se recusar a cumprir uma decisão com a qual ele não concorda. Enfim, nada obstante o *interesse-necessidade-utilidade* em interpor o recurso, o acusado, a não ser que se recolha à prisão, não terá o direito de pedir a revisão do julgamento.

---

500 Op. cit., p. 24. Com esteio na interpretação emprestada ao art. 5º, § 2º, da Constituição de 1988, os autores defendem que a regra prevista na convenção, com a sua ratificação, ingressa em nosso ordenamento jurídico com *status* de direito fundamental declarado na Constituição. De todo modo, diante do entendimento firmado pelo Supremo Tribunal Federal quanto ao alcance do dispositivo em comento, pelo menos se pode dizer que a ratificação teve o condão de fazer com que a norma passe a fazer parte da legislação ordinária, com consequente revogação das normas que continham disposição em contrário.
501 Preocupados em ressaltar a contrariedade à cláusula do duplo grau de jurisdição com a exigência do prévio recolhimento à prisão como fato impeditivo da admissibilidade do recurso, Ada Pellegrini, Antonio Magalhães e Scarance Fernandes dizem que não consideram "... fato impeditivo do conhecimento do recurso o não recolhimento à prisão nos casos em que a lei o exige, devendo ser outra a interpretação a ser dada aos dispositivos em tela" (Op. cit., p. 105).

É evidente que estabelecer o prévio recolhimento do réu à prisão como pressuposto à admissibilidade do recurso de apelação ou em sentido estrito, configura cerceamento do direito de defesa, uma vez que suprime o direito de recorrer, com consequente negativa de acesso ao duplo grau de jurisdição, daí por que devem ser considerados revogados ou inconstitucionais todos os dispositivos infraconstitucionais que preceituam regra nesse sentido. Ainda que se defenda que o direito à ampla defesa, previsto na Constituição, não abrange o de recorrer, estariam revogados os dispositivos que impõem como condição do recurso o prévio recolhimento à prisão, em razão do plasmado no Pacto de San José da Costa Rica.

O Superior Tribunal de Justiça, em um primeiro momento, enfrentou essa questão e apresentou como solução o enunciado inscrito na Súmula nº 9: "A exigência da prisão provisória, para apelar, não ofende a garantia constitucional da presunção de inocência." O conteúdo do entendimento sumular denota que o Superior Tribunal de Justiça, naquela oportunidade, enfrentou a questão tendo em conta ressaltar a natureza cautelar da prisão decretada com a sentença. O problema é quanto ao prévio recolhimento à prisão como requisito para a admissibilidade do recurso, uma vez que a norma jurídica, nesse caso, contempla restrição ao direito à ampla defesa, na medida em que suprime do acusado a possibilidade de esgotar a discussão da matéria perante a justiça de partes.

Na mesma linha de entendimento, o Supremo Tribunal Federal, no *leading case* relatado pelo Ministro Néry da Silveira (Habeas Corpus nº 72.366-7/SP)[502], por maioria, decidiu que a norma então encartada no art. 594 do Código de Processo Penal havia sido recepcionada pela Constituição de 1988, visto que não conflitava com o princípio da presunção de não-culpabilidade, e esclareceu, também, que o preceito contido na Convenção Americana de Direitos Humanos não teve o condão de revogá-la.

Em que pese a jurisprudência firmada a respeito do tema, felizmente, a supressão da exigência da prisão como requisito de admissibilidade do recurso tem sido a orientação mais recente seguida pelo legislador. A Lei nº 11.464, de 28 de março de 2007, modificou a Lei dos Crimes Hediondos, de modo a eliminar a possibilidade de o magistrado, na sentença condenatória, vedar o direito de o acusado apelar em liberdade. Porém, a Lei nº 11.343, de 2006, mantendo a linha

---

502 BRASIL. Supremo Tribunal Federal. CÓDIGO DE PROCESSO PENAL, ART. 594: NORMA RECEPCIONADA PELO REGIME CONSTITUCIONAL DE 1988. TRIBUNAL PLENO, Data da decisão: 13/09/1995. Disponível em: http://www.stf.gov.br/jurisprudencia/jurisp.asp. Acesso em: 12 abr. 2005.

da Lei nº 6.368, de 1976, dentre os efeitos da sentença condenatória em crimes de tráfico de substâncias entorpecentes, proibiu a interposição do recurso pelo acusado em liberdade, salvo se ele for primário e tiver bons antecedentes (art. 59).

De qualquer sorte, essa linha de pensamento foi captada pelo Superior Tribunal de Justiça, o que levou o referido órgão jurisdicional a uniformizar o seu entendimento no sentido de que a falta de recolhimento à prisão não pode ser empecilho ao conhecimento do recurso, a ponto de editar a Súmula nº 347, assim redigida: "O conhecimento de recurso de apelação do réu independe de sua prisão."

Dando continuidade à supressão da exigência da prisão como requisito para a interposição do recurso, a Lei nº 11.719, de 2008, expressamente, revogou o art. 594. Acontece que, por falta de visão sistêmica do ordenamento criminal, o legislador não cuidou de revogar o art. 2º, § 2º, da Lei nº 8.072/90, o art. 9º da Lei nº 9.034/95 e o art. 59 da Lei nº 11.343, de 2006. Para não dar margem a nenhuma dúvida quanto à existência do direito de recorrer mesmo que o acusado, condenado e determinada a sua prisão preventiva com a sentença, não se recolha à prisão, o legislador cuidou de esclarecer, na parte final do parágrafo único do art. 387 do CPP, que a imposição de prisão preventiva ou de outra medida cautelar é *sem prejuízo do conhecimento da apelação que vier a ser interposta*. Essa regra geral, que consta do Código de Processo Penal, revogou as disposições em contrário e específicas para os crimes praticados por meio de organizações criminosas e delitos de tráfico de entorpecentes? Acreditamos que sim, pois essa é a inteligência que deve sobressair de uma interpretação sistêmica do conjunto das leis que disciplinam o processo penal. Contudo, seja como for, a Súmula nº 347 do STJ, editada antes da revogação do art. 594 do CPP, elimina qualquer discussão a respeito do direito de o acusado recorrer, em qualquer que seja o caso, independentemente de seu prévio recolhimento à prisão.

Porém, o mais incompreensível tinha sido o fato de o legislador não ter providenciado a revogação do art. 595 do Código de Processo Penal, que erige a fuga da prisão como causa de deserção do recurso[503]. Ora, nesse caso, diante do que dispunha a norma jurídica em destaque, a fuga da prisão se apresentava como fato impeditivo ao desenvolvimento válido da relação processual instaurada em segunda

---

503 Aliás, mais uma vez, perdeu-se a oportunidade de revogar o art. 393, I, do Código de Processo Penal, que deveria ter sido revogado desde o advento da Lei Fleury.

instância por meio do recurso, o que acarretava, outrossim, inescondível limitação à ampla defesa.

Quando o art. 594 do Código de Processo Penal estava em vigor, o Supremo Tribunal Federal confirmou, em reiterados pronunciamentos, a validade da regra estampada no art. 595, que determinava a deserção do recurso, na hipótese em que, estando o acusado preso ou tendo ele se recolhido à prisão para fins de que o seu recurso fosse admitido, ao depois, fugisse do cárcere[504].

Malgrado a Súmula nº 347 do STJ não pudesse ser oposta ao STF, a revogação expressa do art. 594 do CPP levava à conclusão lógica de que o art. 595 do mesmo Diploma Legal também fora revogado, o que haveria de ser reconhecido. Com efeito, se a prisão deixou de ser requisito objetivo de admissibilidade do recurso, consequentemente, a fuga do cárcere não podia mais ser elencada como causa de deserção do recurso. Evidentemente, o art. 595 do CPP era um consectário lógico do art. 594 do mesmo Ordenamento Processual, de modo que a revogação deste havia originado, implicitamente, na eliminação da regra contida naquele dispositivo

A incongruência foi resolvida na segunda etapa da Reforma Tópica, pois o art. 4º da Lei nº 12.403, expressamente, revogou o art. 595 do Código de Processo Penal. De qualquer sorte, o legislador não teve a acuidade de determinar as revogações, igualmente, do art. 2º, § 2º, da Lei nº 8.072, de 1990, do art. 9º da Lei nº 9.034, de 1995 e do art. 59 da Lei nº 11.343, de 2006, os quais condicionam, ao prévio recolhimento à prisão, a admissibilidade do recurso interposto pela defesa contra a sentença condenatória.

Em resumo, ainda que se entenda pela vigência das leis especiais que estabelecem a prisão como requisito de admissibilidade do recurso quando tal constar da sentença, mesmo assim, o juiz não deve, mais, colocar essa advertência na sentença, em razão da Súmula nº 347 do Superior Tribunal de Justiça.

5.1.9.8.4. Elementos da sentença absolutória

Os requisitos da sentença absolutória estão catalogados no art.

---

504 BRASIL. Supremo Tribunal Federal. CIVIL. RECURSO ORDINÁRIO. HABEAS CORPUS. AÇÃO PENAL. SENTENÇA CONDENATÓRIA. RECOLHIMENTO DO RÉU À PRISÃO. APELAÇÃO. FUGA, PRIMEIRA TURMA, un. Relatora Ministra Ellen Gracie, HC 82007/SP, Data da decisão: 27/09/2002. Disponível em: www.stf.gov.br/jurisprudencia. Acesso em: 12 abr 2005.

386 do Código de Processo Penal, do qual se ocupou o legislador da Lei nº 11.690, de 2008. As hipóteses imaginadas pelo legislador como causa de sentença absolutória, a qual deverá estar mencionada, expressamente, pelo juiz, são as seguintes:

I — estar provada a inexistência do fato;
II — não haver prova da existência do fato;
III — não constituir o fato infração penal;
IV — *estar provado que o réu não concorreu para a infração penal*;
V — não existir provas de ter o réu concorrido para a infração penal;
VI — *existirem* circunstâncias que excluam o crime ou isentem o réu de pena *(arts. 20, 21, 22, 23, 26, e § 1º do art. 28 do Código Penal), ou mesmo houver fundada dúvida sobre sua existência*;
VII — não existir prova suficiente para a condenação.

Como se observa, há uma coerência sistêmica com as hipóteses de absolvição sumária contempladas para o procedimento relativo aos crimes da competência do tribunal do júri, catalogadas no art. 415 do CPP. Por imposição de ordem lógica, todas as quatro hipóteses de absolvição sumária do art. 415 estão contempladas no art. 386, nos incisos I, III, IV e V. Ademais, há uma sintonia redacional entre os dispositivos constantes de um e outro artigo, a fim de evitar discussões quanto a se se tratam de situações iguais, ou não. Lembre-se que no art. 415, nos incisos I e II, está dito que é caso de absolvição sumária, quando *provada a inexistência do fato* ou *provado não ser ele o autor ou partícipe do fato*. Nos incisos I e IV do art. 386 do CPP, como causa de absolvição com a sentença final, constam como hipóteses *estar provada a inexistência do fato* ou *estar provado que o réu não concorreu para a infração penal*. Em que pese não haja propriamente harmonia na dicção normativa quando se trata da última hipótese, na essência, utilizou-se da mesma expressão *provado* e *estar provado*. Conforme já foi salientado, incompreensivelmente, o legislador não elencou, no art. 397 do Código de Processo Penal, essas duas hipóteses como causas de absolvição sumária prevista para todos os procedimentos penais, inclusive para o do Tribunal do Júri, em relação a sua primeira fase.

As duas outras hipóteses de absolvição sumária do art. 415, incisos III (*o fato não constituir infração* penal) e IV (*demonstrada causa de isenção de pena ou de exclusão do crime*), estão previstas nos incisos III (*não constituir o fato infração penal*) e VI (*existirem circunstâncias que excluam o crime ou isentem o réu de pena (arts. 20, 21, 22, 23, 26, e § 1º do art. 28 do Código Penal)* do art. 386 do CPP, cujas redações revelam completa sintonia. O mesmo, porém, não se diga em relação à absolvição sumária do art. 397 do Código de Processo Penal, pois ali se preferiu, em relação às excludentes de criminalidade e de culpabilidade, utilizar a expressão *existência manifesta*. Certamente o legislador quis acentuar a excepcionalidade da qual se reveste o pronunciamento antecipado sobre a inculpabilidade do acusado, quando ainda não se teve a oportunidade de fazer a instrução do processo, diferente do que ocorre na sentença prolatada no final do processo e mesmo da absolvição sumária do procedimento do tribunal do júri, tomada após as razões finais das partes.

Note-se que, seja como for, se na qualidade de absolvição sumária ou de absolvição com a sentença exarada no final do processo, a decisão do juiz terá de estar embasada na verdade real, não podendo, para tanto, utilizar-se da retórica da dúvida em benefício do acusado. Se o juiz tem dúvida, não pode absolver sumariamente. Se o juiz tem dúvida, mesmo na sentença final, ele só pode absolver o acusado com base no inciso V (não existir provas de ter o réu concorrido para a infração penal); VI, segunda parte (*existirem* fundadas dúvidas sobre circunstâncias que excluam o crime ou isente*m* o réu de pena); ou VII (não existir prova suficiente para a condenação).

A alteração de maior substância foi a inclusão, dentre os casos de absolvição do acusado, da hipótese em que existe prova nos autos de que ele não participou da prática do crime. Na redação anterior do art. 386, em relação à negativa de autoria, constava apenas a previsão contida no então inciso IV, o qual permitia a absolvição quando "não existir prova de ter o réu concorrido para a infração penal".

Ou seja, era um juízo embasado, apenas, na verdade formal, pois, diante da incerteza de que o acusado tivesse, efetivamente, participado do cometimento do crime, a solução, em obséquio ao princípio da presunção de não culpabilidade, era a absolvição. Mas naqueles casos em que havia prova suficiente a habilitar o juiz a proferir sentença absolutória com base na afirmativa de que o acusado não teve participação na empresa criminosa, não existia um dispositivo específico para esse fim.

Suprindo a omissão, o atual inciso IV do art. 386 do CPP passa a ser o embasamento normativo para os casos em que o juiz, tendo a certeza de que o acusado não teve participação no delito, prolata decisão absolutória, com suporte em verdade material.

A outra modificação em relação aos incisos do art. 386 do CPP foi a adequação das circunstâncias que excluem o crime ou isentam o acusado de pena à reforma da parte geral do Código Penal, verificada em 1984. Assim, na redação atual, os artigos mencionados são o 20 (erro de tipo), 21 (erro sobre a ilicitude do fato), 22 (coação irresistível e obediência hierárquica), 23 (estado de necessidade, legítima defesa, estrito cumprimento de dever legal ou exercício regular de direito), 26 (inimputabilidade)[505] e § 1º do art. 28 (embriaguez completa, proveniente de caso fortuito ou força maior), todos do Código Penal.

Por fim, ainda se acrescentou, como causa para a prolação de sentença absolutória, a hipótese em que houver *fundada dúvida* sobre a existência de uma dessas circunstâncias que excluem o crime ou isentam o acusado de pena (art. 386, VI, parte final, do CPP). Ora, existindo dúvidas se há excludente de criminalidade ou de culpabilidade, mercê da aplicação do princípio da presunção de não culpabilidade, a consequência que daí decorre é a absolvição do acusado. Não se pense que, com essa regra, agora, o acusado não tenha mais o ônus da prova quanto aos fatos invocados que dão suporte à tese de exclusão de criminalidade ou de culpabilidade. Não se trata disso. Tanto quanto antes, o acusado, em relação às suas alegações, cabe o ônus da prova, aliás, como está bastante claro na primeira parte do caput do art. 156 do CPP, com a redação determinada pela Lei nº 11.690, de 2008, que, nesse particular, apenas repetiu a regra anterior, que constava do mesmo dispositivo. Agora, se o acusado, com a sua alegação, em que pese não cumpra o ônus de fazer a prova, provocar dúvida no julgador, a solução que se impõe é a absolvição do acusado. Assim era antes, assim é agora, tendo o legislador cuidado, apenas, de deixar essa questão esclarecida de forma expressa na norma jurídica, o que é deveras salutar, a fim de sanar controvérsias que havia a respeito.

Finalmente, mais uma vez devido à incoerência sistêmica, embora a extinção de punibilidade seja prevista como causa de absolvição sumária (art. 397, IV, do CPP), inexplicavelmente, essa hipótese não figurou como circunstância a ensejar, no final do processo, sentença absolutória. Sem embargo da crítica que foi feita a esse respeito, embora nem toda hipótese de sentença absolutória seja, igualmente, causa para a absolvição sumária, toda circunstância que autoriza a absolvi-

---

505 Aqui pode ocorrer o que se denomina *sentença absolutória imprópria*, que é quando o juiz, ademais de absolver o acusado devido à inimputabilidade, determina a aplicação de medida de segurança (art. 386, parágrafo único, III, do CPP.)

ção sumária, obviamente, dá ensejo a sentença absolutória no final do processo[506]. Evidentemente, ninguém irá defender que, quando a extinção de punibilidade for reconhecida no momento do art. 397 ela é absolutória, fazendo, assim, coisa julgada material, porém, quando acolhida na sentença proferida no final do processo não possui essa natureza, porque não consta do rol do art. 386 do CPP.

5.1.9.8.5. Efeitos civis da sentença absolutória

Conquanto a regra seja de que todas as sentenças condenatórias fazem coisa julgada para o ambiente cível, a afirmação não é verdadeira, quando se trata das sentenças absolutórias. Como se disse, a sentença condenatória faz coisa julgada para o cível devido ao fato de estar embasada na *verdade material*. Ou seja, em razão do princípio da presunção de não-culpabilidade, para condenar o acusado, o juiz precisa escorar a sua fundamentação em um juízo de certeza real.

Tendo essa ordem de ideias, tem-se que toda e qualquer sentença criminal absolutória embasada em verdade formal não faz coisa julgada para o cível. Assim, se a absolvição do acusado ocorre sob o fundamento de *não haver prova* da existência do fato (inciso II), de *não existir prova* de ter o réu concorrido para a infração penal (inciso V), de haver dúvida sobre causa de exclusão do crime ou da culpabilidade (inciso VI), ou de *não existir prova* suficiente para a condenação (inciso VII), o pronunciamento judicial absolutório não faz coisa julgada para o cível.

Porém, quando a sentença absolutória é proferida com suporte em certeza material, qual seja, tendo como suporte a *prova da inexistência do fato* (inciso I), *estar provado* que o réu não concorreu para a infração penal (inciso IV) ou a *existência de causa* excludente de criminalidade (VI), todos do CPP, os seus efeitos também se fazem sentir no ambiente cível. Salvo, é claro, se o fato, não sendo típico para o ambiente criminal, seja suficiente para caracterizar o ilícito cível. O comportamento funcional de um servidor, por exemplo, pode não caracterizar um crime, porém pode constituir ilícito administrativo.

De outra banda, há de fazer-se a ressalva ainda, em relação a esses casos de sentença absolutória proferida com esteio na verdade real, quanto àquela que se faz com base em excludente de criminalidade. É que, embora em regra a absolvição com base em excludente de crimi-

---

506 Cf. item 5.1.7, supra.

nalidade faça coisa julgada no cível, há algumas exceções a esse respeito.

Com efeito, sem embargo de o art. 188, I e II, do Código Civil, dizer que não são ilícitos os atos praticados em legítima defesa, estado de necessidade ou no exercício regular de direito (aí se inclui o estrito cumprimento de dever legal), o que é corroborado pelo art. 65 do Código de Processo Penal, o próprio ordenamento civil contempla algumas exceções a essa regra, a saber:

> (a) no caso de estado de necessidade, em que a pessoa lesada ou o dono da coisa deteriorada não foi o causador do perigo, este tem o direito ao ressarcimento, ficando, o agente que praticou o dano, se houver culpa de terceiro, com o direito de regresso contra este quanto ao que teve de ressarcir (arts. 929 e 930 do CC);b) na hipótese de legítima defesa real com *aberratio ictus,* em que a agressão injusta não foi perpetrada pela vítima, esta mantém o direito de ser ressarcida, ficando o agente que agiu com a excludente de criminalidade com o direito regressivo contra o autor da injusta agressão. Isso era previsto no art. 1.540 do CC/1916, mas não foi repetido no CC/2002. De todo modo, é razoável entender-se que a regra subsiste.

Note-se que, em se tratando de legítima defesa putativa, o que ocorre é, apenas, a excludente de culpabilidade ou do dolo do agente, subsistindo a ilicitude do fato, de modo que não fica eliminada a obrigação quanto ao ressarcimento pelo dano eventualmente ocasionado.

QUADRO SINÓTICO DO PROCEDIMENTO ORDINÁRIO

CÓDIGO DE PROCESSO PENAL

ALTERAÇÕES	Antes da Lei 11.719/08	Após a Lei 11.719/08
DIVISÃO DOS RITOS:	Os ritos eram divididos em **COMUM** e **ESPECIAL** (impropriamente denominados de processos) **COMUM:** { Rito ordinário; Tribunal do júri. **ESPECIAL:** { Crimes de falência; Contra a honra; Responsabilidade dos servidores públicos; Contra a propriedade imaterial; Rito Sumário.	Os ritos permanecem com a divisão entre **COMUM** e **ESPECIAL**, porém o atual artigo 394 os denomina de procedimentos. **COMUM:** { Procedimento ordinário; Procedimento sumário; Procedimento sumaríssimo. **ESPECIAL:** { Crimes de falência; Contra a honra; Responsabilidade dos servidores públicos; Contra a propriedade imaterial; Tribunal do júri. **OBS:** O procedimento do júri, agora, corretamente, ficou classificado como especial, pois comum são apenas aqueles assim definidos no § 1º do art. 394, do CPP.
DEFINIÇÃO DO RITO:	**CRITÉRIO:** Tipo de pena. a) **ORDINÁRIO:** Reclusão b) **SUMÁRIO:** Detenção	**CRITÉRIO:** Quantidade da pena em abstrato a) **ORDINÁRIO:** quando a pena privativa de liberdade for igual ou superior a quatro anos. b) **SUMÁRIO:** quando a pena privativa de liberdade, superior a dois anos, for inferior a quatro. c) **SUMARÍSSIMO:** para as infrações de menor potencial ofensivo, assim considerados os crimes cuja pena máxima não é superior a dois anos e todas as contravenções, independentemente da quantidade da pena.
PRINCÍPIOS:	**MISTO:** Resquícios do Sistema Misto. A sistemática inquisitiva alimentava, por exemplo, a idéia de que o processo criminal, ao contrário do civil, não possuía lide, e que o Ministério Público, a bem da verdade, não era parte. **AMPLA DEFESA:** a defesa propriamente dita do acusado só era manifestada nas razões finais, pois a defesa prévia era meramente facultativa, razão pela qual, de regra, era utilizada, apenas, para o arrolamento de testemunhas. O interrogatório era o primeiro ato da instrução do processo, realizado antes de qualquer manifestação de defesa.	**ACUSATÓRIO:** Desconstrução do sistema misto, com conseqüente sedimentação do sistema acusatório, com todos os seus corolários lógicos: o juiz é o garantidor do processo e o Ministério Público assume definitivamente o papel de *dominus litis* da ação penal de iniciativa pública. **AMPLA DEFESA:** Agora, após a citação, a defesa *efetiva* no início do processo é obrigatória. O interrogatório, com o novo procedimento, deixa de ser o primeiro ato da instrução do processo, e passa a ser considerado, propriamente, como exercício do direito de defesa, ou melhor, o *direito de audiência* do acusado com o juiz responsável pelo seu julgamento. Sendo assegurado e ressaltado o *direito ao silêncio*, de ter

	IDENTIDADE FÍSICA DO JUIZ: Não havia incidência deste princípio no processo penal.	*advogado presente* na audiência em que se dá o interrogatório, de *se entrevistar com o defensor* antes de prestar o depoimento e, ainda mais, de falar, apenas, após a produção de toda a prova.
		IDENTIDADE FÍSICA DO JUIZ O juiz que presidiu a instrução deverá proferir a sentença (art. 399, § 2°).
	ORALIDADE: Consignação em termo de audiência das respostas das vítimas, testemunhas e acusado por intermédio do juiz, que as ditava para o escrevente. Necessidade de transcrição dos depoimentos gravados em áudio.	**ORALIDADE:** A reforma dá um importante passo no sentido de eliminar a burocracia, na medida em que admite a documentação dos depoimentos por meio de gravação audiovisual, sem necessidade da degravação. O juiz não precisará, por meio de ditado, consignar no termo de audiência tudo aquilo que for respondido pela vítima, testemunha e/ou acusado. Indo mais além, o legislador eliminou o fracionamento da produção da prova oral, tendo como suporte as técnicas da concentração, da imediatidade e da economia dos atos processuais. Ao invés de uma audiência específica para os interrogatórios, outra para a inquirição das testemunhas arroladas pelo Ministério Público e mais outra para as testemunhas indicadas pela defesa, agora, em uma única audiência, todas essas pessoas devem ser ouvidas.
	DIREITO AO SILÊNCIO: No procedimento previsto para o tribunal do júri a ausência do acusado era causa de adiamento do julgamento. Da mesma forma em relação aos demais procedimentos.	**DIREITO AO SILÊNCIO:** Dentre as alterações introduzidas no procedimento previsto para os crimes julgados pelo tribunal do júri, eliminou-se a ausência do acusado como causa de adiamento do julgamento. Assim, para os julgamentos pelo tribunal do júri, o interrogatório passou a ser, expressamente, facultativo. Entretanto, a Lei n° 11.719/08, deixou de revogar o art. 260 do CPP, pelo que, em relação aos demais procedimentos, contraditoriamente, embora se trate o interrogatório de um direito, continuaria a ser ato obrigatório, mesmo quando, como estratégia de defesa, o melhor fosse o acusado não praticá-lo. Sendo, todavia, o direito ao silêncio decorrência lógica da magna cláusula da ampla defesa, o acusado é detentor do direito de não ser obrigado, forçadamente, a produzir prova contra si, preceito que contempla, igualmente, o direito de o acusado, como forma de estratégia de sua defesa, deixar de comparecer ao interrogatório.
	PROTEÇÃO AO OFENDIDO: Já havia previsão de ressarcimento pelo condenado do dano causado (art 91, inciso I).	**PROTEÇÃO AO OFENDIDO:** Maior proteção e assistência ao ofendido e satisfação de seus interesses, notadamente em relação à indenização pelos danos sofridos com a ação ilícita.
	DURAÇÃO RAZOÁVEL DO PROCESSO: Embora previsto constitucionalmente, este princípio não era privilegiado pelos procedimentos do CPP, que eram anteriores à Carta Magna, haja vista a ausência de previsão de concentração dos atos processuais.	**DURAÇÃO RAZOÁVEL DO PROCESSO:** O novo procedimento de forma simplificada e racional, o qual, mercê de outras modificações, como a inquirição pelo sistema do *cross examination* e a documentação dos atos processuais por meio de gravação audiovisual,

			viabiliza a condução do processo dentro de uma perspectiva real de duração razoável. A idéia de concentração e economia dos atos processuais, foi adotada na concepção do novo rito ordinário, simplificando, sobremaneira, a tramitação do processo.
RECEBIMENTO DA AÇÃO PENAL:		JUÍZO DE ADMISSIBILIDADE: Exame dos pressupostos processuais e condições da ação (art. 43).	JUÍZO DE ADMISSIBILIDADE: Exame dos pressupostos processuais e condições da ação (art. 395). OBS: Por medida de economia e celeridade processual, ainda na decisão de recebimento da ação penal, de acordo com a pauta de audiência e considerando o tempo médio gasto para o cumprimento de mandado, o prazo de dez dias para a resposta e, se for o caso, os cinco dias para o Ministério Público fazer a impugnação, o juiz deve designar, desde logo, a data para a realização da audiência de instrução e julgamento. Com essa providência, quando o acusado for citado, ele será intimado, igualmente, da data que está reservada para a realização da audiência de instrução e julgamento. Isso elimina a necessidade de ser dado outro despacho e, conseqüentemente, de ser cumprido mais um mandado de intimação pessoal por meio de oficial de justiça. A posterior intimação do advogado, de igual modo, será desnecessária, bastando a consignação expressa, no mandado entregue ao acusado, da data e hora da realização da audiência. Porém, nas varas com grande quantidade de processos, para melhor eficiência da pauta de audiências, o melhor é deixar para marcar a data da audiência na decisão a ser proferida após a resposta do acusado.
REJEIÇÃO LIMINAR:		O artigo 43 tratava, inadequadamente, das hipóteses de rejeição da ação penal. Ali era elencada como caso para a rejeição da denúncia, a circunstância de o *fato narrado evidentemente não constituir crime*, que se trata de questão de mérito, ao lado de situação referente à falta de condição da ação.	A rejeição liminar da ação penal, nos termos do art. 395 do CPP, com a redação da Lei nº 11.719/08, se dará quando: a) for "manifesta" a inépcia da petição inicial; b) faltar pressuposto processual ou condição para o exercício da ação penal; ou c) faltar justa causa para o exercício da ação penal. Afinado com a melhor processualística, o legislador cuidou das hipóteses de rejeição da ação penal no art. 395 do CPP e, em relação às questões de mérito que podem dar ensejo ao julgamento antecipado da lide, no art. 397 do CPP, como situações que conferem lastro à absolvição sumária, após o contraditório. Assim, todas as vezes que se tratar de matéria afeta a condição da ação ou pressuposto processual, o que pode ocorrer é a rejeição da ação penal, ao passo que, quando for a hipótese de questão de mérito que possibilita o julgamento antecipado da lide, de absolvição sumária.

CITAÇÃO:	FINALIDADE: Comparecimento em juízo para interrogatório.	FINALIDADE: Apresentação de resposta escrita.
	MEIOS:	MEIOS:
	I - Pessoal: a) por mandado; b) precatória, quando o réu se encontrava sob jurisdição de outro juiz.	I - Pessoal: c) por mandado; d) precatória, quando o réu se encontra sob jurisdição de outro juiz; e) por hora certa, quando o réu está se escondendo.
	II - Edital, quando o réu não era localizado.	II - Edital, quando o réu se encontre em local incerto e não sabido.
		Art. 363, *caput:* Estará completa a relação processual com a citação, ainda que feita por edital.
CITAÇÃO POR HORA CERTA:	Não havia essa previsão.	A Lei nº 11.719/08 introduziu no CPP o instituto da citação por hora certa, nas hipóteses em que o acusado se oculta para não ser citado. Essa previsão diminui a aplicação do art. 366 (suspensão do processo) pois, agora, quando não for caso de acusado foragido, mas que apenas se esconde para não ser citado, ao invés da expedição de edital, o juiz deverá determinar a citação por hora certa, preservando, assim, o andamento do processo, mesmo se ocorrer a revelia.
CITAÇÃO POR EDITAL:	HIPÓTESES:	HIPÓTESE:
	a) quando o réu se encontrava em local incerto e não sabido; b) nada obstante a existência de endereço certo, quando se verificasse que o acusado estava se ocultando para não ser citado (art. 362); c) quando inacessível, em virtude de epidemia, de guerra, ou por outro motivo de força maior, o lugar em que estivesse o acusado (art. 363, inciso I); d) quando incerta a pessoa que tivesse de ser citada (art. 363, inciso I); e) ainda que conhecida a residência do acusado, caso o crime fosse afiançável e o acusado se encontrasse no estrangeiro (art. 367). f) quando o acusado se ocultava para não ser citado.	quando se encontre em local incerto e não sabido. Em razão das modificações introduzidas pela Lei nº 11.719/08, esta é a única hipótese que subsiste para autorizar a citação por edital (art. 361).
SUSPENSÃO DO PROCESSO	Se a pena mínima prevista para o crime não fosse superior a um ano, havendo sinalização na ação penal nesse sentido, e sendo esta recebida, havia a citação do acusado para interrogatório, oportunidade em que seria tentada a solução consensuada do processo criminal. Em caso positivo haveria a suspensão processual por dois anos, mediante o cumprimento de determinadas condições	Se a pena mínima prevista para o crime não for superior a um ano, havendo sinalização na ação penal nesse sentido, e sendo esta recebida, dá-se a citação do acusado para comparecimento em "audiência preliminar", designada para tentativa de solução consensuada do processo. Em caso positivo, há a suspensão processual por dois anos, mediante o cumprimento de determinadas condições pelo acusado, cuja observância

	pelo acusado, cuja observância acarretaria a extinção da punibilidade do réu. Caso contrário, seria o réu interrogado.	acarretará a extinção da punibilidade do réu. Caso contrário, sairá o acusado intimado para apresentar resposta no prazo de 10 dias e todos os presentes cientes da data da audiência de instrução e julgamento.
RESPOSTA:	**DEFESA PRÉVIA**: Facultativa **CONTEÚDO**: Suscitação de preliminares e arrolamento das testemunhas de defesa. **PRAZO**: 3 dias após o interrogatório.	**RESPOSTA**: Obrigatória e Efetiva **CONTEÚDO**: Toda a matéria de defesa, não apenas em relação ao mérito, mas a preliminares, exceções, requerimento de justificações, especificação de provas, arrolamento de testemunhas e requerimento de diligências. **PRAZO**: 10 dias contados: a) citação por mandado: da citação (e não da juntada aos autos, art. 798, par. 5°, alínea "a"); b) citação por edital: do comparecimento pessoal do acusado ou do defensor constituído. Nesse prazo, além da defesa direta, devem ser apresentadas, igualmente, as exceções, tendo o legislador cuidado de ressaltar que estas deverão ser processadas em autos apartados. (art. 396-A, § 1°).
NOMEAÇÃO DE DEFENSOR DATIVO:	Não sendo apresentada a defesa prévia, como ela era facultativa, presumia-se que o acusado tinha preferido não se utilizar dessa oportunidade. Apenas quando o acusado era revel, e isso não acarretasse a suspensão do processo por força do art. 366 do CPP, é que o juiz nomeava, para fins de apresentação da defesa prévia, um defensor dativo.	Considerando que a resposta passou a ser obrigatória, após a alteração da lei 11.719/08, no caso de ausência de resposta, o juiz deverá intimar a defensoria pública ou nomear defensor para apresentá-la, mesmo que haja defensor constituído.
IMPUGNAÇÃO DAS PRELIMINARES E/OU DOCUMENTOS	A defesa prévia era peça facultativa, onde o advogado tinha a liberdade de deixar para apresentar seus argumentos e provas no momento das alegações finais. Não havia previsão de oportunidade para manifestação do Ministério Público acerca da defesa prévia, haja vista que não era este momento, comumente, utilizado para defesa efetiva do acusado, embora, quando isto ocorria e eram apresentadas preliminares e/ou documentos pudesse o magistrado abrir vista para manifestação do Ministério Público.	Anexados documentos com a resposta, ou suscitadas preliminares, deve o juiz determinar que o Ministério Público seja ouvido, antes de proferir a decisão. Aplica-se à espécie, por analogia, o art. 409, que estabelece, em relação ao procedimento do tribunal júri, que o Ministério Público deverá ser ouvido, no prazo de cinco dias, sobre preliminares e documentos. A circunstância de o dispositivo que expressamente dava essa determinação ter sido rejeitado pelo Congresso Nacional não é suficiente para a sustentação do entendimento de que essa oitiva da parte autora é impertinente.
DECISÃO INTERLOCUTÓRIA:	Não havia essa fase.	**NATUREZA**: Se a decisão é de desacolhimento da absolvição sumária, ela é *interlocutória mista*, pois, nesse caso, ela encerra a fase postulatória do processo, demarcando o início da instrução. Sendo a decisão de absolvição sumária, em qualquer uma das hipóteses elencadas no art.

		397, ela possui a natureza de definitiva, ou seja, é *sentença propriamente* dita, pois com ela se julga o mérito, ainda que mediante cognição abreviada. **CONTEÚDO:** Decisão fundamentada sobre preliminares suscitadas, o que poderá resultar em absolvição sumária, rejeição das preliminares e, até mesmo, ratificação ou retificação do recebimento da denúncia. **PRAZO:** 10 dias a contar da conclusão (art. 800, I, § 1°).
ABSOLVIÇÃO SUMÁRIA:	Não havia previsão para o rito ordinário e sumário.	Art. 397: I- existência manifesta de causa excludente da ilicitude do fato, II- existência manifesta de causa excludente da culpabilidade do agente, salvo inimputabilidade, III - circunstância de o fato narrado evidentemente não constituir crime, IV - extinção da punibilidade do agente. O artigo 415, referindo-se ao tribunal do júri acrescenta, ainda, duas hipóteses de absolvição sumária: I – provada a inexistência do fato; II – provado não ser ele autor ou partícipe do fato; Aqui, não vigora o princípio do *in dúbio pro reo*, mas sim o do *in dúbio pro societate*, de modo que, na dúvida, o juiz deve deixar para analisar essa questão no momento natural, que é quando do final do processo. Aqui se aplica a doutrina a respeito da absolvição sumária prevista para o procedimento do tribunal do júri. Por conseguinte, ela somente é admissível quando o juiz tiver certeza da inculpabilidade, da inimputabilidade ou de que, efetivamente, o fato imputado ao acusado não é crime.
NÚMERO DE AUDIÊNCIAS	03 audiências: a) interrogatório; b) testemunhas de acusação; c) testemunhas de defesa.	01 audiência de instrução e julgamento para a prática de diversos atos, na seguinte ordem: 1 - **Declaração do ofendido;** 2 – **Testemunhas de acusação;** 3 – **Testemunhas de defesa;** 4 – **Perito;** 5 – **Acareação;** 6 – **Reconhecimento de pessoas e coisas;** 7 – **Interrogatório do acusado;** 8 – **Requerimento de diligências;** 9 – **Alegações finais;** 10 – **Sentença.**

AUDIÊNCIA DE INSTRUÇÃO E JULGAMENTO	Não havia previsão de uma única audiência.	**PRINCÍPIO DA CONCENTRAÇÃO:** Audiência una, a fim de ouvir todas as pessoas, inclusive os esclarecimentos periciais. Se for o caso, a audiência una deve se estender por dias sucessivos, como a seção do júri. De regra, nenhum ato é adiado, salvo quando imprescindível a prova faltante, determinando o juiz a condução coercitiva de quem deva comparecer. A audiência também poderá ser adiada se o defensor não podendo comparecer, comprovar, até a abertura da audiência, o motivo justificado de seu impedimento (art. 265, § 1º e 2º).
PRAZO PARA AUDIÊNCIA:	Não havia prazo para designação de audiência. **PRAZO PARA ENCERRAMENTO DO PROCESSO:** Conforme a jurisprudência, 81 dias, no caso de réu preso.	60 dias da decisão interlocutória que analisa preliminares, designa audiência ou declara a absolvição sumária do réu. **PRAZO PARA ENCERRAMENTO DO PROCEDIMENTO ORDINÁRIO:** Entre 108 e 115 dias.
TESTEMUNHAS:	**NÚMERO:** Ordinário: 08 Sumário: 05 **ARROLAMENTO:** a) Acusação: na denúncia ou queixa. b) Defesa: defesa prévia. **INTIMAÇÃO:** realizada pelo Juiz. **INQUIRIÇÃO:** Sistema Presidencial. As perguntas são feitas pelo juiz. **ORDEM DE OITIVA:** 1º) Testemunhas de acusação; 2º) Testemunhas de defesa.	**NÚMERO:** Ordinário: 08 Sumário: 05 Sumaríssimo: 05 **ARROLAMENTO:** a) Acusação: na denúncia ou queixa. b) Defesa: na resposta. **INTIMAÇÃO:** REGRA: condução das testemunhas à audiência pelas partes. EXCEÇÃO: intimação pelo juiz, quando requerido pela parte, mediante justo motivo. **INQUIRIÇÃO:** A lei nº 11.690/08 adotou o sistema do *cross examination* para a inquirição das testemunhas, assim como esclareceu que, ao contrário de como se dava no sistema presidencial, adotado anteriormente pelo Código de Processo Penal, às próprias partes caberá fazer as perguntas por primeiro, devendo o juiz, apenas, complementá-las, se houver pontos a serem esclarecidos (art. 212, caput e parágrafo único).

		ORDEM DE OITIVA: 1º) Testemunhas de acusação; 2º) Testemunhas de defesa.
		EXCEÇÃO: Em duas situações o legislador previu a possibilidade de alteração da ordem: (a) se houver expedição de carta precatória para inquirição de testemunha arrolada pelo Ministério Público (art. 400); (b) no procedimento sumário, se, faltando uma das testemunhas arroladas pelo Ministério Público, comparecer uma ou mais das indicadas pela defesa. (art. 536). A primeira é regra geral, para todos os procedimentos, a outra, específica, apenas para os processos que seguem o rito sumário.
	REGISTRO: os depoimentos eram consignados em termo pelo escrevente que transcrevia o que era ditado pelo juiz. Se fossem colhidos em áudio era necessária a degravação.	**REGISTRO:** pode ser feito por gravação magnética, estenotipia ou técnica similar, inclusive audiovisual, sem necessidade, neste último caso, de degravação. O termo de audiência deve conter apenas breve resumo do ocorrido.
INTERROGATÓRIO:	**SISTEMA:** Presidencial.	**SISTEMA:** Presidencial. Embora a lei 11.690/08 tenha instituído o sistema do *cross examination* para oitiva das testemunhas, esse novo regramento não trouxe nenhuma alteração em relação ao interrogatório, afinal este sistema é próprio para o efetivo contraditório da prova, o que não é o caso do interrogatório, haja vista que este não é mais meio de prova, mas sim efetivo meio de defesa, de modo que o acusado não vai à audiência de instrução e julgamento para ser inquirido pelas partes.
	OPORTUNIDADE: Primeiro ato da instrução processual. Apresentada a ação penal, o acusado, ao invés de ser chamado para se defender por intermédio de advogado, era citado para, em dia e hora, comparecer em juízo, a fim de ser interrogado. O interrogatório era catalogado dentre as espécies de prova. Em rigor, a instrução do processo se iniciava quando o acusado, sequer, tinha se entrevistado com o seu advogado, até porque, não raro, nem mesmo ainda o tinha constituído. O art. 260, caput, conferia ao juiz o poder de determinar a condução à força do acusado a sua presença, a fim de que fosse realizado o seu interrogatório.	**OPORTUNIDADE:** O interrogatório, com o novo procedimento, deixa de ser o primeiro ato da instrução do processo, e passa a ser considerado, propriamente, como exercício do direito de defesa, ou melhor, o *direito de audiência* do acusado com o juiz responsável pelo seu julgamento. Sendo assegurado e ressaltado o *direito ao silêncio*, de ter *advogado presente* na audiência em que se dá o interrogatório, de *se entrevistar com o defensor* antes de prestar o depoimento e, ainda mais, de falar, apenas, após a produção de toda a prova. O interrogatório, agora, é substancialmente meio de defesa, mais especificamente forma de autodefesa que complementa a defesa técnica, daí a conclusão que se tira é de que o acusado tem o direito de, como estratégia de defesa traçada por seu advogado, abrir mão do *direito de audiência* e deixar de comparecer ao

		interrogatório. Nesse passo, o art. 260, caput, estaria revogado. Isso porque o direito ao silêncio compreende, igualmente, o direito de não prestá-lo, mesmo presente à audiência de instrução e julgamento.
ENCERRAMENTO DA AUDIÊNCIA SEM A PROLAÇÃO DA SENTENÇA:	A sentença em gabinete era a regra. Em audiência era a exceção.	**HIPÓTESES:** a) deferimento de diligência; b) complexidade da causa; ou c) número excessivo de acusados.
		Acrescente-se a estas hipóteses o caso de expedição de *carta precatória para interrogatório do acusado*. Por este motivo e tendo em vista que o interrogatório é instrumento de autodefesa, traduzindo-se, em verdade, no direito de audiência do acusado com o juiz responsável pelo seu julgamento, não há sentido em sua realização por meio de carta precatória.
		OBS: A expedição de *carta precatória para oitiva de testemunhas* não suspende o curso do processo e excepciona a ordem de inquirição prevista no artigo 400.
DILIGÊNCIAS:	Após as inquirições das testemunhas, as partes, sucessivamente, primeiro o Ministério Público, no prazo de 24 horas podiam requerer diligências, cuja necessidade ou conveniência se originasse de circunstâncias ou de fatos apurados na instrução.	Após a produção da prova, podem as partes, em audiência, requerer diligências, as quais devem ser imprescindíveis e originadas de circunstâncias ou fatos surgidos na instrução (art. 402). Podem, ainda, ser as diligências determinadas pelo juiz, de ofício.
ALEGAÇÕES FINAIS:	no prazo de cinco dias	**REGRA:** em audiência. Prazo 20 minutos prorrogáveis por mais 10. **EXCEÇÃO:** Por meio de memoriais: a) diante da complexidade da causa; b) grande número de réus; c) deferido pedido de diligências. Prazo de 05 dias sucessivos.
MUTATIO LIBELLI:	Nos termos da redação originária do art. 384, *caput* e parágrafo único, quando a nova definição não importava em aplicação de pena mais grave, não havia, sequer, necessidade de aditamento da peça acusatória.	A nova redação emprestada por meio da Lei nº 11.719/08, ao art. 384, *caput*, escoimou a anomalia existente na previsão anterior, que representava clara ofensa ao princípio acusatório. Desse modo, ainda que não seja o caso de aplicação de pena mais grave, sendo cabível, em consequência de prova existente nos autos de elemento ou circunstância da infração penal não contida na acusação, nova

		definição jurídica do fato, terá de haver, no prazo de cinco dias, o aditamento por parte do Ministério Público. Assim, pouco importa se o crime em razão da *mutatio libelli* é, ou não, mais grave do que o que conta da ação penal: terá de haver o aditamento, em homenagem ao princípio acusatório.
		PRAZO: O *caput* do art. 384 prevê que *encerrada a instrução*, o Ministério Público, se for o caso, deverá aditar a denúncia, no prazo de *cinco dias*. Todavia, como de regra as razões finais devem ser apresentadas em audiência, para fazer o aditamento, o Ministério Público terá de, ao ser encerrada a instrução probatória, ainda na audiência, pedir vista dos autos, a fim de fazer a *mutatio libelli*. A não ser que, sendo hipótese em que as alegações finais vão ser feitas por memoriais, no prazo estabelecido para tal finalidade, que também é o mesmo, concomitantemente, seja feito o aditamento.
SENTENÇA:	no prazo de cinco dias	Em audiência. **EXCEÇÃO:** No gabinete: nos casos em que as razões finais são apresentadas em memoriais. Prazo: 10 dias.
EMENDATIO LIBELLI	Art. 383: "O juiz poderá dar ao fato definição jurídica diversa da que constar da queixa ou da denúncia, ainda que, em consequência, tenha de aplicar pena mais grave."	Com melhor técnica redacional, a Lei 11.719/08 modificou o texto normativo, alterando o *caput* do art. 383: "O juiz, sem modificar a descrição do fato contida na denúncia ou queixa, poderá atribuir-lhe definição jurídica diversa, ainda que, em consequência, tenha de aplicar pena mais grave." Seguindo a orientação da Súmula 337 do Superior Tribunal de Justiça, o § 1º esclareceu que "Se, em consequência de definição jurídica diversa, houver possibilidade de proposta de suspensão condicional do processo, o juiz procederá de acordo com o disposto na lei." No § 2º, restou assentado que "Tratando-se de infração da competência de outro juízo, a este serão encaminhados os autos."
SENTENÇA CONDENATÓRIA:	**CONTEÚDO:** Art. 387: I – mencionará as circunstâncias agravantes ou atenuantes definidas no Código Penal, e cuja existência reconhecer; II - mencionará as outras circunstâncias apuradas e tudo o mais que deva ser levado em conta na aplicação da pena, de acordo com o disposto nos arts. 42 e 43 do Código Penal;	**CONTEÚDO:** Art. 387: I - mencionará as circunstâncias agravantes ou atenuantes definidas no Código Penal, e cuja existência reconhecer; II - mencionará as outras circunstâncias apuradas e tudo o mais que deva ser levado em conta na aplicação da pena, de acordo com o disposto nos *arts. 59 e 60 do Decreto-Lei nº 2.848, de 7 de dezembro de 1940 – Código Penal*;

	III - aplicará as penas de acordo com essas conclusões, fixando a quantidade das principais e, se for o caso, a duração das acessórias; IV – declarar, se presente, a periculosidade real e imporá as medidas de segurança, ao disposto no Título XI deste Livro; V - atenderá, quanto à aplicação provisória de interdições de direitos e medidas de segurança, ao disposto no Título XI deste Livro; VI - determinará se a sentença deverá ser publicada na íntegra ou em resumo e designará o jornal em que será feita a publicação (art. 73, §, do Código Penal).	III - aplicará as penas de acordo com essas conclusões; IV - *fixará valor mínimo opara reparação dos danos causados pela infração, considerando os prejuízos sofridos pelo ofendido;* V - atenderá, quanto à aplicação provisória de interdições de direitos e medidas de segurança, ao disposto no Título XI deste Livro; VI - determinará se a sentença deverá ser publicada na íntegra ou em resumo e designará o jornal em que será feita a publicação (art. 73, §, do Código Penal). *Parágrafo único. O juiz decidirá, fundamentadamente, sobre a manutenção ou, se for o caso, imposição de prisão preventiva ou de outra medida cautelar, sem prejuízo do conhecimento da apelação que vier a ser interposta.*
INDENIZAÇÃO POR DANOS:	Art. 63: "Transitada em julgado a sentença condenatória, poderão promover-lhe a execução no juízo cível, para o efeito da reparação do dano, o ofendido, seu representante legal ou seus herdeiros." Art. 91, inciso I, CP: "A sentença condenatória torna certa a obrigação do condenado quanto a indenizar o dano causado."	Art. 387, inciso IV: "Na sentença condenatória deverá constar a fixação de valor mínimo para a reparação dos danos causados pela infração, considerando os prejuízos sofridos pelo ofendido." **OBS:** Essa norma é meramente processual, sem nenhum conteúdo de ordem material, sequer de natureza cível. Isso porque a condenação quanto ao ressarcimento dos danos já era efeito da sentença penal condenatória, ademais de ser previsto no Código Civil. O que não havia era exigência, na qualidade de requisito necessário, de que, desde logo, parte dessa condenação cível da sentença criminal fosse líquida. Não há, assim, nenhum empecilho para que, mesmo quanto aos crimes praticados antes da vigência da Lei nº 11.719/08, a sentença criminal, quando condenatória, fixe o valor mínimo para o ressarcimento dos danos. Aliás, longe de ser vedado, o juiz, diante da nova lei, tem de estabelecer esse valor mínimo. Não há exigência no sentido de que o Ministério Público, na denúncia, estipule o valor da condenação cível mínima. Conquanto isso seja recomendável, mesmo diante da omissão do *Parquet*, o juiz pode, e deve, em consonância com os elementos contidos nos autos, fixar a quantia. Isso porque a pretensão acusatória esboçada com o ajuizamento da denúncia abrange, igualmente, a condenação em quantia líquida, pelo menos em seu valor mínimo, dos eventuais prejuízos decorrentes da ação ilícita.
SENTENÇA ABSOLUTÓRIA:	**REQUISITOS:** Art. 386 I - estar provada a inexistência do fato; II - não haver prova da existência do fato; III - não constituir o fato infração penal; IV - não existir provas de ter o réu concorrido para a infração penal;	**REQUISITOS:** Art. 386 I - estar provada a inexistência do fato; II - não haver prova da existência do fato; III - não constituir o fato infração penal; IV – *estar provado que o réu não concorreu para a infração penal;*

	V – existir circunstância que exclua o crime ou isente o réu de pena (arts. 17, 18, 19, 22 e 27, § 1º, do Código Penal); VI – não existir prova suficiente para a condenação.	V - não existir provas de ter o réu concorrido para a infração penal; VI – *existirem* circunstâncias que excluam o crime ou isentem o réu de pena *(arts. 20, 21, 22, 23, 26, e § 1º do art. 28 do Código Penal), ou mesmo houver fundada dúvida sobre sua existência*; VII – não existir prova suficiente para a condenação. Acrescente-se, por analogia, a esse rol o inciso V, do art. 397, que prevê como hipótese de absolvição sumária a extinção da punibilidade.
PRISÃO PREVENTIVA EM RAZÃO DE SENTENÇA CONDENATÓRIA:	Na redação originária do CPP, a sentença condenatória, salvo quando se tratava de crime afiançável, tinha o condão de determinar, compulsoriamente, o recolhimento do acusado à prisão. Em razão da promulgação da Constituição de 1988 houve acirrada discussão quanto à persistência da prisão que era insculpida no art. 594 do Código de Processo Penal. Contudo, tanto o Superior Tribunal de Justiça quanto o Supremo Tribunal Federal dirimiram a dúvida suscitada a respeito desse tema, mediante diversos pronunciamentos asseverando que essa medida não conflitava com o princípio constitucional da presunção de não culpabilidade, tendo o Superior Tribunal de Justiça, inclusive, editado a Súmula nº 9, para dizer, com todas as letras, que "A exigência de prisão provisória, para apelar, não ofende a garantia constitucional da presunção de inocência." Essa espécie de prisão possuía requisitos específicos em nada parecidos com os reclamados seja para a prisão preventiva, seja para a temporária, uma vez que a decretação da *prisão cautelar*, nesse caso, tinha a sua necessidade fundamentada na circunstância de o acusado *ser reincidente* ou *possuir maus antecedentes* (Art. 594).	A Lei nº 11.719/08, ao acrescentar um parágrafo único ao art. 363, esclareceu que, com a prolação da sentença, o juiz deverá, fundamentadamente, dizer se é o caso de imposição de prisão preventiva *ou de outra medida cautelar*. Para deixar bem clara a sua intenção, o legislador, com a mesma lei, expressamente, revogou o art. 594. Assim, caso o juiz queira, com a sentença condenatória, passível de recurso, decretar a prisão do acusado, ele terá de fundamentá-la em uma das hipóteses do art. 312. O parágrafo único do art. 387 deixa claro, ainda, que, mesmo no caso de mera manutenção de prisão preventiva, ainda assim, o juiz terá de fazer a necessária fundamentação. Ou seja, se quando da prolação da sentença o acusado estiver preso, o juiz, em caso de condenação, terá de fundamentar a necessidade de sua manutenção.

PROVAS
(Lei 11.690/08)

PRINCÍPIOS

ÔNUS DA PROVA:	Com a edição da Lei 11.690/08, o art. 156 passou a ter a seguinte redação: A prova da alegação incumbirá a quem a fizer, sendo, porém, facultado ao juiz de ofício: I – ordenar, mesmo antes de iniciada a ação penal, a produção antecipada de provas consideradas urgentes e relevantes, observando a necessidade, adequação e proporcionalidade da medida; II – determinar, no curso da instrução, ou antes de proferir sentença, a realização de diligências para dirimir dúvida sobre ponto relevante. A crítica feita à reforma por ter realçado, com a nova redação emprestada esse dispositivo, o impulso oficial, ao argumento de que ele se contrapõe a um processo arquitetado sob o modelo acusatório, procede apenas em parte. A regra ali contida, em certa medida, é o equilíbrio necessário entre os princípios acusatório e da verdade material, de modo que não implica em

	dizer que o juiz deve, sempre, se substituir às partes. Isso deve ocorrer, apenas, excepcionalmente, e ademais de se reputar necessária e relevante a diligência. Não se mostra razoável, porém, determinar-se que, antes de iniciado o processo, o juiz possa, de ofício, determinar a produção antecipada de provas. Nessa fase, em que não há, ainda, processo, somente deveria ser permitida a intervenção judicial mediante requerimento de quem tem a legitimidade para ajuizar a ação penal. Até porque, pode ser que não seja do interesse do autor da ação.
CONTRADITÓRIO DA PROVA:	Pelo princípio do contraditório da prova, a parte contrária tem o direito de se manifestar sobre tudo aquilo que for produzido pela outra. Para tanto, ela tem de possuir a oportunidade para se pronunciar a respeito. Com a adoção do *cross examination*, esse princípio sai prestigiado com a reforma, pois as partes, agora, poderão, diretamente, fazer as perguntas às testemunhas arroladas pela outra. Na redação originária do Código de Processo Penal, tendo em conta o sistema misto adotado, as inquirições das testemunha seguiam o sistema presidencial, em que as partes faziam as suas perguntas por intermédio do juiz, que as reperguntava. Agora, o art. 212, *caput*, primeira parte, com a redação determinada pela Lei nº 11.690/08 - "As perguntas serão formuladas pelas apartes diretamente à testemunha..." -, cabe ao juiz, apenas, a direção da audiência, no sentido de não admitir as perguntas "... que puderem induzir a resposta, não tiverem relação com a causa ou importarem na repetição de outra já respondida."
COMUNHÃO DA PROVA:	A prova, a despeito da parte que a tenha indicado, arrolado ou produzido, pertence ao processo, de modo que pode ser utilizada por qualquer um dos sujeitos do processo. É importante ressaltar que o princípio da comunhão da prova não quer dizer que a desistência da produção de uma prova ou da ouvida de testemunha, por uma parte, só possa ser deferida pelo juiz se houver a concordância da outra. O que se quer dizer é que a decisão a respeito tem de passar pelo contraditório, ou seja, à outra parte deve ser oferecida a oportunidade para se manifestar.
LIVRE CONVENCIMENTO MOTIVADO:	Na redação originária do CPP, o princípio da livre apreciação das provas pelo juiz estava encartado no art. 157 ("O juiz formará a sua convicção pela livre apreciação da prova"). Com a modificação introduzida pela Lei nº 11.690/08, essa cláusula passou a ter abrigo no art. 155, caput, com a seguinte redação: "O juiz formará sua convicção pela livre apreciação da prova produzida em contraditório judicial, não podendo fundamentar sua decisão exclusivamente nos elementos informativos colhidos na investigação, ressalvadas as provas cautelares, não repetíveis e antecipadas." A redação do princípio ficou mais técnica e de acordo com a jurisprudência do Supremo Tribunal Federal. O inquérito policial não só coleta provas (documentos, objetos etc.), como produz provas irrepetíveis, como é o caso da perícia, as quais devem ser conhecidas como tal, pelo magistrado. Por outro lado, consoante precedentes reiterados do STF, ao juiz não é vedado levar em consideração, para fins de sentença condenatória, os elementos informativos colhidos na fase do inquérito. O que ele não pode é fazer a fundamentação, exclusivamente, com base nesses elementos.
LIBERDADE DA PROVA:	No processo penal, em razão do princípio da verdade real, assim como do interesse público na resolução do conflito, exclui-se qualquer restrição ao uso dos meios probatórios, excetuando-se apenas a previsão do parágrafo único do art. 155: "No juízo penal, somente quanto ao estado das pessoas, serão observas as restrições à prova estabelecidas na lei civil".
	**INADMISSIBILIDADE DAS PROVAS OBTIDAS POR MEIOS ILÍCITOS** **(Teoria da *exclusionary rule*)**
CORRENTES:	1) a independência entre o direito processual e o material faz com que o ato de captação da prova, embora censurável até criminalmente, não contamine a prova produzida; 2) a invalidade da prova obtida ilicitamente, tendo em conta a unidade do ordenamento jurídico, tese mais radical da *exclusionary rule*; 3) a prova ilícita só não produz efeito quando viola norma constitucional ou regra legal, ainda assim, deve ter-se em conta as exceções às *exclusionary rules*, tese mais flexível da teoria da

	inadmissibilidade das provas obtidas por meio ilícito. Esta última é a corrente mais aceita ultimamente, assim no Direito Comparado como no nacional, mercê da jurisprudência firmada pelo Supremo Tribunal Federal e, agora, diante da redação dada ao art. 157 do Código de Processo Penal pela Lei nº 11.690/08. A par da construção jurisprudencial desenvolvida pelo Supremo Tribunal Federal, a Lei nº 11.690/08, se ocupou do assunto, a fim de dar um norte seguro na aplicação da sanção com a invalidade, em relação à prova obtida por meio ilícito. Além de dizer, no caput, quais são as espécies de normas violadas que ensejam a declaração de invalidade, tratou, ainda, de estabelecer exceções à aplicação do princípio dos *fruits of the poisoned tree* (frutos da árvore envenenada), assim como o destino a ser dado a essas provas.
CORRENTE ADOTADA PELO CPP:	O art. 157, caput, com a redação determinada pela Lei 11.690/08, consigna a seguinte redação: "São inadmissíveis, devendo ser desentranhadas do processo, as provas ilícitas, assim entendidas as obtidas em violação a normas constitucionais ou legais." Foi acolhida a tese da terceira corrente, segundo a qual prova ilícita tanto é aquela produzida com violação às *normas constitucionais* como às *normas legais*. Parecendo mesmo ser esta a posição mais adequada. Até porque, ainda que se entenda que o preceito do inciso LVI do art. 5º da Constituição é direcionado à proteção dos direitos fundamentais, em compasso com a teoria geral dessa categoria de direitos essenciais, ele deve ser entendido como uma garantia mínima, pelo que, embora não possa o legislador infraconstitucional suprimi-lo ou, salvo previsão normativa, diminuir o seu alcance, pode alargar o seu conteúdo.

REGRAS DE EXCLUSÃO ADOTADAS PELO CPP

O Supremo Tribunal Federal acolhe, em nosso meio, a regra de exclusão de ilicitude da prova derivada consubstanciada nas teorias da *ausência do nexo de causalidade*, *fonte independente* (*independent source*) e, em certa medida, do *descobrimento inevitável* (*inevitable discovery*), hauridas da jurisprudência da Suprema Corte Americana.

Essa posição jurisprudencial foi acolhida pelo legislador, por meio da Lei nº 11.690/08, ao alterar o art. 157 do CPP e, com o enxerto do § 1º, definir que "São também inadmissíveis as provas derivadas das ilícitas, salvo quando não evidenciado o nexo de causalidade entre umas e outras, ou quando as derivadas puderem ser obtidas por uma fonte independente das primeiras." Indo mais além, o legislador cuidou de considerar fonte independente "... aquela que por si só, seguindo os trâmites típicos e de praxe, próprios da investigação ou instrução criminal, seria capaz de conduzir ao fato objeto da prova." (§ 2º). Ao dar a definição de fonte independente, em verdade, o legislador tratou da teoria da descoberta inevitável.

Isso não quer dizer, porém, que outras exceções às *exclusionary rules* não possam ser invocadas. O que se tem é que, expressamente, o legislador infraconstitucional, em rigor, adotou três regras oriundas da jurisprudência americana:

1) falta de nexo de causalidade entre a prova originária ilícita e a derivada;
2) fonte independente da prova derivada;
3) descoberta inevitável da prova derivada.

FALTA DE NEXO DE CAUSALIDADE:	O legislador brasileiro, com a redação do § 1º do art. 157 do CPP, admitiu a validade da prova derivada das ilícitas, se e quando ".. não evidenciado o nexo de causalidade entre umas e outras". Como se vê, expressamente, o sistema jurídico brasileiro passou a aceitar a prova derivada como lícita quando ela não tiver *nexo de causalidade* decorrente da ilícita, ou seja, quando ela não depender *exclusivamente* desta, tese essa consagrada na jurisprudência do Supremo Tribunal Federal. Essa cláusula de exclusão da sanção de inadmissibilidade da prova derivada tem sido sufragada pelo Supremo Tribunal Federal de há muito tempo. Em verdade, a Excelsa Corte brasileira, a par de ter acolhido a teoria dos frutos da árvore envenenada, contemporizou os efeitos dela, na medida em que começou a defender que a prova por derivação apenas se tem por inválida quando o seu aparecimento depender *exclusivamente* da prova ilícita. Essa teoria se aproxima, e muito, à da *fonte independente*, daí por que, não raro, com ela chega a se confundir. Até porque, existente a fonte independente, quebra-se o nexo de causalidade.
FONTE INDEPENDENTE DA PROVA DERIVADA: (*independent source*)	A tese defendida pelo Supremo Tribunal Federal é no sentido de que a prova, mesmo derivada de outra que é considerada ineficaz por ter sido obtida por meio ilícito, não deve ser

	considerada contaminada pelo vício, na medida em que ela tem existência própria, independente da prova colhida de forma ilícita.
	Com a edição da Lei n° 11.690/08, essa jurisprudência do STF, seguida pelo STJ, foi transformada em lei, pois, nos termos do art. 157, § 1°, do CPP, a prova derivada não é considerada inadmissível, quando ela tiver origem em *fonte independente*. Note-se que a definição de fonte independente, encartada no § 2° do art. 157 do CPP, não se coaduna propriamente com a explicação dada a essa teoria quer pela jurisprudência, quer pela doutrina.
DESCOBRIMENTO INEVITÁVEL DA PROVA DERIVADA: (*inevitable discovery*)	A cláusula do *inevitable discovery*, aplicada sob o argumento de que se deve ter como admissível a prova obtida de forma ilícita quando ela não é *determinante* para a condenação, possuindo, assim, apenas uma força subsidiária, é extremamente perigosa, o que não dizer alargá-la para afirmar que a exceção à *exclusionary rule* deve ocorrer sempre que se verificar a existência de outras provas que autorizam a condenação. Se assim for, praticamente não se aplicará a tese da *inadmissibilidade das provas obtidas por meio ilícito*, pois, dificilmente, em um processo, há apenas as provas que foram angariadas ilicitamente, na medida em que o conjunto probatório, em seu todo, além delas, compreende as que são colhidas de forma lícita.

De qualquer sorte, o legislador, ao definir o que seria fonte independente, findou tratando de hipótese que mais se assemelha à *inevitable discovery*: "... aquela que por si só, seguindo os trâmites típicos e de praxe, próprios da investigação ou instrução criminal, seria capaz de conduzir ao fato objeto da prova." (art. 157, § 2°, do CPP). |

OUTRAS REGRAS DE EXCLUSÃO

As regras de exclusão acima, expressamente agora acolhidas no Código de Processo Penal por força da nova redação emprestada ao art. 157 pela Lei n° 11.690, de 2008, são fruto da construção jurisprudencial da Suprema Corte norte-americana que, depois de adotar a teoria dos *fruits poisoned tree*, passou a tergiversar sobre o tema.

Em detalhado estudo do Direito Comparado, MAXIMILIANO HAIRBEDIÁN identifica doze exceções às *exclusionary rules*, as quais mitigam sobremaneira a teoria dos *fruits of the poisoned tree*:
1) a fonte independente;
2) o descobrimento inevitável;
3) a boa-fé (*good faith*);
4) a doutrina do *purged taint* ou dos vícios sanados;
5) a prova benéfica em prol do acusado;
6) o princípio da proporcionalidade ou *balancing test*;
7) a destruição da mentira do imputado;
8) a teoria do risco;
9) a *plain view doctrine* e os campos abertos;
10) a renúncia do interessado;
11) a infração constitucional alheia; e
12) a infração constitucional por pessoas que não fazem parte do órgão policial.

Algumas delas, sem embargo de não terem sido contempladas na Lei n° 11.690/08, são plenamente aplicáveis em nosso sistema. Não se era de esperar que o legislador contemplasse todas as regras conhecidas de exceção às *exclusionary rules*, até pela dificuldade de traduzir normativamente, nessa seara, o pensamento jurisprudencial e doutrinário. A melhor postura foi a do legislador, que se contentou em anunciar aquelas teorias que são mais evidentes, deixando, o mais, para a jurisprudência e a doutrina, especialmente a primeira, na aplicação aos casos concretos das circunstâncias que devem preponderar para excluir a contaminação da prova derivada.

| **PROVA BENÉFICA EM PROL DO ACUSADO:** | A doutrina de alguns países tem adotado a tese de que a prova produzida de forma ilícita há de ser considerada eficaz, quando ela é utilizada em prol do acusado. A forma como estão dispostos e disciplinados, na Constituição de 1988, os princípios da ampla defesa e da inadmissibilidade das provas obtidas por meios ilícitos, reforça a aplicação dessa tese em nosso meio.

Com efeito, no inciso LV do art. 5° da Constituição está previsto o princípio da ampla defesa que, em relação ao processo criminal, diz respeito apenas à defesa. A limitação mais evidente do direito de provar em relação ao autor no processo criminal está exposta justamente no inciso seguinte, pois lá está dito que "são inadmissíveis, no processo, as provas obtidas por meios ilícitos" (LVI do art. 5° da Constituição). A análise conjunta de ambos os incisos leva à conclusão de que os seus comandos normativos, dentro da idéia de que os direitos fundamentais, no âmbito do processo criminal, expressam limitações ao dever-poder de punir do Estado, estão direcionados para regrar a atuação do Ministério Público, pois tanto a *ampla* |
|---|---|

	defesa do acusado quanto à *inadmissibilidade das provas ilícitas* estão catalogadas dentre os direitos fundamentais como medidas de proteção contra o direito de punir.
	O que não se admite é que o juiz condene alguém tendo como base uma prova produzida ilicitamente. Contudo, quando serve para inculpar, ou seja, para absolver o acusado, nada impede que o juiz, em seu pronunciamento, dela faça uso.
	Não se tem conhecimento de precedente do Supremo Tribunal Federal acolhendo diretamente essa tese. Mas após o caso *Magri*, o Supremo Tribunal Federal passou a entender que, embora a prova obtida por meio de gravação clandestina seja considerada, em tese, ilícita, uma vez que afronta o direito à intimidade, ela é válida quando feita como forma de defesa.
PRINCÍPIO DA PROPORCIONALIDADE: *(balancing test)*	A Suprema Corte americana também agasalhou a cláusula de exceção à regra da *exclusionary rule* identificada como *balancing test*, que corresponde à versão adaptada do *princípio da proporcionalidade*, originado do sistema jurídico alemão. Para flexibilizar a rigidez da *exclusionary rule*, tem-se aceitado que o juiz, em cada caso concreto, faça a ponderação de valores assegurados pela Constituição, tendo em consideração a *intensidade e quantidade da violação ao direito fundamental* e o dano que poderá advir caso a prova não seja admitida.
	Quanto ao tema da inadmissibilidade das provas obtidas por meios ilícitos, que, na dogmática alemã, segue o regime das *Beweisverbote*, o Tribunal Constitucional Federal do referido país adota, em sua linha argumentativa, duas vertentes, pondo, de um lado, o *paradigma da preservação dos direitos da personalidade* (direitos fundamentais) e, do outro, recorre ao *princípio da proporcionalidade*, a fim de fazer a *ponderação de interesses* e, com isso, conceber a legitimação da prova, sacrificando, assim, na hipótese, o bem jurídico do acusado. A proibição da valoração da prova adquirida de forma ilícita, sob a batuta do princípio da proporcionalidade, deve ser o resultado de apreciação judicial que tem de levar em consideração (1) o interesse concreto da persecução criminal, (2) a gravidade da lesão à norma, (3) o bem jurídico tutelado pela norma constitucional violada e (4) a carência de tutela do interesse lesado
	O Supremo Tribunal Federal, no julgamento do HC 80949/RJ, admitiu que cabe ao juiz, mesmo que remotamente, aplicar a teoria da proporcionalidade e, assim, dar validade à prova que, em princípio, devido à ilicitude de sua obtenção, não tem validade, desde que a inobservância da regra formal que alberga direito fundamental tenha sido cometida *em caso extremo de necessidade inadiável e incontornável*.
BOA-FÉ: *(good faith)*	No sistema americano, ainda se afasta a aplicação das *exclusionary rules* tendo como suporte a boa-fé (*good faith*) dos agentes incumbidos de realizar os atos investigatórios. Esse tema é extremamente delicado, visto que trata de situação em que o agente, em razão de *erro de fato*, finda malferindo, com o seu agir, um direito fundamental; todavia, em virtude de sua boa-fé, tem-se por afastada a ilegalidade.
	De acordo com a Lei nº 9.292/96, a interceptação telefônica somente é admissível em se tratando de crime punido com reclusão. Ainda assim, dada a autorização judicial para o monitoramente em razão do crime punido com reclusão, na eventualidade de haver crime de detenção conexo, o Supremo Tribunal Federal entende que os elementos de prova em relação a este também são válidos. Aqui pode-se invocar a boa-fé, uma vez que se colheu prova relativa a crime que não admite a interceptação telefônica sem que houvesse a intenção de burlar a vedação legal.
PLAIN VIE DOCTRINE E OS CAMPOS ABERTOS:	A *plain view doctrine* (doutrina da visão aberta), outra regra de exclusão da teoria dos frutos da árvore envenenada, reporta-se, especificamente, às buscas e apreensões realizadas em local protegido pela cláusula constitucional que veda a invasão do domicílio sem ordem judicial.
	Extremamente assemelhada à cláusula de exceção da *plain view doctrine* é a dos *campos abertos*. Esta também foi construída no Direito judicial americano, a fim de dar validade à busca e apreensão de drogas que, muito embora feita em propriedade privada, ocorre em local ao ar livre.
	No nosso ordenamento jurídico, especialmente em se tratando de substâncias entorpecentes, não há necessidade de recorrer-se a essa teoria, pois, nessa situação, como já se disse, por se tratar de flagrante delito, não seria de mister a exigência de prévia autorização judicial. O assunto pode despertar interesse quando, não se tratando de droga, o objeto ou documento esteja à vista, em um terreno baldio, não habitado. Essa cláusula pode ser invocada, ainda, como justificativa para a legalidade das gravações clandestinas feitas em vias públicas, muito embora essa hipótese

	esteja mais ligada ao que expõe a teoria do risco, que se apresenta, igualmente, como cláusula de exclusão da ilicitude da prova
DESTRUIÇÃO DA MENTIRA DO ACUSADO:	Essa doutrina se aplica nos casos em que a prova obtida sem a observância das formalidades estabelecidas e, por isso mesmo, ilícita, não é utilizada para provar a culpabilidade do acusado, mas sim para demonstrar que o autor do fato criminoso está mentindo. Não se tem conhecimento de precedente do Supremo Tribunal Federal ou do Superior Tribunal de Justiça a respeito do tema. De toda sorte, a teoria merece ser olhada com atenção, porque os termos como ela vem sendo aceita pela jurisprudência da Suprema Corte americana estão contidos em níveis extremamente aceitáveis. Poderia ser aplicada, por exemplo, nas gravações clandestinas que, quando são feitas para fins investigatórios, não estritamente como forma de defesa, são consideradas, inadmissíveis. Se viesse a ser adotada essa tese, as gravações clandestinas, notadamente as que são feitas pelos órgãos de imprensa, passariam a ter alguma serventia para a apuração de ilícitos. A adoção dessa teoria, porém, é uma decisão que contém forte componente de ordem política, pois a eventual acolhida a esse pensamento pode fomentar, ainda mais, esse procedimento indevido da imprensa
TEORIA DO RISCO:	Com ela se procura dar sustentação à validade de prova obtida mediante malfeição ao direito à intimidade, com a utilização de escutas telefônicas, filmagens e fotografias clandestinas. Essa doutrina parte da premissa de que quem faz a confissão ou revelações espontâneas de um delito a outrem, a qual não tem o dever legal de não contar o segredo, assume o risco de que o assunto esteja sendo registrado, sendo irrelevante a circunstância de um dos interlocutores não ter conhecimento concreto de que, no momento, estão sendo tiradas fotografias, procedidas escutas ou filmagens etc. O Supremo Tribunal Federal estabeleceu a seguinte posição, a respeito da gravação clandestina: (a) viola o direito à intimidade, de modo que é inadmissível, quando realizada na qualidade de diligência investigatória; (b) porém, é admissível, desde que a gravação, feita por um dos interlocutores ou por alguém com o seu consentimento, como forma de defesa (STF, RE 212081/RO, Primeira Turma, Relator Ministro Octavio Galloti). Em apertada síntese, podem-se fazer as seguintes conclusões: (1) a gravação clandestina, mesmo feita por um dos interlocutores ou com o seu consentimento, é ilegal, sendo excluída a sua ilicitude, porém, quando feita como forma de defesa; (2) a gravação clandestina, realizada para fins investigatórios, seja ela feita por agente de polícia, por jornalista ou por qualquer pessoa, somente é lícita caso haja autorização judicial, nos termos do art. 2º, IV, da Lei nº 9.034, de 1995; (3) a gravação de imagens e sons feita por câmeras de vigilância não se confunde com *gravação clandestina*, daí por que tem validade independentemente de autorização judicial; (4) a gravação de imagens e sons feita na via pública por jornalistas, cinegrafistas profissionais ou amadores ou por qualquer pessoa, quando realizada ao flagrar um ilícito, tem plena validade, pois, nesse caso, desde que levada a efeito sem a finalidade de investigar um caso específico. Portanto, embora a doutrina do risco não seja, em sua inteireza, chancelada pelo Supremo, pode ser invocada em relação às filmagens que são feitas como forma de segurança, e não de investigação, como são os casos das câmeras instaladas em estabelecimentos bancários, supermercados e outros locais, até mesmo em casas residenciais ou quando, fortuitamente, um cinegrafista amador ou profissional flagra alguém na prática de crime em via pública.
IMPEDIMENTO DO JUIZ PELO CONTATO COM A PROVA ILÍCITA	
INUTILIZAÇÃO DA PROVA POR DECISÃO JUDICIAL (MOMENTO DA DECISÃO):	Esse dispositivo foi previsto para o § 3º do art. 157 tendo como premissa a circunstância do impedimento do juiz que tivesse contato com a prova ilícita, disciplinado no § 4º do mesmo dispositivo. Isso porque, proferida a decisão interlocutória de inadmissibilidade da prova, o juiz, para não tornar impedido aquele que iria substituí-lo em decorrência de seu impedimento, teria que determinar o seu desentranhamento dos autos. Tendo sido vetado o § 4º, essa determinação de inutilização, por decisão judicial, da prova declarada inadmissível, perdeu o seu sentido.
PERDA DA COMPETÊNCIA	O Congresso nacional, ao aprovar a Lei nº 11.690/08, estabeleceu que "O juiz que conhecer do

SUBJETIVA PARA O JULGAMENTO DO PROCESSO:	conteúdo da prova declarada inadmissível não poderá proferir a sentença ou acórdão." (art. 157, § 4º). O Presidente da República, no entanto, vetou o dispositivo.

PROVA PERICIAL

A perícia, diante da evolução tecnológica, não tem se prestado, apenas, para certificar a materialidade do crime, mas, não raro, para determinar ou excluir a autoria. Está tratada pelo código como espécie de prova, cuja produção se faz necessária em todos os crimes que deixam vestígios materiais (*delicta facti permanentis*).

Em um sistema embasado no livre convencimento motivado do juiz, no qual não há hierarquia entre as provas, a perícia tem o mesmo peso das demais provas.

NÚMERO DE PERITOS:	
	Pela redação originária do caput do art. 159 do CPP, a perícia podia ser feita por um único perito, desde que ele fosse oficial, ou seja, ocupante de cargo público de perito. Quando se tratasse de peritos não-oficiais, o § 1º do art. 159 do CPP era peremptório, no sentido de exigir que ele fosse elaborado por duas pessoas idôneas. A Lei nº 8.862/94 modificou o caput do 159, para estabelecer que, mesmo quando elaborada por perito oficial, a perícia teria de ser obra conjunta de dois peritos.
	Com a reforma, mais uma vez, o caput do art. 159 do CPP voltou a ser objeto da atenção do legislador. Agora para voltar à regra anterior, ou seja, em se tratando de perito oficial, basta que um proceda a sua elaboração.
	Aparentemente, o legislador se preocupou mais com a qualidade do perito oficial e menos com a quantidade de assinaturas. Agora, mesmo sendo perito oficial, como requisito, se estabelece que ele seja portador de diploma de curso superior, ainda que não seja na especialidade do objeto da perícia. Porém, quando não houver perito oficial, deverão ser nomeadas duas pessoas idôneas, todavia, nesse caso, além da exigência de diploma de curso superior, recomenda-se que, de preferência, a qualificação seja em área específica relacionada com a natureza do exame.
ASSISTENTE TÉCNICO:	
	Sem embargo de toda a importância da perícia, o seu momento de realização, de regra, ocorre ainda na fase pré-processual, durante a investigação. Como se isso não bastasse, em consonância com jurisprudência do Supremo Tribunal Federal, tal como redigido o Código de Processo Penal, a figura do assistente pericial não era admissível, sequer na fase processual.
	Para sanar essa anomalia, a Lei nº 11.690/08, inseriu um § 3º ao art. 159, a fim de, expressamente, facultar ao Ministério Público, ao assistente de acusação, ao ofendido, ao querelante e ao acusado, a elaboração de quesitos e a indicação de assistente técnico.
	A medida é salutar, embora a redação esteja sobremaneira defeituosa: a) na sugestão elaborada pela Comissão da Reforma, constava a possibilidade de elaboração de quesitos e a indicação de assistente técnico também pelo investigado, com isso querendo deixar claro que essa faculdade também é reconhecida na fase investigatória pré-processual. De toda sorte, nada obstante a forma como foi aprovada a redação, não se pode deixar de reconhecer o direito à nomeação do assistente ainda na fase do inquérito policial; b) o dispositivo fala em *querelante*, mas omite o *querelado*. Por óbvio que o *querelado*, igualmente, tem o direito de formular quesitos e de indicar assistente.
	Não se apresenta adequado, ainda, sujeitar a atuação do assistente técnico da parte a sua admissão pelo juiz (§ 4º do art. 159 do CPP).
	De acordo com o referido § 4º, a atuação do assistente só será possível depois da conclusão dos exames e conseqüente elaboração do laudo. Ora, em alguns casos, o trabalho do assistente somente será eficiente se ele puder, logo no início, participar dos trabalhos de perícia
	Essa situação é minorada, em parte, diante da determinação de que, quando houver requerimento de uma das partes, o material com base no qual foi confeccionado o laudo pericial seja disponibilizado, a fim de permitir o seu exame pelos assistentes (§ 6º do art. 155 do CPP). O adequado, porém, é que se permita o acompanhamento, tanto na fase do processo como ainda na do inquérito policial, pelo assistente, quando da realização dos trabalhos do experto, principalmente nesses casos em que não é possível a conservação de todo o material probatório.

OFENDIDO

Com a Lei nº 11.690/08, o legislador, orientado por essa doutrina, que consagra a *justiça restaurativa*, a despeito das garantias já previstas na Lei nº 9.807/99, inseriu no CPP dispositivos que têm em mira satisfazer algumas necessidades básicas do ofendido. Embora ainda tratado como prova, o ofendido passa a ter o direito de ser comunicado dos atos processuais, referentes ao ingresso e à saída do acusado da prisão, à designação de data para a audiência, assim como da sentença e respectivos acórdãos que a mantenham ou reformem (art. 201, § 2º, do CPP).

Quanto ao aspecto social, o magistrado deverá, nos casos em que for sentida a necessidade, "... encaminhar o ofendido para atendimento multidisciplinar, especialmente nas áreas psicossocial, de assistência jurídica e de saúde, a expensas do ofensor ou do Estado." (art. 201, § 5º).

Inseriu-se dentre os deveres processuais do magistrado a adoção das providências pertinentes à preservação da *intimidade, vida privada, honra e imagem do ofendido*, a fim de evitar a sua exposição perante os meios de comunicação (art. 201, § 6º, primeira parte). O juiz poderá, inclusive, "determinar o segredo de justiça em relação aos dados, depoimentos e outras informações constantes dos autos a seu respeito..." (art. 201, § 6º, segunda parte).

Estabeleceu-se, como requisito essencial da sentença condenatória, a fixação de valor mínimo para a reparação dos danos causados pela infração, tendo em consideração os prejuízos causados ao ofendido (art. 387, IV, do CPP).

Em se tratando de depoimento do ofendido, que não é tecnicamente considerado testemunha, o juiz deve fazer as perguntas primeiro, competindo às partes, apenas, a complementação. Isso é para evitar uma exposição maior da vítima. Tendo o juiz feito as perguntas por primeiro, naturalmente, as indagações das partes serão menores, ficando reduzidas as situações de constrangimento, especialmente nos casos de crimes sexuais.

TESTEMUNHAS

Em nosso sistema, por definição, testemunha é a pessoa desinteressada que, indicada por uma das partes ou de ofício pelo juiz –, comparece a Juízo para depor o que tem ciência sobre o fato debatido no processo. O acusado, assim como a vítima, não é testemunha, razão pela qual o tratamento e a forma de ser colhido o depoimento é diferente.

Há o dever jurídico de depor (art. 206, primeira parte, do CPP), de modo que o não comparecimento sujeita a testemunha às seguintes sanções: (a) condução coercitiva; (b) a aplicação da multa prevista no art. 453; (c) responder pelo crime de desobediência; e (d) pagamento das custas da diligência (arts. 218 e 219 do CPP). Sendo a audiência una, o não comparecimento de algumas delas poderá ocasionar o seu adiamento, com sério prejuízo para a celeridade do processo e para as demais testemunhas, que deixaram os seus afazeres para comparecer a Juízo.

De acordo com a Lei nº 11.719/08, não há mais necessidade de que as testemunhas sejam intimadas por mandado judicial. Apenas quando a parte que a arrolou, o Ministério Público ou a defesa, demonstrar a necessidade da intimação judicial, é que será providenciado o mandado. Naturalmente que esse requerimento há de ser feito com tempo hábil para que seja providenciada a intimação pelo Judiciário, sem prejudicar a realização da audiência já marcada. A lei não cuidou de estabelecer a antecedência mínima do requerimento.

SISTEMA DO CROSS EXAMINATION OU DAS PERGUNTAS DIRETAS:	De acordo com a redação originária do art. 212, primeira parte, do Código de Processo Penal, "As perguntas das partes serão formuladas ao juiz, que as formulará à testemunha...". Era o chamado sistema presidencial, próprio de um ordenamento jurídico de modelo misto.
	A Lei nº 11.690/08 adotou o sistema do *cross examination* do Direito americano, no qual é direito da defesa contraditar as testemunhas, por meio de perguntas feitas diretamente. A par disso, eliminou a figura do juiz inquiridor, e colocou as partes como protagonistas da inquirição. Doravante, "As perguntas serão formuladas pelas partes diretamente à testemunha..." (art. 212, caput, primeira parte), reservando-se ao juiz a direção da audiência, a fim de vetar as perguntas que "... puderem induzir a resposta, não tiverem relação com a causa ou importarem na repetição de outra já respondida."(art. 212, caput, segunda parte).
	No equilíbrio necessário de um sistema acusatório permeado pelo *princípio da verdade material*, o legislador esclareceu que "Sobre os pontos não esclarecidos, o juiz poderá complementar a inquirição" (parágrafo único do art. 212).
	Porém, sem motivo aparente, embora quanto à instrução na sessão do tribunal do júri também tenha sido adotado o *cross examination*, apartando-se da regra geral, o art. 473, caput, do

	Código de Processo Penal, com a redação da Lei nº 11.689/08, determina que as perguntas a serem formuladas pelo juiz sejam antes das pertinentes às partes.
SEPARAÇÃO DAS TESTEMUNHAS:	Desde a redação originária do Código de Processo Penal, para evitar que um depoimento influísse no outro, havia a determinação para que as inquirições das testemunhas fossem feitas, ainda que em mesma audiência, cada uma de *per* si, devendo o juiz providenciar para que uma não tomasse o conhecimento ou ouvisse o que fosse afirmado pela outra (art. 210). A Lei nº 11.690/08, foi mais além, agora para determinar, com a inserção do parágrafo único ao art. 210, que "Antes do início da audiência e durante a sua realização, serão reservados espaços separados para a garantia da incomunicabilidade das testemunhas."
INQUIRIÇÃO POR VIDEOCONFERÊNCIA:	Como decorrência do princípio da ampla defesa, o acusado tem o direito de *estar presente* à audiência, a fim de auxiliar o seu advogado. Esse direito de presença, porém, era mitigado pelo art. 217 do Código de Processo Penal, que permitia ao juiz, quando verificado que a presença do acusado poderia influir no ânimo da testemunha, determinar a sua retirada da sala de audiência. Seguindo a idéia de garantir maior efetividade, durante a inquirição da testemunha, ao exercício do direito de defesa pelo acusado, procedeu-se à alteração do art. 217, a fim de estabelecer que essa providência de retirada do acusado da sala de audiência somente deverá ser adotada quando não for possível a tomada do depoimento da testemunha por videoconferência. Parece que o legislador vislumbrou a hipótese em que, fazendo a testemunha ou o ofendido essa comunicação em audiência, dispondo de tecnologia adequada, o juiz deve determinar que a pessoa vá para outra sala do fórum para, de lá, prestar o depoimento, ficando o juiz, as partes e o acusado na sala de audiências.

ACAREAÇÃO

Na redação do art. 400, caput, do CPP, com a redação dada pela Lei nº 11.719/08, na audiência de instrução e julgamento, pode ocorrer a acareação, que há de "... ser admitida entre acusados, entre acusado e testemunha, entre testemunhas, entre acusado ou testemunha e a pessoa ofendida, e entre as pessoas ofendidas, sempre que divergirem, em suas declarações, sobre fatos ou circunstâncias relevantes."

RECONHECIMENTO DE PESSOAS E COISAS

No reconhecimento, a pessoa é chamada para confirmar a identidade de pessoa ou coisa que lhe é mostrada. De acordo com a doutrina, nesse ato, não é admitida a intervenção das partes, embora possam e devam estar presentes ao ato, até porque, agora, com a nova redação emprestada ao art. 400, caput, sendo essa prova produzida durante o processo, o ato terá de ser feito na audiência una de instrução e julgamento.

O inciso IV, do mencionado dispositivo, determina que seja lavrado *auto pormenorizado*, sendo utilizado o sistema audiovisual para a documentação da audiência, como o reconhecimento é uma prova oral, nada obstante não haja disposição expressa, o certo é que se torna plenamente dispensável o *auto pormenorizado*. O auto de reconhecimento em si deve ser todo documentado pela via audiovisual.

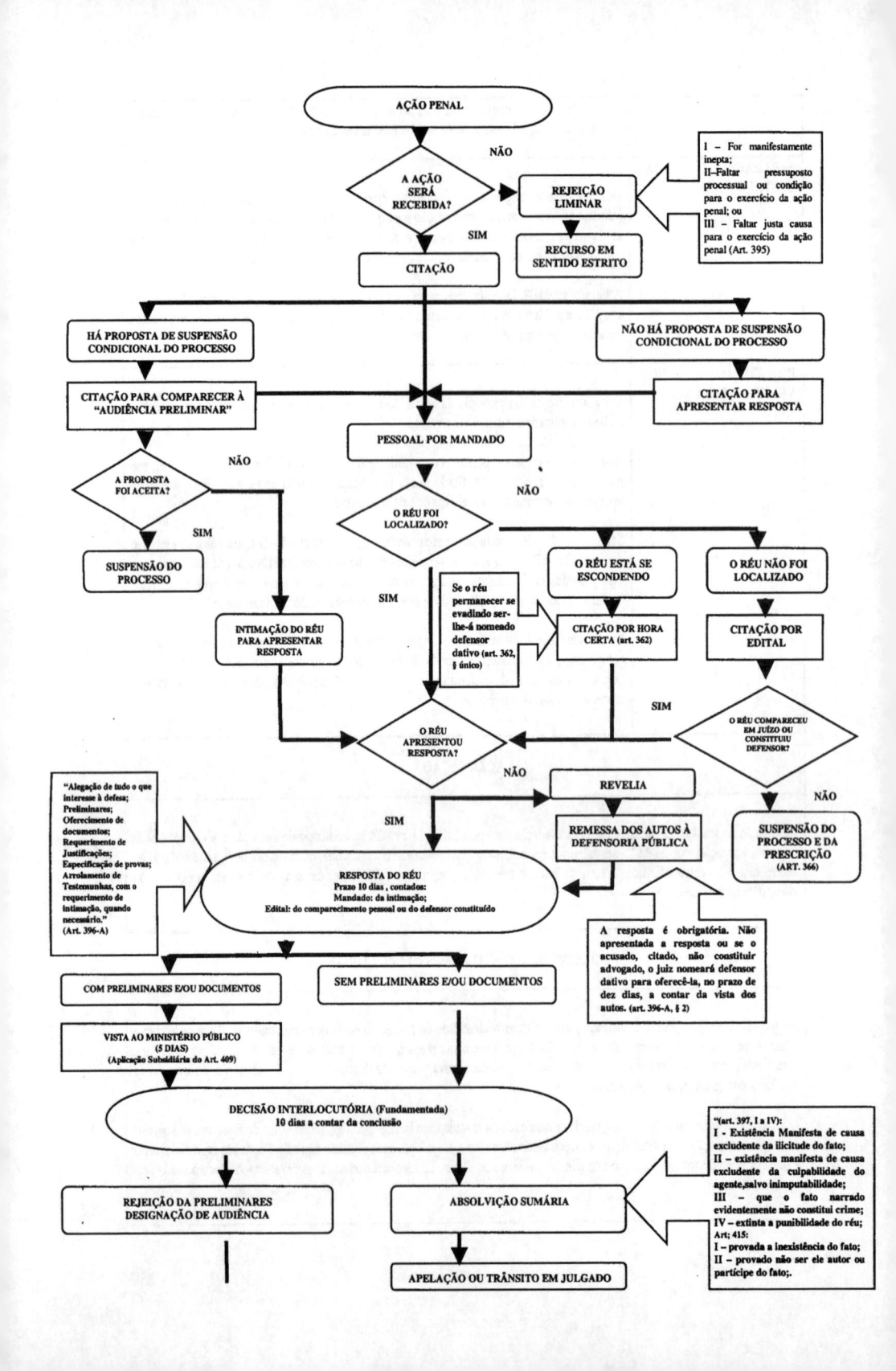

```
                              ┌─────────────────┐
                              │   AÇÃO PENAL    │
                              └────────┬────────┘
                                       │
                                       ▼
                                   ◇ A AÇÃO ◇          NÃO         ┌──────────────┐          ┌─────────────────────────────┐
                                   ◇  SERÁ  ◇ ───────────────────▶│   REJEIÇÃO   │◀─────────│ I – For manifestamente       │
                                   ◇RECEBIDA?◇                    │   LIMINAR    │          │ inepta;                     │
                                   ◇        ◇                     └──────┬───────┘          │ II–Faltar pressuposto        │
                                       │ SIM                             │                  │ processual ou condição       │
                                       ▼                                 ▼                  │ para o exercício da ação    │
                                  ┌──────────┐                  ┌─────────────────┐         │ penal; ou                   │
                                  │ CITAÇÃO  │                  │RECURSO EM       │         │ III – Faltar justa causa    │
                                  └────┬─────┘                  │SENTIDO ESTRITO  │         │ para o exercício da ação    │
                                       │                        └─────────────────┘         │ penal (Art. 395)            │
                                       │                                                     └─────────────────────────────┘
```

Fluxograma da Ação Penal

- **AÇÃO PENAL** → A ação será recebida?
  - **NÃO** → REJEIÇÃO LIMINAR → RECURSO EM SENTIDO ESTRITO
    - I – For manifestamente inepta;
    - II – Faltar pressuposto processual ou condição para o exercício da ação penal; ou
    - III – Faltar justa causa para o exercício da ação penal (Art. 395)
  - **SIM** → CITAÇÃO

- **CITAÇÃO**:
  - HÁ PROPOSTA DE SUSPENSÃO CONDICIONAL DO PROCESSO → CITAÇÃO PARA COMPARECER À "AUDIÊNCIA PRELIMINAR"
    - A proposta foi aceita?
      - SIM → SUSPENSÃO DO PROCESSO
      - NÃO → INTIMAÇÃO DO RÉU PARA APRESENTAR RESPOSTA
  - NÃO HÁ PROPOSTA DE SUSPENSÃO CONDICIONAL DO PROCESSO → CITAÇÃO PARA APRESENTAR RESPOSTA

- **PESSOAL POR MANDADO** → O réu foi localizado?
  - SIM → O réu apresentou resposta?
  - NÃO:
    - O RÉU ESTÁ SE ESCONDENDO → CITAÇÃO POR HORA CERTA (art. 362)
      - *Se o réu permanecer se evadindo ser-lhe-á nomeado defensor dativo (art. 362, § único)*
    - O RÉU NÃO FOI LOCALIZADO → CITAÇÃO POR EDITAL → O réu compareceu em juízo ou constituiu defensor?
      - SIM → (retorna ao fluxo de resposta)
      - NÃO → SUSPENSÃO DO PROCESSO E DA PRESCRIÇÃO (ART. 366)

- **O RÉU APRESENTOU RESPOSTA?**
  - SIM → RESPOSTA DO RÉU
    - Prazo 10 dias, contados:
    - Mandado: da intimação;
    - Edital: do comparecimento pessoal ou do defensor constituído
  - NÃO → REVELIA → REMESSA DOS AUTOS À DEFENSORIA PÚBLICA

> "Alegação de tudo o que interesse à defesa; Preliminares; Oferecimento de documentos; Requerimento de Justificações; Especificação de provas; Arrolamento de Testemunhas, com o requerimento de intimação, quando necessário." (Art. 396-A)

> A resposta é obrigatória. Não apresentada a resposta ou se o acusado, citado, não constitui advogado, o juiz nomeará defensor dativo para oferecê-la, no prazo de dez dias, a contar da vista dos autos. (art. 396-A, § 2)

- **RESPOSTA DO RÉU**:
  - COM PRELIMINARES E/OU DOCUMENTOS → VISTA AO MINISTÉRIO PÚBLICO (5 DIAS) (Aplicação Subsidiária do Art. 409)
  - SEM PRELIMINARES E/OU DOCUMENTOS

- **DECISÃO INTERLOCUTÓRIA (Fundamentada)** — 10 dias a contar da conclusão
  - REJEIÇÃO DA PRELIMINARES / DESIGNAÇÃO DE AUDIÊNCIA
  - ABSOLVIÇÃO SUMÁRIA → APELAÇÃO OU TRÂNSITO EM JULGADO

> (art. 397, I a IV):
> I – Existência Manifesta de causa excludente da ilicitude do fato;
> II – existência manifesta de causa excludente da culpabilidade do agente, salvo inimputabilidade;
> III – que o fato narrado evidentemente não constitui crime;
> IV – extinta a punibilidade do réu;
> Art; 415:
> I – provada a inexistência do fato;
> II – provado não ser ele autor ou partícipe do fato;.

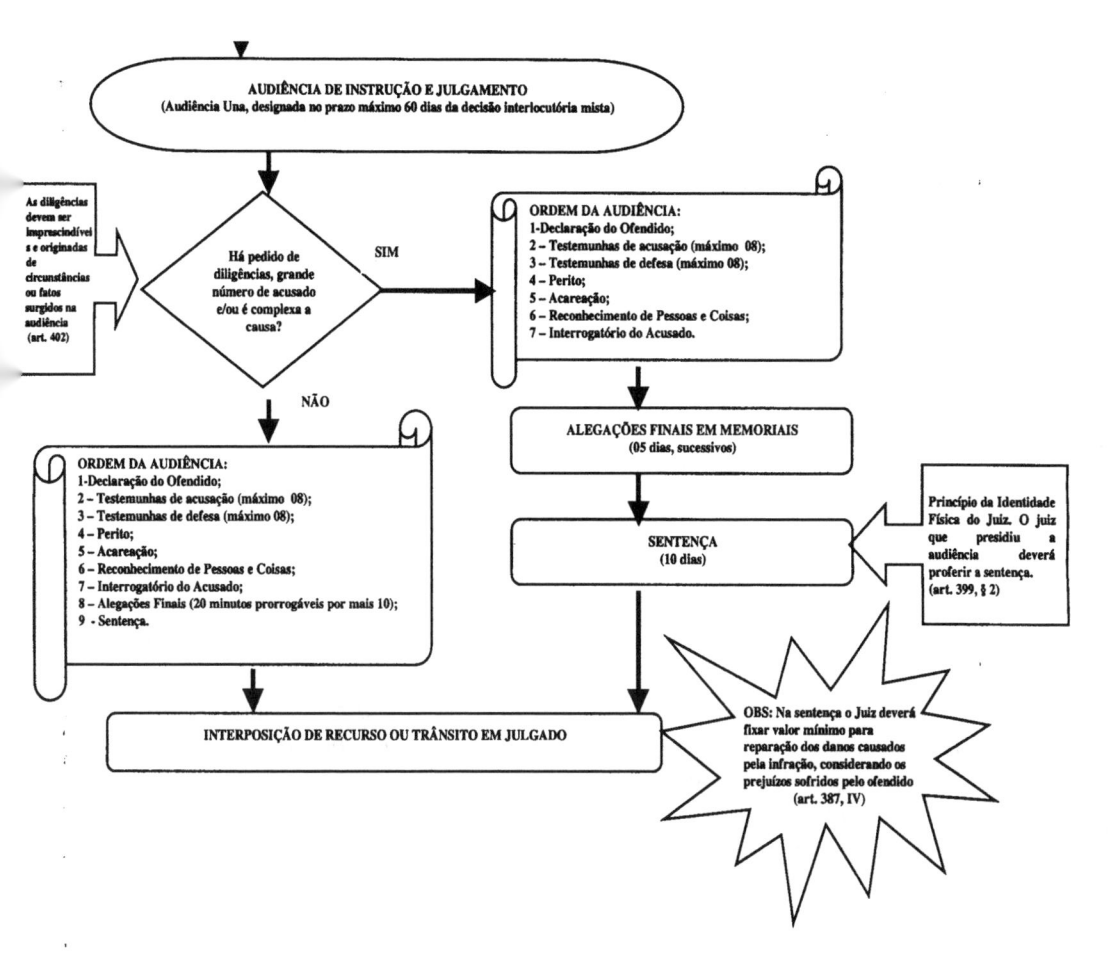

AUDIÊNCIA DE INSTRUÇÃO E JULGAMENTO
(Audiência Una, designada no prazo máximo 60 dias da decisão interlocutória mista)

As diligências devem ser imprescindíveis e originadas de circunstâncias ou fatos surgidos na audiência (art. 402)

Há pedido de diligências, grande número de acusado e/ou é complexa a causa?

SIM →

ORDEM DA AUDIÊNCIA:
1 - Declaração do Ofendido;
2 - Testemunhas de acusação (máximo 08);
3 - Testemunhas de defesa (máximo 08);
4 - Perito;
5 - Acareação;
6 - Reconhecimento de Pessoas e Coisas;
7 - Interrogatório do Acusado.

NÃO

ORDEM DA AUDIÊNCIA:
1 - Declaração do Ofendido;
2 - Testemunhas de acusação (máximo 08);
3 - Testemunhas de defesa (máximo 08);
4 - Perito;
5 - Acareação;
6 - Reconhecimento de Pessoas e Coisas;
7 - Interrogatório do Acusado;
8 - Alegações Finais (20 minutos prorrogáveis por mais 10);
9 - Sentença.

ALEGAÇÕES FINAIS EM MEMORIAIS
(05 dias, sucessivos)

SENTENÇA
(10 dias)

Princípio da Identidade Física do Juiz. O juiz que presidiu a audiência deverá proferir a sentença. (art. 399, § 2)

INTERPOSIÇÃO DE RECURSO OU TRÂNSITO EM JULGADO

OBS: Na sentença o Juiz deverá fixar valor mínimo para reparação dos danos causados pela infração, considerando os prejuízos sofridos pelo ofendido (art. 387, IV)

5.2. Regras específicas para o procedimento sumário

Na redação originária do Código de Processo Penal, o procedimento sumário tinha pequenas diferenças em rlação ao previsto para o ordinário. Consoante as regras estabelecidas na redação originária do Código de Processo Penal, nos processos que seguiam o rito sumário, oferecida a denúncia, não sendo o caso de rejeição, o juiz a recebia e, com o despacho, designava a data para a realização do interrogatório do acusado, com a consequente determinação de sua citação. Se o acusado, citado por mandado, não comparecesse, era declarado revel, com a nomeação de defensor para fazer-lhe a defesa. Se fosse citado por edital e não houvesse constituição de defensor, a revelia, nesse caso, importava em suspensão do processo.

Ultrapassado o tríduo legal para a apresentação da defesa prévia, com ou sem a sua manifestação, designava-se data para a realização da audiência de instrução e julgamento, na qual deveriam ser ouvidas, em uma única audiência, tanto as testemunhas arroladas pelo Ministério Público quanto as indicadas pela defesa. Muitos juízes, para racionalizar o serviço e a prática de atos no processo, com a decisão de recebimento da denúncia, designavam logo a data para a realização da audiência de instrução e julgamento, de modo que o acusado, em um mesmo mandado, era citado para o interrogatório e intimado para a inquirição das testemunhas. Na audiência, logo após a produção da prova — não havia a oportunidade para o requerimento de diligências —, eram apresentadas, em audiência, as razões finais, primeiramente, pelo Ministério Público e, em seguida, pela defesa, no tempo de 20 (vinte) minutos, prorrogável por mais 10 (dez). O juiz deveria proferir a sentença em audiência, porém, se não se julgasse habilitado, poderia exarar o julgamento no prazo de cinco dias.

Assim como se dava na sistemática anterior, as regras procedimentais são iguais para os ritos ordinário e sumário. De qualquer modo, como o rito sumário é previsto para crimes menos graves do que aqueles tratados pelo procedimento ordinário, o legislador também preceituou pequenas alterações. E o fez no afã de que o procedimento sumário seja mais simples ainda do que o ordinário, de modo que os processos que seguem essa forma sejam mais rápidos.

Exatamente por isso, a primeira regra específica para o procedimento sumário diz respeito à duração razoável do processo. Em se tratando de rito sumário, o prazo máximo para a realização da audiência de instrução e julgamento passa a ser de apenas 30 (trinta) dias (art. 531, caput, primeira parte, do CPP). Assim, a audiência de instrução e julgamento, estando o acusado preso, deverá ser realizada, no máximo, entre: se na justiça estadual, 75 (setenta e cinco) e 92 (noventa e dois) dias; e (b) se na justiça federal, entre 90 (noventa) e 107 (cento e sete dias)[507].

Em relação às testemunhas, enquanto no procedimento ordinário o número máximo é de 8 (oito), no sumário é de apenas 5 (cinco), como, aliás, já era na disciplina originária do Código de Processo Penal (art. 532 do CPP).

Nos termos do art. 536 do CPP, a testemunha que comparecer à audiência, independentemente de que ela tenha sido arrolada pela defesa e tenha faltado alguma das apontadas pelo Ministério Público, mesmo assim, deverá ser ouvida. Sobre essa questão, observar o que

---

[507] Cf. item 3.2.2.3.2, infra, que consta o detalhamento dos prazos no procedimento sumário.

foi exposto no item 5.1.9., supra, em que se conclui que essa regra, igualmente, é aplicável ao procedimento ordinário.

Diferentemente do procedimento ordinário, no sumário não há previsão de oportunidade para as partes requererem diligências, ainda em audiência, logo após a produção das provas (art. 534, caput). Mesmo assim, excepcionalmente, o juiz poderá determinar, ainda que de ofício, a realização de alguma diligência imprescindível. Na regra anterior do procedimento sumário, também não havia previsão de requerimento de diligências, porém, em alguns casos, o juiz determinava. Mas isso é uma excepcionalidade.

Não há a hipótese de apresentação de razões finais por meio de memoriais, assim como de sentença em gabinete. Ainda que seja complexa a matéria tratada no processo e independentemente do número de acusados, as razões finais e a sentença devem ser feitas em audiência. Na regra anterior, não havia hipótese de razões finais por memoriais, porém, a sentença poderia ser prolatada no prazo de cinco dias, quando o juiz não se sentisse habilitado. Com a regra atual, não. A sentença tem de ser, necessariamente, em audiência.

QUADRO SINÓTICO DO PROCEDIMENTO SUMÁRIO

DIFERENÇAS	PROCEDIMENTOS	
	ORDINÁRIO	SUMÁRIO
PROCEDIMENTOS	1º Denúncia ou Queixa 2º Citação 3º Resposta 4º Audiência: { 1 - Declaração do ofendido; 2 - Testemunhas de acusação; 3 - Testemunhas de defesa; 4 - Perito; 5 - Acareação; 6 - Reconhecimento de pessoas e coisas; 7 - Interrogatório do acusado; 8 - Requerimento de diligências; 9 - Alegações finais; 10 - Sentença.	1º Denúncia ou Queixa 2º Citação 3º Resposta 4º Audiência: { 1 - Declaração do ofendido; 2 - Testemunhas de acusação; 3 - Testemunhas de defesa; 4 - Perito; 5 - Acareação; 6 - Reconhecimento de pessoas e coisas; 7 - Interrogatório do acusado; 8 - Alegações finais; 9 - Sentença.
PRAZO PARA AUDIÊNCIA:	60 dias da decisão prolatada após a resposta do acusado, salvo se houver a absolvição sumária do réu.	30 dias da decisão prolatada após a resposta do acusado, salvo se houver a absolvição sumária do réu (art. 531, caput, primeira parte). **PRAZO PARA ENCERRAMENTO DO PROCEDIMENTO SUMÁRIO:** Entre 78 e 85 dias.
NÚMERO DE TESTEMUNHAS:	Máximo de 08 testemunhas.	Máximo de 05 testemunhas (art. 532 do CPP).
OITIVA DE TESTEMUNHAS:	Não há previsão de oitiva de testemunhas independentemente da ordem prevista no art. 531, como há em relação ao procedimento sumário, no artigo 536, entretanto, deve-se entender pela aplicação desta regra também para o procedimento ordinário.	Nos termos do art. 536 do CPP, a testemunha que comparecer à audiência, independentemente de que ela tenha sido arrolada pela defesa e tenha faltado alguma das apontadas pelo Ministério Público, mesmo assim, deverá ser ouvida.
DILIGÊNCIAS:	Oportunidade para as partes requererem diligências, ainda em audiência, logo após a produção das provas (art. 534, caput).	Diferentemente do procedimento ordinário, no sumário não há previsão de requerimento de diligências. Mesmo assim, excepcionalmente, o juiz poderá determinar, ainda que de ofício, a realização de alguma diligência imprescindível. Na regra anterior do procedimento sumário, também não havia previsão de requerimento de diligências no procedimento sumário, porém, em alguns casos, o juiz determinava. Mas isso é uma excepcionalidade.
ALEGAÇÕES FINAIS:	A regra é a apresentação das razões finais em audiência. A exceção, que é por meio de memoriais, é prevista para o caso de complexidade da causa, grande número de réus ou deferimento de pedido de diligências.	Não há previsão de nenhuma hipótese de apresentação de razões finais por meio de memoriais, assim como de sentença em gabinete. Ainda que seja complexa a matéria tratada no processo e independentemente do número de acusados, as razões finais e a sentença devem ser feitas em audiência. Na regra anterior, não havia hipótese de razões finais por memoriais, porém, a sentença poderia ser prolatada no prazo de cinco dias, quando o juiz não se sentisse habilitado. Com a regra atual, não. A sentença tem de ser, necessariamente, em audiência.

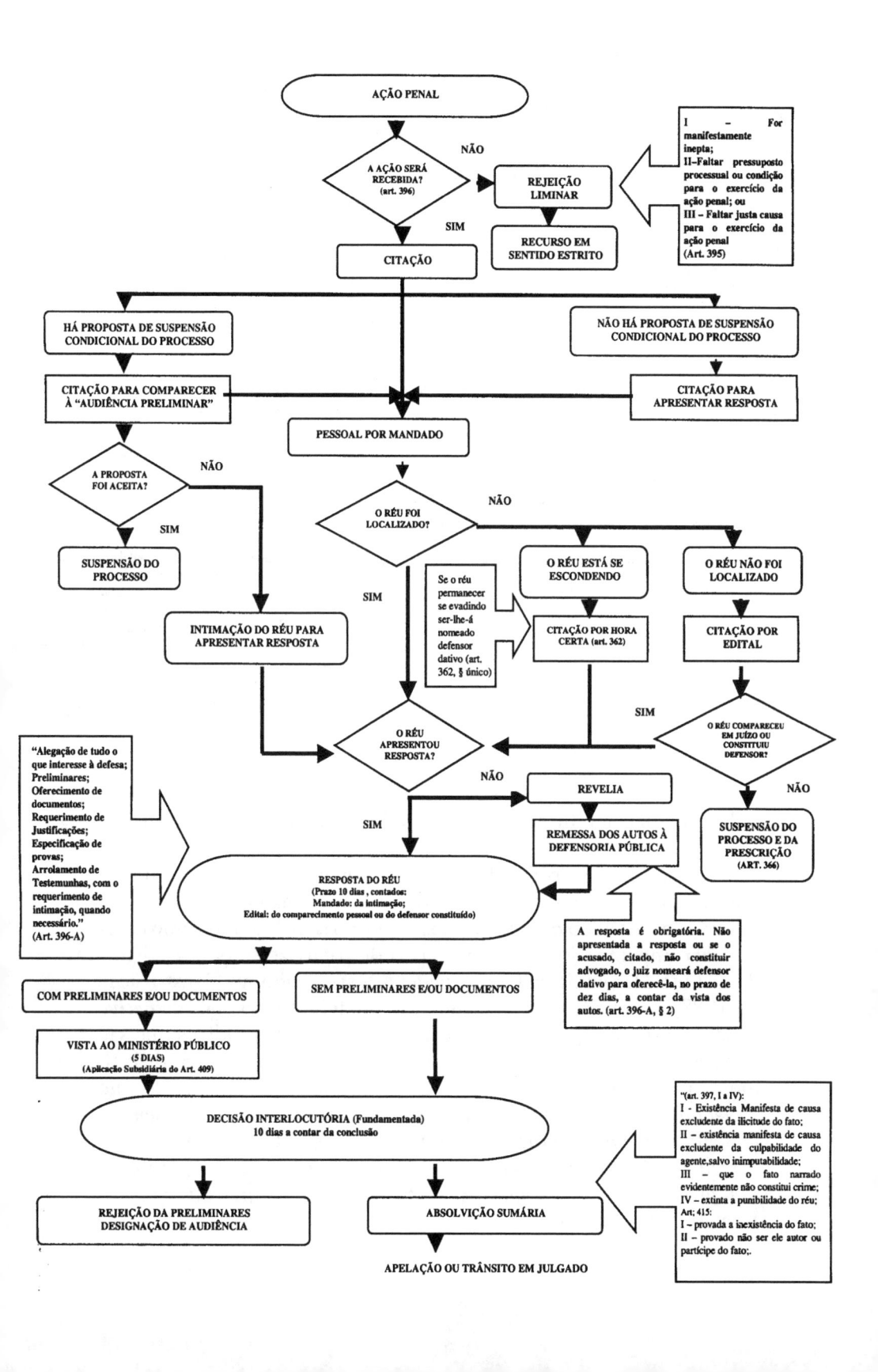

```
                        AÇÃO PENAL
                             │
                             ▼
                   ┌───────────────────┐         ┌──────────────────────────────┐
                   │  A AÇÃO SERÁ      │  NÃO    │ I – For manifestamente       │
                   │  RECEBIDA?        ├────────►│ inepta;                      │
                   │  (art. 396)       │         │ II – Faltar pressuposto      │
                   └─────────┬─────────┘         │ processual ou condição       │
                             │ SIM               │ para o exercício da          │
                             ▼                   │ ação penal; ou               │
                        REJEIÇÃO                 │ III – Faltar justa causa     │
                        LIMINAR                  │ para o exercício da          │
                             │                   │ ação penal                   │
                             ▼                   │ (Art. 395)                   │
                    RECURSO EM SENTIDO ESTRITO   └──────────────────────────────┘
                        CITAÇÃO
```

Fluxograma: Ação Penal

- HÁ PROPOSTA DE SUSPENSÃO CONDICIONAL DO PROCESSO
  - CITAÇÃO PARA COMPARECER À "AUDIÊNCIA PRELIMINAR"
  - A PROPOSTA FOI ACEITA?
    - SIM → SUSPENSÃO DO PROCESSO
    - NÃO → INTIMAÇÃO DO RÉU PARA APRESENTAR RESPOSTA

- NÃO HÁ PROPOSTA DE SUSPENSÃO CONDICIONAL DO PROCESSO
  - CITAÇÃO PARA APRESENTAR RESPOSTA
  - PESSOAL POR MANDADO
  - O RÉU FOI LOCALIZADO?
    - SIM → O RÉU APRESENTOU RESPOSTA?
    - NÃO:
      - O RÉU ESTÁ SE ESCONDENDO → CITAÇÃO POR HORA CERTA (art. 362)
        - Se o réu permanecer se evadindo ser-lhe-á nomeado defensor dativo (art. 362, § único)
      - O RÉU NÃO FOI LOCALIZADO → CITAÇÃO POR EDITAL
        - O RÉU COMPARECEU EM JUÍZO OU CONSTITUIU DEFENSOR?
          - SIM → (resposta)
          - NÃO → SUSPENSÃO DO PROCESSO E DA PRESCRIÇÃO (ART. 366)

- O RÉU APRESENTOU RESPOSTA?
  - SIM → RESPOSTA DO RÉU (Prazo 10 dias, contados: Mandado: da intimação; Edital: do comparecimento pessoal ou do defensor constituído)
  - NÃO → REVELIA → REMESSA DOS AUTOS À DEFENSORIA PÚBLICA

"Alegação de tudo o que interesse à defesa; Preliminares; Oferecimento de documentos; Requerimento de Justificações; Especificação de provas; Arrolamento de Testemunhas, com o requerimento de intimação, quando necessário." (Art. 396-A)

A resposta é obrigatória. Não apresentada a resposta ou se o acusado, citado, não constituir advogado, o juiz nomeará defensor dativo para oferecê-la, no prazo de dez dias, a contar da vista dos autos. (art. 396-A, § 2)

- COM PRELIMINARES E/OU DOCUMENTOS → VISTA AO MINISTÉRIO PÚBLICO (5 DIAS) (Aplicação Subsidiária do Art. 409)
- SEM PRELIMINARES E/OU DOCUMENTOS

DECISÃO INTERLOCUTÓRIA (Fundamentada) 10 dias a contar da conclusão

- REJEIÇÃO DA PRELIMINARES DESIGNAÇÃO DE AUDIÊNCIA
- ABSOLVIÇÃO SUMÁRIA → APELAÇÃO OU TRÂNSITO EM JULGADO

"(art. 397, I a IV):
I - Existência Manifesta de causa excludente da ilicitude do fato;
II – existência manifesta de causa excludente da culpabilidade do agente, salvo inimputabilidade;
III – que o fato narrado evidentemente não constitui crime;
IV – extinta a punibilidade do réu;
Art: 415:
I – provada a inexistência do fato;
II – provado não ser ele autor ou partícipe do fato;."

AUDIÊNCIA DE INSTRUÇÃO E JULGAMENTO
(Audiência Una, designada no prazo máximo 30 dias da decisão interlocutória mista)

ORDEM DA AUDIÊNCIA:
1- Declaração do Ofendido;
2 – Testemunhas de acusação (máximo 05);
3 – Testemunhas de defesa (máximo 05);
4 – Perito;
5 – Acareação;
6 – Reconhecimento de Pessoas e Coisas;
7 – Interrogatório do Acusado;
8 – Alegações Finais (20 minutos prorrogáveis por mais 10);
9 - Sentença.

Não há oportunidade para requerimento de diligências.

As Alegações finais e a sentença têm de ser, necessariamente, em audiência.

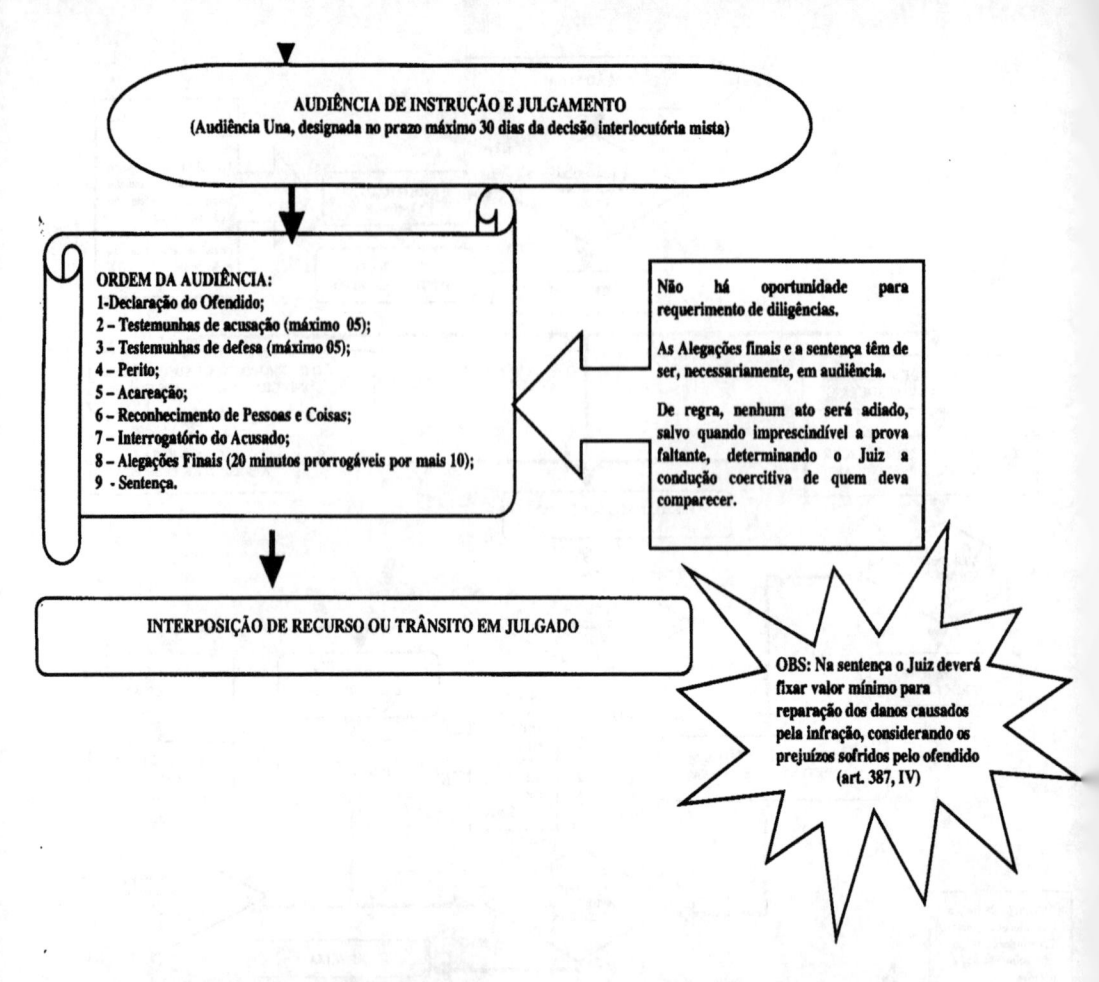

De regra, nenhum ato será adiado, salvo quando imprescindível a prova faltante, determinando o Juiz a condução coercitiva de quem deva comparecer.

INTERPOSIÇÃO DE RECURSO OU TRÂNSITO EM JULGADO

OBS: Na sentença o Juiz deverá fixar valor mínimo para reparação dos danos causados pela infração, considerando os prejuízos sofridos pelo ofendido (art. 387, IV)

5.3. Principais modificações ao procedimento do tribunal do júri

Na organização do Estado, o Poder Judiciário é o órgão estatal ao qual incumbe a função de controle de constitucionalidade e de dirimir os conflitos intersubjetivos surgidos no grupo social, tendo como escopo fazer imperar a justiça como forma de pacificação. No paradigma do *Estado Democrático-Constitucional*, estampado na Constituição de 1988, o Judiciário deve seguir esse modelo, tendo como *objetivo fundamental* não apenas a resolução dos problemas jurídicos que são levados a seu conhecimento para deslinde, como também e primacialmente pautar sua ação no sentido de participar da *construção de uma sociedade livre, justa e solidária*. Isso com vista a *garantir o desenvolvimento nacional, erradicar a pobreza e a marginalização* e *reduzir as desigualdades sociais e regionais*, e ainda *promover o bem de todos, sem preconceitos de origem, raça, sexo, cor, idade e quaisquer outras formas de discriminação.*

No modelo de *Estado Democrático-Constitucional*, o Judiciário é *participativo* e *construtivo*[508], esquece a neutralidade para participar na sociedade como agente político[509], *independente* e *imparcial*. Não admite ingerência *externa* ou *interna*, é organizado sem *hierarquização*, de modo que não abona a *forma piramidal*[510], diminui o *formalismo* e privilegia técnicas de *simplificação* do processo, com a utilização de instrumentos eficazes que possibilitam aos interessados atuar politicamente para alcançar a justiça. Ademais, abre-se internamente para permitir a participação popular nas decisões, cujo exemplo é o tribunal do júri.

A instituição do tribunal do júri, que se espraiu pelo mundo como ideia central da processualização do direito de punir, defendida por Beccaria no livro *Dos delitos e das penas*, mantem-se em boa parte dos países como instrumento necessário para alinhar o Judiciário ao perfil delineado pelo Estado Democrático de modo a possibilitar a sua aproximação ao jurisdicionado e, especialmente, como *locus* para que o cidadão possa fazer parte de sua administração. É a hipótese em que os próprios cidadãos exercem, diretamente, o Poder Judiciário, e não

---

508 Essa posição não é a adesão ao pensamento da *Escola de Direito Livre* de Kantorowkcz (DEL VECCHIO, Giogio. *Lições de filosofia do direito*, 5. Ed. Tradução Antônio José Brandão. Coimbra: Armênio Amado — Editor, Sucessor, 1979, p. 549-550), nem muito menos do *Direito* Alternativo (Cf. ARRUDA JÚNIOR. Edmundo Lima. *Lições de Direito Alternativo*). Ao contrário do pensamento sufragado por essas correntes, parte-se da concepção de que o ordenamento jurídico é importante para estabelecer a segurança nas relações sociais, competindo ao magistrado dar vida à norma. Pratica o *ativismo judicial* conceituado por Evandro Gueiros, no sentido de que é mais atento aos princípios e menos submisso à lei (*Ativismo Judicial*, p. 147. In: O judiciário e a constituição.)
509 Cf. ZAFFARONI, Eugenio Raúl. *Poder judiciário:* crises, acertos e desacertos. Tradução Juarez Tavares. São Paulo: Revista dos Tribunais, 1985. ROCHA, José de Albuquerque. *Estudos sobre o poder judiciário*. DALLARI, Dalmo de Abreu. O *Poder dos juízes*. FARIA, José Eduardo. *Justiça e conflito*: os juízes em face dos novos movimentos sociais. GOMES, Luiz Flávio. *A Dimensão da magistratura:* no estado constitucional e democrático de Direito. MARINHO, Josaphat. *A justiça federal e sua importância política*. In: Série Cadernos do CEJ, v. 9.
510 A lógica normativo-constitucional e o formalismo processual conduzem a uma ideologia positivista defendida pela dogmática jurídica, propiciando que se organize "... *sob a forma de uma estrita hierarquia não apenas as instâncias judiciais, os seus poderes, as suas sentenças e as interpretações em que elas se fundamentam, mas também, as próprias normas e fontes que conferem autoridade a todas suas decisões*" (FARIA, José Eduardo. *Justiça e conflito: Os juízes em face dos novos movimentos sociais*, p. 27.)

por intermédio de um representante, o juiz, o que ressalta o seu caráter democrático.

O tribunal do júri faz parte da nossa história constitucional, só tendo perdido o seu *status* de Norma Maior, não sem razão, na Constituição de 1937, a Carta mais retrógrada de todas elas. Reintroduzido na Constituição de 1946, a Constituição de 1967 assegurou, dentre os direitos fundamentais, a manutenção da *instituição do júri, com competência para o julgamento dos crimes dolosos contra a vida* (art. 153, § 18)[511].

Na mesma linha, a Constituição de 1988 manteve o tribunal do júri dentre os direitos e garantias individuais (art. 5°, XXXVIII), conferindo-se, ao legislador ordinário, a tarefa de cuidar de sua organização, afirmando-se, contudo, que deverá ser assegurada a *plenitude de defesa, o sigilo das votações, a soberania dos veredictos e a competência para o julgamento dos crimes dolosos contra a vida*. Assim, as discussões relativas à pertinência, ou não, de sua existência são bizantinas. O tribunal do júri está catalogado como direito fundamental não apenas para o acusado como para a sociedade em geral, na medida em que outorga a esta a possibilidade de ela própria, ainda que por meio de um grupo de sete pessoas, julgar processos da mais alta relevância. Por outro lado, o acusado tem a garantia de que, nesses casos, somente poderá ser julgado (condenado) pelos seus pares, pessoas que fazem parte da comunidade em que ele vive e participam da mesma cultura.

Em razão dessas considerações, a Comissão de Reforma criada pelo Ministério da Justiça deixou de lado as discussões que permeiam as vantagens ou desvantagens da manutenção do tribunal do júri, e se concentrou em alvitrar alterações na sua estrutura organizacional e funcional. As linhas mestras do anteprojeto destinado à modificação do processamento dos crimes da competência do tribunal do júri foram: (a) eliminação do que se denominou *usinas da prescrição*, ante a exigência da intimação pessoal da decisão de pronúncia e a impossibilidade do julgamento à revelia; (b) maior participação das partes nas fases de todo o procedimento; (c) aplicação mais efetiva dos princípios da *imediação*; (d) simplificação com a erradicação do excesso de formalismo, a fim de evitar nulidades, especialmente com a racionalização da quesitação submetida ao conselho de sentença, que é a forma mediante a qual se faz o julgamento na sessão plenária.

---

511 O tribunal do júri, em nosso meio, foi criado pela Lei de 18.06.1822, previsto para o julgamento dos crimes de imprensa. Não constou da Constituição Imperial de 1822, mas foi previsto na Constituição Republicana de 1891.

Conforme já foi salientado no item 5, supra, no Código Criminal de 1832, o procedimento do tribunal do júri era previsto para praticamente todo tipo de crime. Por isso mesmo, ele era o procedimento ordinário. Entretanto, o legislador do Código de Processo Penal de 1941, em que pese tenha previsto o tribunal do júri apenas para o julgamento dos crimes dolosos contra a vida, inadvertidamente, influenciado pela legislação anterior, colocou esse rito como um dos tipos de procedimento comum, quando, em verdade, sendo reservado para apenas uma espécie de crime, ele não pode ser considerado, tecnicamente, comum. Por outro lado, diante das singularidades quanto à forma do processamento ele é o mais especial de todos os ritos. Corretamente, a Lei nº 11.719, de 2008, não classificou o rito do tribunal do júri como espécie de procedimento comum (art. 394, § 1º, do CPP). Porém, o legislador não cuidou de modificar a localização topográfica dos dispositivos que disciplinam o procedimento do tribunal do júri, de modo que eles estão no Título I do Livro II, cuja rubrica é *DO PROCESSO COMUM*[512]. Ou seja, topograficamente, o rito do júri está entre os que são considerados comuns, quando ele, em verdade, é especial. Pelo menos o legislador teve a sensibilidade de modificar a nomenclatura do Capítulo II do Título I do Livro II, a fim de dizer que as normas ali dispostas são *DO PROCEDIMENTO RELATIVO AOS PROCESSOS DA COMPETÊNCIA DO TRIBUNAL DO JÚRI*[513].

O anteprojeto encaminhado pelo Executivo, em consonância com o trabalho da Comissão de Reforma, tinha a intenção de alterar a redação dos arts. 406 a 497 do Decreto-Lei nº 3.689, de 3.10.41 — Código de Processo Penal. No Parlamento, houve acréscimos, de modo que as alterações se estenderam até o art. 581. A metodologia adotada foi a de reescrever todos os artigos que disciplinavam o tribunal do júri, de modo que muitas das alterações se circunscreveram, apenas, a dar melhor técnica redacional e mesmo a corrigir alguns erros constantes do texto anterior, sem, entretanto, nenhuma modificação de conteúdo.

Manteve-se, porém, a sistemática atual de reservarem-se, aos processos da competência do tribunal do júri, duas fases distintas, uma

---

512 A crítica a essa nomenclatura, que deveria ser *DO PROCEDIMENTO COMUM* está no item 5, supra.
513 A nomenclatura anterior era *DO PROCESSO DOS CRIMES DA COMPETÊNCIA DO JÚRI*.

destinada à instrução que se desenvolve unicamente perante o juiz preparador e a outra perante o tribunal do júri. Com isso, o conselho de sentença continuará à margem das provas coligidas durante a instrução processual, sendo chamado, apenas, para o julgamento, o que é sobremaneira prejudicial, pois não se lhe permite conhecimento mais acurado acerca dos fatos sobre os quais haverá de decidir. É verdade que a Constituição assegura a competência do tribunal do júri apenas para o julgamento, de modo que é admissível que o processo contenha duas fases, a do processamento propriamente dito e a do julgamento, ficando este reservado para o tribunal do júri. Mas nada impede que o legislador infraconstitucional estenda a garantia, de modo a estabelecer uma única fase, a ser desenvolvida perante o tribunal do júri, que agora conta com 25 membros, além do juiz togado, que é o seu presidente. Acredita-se que era a hora de inovar, com a previsão de uma única fase, tornando o rito mais célere e propiciando, aos jurados, melhor conhecimento do processo.

Antes de iniciar o exame das inovações, importa discorrer sobre os quatro princípios retores do tribunal do júri, elencados no art. 5º, XXXVIII, da Constituição, quais sejam, (a) a plenitude de defesa, (b) o sigilo das votações, (c) a soberania dos veredictos e (d) a competência para o julgamento dos crimes dolosos contra a vida.

(a) Plenitude de defesa

Quanto à organização do tribunal do júri, dentre os princípios específicos aplicados, consta a *plenitude de* defesa (art. 5º, XXXVIII, "a" da Constituição). O constituinte apenas reforçou o princípio da ampla defesa ou quis dizer que, no tribunal do júri, diante da peculiaridade de o julgamento ser dado por um corpo formado por pessoas leigas, impõe-se a adoção de regras que conferem mais garantias ao acusado no processo?

Sobre a questão há duas correntes. Uma, entende que a plenitude de defesa apenas corrobora a cláusula da ampla defesa. Outra, afirma que a plenitude de defesa é algo mais do que a ampla defesa, é um plus em relação a esta, ou seja, entende-se que o primado do direito de defesa estampado pelo constituinte para o tribunal do júri não é apenas a repetição do princípio da ampla defesa plasmado no inciso LV do art. 5º da Lei Fundamental. De acordo com este pensamento, em razão de suas peculiaridades, nos processos da competência do tribunal popular, são asseguradas maiores garantias ao acusado no pertinente à participação no feito.

A segunda corrente parece mais razoável, pois não teria sentido o constituinte querer, apenas, ao asseverar que se deve assegurar a *plenitude de defesa*, reforçar o princípio da ampla defesa, plasmado no inciso LV do mesmo artigo, que se aplica a todo e qualquer tipo de processo, seja judicial, seja administrativo. Acrescente-se, ainda, que, se realmente o constituinte tivesse em mente a intenção de reafirmar a aplicação do princípio da ampla defesa nos processos afetos ao tribunal do júri, teria utilizado a mesma terminologia, e não a expressão *plenitude de defesa*[514].

Se a repetição em si do princípio quanto ao processo da competência do tribunal do júri não se fazia necessário — ninguém poderia defender a tese de que a ampla defesa não seria aplicável aos julgamentos pelo tribunal do júri —, deve-se entender que o constituinte quis dizer algo mais quando deu a garantia de defesa no inciso XXXVIII do art. 5º da Carta Magna, máxime pelo fato de ele ter se utilizado de outra expressão, qual seja, a plenitude de defesa.

Mas não é só. O princípio da *plenitude de defesa* está no inciso XXXVIII, enquanto o da ampla defesa no LV, ambos do art. 5º da Constituição, de modo que, por evidência lógica, o primeiro não poderia servir para reforçar o segundo, quando muito, o contrário.

Note-se que o Código de Processo Penal procurava conferir maior preocupação com a ampla defesa, em relação ao processo da competência do tribunal do júri. Na disciplina anterior à Lei nº 11.689, de 2008, mostrava-se mais efetiva a participação do acusado na relação processual. Essa maior participação era sentida especialmente na segunda fase do procedimento, que corresponde à fase do julgamento propriamente dito, quando o processo é remetido para o tribunal do júri. De qualquer forma, regras específicas quanto à maior participação do acusado no processo tinha início ainda na primeira fase, diante da exigência de que o acusado, nos crimes inafiançáveis, fosse intima-

---

514 Note-se que, de acordo com o *Dicionário Aurélio*, pleno quer dizer *cheio, repleto*, dá a ideia de algo que é *completo, inteiro, absoluto; cabal, perfeito* e *acabado*. Já amplo, exprime o sentido do que é de *grandes dimensões; muito extenso; espaçoso, vasto; rico, farto, pródigo; abundante*. Embora conste também, como definição, o que seja ilimitado, *pleno* parece algo superior a *amplo*. E mais: embora se tenha assegurado a *ampla defesa* no inciso LV, como norma específica para o tribunal do júri não se assegurou a *plena defesa*, mas a *plenitude de defesa*, o que parece mais abrangente ainda. Ou seja, assegurou a defesa *em plenitude*, o que quer dizer, no Dicionário Aurélio, *em plena ou máxima extensão, brilho, glória etc.*

do pessoalmente da decisão de pronúncia (arts. 413, caput, e 414 do CPP). Com efeito, na redação antiga, o art. 413, caput, do Código de Processo Penal, dizia que o processo "... não prosseguirá até que o réu seja intimado da sentença de pronúncia".

O efeito prático que daí decorria era que, caso o acusado estivesse foragido ou não tivesse sido encontrado para a intimação da decisão de pronúncia, o processo ficava suspenso em relação a ele, sem que se suspendesse, igualmente, o curso do prazo prescricional, pois não havia previsão nesse sentido. Essa situação era muita criticada pela doutrina e pelas pessoas que tinham interesse no julgamento[515]. Pejorativamente, essa norma era denominada *usina de prescrição*.

Atendendo aos reclamos da doutrina e de parte da sociedade, o Parlamento aprovou a Lei nº 11.689, de 9 de julho de 2008, a qual alterou os dispositivos do Código de Processo Penal referentes ao tribunal do júri. Em consonância com as novas regras, o acusado solto, que não for encontrado para fins de intimação pessoal, será intimado por meio de edital (art. 420, parágrafo único, do CPP). Com isso, evitar-se-á que os processos fiquem paralisados, dando a impressão de impunidade[516]. Não parece que a modificação arranhe a substância da garantia da *plenitude de defesa*, pois procedeu, tão só, a correção de um excesso praticado pelo legislador infraconstitucional.

O escopo dessa previsão legislativa era evitar que a pessoa fosse julgada à revelia pelo tribunal do júri que, pelo fato de ser formado por pessoas leigas, poderia ser influenciado devido à circunstância de o acusado não estar presente na sessão de julgamento. Ainda que esse argumento fosse aceitável, a previsão contida no dispositivo em foco se mostrava despropositada, porquanto ainda se estava na fase processual da intimação da decisão de pronúncia, quando não havia sido iniciada, sequer, a segunda etapa do processo, que comporta as fases postulatória e da instrução e julgamento.

Ademais, essa necessidade de intimação pessoal tinha razão de ser diante da obrigatoriedade da presença do acusado na sessão de julgamento do júri. Assim, a partir do momento em que o interrogatório

---

515 Essa previsão do CPP era muito criticada, pois transmitia a sensação perante a sociedade de impunidade. A família da vítima não se conformava pelo fato de o acusado, em razão de estar foragido, não ser julgado pelo tribunal do júri. Era comum os familiares procurarem o juiz para saber a razão pela qual o processo estava paralisado e, diante da explicação que lhes era dada, revelava toda a sua indignação pela forma como o assunto era tratado normativamente.
516 Cf. item 5.3.1.1.1.2, infra.

passou a ser expressamente facultativo (art. 474 do CPP, com a redação da Lei nº 11.689, de 2008), não havia mais sentido exigir a intimação pessoal do acusado, mesmo quando ele estivesse em lugar incerto e não sabido. Por outro lado, como estratégia de defesa, é possível que o acusado prefira não prestar o interrogatório, pois, diante de uma série de fatores, isso poderá comprometê-lo perante os jurados, ainda mais quando, de acordo com o art. 474, § 1º do CPP, também alterado pela nova lei, esse ato processual, quanto ao tribunal do júri, está concebido sob a ideia do contraditório, de modo que não apenas o juiz, mas igualmente as partes poderão formular perguntas diretamente ao acusado[517].

Ainda como decorrência da plenitude de defesa, havia previsão no Código de Processo Penal no sentido de que uma cópia do libelo teria de ser entregue pessoalmente ao acusado, independentemente da que deveria ser encaminhada ao seu advogado, sob pena de nulidade do processo (art. 564, II, f, do CPP)[518]. Essa peça, como consequência lógica da simplificação dos quesitos formulados ao Conselho de Sentença, foi suprimida do procedimento relativo aos julgamentos pelo tribunal do júri[519].

Como norma específica decorrente do princípio da plenitude da defesa, exigia-se, na hipótese de crime inafiançável, a presença do acusado na sessão de julgamento, sob pena de adiamento (art. 451, § 1º, do CPP). Não se admitia, com isso, o julgamento à revelia, como forma de assegurar ao acusado o direito de ser inquirido pelo juiz na sessão do júri, oportunidade em que os jurados também podiam fazer-lhe perguntas. A presença do acusado era considerada como condição indispensável a fim de possibilitar que ele, por meio do interrogatório, se defendesse e se fizesse conhecer pelo conselho de sentença, integrado por leigos. A preocupação em não se admitir o julgamento à revelia se justificava, pois o conselho de sentença, composto de pessoas que não possuem formação jurídica, diante da ausência do acusado, tem a inclinação de condenar, diante do adágio praticado pelo comum

---

517 Quanto ao não comparecimento à sessão do tribunal do júri como forma de exercício do direito de defesa, cf. item 5.1.5.9, supra.
518 Cf. item 5.3.2, infra. O libelo era peça jurídica de rigor formal, em que o representante do Ministério Público, de forma objetiva e articulada, em consonância com a decisão de pronúncia, iniciava a segunda fase do processo da competência do tribunal do júri. Servia, ainda, de parâmetro para a elaboração pelo juiz-presidente dos quesitos a serem submetidos ao Conselho de Sentença.
519 Sobre a simplificação dos quesitos, cf. item 5.3.2.8, infra.

do povo de que *quem não deve não teme* e *quem foge tem culpa no cartório*. Essa previsão normativa também era muito criticada nos meios acadêmicos, pois isso ocasionava, quando o acusado estava foragido, a paralisação do processo, sem que o mesmo ocorresse em relação ao prazo prescricional.

Essa *vexata quaestio* foi contornada pela Lei nº 11.689, de 2008, na medida em que tornou, como já foi salientado, facultativo o interrogatório do acusado. Dessa forma, se ele não estiver presente em plenário, não será realizado esse ato processual e será dada continuidade ao processo, sendo passada a palavra ao Ministério Público, para a sua sustentação oral (*caput* do art. 474 do CPP). Passa a ser possível o julgamento de crimes dolosos contra a vida, ainda que inafiançáveis, à revelia do acusado, o que era vedado pela sistemática anterior. O art. 474, caput, nessa parte, guarda coerência com o escopo de eliminar o sentimento de impunidade, ante a impossibilidade de realizar-se o julgamento de crimes da competência do tribunal do júri, sem que o acusado fosse intimado pessoalmente da pronúncia, ou, então, não estivesse presente à sessão de julgamento.

Para evitar que a recusa em prestar o interrogatório ou a ausência do acusado na sessão do plenário seja explorada pelo Ministério Público, o art. 478 do CPP, com a redação da nova lei, impede que sejam feitas referências, nos debates, sob pena de nulidade, à circunstância de o acusado ter feito uso do silêncio como estratégia de defesa ou da faculdade de não comparecer ao julgamento. Aliás, o melhor teria sido que ficasse expresso em lei que, quando o acusado, presente à sessão, exercesse o direito ao silêncio, o juiz alertasse ao jurado que isso não pode ser levado em conta contra o acusado, o mesmo sendo feito, quando ele preferisse não comparecer ao julgamento. De todo modo, mesmo diante da lacuna da lei, o juiz deve fazer essa advertência[520].

Como se vê, ainda que se entenda que o princípio da *plenitude de defesa* é um plus em relação à ampla defesa, cuja justificativa radica nas peculiaridades próprias dos julgamentos tomados pelo tribunal do júri, não se enxerga vício constitucional com as modificações introduzidas pela Lei nº 11.689, de 2008, tendentes a conter a elasticidade dessa cláusula constitucional dentro de níveis mais do que razoáveis. De mais a mais, devido à forma bastante alargada que é dada ao direito à ampla defesa, a bem da verdade, não resta muito espaço para se ampliarem as garantias quando o julgamento se dá perante o tribunal do júri.

---

[520] Cf. item 5.3.2.7, infra.

(b) Sigilo das votações

Antes da processualização do dever-poder de punir do Estado, a punição do agente obedecia a um mero ritual. Além de não ser assegurado o direito de defesa, as acusações e os julgamentos eram secretos, justamente para que o acusado não *atrapalhasse* o trabalho investigatório desenvolvido no sentido de descobrir a verdade dos fatos. Coube a Beccaria no livro *Dos delitos e das penas* pinçar a publicidade como importante instrumento para o controle de eventuais abusos do poder público.

A cláusula da publicidade foi adotada pelo Código de Processo Penal, porém, até o advento da Constituição de 1988, nenhuma Carta brasileira havia elevado esse princípio à categoria de direito fundamental.

A previsão da publicidade como garantia fundamental tem o condão de dar-lhe maior magnitude, conferindo-se transparência mais acentuada ao exercício do ofício judicante e, com isso, maior legitimidade. O acompanhamento da distribuição da justiça pela sociedade, sem dúvidas, tem o condão de inibir excessos e arbitrariedades, que encontram campo fértil quando os atos são acobertados pelo campo escuro do segredo.

A garantia da publicidade dos atos processuais está repetida no art. 93, IX, da Constituição, na parte em que são estabelecidas regras específicas para a magistratura. O dispositivo em foco dispunha que "todos os julgamentos dos órgãos do Poder Judiciário serão públicos, e fundamentadas todas as decisões, sob pena de nulidade, podendo a lei limitar a presença, em determinados atos, às próprias partes e a seus advogados, ou somente a estes". A fim de preceituar que o juiz, ao determinar o segredo de justiça e restringir a publicidade, deve fazer uma ponderação de valores com o direito da sociedade à informação, com a Emenda Constitucional nº 45, de 2004, a norma em estudo sofreu alteração em sua dicção normativa, acrescentando-se, em sua parte final, que essa medida excepcional somente deve ser adotada "... em casos nos quais a preservação do direito à intimidade do interessado no sigilo não prejudique o interesse público à informação."

De qualquer sorte, em relação ao julgamento pelo tribunal do júri, a Constituição de 1988 estabelece como cláusula o sigilo das votações. Em cumprimento a essa determinação, o legislador ordinário impõe que o julgamento do conselho de sentença seja mediante reunião em *sala especial*, ante a presença apenas do juiz presidente, do Ministério

Público, do assistente, do querelante, do defensor do acusado, do escrivão, do oficial de justiça (art. 485, caput, do CPP). Para resguardar, ainda mais, o sigilo das votações, com as novas regras, deve ser encerrada a votação de cada quesito, na medida em que verificada a maioria dos votos em um determinado sentido, ademais de ficar consignado na ata de julgamento, apenas, o resultado, sem especificação do número de votos em um ou outro sentido[521]. Longe de afrontar o princípio da publicidade, a reunião em sala especial com a possibilidade da presença apenas das pessoas indicadas na lei e as regras sobre a apuração dos votos servem para fornecer os meios necessários para manter a imparcialidade dos jurados e a soberania dos vereditos, que se incluem dentre as cláusulas retoras dessa espécie de processo. Alguns julgamentos feitos pelo tribunal do júri foram anulados, pelo fato de, a pretexto de aplicar o princípio da publicidade, ter-se determinado que, conquanto assegurado o sigilo, os votos dos jurados fossem colhidos em plenário, sem o recolhimento à sala secreta[522].

A despeito de a votação ser dada na sala secreta e lá ser elaborada a sentença pelo juiz togado — que é quem, afinal, dá forma ao que foi decidido pelo corpo de jurados e faz, se for o caso, a dosagem da pena —, tem-se por cumprida a cláusula da publicidade com a leitura da sentença em plenário[523]. A publicidade aqui se refere ao resultado, não ao julgamento em si.

Por outro lado, a motivação da decisão é uma decorrência lógica do princípio da publicidade, plasmado no art. 93, IX, da Constituição. Na primeira parte da norma constitucional em exame está dito que *todos os julgamentos dos órgãos do Poder Judiciário serão públicos e*

---

521 Cf. item 5.3.2.8, infra.

522 Sobre o tema, eis decisão unânime da Segunda Turma do Supremo Tribunal Federal, ao examinar o Recurso Extraordinário 140975/RJ, em acórdão relatado pelo Ministro PAULO BROSSARD: "TRIBUNAL DO JÚRI. Sigilo das votações (art. 5º, XXXVIII, CF) e publicidade dos julgamentos (art. 93, IX, CF). Conflito aparente de normas. Distinção entre julgamento do Tribunal do Júri e decisão do Conselho de Jurados. Manutenção pelo sistema constitucional vigente do sigilo das votações, através de disposição específica. DEFENSOR PÚBLICO. Intimação pessoal (Lei nº 7.871/89). Aplicação restrita às instâncias ordinárias. AGRAVO REGIMENTAL. Interposição por meio de fac-símile (fax). Impossibilidade ante a ausência de autenticidade exigida pela norma processual (art. 374 do CPC.)" (BRASIL. Supremo Tribunal Federal. Data da decisão: 23/06/1992.Disponível em: http://www.stf.gov.br/jurisprudencia/jurisp.asp. Acesso em: 29 set. 2005.

523 Cf. item 5.3.2.9, infra.

fundamentadas todas as decisões, sob pena de nulidade[524]. Com isso, se quer dizer que a publicidade dos pronunciamentos judiciais não se tem por cumprida apenas com a cientificação desse tipo de ato judicial às partes, com possibilidade de a ele ter acesso as demais pessoas interessadas, mas igualmente com a exposição dos motivos que levaram o juiz a decidir de uma determinada forma. Como exceção a esse princípio da motivação das *decisões judiciais*, constam os pronunciamentos dos membros do conselho de sentença, nos julgamentos levados a efeito pelo tribunal do júri. A peculiaridade de o julgamento ser feito por leigos é justificativa para essa ressalva, que se complementa com a regra da soberania dos veredictos, princípio ínsito ao *devido processo legal* previsto para o tribunal do júri.

(c) Soberania dos veredictos

O princípio da soberania dos veredictos importa em estabelecer que as suas decisões não podem ser reexaminadas quanto ao mérito pela justiça togada, até porque elas são resultado de juízo de equidade, em que os jurados não decidem de acordo com as regras jurídicas, mas sim em compasso com a sua *íntima convicção* ou *consciência* (art. 472, caput, do CPP).

Por isso mesmo, como regra, não se admite recurso de apelação com a finalidade de discutir o mérito da decisão do conselho de sentença. Possibilita-se, apenas, quando a *decisão for manifestamente contrária à prova dos autos* (art. 593, III, "d", do CPP), que o tribunal de justiça ou regional federal, ao dar provimento ao recurso de apelação, determine a realização de novo julgamento pelo tribunal do júri. Haveria afronta ao dispositivo caso o tribunal de justiça pudesse, ele próprio, substituir a decisão. Ademais, independentemente de quem seja o recorrente, com essa motivação, o recurso só pode ser interposto uma única vez.

Porém, o que importa salientar aqui é que, em rigor, esse princípio é ditado em prol do acusado, de modo a assegurar-lhe de que não será condenado senão por julgamento realizado pelos seus pares, cuja soberania do veredicto está protegida como direito fundamental. Assim, consoante jurisprudência do Supremo Tribunal Federal, é possível

---

524 Os dois princípios, da publicidade do processo e da motivação das decisões, possuem justificação política, que é a *legitimação da função jurisdicional*.

que se dê provimento a revisão criminal ou a habeas corpus que tenha como escopo a desconstituição de decisão exarada por tribunal do júri, pois, nesse caso, a flexibilização da soberania dos veredictos lhe é benéfica.

Por outro lado, a soberania dos veredictos traz como consequência a desnecessidade da motivação das decisões do conselho de sentença, conforme explicado no item anterior.

(d) Competência para o julgamento dos crimes dolosos contra a vida

Na época da elaboração do Código de Processo Criminal de 1832, o rito do tribunal do júri era previsto praticamente para todos os crimes. Por via de consequência, o procedimento do tribunal do júri era considerado rito ordinário. Paulatinamente, houve a diminuição da sua competência. Quando da edição do Código de Processo Penal em vigor, a Constituição de 1937 sequer tinha feito menção a esse modelo de julgamento, tendo o legislador ordinário restringido a sua competência para os crimes dolosos contra a vida (art. 74, § 1º, do CPP). Readquirido o *status* constitucional com a Carta de 1946, a Constituição de 1967 restringiu a sua competência apenas para os crimes dolosos contra a vida.

A Constituição de 1988, porém, foi além. Conferiu ao tribunal do júri uma competência mínima, qual seja, para o julgamento dos crimes dolosos contra a vida. Nada impede que o legislador ordinário estenda essa competência para outros crimes ou, até mesmo, para questões cíveis.

Veja-se que a competência é para o *julgamento*, não para *processar e julgar*, como é a regra, quando se distribui a competência entre os órgãos judiciais. Diante disso, o legislador ordinário atribui ao juiz togado a competência para a primeira fase do processo que segue o rito do tribunal do júri, correspondente ao juízo de admissibilidade da acusação, reservando para o tribunal do júri, apenas, a segunda fase, que cuida do julgamento do processo. De qualquer sorte, nada impede que o legislador proceda a uma modificação mais radical nesse procedimento, de modo a estabelecer uma única fase, toda ela desenvolvida perante o tribunal do júri.

Por fim, concretamente, a garantia constitucional quer dizer que o acusado só pode ser condenado, quando se tratar de crime doloso contra a vida, se o julgamento for realizado pelo tribunal do júri[525]. Assim, não há nenhuma incompatibilidade com a regra constitucional a previsão de que o juiz togado pode impronunciar ou absolver sumariamente o acusado. O que o juiz togado não pode é condenar o acusado, não havendo empecilho, portanto, para que ele, diante da ausência de elementos referentes à materialidade ou aos indícios de autoria, impronuncie o acusado ou então, existente uma das hipóteses de absolvição sumária, prolate sentença de mérito, absolvendo o acusado[526].

5.3.1. Primeira fase

Assim como era antes, a primeira fase do processo do tribunal do júri, destinado à instrução perante o juízo singular, segue, com pequenas alterações, o procedimento previsto para o rito comum. Aliás, em verdade, as alterações pertinentes ao tribunal do júri em relação ao rito comum são aquelas mesmas regras específicas estabelecidas para o procedimento sumário. Assim, em rigor, na primeira fase do tribunal do júri, adota-se o procedimento alvitrado para o procedimento sumário. Essa circunstância está reconhecida na exposição de motivos elaborada pelo então Ministro da Justiça José Gregori, ao enviar o anteprojeto de lei para o Congresso Nacional.

Mas, mesmo em relação ao procedimento sumário, o rito do tribunal do júri, em sua primeira fase, contém pequenas diferenças. Aqui, para evitar a repetição do que se falou a respeito quando se ocupou dos procedimentos ordinário e sumário, será feita a análise, apenas, das regras específicas adotadas para o procedimento do tribunal do júri.

Primeiro, relembre-se que, por força do disposto no art. 394, § 4º, os arts. 395 a 398, do CPP, se aplicam a toda e qualquer espécie de procedimento, inclusive aos disciplinados em leis extravagantes. A forma peremptória como redigido o § 4º do art. 394 não dá possibilidade de outra interpretação: "As disposições dos arts. 395 a 398 deste Código aplicam-se a todos os procedimentos penais de primeiro grau, ainda que não regulados neste Código."[527] Consequentemente, os re-

---

525 Note-se que a própria Constituição cria exceções a essa regra, ao estabelecer a competência dos tribunais tendo em conta a função exercida pela pessoa acusada da prática ou participação em crime.
526 Cf. itens 5.3.1.2 e 5.3.1.2, infra.
527 Reafirme-se que o art. 398 do Código de Processo Penal não existe, na medida em que ele não foi aprovado no Parlamento. Cf. itens 3.2.1 e 5, supra.

feridos artigos são aplicáveis ao procedimento relativo ao tribunal do júri. Não se pense que pelo fato de a absolvição sumária específica para o rito do júri estar prevista no art. 415 do Código de Processo Penal, em momento posterior às razões finais do acusado na primeira fase, não deva o juiz, nos termos do art. 397 do CPP, se for o caso, em seguida à resposta do acusado, proferir sentença liminar, absolvendo desde logo. Não seria razoável que, possuindo os elementos necessários para absolver liminarmente o acusado antes da realização da instrução do processo, o juiz não pudesse fazer o julgamento antecipado da lide.

Aliás, como se disse anteriormente, a circunstância de o legislador ter utilizado, nos arts. 397 e 415 do CPP, expressões diferentes para tratar das mesmas hipóteses de absolvição sumária, leva a crer que ele quis acentuar que, como no primeiro dispositivo a avaliação feita pelo juiz é antes da instrução do processo, lá o princípio do *in dubio pro societate* é mais forte ainda. Com efeito, diante da existência de réstia de dúvida, ao invés de proceder à absolvição antes da instrução processual, isto é, com base no art. 397 do CPP, é preferível o juiz marcar a audiência para a produção das demais provas e, se for o caso, interrogar o acusado, para, então, agora com mais substância, prolatar a sentença absolutória antecipada[528], nos termos do art. 415 do CPP.

A primeira diferença, quanto à regra peculiar para o procedimento relativo aos crimes da competência do tribunal do júri, em relação à sua primeira fase, refere-se à duração razoável do processo. O art. 412 do CPP, que está na seção I do Capítulo II do Título II do Livro I, que trata *Da acusação e da instrução preliminar*, diz que "O procedimento será concluído no prazo máximo de 90 (noventa) dias." Por conseguinte, enquanto o prazo para o sumário é de 30 (trinta) dias, o do ordinário é de 60 (sessenta) e o do tribunal do júri, em relação à primeira fase, é de 90 (noventa). Dessa forma, estando o acusado preso, a audiência de instrução e julgamento da primeira fase terá de ser realizada: (a) se na justiça estadual, entre 135 (cento e trinta e cinco) e 162 (cento e sessenta e dois) dias; e (b) se na justiça federal, entre 140 (cento e quarenta) e 187 (cento e oitenta e sete) dias. Na segunda fase, tanto na justiça estadual quanto na federal, 186 (cento e oitenta e seis) dias. Conforme defendemos no item 3.2.2.3.3, supra, os prazos das duas fases devem ser contados em separado[529].

---

528 A respeito da absolvição sumária, cf. item 5.1.7, supra.
529 Cf. item 3.2.2.3.3, supra, no qual é feito o detalhamento da contagem dos prazos, quando se trata do procedimento relativo ao tribunal do júri.

Outra regra que só consta expressamente para o tipo de procedimento aqui examinado é a do art. 409 do CPP ("Apresentada a defesa, o juiz ouvirá o Ministério Público ou o querelante sobre preliminares e documentos, em 5 (cinco) dias). Todavia, em rigor, essa norma se aplica a todos os procedimentos, conforme argumentação exposta no item 5.1.6, supra.

Quanto ao número de testemunhas, aqui a primeira fase do procedimento do júri segue a regra do procedimento ordinário, qual seja, com a previsão no máximo de 8 (oito). No item 5.1.8.5.4, supra, foram feitas as considerações a respeito desse assunto.

Sem muita razão de ser, a despeito do silêncio para os demais procedimentos, o legislador achou por bem preceituar um prazo específico para a realização da audiência de inquirição das testemunhas, assim como das diligências requeridas pelas partes. O art. 410 do CPP determina que esses atos de instrução sejam realizados no prazo máximo de dez dias ("O juiz determinará a inquirição das testemunhas e a realização das diligências requeridas pelas partes, no prazo máximo de 10 (dez) dias"). A redação não é das melhores, na medida em que permite tanto que se entenda que o prazo de dez dias é para que o juiz profira o despacho dando a determinação, quanto que o prazo é para que esses atos sejam realizados. Porém, o razoável é que se entenda que o prazo é *para a realização*, e não *para a determinação de sua realização*. Deve-se ter em conta que, em muitos casos, não é possível que a diligência esteja cumprida em prazo inferior ao estipulado na norma.

Aliás, esse prazo era totalmente desnecessário. Veja-se que o legislador, tendo estabelecido o prazo razoável para a duração do processo na primeira instância, tanto para o procedimento ordinário quanto para o sumário, adequadamente, não estipulou um prazo específico para a realização da inquirição das testemunhas ou de diligências. O prazo de dez dias do art. 410 do CPP vai servir, apenas, para criar discussão quanto à caracterização de constrangimento ilegal quando o acusado estiver preso, mesmo que não superado o prazo de 90 (noventa) dias para o encerramento da primeira fase. Por outro lado, a forma como está redigida a norma, esse prazo de 90 (noventa) dias deve ser contado da data do recebimento da denúncia, e não da decisão do juiz sobre a resposta do acusado, que é como ocorre para os demais procedimentos[530]. Com os mesmos argumentos, o razoável é

---

530 Sobre o momento da contagem do prazo da duração razoável para os demais

entender-se que esse prazo deve ser contado da data da decisão a respeito da resposta apresentada pelo acusado.

Note-se, ainda, que o art. 411 do Código de Processo Penal é omisso quanto à forma que pode ser utilizada para a documentação dos depoimentos colhidos na audiência una. De toda maneira, aplicam-se, evidentemente, os §§ 1º e 2º do art. 405 do CPP, os quais recomendam, sempre que possível, a utilização do recurso audiovisual para o registro dos depoimentos, hipótese em que não há necessidade da degravação.

A complicação maior é porque no caput do art. 475 do Código de Processo Penal, que trata da forma de registro dos depoimentos colhidos na sessão plenária do júri, ou seja, na instrução da segunda fase desse tipo de procedimento, por incoerência sistêmica, se disse que "O registro dos depoimentos e do interrogatório será feito pelos meios ou recurso de gravação magnética, eletrônica, estenotipia ou técnica similar, destinada a obter maior fidelidade e celeridade na colheita da prova.", com o esclarecimento, contido no parágrafo único do mesmo dispositivo, de que "A transcrição do registro, após feita a degravação, constará dos autos."[531]

Como se verá no item 5.3.2.6, infra, seja como for, mesmo em se tratando da segunda fase do tribunal do júri, se for utilizado o sistema audiovisual na audiência, não precisa ser feita a degravação, nos termos do § 2º do art. 405 do CPP.

No mais, a primeira fase do procedimento do júri adota toda a disciplina do procedimento sumário, exceto quanto ao momento de prolação da sentença. Todavia, enquanto no procedimento sumário a sentença, necessariamente, independentemente da complexidade da causa ou do número de acusados, há de ser proferida em audiência, no procedimento aqui estudado, "Encerrados os debates, o juiz proferirá a sua decisão, ou o fará em 10 (dez) dias, ordenando que os autos para isso lhe sejam conclusos." (art. 411, § 9º, do CPP) Como se verifica, inexplicavelmente, o dispositivo confere ao juiz a faculdade de escolher entre exarar a sentença (de impronúncia ou de absolvição sumária) ou a decisão (de pronúncia ou de desclassificação) em audiência

---

procedimentos, Cf. 5.1.9, supra. Cf., igualmente, o item 5.1.3.2, supra, na parte em que recomenda a designação da data da audiência de instrução e julgamento com o despacho que recebe a ação penal.
531 Cf. item 5.3.2.6, infra.

ou em gabinete, no prazo de 10 (dez) dias. Deveria ter seguido a regra do procedimento ordinário, no qual só é dado ao juiz proferir a sentença no gabinete, quando as razões finais não forem apresentadas em audiência, o que poderá ocorrer quando for deferido pedido de diligências, a causa for complexa ou houver número excessivo de acusados.

Aliás, o melhor teria sido o legislador dizer que eram aplicáveis à primeira fase dos crimes da competência do tribunal do júri as regras do ordinário e as específicas previstas para o sumário, cuidando, apenas, de elaborar as que foram aqui comentadas, como normas peculiares a esse tipo de rito. A repetição de normas, principalmente quando não adotada a mesma nomenclatura, como é o caso do momento de início do prazo para a resposta, quando a citação feita por mandado, não é nada recomendável e serve, apenas, para gerar dúvidas quanto à existência, ou não, de diferença no tratamento dispensado a matérias que devem ser normatizadas de uma mesma forma[532].

Para o encerramento dessa primeira fase, foram mantidas na Lei nº 11.689, de 2008, as quatro alternativas, a fim de que escolhida uma delas pelo juiz, depois da realização da audiência de instrução e de apresentadas as razões finais pelas partes: pronúncia, impronúncia, desclassificação ou absolvição sumária. Foram providenciadas modificações às três primeiras, as quais serão comentadas a seguir.

5.3.1.1. Pronúncia

A decisão mais natural, dentre as quatro, é a de pronúncia. Não se trata propriamente de sentença, mas sim de decisão, pois a pronúncia contém mero juízo de admissibilidade, sem qualquer imiscuição quanto ao mérito debatido no processo. Com essa decisão o magistrado proclama admissível a acusação formulada pelo Ministério Público, a fim de que o acusado seja conduzido ao plenário do júri popular, e lá venha a ser julgado. É, em verdade, o ato-condição para o julgamento

---

532 O art. 396, caput, define o prazo de 10 (dez) dias para a resposta, a contar da citação. No § 1º do art. 406, em regra específica para a primeira fase dos processos da competência do tribunal do júri, consta que o prazo de 10 (dez) dias para a resposta "... será contado a partir do efetivo cumprimento do mandado ou do comparecimento, em juízo, do acusado ou de defensor constituído, no caso de citação invalida ou por edital." O caput do art. 396 do CPP não fala em *efetivo cumprimento* nem na hipótese de *citação inválida*.

do processo pelo tribunal do júri. Reclama-se para a pronúncia apenas a convicção sobre a existência do crime e indícios da autoria, não sendo de mister a colheita de prova robusta, porquanto, como se disse, não se trata de pronunciamento judicial com conteúdo condenatório, mas, apenas, de admissibilidade do julgamento pelo tribunal do júri.

Tourinho Filho leciona[533] que a decisão de pronúncia não se "... trata de sentença de mérito, pois mesmo reconhecendo seja o réu o autor do crime, não aplica nenhuma *sanctio juris*. A sentença aí tem, evidentemente, caráter nitidamente processual." Cuida-se, apenas, de instrumento com o qual o juiz julga admissível o *jus accusationis*, com o consequente envio do processo para o tribunal do júri, o qual, nos termos do art. 5º, XXXVIII, "d", da Constituição, é o *juiz natural* para julgar os crimes doloso contra a vida. Não se pronunciando sobre o mérito, é entendimento comum que essa decisão deve ser tomada pelo juiz com base, apenas, na certeza da materialidade e de indícios suficientes de que o denunciado seja o autor do ilícito, deixando para o plenário do júri a tarefa que lhe é conferida pela Constituição, consistente na apreciação do mérito do caso e aí, ao sopesar as provas dos autos, absolver ou condenar o acusado. Como se nota, para fins de que o juiz esteja autorizado a pronunciar o acusado, não se exige prova plena, inconcussa, sem a ínfima mácula de duvidança quanto à culpabilidade, mas apenas a verossimilhança da pretensão acusatória, de modo que, em caso de dúvida, a questão deve ser resolvida com lastro no princípio do *in dubio pro societate*, i. e., na dúvida, deve o juiz pronunciar, deixando para que a questão quanto à culpabilidade seja resolvida pelo tribunal do júri.

A essência desse entendimento é de que, em obséquio à soberania do júri popular, sempre que o juiz, após as razões finais, receber os autos a fim de deliberar se o caso é para remeter, ou não, a julgamento para o tribunal do júri, deverá, na dúvida, entender pelo envio do processo, com consequente prolação da decisão de pronúncia, possibilitando, assim, à sociedade, representada por um conselho, composto por sete cidadãos recrutados na localidade onde ocorreu o ilícito, exercer o direito-dever conferido pela Constituição de julgar o acusado.

No pertinente à pronúncia, houve algumas modificações importantes. Consoante a legislação anterior, o juiz, convencendo-se da

---

533 Op. cit., v. 4, p. 64.

existência do crime e de indícios de que o réu fosse o seu autor, deveria pronunciá-lo, fazendo consignar, na sentença, os motivos de seu convencimento. Embora a doutrina e mesmo a jurisprudência fossem uníssonas quanto aos limites da decisão de pronúncia, não era raro os juízes adentrarem o mérito da questão.

No desiderato de evitar a repetição dessa prática, a nova lei, no art. 413, § 1º, do Código de Processo Penal, esclareceu que "A fundamentação da pronúncia limitar-se-á à indicação da *materialidade do fato* e à existência de *indícios suficientes* de autoria ou de participação, devendo o juiz declarar o dispositivo legal em que julgar incurso o acusado e especificar as circunstâncias qualificadoras e as causas de aumento de pena".

Ademais, a nova lei, atendendo a apelo da doutrina, conferiu tratamento mais técnico aos requisitos ensejadores da decisão de pronúncia, modificando a expressão *existência do crime* para *materialidade do fato*. Quanto à modificação a respeito da autoria, uma vez que a norma anterior falava em *indícios de que o réu seja o seu autor* (art. 408, caput, do CPP), enquanto o caput do art. 413 do CPP exige *indícios suficientes de autoria ou de participação*, não se enxerga que tenha havido, em si, modificação quanto à substância desse requisito. Até porque a doutrina já estabelecia que esses indícios, necessários para respaldar a decisão de pronúncia, deveriam ser *suficientes*. Por outro lado, essa qualificação dos indícios ajusta a norma a outras medidas tomadas no curso do processo para as quais não há necessidade de o pronunciamento do juiz se apoiar na culpabilidade do acusado, como é o caso da prisão preventiva, em que se reclama *indícios suficientes*[534].

5.3.1.1.1. Prisão com a decisão de pronúncia

Como a decisão de pronúncia se escora apenas em juízo de verossimilhança quanto à responsabilidade criminal, tem-se que ela, em certa medida, assemelha-se, e muito, à hipótese em que há os requisitos da materialidade e de indícios suficientes de autoria, os quais, somados a um dos fundamentos do art. 312 do CPP, autorizam a decretação da prisão preventiva. Não tinha sentido, portanto, a admissibili-

---

534 Para a decretação de prisão temporária fala-se em *fundadas* razões, enquanto para as medidas assecuratórias, a exigência é de *indícios veementes*, o que quer dizer, de qualquer forma, a mesma coisa de *indícios suficientes*.

dade, consoante a regra do art. 408, § 2º, do CPP, da decretação da prisão do acusado tendo em consideração a circunstância de ele não ter bons antecedentes ou de não ser primário. O mero juízo de admissibilidade do julgamento da causa perante o tribunal do júri não era pertinente para justificar que, com base apenas na falta de bons antecedentes ou de primariedade, fosse possível a decretação da prisão[535]. Diante dessas considerações, em outro trabalho, afirmou-se[536]:

É verdade que a decisão de pronúncia é prolatada no final da primeira fase dos processos da competência do tribunal do júri, o que pressupõe não apenas a oitiva do acusado e das testemunhas em juízo, como o pleno exercício do direito de defesa do incriminado, razão pela qual, de regra, nesse momento processual, ele faz seu juízo a respeito da prisão com base em uma cognição que não se pode chamar de sumária, como ocorre, com frequência, quando é chamado a decidir sobre a prisão preventiva. Mas ainda assim, não se pode esquecer que nessa decisão não há juízo de culpabilidade e que, nesse momento, na dúvida, o juiz deve inclinar-se pela pronúncia.Por isso mesmo, sendo coerente com o que vem sendo aqui sustentado, o mais razoável é que o recolhimento à prisão com a decisão de pronúncia somente possa ocorrer caso o juiz tenha presente um dos fundamentos que autorizam a prisão preventiva (art. 312 do CPP). Aqui, sim, se mostra adequado adotar aquela posição do Superior Tribunal de Justiça, quanto a exigir que o juiz, ao decretar a prisão, de qualquer forma, faça a sua motivação em um dos fundamentos exigidos para a prisão preventiva (art. 312 do CPP).

Para concertar essa erronia, no § 3º do art. 413 do CPP, com a redação determinada pela Lei nº 11.689, de 2008, está expresso que, para decretar a prisão com a decisão de pronúncia, o juiz terá de usar como fundamento uma das hipóteses do art. 312 do Código de Processo Penal.

Mantendo a coerência sistêmica com o art. 387, parágrafo único, impõe-se que, estando o acusado preso, mesmo assim, a decisão de

---

535 Sobre esse tema, cf. o item 5.1.9.9.3, supra. Ali se sustenta que a prisão com base na circunstância de o acusado não possuir bons antecedentes ou de não ser primário, antes das modificações das Leis nºs 11.690 e 11.719, de 2008, encontrava justifica quando a sentença tinha como fundamento a culpabilidade, o que só ocorria quando ela possuía natureza condenatória, o que não é o caso da decisão de pronúncia. Cf., ainda, o item 5.1.9.8.3.1, supra.
536 Cf. SILVA JÚNIOR, op. cit., p. 867.

pronúncia, se for o caso, deverá dizer, fundamentadamente, se subsistem as razões para a permanência da prisão preventiva ou de medida restritiva[537].

5.3.1.1.2. Intimação da decisão de pronúncia

Não se exige, como na redação anterior, que a intimação da decisão de pronúncia, se o crime for inafiançável, seja feita pessoalmente. Nos termos do Lei nº 11.689, de 2008, a intimação da decisão de pronúncia só será feita pessoalmente na hipótese de o acusado encontrar-se recolhido à prisão. Com isso, evitar-se-á que os processos fiquem paralisados, dando a impressão de impunidade, pelo fato de o acusado encontrar-se foragido, impossibilitando a intimação, enquanto o prazo prescricional flui normalmente. A doutrina, há tempos, manifestava-se pela alteração, denominando essa regra de *usina de prescrição*. Sobre esse assunto, cf. o item 5.3.a, supra.

Manteve-se a regra de que, a despeito da existência de advogado constituído, é direito do acusado ser intimado pessoalmente da decisão de pronúncia, porém, se ele estiver solto, estando em lugar incerto ou não sabido ou, por qualquer motivo, não sendo encontrado, a intimação deverá ser feita por edital (art. 420, parágrafo único, do CPP)[538]. Note-se que o legislador, em verdade, utilizou a expressão "... acusado solto que não for encontrado..." (art. 420, parágrafo único, do CPP). Por conseguinte, se ele se esquiva para não receber a intimação pessoal da decisão de pronúncia, é caso, igualmente, de intimação por edital. Até porque a comunicação processual por hora certa só foi prevista para fins de citação.

De qualquer forma, para evitar controvérsias, deveria ter sido especificado, quanto à hipótese de intimação da decisão de pronúncia ao acusado preso, que só haverá de ser feita a comunicação pessoal, quando ele estiver recolhido em estabelecimento localizado fora do espaço de jurisdição do juiz, caso esse fato esteja registrado no processo. Em razão das dimensões territoriais do país, é comum o acusado estar preso em alguma unidade da federação, sem que isso seja do conhecimento do juiz. Por isso mesmo, a Súmula 351 do Supremo Tribunal Federal, acertadamente, dispõe que "É nula a citação por edital de réu pre-

---

537 Para não repetir o que já foi exposto, cf. o item 5.1.9.9.3.1, supra.
538 Cf. item 5.1.4.2, supra.

so na mesma unidade da Federação em que o juiz exerce a sua jurisdição."

Com certeza, haverá muita discussão se, estando o acusado preso, ainda que em estabelecimento fora de jurisdição do juiz, será válida a intimação da decisão de pronúncia ao acusado feita por edital. A solução será a aplicação, por analogia, da Súmula 351 do STF, de modo que a intimação por edital da decisão, estando o acusado preso, somente será considerada nula se o recolhimento à prisão for em estabelecimento situado na mesma unidade da federação em que o juiz exerce a sua jurisdição.

5.3.1.2. Impronúncia

A impronúncia, assim como a pronúncia, é uma decisão com a qual não se faz imiscuição quanto ao mérito do caso submetido à apreciação. Com ela apenas se diz que não há elementos razoáveis, quanto à materialidade ou aos indícios de autoria, para se submeter a pessoa ao julgamento pelo tribunal do júri. Assim, se não é caso de pronúncia, em princípio, deve ser dada a impronúncia, a não ser que haja elementos suficientes para a absolvição sumária. Trata-se de sentença, pois, com ela, se põe fim à relação processual, muito embora sem trazer como consequência a formação de coisa julgada material, mas apenas formal.

No art. 414, caput, do Código de Processo Penal, ao dispor acerca da impronúncia, mantém-se, em linhas gerais, o tratamento então dispensado pelo Código ao tema. A redação, porém, é mais técnica, substituindo-se a expressão *existência do crime* por *materialidade do fato*. Em atenção aos reclamos da doutrina, corrige-se, igualmente, a impropriedade anterior, que dispunha que, não existindo os elementos necessários, o juiz deveria julgar *improcedente a denúncia ou a queixa*. De fato, o que se julga não é a petição, mas sim o pedido. Ainda assim, como se disse, com a impronúncia não há a *improcedência* da pretensão acusatória, uma vez que não há julgamento do mérito. A modificação foi para dizer que, nesses casos, o juiz *impronunciará o acusado* (art. 414, caput), o que é, estreme de dúvidas, mais técnico.

Esclarece o parágrafo único do artigo em foco que, havendo novas provas, desde que não extinta a punibilidade, deverá ser oferecida nova denúncia, pois, para todos os efeitos, a sentença de impronúncia põe fim à relação processual, ainda que tenha o condão de fazer, apenas, coisa julgada formal. Fica claro, assim, que terá de ser realizada nova instrução processual, renovando-se, enfim, toda a primeira fase.

5.3.1.3. Absolvição sumária

Se para a pronúncia basta ao juiz a dúvida, para a absolvição sumária se exige que a manifestação judicial esteja acompanhada de provas que sejam *estremes de dúvidas*. Ou melhor, reclama-se que o juiz tenha a certeza quanto à presença de uma das hipóteses previstas em lei que dão ensejo à absolvição sumária. Na dúvida, deve o juiz deixar a questão para ser analisada pelo tribunal do júri. A absolvição, por exemplo, com suporte em uma excludente de criminalidade, pressupõe "... que não haja nenhuma dúvida sobre a existência da excludente de antijuridicidade."[539]

Importa observar que o juiz, na absolvição liminar, diferentemente do que ocorre no caso da pronúncia, impronúncia ou desclassificação, profere propriamente sentença, apreciando o mérito da questão. Daí por que, diante da competência deferida pelo constituinte ao tribunal do júri para o julgamento dos crimes dolosos contra a vida, há certa divergência quanto a sua harmonia com o preceito constitucional. Decerto que o legislador infraconstitucional não pode suprimir, da competência do tribunal do júri, o julgamento de qualquer caso. No entanto, defende-se que a instituição do júri popular está inserida dentre os direitos e garantias constitucionais dos indivíduos, pelo que, como a absolvição sumária ocorre em prol do acusado, não se verifica incompatibilidade entre a norma constitucional e a subconstitucional[540].

Na redação anterior, a absolvição sumária estava prevista, apenas, para duas hipóteses: (a) existência de circunstância que exclusa o crime; ou (b) existência de circunstância que isente o acusado de pena. Havia entendimento doutrinário no sentido de que as hipóteses de absolvição sumária seriam apenas aquelas expressamente previstas no art. 411 do CPP. Desse modo, até mesmo quando o juiz reconhecesse

---

539 TOURINHO FILHO, op. cit., p. v. 4, p. 50. Magalhães Noronha escreve que, para a absolvição liminar, o juiz "... há de apoiar-se em prova líquida, considerando que está subtraindo o réu do seu juiz natural que é o júri" (*Curso de processo penal*. 8. ed. São Paulo: Saraiva. p. 237).
540 Cf. item 5.3.d, supra.

que o agente não participou do delito (negativa de autoria), ou de que estivesse provada a inexistência do fato ou mesmo o fato não constituísse infração penal, a decisão era de impronúncia.

Para resolver essa discussão, como essas hipóteses dizem respeito a questão de mérito, a nova lei colocou no art. 415 do Código de Processo Penal, como hipóteses de absolvição sumária, quatro circunstâncias:

I — provada a inexistência do fato;
II — provado não ser ele autor ou partícipe do fato;
III — o fato não constituir infração penal;
IV — demonstrada causa de isenção de pena ou de exclusão do crime.

Acontece que, por incoerência sistêmica, malgrado tenha sido a extinção de punibilidade considerada causa de absolvição quando o julgamento antecipado se dá no momento do art. 397 do CPP, que se aplica ao procedimento do tribunal do júri, essa mesma hipótese não foi incluída no rol do art. 415 do CPP. Para todos os efeitos, a extinção de punibilidade, igualmente, é causa de absolvição sumária no procedimento relativo aos crimes da competência do tribunal do júri. Para não repetir o que já foi aqui exaustivamente falado a respeito, remete-se o leitor para os itens 5.1.7 e 5.3.1, supra.

O parágrafo único do art. 415 do CPP adverte que a excludente de culpabilidade não pode ser reconhecida nesse momento, salvo se ela for a única tese sustentada pela defesa. Isso porque, se houver outra tese, o processo deve prosseguir, até porque a absolvição com esteio na inimputabilidade, diante da possibilidade de aplicação de medida de segurança até mesmo detentiva, não é propriamente absolutória. Ademais, em qualquer hipótese de absolvição por ausência de culpabilidade, o pronunciamento judicial possui como pressuposto a circunstância de estar provada a ocorrência do crime e de a pessoa acusada ser quem o praticou, sem estar acobertada por uma das excludentes de criminalidade. Por conseguinte, se além da tese de excludente de culpabilidade houver outra, por exemplo, de negativa de autoria, não deve o juiz proferir a sentença de absolvição sumária pelo reconhecimento da existência de uma das dirimentes de culpa, mas sim proferir a decisão de pronúncia.

5.3.1.4. Recurso

Tendo em consideração as críticas lançadas pela doutrina, corrigiu-se a atecnia de estabelecer a interposição do recurso em sentido estrito das sentenças de impronúncia e de absolvição sumária. Agora, corretamente, cabe recurso em sentido estrito apenas da decisão de pronúncia, uma vez que esta não tem o condão de encerrar a relação do processo, pelo contrário, trata-se do ato-condição para o julgamento pelo tribunal do júri, com o qual se admite o *jus accusationis*. É espécie de decisão interlocutória.

A impronúncia e a absolvição sumária põem fim ao processo, embora a primeira sem a apreciação do mérito, daí por que o recurso adequado é o de apelação. Por isso mesmo, a Lei nº 11.689, de 2008, revogou o inciso VI do art. 581 do CPP e derrogou o inciso IV do mesmo dispositivo, para retirar a expressão *impronunciar* que dele constava. Assim, o recurso cabível da impronúncia ou da absolvição sumária passou a ser o de apelação.

5.3.2. Segunda fase

Proferida a decisão de pronúncia, encerra-se a primeira fase do processo da competência do tribunal do júri, passando-se para a seguinte. Pelo sistemática anterior, ultrapassada a fase de recurso da decisão de pronúncia, os autos eram remetidos ao Ministério Público, a fim de que, no prazo de cinco dias, este apresentasse o libelo.

O libelo era uma peça jurídica de rigor formal, em que o representante do Ministério Público, de forma objetiva e articulada, guardando fidelidade com a decisão de pronúncia, dava início à segunda fase do processo da competência do tribunal do júri. O libelo servia, ainda, de bússola para a elaboração, pelo juiz-presidente, dos quesitos a serem submetidos ao Conselho de Sentença, cujas respostas consistem no julgamento do caso.

A Lei nº 11.689, de 2008, suprimiu o libelo e, evidentemente, a oportunidade de o acusado contrariá-lo. A supressão do libelo se deu pela simplificação dos quesitos a serem formulados ao conselho de sentença, que, agora, restringem-se à materialidade do fato, à autoria ou participação, a se o acusado deve ser condenado, se existe causa de diminuição de pena alegada pela defesa e se existe circunstância qualificadora ou causa de aumento de pena, reconhecidas na pronúncia.

Ademais, anteriormente, havia impropriedade técnica, ao se dizer que, *transitada em julgada a sentença de pronúncia*, seria dada vista para fins de apresentação do libelo. Como não se trata de sentença e, igualmente, não há formação de coisa julgada, adequadamente, no art. 421, caput, do CPP, está dito que, *preclusa a decisão de pronúncia*, os autos serão conclusos ao juiz, a fim de que sejam intimadas as partes para, no prazo de cinco dias, apresentar o rol de testemunhas, até o máximo de 5 (cinco), oportunidade própria, igualmente, para a juntada de documentos e o requerimento de diligências (art. 422 do CPP)[541].

5.3.2.1. Alistamento dos jurados

A forma de recrutamento dos cidadãos a serem escolhidos para participar, na qualidade de juízes de fato, dos processos da competência do tribunal do júri, não sofreu modificação de monta. O alistamento será de 800 (oitocentos) a 1.500 (mil e quinhentos) jurados nas comarcas de mais de 1.000.000 (um milhão) de habitantes, de 300 (trezentos) a 700 (setecentos) nas comarcas de mais de 100.000 (cem) mil habitantes e de 80 (oitenta) a 400 (quatrocentos) nas comarcas de menor população. Os nomes das pessoas escolhidas devem ser objeto de primeira publicação no diário oficial até o dia 10 de outubro de cada ano. A lista poderá ser alterada por reclamação de qualquer do povo ou de ofício, até o dia 10 de novembro, data de sua publicação definitiva.

No art. 425, § 2º, do CPP, ampliaram-se as fontes para escolha de cidadãos para fazerem parte da lista geral, incluindo, as associações de bairro, entidades associativas e culturais, instituições de ensino em geral e quaisquer núcleos comunitários.

O § 4º, do art. 424, do CPP, demonstra preocupação com a renovação da lista geral dos jurados, deixando expresso que "O jurado que tiver integrado o Conselho de Sentença nos 12 (doze) meses que antecederem a publicação da lista geral fica dela excluído." Isso levará o Presidente do tribunal do júri a uma renovação periódica dos alistados, o que é salutar.

---

[541] O libelo e a contrariedade também se constituíam nas oportunidades próprias para que as partes arrolassem as testemunhas para depor em plenário, juntassem documentos e requeressem diligências. Com as supressões dessas duas peças, fez-se necessária a regra do art. 422 do CPP.

5.3.2.2. Desaforamento

O desaforamento é instituto próprio dos processos da competência do tribunal do júri, consistente em instrumento hábil para a modificação da competência, nas situações em que o interesse de ordem pública o reclamar, ou houver dúvida sobre a imparcialidade do júri ou segurança pessoal do acusado.

Aqui, a inovação foi para conferir expressamente ao assistente a possibilidade de pedir o desaforamento, já que a jurisprudência do Supremo Tribunal Federal não lhe reconhecia legitimidade. Ainda no que pertine à legitimidade para requerer o desaforamento, no art. 427 do Código de Processo Penal faz-se menção ao querelado, deixando, inexplicavelmente, de referir-se ao querelante. De duas uma: houve lapso na elaboração da norma, ou, realmente, teve-se a pretensão de retirar, apenas do querelante, a possibilidade de pedir o desaforamento, com o que não se pode concordar.

Sobre esse aspecto, manteve-se a sistemática de levar os crimes conexos, ainda que em se tratando de ação penal privada, para serem julgados perante o tribunal do júri. O melhor seria que, pelo menos com relação aos crimes de ação penal privada, não tivesse sido admitida a conexão. Com isso, perde-se ótima oportunidade de escoimar essa anomalia, que é de colocar à apreciação dos jurados crimes que, por política legislativa, são considerados ofensivos mais diretamente à vítima, e não há sociedade[542].

---

542 Cf. SILVA JÚNIOR, Op. cit., p. 598-603. "Se a ação penal é confiada ao Ministério Público porque a persecução criminal se escora em interesse difuso da sociedade quanto à responsabilidade penal de quem pratica ilícitos, parece um tanto quanto incongruente que subsistam, ao lado das ações de iniciativa pública, as ações de iniciativa privada, cuja titularidade é conferida à própria vítima ou, quando ele é falecido ou declarado ausente, aos seus familiares (...) Ademais, o *jus puniendi*, como aqui já foi lembrado, pertence exclusivamente ao Estado, não sendo razoável admitir-se que, com a ação de iniciativa privada, a vítima ou a sua família esteja deduzindo uma pretensão que lhe pertença. (...) Não parece correto justificar a ação penal de iniciativa privada com o argumento de que, nesses casos, o crime não é do interesse da coletividade, pois consulta apenas a esfera de intimidade da vítima e da sua família. Esse raciocínio se atrita com a própria concepção do *Direito Penal mínimo*, que reside na ideia de que só devem ingressar no campo do Direito Penal as condutas que, pela sua gravidade, além de não serem adequadamente tratadas por meio das sanções previstas nos demais ramos do Direito, fazem com que seja do interesse de todos, e não apenas da vítima ou de seus familiares, a pronta persecução criminal. (...) Ora, caso a razão

Na regra anterior, era possível, ainda, o desaforamento, quando o processo, após um ano do libelo, não fosse a julgamento pelo plenário do júri, desde que para a demora não tivesse concorrido a defesa. Com a modificação introduzida pela Lei nº 11.689, de 2008, o pedido de desaforamento poderá ser feito por qualquer das partes, quando, após o prazo de 6 (seis) meses da data de preclusão da decisão de pronúncia, o julgamento não puder ser realizado, em razão de comprovado *excesso de serviço* (art. 428, caput, do CPP)[543].

5.3.2.3. Organização da pauta

Na organização da pauta dos processos que deverão ser julgados na reunião periódica do tribunal do júri, com redação mais técnica, faz-se a ordem de preferência dos julgamentos, com o acréscimo, no parágrafo único do art. 431 do CPP, de disposição impondo ao juiz reservar, na pauta, datas para a *inclusão de processo que tiver o julgamento adiado*, qualquer que seja o motivo. Assim, se o processo, eventualmente, for adiado, em princípio, ele deverá ser julgado na mesma convocação do tribunal do júri, pois haverá data reservada para esse fim. Essa disposição é da mais alta importância, pois, embora alguns juízes já adotassem essa providência, como não havia previsão legal nesse sentido, em muitos casos, quando havia o adiamento, o julgamento do processo findava sendo postergado até a próxima convocação do júri.

Aumentou-se o prazo de antecedência para o requerimento do assistente que tiver a pretensão de participar do julgamento do tribunal do júri, que agora será de cinco dias da data marcada para a sessão (art. 430 do CPP).

5.3.2.4. Sorteio e convocação dos jurados

O nova disciplina para o tribunal do júri fornece novas regras quanto ao sorteio dos jurados, ampliando a participação das partes, ao

---

de ser do instituto da ação de iniciativa privada seja deixar com a vítima o poder de decidir se deseja a apuração de fatos que lhe são extremamente constrangedores, não haveria necessidade de dar-lhe a titularidade para o manejo da persecução criminal, porquanto suficiente, para esse fim, condicionar a iniciativa do Ministério Público ao prévio consentimento daquela, como ocorre com as ações penais de iniciativa pública condicionada à representação." (Ibid., p. 599-604)

543 Atecnicamente, o dispositivo fala em *trânsito em julgado da decisão de pronúncia*. Cf. item 5.3.1.1, supra.

garantir que essa audiência somente será realizada após a organização da pauta. Na sugestão da Comissão de Reforma, exigia-se a intimação tanto do representante do Ministério Público quanto dos defensores dos acusados cujos processos estivessem incluídos na pauta. Como se percebe, era muita gente para ser intimada.

Felizmente, no texto aprovado, a intimação necessária se concentra no Ministério Público, na Ordem dos Advogados do Brasil e na Defensoria Pública, a fim de que possam acompanhar, em dia e hora designados, o sorteio dos jurados que atuarão na reunião periódica. Parece que essa providência é o bastante e a mais razoável (art. 432 do CPP).

Suprimiu-se a exigência de que as cédulas fossem sorteadas por um menor de dezoito anos. Esse sorteio, razoavelmente, será feito pelo próprio juiz (art. 433, primeira parte, do CPP). O número de jurados sorteados, que era de 21 (vinte e um), passou para 25 (vinte e cinco), conforme dispõe o art. 433, segunda parte, do CPP.

A fim de estabelecer um melhor planejamento, o § 1º. do art. 433 do Código de Processo Penal, determina que a audiência de sorteio será realizada, necessariamente, entre o 15º (décimo quinto) e o 10º (décimo) dia útil antecedente à instalação da reunião. Isso para dar tempo de o cartório ou a secretaria providenciar a convocação dos jurados escolhidos.

Inadvertidamente, permaneceu a sugestão da Comissão de Reforma, segundo a qual não se daria o adiamento da audiência de sorteio, caso não comparecessem as *partes* (art. 433, § 2º, do CPP). Ora, não foi aprovada a sugestão de que o Ministério Público e os advogados dos acusados deveriam ser intimados para o ato. O que o art. 433, § 2º, do CPP, quer dizer é que o não comparecimento do Ministério Público, da Ordem dos Advogados ou da Defensoria Pública não é causa para o adiamento.

Na primeira sugestão apresentada pela primeira Comissão de Reforma, determinava-se que o ato convocatório dos jurados, a ser realizado pelo correio, deveria ser acompanhado das cópias da pronúncia e do relatório. Procurava-se munir os jurados de peças importantes do processo, para situá-los melhor sobre os casos que poderiam vir a julgar (art. 435 do CPP). Houve muita crítica a essa proposta. Na prática, o cumprimento dessa determinação seria dispendioso para os cartórios ou secretarias, tanto com a xerocópia das peças quanto com o encaminhamento, via correio, dessa documentação, contendo as peças pertinentes de todos processos da pauta, levando-se em consideração que seriam 25 (vinte e cinco) os destinatários.

A Comissão de Reforma, depois, alterou a sugestão, de modo que restou como obrigatório, apenas, que o ato de convocação seja acompanhado da transcrição dos arts. 436 a 446 do Código de Processo Penal, os quais contemplam as normas sobre a função do jurado. Enquanto o art. 466, § 2º, do CPP, em sua redação anterior, dizia que, havendo possibilidade, a decisão de pronúncia deveria ser distribuída entre os jurados, agora o parágrafo único do art. 472 do mesmo Diploma Legal impõe ao juiz que, após a formação do conselho de sentença, entregue aos jurados cópias dessa peça processual, assim como do relatório, o que é o mais adequado[544].

5.3.2.5. Função do jurado

Quanto à função do jurado, não houve inovação maior, carecendo de registro que saíram do rol dos isentos do serviço do júri, dentre outros, os ministros de confissão religiosa, os farmacêuticos e as parteiras, enquanto foram incluídas pessoas integrantes de outras carreiras além das do Judiciário, do Legislativo e do Executivo, como os membros da Defensoria Pública, os servidores dessa instituição e do Ministério Público e os cidadãos maiores de 70 (setenta) anos. Em relação a estes quando houver requerimento de dispensa.

Foi estabelecida multa de 1 (um) a 10 (dez) salários mínimos, a ser aplicada de acordo com a condição econômica do jurado, para quando ocorrer a recusa injustificada da prestação do serviço, a fim de reforçar não apenas a obrigatoriedade do exercício dessa função, mas a importância desse *munus* público. (art. 436, § 2º, do CPP)

Como alternativa à recusa ao serviço do júri *fundada* em convicção religiosa, filosófica ou política e, assim, evitar a suspensão dos direitos políticos, definiu-se que se entende por *serviço alternativo* "... o exercício de atividades de caráter administrativo, assistencial, filantrópico ou mesmo produtivo, no Poder Judiciário, na Defensoria Pública, no Ministério Público ou em entidade conveniada para esses fins." (art. 438, caput e § 1º, do CPP)

Por fim, como prêmio pelo exercício de função pública, obrigatória e gratuita, além da preferência, no caso de empate, em concorrência pública, estabeleceu-se a precedência "... no provimento, mediante concurso, de cargo ou função pública, bem como nos casos de pro-

---

[544] Cf. item 5.3.2.6, infra.

moção funcional ou remoção voluntária." É um incentivo importante para quem é servidor público ou pretende sê-lo.

5.3.2.6. Instrução plenária

Nessa parte, houve modificação substancial, a fim de que a instrução seja feita da mesma maneira como na primeira fase e do mesmo modo como nos demais procedimentos, nos termos das alterações promovidas pelas Leis n°s 11.690 e 11.719, ambas de 2008. Para não repetir o que já foi aqui tratado, remete-se o leitor para os itens 5.1.9, 5.1.9.1.2, 5.1.9.3, 5.1.9.3 e 5.1.9.4, supra.

A crítica que se faz, porém, é que não houve coerência sistêmica. No procedimento previsto para o julgamento na sessão plenária, sem nenhuma justificativa, em relação às testemunhas, ao invés de as partes serem as primeiras a fazer as perguntas, cabendo ao juiz, apenas, a complementação, como é próprio de um sistema acusatório, pela dicção normativa do caput do art. 473, do CPP, quem inicia a inquirição é o juiz-presidente. A interpretação sistemática do ordenamento jurídico processual penal, porém, impõe que se entenda que, mesmo em se tratando do plenário da sessão do tribunal do júri, as partes devem ser as primeiras a perguntar[545].

O mesmo desacordo lógico se observa quanto ao interrogatório do acusado. Pela redação do art. 474, § 1°, do CPP, após o juiz, "O Ministério Público, o assistente, o querelante e o defensor, nessa ordem, poderão formular, diretamente, perguntas ao ofendido."

O interrogatório, assim, quebrando tradição do nosso direito, em se tratando daquele prestado perante a sessão de julgamento do tribunal do júri, observará o *contraditório*, permitindo-se inquirição pelas partes. Não seria apenas o juiz que dirigiria a palavra ao acusado; as partes também o fariam. E mais: as perguntas não precisariam ser formuladas por intermédio do juiz, pois estabelecido que poderão fazê-las diretamente[546]. Seria a instituição em nosso Ordenamento Jurídico do critério do *cross examination* para fins de interrogatório do acusado, hipótese em que ele seria tratado como testemunha. No nosso sistema, todavia, isso não é admissível. A esse respeito, conferir os itens 5.1.5.7 e 5.1.5.11, supra, nos quais se expõe que o interrogató-

---

545 Cf. item 5.1.8.5.1, supra.
546 Os jurados, também, poderão fazer perguntas ao interrogado, porém, com a intermediação do juiz.

rio, como uma das dimensões do princípio da ampla defesa, representa o direito de audiência do acusado com o juiz responsável pelo seu julgamento, de modo que, diferente de outros sistemas jurídicos, ele não comparece ao ato processual para ser inquirido pelas partes, mas sim para se defender, não podendo ser tratado como se testemunha fosse.

Com acendrado acerto, no caput do art. 474 do Código de Processo Penal está inserto que o interrogatório somente será realizado se o acusado estiver presente em plenário, devendo-se, pois, em caso contrário, dar-se continuidade à sessão Aqui se ressalta que o interrogatório é genuíno meio de defesa, não sendo o acusado obrigado ao seu exercício[547]. Possibilita-se, por conseguinte, o julgamento de crimes dolosos contra a vida, ainda que inafiançáveis, à revelia do acusado, o que era vedado pela legislação anterior.

A par de estar em compasso com a ideia de que o interrogatório é um direito de defesa, cujo exercício consulta ao interesse da defesa, o dispositivo em foco, nessa parte, guarda harmonia com o escopo da reforma em espancar o sentimento de impunidade, diante das regras anteriores que vedavam a realização do julgamento de crimes da competência do tribunal do júri sem que o acusado fosse intimado pessoalmente da pronúncia, ou, então, não estivesse presente à sessão de julgamento.

Inovação importante, porém, foi quanto a não se permitir que o acusado, durante a sessão do júri, fique algemado, para evitar que essa situação influencie o jurado no julgamento (art. 474, § 3º, do CPP). Aliás, o Supremo Tribunal foi além dessa previsão normativa, ao editar a Súmula Vinculante nº 11, para dispor que "Só é lícito o uso de algemas em casos de resistência e de fundado receio de fuga ou de perigo à integridade física própria ou alheia, por parte do preso ou de terceiros, justificada a excepcionalidade por escrito, sob pena de responsabilidade disciplinar, civil e penal do agente ou da autoridade e de nulidade da prisão ou do ato processual a que se refere, sem prejuízo da responsabilidade civil do estado."

Embora a norma ali constante, a princípio, seja direcionada para as operações policiais em que se faz a prisão de pessoas, ela se aplica, igualmente, a todo e qualquer *ato processual*. Dessa forma, a regra do art. 474, § 3º, do CPP, é aplicável às sessões do tribunal do júri, assim

---

[547] Cf. item 5.1.5.9, supra.

como a todo e qualquer ato processual. Estando o acusado presente à audiência, se ele estiver algemado, deverá o juiz determinar que as algemas sejam retiradas, salvo se houver *fundado receio de fuga ou de perigo à integridade física própria ou alheia, por parte do preso ou de terceiros*.

Pena que o legislador não aproveitou a oportunidade para realçar que o direito de presença do acusado à sessão do júri serve para ele prestar auxílio na sua defesa, que compreende o direito de sentar ao lado de seu advogado e com ele conversar durante o julgamento. É verdade que hoje é mais raro nas sessões do tribunal do júri colocar o acusado sentando à frente da mesa do juiz, ladeado por policiais. Mas alguns juízes ainda insistem nessa prática, que é de todo condenável, porque coloca o acusado em situação vexatória perante todos e, assim como quando ele está algemado, sugestiona a sua culpabilidade para o corpo de jurados.

O art. 475 do Código de Processo Penal trata da forma de documentação da sessão plenária do júri, a fim de estabelecer, no caput, que "O registro dos depoimentos e do interrogatório será feito pelos meios ou recurso de gravação magnética, eletrônica, estenotipia ou técnica similar, destinada a obter maior fidelidade e celeridade na colheita da prova." Devido à falta de sistematização, não se repetiu para a sessão do júri a previsão da possibilidade de gravação audiovisual dos depoimentos e do interrogatório. Ficou apenas a observação, inserida no parágrafo único do dispositivo em foco, de que "A transcrição do registro, após feita a degravação, constará dos autos." Esse erro partiu da própria Comissão de Reforma criada pelo Ministério da Justiça que, embora tenha proposto a adoção da técnica audiovisual como a mais adequada para a documentação das audiências, uma vez que confere maior *fidelidade das informações* colhidas, daí por que, nesse caso, fica dispensada a degravação, deixou de estabelecer idêntica norma para a sessão do tribunal do júri[548].

De qualquer modo, os §§ 1º e 2º do art. 405 do Código de Processo Penal são aplicáveis ao procedimento relativo ao tribunal do júri, devendo, assim, o juiz realizar a sessão plenária com a gravação por sistema audiovisual, hipótese em que não será necessária a degravação dos depoimentos nem do interrogatório.

---

548 Cf. itens 5.1.9..1.2. e 5.1.9.1.3, supra.

5.3.2.7. Debates

Nos termos da regra anterior, não se permitia a produção ou leitura de documento que não tivesse sido juntado aos autos com a antecedência mínima de três dias. Manteve-se o prazo, mas esclareceu-se que são contados apenas os dias úteis e acrescentou-se que não se admite, igualmente, sem essa antecedência, "... a exibição de vídeos, gravações, fotografias, laudos, quadros, croqui ou qualquer outro meio assemelhado, cujo conteúdo versar sobre a matéria de fato submetida à apreciação e julgamento dos jurados." (art. 479, parágrafo único, do CPP).

A alteração mais importante, porém, em relação aos debates, foi a proibição, no art. 478 do Código de Processo Penal, à referência pelas partes, sob pena de nulidade, (a) à decisão de pronúncia, às decisões posteriores que julgaram admissível a acusação ou à determinação do uso de algemas como argumento de autoridade que beneficiem ou prejudiquem o acusado; e (b) ao silêncio do acusado ou à ausência de interrogatório por falta de requerimento, em seu prejuízo.

Era comum, durante os debates, especialmente quando o juiz, na decisão de pronúncia, ia além do juízo de admissibilidade do julgamento perante o tribunal do júri, o Ministério Público invocar os seus termos como argumento em prol de sua pretensão acusatória. O conselho de sentença, composto por pessoas leigas, é sensível a argumentos dessa natureza, de modo que a solução alvitrada pelo legislador se mostra adequada. Até porque, como se disse, agora, logo após a formação do conselho de sentença, deve o juiz distribuir entre os jurados cópia da decisão de pronúncia ou das decisões posteriores que a modificaram, assim como o relatório do processo[549].

Porém, era comum a defesa se utilizar do conteúdo da pronúncia, na parte em que se faz referência à existência de indícios, para apontar que até mesmo o juiz não tivera segurança quanto à culpabilidade do acusado, com a finalidade de sustentar a inexistência nos autos de prova suficiente para a condenação, pelo que deveria ser procedida à absolvição, com esteio no princípio do *in dubio pro reo*. Devido a essa circunstância, a norma, que foi estabelecida com o desiderato de dar mais garantias ao acusado, tem sido contestada por alguns advogados, que sustentam a inadmissibilidade de limitações ao exercício do direito de defesa.

---

[549] Cf. item 5.3.2.4, supra.

Não há, porém, limitação. Antes de tudo, é aética a remissão aos termos da pronúncia, seja por parte do Ministério Público, seja da defesa, para, com isso, tentar influenciar o conselho de sentença, até porque, como se sabe, o juiz, nesse momento, não pode nem deve fazer qualquer consideração quanto à culpabilidade, ou não, do acusado. O conselho de sentença é soberano e deve decidir consoante a sua convicção, sem qualquer tipo de influência, não sendo lícito às partes, ainda que em nome da ampla defesa, se utilizar de subterfúgios para lograr êxito.

Como foi ressaltado, a fim de o exercício do direito ao silêncio, que importa não apenas no direito de não prestar o interrogatório como o de não comparecer à sessão do tribunal do júri, não seja explorado indevidamente pelo Ministério Público, o novo art. 478 do CPP veda que se faça qualquer conjectura a respeito. Porém, o mais adequado, como se disse, seria que a norma tivesse colocado, como dever do juiz, alertar ao jurado que a circunstância de o acusado não ter comparecido ou, comparecendo, preferir ficar calado, não pode ser levada em conta contra ele. De qualquer sorte, o juiz deve sempre fazer essa advertência, quando for o caso[550].

Merece registro, ainda, em relação às alterações inseridas para os debates, a regra de que caberá ao juiz regular a intervenção de uma das partes, quando a outra estiver com a palavra. Como não havia nenhuma disposição normativa a respeito, existia divergência quanto a quem deveria ser dirigido o pedido de aparte. A maioria da doutrina entendia que, se a palavra estava com uma das partes, a ela cabia dizer se permitia, ou não, a intervenção. O legislador, porém, preferiu deixar o assunto para ser decidido pelo juiz, na qualidade de presidente dos trabalhos da sessão do tribunal do júri. Assim, nos termos do art. 497, XII, do CPP, o pedido de aparte deve ser feito ao juiz, ao qual caberá deferi-lo, ou não. Sendo deferido, poderá conceder o aparte por no máximo 3 (três) minutos, com o correspondente acréscimo do tempo para a sustentação da parte que está com a palavra. Certamente a intenção foi permitir uma melhor dinâmica aos debates, quando a intervenção é pertinente, tendo em conta melhor capacitar os jurados para o julgamento.

5.3.2.8. Redação e votações dos quesitos

A quesitação elaborada pelo juiz para submeter o caso à decisão do

---

550 Cf. item 5.3.a, supra.

conselho de sentença, sem dúvida alguma, era, e continua sendo, a parte mais complexa do julgamento pelo tribunal do júri. Se a feitura dos quesitos possui um rigor técnico que muitas vezes levava à nulidade dos julgamentos, mesmo quando confeccionados por juízes experientes, os detalhes jurídicos que eram exigidos nas perguntas, não raro, deixavam os jurados com dificuldade para responder. Por isso mesmo, os juízes, quando explicavam em que consistia cada um dos quesitos, para deixar bem claro o que significava a resposta, assinalavam que, ao entregar a cédula-*sim* como manifestação do voto, a consequência era, conforme o caso, decidir pela condenação ou absolvição. O mesmo alertavam os juízes em relação às consequências caso fosse depositada na urna a *cédula-não*.

Em consonância com a ideia de simplificar e agilizar o procedimento previsto para os processos da competência do tribunal do júri, a Lei nº 11.689, de 2008, introduziu importantes modificações quanto à formulação dos quesitos. Sintetizando em que deve consistir o questionário, o art. 482, caput, do CPP, preceitua que o conselho de sentença "... será questionado sobre matéria de fato e se o acusado deve ser absolvido."

O art. 483 estabelece a ordem de elaboração dos quesitos, que será a seguinte: I — a materialidade do fato; II — a autoria ou participação; III — se o acusado deve ser absolvido; IV — se existe causa de diminuição de pena alegada pela defesa; V — se existe circunstância qualificadora ou causa de aumento de pena, reconhecidas na pronúncia ou em decisões posteriores que julgaram admissível a acusação.

Pela prescrição normativa do artigo em foco, assim como era antes, os quesitos devem ser formulados de forma que o primeiro se refira ao fato principal, ou seja, à materialidade do fato imputado ao acusado, enquanto o segundo, a respeito da autoria ou participação. Negada a materialidade ou a autoria, o que ocorre se mais de três dos sete jurados, a maioria, portanto, derem resposta negativa ao primeiro ou ao segundo quesito, a votação é encerrada, com a absolvição do acusado (art. 483, § 1º, do CPP).

Só se passa ao terceiro quesito caso os dois primeiros tenham obtido a maioria com a resposta *sim*. Reconhecido pelo conselho de sentença que o crime ocorreu e que o acusado é o autor ou partícipe do ilícito, com o terceiro quesito, os jurados irão dizer se *absolvem o acusado*. Com isso, elimina-se, de uma vez por todas, a necessidade do desdobramento da tese de defesa, assemelhando-se ao sistema inglês, em que os jurados dizem, tão somente, se o acusado é culpado ou inocente (*guilt or not guilt*). A pergunta é genérica, não havendo necessidade de se mencionar a tese de defesa. O que importa é se o jurado acha que o acusado é inocente. Isso é o bastante. Mesmo que a tese de defesa seja mais de uma, antagônicas, ou não, a lei não exige que sejam elaborados quesitos específicos a respeito.

Mas se for sustentada a desclassificação para um crime de competência do juiz singular (tentativa de homicídio para lesão corporal), a indagação tem que ser feita antes da pergunta obrigatória da absolvição (art. 483, § 4º). Sendo a desclassificação para crime igualmente da competência do tribunal do júri (homicídio para infanticídio), esse quesito, se o acusado não for absolvido com a votação do terceiro quesito, será o quarto, logo depois da pergunta se os jurados absolvem o acusado. Se a tese da defesa for de desclassificação para o crime na forma tentada ou havendo divergência quanto à tipificação adequada do crime, sendo este da competência do tribunal do júri, o quesito será colocado em votação imediatamente após o segundo quesito (art. 483, §5º). Em suma, dependendo da situação, essa pergunta da absolvição pode passar a ser o quarto ou, até mesmo, quinto quesito.

Porém, repita-se, quanto à absolvição, não se mostra pertinente defender-se que se deva fazer os quesitos especificando cada tese de defesa (excludente de criminalidade, de culpabilidade, negativa de autoria etc.). A respeito, como se não bastasse o que consta no inciso III do art. 483 do CPP, no § 2º do mesmo dispositivo, ainda que não fosse necessário, ressaltou-se que, tendo a maioria dos jurados entendido que o crime ocorreu e que o acusado foi ou seu autor ou dele participou, deve ser *formulado quesito com a seguinte redação:* "O jurado absolve o acusado?"

Note-se a preocupação do legislador em espancar qualquer dúvida a respeito da matéria. Ele próprio se encarregou de colocar, na norma, como deve ser redigido, pelo juiz, o quesito. Mais claro impossível. Cabe verificar, ainda, que não se pode perguntar se O *jurado condena o acusado*. A pergunta, tal como está redigida pelo legislador, repita-se, deve ser: "O jurado absolve o acusado?" Essa forma é mais favorável ao acusado, razão pela qual, em obséquio ao princípio do *in dubio pro reo*, é a que deve ser feita. A psicologia forense explica que há uma maior tendência de a pessoa fazer a confirmação, diante de uma pergunta que deve ser respondida singelamente com um *sim* ou um *não*. Se a maioria do conselho de sentença responder com a cédula *sim*, encerra-se a votação, com a absolvição do acusado.

Tendo sido respondido negativamente o quesito referente à absolvição, aí sim o juiz fará o quesito seguinte, que é sobre a existência de *causa de diminuição de pena alegada pela defesa.* Essa pergunta só há de ser feita se *alegada pela defesa*, como está por demais patente com a mera leitura da norma.

Por fim, devem ser formulados quesitos a respeito da existência de circunstância qualificadora ou de causa de aumento, desde que uma ou outra esteja reconhecida na pronúncia ou na decisão posterior que a modificou.

Saliente-se que, diferentemente de como era antes, não serão mais objeto de quesito as circunstâncias agravantes ou atenuantes. Caberá ao juiz, na sentença, decidir a esse respeito. Com isso, o número de quesitos fica reduzido, o que serve para simplificar a quesitação. Ademais, as agravantes ou atenuantes servem, unicamente, para a dosagem da pena, de modo que o correto é deixar a sua apreciação para o juiz, e não para o conselho de sentença. Já as causas de aumento ou de diminuição servem para a tipificação em si da conduta criminosa, razão pela qual devem ser decididas pelo júri.

Mas a alteração alvitrada pelo § 1º do art. 483 do CPP é mais profunda do que se imagina. Com a nova regra, os votos contados serão apenas os necessários para se alcançar a maioria. Por conseguinte, ao contrário do que ocorria antes, se os quatro primeiros votos forem em um mesmo sentido, o juiz não deve mais apurar os demais. Não será mais possível se apurar sete votos a favor ou contra qualquer que seja a pergunta contida no quesito submetido à votação do corpo de jurados, muito embora a interpretação literal da norma dê a entender que essa regra só tenha validade para os dois primeiros quesitos, mencionados nos incisos I e II do art. 483 do Código de Processo Penal. Essa alteração é bem-vinda, pois, com isso, evita-se a quebra do sigilo da votação, o que ocorria todas as vezes em que a votação era unânime. Agora, não se saberá mais quando uma votação será unânime, pois, tão logo alcançada a maioria, no sentido da condenação ou da absolvição, o juiz-presidente do tribunal do júri deve encerrar a votação do quesito, com a proclamação do resultado, o que poderá, até mesmo, dependendo do caso, importar na conclusão do julgamento pelos jurados, com a condenação ou absolvição do acusado.

De conformidade com essa nova regra, foi revogado o art. 487 do Ordenamento Processual Penal, o qual determinava que fosse consignado pelo escrivão "... o resultado em termo especial e que (fossem) declarados o número de votos afirmativos e o de negativos." Em seu lugar, o art. 488, caput, do CPP, determina que o escrivão, apenas "... registre no termo a votação de cada quesito, bem como o resultado do julgamento." Ou seja, basta colocar no termo de votação que, por maioria, a resposta do conselho de sentença quanto à pergunta inserta no quesito foi "sim" ou "não". Por exemplo, não deverá constar do termo de votação, como ocorria antes, que foram quatro *votos-sim* contra três *votos-não*. A preocupação aqui, igualmente, é conferir maior garantia ao sigilo da votação, o que é salutar.

Mas não se pode negar que essa regra irá impedir a utilização do argumento, na interposição do recurso de apelação, de que a condenação ou absolvição pela maioria apertada de quatro votos contra três reforça que a decisão foi manifestamente contrária à prova dos autos.

5.3.2.9. Sentença

Se quem condena ou absolve o acusado é o conselho de sentença, cabe ao juiz, após encerrada a votação, elaborar a sentença e publicá-la, em plenário, antes de encerrada a sessão de instrução e julgamento (art. 493 do CPP). Assim como era antes, não há hipótese de sua prolação em dia posterior. Mas o legislador preferiu, agora, deixar essa regra evidenciada. No caso de condenação, deverá o juiz, tendo em consideração a decisão do júri, fazer a dosagem da pena. As circunstâncias agravantes ou atenuantes, que servem, apenas, para quantificar a pena, não são mais objeto de quesitos, conforme foi salientado no item anterior. Cabe ao juiz sobre elas se pronunciar, se e quando forem *alegadas nos debates* (art. 492, I, "b", do CPP). Deve dosar as causas de diminuição ou de aumento da pena admitidas pelo júri e observar o que dispõe o art. 387 do Código de Processo Penal.[551]

Se o acusado estiver preso, deverá apresentar os fundamentos para a sua manutenção e, se solto, estando presentes os requisitos, decretar, fundamentadamente, a prisão preventiva, aqui se aplicando o que foi exposto nos itens 5.1.9.8.3, 5.1.9.8.3.1 e 5.1.9.8.3.2, supra.

Absolutória a sentença[552], estando o acusado preso, a consequência é a expedição do alvará de soltura, devendo-se observar, aqui, a necessidade de intimar o ofendido, não apenas da sentença, mas, igualmente, da revogação da prisão preventiva. O art. 492, II, "b", do CPP, elenca como efeito da sentença absolutória a revogação das medidas restritivas, as quais ainda não existem, como medidas cautelares substitutivas da prisão preventiva, uma vez que elas são objeto do Pro-

---

551 Cf. itens 5.1.9.8 e 5.1.9.8.1
552 Cf. item 5.1.9.8.4.

jeto de Lei n° 4.208, de 2001, que ainda não foi aprovado pelo Parlamento.

5.3.2.10. Protesto por novo júri

O Código de Processo Penal, no Capítulo IV do Título II do Livro III, disciplinava o protesto por novo júri, recurso específico apenas para os julgamentos exarados pelo tribunal do júri, com o qual a defesa, caso fosse aplicada pena de reclusão igual ou superior a vinte anos, podia pedir o reexame da decisão. Tinha como requisito objetivo, assim, a condenação e a aplicação de pena igual ou superior a vinte anos, sendo, por conseguinte, recurso exclusivo da defesa. Tinha como peculiaridade a desnecessidade, sequer, de apresentação das razões do recurso, sendo bastante a demonstração de que a pena fixada na sentença condenatória era igual ou superior a vinte anos, aspecto fático suficiente para não apenas possibilitar o conhecimento do recurso como o seu próprio provimento, tendo como fim a reforma da decisão do júri.

Essa espécie de recurso era oriunda do Código de Processo Criminal de 1832, que possibilitava a interposição do protesto por novo júri quando aplicada pena de morte ou de prisão perpétua, sanções então admitidas em nosso sistema normativo. Em razão dessa origem, criticava-se bastante a subsistência do protesto por novo júri dentre as espécies recursais, pois não eram mais previstas essas penas extremas.

Além do mais, visto que o só fato de a pena aplicada ter sido igual ou superior a vinte anos era suficiente para a admissibilidade e o provimento do recurso de protesto por novo júri, com consequente desconstituição do julgamento anterior, muitos juízes, quando faziam a dosagem da pena, a fim de evitar novo julgamento, fixavam a sanção em dezenove anos e alguns meses. Ou seja, a existência desse recurso findava fazendo com que a definição da pena tivesse como orientação menos a intenção de quantificação da sanção mais adequada do que a de evitar a admissibilidade do protesto por novo júri e a consequente realização de novo julgamento.

Atendendo a insistentes reclamações da doutrina, de juízes e membros do Ministério Público, que há tempos pediam a correção dessa anomalia, a Lei n° 11.689, de 2008, revogou esse Capítulo IV do Título II do Livro III do CPP, que disciplinava o recurso de protesto por novo júri. Havia a sugestão de aproveitá-lo como forma de possibilitar novo pronunciamento do tribunal do júri, nas hipóteses em que a decisão dos jurados fosse por maioria simples de 4 votos a 3, seja em favor da condenação, seja da absolvição. Em verdade, à época em que vigorou o dualismo processual penal, quando os Estados podiam legislar sobre essa matéria, lei estadual paulista admitia o protesto por novo júri quando a condenação se dava por escassa maioria.

Todavia, diante das novas regras para o julgamento pelo tribunal do júri, em que se encerra a votação do quesito tão logo verificada a maioria dos votos no sentido da condenação ou da absolvição, a proposta da subsistência do protesto por novo júri para fins de levar a novo julgamento quando a decisão se dá por maioria simples ficou prejudicada. A revogação do protesto por novo júri, portanto, foi a melhor solução, além de a mais coerente[553].

---

553 Cf. item 5.3.2.8, supra.

QUADRO SINÓTICO DO PROCEDIMENTO RELATIVO AO TRIBUNAL DO JÚRI

TRIBUNAL DO JURI
A instituição do tribunal do júri, que se espraiu pelo mundo como idéia central da processualização do direito de punir, defendida por Beccaria no livro *Dos delitos e das penas*, mantem-se em boa parte dos países, como instrumento necessário para alinhar o Judiciário ao perfil delineado pelo Estado Democrático de modo a possibilitar a sua aproximação ao jurisdicionado, e, especialmente, como *locus* para que o cidadão possa fazer parte de sua administração. É a hipótese em que os próprios cidadãos exercem, diretamente, o Poder Judiciário, e não por intermédio de um representante, o juiz, o que ressalta o seu caráter democrático. O tribunal do júri faz parte da nossa história constitucional, só tendo perdido o seu *status* de Norma Maior, não sem razão, na Constituição de 1937. A Constituição de 1988 manteve o tribunal do júri dentre os direitos e garantias individuais (art. 5°, XXXVIII), conferindo-se, ao legislador ordinário, a tarefa de cuidar de sua organização, afirmando-se, contudo, que deverá ser assegurada a *plenitude de defesa, o sigilo das votações, a soberania dos veredictos e a competência para o julgamento dos crimes dolosos contra a vida*.

PRINCÍPIOS	
PLENITUDE DE DEFESA:	A plenitude de defesa é um *plus* em relação à ampla defesa, diante das singularidades do julgamento pelo tribunal do júri, embora não haja espaço para se alargar muito as regras referentes ao exercício da defesa.
SIGILO DAS VOTAÇÕES:	Em relação ao julgamento pelo tribunal do júri, a Constituição de 1988 estabelece como cláusula o sigilo das votações. Em cumprimento a essa determinação, o legislador ordinário impõe que o julgamento do conselho de sentença seja mediante reunião em *sala especial*, ante a presença apenas do juiz presidente, do Ministério Público, do assistente, do querelante, do defensor do acusado, do escrivão, do oficial de justiça (art. 485, caput, do CPP). Longe de afrontar o princípio da publicidade, a reunião em sala especial com a possibilidade da presença apenas das pessoas indicadas na lei serve para fornecer os meios necessários para manter a imparcialidade dos jurados e a soberania dos veredictos, que se incluem dentre as cláusulas retoras dessa espécie de processo.
SOBERANIA DOS VEREDICTOS	O princípio da soberania dos veredictos importa em estabelecer que as suas decisões não podem ser reexaminadas quanto ao mérito pela justiça togada, até porque elas são resultado de juízo de equidade, em que os jurados não decidem de acordo com as regras jurídicas, mas sim em compasso com a sua *íntima convicção* ou *consciência de justiça* (art. 472, caput). Por isso mesmo, como regra, não se admite recurso de apelação com a finalidade de discutir o mérito da decisão do conselho de sentença. Possibilita-se, apenas, quando a *decisão for manifestamente contrária à prova dos autos* (art. 593, III, "d"), que o tribunal de justiça ou regional federal, ao dar provimento ao recurso de apelação, determine a realização de novo julgamento pelo tribunal do júri.
COMPETÊNCIA PARA OS CRIMES DOLOSOS CONTRA A VIDA:	A Constituição de 1988 conferiu ao tribunal do júri uma competência mínima, qual seja, para o julgamento dos crimes dolosos contra a vida. Nada impede que o legislador ordinário estenda essa competência para outros crimes ou, até mesmo, para questões cíveis. Concretamente, a garantia constitucional quer dizer que o acusado só pode ser condenado, quando se tratar de crime doloso contra a vida, se o julgamento for realizado pelo tribunal do júri. Assim, não há nenhuma incompatibilidade com a regra constitucional a previsão de que o juiz togado pode impronunciar ou absolver sumariamente o acusado. O que o juiz togado não pode é condenar o acusado. Não há empecilho para que, diante da ausência de elementos referentes à materialidade ou aos indícios de autoria ou da existência de uma das hipóteses de absolvição sumária, o acusado seja impronunciado ou absolvido pelo juiz singular.

	ALTERAÇÕES
PRINCIPAIS MODIFICAÇÕES:	As linhas mestras do anteprojeto destinado à modificação do processamento dos crimes da competência do Tribunal do Júri foram: (a) eliminação do que se denominou *usinas da prescrição*, ante a exigência da intimação pessoal da decisão de pronúncia e a impossibilidade do julgamento à revelia; (b) maior participação das partes nas fases de todo o procedimento; (c) aplicação mais efetiva dos princípios da *imediação*; (d) simplificação com a erradicação do excesso de formalismo, a fim de evitar nulidades, especialmente com a racionalização da quesitação submetida ao conselho de Sentença, que é a forma mediante a qual se faz o julgamento na sessão plenária. O legislador do Código de Processo Penal de 1941, inadvertidamente, colocou o tribunal do júri como espécie de procedimento comum. Agora, dentre as espécies de procedimento comum não consta o rito do tribunal do júri. Porém, o legislador não cuidou de modificar a localização topográfica dos dispositivos que disciplinam o procedimento do tribunal do júri, de modo que eles estão no Título I do Livro II, cuja rubrica é *DO PROCESSO COMUM*. Manteve-se, porém, a sistemática atual de reservarem-se, aos processos da competência do tribunal do júri, duas fases distintas, uma destinada à instrução que se desenvolve unicamente perante o juiz preparador e a outra perante o tribunal do júri. Era a hora de inovar, com a previsão de uma única fase, tornando o rito mais célere e propiciando, aos jurados, melhor conhecimento do processo.
METODOLOGIA ADOTADA:	A metodologia adotada foi a de reescrever todos os artigos que disciplinavam o tribunal do júri, de modo que muitas das alterações se circunscreveram, apenas, a dar melhor técnica redacional e mesmo a corrigir alguns erros constantes do texto anterior, sem, entretanto, nenhuma modificação de conteúdo.

PRIMEIRA FASE		
ALTERAÇÕES:	Antes da lei 11.689/08	Após a lei 11.689/08
REGRAS:	Seguia o disposto nos arts. 394 a 405 do CPP, que tratava do procedimento comum.	Segue o procedimento previsto nos arts. 406 a 421, que, com pequenas alterações, reproduzem as regras estabelecidas para o procedimento sumário.

PROCEDIMENTO:	1º Denúncia ou Queixa;
	2º Citação;
	3º Interrogatório;
	4º Defesa prévia;
	5º Audiência de inquirição de testemunhas de acusação;
	6º Audiência de inquirição de testemunhas de defesa;
	7º Alegações finais;
	8º Decisão de Pronúncia, Impronúncia, Desclassificação ou Absolvição Sumária
		1º Denúncia ou Queixa;
		2º Citação;
		3º Resposta (10 dias);
		4º Oitiva do Ministério Público sobre preliminares e/ou documentos (5 dias);
		5º Audiência:
		  1 - Declaração do Ofendido;
		  2 – Testemunhas de acusação;
		  3 – Testemunhas de defesa;
		  4 – Perito;
		  5 – Acareação;
		  6 – Reconhecimento de Pessoas e Coisas;
		  7 – Interrogatório do Acusado;
		  8 – Alegações Finais;
		  9 – Decisão de Pronúncia, Impronúncia, Desclassificação ou Absolvição Sumária.

DIFERENÇAS:	SUMÁRIO	TRIBUNAL DO JÚRI
PRAZO PARA REALIZAÇÃO DA AUDIÊNCIA:	30 dias da decisão interlocutória que analisa preliminares, designa audiência ou declara a absolvição sumária do réu (art. 531, caput, primeira parte).	O art. 412, que está na seção I, do Capítulo II, do Título II, do Livro I, que trata *Da acusação e da instrução preliminar*, diz que "O procedimento será concluído no prazo máximo de 90 (noventa) dias." Por conseguinte, enquanto o prazo para o sumário é de 30 (trinta) dias e o do ordinário é 60 (sessenta), o do tribunal do júri é de 90 (noventa). Assim, estando o réu preso, a primeira fase deverá ser encerrada entre 138 e 145 dias.
IMPUGNAÇÃO DAS PRELIMINARES E/OU DOCUMENTOS	Não há previsão expressa de oitiva do Ministério Público ou do querelante sobre preliminares e documentos anexados pelo réu em sua resposta. Entretanto, Aplica-se à espécie, por analogia, o art. 409.	O artigo 409 prescreve que "*Apresentada a defesa, o juiz ouvirá o Ministério Público ou o querelante sobre preliminares e documentos, em 5 (cinco) dias.*"
ABSOLVIÇÃO SUMÁRIA:	Art. 397: I- existência manifesta de causa excludente da ilicitude do fato, II- existência manifesta de causa excludente da culpabilidade do agente, salvo inimputabilidade, III - circunstância de o fato narrado evidentemente não constituir crime, IV - extinção da punibilidade do agente. O artigo 415, referindo-se ao tribunal do juri acrescenta, ainda, duas hipóteses de absolvição sumária: I – provada a inexistência do fato; II – provado não ser ele autor ou partícipe do fato;	Por força do disposto no art. 394, § 4º, os arts. 395 a 397, todos do CPP, se aplicam a toda e qualquer espécie de procedimento, inclusive aos disciplinados em leis extravagantes. Consequentemente, os referidos artigos são aplicáveis ao procedimento relativo ao tribunal do júri. Assim, não se pense que pelo fato de a absolvição sumária estar prevista no art. 415 do Código de Processo Penal, fase processual posterior à resposta do acusado, não deva o juiz, nos termos do art. 397, se for o caso, proferir sentença liminar, absolvendo desde logo. Aliás, como se disse anteriormente, a circunstância de o legislador ter utilizado, nos arts. 397 e 415 do CPP, expressões diferentes para tratar das mesmas hipóteses de absolvição sumária, leva a crer que ele quis acentuar que, como no primeiro dispositivo a avaliação feita pelo juiz é antes da instrução do processo, o princípio do *in dubio pro societate* é mais forte ainda. Com efeito, diante da existência de réstia de dúvida, ao invés de proceder à absolvição antes da instrução processual, é preferível o juiz marcar a audiência para a produção das demais provas e, se for o caso, depois prolatar a sentença absolutória antecipada.
NÚMERO DE TESTEMUNHAS:	Máximo de 05 testemunhas (art. 532).	Máximo de 08 testemunhas (art. 406, § 2º).
PRAZO ESPECÍFICO PARA INQUIRIÇÃO DAS TESTEMUNHAS E REALIZAÇÃO DE DILIGÊNCIAS:	Não há esta previsão.	Sem muita razão de ser, a despeito do silêncio para os demais procedimentos, o legislador achou por bem preceituar para a realização da audiência de inquirição das testemunhas, assim como das diligências requeridas pelas partes o prazo máximo de dez dias.

DECISÃO:	Não há a previsão de nenhuma hipótese de apresentação de razões finais por meio de memoriais, assim como de sentença em gabinete.	No tribunal do júri "Encerrados os debates, o juiz proferirá a sua decisão, ou o fará em 10 (dez) dias, ordenando que os autos para isso lhe sejam conclusos." (art. 411, § 9º). Inexplicavelmente, o juiz tem a faculdade de escolher entre exarar a decisão em audiência ou em gabinete, no prazo de 10 (dez) dias.

PRONÚNCIA

Não se trata propriamente de sentença, mas sim de decisão, pois a pronúncia contém mero juízo de admissibilidade.

Em caso de dúvida, a questão deve ser resolvida com lastro no princípio do *in dubio pro societate*, i. é, na dúvida, deve o juiz pronunciar, deixando para que a questão quanto à culpabilidade seja resolvida pelo tribunal do júri.

ALTERAÇÕES:	Antes da lei 11.689/08	Após a lei 11.689/08
FUNDAMENTAÇÃO	O juiz, convencendo-se da existência do crime e de indícios de que o réu fosse o seu autor, deveria pronunciá-lo, fazendo consignar, na sentença, os motivos de seu convencimento. Não era raro os juízes adentrarem o mérito da questão.	No desiderato de evitar a repetição dessa prática, a nova lei, no art. 413, § 1º, do CPP, esclareceu que "A fundamentação da pronúncia limitar-se-á à indicação da *materialidade do fato* e à existência de *indícios suficientes* de autoria ou de participação, devendo o juiz declarar o dispositivo legal em que julgar incurso o acusado e especificar as circunstâncias qualificadoras e as causas de aumento de pena".
REQUISITOS:	Art. 408, CPP: " Se o juiz se convencer da existência do crime e de indícios de que o réu seja o autor, pronunciá-lo-á, dando os motivos do seu convencimento."	A nova lei conferiu tratamento mais técnico aos requisitos ensejadores da decisão de pronúncia, modificando a expressão *existência do crime* para *materialidade do fato*. Quanto à modificação a respeito da autoria, uma vez que a norma anterior falava em *indícios de que o réu seja o seu autor*, enquanto o caput do art. 413 do CPP exige *indícios suficientes de autoria ou de participação*, não se enxerga que tenha havido, em si, modificação quanto à substância desse requisito.
DECRETAÇÃO DE PRISÃO EM RAZÃO DA PRONÚNCIA:	Art. 408, § 2º: "Se o réu for primário e de bons antecedentes, poderá o juiz deixar de decretar-lhe a prisão ou revogá-la, caso já se encontre preso."	Não tinha sentido a admissibilidade, consoante a regra do art. 408, § 2º da decretação da prisão do acusado tendo em consideração a circunstância de ele não ter bons antecedentes ou de não ser primário. Para concertar essa erronia, no § 3º do art. 413, com a redação determinada pela Lei nº 11.689/08, está expresso que, para decretar a prisão com a decisão de pronúncia, o juiz terá de usar como fundamento uma das hipóteses do art. 312 do CPP. Mantendo a coerência sistêmica com o art. 387, parágrafo único, impõe-se que, estando o acusado preso, mesmo assim, a decisão de pronúncia, se for o caso, deverá dizer, fundamentadamente, se subsistem as razões para a permanência da prisão preventiva ou de medida restritiva.

INTIMAÇÃO DA DECISÃO DE PRONÚNCIA:	Havia a exigência de que o acusado, nos crimes inafiançáveis, fosse intimado pessoalmente da decisão de pronúncia (arts. 413, caput, e 414).	Manteve-se a regra de que, a despeito da existência de advogado constituído, é direito do acusado ser intimado pessoalmente da decisão de pronúncia, porém, se ele estiver solto, estando em lugar incerto ou não sabido ou, por qualquer motivo, não sendo encontrado, a intimação deverá ser feita por edital (art. 420, parágrafo único).

IMPRONÚNCIA

A impronúncia, assim como a pronúncia, é uma decisão com a qual não se faz imiscuição quanto ao mérito do caso submetido à apreciação. Com ela apenas se diz que não há elementos razoáveis para se submeter a pessoa ao julgamento pelo tribunal do júri.

ALTERAÇÕES:	Antes da lei 11.689/08	Após a lei 11.689/08
NOVA REDAÇÃO:	Art. 409: "Se não se convencer da existência do crime ou de indício suficiente de que seja o réu o seu autor, o juiz julgará improcedente a denúncia ou a queixa."	O art. 414, caput, do CPP, ao dispor acerca da impronúncia, mantém, em linhas gerais, o tratamento então dispensado ao tema. A redação, porém, é mais técnica, substituindo as expressões *existência do crime* por *materialidade do fato*. Corrige-se, igualmente, a impropriedade anterior, ao dispor que, não existindo os elementos necessários, o juiz deveria julgar *improcedente a denúncia ou a queixa*. A modificação foi para dizer que, nesses casos, o juiz *impronunciará o acusado* (art. 414, caput). Esclarece o parágrafo único do artigo em foco que, havendo novas provas, desde que não extinta a punibilidade, deverá ser oferecida nova denúncia, pois, para todos os efeitos, a sentença de impronúncia põe fim à relação processual, ainda que sem fazer coisa julgada material.

ABSOLVIÇÃO SUMÁRIA

Se para a pronúncia basta ao juiz a dúvida, para a absolvição sumária se exige que a manifestação judicial esteja acompanhada de provas que sejam *estremes de dúvidas*. Ou melhor, reclama-se que o juiz tenha a certeza quanto à presença de uma das hipóteses previstas em lei que dão ensejo à absolvição sumária. Na dúvida, deve o juiz deixar a questão para ser analisada pelo tribunal do júri.

ALTERAÇÕES:	Antes da lei 11.689/08	Após a lei 11.689/08
HIPÓTESES:	Art. 411: "O juiz absolverá desde logo o réu, quando se convencer da existência de circunstância que exclua o crime ou isente de pena o réu (arts. 20, 21, 22, 23, 26, caput e 28, § 1º, do Código Penal - reforma penal 1984), recorrendo, de ofício, da sua decisão. Este recurso terá efeito suspensivo e será sempre para o Tribunal de Apelação." A absolvição sumária era prevista, apenas, para duas hipóteses: (a) existência de circunstância que exclua o crime; ou (b) existência de circunstância que isente o acusado de pena.	A nova lei colocou no art. 415 do CPP, como hipóteses de absolvição sumária, quatro circunstâncias: I – provada a inexistência do fato; II – provado não ser ele autor ou partícipe do fato; III – o fato não constituir infração penal; IV – demonstrada causa de isenção de pena ou de exclusão do crime. Por incoerência sistêmica, malgrado tenha sido a extinção de punibilidade considerada causa de absolvição quando o julgamento antecipado se dá no momento do art. 397 do CPP, que se aplica ao

		procedimento do tribunal do júri, essa mesma hipótese não foi incluída no rol do art. 415 do CPP. Para todos os efeitos, a extinção de punibilidade, igualmente, é causa de absolvição sumária no procedimento relativo aos crimes da competência do tribunal do júri.
PARÁGRAFO ÚNICO:	Não havia essa previsão.	O parágrafo único do art. 415 do CPP adverte que a excludente de culpabilidade não pode ser reconhecida nesse momento, salvo se ela for a única tese sustentada pela defesa. Se houver outra tese, o processo deve prosseguir.
RECURSO:	Art. 581: "Caberá recurso, no sentido estrito, da decisão, despacho ou sentença: (...) IV - que pronunciar ou impronunciar o réu; (...) VI - que absolver o réu, nos casos do Art. 411(...)"	A Lei 11.689/08 corrigiu a atecnia de estabelecer a interposição do recurso em sentido estrito das sentenças de impronúncia e de absolvição sumária. Agora, corretamente, cabe recurso em sentido estrito apenas da decisão de pronúncia, uma vez que esta não tem o condão de encerrar a relação do processo. A impronúncia e a absolvição sumária põem fim ao processo, embora a primeira sem a apreciação do mérito. Por isso mesmo, a Lei nº 11.689/08, revogou o inciso VI do art. 581 do CPP e derrogou o inciso IV do mesmo dispositivo, para retirar a expressão *impronunciar* que dele constava. Assim, o recurso cabível da impronúncia ou da absolvição sumária passou a ser o de apelação.

SEGUNDA FASE

ALTERAÇÕES:	Antes da lei 11.689/08	Após a lei 11.689/08
REGRAS:	Seguia o disposto nos arts. 416 a 496 do CPP.	Segue o procedimento previsto nos arts. 422 a 496.
PROCEDIMENTO:	1º Libelo 2º Contrariedade ao libelo; 3º Diligências; 4º Sessão plenária: 4.1 – Instrução: 1 - Interrogatório; 2 - Relatório; 3 – Testemunhas de acusação; 4 – Testemunhas de defesa; 5 – Declaração do ofendido. 4.2 – Debates; 4.3 – Questionário e Votação; 4.4 - Sentença.	1º Intimação das partes para, no prazo de 05 dias apresentarem rol de testemunhas, até o máximo de 05, juntada de documentos e/ou requerimento de diligências; 2º Sessão plenária: 2.1 – Instrução: 1 - Declaração do ofendido; 2 – Testemunhas de acusação; 3 – Testemunhas de defesa; 4 – Perito; 5 – Acareação; 6 – Reconhecimento de pessoas e coisas; 7 – Leitura de peças que se refiram, exclusivamente, às provas colhidas por carta precatória e às provas cautelares, antecipadas ou não repetíveis; 8 - Interrogatório do acusado; 2.2 – Debates; 2.3 – Questionário e Votação; 2.4 - Sentença.

LIBELO:	Ultrapassada a fase de recurso da decisão de pronúncia, os autos eram remetidos ao Ministério Público, a fim de que, no prazo de 05 dias, este apresentasse o libelo. Havia impropriedade técnica, ao se dizer que, *transitada em julgada a sentença de pronúncia*, seria dada vista para fins de apresentação do libelo, haja vista que não se trata de sentença.	A Lei nº 11.689/08 suprimiu o libelo e, evidentemente, a oportunidade de o acusado contrariá-lo. No art. 421, caput, do CPP, está dito que, *preclusa a decisão de* pronúncia, os autos serão conclusos ao juiz-presidente do tribunal do júri, a fim de que sejam intimadas as partes para, no prazo de cinco dias, apresentarem o rol de testemunhas, até o máximo de 05, oportunidade própria, igualmente, para a juntada de documentos e o requerimento de diligências (art. 422).
DESAFORAMENTO	Art. 424: " Se o interesse da ordem pública o reclamar, ou houver dúvida sobre a imparcialidade do júri ou sobre a segurança pessoal do réu, o Tribunal de Apelação, a requerimento de qualquer das partes ou mediante representação do juiz, e ouvido sempre o procurador-geral, poderá desaforar o julgamento para comarca ou termo próximo, onde não subsistam aqueles motivos, após informação do juiz, se a medida não tiver sido solicitada, de ofício, por ele próprio." Era possível, ainda, o desaforamento, quando o processo, após um ano do libelo, não tivesse sido julgado pelo plenário do júri, desde que para a demora não tivesse concorrido a defesa.	A inovação foi para conferir ao assistente, legitimidade para pedir o desaforamento, já que a jurisprudência do Supremo Tribunal Federal não lhe reconhecia legitimidade. Com a modificação introduzida pela Lei nº 11.689/08, o pedido de desaforamento poderá ser feito por qualquer das partes, quando, após o prazo de 6 (seis) meses da data da preclusão da decisão de pronúncia, o julgamento não puder ser realizado, em razão de comprovado *excesso de serviço* (art. 428, caput).
ORGANIZAÇÃO DA PAUTA:	Art. 425: "O presidente do Tribunal do Júri, depois de ordenar, de ofício, ou a requerimento das partes, as diligências necessárias para sanar qualquer nulidade ou esclarecer fato que interesse à decisão da causa, marcará dia para o julgamento, determinando sejam intimadas as partes e as testemunhas" Art. 431: "Salvo motivo de interesse público que autorize alteração na ordem do julgamento dos processos, terão preferência: I - os réus presos; II - dentre os presos, os mais antigos na prisão; III - em igualdade de condições, os que tiverem sido pronunciados há mais tempo."	Na organização da pauta dos processos que deverão ser julgados na reunião periódica do tribunal do júri, com redação mais técnica, no art. 429 faz-se a ordem de preferência dos julgamentos, com o acréscimo, no parágrafo único do art. 431 do CPP, de disposição que impõe ao juiz reservar, na pauta, datas para *inclusão de processo que tiver o julgamento adiado*, qualquer que seja o motivo. Aumentou-se o prazo de antecedência para o requerimento do assistente que tiver a pretensão de participar do julgamento do tribunal do júri, que agora será de 05 dias da data marcada para a sessão (art. 430).
	JURADOS	
ALISTAMENTO:	Art. 439: "Anualmente, serão alistados pelo juiz-presidente do júri, sob sua responsabilidade e mediante escolha por conhecimento pessoal ou informação fidedigna, 300 (trezentos) a 500 (quinhentos) jurados no Distrito Federal e nas comarcas de mais de 100.000 (cem mil) habitantes, e 80	O alistamento, conforme nova redação do artigo 425 do CPP, será de 800 (oitocentos) a 1.500 (mil e quinhentos) jurados nas comarcas de mais de 1.000.000 (um milhão) de habitantes, de 300 (trezentos) a 700 (setecentos) nas comarcas de mais de 100.000 (cem mil) habitantes e de 80 (oitenta) a 400 (quatrocentos) nas comarcas de

		(oitenta) a 300 (trezentos) nas comarcas ou nos termos de menor população. O juiz poderá requisitar às autoridades locais, associações de classe, sindicatos profissionais e repartições públicas a indicação de cidadãos que reunam as condições legais.	menor população. Os nomes das pessoas escolhidas devem ser objeto de primeira publicação até o dia 10 de outubro de cada ano. A lista poderá ser alterada por reclamação de qualquer do povo ou de ofício, até o dia 10 de novembro, data de sua publicação definitiva.
			No art. 425, § 2°, do CPP, ampliaram-se as fontes para escolha de cidadãos para fazerem parte da lista geral, incluindo, as associações de bairro, entidades associativas e culturais, instituições de ensino em geral e quaisquer núcleos comunitários.
			O § 4°, do art. 424, do CPP, demonstra preocupação com a renovação da lista geral dos jurados, deixando expresso que "O jurado que tiver integrado o Conselho de Sentença nos 12 (doze) meses que antecederem a publicação da lista geral fica dela excluído."
SORTEIO E CONVOCAÇÃO:		Art. 427: " A convocação do júri far-se-á mediante edital, depois do sorteio dos vinte e um jurados que tiverem de servir na sessão. O sorteio far-se-á, no Distrito Federal, de dez a quinze dias antes do primeiro julgamento marcado, observando-se nos Estados e nos Territórios o que estabelecer a lei local."	A nova disciplina para o tribunal do júri fornece novas regras quanto ao sorteio dos jurados, ampliando a participação das partes, ao garantir que essa audiência somente será realizada após a organização da pauta.
		Art. 428: " O sorteio far-se-á a portas abertas, e um menor de dezoito anos tirará da urna geral as cédulas com os nomes dos jurados, as quais serão recolhidas a outra urna, ficando a chave respectiva em poder do juiz, o que tudo será reduzido a termo pelo escrivão, em livro a esse fim destinado, com especificação dos vinte e um sorteados."	São necessárias as intimações do Ministério Público, da Ordem dos Advogados do Brasil e da Defensoria Pública, a fim de que possam acompanhar, em dia e hora designados, o sorteio dos jurados que atuarão na reunião periódica (art. 432 do CPP).
			Suprimiu-se a exigência de que as cédulas fossem sorteadas por um menor de dezoito anos. Esse sorteio, razoavelmente, será feito pelo próprio juiz (art. 433, primeira parte, do CPP).
		O art. 466, § 2°, do CPP dizia que, havendo possibilidade, o juiz mandaria distribuir aos jurados cópias datilografadas ou impressas, da pronúncia, do libelo e da contrariedade, além de outras peças que considerasse úteis para o julgamento da causa.	O número de jurados sorteados, que era de 21 (vinte e um), passou para 25 (vinte e cinco), conforme dispõe o art. 433, segunda parte, do CPP.
			A fim de estabelecer um melhor planejamento, o § 1°. do art. 433 do Código de Processo Penal, determina que a audiência de sorteio será realizada, necessariamente, entre o 15° (décimo quinto) e o 10° (décimo) dia útil antecedente à instalação da reunião.
			O ato de convocação deve ser acompanhado da transcrição dos arts. 436 a 446 do CPP, os quais contemplam as normas sobre a função do jurado. Já o parágrafo único do art. 472 do mesmo Diploma Legal impõe ao juiz que, após a formação do conselho de sentença, entregue aos jurados cópias dessa peça processual, assim como do relatório.
FUNÇÃO:		Art. 436: "Os jurados serão escolhidos dentre cidadãos de notória idoneidade. Parágrafo único. São isentos do serviço do júri: I - o Presidente da República e os ministros de Estado;	Saíram do rol dos isentos do serviço do júri, dentre outros, os ministros de confissão religiosa, os farmacêuticos e as parteiras. Foram incluídas pessoas integrantes de outras carreiras além das do Judiciário, do Legislativo e do Executivo, como os membros da Defensoria Pública, os servidores

	II - os governadores ou interventores de Estados ou Territórios, o prefeito do Distrito Federal e seus respectivos secretários; III - os membros do Parlamento Nacional, do Conselho de Economia Nacional, das Assembléias Legislativas dos Estados e das Câmaras Municipais, enquanto durarem suas reuniões; IV - os prefeitos municipais; V - os magistrados e órgãos do Ministério Público; VI - os serventuários e funcionários da justiça; VII - o chefe, demais autoridades e funcionários da Polícia e Segurança Pública; VIII - os militares em serviço ativo; IX - as mulheres que não exerçam função pública e provem que, em virtude de ocupações domésticas, o serviço do júri lhes é particularmente difícil; X - por 1 (um) ano, mediante requerimento, os que tiverem efetivamente exercido a função de jurado, salvo nos lugares onde tal isenção possa redundar em prejuízo do serviço normal do júri; XI - quando o requererem e o juiz reconhecer a necessidade da dispensa: a) os médicos e os ministros de confissão religiosa; b) os farmacêuticos e as parteiras."	dessa instituição e do Ministério Público e os cidadãos maiores de 70 (setenta) anos, em relação a estes quando houver requerimento de dispensa. Foi estabelecida multa de 1 (um) a 10 (dez) salários mínimos, a ser aplicada de acordo com a condição econômica do jurado, para quando ocorrer a recusa injustificada da prestação do serviço (art. 436, § 2º, do CPP). Definiu-se que se entende por *serviço alternativo* "... o exercício de atividades de caráter administrativo, assistencial, filantrópico ou mesmo produtivo, no Poder Judiciário, na Defensoria Pública, no Ministério Público ou em entidade conveniada para esses fins (art. 438, caput e § 1º, do CPP). Como prêmio pelo exercício de função pública, obrigatória e gratuita, além da preferência, no caso de empate, em concorrência pública, estabeleceu-se a precedência "... no provimento, mediante concurso, de cargo ou função pública, bem como nos casos de promoção funcional ou remoção voluntária."

PLENÁRIO

ALTERAÇÕES:	Antes da lei 11.689/08	Após a lei 11.689/08
REVELIA:	Art. 451. Não comparecendo o réu ou o acusador particular, com justa causa, o julgamento será adiado para a seguinte sessão periódica, se não puder realizar-se na que estiver em curso. § 1º: Se se tratar de crime afiançável, e o não comparecimento do réu ocorrer sem motivo legítimo, far-se-á o julgamento à sua revelia.	No caput do art. 474 do CPP está inserto que o interrogatório somente será realizado se o acusado estiver presente em plenário, devendo-se, pois, em caso contrário, dar-se continuidade à sessão. Possibilita-se, por conseguinte, o julgamento de crimes dolosos contra a vida, ainda que inafiançáveis, à revelia do acusado.
ALGEMAS:	Não havia previsão legal a respeito.	Inovação importante foi quanto a não se permitir que o acusado, durante a sessão do júri, fique algemado, para evitar que essa situação influencie o jurado no julgamento (art. 474, § 3º). O Supremo Tribunal foi além dessa previsão normativa, ao editar a Súmula Vinculante nº 11, para dispor que "Só é lícito o uso de algemas em casos de resistência e de fundado receio de fuga ou de perigo à integridade física própria ou alheia, por parte do preso ou de terceiros, justificada a excepcionalidade por escrito, sob pena de responsabilidade disciplinar, civil e penal do agente ou da autoridade e de nulidade da prisão ou do ato processual a que se refere, sem prejuízo da responsabilidade civil do estado."

DEBATES:		Nos termos da regra anterior, não se permitia a produção ou leitura de documento que não tivesse sido juntado aos autos com a antecedência mínima de três dias.	A reforma manteve o prazo, mas esclareceu que são 3 dias úteis, acrescentando que não se admite, igualmente, sem essa antecedência, "... a exibição de vídeos, gravações, fotografias, laudos, quadros, croqui ou qualquer outro meio assemelhado, cujo conteúdo versar sobre a matéria de fato submetida à apreciação e julgamento dos jurados." (art. 479, parágrafo único). A alteração mais importante, porém, em relação aos debates, foi a proibição, no art. 478 do CPP, quanto à referência pelas partes, durante os debates, sob pena de nulidade: (a) à decisão de pronúncia, às decisões posteriores que julgaram admissível a acusação ou à determinação do uso de algemas como argumento de autoridade que beneficiem ou prejudiquem o acusado; (b) ao silêncio do acusado ou à ausência de interrogatório por falta de requerimento, em seu prejuízo. Merece registro, ainda, em relação às alterações inseridas para os debates, a regra de que caberá ao juiz regular a intervenção de uma das partes, quando a outra estiver com a palavra.
QUESITOS:		Art. 484 - Os quesitos serão formulados com observância das seguintes regras: I - o primeiro versará sobre o fato principal, de conformidade com o libelo; II - se entender que alguma circunstância, exposta no libelo, não tem conexão essencial com o fato ou é dele separável, de maneira que este possa existir ou subsistir sem ela, o juiz desdobrará o quesito em tantos quantos forem necessários; III - se o réu apresentar, na sua defesa, ou alegar, nos debates, qualquer fato ou circunstância que por lei isente de pena ou exclua o crime, ou o desclassifique, o juiz formulará os quesitos correspondentes, imediatamente depois dos relativos ao fato principal, inclusive os relativos ao excesso doloso ou culposo quando reconhecida qualquer excludente de ilicitude; IV - se for alegada a existência de causa que determine aumento de pena em quantidade fixa ou dentro de determinados limites, ou de causa que determine ou faculte diminuição de pena, nas mesmas condições, o juiz formulará os quesitos correspondentes a cada uma das causas alegadas; V - se forem um ou mais réus, o juiz formulará tantas séries de quesitos quantos forem eles. Também serão formuladas séries distintas, quando diversos os pontos de acusação; VI - quando o juiz tiver que fazer diferentes quesitos, sempre os formulará em proposições simples e bem distintas, de maneira que cada um deles possa ser respondido com suficiente clareza.	A Lei nº 11.689/08 introduziu importantes modificações quanto à formulação dos quesitos. Sintetizando em que deve consistir o questionário, o art. 482, caput, do CPP, preceituava que o conselho de sentença "... será questionado sobre matéria de fato e se o acusado deve ser absolvido." O art. 483 estabelece a ordem de elaboração dos quesitos, que será a seguinte: I- a materialidade do fato; II- a autoria ou participação; III- se o acusado deve ser absolvido; IV- se existe causa de diminuição de pena alegada pela defesa; V- se existe circunstância qualificadora ou causa de aumento de pena, reconhecidas na pronúncia ou em decisões posteriores que julgaram admissível a acusação. Saliente-se que, diferentemente de como era antes, não serão mais objeto de quesito as circunstâncias agravantes ou atenuantes. Caberá ao juiz, na sentença, decidir a esse respeito. Com a alteração alvitrada pelo § 1º do art. 483 do CPP os votos contados serão apenas os necessários para se alcançar a maioria. Por conseguinte, ao contrário do que ocorria antes, se os quatro primeiros votos forem em um mesmo sentido, o juiz não deve mais apurar os demais. Em consonância com essa nova regra, foi revogado o art. 487 do CPP, o qual determinava que o escrivão escrevesse "... o resultado em termo especial e que sejam declarados o número de votos afirmativos e o de negativos." Em seu lugar, o art. 488, caput, do CPP, determina que o escrivão,

			apenas "... registre no termo a votação de cada quesito, bem como o resultado do julgamento." Ou seja, basta colocar no termo de votação que, por maioria, a resposta do conselho de sentença quanto à pergunta inserta no quesito foi "sim" ou "não".
SENTENÇA:		Art. 493 - A sentença será fundamentada, salvo quanto às conclusões que resultarem das respostas aos quesitos, e lida pelo juiz, de público, antes de encerrada a sessão do julgamento.	No caso de condenação, deverá o juiz, tendo em consideração a decisão do júri, fazer a dosagem da pena. As circunstâncias agravantes ou atenuantes, que servem, apenas, para quantificar a pena, não são mais objeto de quesitos. Cabe ao juiz sobre elas se pronunciar, se e quando forem *alegadas nos debates* (art. 492, I, "b"). Deve dosar as causas de diminuição ou de aumento da pena admitidas pelo júri e observar o que dispõe o art. 387 do Código de Processo Penal. Se o acusado estiver preso, deverá apresentar os fundamentos para a sua manutenção e, se solto, estando presentes os requisitos, decretar, fundamentadamente, a prisão preventiva. Absolutória a sentença, estando o acusado preso, a consequência é a expedição do alvará de soltura, devendo-se observar, aqui a necessidade de intimar o ofendido, não apenas da sentença, mas, igualmente, da revogação da prisão preventiva. O art. 492, II, "b", do CPP, elenca como efeito da sentença absolutória a revogação das medidas restritivas, as quais ainda não existem como medidas cautelares substitutivas da prisão preventiva, uma vez que elas são objeto do Projeto de Lei nº 4.208, de 2001, que ainda não foi aprovado pelo Parlamento.

INCONGRUÊNCIAS ENTRE AS LEIS 11.690 E 11.719, EM RELAÇÃO À LEI 11.689/08

As modificações advindas com a lei 11.689/08 tiveram por escopo que a instrução no tribunal do júri se desse da mesma maneira como na primeira fase e do mesmo modo como nos demais procedimentos, nos termos das alterações promovidas pela Lei nº 11.690 e nº 11.719, ambas de 2008. Porém, em alguns pontos, não houve coerência sistêmica, como se observa abaixo.

DIFERENÇAS:	Primeira Fase	Segunda Fase
OITIVA DE TESTEMUNHAS:	A lei nº 11.690/08 adotou o sistema do *cross examination* para a inquirição das testemunhas, assim como esclareceu que, ao contrário de como se dava no sistema presidencial, adotado anteriormente pelo Código de Processo Penal, às próprias partes caberá fazer as perguntas por primeiro, devendo o juiz, apenas, complementá-las, se houver pontos a serem esclarecidos (art. 212, caput e parágrafo único).	No procedimento previsto para o julgamento na sessão plenária, sem nenhuma justificativa, em relação às testemunhas, ao invés de as partes serem as primeiras a fazer as perguntas, cabendo ao juiz, apenas, a complementação, como é próprio de um sistema acusatório, pela dicção normativa do caput do art. 473 quem inicia a inquirição é o juiz-presidente. A interpretação sistemática do ordenamento jurídico processual penal, porém, impõe que se entenda que, mesmo em se tratando do plenário da sessão do tribunal do júri, as partes devem ser as primeiras a perguntar.
INTERROGATÓRIO:	Sistema Presidencial. Embora a lei 11.690/08 tenha instituído o sistema do *cross*	Pela redação do art. 474, § 1º, do CPP, após o juiz, "O Ministério Público, o assistente, o querelante e

		examination para oitiva das testemunhas, esse novo regramento não trouxe nenhuma alteração em relação ao interrogatório.	o defensor, nessa ordem, poderão formular, diretamente, perguntas ao ofendido." O interrogatório, quando prestado perante sessão de julgamento do tribunal do júri, observaria o *contraditório*. Seria a instituição do *cross examination* para fins de interrogatório do acusado, hipótese em que ele seria tratado como testemunha.
SISTEMA DE GRAVAÇÃO DA AUDIÊNCIA:		O registro da audiência pode ser feito por gravação magnética, estenotipia ou técnica similar, inclusive audiovisual, sem necessidade, neste último caso, de degravação. O termo de audiência deve conter apenas breve resumo do ocorrido (art.405, § 1º).	Art. 475: "O registro dos depoimentos e do interrogatório será feito pelos meios ou recurso de gravação magnética, eletrônica, estenotipia ou técnica similar, destinada a obter maior fidelidade e celeridade na colheita da prova." Devido à falta de sistematização, não se repetiu para a sessão do júri a previsão da possibilidade de gravação audiovisual dos depoimentos e do interrogatório. Ficou apenas a observação, inserida no parágrafo único do dispositivo em foco, de que "A transcrição do registro, após feita a degravação, constará dos autos." De qualquer modo, os §§ 1º e 2º do art. 405 do CPP são aplicáveis ao procedimento relativo ao tribunal do júri, devendo, assim, o juiz realizar a sessão plenária com a gravação por sistema audiovisual, hipótese em que não será necessária a degravação dos depoimentos nem do interrogatório.

1ª FASE

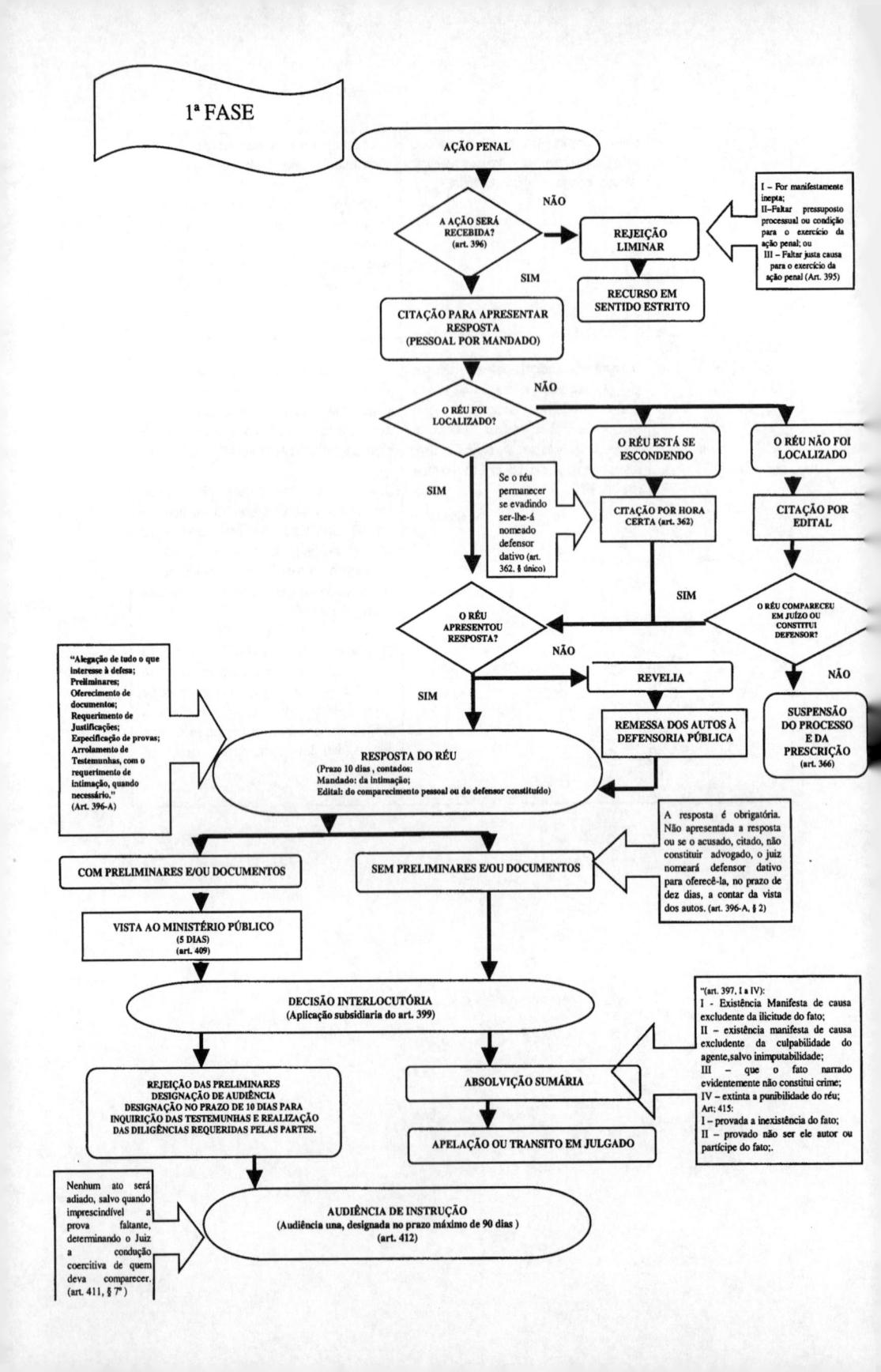

AÇÃO PENAL

↓

A AÇÃO SERÁ RECEBIDA? (art. 396)

— NÃO → **REJEIÇÃO LIMINAR** → **RECURSO EM SENTIDO ESTRITO**

- I – For manifestamente inepta;
- II – Faltar pressuposto processual ou condição para o exercício da ação penal; ou
- III – Faltar justa causa para o exercício da ação penal (Art. 395)

— SIM → **CITAÇÃO PARA APRESENTAR RESPOSTA (PESSOAL POR MANDADO)**

↓

O RÉU FOI LOCALIZADO?

— NÃO →
- **O RÉU ESTÁ SE ESCONDENDO** → **CITAÇÃO POR HORA CERTA (art. 362)**
  - *Se o réu permanecer se evadindo ser-lhe-á nomeado defensor dativo (art. 362, § único)*
- **O RÉU NÃO FOI LOCALIZADO** → **CITAÇÃO POR EDITAL**

O RÉU COMPARECEU EM JUÍZO OU CONSTITUI DEFENSOR?
- SIM → (segue para resposta)
- NÃO → **SUSPENSÃO DO PROCESSO E DA PRESCRIÇÃO (art. 366)**

— SIM → **O RÉU APRESENTOU RESPOSTA?**
- NÃO → **REVELIA** → **REMESSA DOS AUTOS À DEFENSORIA PÚBLICA**
- SIM ↓

"Alegação de tudo o que interesse à defesa; Preliminares; Oferecimento de documentos; Requerimento de Justificações; Especificação de provas; Arrolamento de Testemunhas, com o requerimento de intimação, quando necessário." (Art. 396-A)

RESPOSTA DO RÉU
(Prazo 10 dias, contados:
Mandado: da intimação;
Edital: do comparecimento pessoal ou de defensor constituído)

A resposta é obrigatória. Não apresentada a resposta ou se o acusado, citado, não constituir advogado, o juiz nomeará defensor dativo para oferecê-la, no prazo de dez dias, a contar da vista dos autos. (art. 396-A, § 2)

↓

- **COM PRELIMINARES E/OU DOCUMENTOS** → **VISTA AO MINISTÉRIO PÚBLICO (5 DIAS) (art. 409)**
- **SEM PRELIMINARES E/OU DOCUMENTOS**

↓

DECISÃO INTERLOCUTÓRIA (Aplicação subsidiária do art. 399)

↓

- **REJEIÇÃO DAS PRELIMINARES DESIGNAÇÃO DE AUDIÊNCIA DESIGNAÇÃO NO PRAZO DE 10 DIAS PARA INQUIRIÇÃO DAS TESTEMUNHAS E REALIZAÇÃO DAS DILIGÊNCIAS REQUERIDAS PELAS PARTES.**
- **ABSOLVIÇÃO SUMÁRIA** → **APELAÇÃO OU TRANSITO EM JULGADO**

"(art. 397, I a IV):
I – Existência Manifesta de causa excludente da ilicitude do fato;
II – existência manifesta de causa excludente da culpabilidade do agente, salvo inimputabilidade;
III – que o fato narrado evidentemente não constitui crime;
IV – extinta a punibilidade do réu;
Art; 415:
I – provada a inexistência do fato;
II – provado não ser ele autor ou partícipe do fato;."

↓

AUDIÊNCIA DE INSTRUÇÃO (Audiência una, designada no prazo máximo de 90 dias) (art. 412)

Nenhum ato será adiado, salvo quando imprescindível a prova faltante, determinando o Juiz a condução coercitiva de quem deva comparecer. (art. 411, § 7°)

```
                              ↓
                    ┌───────────────────┐
               NÃO  │    O JUIZ         │
          ┌─────────│   PROFERIU        │
          │         │   DECISÃO EM      │
          │         │   AUDIÊNCIA?      │
          │         └───────────────────┘
          │                  │ SIM
          ▼                  ▼
```

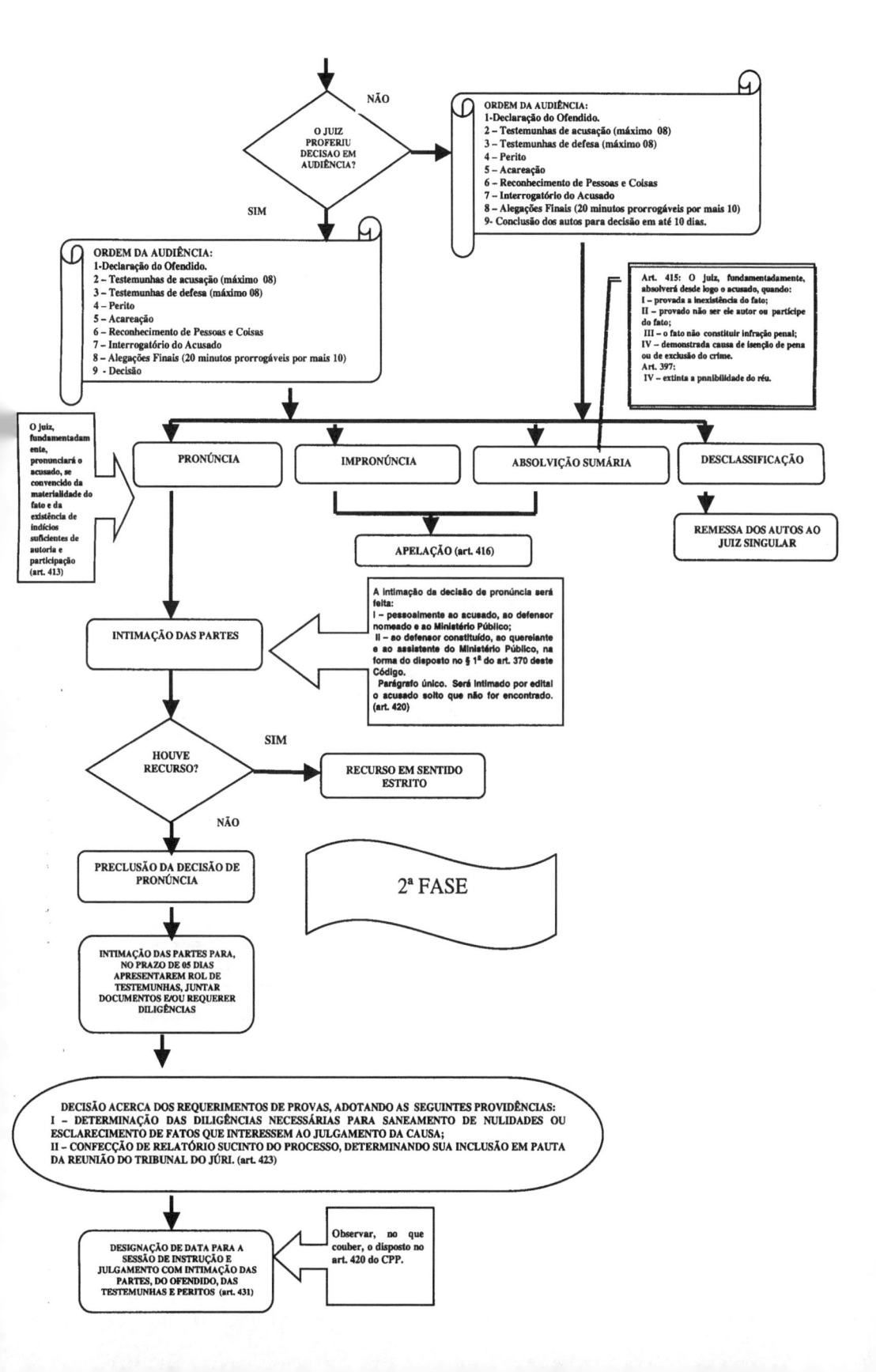

[Ramo NÃO] ORDEM DA AUDIÊNCIA:
1- Declaração do Ofendido.
2 – Testemunhas de acusação (máximo 08)
3 – Testemunhas de defesa (máximo 08)
4 – Perito
5 – Acareação
6 – Reconhecimento de Pessoas e Coisas
7 – Interrogatório do Acusado
8 – Alegações Finais (20 minutos prorrogáveis por mais 10)
9- Conclusão dos autos para decisão em até 10 dias.

[Ramo SIM] ORDEM DA AUDIÊNCIA:
1- Declaração do Ofendido.
2 – Testemunhas de acusação (máximo 08)
3 – Testemunhas de defesa (máximo 08)
4 – Perito
5 – Acareação
6 – Reconhecimento de Pessoas e Coisas
7 – Interrogatório do Acusado
8 – Alegações Finais (20 minutos prorrogáveis por mais 10)
9 - Decisão

Art. 415: O juiz, fundamentadamente, absolverá desde logo o acusado, quando:
I – provada a inexistência do fato;
II – provado não ser ele autor ou partícipe do fato;
III – o fato não constituir infração penal;
IV – demonstrada causa de isenção de pena ou de exclusão do crime.
Art. 397:
IV – extinta a punibilidade do réu.

O juiz, fundamentadamente, pronunciará o acusado, se convencido da materialidade do fato e da existência de indícios suficientes de autoria e participação (art. 413)

Decisões possíveis:
- **PRONÚNCIA**
- **IMPRONÚNCIA** → APELAÇÃO (art. 416)
- **ABSOLVIÇÃO SUMÁRIA** → APELAÇÃO (art. 416)
- **DESCLASSIFICAÇÃO** → REMESSA DOS AUTOS AO JUIZ SINGULAR

↓ (da PRONÚNCIA)

INTIMAÇÃO DAS PARTES

A intimação da decisão de pronúncia será feita:
I – pessoalmente ao acusado, ao defensor nomeado e ao Ministério Público;
II – ao defensor constituído, ao querelante e ao assistente do Ministério Público, na forma do disposto no § 1º do art. 370 deste Código.
Parágrafo único. Será intimado por edital o acusado solto que não for encontrado. (art. 420)

HOUVE RECURSO?
- SIM → RECURSO EM SENTIDO ESTRITO
- NÃO → **PRECLUSÃO DA DECISÃO DE PRONÚNCIA**

2ª FASE

INTIMAÇÃO DAS PARTES PARA, NO PRAZO DE 05 DIAS APRESENTAREM ROL DE TESTEMUNHAS, JUNTAR DOCUMENTOS E/OU REQUERER DILIGÊNCIAS

↓

DECISÃO ACERCA DOS REQUERIMENTOS DE PROVAS, ADOTANDO AS SEGUINTES PROVIDÊNCIAS:
I – DETERMINAÇÃO DAS DILIGÊNCIAS NECESSÁRIAS PARA SANEAMENTO DE NULIDADES OU ESCLARECIMENTO DE FATOS QUE INTERESSEM AO JULGAMENTO DA CAUSA;
II – CONFECÇÃO DE RELATÓRIO SUCINTO DO PROCESSO, DETERMINANDO SUA INCLUSÃO EM PAUTA DA REUNIÃO DO TRIBUNAL DO JÚRI. (art. 423)

↓

DESIGNAÇÃO DE DATA PARA A SESSÃO DE INSTRUÇÃO E JULGAMENTO COM INTIMAÇÃO DAS PARTES, DO OFENDIDO, DAS TESTEMUNHAS E PERITOS (art. 431)

Observar, no que couber, o disposto no art. 420 do CPP.

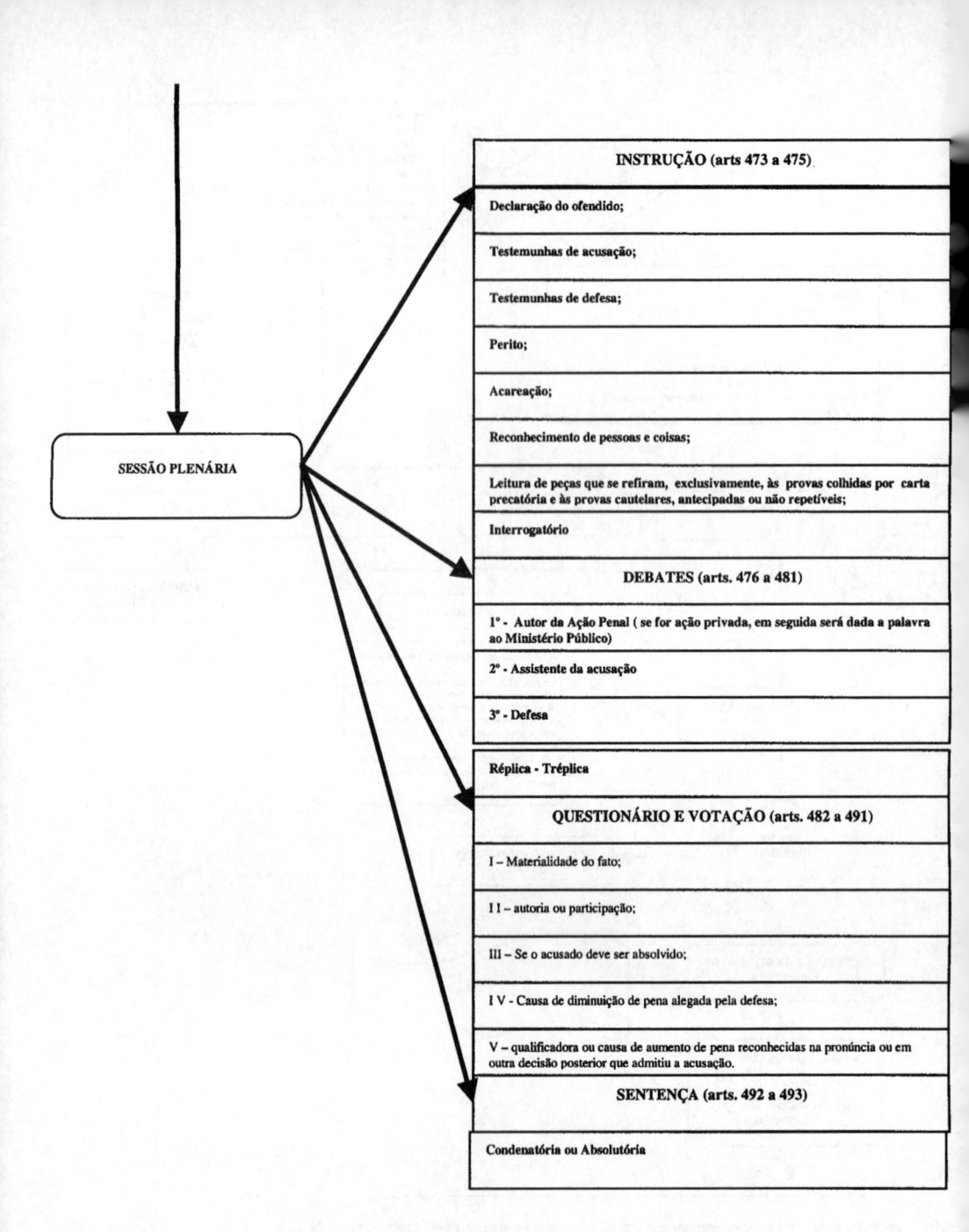

```
                              ┌─────────────────────────────────────────────────────────────┐
                              │           INSTRUÇÃO (arts 473 a 475)                        │
                              ├─────────────────────────────────────────────────────────────┤
                              │ Declaração do ofendido;                                     │
                              ├─────────────────────────────────────────────────────────────┤
                              │ Testemunhas de acusação;                                    │
                              ├─────────────────────────────────────────────────────────────┤
                              │ Testemunhas de defesa;                                      │
                              ├─────────────────────────────────────────────────────────────┤
                              │ Perito;                                                     │
                              ├─────────────────────────────────────────────────────────────┤
                              │ Acareação;                                                  │
                              ├─────────────────────────────────────────────────────────────┤
                              │ Reconhecimento de pessoas e coisas;                         │
                              ├─────────────────────────────────────────────────────────────┤
                              │ Leitura de peças que se refiram, exclusivamente, às provas  │
                              │ colhidas por carta precatória e às provas cautelares,       │
                              │ antecipadas ou não repetíveis;                              │
                              ├─────────────────────────────────────────────────────────────┤
                              │ Interrogatório                                              │
                              └─────────────────────────────────────────────────────────────┘

   ┌─────────────────┐        ┌─────────────────────────────────────────────────────────────┐
   │ SESSÃO PLENÁRIA │──────▶  │           DEBATES (arts. 476 a 481)                         │
   └─────────────────┘        ├─────────────────────────────────────────────────────────────┤
                              │ 1º - Autor da Ação Penal (se for ação privada, em seguida   │
                              │ será dada a palavra ao Ministério Público)                  │
                              ├─────────────────────────────────────────────────────────────┤
                              │ 2º - Assistente da acusação                                 │
                              ├─────────────────────────────────────────────────────────────┤
                              │ 3º - Defesa                                                 │
                              ├─────────────────────────────────────────────────────────────┤
                              │ Réplica - Tréplica                                          │
                              └─────────────────────────────────────────────────────────────┘

                              ┌─────────────────────────────────────────────────────────────┐
                              │        QUESTIONÁRIO E VOTAÇÃO (arts. 482 a 491)             │
                              ├─────────────────────────────────────────────────────────────┤
                              │ I – Materialidade do fato;                                  │
                              ├─────────────────────────────────────────────────────────────┤
                              │ II – autoria ou participação;                               │
                              ├─────────────────────────────────────────────────────────────┤
                              │ III – Se o acusado deve ser absolvido;                      │
                              ├─────────────────────────────────────────────────────────────┤
                              │ IV - Causa de diminuição de pena alegada pela defesa;       │
                              ├─────────────────────────────────────────────────────────────┤
                              │ V – qualificadora ou causa de aumento de pena reconhecidas  │
                              │ na pronúncia ou em outra decisão posterior que admitiu a    │
                              │ acusação.                                                   │
                              └─────────────────────────────────────────────────────────────┘

                              ┌─────────────────────────────────────────────────────────────┐
                              │           SENTENÇA (arts. 492 a 493)                        │
                              ├─────────────────────────────────────────────────────────────┤
                              │ Condenatória ou Absolutória                                 │
                              └─────────────────────────────────────────────────────────────┘
```

6. Liberdade e medidas cautelares

Aprovados quatro dos sete projetos de lei que cuidaram da reforma tópica do Código de Processo Penal, eis que, após intensos debates, finalmente, mais um deles passou pelo crivo do Congresso Nacional. Com a sanção presidencial veio a lume a Lei nº 12.403, de 4 de maio de 2011, complementando mais uma etapa da Reforma Tópica do Código de Processo Penal alvitrada pela Comissão de Reforma criada pelo Executivo, aqui denominada segunda etapa da Reforma Tópica[554]. Ou seja, quase três anos depois da entrada em vigor das Leis nºs 11.689, de 9 de junho de 2008 (tribunal do júri), 11.690, de 9 de junho de 2008 (provas) e 11.719, de 20 de junho de 2008 (suspensão do processo, *emendatio libelli*, *mutatio libelli* e procedimentos). Sem falar que a Lei nº 10.792, de 28 de novembro de 2003, havia sido aprovada há mais de oito anos. A Lei nº 12.403, de 2011, portanto, como já foi salientado no início, faz parte do trabalho elaborado pela Comissão de Reforma, no sentido de alterar todo o sistema processual penal, por meio da chamada Reforma Tópica, a qual foi apresentada ao Parlamento sob a forma de sete projetos de lei. Agora, já são cinco os projetos de lei aprovados, restando, ainda, os projetos de lei que cuidam da reforma das fases investigatória e recursal. A Reforma Tópica, portanto, está, apenas parcialmente, levada a efeito.

Como não haveria de ser diferente, a Lei nº 12.403, de 2011, segue as linhas gerais da Reforma Tópica, no afã de adaptar o ordenamento processual aos novos tempos, notadamente às diretrizes de diplomas internacionais e da Constituição de 1988, naquela que, seguramente, era a parte do Código de Processo Penal mais identificada com a sua origem ditatorial e policialesca: a referente ao sistema prisional.

---

[554] Cf, item 3.2, supra.

É perceptível a intenção do legislador em traduzir, normativamente, o pensamento firmado pela jurisprudência, especialmente do Supremo Tribunal Federal e do Superior Tribunal de Justiça, no sentido de ressaltar a natureza cautelar de toda e qualquer prisão determinada no curso do processo, o que, aliás, já tinha sido ressaltado com a Lei nº 11.719, de 2008, ao acrescentar um parágrafo único ao art. 363[555] e a Lei nº 11.689, de 2008, mediante a alteração introduzida no art. § 3º do art. 413[556], ambos do Código de Processo Penal.

Talvez esse foco maior em alterar a sistemática prisional estampada no CPP seja a razão para que o legislador-reformador, apesar de introduzir alteração a partir mesmo da nomenclatura emprestada ao Título IX do Livro I do CPP — que era *DA PRISÃO E DA LIBERDADE PROVISÓRIA*, e passou a ser *DA PRISÃO, DAS MEDIDAS CAUTELARES E DA LIBERDADE PROVISÓRIA* — não tenha tratado de todas as espécies de cautelares previstas no Código de Processo Penal.

Isso porque, com a atecnia que caracterizou a edição do Código de Processo Penal[557], as medidas cautelares foram tratadas em outras partes pelo legislador que, em rigor, não concebeu propriamente a prisão processual como espécie de medida cautelar. As cautelares, para todos os efeitos, foram inseridas no Capítulo VI do Título VI do Livro I do Código de Processo Penal, nominadas de *medidas assecuratórias*, mais conhecidas como *medidas cautelares reais*. Ainda assim, nem mesmo todas as cautelares foram ali disciplinadas, pois, além dessas *medidas assecuratórias* (sequestro, hipoteca legal e arresto), há outras medidas, tipicamente cautelares, previstas no CPP, como são os casos da busca e apreensão (arts. 240 a 250), produção antecipada de provas consideradas urgentes e relevantes (art. 156, I) e do depoimento *ad perpetuam rei memoriam* (art. 225), todos no Título VII do Livro I, intitulado *DA PROVA*.

O certo era que, assim como feito no Código de Processo Civil, em obséquio à divisão científica do sistema processual em *processo de conhecimento, de execução* e *cautelar*, fosse destinada uma parte específica no CPP (Livro ou Capítulo) para tratar, senão propriamente do processo cautelar, como foi preferido na elaboração do atual Código

---

555 Cf. item 5.1.9.8.3, supra, que trata da prisão com a decisão condenatória passível de recurso.
556 Cf. item 5.3.1.1.1, supra, que cuida da prisão com a decisão de pronúncia.
557 A esse respeito, cf. itens 3.1 e 3.2.2, em especial.

de Processo Civil[558], pelo menos de forma harmônica, com o estabelecimento de princípios gerais, de todas as espécies de medidas cautelares, admissíveis no curso da relação processual.

Note-se, porém, que a alteração se circunscreveu ao Título IX do CPP, que cuida de institutos referentes ao direito de liberdade durante o trâmite processual, ou melhor, de *medidas cautelares pessoais*. A esse respeito, cabe ressaltar, uma vez mais, que, tendo sido o Código de Processo Penal concebido sob a regência da Constituição de 1937, com seu *viés autoritário e policialesco*, cuja finalidade era que servisse de *instrumento de força* para a sedimentação de um regime ditatorial, nada mais natural que essa característica se fizesse presente de forma mais marcante na disciplina do direito de liberdade das pessoas[559].

De fato, esse Título IX do Livro I do Código de Processo Penal de 1941, coerente com a Constituição de 1937, de perfil ditatorial, na sua redação originária, dava tratamento extremamente rigoroso ao direito de liberdade. O só fato de a pena prevista para o crime ser igual ou superior a dez anos era o bastante para impor, obrigatoriamente, a decretação da prisão preventiva, de modo que o acusado respondia o processo preso. Se o agente fosse preso em flagrante, sendo o crime inafiançável, isso significava que ele não tinha o direito de responder o processo em liberdade. Por isso mesmo, verificada a prisão em flagrante, salvo na hipótese em que considerada ilegal[560] ou então houvesse elementos probatórios de que a ação foi praticada acobertada por uma das excludentes de criminalidade, o direito de liberdade somente era reconhecido quando, não havendo motivo para a decretação da prisão preventiva, o crime fosse afiançável.

Nesse contexto, a prisão em flagrante tinha não apenas a finalidade da captura de quem era surpreendido praticando ou logo após ou depois da prática do delito, como igualmente de servir de medida acautelatória[561]. A prisão em flagrante, por si só, era justificativa para que a pessoa fosse mantida no cárcere.

Ademais, embora a prisão preventiva tivesse natureza cautelar, de modo que para a sua decretação exigia-se, como é próprio das tutelas

---

558 BARROS, Romeu Pires de Campos. *Processo penal cautelar*. Rio de Janeiro: Editora Forense, 1982, p. 440.
559 Cf. item 2.2, supra.
560 No caso de ilegalidade, impõe-se o relaxamento da prisão.
561 Em verdade, o flagrante não se trata, propriamente, de *prisão*, senão de mera *detenção*. Essa questão está abordada com mais vagar no item 6.2.4, infra.

de urgência, o *fumus boni iuris* ou probabilidade da condenação, que repousa na prova da materialidade do delito, ou *corpus delicti* (prova da existência do crime) e da probabilidade da autoria (indícios suficientes da autoria)[562], além da demonstração da necessidade (manutenção da ordem pública/econômica, conveniência da instrução ou assegurar a aplicação da lei), existia, de outro lado, a *prisão preventiva obrigatória* ou *compulsória*, decorrente de disposição legal[563].

Já o art. 393, inciso I, do CPP[564], impunha a decretação da prisão como efeito necessário da sentença condenatória ainda que passível de recurso, sendo admissível a obtenção do direito de liberdade apenas se e quando o crime fosse afiançável[565]. O mesmo se dava quando era o caso da decisão de pronúncia (art. 408, § 1º)[566].

---

562 A esse respeito, José Frederico Marques, ocupando-se do assunto, ao discorrer sobre o instituto da prisão preventiva tal como ele estava consignado na redação originária do Código de Processo Penal, acentuava que "Existe a prova da existência do crime, quando demonstrada está a prática de fato típico na integralidade de seus elementos" (*Comentários ao Código de Processo Penal brasileiro*, p. 60), enquanto "... há indícios suficientes de autoria quando o réu é o provável autor do crime."(Ibid., p. 60).

563 Redação originária do art. 312 do Código de Processo Penal, "A prisão preventiva será decretada nos crimes a que for cominada pena de reclusão por tempo, no máximo, igual ou superior a dez anos." Não havia regra similar no Código de Processo Criminal anterior.

564 A dicção normativa do art. 393, I, do CPP era a seguinte: "São efeitos da sentença condenatória recorrível: I — ser o réu preso ou conservado na prisão, assim nas infrações inafiançáveis, como nas afiançáveis enquanto não prestar a fiança." Agora, a Lei 12.403, de 2011, finalmente, revogou, expressamente o referido dispositivo que, para todos os efeitos, havia sido, implicitamente, revogado pela Lei nº 11.729, de 2008. Ao examinar essa questão na 1ª edição deste livro, restou consignado: "Não se pense que a circunstância de o legislador da Lei nº 11.719, de 2008, não ter revogado o inciso I do art. 393 do CPP enseja a interpretação de que a prisão, tal como ocorria antes da Lei Fleury, passa a ser efeito inexorável da sentença condenatória. É verdade que o legislador incorreu em lapso quando não determinou a revogação da norma jurídica em destaque. Contudo, além de essa interpretação não se conformar com a ideia das modificações introduzidas no sistema, o parágrafo único do art. 387 do CPP, acrescentado pela Lei em referência, deixa claro que, mesmo no caso de mera manutenção de prisão preventiva, ainda assim, o juiz terá de fazer a necessária fundamentação. Ou seja, se quando da prolação da sentença o acusado estiver preso, o juiz, em caso de condenação, terá de fundamentar a necessidade de sua manutenção" (*Reforma tópica do processo penal*, 1ª ed., p. 285).

565 Quando o acusado já se encontrava preso em razão de prisão preventiva, naturalmente que a condenação tinha como efeito a manutenção do encarceramento, conforme, aliás, estava expresso no art. 393, I, do Código de Processo

A circunstância de o crime ser afiançável, por conseguinte, era a condição necessária para que a pessoa, nos casos de prisão em flagrante ou decorrente de sentença condenatória recorrível ou de decisão de pronúncia, pudesse responder em liberdade o processo criminal até, pelo menos, o julgamento do eventual recurso de apelação pelo juízo *ad quem*.

Portanto, na expressa maioria dos casos de prisão processual — prisão preventiva obrigatória, prisão decorrente da sentença condenatória recorrível e prisão decorrente de decisão de pronúncia —, a restrição do direito de liberdade era *compulsória*, não havendo necessidade de o juiz, sequer, expor os motivos de sua determinação. A prisão no curso do processo era tão comum no sistema da legislação criminal de acordo com redação originária do CPP, que a liberdade provisória era vista por Frederico Marques como espécie de *medida cautelar em prol do réu*[567]. Ele via a liberdade provisória como uma medida de *contracautela* admissível apenas "... para evitar danos ao *status libertatis*, em caso de prisão cautelar."[568]

A regra, assim, era que, quanto aos crimes mais graves, previstos na legislação como inafiançáveis, em razão de *medida acautelatória/de segurança* em presunção *júris et de jure*, o acusado respondia, por força da lei, o processo encarcerado. Tinha mais, porém.

O Código de Processo Penal de 1941[569], a despeito de ter discipli-

---

Penal. Câmara Leal registra que o precedente desta regra estava no art. 406, III, do Código de Processo Penal do Distrito Federal.
566 LEAL. Op. cit., p. 68.
567 *Elementos de direito processual penal*, v. 4, p. 128.
568 Ibid., p. 129. Em outras palavras, o que o renomado doutrinador queria dizer era que a liberdade provisória tem como pressuposto, antes de mais nada, a ocorrência de uma prisão válida do acusado. A liberdade provisória, por conseguinte, seria a contracautela que tem o condão de dar à pessoa o direito de retornar ao seu estado de liberdade. Quando a prisão é ilegal, o que o acusado tem direito é ao relaxamento da prisão, e não propriamente à liberdade provisória. Essa distinção, na época, era importante, uma vez que em se tratando de crime inafiançável ou para o qual prevista a prisão preventiva obrigatória, conquanto a pessoa não tivesse o direito à liberdade provisória, poderia, na hipótese de a prisão ter sido processada de forma ilegal, recuperar a liberdade, por meio do pedido de relaxamento da prisão.
569 Os Códigos de Processo Penal do Distrito Federal (arts. 105 e 106), da Bahia (arts. 1.664 e 1.965) e de Santa Catarina (arts. 1.964, 1.965 e 1.966) tratavam da prisão administrativa (LEAL, Câmara. *Comentários ao Código de*

nado a prisão administrativa[570], que, conforme ensinava Câmara Leal, era "... imposta em virtude de lei civil ou administrativa e pela autoridade civil ou administrativa.". Para completar a obra, ainda havia dispositivo no sentido de que, caso o acusado estivesse preso, mesmo sendo a sentença absolutória, a interposição do recurso pelo Ministério Público tinha o condão de suspender os seus efeitos, de modo que ele permanecia encarcerado (art. 596, caput e parágrafo único)[571].

A regência da matéria era tão rigorosa que, ao longo do tempo, várias intervenções legislativas tópicas promoveram profunda modificação no sistema prisional do CPP. Conquanto a Constituição de 1967, assim como a Carta de 1937, também fosse ditatorial, durante a sua vigência implementou-se substancial reestruturação de todo o sistema prisional na órbita do processo criminal. A guinada na orientação política teve início por obra da Lei nº 5.349, de 3 de novembro de 1967, que modificou todo o Capítulo II do Título IX do Livro I do Código de Processo Penal, merecendo destaque especial a revogação da inaceitável prisão preventiva obrigatória[572].

Processo Penal brasileiro, p. 292). Lembra Basileu Garcia, porém, que preceito dessa natureza já constava nos arts. 262, 264 e 265 do Estatuto dos Funcionários Públicos Civis da União — Decreto-Lei nº 1.713, de 28 de outubro de 1939 (*Comentários ao Código de Processo Penal*, p. 198-199). Em sua obra, o nobre jurista acrescenta que esse instituto não contém registro no Direito Comparado, o que suscita a ideia que ele tenha sido uma criação da inteligência jurídica nacional (Ibid., p. 199).

570 Com a Constituição de 1988, o entendimento dominante foi firmado no sentido de que a prisão administrativa prevista no Código de Processo Penal restou revogada, porém, à míngua de alteração normativa, permaneceu constando do Capítulo IV do IX do CPP. A Lei n°. 12.403, finalmente, revogou, expressamente, a referida modalidade de prisão e, em seu lugar, trouxe, como novidade, as medidas cautelares diversas da prisão, assunto aqui tratado no item 6.3 e seguintes, infra.

571 Na sua redação originária, o dispositivo estava assim redigido: "Art. 596. A apelação da sentença absolutória não impedirá que o réu seja posto imediatamente em liberdade, salvo nos processos por crime a que a lei comine pena de reclusão, no máximo, por tempo igual ou superior a oito anos. Parágrafo único. A apelação em nenhum caso suspenderá a execução da medida de segurança aplicada provisoriamente."

572 Romeu Pires de Campos Barros, crítico ferrenho da prisão preventiva obrigatória, lamenta que essa *draconiana forma de medida cautelar*, sem embargo da volta à normalidade democrática por obra da edição da Constituição de 1946, somente foi revogada após decorridos 26 anos de sua vigência (*Processo penal cautelar*. Rio de Janeiro: Ed. Forense, 1982. p. 178.).

Nada obstante, remanescia, nessa área, o caráter ditatorial do Código de Processo Penal[573]. O legislador cuidou, então, de editar a Lei nº 5.941, de 22 de novembro de 1973, mais conhecida como Lei Fleury[574]. Em que pese o pormenor de a lei em referência ter sido editada no escopo de beneficiar o então Delegado do DOPS paulista Sérgio Fleury, ela representou um notável avanço na legislação processual[575].

Foram modificados os arts. 408, § 2º, e 594, caput, do Código de Processo Penal, de modo que, em caso de decisão de pronúncia ou de sentença condenatória passível de recurso, a prisão somente seria decretada nas hipóteses em que o acusado fosse considerado possuidor de *maus antecedentes* ou *reincidente*. Inverteu-se a lógica. Enquanto a regra anterior era a prisão processual obrigatória quando proferida a decisão de pronúncia ou a sentença condenatória, com a nova disciplina, privilegiou-se o direito de liberdade, pois, a despeito da pronúncia ou da condenação, a prisão só se impunha caso demonstrado que o acusado não tinha bons antecedentes ou não fosse primário. Mantendo a coerência, alterou-se, igualmente, o caput do art. 596, para dizer que "A apelação da sentença absolutória não impedirá(ria) que o réu seja(fosse) posto imediatamente em liberdade", corrigindo a anomalia mencionada linhas acima.

Todavia, a alteração fundamental do instituto da prisão processual se materializou pouco depois, com a edição da Lei nº 6.416, de 24 de maio de 1977, a qual enxertou um parágrafo único ao art. 310 do Código de Processo Penal, o que desconstruiu, de vez, a lógica que permeou o instituto da prisão, porquanto, doravante, a prisão em flagrante perdeu a sua natureza de medida cautelar, persistindo, apenas, como ato administrativo de captura, ao passo que todo o tratamento dispensado à fiança, em sua parte mais significativa, foi derrogada.

---

573 REALE JÚNIOR, Miguel. *Novos rumos do sistema criminal*. Rio de Janeiro: Ed. Forense, 1983. p. 107.

574 A lei foi assim nominada em referência ao então Delegado de Polícia do Departamento de Ordem Política e Social — DOPS, Sérgio Fernando Paranhos Fleury, comandante do esquadrão da morte que atuou nos porões da ditadura militar, instaurada a partir de 1964. Acusado em diversos processos de ter comandado a execução de presos políticos, com a decisão de pronúncia, foi decretada a prisão preventiva obrigatória. O Governo, então, encaminhou à Câmara Federal projeto de lei, de modo que, em recordista velocidade legislativa o projeto foi transformado em lei, um mês após a decisão. (Cf. SOUZA, Percival de. *Autópsia do medo*: vida e morte do delegado Sérgio Paranhos Fleury)

575 Cf. SIQUEIRA, Geraldo Batista de. *Processo penal*: comentários à lei nº 5.941, de 22 de novembro de 1973. Bauru: Editora Jalovi Ltda., 1980.

Sem embargo das muitas e profundas mudanças, o sistema prisional do CPP restou desarticulado e, ainda, com um grave e irremediável defeito. Embora o ordenamento jurídico brasileiro, a partir de 1998, tenha incorporado diversas alternativas à pena de prisão, não tinha sido promovida, ainda, a incorporação dessas medidas substitutivas quanto à prisão preventiva. O que o legislador infraconstitucional providenciou foi a criação de outra espécie de medida cautelar prisional, denominada *prisão temporária*, cuja intenção, confessada na própria exposição de motivos da Lei nº 7.960, de 21 de dezembro de 1989, era suprir a lacuna deixada pela revogação, conforme entendimento doutrinário e jurisprudencial, da *incomunicabilidade* prevista no art. 21, caput e parágrafo único, do Código de Processo Penal, em virtude do art. 136, §3º, IV, da Constituição[576].

Nessa parte, reafirmou-se, apenas, a lógica anterior: *ou o tudo, a prisão, ou o nada, a liberdade*[577]. Em certa medida, essa postura revela aquilo que se pode denominar *cultura da prisão*. Não havia solução intermediária. Muitas vezes, à falta de alternativa, o juiz decretava a prisão, enquanto, em outras, exatamente por isso, tendo em conta ser excessivo o envio para o cárcere, o juiz não aplicava nenhuma medida. Com isso, de um lado, tínhamos prisões processuais demais e desnecessárias e, de outro, devido à falta de medidas menos drásticas do que a prisão, casos em que o juiz findava sem fazer qualquer restrição ao direito de liberdade.

Ademais desse aspecto, as novas espécies de medidas cautelares de ordem pessoal diversas da prisão seguem a tendência moderna de contornar a morosidade na resolução definitiva das questões por meio do processo com medidas que sirvam, pelo menos, para dar satisfação às angústias daqueles envolvidos mais diretamente com a demanda — até mesmo, no caso criminal, do juiz, do Ministério Público e do ofendido. Não é propriamente nenhuma novidade, pois várias medidas al-

---

576 Cf. item 6.2.6, infra.
577 Dependendo da perspectiva com que seja examinada a questão, a parêmia pode ser diferente: *ou o tudo, a liberdade, ou o nada, a prisão*. Com certeza, para o agente, a liberdade é o tudo. Ou melhor, para um sistema democrático, preocupado com a tutela dos direitos fundamentais, dentre eles o direito de liberdade, a liberdade não pode ser considerada *o nada*, mas o *tudo*. Portanto, quando aqui for feita referência a essa parêmia, será, apenas, como retórica, para explicar como era o sistema jurídico sob uma determinada perspectiva, sem comprometimento algum com a linha de pensamento que possa estar nela embutida.

ternativas, com a denominação de *medidas protetivas de urgência*, já haviam sido introduzidas pela Lei nº 11.340, de 2006 (Lei Maria da Penha). A bem da verdade, algumas medidas diversas da prisão ingressaram em nosso sistema criminal há bastante tempo, pelo Decreto-Lei nº 201, de 27 de fevereiro de 1967, e pela Lei Complementar nº 35, de 14 de março de 1979 (Estatuto da Magistratura), que preveem o afastamento do exercício de função pública.

Essa nova postura legislativa representa a materialização daquilo que se convencionou denominar, entre os processualistas civis, fenômeno da *cautelarização*. Se no ambiente cível essa moderação do ônus do tempo do processo entre autor e réu, por meio da previsão de mecanismos de antecipação de alguns efeitos somente possíveis, de regra, com a decisão final, recebe severas ressalvas, na seara criminal, que lida com a liberdade e a honra do acusado, a questão se torna sobremaneira delicada.

Porém, não há de deixar de reconhecer que, mesmo no campo criminal, embora possa trazer algumas consequências negativas para a sociedade, a *cautelarização*, mediante a previsão de medidas alternativas à prisão é iniciativa que merece aplauso, notadamente no cenário nacional, que, nessa área, era inflexível, pois, *como se disse, ou era o tudo, a prisão, ou o nada, a liberdade*.

O propósito de inserir outras medidas cautelares como alternativas à prisão processual fica bem claro a partir da modificação da rubrica do Título IX do Livro I do CPP que era *DA PRISÃO E DA LIBERDADE PROVISÓRIA* para *DA PRISÃO, DAS MEDIDAS CAUTELARES E DA LIBERDADE PROVISÓRIA*. Aqui está reservada a primeira crítica. Como se verá, a prisão, conquanto não seja mais a única medida cautelar, passa a ser subsidiária[578], ou seja, só há de ser aplicada quando não for adequada e suficiente a imposição de nenhuma das outras medidas admissíveis.

Se a prisão é uma das espécies de medida cautelar, representa, no mínimo, atecnia colocar, na rubrica do Título IX do Livro I, a expressão *DA PRISÃO*. Bastava, portanto, falar *DAS MEDIDAS CAUTELARES*. Da forma como ficou, parece até que a prisão não é uma das modalidades de medida cautelar. Conferiu-se um desnecessário realce ao instituto da prisão como medida cautelar, a indicar ainda um resquício da cultura que se quer desconstruir, denominada *cultura da*

---

578 Cf. item 6.1.5, infra, que aborda o princípio da subsidiariedade da prisão preventiva com a nova disciplina instaurada pela Lei 12.403, de 2011.

prisão.⁵⁷⁹ Fica claro que, sobre ser desnecessário ter colocado *DA PRISÃO*, muito menos deveria esta ter precedido à expressão *DAS MEDIDAS CAUTELARES*. Ora, aquela, ademais de ser uma das espécies destas, possui caráter subsidiário, só devendo ser imposta quando nenhuma das medidas cautelares diversas se mostrar *adequada e suficiente* para satisfazer um dos fundamentos do art. 282, I, do CPP.

Quanto à nomenclatura *DA PRISÃO*, que consta do título em referência, cabe verificar que ela é pertinente a todo e qualquer tipo de prisão processual, inclusive à temporária, salvo quanto ao que dispõe em contrário norma específica insculpida na Lei n° 7.960, de 1989. Por conseguinte, o Código de Processo Penal contém as regras gerais sobre as medidas cautelares pessoais, detentivas, ou não, contempladas nas leis especiais⁵⁸⁰.

Sem embargo do que foi salientado acima, em um sistema que se pauta pela regra da liberdade, não parece adequado que na nomenclatura do Título IX do Livro I, a expressão *LIBERDADE PROVISÓRIA* seja a última, como se ela fosse a exceção.

Por fim, quanto às impropriedades da rubrica do Título IX do Livro I, resta a expressão *liberdade provisória* em si mesma. A esse respeito, cabe, aqui, fazer menção a assertiva do autor em outro trabalho⁵⁸¹:

> Mantendo a nossa tradição constitucional, a Carta de 1988 assegura, no inciso LXVI, o direito à liberdade provisória, com ou sem fiança. A primeira coisa que chama a atenção é quanto à nomenclatura liberdade provisória. Objeta-se que essa identificação não é adequada, pois a prisão, mesmo aquela decorrente da sentença condenatória transitada em julgado, devido a expressa previsão constitucional, não pode ter caráter perpétuo, sendo necessária a limitação de sua dura-

---

579 Denominamos *cultura da prisão* o pensamento de que, tendo o agente praticado o crime, a solução alvitrada, na qualidade de medida cautelar ou de solução definitiva do processo, é a prisão, como a única forma de se fazer justiça. O maior sentimento de impunidade está diretamente ligado a essa cultura da prisão, especialmente quando se trata, a juízo do *crítico* que examina o cotidiano, de crimes mais graves.

580 Inclusive, em razão da Lei n° 12.403, de 2011, pela primeira vez, o Código de Processo Penal se refere à prisão temporária como uma das espécies de prisão processual (art. 283, caput).

581 SILVA JÚNIOR, Walter Nunes da, *Curso de processo penal*: teoria (constitucional) do processo penal, p. 898.

ção. Por conseguinte, toda e qualquer prisão, a qualquer título que seja, não pode, sequer, possuir caráter perpétuo, daí por que, sob esse ângulo de visão, a privação do direito de liberdade é sempre provisória. A liberdade é que seria permanente, admitindo-se, todavia, a sua supressão por determinado lapso temporal que não tenha caráter perpétuo.

Por conseguinte, *provisória seria, isso sim, a prisão, não a liberdade*. Com certeza, o legislador manteve a nomenclatura em razão da previsão constitucional, ademais de, possivelmente, ter levado em consideração que a expressão liberdade provisória possui significado técnico-processual em nosso sistema, que se contrapõe ao direito de liberdade propriamente dito, pois se refere à situação processual do acusado que, tendo sido preso, em decorrência de prisão em flagrante ou preventiva, obtém, por decisão judicial, o direito de recuperar a liberdade. Não sem razão quando se fala em liberdade provisória a premissa é de que a pessoa estava detida ou presa, detenção ou prisão essa considerada válida[582].

A provisoriedade do direito de liberdade, por conseguinte, quer dizer mais com a precariedade como era concebida a soltura do agente, em virtude da possibilidade de que, logo depois, viesse a ser determinada, em face da mesma infração criminal, outra ordem de prisão, desde que calcada em fundamentos idôneos.

6.1. Princípios e regras gerais aplicáveis às medidas cautelares pessoais detentivas ou diversas da prisão

Um sistema jurídico de perfil democrático, elaborado em consonância com os direitos fundamentais, possui como esteio a garantia da liberdade, bem jurídico com grau de importância similar ao direito à vida. Se o direito à vida é o maior dos direitos, decerto a vida, sem liberdade, não tem muito sentido. O *liberalismo*, pregado pelos iluministas, renovado, com cores mais densas e em sintonia com o mundo contemporâneo, pelo Estado Democrático de Direito (Constitucional), coloca o direito de liberdade como um dos eixos principais sobre o qual deve gravitar o sistema jurídico[583].

---

582 Se inválida a prisão, o caso é de relaxamento.
583 Lorca Navarrete, comentando a exposição de motivos da Lei Orgânica da Espanha nº 6, de 24 de maio (disciplina o procedimento do habeas corpus),

Nessa perspectiva, o direito criminal deve ser *mínimo*, de modo que a ele só devem interessar os assuntos para os quais os demais ramos do direito não contemplam resposta suficiente para coibir e sancionar a conduta antissocial. A par de mínimo, a solução alvitrada por esse ramo do direito precisa ter em mira, dentre as suas finalidades, a *erradicação da marginalização* (art. 3º, III, da Constituição)[584], de modo que, tanto quanto possível, a resolução do *problema penal* deve ser perquirida tendo como instrumento a *negociação*, sem a aplicação de pena propriamente dita, mediante a sua substituição por *medida alternativa*, ou então, mesmo quando seja o caso de impor-se a sanção, preferir-se a *pena restritiva* de direitos à privação do direito de liberdade[585].

Essa política criminal, inerente ao sistema democrático arquitetado sob a plataforma dos direitos fundamentais, tem especial repercussão na concepção do instituto da prisão como medida processual a ser adotada durante o trâmite do processo, antes do trânsito em julgado de sentença condenatória. Ademais, se, em princípio, como consequência da cláusula universal da *presunção de não culpabilidade, ninguém pode ser considerado culpado senão após o trânsito em julgado*, tem-se que, em rigor, não parece razoável que a pessoa seja mandada para o cárcere, antes de concluído em definitivo o processo, a não ser quando essa providência se mostra absolutamente necessária. A liberdade é um direito fundamental que, consoante assinalado, confunde-se, em certa medida, com o próprio direito à vida.

Até porque a prisão, ainda quando determinada como medida acautelatória, seja ela como *temporária ou preventiva*, tem o condão

---

revela que nela se afirma que a Constituição espanhola configura um ordenamento jurídico "... cuya pretensión máxima es la garantia de la libertad de los ciudadanos, y ello hasta el punto de que la libertad queda instituida, por obra de la propria Constitución, como um valor superior del ordenamiento." (*Derechos fundamentales y jurisprudencia*. Madrid: Ediciones Pirâmide, 1999. p. 77).

584 Cf. SILVA JÚNIOR, Walter Nunes da, op. cit., p. 403-407.

585 Deve-se fazer a distinção entre medidas alternativas propriamente ditas ou medidas restritivas e penas alternativas. Em verdade, há as medidas alternativas que são o gênero, das quais decorrem as espécies (1) medidas alternativas propriamente ditas ou medidas restritivas e (2) penas alternativas. Medidas alternativas propriamente ditas ou medidas restritivas são aquelas que impõem a solução do processo sem reconhecimento da culpa e sem a aplicação de pena, como se verifica nos casos em que ocorre transação penal ou suspensão condicional do processo, enquanto a pena alternativa pressupõe a condenação do acusado, com a substituição, porém, da pena privativa de liberdade pela restritiva de direitos. (Cf. SILVA JÚNIOR, Walter Nunes da, op. cit., p. 430-36).

de cercear o direito de liberdade, daí por que deve ser utilizada *cum grano salis*, em rigor, apenas em situações excepcionais.

Nessa direção, a Lei nº 12.403, de 2011, sem embargo da prisão preventiva e da prisão temporária, previu outras medidas cautelares alternativas, razão pela qual teve o cuidado de expor regras gerais que lhe são aplicáveis, a fim de orientar o intérprete e deixar clara a política legislativa adotada. Agora, ao lado da prisão preventiva e da temporária, há nove medidas cautelares diversas, quais sejam (art. 319, incisos I a IX):

(1) comparecimento periódico em juízo, no prazo e nas condições fixadas pelo juiz, para informar e justificar atividades;
(2) proibição de acesso ou frequência a determinados lugares quando, por circunstâncias relacionadas ao fato, deva o indiciado ou acusado permanecer distante desses locais para evitar o risco de novas infrações;
(3) proibição de manter contato com pessoa determinada quando, por circunstâncias relacionadas ao fato, deva o indiciado ou acusado permanecer distante;
(4) proibição de ausentar-se da Comarca quando a permanência seja conveniente ou necessária para a investigação ou instrução;
(5) recolhimento domiciliar no período noturno e nos dias de folga quando o investigado ou acusado tenha residência e trabalho fixos;
(6) suspensão do exercício de função pública ou de atividade de natureza econômica ou financeira quando houver justo receio de sua utilização para a prática de infrações penais;
(7) internação provisória do acusado nas hipóteses de crimes praticados com violência ou grave ameaça, quando os peritos concluírem ser inimputável ou semi-imputável (art. 26 do Código Penal) e houver risco de reiteração;
(8) fiança, nas infrações que a admitem, para assegurar o comparecimento a atos do processo, evitar a obstrução do seu andamento ou em caso de resistência injustificada à ordem judicial;
(9) monitoração eletrônica.

Ressalte-se, desde logo, que as medidas cautelares diversas da prisão, de qualquer maneira, importam em restrições ao direito de liberdade, razão pela qual também só devem ser aplicadas em caráter excepcional, o que, aliás, é a característica ínsita a toda e qualquer decisão judicial acautelatória[586]. Essa tese está mais do que esclarecida com a leitura atenta do que dispõem os inciso I e II do art.. 282 do Código de Processo Penal[587]. Até porque, cabe adiantar, algumas espécies de medidas cautelares diversas da prisão possuem alto grau de restrição do direito de liberdade, como são os casos de proibição de acesso ou frequência a determinados lugares, de manter contato com determinada pessoa, de ausentar-se da comarca, a determinação de recolhimento domiciliar no período noturno e nos dias de folga, a suspensão de função pública ou privada, a internação provisória e a monitoração eletrônica (art. 319, II, II, IV, V, VI, VII, e IX, do CPP).[588]

Cabe notar, ainda, por pertinente, que a disciplina referente aos princípios e regras gerais está catalogada nos incisos e parágrafos do art. 282 do CPP, os quais são aplicáveis a todas as espécies de medidas cautelares, até mesmo aquelas que não estão contempladas no Código, como é o caso da prisão temporária e das outras medidas cautelares alternativas, previstas na Lei nº 11.340, de 2006.

Para fins metodológicos, os princípios e regras gerais pertinentes às medidas cautelares, tal como concebidos pelo legislador, podem ser divididos em: (a) princípio do contraditório; (b) princípio da fungibilidade; (c) princípio da subsidiariedade da prisão; (d) excepcionalidade (fundamentos das medidas cautelares); (e) critérios para a definição da medida cautelar adequada; (f) legitimidade para requerimento de medida cautelar; (g) crimes nos quais cabível medida cautelar. Cada uma dessas regras merece exame detalhado.

Resta, por fim, lembrar que a decretação da prisão está dentre as hipóteses, expressas na lei, nas quais pode o juiz, quando houver risco a sua integridade física, em decisão fundamentada, determinar a instauração de colegiado para que seja exarado o ato judicial (art. 1º, § 1º, primeira parte, da Lei nº 12.694, de 2012). Por força do que dispõe o caput do art. 1º da Lei em foco, pelo menos em tese, é possível que o colegiado seja convocado mesmo quando for hipótese para a decretação de medida diversa da prisão. A respeito da formação e do julgamento por meio de colegiado, para não ser repetitivo, sugerimos a leitura ou releitura do item 5.1.9.8, supra.

6.1.1. Princípio do contraditório

O devido processo legal tem características e conteúdo próprios, em compasso com a modalidade de provimento jurisdicional que se

---

586 Cf. item 6.1.4, infra, que trata da *excepcionalidade das medidas cautelares*.
587 Cf. item 6.1.6 e seguintes, infra.
588 Cf. itens 6.3.1.2, 6.3.1.3, 6.3.1.4, 6.3.1.5, 6.3.1.6, 6.3.1.7 e 6.3.1.8, infra.

requer, daí por que, pode-se dizer, não há um processo legal único e inflexível, pois depende do tipo de tutela que se pretende prestada. A ampla defesa e o contraditório são mais densos em um cenário processual no qual a pretensão alberga decisão reconhecendo, ou não, a culpabilidade do acusado, do que quando se pretende, apenas, uma tutela acautelatória. Neste último caso não vigora, sequer, em sua plenitude, o princípio da presunção de não culpabilidade.

Acontece que, na seara criminal, não raro, mesmo quando se trata de providência em que não se vislumbra qualquer prejuízo para a medida caso ocorra a prévia oitiva da parte interessada, ainda assim, não se dá a oportunidade do exercício do contraditório.

Meditando sobre o tema, em outro trabalho, asseveramos[589]:

> Assim como ocorre no ambiente cível, no criminal, nas tutelas de urgência ou cautelares, o devido processo legal se mostra com características ínsitas ao tipo de providência solicitada ao Judiciário. Caso a providência querida seja daquelas em que o prévio conhecimento do agente possa tornar ineficaz a medida solicitada, o juiz deve, ao analisar o pedido, independentemente da oitiva do interessado, proferir a decisão, seja ela concessiva ou denegatória. Nesse caso, a ampla defesa e o contraditório são deixados para momento posterior à decisão liminar, em função das próprias características da providência jurisdicional pleiteada, sem que, com isso, se tenha por arranhada a cláusula do devido processo legal. Do mesmo modo, como se trata de uma medida acautelatória, não se exige que o juiz, para acolher o querer do autor ou requerente, escore-se na verdade real, sendo suficiente, para a sua decisão, que, além da justificativa quanto à necessidade de ser atendido, o querer do postulante demonstre a satisfação dos requisitos da materialidade do delito e dos indícios suficientes de autoria. É próprio mesmo de medidas acautelatórias, como a decretação da prisão preventiva, quebra de sigilo telefônico e busca e apreensão, que o devido processo legal seja mais abreviado, sendo contemplado o exercício à ampla defesa apenas posteriormente à determinação judicial, até porque, nesses casos, não está havendo, ainda, o reconhecimento da culpabilidade do acusado.

Secundando essa doutrina, o legislador, em boa hora, esclareceu, com a inserção de um § 3º ao novo texto do art. 282 do CPP: "Ressalvados os casos de urgência ou de perigo de ineficácia da medida, o juiz, ao receber o pedido de medida cautelar, determinará a intimação da parte contrária, acompanhada de cópia do requerimento e das peças necessárias, permanecendo os autos em juízo."

---

589 *Curso de processo penal:* teoria (constitucional) do processo penal, p. 422.

Em harmonia com essa regra, mesmo quando se trata de flagrante delito, embora não se tenha tornado obrigatório o juiz abrir vista às partes, diante da forma como foi regulamentado o envio do auto, o prévio contraditório passa a ser possível. O prazo e a forma de manifestação prévia tanto do Ministério Público quanto da defesa estão explicitados no item 6.2.4.1.5.1, infra.

Por outro lado, quanto ao contraditório prévio estabelecido para as medidas cautelares em geral, note-se que a regra estabelecida é no sentido de que, salvo quando for caso de *urgência* ou de *perigo de ineficácia da medida*, antes de decidir a respeito do pedido, o juiz deverá intimar a parte contrária, dando-lhe a oportunidade de manifestar-se a respeito. É verdade que, em princípio, nos casos de medida cautelar sob a modalidade de prisão preventiva ou temporária, a prévia oitiva da pessoa poderá frustrar a iniciativa. Porém, nas outras modalidades de medida cautelar, alvitradas pelo legislador, via de regra, deverá ser dada a oportunidade do contraditório. Mas pode ser que, mesmo em relação a uma medida cautelar diversa da prisão, o prévio conhecimento da parte possa comprometer, no todo ou em parte, a sua efetividade, como é o caso da *suspensão do exercício de função pública ou de atividade de natureza econômica ou financeira*.

Para obviar a situação em que o prévio contraditório não é recomendável, verifica-se que bastava o legislador fazer referência ao *perigo de ineficácia da medida*, uma vez que a referida expressão compreende, igualmente, a situação de *urgência*. Até porque não se vislumbra uma situação de urgência, a justificar a concessão de medida cautelar sem a observância do contraditório prévio, quando ela não estiver regida pelo *perigo de ineficácia*, caso seja ouvida, antes da decisão, a parte contrária.

Uma última palavra se impõe. A fim de não dar azo a eventual manobra da parte contrária em retardar a apreciação da medida cautelar solicitada, a norma dispõe que, nesse caso, o que deve ser encaminhado pelo juiz é a cópia do requerimento e dos *documentos necessários* para a defesa, devendo permanecer no órgão jurisdicional os autos. Com isso, cai por terra a preocupação de alguns quanto à possibilidade, caso observado o contraditório, de retenção dos autos pela defesa do agente, a fim de retardar a decisão do juiz.

6.1.2. Princípio da fungibilidade

Assim como ocorre em relação ao processo civil, o princípio da fungibilidade também se faz presente nas medidas cautelares criminais. Aliás, essa fungibilidade é decorrente da própria característica excepcional da medida cautelar, a qual somente deve ter lugar se e quando demonstrada a necessidade de sua imposição como forma de tutelar o processo principal ou de evitar a prática de crimes.

Na regra anterior à Lei 12.403, de 2011, para a decretação da prisão preventiva, a única medida cautelar prevista no Título IX do Livro I do Código de Processo Penal, era exigida a imprescindível fundamentação de sua necessidade, o mesmo se aplicando para a sua manutenção. Já àquela época restou consagrada a fungibilidade da prisão processual, na medida em que no art. 316 do CPP estava expresso que o magistrado poderia rever a decisão que determinou a prisão preventiva caso, no curso do processo, verificasse a falta de motivo para a sua subsistência, assim como novamente decretá-la, quando sobreviessem razões para justificar essa medida excepcional[590].

De toda sorte, ademais da manutenção do art. 316 do CPP ("O juiz poderá revogar a prisão preventiva se, no curso do processo, verificar a falta de motivo para que subsista, bem como decretá-la, se sobrevierem razões que a justifiquem."), diante das novas medidas cautelares inseridas no sistema, o legislador achou por bem deixar consignado, no art. 282, § 5º, do CPP, o princípio da fungibilidade para toda e qualquer de suas espécies, repetindo, com outras palavras, a dicção normativa do dispositivo em foco, assim dispondo: "O juiz poderá revogar a medida cautelar ou substituí-la quando verificar a falta de motivo para que subsista, bem como voltar a decretá-la, se sobrevierem razões que a justifiquem."

Essa disposição parece incompatível, porém, com a prisão temporária. Sendo esta cabível, apenas, na fase do inquérito e, de regra, pelo prazo de cinco dias, prorrogável, excepcionalmente, por igual prazo, não parece razoável admitir-se a sua revogação e, posteriormente, a redecretação. Ainda que aceitável, naturalmente, tendo havido a prorrogação da prisão temporária, de modo que atingido o tempo máximo permitido, obviamente que ela não poderá mais ser decretada, ainda que surjam novos motivos[591].

De outra banda, resta claro que a norma do art. 316 do CPP, específica para a prisão preventiva, se tornou, no mínimo, completamente desnecessária, ademais de que, no caso de sua manutenção, deveria ter sido promovida alteração, a fim de prever, expressamente, a

---

590 A Lei nº 5.349, de 1967, retirou a expressão "salvo o caso do art. 312", que constava da redação primária do art. 316 do CPP, uma vez que a prisão preventiva ali então prevista restou revogada.
591 Cf. item 6.2.6.2, infra.

possibilidade da substituição da prisão por uma das medidas não detentivas. Por outro lado, melhor seria se o legislador, ao invés de copiar a ideia do art. 316 do CPP, tivesse aproveitado a oportunidade para conferir ao art. 282, § 5º, redação mais moderna e consentânea com a nova principiologia do Código de Processo Penal, mediante a substituição do verbo *poderá* por *deverá*.

Que o legislador originário do Código de Processo Penal, guiado pela ideologia autoritária e policialesca da época, ao tratar da fungibilidade da prisão cautelar, fizesse a previsão de que a revogação seria uma *faculdade* do magistrado e não um *dever* é bastante compreensível. Mas o mesmo não se pode aceitar quanto ao legislador que cuidou da feitura da nova norma em exame. Determinar, ainda que de ofício, a soltura de quem não deva mais permanecer encarcerado, ninguém há de discordar, é antes um dever do que uma faculdade do magistrado.

A despeito desse senão de ordem técnica, tem-se que, não havendo mais motivo para a manutenção da medida cautelar, não só pode, como especialmente deve, o magistrado revogá-la, sob pena de a restrição ao direito à liberdade de ir e vir caracterizar constrangimento ilegal sanável por meio de habeas corpus, o que se aplica, igualmente, à medida cautelar diversa da prisão, pois muitas delas importam em restrições mais agudas quanto ao exercício pleno do direito de liberdade, a exemplo da proibição de acesso ou frequência a determinados lugares e do recolhimento domiciliar no período noturno e nos dias de folga.

A fungibilidade de toda e qualquer espécie de medida cautelar está, ainda, catalogada no § 4º do art. 282 do CPP, pois ali se consagrou a sua *mutabilidade*, ou seja, a possibilidade de o juiz, dependendo de evento futuro, que caracterize descumprimento de obrigação imposta, substituir uma por outra, o que poderá importar, até mesmo, na decretação da prisão preventiva. Eis como redigida a norma jurídica encartada no art. 282, §4º, do CPP: "No caso de descumprimento de qualquer das obrigações impostas, o juiz, de ofício ou mediante requerimento do Ministério Público, de seu assistente ou do querelante, poderá substituir a medida, impor outra em cumulação, ou, em último caso, decretar a prisão preventiva (art. 312, parágrafo único)."

Primeiro, cabe verificar que, da maneira como escrita, a norma está a indicar que essa substituição somente seria cabível quando a cautelar a ser substituída for uma das medidas diversas da prisão. Isso porque o texto normativo em destaque, na sua primeira parte, esclarece: "No caso de descumprimento de qualquer *das obrigações impostas...*" (Grifei). Ora, ao decretar a prisão preventiva, que é uma das espécies de medida cautelar, o juiz não impõe obrigações a serem cumpridas pelo acusado. Obrigações para serem cumpridas pelo acusado, em matéria cautelar criminal são determinadas quando o magistrado impõe uma medida acautelatória diversa da prisão, que, independentemente de sua espécie, como dito anteriormente, em certo aspecto, importa em restrições ao pleno exercício do direito de liberdade.

Todavia, não são raras as situações, especialmente naquelas em que a prisão preventiva é decretada sob o fundamento de que necessária para a instrução criminal, em que, desaparecido o motivo para essa espécie de cautelar, conquanto seja o caso de sua revogação, como determina o § 5º do art. 282 do CPP, é prudente o magistrado aplicar uma medida diversa do encarceramento, a exemplo da "proibição de manter contato com pessoa determinada quando, por circunstâncias relacionadas ao fato, deva o indiciado ou acusado dela permanecer distante" (art. 319, III, do CPP)[592]. Até porque, nesse caso, devido o juiz ter decretado a prisão preventiva, medida cautelar subsidiária, que somente há de ser aplicada quando as demais espécies não se mostrarem adequadas e suficientes, naturalmente que não havia o menor sentido de aplicar qualquer outro tipo de cautelar, especialmente a que impõe como obrigação a proibição de manter contato com pessoa de quem deva manter distância. Se não tivesse sido decretada a prisão, o juiz poderia, muito bem, como medida acautelatória, ter determinado a proibição de contato com a determinada pessoa[593].

Portanto, embora a literalidade do dispositivo dê a entender que a substituição possível se restringe à hipótese em que decretada uma medida cautelar diversa da prisão, há de entender-se plenamente admissível que essa substituição seja necessária, igualmente, mesmo quando a medida inicial seja detentiva.

Ademais, pode ser que, embora cumpridas as obrigações impostas pelo magistrado, outros motivos supervenientes sejam suficientes para o pedido, por exemplo, de outra medida cautelar não detentiva

---

592 Cf. item 6.3.1.3, infra.
593 Seja como for, não se descarta a prudência de o juiz, mesmo no caso de decretação da prisão preventiva, determinar, ainda, como medida cautelar diversa, a proibição de contato com determinada pessoa. Isso se mostra razoável, notadamente, em caso de violência doméstica. Cf. itens 6.1.3 e 6.3.1.3, infra.

ou, até mesmo, da decretação da prisão preventiva ou temporária. Imagine-se que, aplicada a medida cautelar de "proibição de ausentar-se da Comarca..." (art. 319, IV), em que pese o cumprimento das obrigações expressamente impostas, no curso da investigação, descubra-se que o acusado esteja utilizando o exercício de sua função pública ou privada para a prática de crimes, o que caracteriza a hipótese de aplicação da medida prevista no VI do mesmo dispositivo ou mesmo, dependendo das circunstâncias, da decretação da prisão preventiva sob o fundamento de sua necessidade para a preservação da ordem pública (art. 312, caput, do CPP).

Coerente com o poder geral de cautela conferido ao magistrado, o dispositivo em foco ressalta que, a despeito da possibilidade de requerimento do Ministério Público, do seu assistente ou do querelante, o juiz pode, de ofício, determinar a substituição. Se o juiz, nos termos do § 2º do art. 282 do CPP, pode, quando do curso do processo, de ofício, decretar qualquer tipo de medida cautelar, obviamente que ele pode o *menos*, que é determinar, também de ofício, a sua substituição, como está expresso no § 3º do mesmo artigo.

Porém, aqui, cabe distinguir se a medida cautelar a ser substituída é preparatória ou incidental. Caso seja preparatória, não poderá o juiz, de ofício, determinar a substituição, simplesmente porque, nesse caso, ele só pode aplicar a medida se houver pedido de quem legitimado. Para não repetir ao que já foi exposto a respeito, cf. o expendido no item 6.1.7.1, infra.

Por outro lado, ressalte-se que, reafirmando o propósito da Comissão de Reforma quanto a conferir ao ofendido papel mais ativo no processo, com base na premissa de que o seu interesse não se resume aos efeitos cíveis de eventual sentença condenatória — conforme, portanto, aos postulados da *justiça restaurativa* —, o legislador, acertadamente, ressaltou a sua legitimidade para requerer a decretação de toda e qualquer medida cautelar e, de permeio, a respectiva substituição[594].

Prima facie, aqui o legislador teria sido mais feliz do que quando se ocupou de redigir o § 2º do art. 282 do CPP, uma vez que, ao contrário de utilizar a expressão *partes*, lá empregada, preferiu referir-se,

---

594 Sobre a legitimidade do assistente para requerer toda e qualquer medida cautelar, cf. item 6.1.7.3, infra. Cf., ainda, item 5.1.8.4, supra, que aborda, a partir da nova nomenclatura estabelecida para o Capítulo V do Título VII do CPP, o novo perfil do ofendido na relação processual penal.

expressamente, ao tipo de parte que pode fazer o pedido de substituição da medida cautelar. Com efeito, a parte ré, em princípio, nunca vai requerer, sob o fundamento de que descumprida qualquer das obrigações impostas pelo juiz, a substituição de uma medida cautelar por outra, principalmente uma de espécie não detentiva pela prisão preventiva.

Mas, em determinadas circunstâncias, é possível, sim, que o acusado, de forma coerente, peça a substituição de uma por outra. Isso pode ocorrer independentemente de ele ter cumprido ou descumprido as obrigações impostas. Digamos que o juiz tenha aplicado, na qualidade de medida cautelar, "a proibição de acesso ou frequência a determinados lugares..." (art. 319, II, do CPP), porém, o acusado, ao fundamento de que a ida ao local restringido, além de prejudicar o exercício de sua atividade laboral, em nada comprometeria a segurança do ofendido, pode pedir a substituição para que seja estabelecido, apenas, o dever de permanecer a certa distância (art. 319, III, última parte, do CPP). Seria, portanto, mas do que razoável o próprio acusado, nessa hipótese, ter o interesse legítimo de pedir a substituição de uma medida diversa por outra, embora estivesse cumprindo, à risca, a obrigação imposta pelo magistrado.

Em outro giro, pode-se vislumbrar caso em que o acusado, não tendo feito o depósito do valor referente à fiança fixada, ao argumento de dificuldade financeira, peça a substituição dessa espécie de medida cautelar por outra ou outras cautelares diversas da prisão.

Assim, em que pese a norma não contemple a legitimidade do acusado para requerer a substituição de medida cautelar, a interpretação deve ser no sentido de sua admissibilidade. Notadamente se adotado o entendimento aqui sustentado, de que o dispositivo em foco permite, até mesmo, o requerimento de substituição da prisão preventiva por uma ou mais das outras espécies de medidas cautelares, o que, aliás, será mais frequente do que se imagina[595].

Inclusive, diante da regra especial esposada na Lei de Introdução ao Código de Processo Penal, relativa à aplicação da lei processual penal no tempo, em se tratando de norma relativa ao instituto da prisão, não se adota o princípio da *imediatidade*, porém o da *lei mais benéfica*, sendo possível, assim, a retroação da Lei nº 12.403, de 2011, no-

---

595 Muito provavelmente, quando o advogado pedir a concessão da liberdade provisória, alternativamente, requererá a substituição da prisão preventiva por uma ou mais medidas cautelares diversas.

tadamente na parte em que ela atribui à prisão preventiva o caráter da subsidiariedade, ou seja, a sua substituição, sempre que possível, quando uma ou mais das medidas diversas previstas for suficiente para a tutela do processo ou evitar a prática de outros crimes pelo acusado[596]. Por isso mesmo, ainda que muitos magistrados, de ofício, em atenção à Resolução nº 137, de 13 de julho de 2011, do Conselho Nacional de Justiça — CNJ, providenciem a revisão das decisões a fim de analisar se, em decorrência das novas regras, deve ser mantida, ou não, ou mesmo substituída a prisão cautelar por outra medida diversa, em muitos casos, quem irá pleitear nesse sentido será a defesa do acusado preso[597].

O problema aqui é que, tendo sido a prisão decretada como medida cautelar preparatória, em princípio, o juiz não poderia, de ofício, providenciar a modificação, como asseverado acima. Acontece que não se trata, propriamente, de alteração de ofício de medida cautelar preparatória, mas sim de aplicação, retroativa, de norma jurídica mais favorável ao acusado, pois essa revisão feita pelo magistrado, independentemente de provocação, deve-se à circunstância de ter sido introduzida outra espécie de cautelar que, caso existente à época, teria evitado a medida drástica de recolhimento à prisão.

6.1.3. Cumulação das medidas cautelares diversas da prisão

Assim como ocorre em relação às penas alternativas, as medidas cautelares diversas da prisão, quando for o caso, podem ser decretadas de forma cumulativa. Essa regra está bem exposta no art. 282, § 1º, do CPP, assim redigido: "As medidas cautelares poderão ser aplicadas isolada ou cumulativamente." Até mesmo a leitura das espécies de cautelares previstas revela que, em muitos casos, para a efetividade de uma determinada medida, imprescindível que, em conjunto, seja determinada outra. Veja a situação em que o juiz impõe ao agente que se abstenha de manter contato com determinada pessoa, medida prevista no inciso III do art. 319 do CPP. Para tanto, mostra-se adequado

---

596 Cf. item 4, supra.
597 Relatamos, na qualidade de Conselheiro do CNJ, a Resolução nº 137, de 2011, a qual, ao regulamentar o Banco Nacional de Mandados de Prisão — BNMP, dentre outras regras, estabeleceu que os tribunais, com o auxílio das corregedorias gerais, deverão "apoiar os magistrados, em razão do disposto nos artigos 282, § 6º, e 313 do Código de Processo Penal, na revisão da necessidade, ou não, da manutenção da prisão preventiva decretada. (art. 7º, § 1º., inciso III)

que ele aplique duas outras medidas cautelares diversas da prisão, a de proibição de frequentar a casa ou o local de trabalho do ofendido (inciso II) e, ainda, exigir o comparecimento periódico em juízo, para prestar informações e justificar as suas atividades (inciso I), sem falar na monitoração eletrônica que, de certa forma, é uma medida cautelar subsidiária, que serve para conferir maior controle ao cumprimento de outra medida diversa imposta, em casos que, pela gravidade do crime, pelas circunstâncias do fato e pessoais do agente, se requer precaução mais acentuada[598].

Por outro lado, a dicção normativa dá a entender que essa possibilidade de cumulação se faz presente entre qualquer tipo de medida cautelar, de modo que seria pertinente não apenas a aplicação de duas ou mais medidas diversas da prisão, como uma detentiva e outra de diferente espécie.

Acontece que, pelo menos a princípio, não se mostra razoável o juiz decidir pela decretação da prisão preventiva e, ainda, de uma outra medida diversa. Primeiro, porque é uma afronta à regra da subsidiariedade, estampada no § 6º do art. 282 do CPP ("A prisão preventiva[599] será determinada quando não for cabível a sua substituição por outra medida cautelar."). Pode-se, naturalmente, defender que nada impede a aplicação de medida cautelar diversa da prisão como reforço da prisão processual (preventiva ou temporária), quando esta, isoladamente, revelar-se temerária[600].

Acontece que o exame das espécies de medidas cautelares diversas da prisão está a demonstrar que são incompatíveis com a circunstância de quem está preso ou, então, diante dessa situação, são completamente desnecessárias. De fato, a prisão é incompatível ou desnecessária com (I) o comparecimento periódico a juízo, (II) proibição de acesso ou frequência a determinados lugares, (III) proibição de man-

---

598 Cf. item 6.3.1.8, infra.
599 Apesar de a lei fazer referência apenas à prisão preventiva, não há dúvidas de que a norma se aplica, igualmente, à prisão temporária. A subsidiariedade é princípio inerente à prisão processual, que é o gênero, de cujas espécies são a preventiva e a temporária.
600 Nesse caso, diante da regra de direito intertemporal na área processual penal, a aplicação cumulativa da prisão preventiva com outra medida acautelatória só seria possível em relação aos crimes praticados após a vigência da norma em referência. Isso porque, nesse caso, a norma é, flagrantemente, menos favorável para o acusado, uma vez que, na época da prática do crime, só era admissível a prisão. Cf. item 4, supra.

ter conta com pessoa determinada, (IV) proibição de ausentar-se da Comarca, (V) recolhimento domiciliar no período noturno, (VI) suspensão do exercício de função pública ou privada, (VII) internação provisória, (VIII) fiança e (IX) monitoração eletrônica.

Mesmo assim, note-se que, para todos os efeitos, uma pessoa que, por exemplo, tenha praticado, ao longo do tempo, crime de estupro contra o seu filho, nada obstante esteja recolhida a prisão, pode vir a manter contato com ele durante as visitas. Nessa situação, parece bastante razoável que, se for o caso, o juiz, além de decretar a prisão preventiva da pessoa, imponha, ainda, como medida cautelar diversa da prisão, a proibição de manter contato com determinada pessoa.

O mesmo se diga quando a prisão decretada, por questão humanitária, ao invés de ser cumprida no cárcere, vier a ser executada no próprio domicílio da pessoa. Nesse caso, que não se trata, propriamente, de substituição da prisão preventiva pela domiciliar, senão da forma de execução da medida decretada que, ao invés de ser em um estabelecimento prisional, deverá ser na própria casa do preso, mostra-se por demais razoável que o juiz, a par de outras medidas cautelares diversas, determine que a pessoa seja submetida a monitoração eletrônica[601]. Aliás, no caso de prisão domiciliar, mostra-se de todo pertinente sujeitar o preso, ainda, ao pagamento de fiança, como garantia de que não descumprirá a determinação de permanecer recolhido em seu domicílio.

6.1.4. Excepcionalidade (requisitos) das medidas cautelares

A jurisprudência firmada pelo Supremo Tribunal Federal, a partir da Constituição de 1988, em reiteradas vezes, foi no sentido de que a prisão preventiva possui natureza cautelar e, como tal, serve para tutelar o "... interesse do desenvolvimento do resultado processo, e só se legitima quando a tanto se mostrar necessária..."[602].

De forma enfática, o Supremo Tribunal Federal, em voto da lavra do Ministro Celso de Mello, ao evidenciar a natureza cautelar da pri-

---

601 Cf. item 6.2.5.2.
602 RTJ 137/287, Rel. Min. Sepúlveda Pertence; HC 80.064-SP, Rel. p/ o acórdão Min. Sepúlveda Pertence; RHC 71.954-PA, Rel. Min. Sepúlveda Pertence; RHC 79.200-BA, Rel. Min. Sepúlveda Pertence; Informativo do STF 221/001, p. 9, Rel. Min. Celso de Mello; HC 80.379-SP, Rel. Min. Celso de Mello.

são preventiva, o que a diferencia, ontologicamente, da prisão penal (*carcer ad poenam*), cujo escopo é servir de instrumento em benefício da atividade desenvolvida no processo penal, salientou que essa medida é marcada pela nota da excepcionalidade[603], pensamento que se aplica, em sua inteireza, à prisão temporária.

Isso porque, como se disse, a regra é o direito de liberdade, a não ser que a determinação da prisão conste de sentença transitada em julgado, daí por que, apenas excepcionalmente, permite-se, como medida processual, que a restrição ao direito de ir e vir ocorra antes, sob pena de afronta ao princípio da presunção de não culpabilidade. Exatamente em obséquio ao princípio da presunção de não culpabilidade, a doutrina e a jurisprudência sedimentaram o entendimento de que a prisão processual é medida excepcional, à qual somente se deve recorrer quando evidenciada sua extrema necessidade.

Naturalmente, a doutrina e a jurisprudência firmadas sobre o caráter de excepcionalidade da medida cautelar detentiva se aplica, em sua essência, às *cautelares diversas* da prisão agora previstas em nosso sistema processual penal. Ora, já se disse aqui que, em toda espécie de medida cautelar, até mesmo no caso de fiança, malgrado o direito de liberdade não seja suprimido com a prisão, sofre restrições quanto ao seu exercício, o que é mais do que evidenciado nos casos em que se impõe ao agente a proibição de acesso ou de frequência a determinados lugares ou o recolhimento domiciliar no período noturno e nos dias de folga.

Não é por outro motivo que o legislador cuidou de deixar ressaltada essa característica inerente a toda e qualquer medida cautelar, ao dizer que, em relação às medidas tratadas no Título IX do Livro I do CPP, a decretação deverá observar a sua "*necessidade* para aplicação da lei penal, para a investigação ou a instrução criminal e, nos casos expressamente previstos, para evitar a prática de infrações penais" (art. 282, I, do CPP. Grifei).

Como se vê, independentemente da espécie da medida cautelar, portanto, detentiva ou não, a sua decretação só deve ocorrer quando houver *necessidade*, ou seja, for imprescindível para a tutela do pro-

---

[603] BRASIL. Supremo Tribunal Fedeal. A PRISÃO PREVENTIVA — ENQUANTO MEDIDA DE NATUREZA CAUTELAR — NÃO TEM POR OBJETO INFLIGIR PUNIÇÃO ANTECIPADA AO INDICIADO OU AO RÉU, Classe: HC — Processo: 80719, UF: SP, SEGUNDA TURMA, Data da decisão: 26/06/2001. Disponível em: http://www.stf.jus.br. Acesso em: 8 ago. 2011.

cesso principal. Cabe aqui a advertência de Pierpaolo Bottini[604], que escreveu sobre a matéria quando ainda o projeto de lei não havia sido aprovado: "O inc. I proposto destaca as hipóteses de aplicação das cautelares. A presença de qualquer uma delas, alternativamente, é suficiente para a medida assecuratória. Por outro lado, a inexistência dessas hipóteses impede a decretação de qualquer medida (desde a prisão até a mais simples e menos ostensiva)".

A exigência quanto à fundamentação da medida cautelar com base na sua necessidade afasta a crítica de que com a nova disciplina, diante das várias alternativas dadas ao magistrado, casos em que antes o acusado respondia em liberdade sem nenhuma restrição, vão ser bastante raros. Esse receio não procede, caso os magistrados apliquem corretamente as novas regras, em especial as contidas nos incisos I e II do art. 282 do CPP. Para todos os efeitos, as medidas cautelares diversas da prisão são cabíveis apenas nos casos em que, havendo motivo para a prisão preventiva, aquelas são adequadas e suficientes para tutelar o processo ou evitar a prática de crimes.

6.1.5. Princípio da subsidiariedade prisão processual

Na versão originária do Código Penal, não havia a previsão das penas e medidas alternativas. Em razão disso, via de regra, a condenação consistia na aplicação da pena de prisão, salvo nos casos de previsão, como pena para o tipo criminal, da incidência apenas da sanção de multa. Coube à Lei nº 7.209, de 11 de julho de 1984, a qual promoveu profunda alteração da Parte Geral do Código Penal, ensaiar a modificação do panorama. Mas o fez de forma tímida, pois, conquanto admitisse a aplicação da pena alternativa em substituição à privativa de liberdade em toda e qualquer condenação relativa a crime praticado na modalidade culposa, só permitia essa solução nos crimes dolosos, quando a pena aplicada fosse inferior a um ano. Em razão disso, o campo de incidência das penas alternativas era sobremaneira estreito.

A efetiva modificação do cenário nacional foi obra da Lei nº 9.714, de 1998, que, além de manter a permissão da substituição, independentemente do tempo fixado, da pena privativa de liberdade nos crimes culposos, possibilitou essa solução para os crimes dolosos, quando a pena aplicada não for superior a quatro anos, o que aumen-

---

[604] Medidas cautelares. In: *As reformas no processo penal*: as novas Leis de 2008 e os projetos de reforma. São Paulo: Editora Revista dos Tribunais, 2008, p. 457.

tou, significativamente, as hipóteses de aplicação das penas alternativas.

A partir daí, em consonância com a modificação introduzida no sistema criminal brasileiro, a prisão, mesmo quando aplicada na qualidade de pena, passou a ser subsidiária, ou seja, deve ser substituída pela pena alternativa, quando essa solução, nos termos dos incisos do art. 44 do Código Penal, for permitida.

Por isso mesmo, na sentença condenatória, quando se trata de crime culposo ou, sendo doloso, a pena privativa de liberdade não for superior a quatro anos, o juiz tem de, na decisão, expor os fundamentos pelos quais substitui, ou não, por uma ou mais restritivas de direitos.

Isso demonstra algo interessante. No início, a prisão servia, apenas, de instrumento para o cumprimento da pena, que era, de regra, corporal (açoite, mutilações, morte). Com a humanização do sistema criminal, que se deu a partir das ideias de Beccaria, esposadas no livro *dos delitos e das penas*, a prisão passou a ser a forma ordinária de sanção. Mais à frente, a prisão, diante do reconhecimento de que ela não é a melhor forma de recuperar uma pessoa que pratica o crime, passou a ser tratada como *ultima ratio*. Se possível, deve ser substituída por medida menos drástica.

Acontece que, embora assim fosse em nosso sistema criminal material, no ambiente do processo penal ainda se tinha a prisão como a única medida cautelar prevista para tutelar o processo principal ou escoimar o grave risco de que o acusado, permanecendo solto, pudesse continuar a praticar crimes.

Era, evidentemente, um paradoxo inaceitável. Por coerência sistêmica, era ingente a necessidade de adotar, quanto ao processo penal, política criminal similar à do direito penal material, no sentido de serem previstas outras medidas cautelares que, conquanto de alguma forma representassem limitação ao direito de liberdade, não acarretassem, como a prisão, o recolhimento do indiciado ou acusado em estabelecimento carcerário.

Quase treze anos após, eis que, finalmente, as medidas restritivas de direito, tal como se verifica no Direito Comparado, foram previstas como espécies acautelatórias, as quais têm preferência em relação à prisão processual.

Ainda que não fosse necessário, o legislador achou por bem ressaltar, de forma cogente, que a nova política criminal esboçada para o sistema processual prisional engloba a subsidiariedade da prisão, com a seguinte previsão normativa, contida no art. 282, §6º: "A prisão preventiva será determinada quando não for cabível a sua substituição por outra medida cautelar." Indo mais além, no art. 310, inciso II, do CPP, ficou consignado que, ao receber o auto de prisão em flagrante, conquanto esteja presente um dos fundamentos do art. 312 do CPP, o juiz não deverá proceder à conversão em prisão preventiva, se e quando as medidas cautelares diversas se revelarem *adequadas e suficientes* para o caso[605]. Evidentemente, apesar do senão da norma, essa regra da subsidiariedade se aplica, igualmente, à prisão temporária. Sendo o caso de aplicação de medida cautelar, de acordo com o art. 282, II, sendo adequada e suficiente medida cautelar alternativa, não deve o juiz decretar seja a prisão preventiva, seja a temporária. A regra, em verdade, não é de substituição da prisão processual por medida cautelar diversa, mas de subsidiariedade daquela. A substituição da prisão processual por medida cautelar substitutiva é, apenas, no caso de flagrante delito, previsto no art. 310, III, do CPP[606].

De outro giro, note-se a virada copérnica do sistema criminal brasileiro. A prisão como pena, praticamente até então a única sanção prevista, a partir de 1988, passou a ser a exceção, na medida em que deve ser substituída, sempre que possível, por uma ou mais restritivas de direito. No mesmo passo, a prisão processual, que era a única espécie de cautelar contemplada para tutelar o processo principal ou evitar o risco efetivo de que a pessoa continuasse a praticar crimes, a partir da edição da Lei nº 12.403, de 2011, com a criação das cautelares não detentivas, passou a ser medida subsidiária, porquanto, quando *adequado e suficiente*, deve ser substituída por outra ou outras que não importem no recolhimento da pessoa a estabelecimento penal.

6.1.6. Requisitos ou pressupostos (*fumus boni iuris* ou *fumus commissi delicti*), fundamentos (*periculum in mora* ou *periculum libertatis*) e critérios para a definição da medida cautelar adequada

Tratando-se de medida cautelar, a doutrina, acompanhada de perto pela jurisprudência, cuidou de especificar os requisitos ou pressu-

---

[605] Cf. item 6.2.4.1.5.3, infra.
[606] Cf. item 6.2.4.1.5.4, infra, que trata da hipótese em que a medida cautelar diversa, sob a modalidade de fiança, serve para a conversão da prisão/detenção em flagrante em prisão preventiva.

postos e os fundamentos para a imposição da prisão processual. Os requisitos ou pressupostos representam o *fumus boni iuris* ou o *fumus commissi delicti*, enquanto os fundamentos o *periculum in mora ou periculum libertatis*. Essa construção teórica e jurisprudencial se operou com suporte no referencial normativo emanado do art. 312 do Código de Processo Penal, o qual, ao dispor sobre a prisão preventiva, em sua primeira parte, estabelece os fundamentos, enquanto, na segunda, os requisitos.

Diante das inovações introduzidas pela Lei nº 12.403, de 2011, imprescindível estabelecer, igualmente, regras quanto aos requisitos e fundamentos para a decretação das medidas cautelares diversas da prisão. Isso porque, para todos os efeitos, em nosso sistema, a disciplina referente aos requisitos (pressupostos) e aos fundamentos para a decretação da prisão preventiva, até então a única medida cautelar pessoal prevista, já constava do art. 312 do CPP.

Em tese, o legislador poderia ter estabelecido requisitos e fundamentos diferentes, conforme fosse a espécie de medida cautelar, detentiva ou diversa da prisão. Ademais de estabelecer os requisitos e fundamentos para a imposição das medidas cautelares pessoais diversas da prisão, havia a necessidade, ainda, de o legislador estabelecer *critérios* a serem observados quanto à *definição ou escolha* da espécie de medida cautelar a ser aplicada, se detentiva, ou não, e, ainda, sendo diversa da prisão, quais delas.

No regime anterior, como só havia uma espécie, que era a prisão, bastavam as regras postas no ordenamento jurídico, que deveriam ser observadas para a sua imposição. Com as inovações trazidas, sendo estipuladas medidas cautelares diversas da prisão, imperioso que fossem preceituadas regras pertinentes para a escolha de qual, das medidas previstas, é a mais *adequada e suficiente* para o caso concreto.

O legislador da Reforma Tópica cumpriu, em parte, essa missão, por meio da redação emprestada ao art. 282, caput e incisos I e II. Diz-se em parte porque esse dispositivo, que preceitua regras gerais aplicáveis a toda e qualquer espécie de medida cautelar pessoal, seja ela detentiva ou não, tratou, apenas, dos *fundamentos* e dos *critérios* para a definição de qual é a cautelar que deve ser escolhida no caso concreto, descuidando, de toda sorte, de mencionar os requisitos ou pressupostos.

Ademais, além de o legislador da Reforma Tópica não ter se ocupado em estabelecer uma regra geral quanto aos requisitos para a aplicação de toda e qualquer medida cautelar pessoal, ao tratar das medidas cautelares diversas da prisão, nada disse a respeito. Essa omissão normativa leva à conclusão de que, em relação às medidas cautelares diversas, ao contrário da prisão preventiva e da temporária, não há requisitos ou pressupostos, mas, tão só, fundamentos quanto à necessidade e os critérios para a adequação? Como será exposto a seguir, a resposta afirmativa não parece que seja a melhor solução, sem embargo de não ser coerente. Ora, conclusão nesse sentido seria o mesmo que admitir, em relação às medidas cautelares diversas da prisão, a sua imposição sem reclamar a presença da verossimilhança da pretensão acusatória, o chamado *fumus boni iuris* ou *fumus commissi delicti*, o que descaracterizaria a sua natureza acautelatória. Esse assunto está estudado com mais densidade a seguir, no item 6.1.6.1, infra.

A pesar dessa omissão, acertadamente, o legislador preferiu estabelecer, para toda e qualquer espécie de medida cautelar pessoal, *fundamentos* idênticos, uns pertinentes para a demonstração da necessidade de sua imposição (inciso I do art. 282 do CPP), enquanto outros para guiar o intérprete na escolha de qual das medidas cautelares pessoais previstas é a *adequada e suficiente* para o caso em análise (inciso II do art. 282 do CPP).

Assim, os incisos I e II do art. 282 do CPP, conforme as alterações promovidas pela Lei nº 12.403, de 2011, assumem fundamental importância no sistema adotado em relação às medidas cautelares de ordem pessoal, que precisam ser bem compreendidos, a fim de evitar conclusões precipitadas ou incorretas. A razão de ser de um e de outro inciso não pode ser confundida.

Para bem delimitar essa questão, cabe, aqui, reproduzir o texto normativo:

Art. 282. As medidas cautelares previstas neste Título deverão ser aplicadas observando-se a:
I — *necessidade* para aplicação da lei penal, para a investigação ou a instrução criminal e, nos casos expressamente previstos, para evitar a prática de infrações penais;
II — *adequação* da medida à gravidade do crime, circunstâncias do fato e condições pessoais do indiciado ou acusado.

Como se observa, o art. 282, inciso I, do CPP, estabelece os fundamentos que, *em princípio*, autorizam a decretação de toda e qualquer medida cautelar pessoal, seja ela a prisão ou o medida diversa. A expressão *em princípio*, aqui empregada, é em razão das considerações quanto aos fundamentos para a decretação da prisão temporária, pois, quanto a essa medida, em relação aos fundamentos, só é aplicável o referente à necessidade para a instrução criminal.

Esses são os *fundamentos quanto à necessidade*.

De outra banda, no inciso II do art. 282 do CPP, constam os *critérios* para a escolha do tipo de medida cautelar, dentre as previstas: se de prisão ou não e, caso seja, qual ou quais medidas diversas deve ser a aplicada.

Esses são os *critérios quanto à adequação*.

Pela importância do tema, os aspectos doutrinários referentes aos *requisitos* (*fumus boni iuris*), aos *fundamentos* para a decretação (*periculum libertatis*) e aos critérios para a *definição* do tipo de medida cautelar merecem estudo em tópicos específicos, respectivamente, 6.1.6.1, 6.1.6.2 e 6.1.6.3, infra. Cabe esclarecer, de antemão, que os critérios normativos em relação aos requisitos, aos fundamentos e aos critérios para a definição quanto à medida cautelar pessoal são idênticos aos de caráter detentivo, ou não.

Por isso mesmo, em rigor, toda a doutrina e jurisprudência criada em torno da prisão processual, referente aos seus requisitos e aos fundamentos, são aplicáveis às novas medidas cautelares diversas da prisão, que vieram a lume por obra da Lei nº 12.403, de 2011.

6.1.6.1. Requisitos ou pressupostos (*fumus boni iuris* ou *fumus commissi delicti*) para a decretação da medida cautelar pessoal

A doutrina em geral faz a distinção entre os requisitos ou pressupostos e os fundamentos para a aplicação de medida cautelar. Ao tempo em que só existia, na qualidade de medida cautelar de ordem pessoal, a prisão preventiva, os requisitos ou pressupostos eram tidos como o *fumus boni iuris* ou *fumus commissi delicti*, ou seja, a probabilidade da procedência da pretensão acusatória, enquanto os fundamentos representavam o *periculum in mora* ou *periculum libertatis*. Essa inteligência foi construída em consonância com a leitura do art. 312 do Código de Processo Penal, o qual, a par de contemplar, em sua primeira parte, os fundamentos para a decretação da prisão preventiva, na segunda e última, cuida dos seus requisitos.

Com efeito, consoante prescreve o art. 312, caput[607], ainda que existente um dos fundamentos para a prisão preventiva (necessidade

---

[607] O parágrafo único foi enxertado com a Lei nº 12.403, de 2011.

da garantia da ordem pública ou econômica, conveniência da instrução criminal ou para assegurar a aplicação da lei penal), a medida cautelar só pode ser decretada "... quando houver prova da existência do crime e indício suficiente de autoria", ou seja, a presença do *corpus delicti* e da probabilidade de autoria.

Por conseguinte, precede aos argumentos quanto à existência, ou não, de um dos fundamentos quanto à necessidade para a decretação da prisão preventiva, a demonstração de que há prova da existência do crime e indício suficiente de autoria.

A lei é cogente ao exigir *prova da existência do crime*, não sendo suficiente, quanto a esse aspecto, a mera *suspeita*, mas a prova da materialidade delitiva[608]. Para Frederico Marques, existe a prova da existência do crime apenas quando resta demonstrada a prática de fato típico na integralidade de seus elementos, o que compreende, ainda, análise quanto à antijuridicidade[609].

Nada obstante no que diz respeito à existência do crime a lei imponha a *prova plena*, o mesmo não ocorre em relação à autoria. Quanto à autoria, para fins de decretação da prisão preventiva, reclama-se, apenas, a existência de *indício suficiente*. Carnelutti[610], abordando essa exigência que consta do sistema italiano, anota que *indício suficiente*, para fins de autorização de uma prisão processual, possui *grau superior* em relação àquele que é *suficiente* apenas para possibilitar a imputação. Em outras palavras, não se quer com isso dizer que a expressão *indício suficiente* infirme a ideia de que se trata de *prova levior*, mas, sim, que esse requisito não se contenta com a *simples possibilidade de autoria*, a reclamar evidências de que o indiciado ou acusado é o *provável* autor do crime. I. e., não é a mera *possibilidade*, porém a *probabilidade* concreta[611].

---

608 Tourinho Felho, Fernando da Costa. *Processo penal*, 18. ed. rev. e atual. São Paulo: Saraiva, 1997, p. 472.
609 *Elementos de direito processual penal*. Campinas: Bookseller, 1997, v. IV, p. 60.
610 *Leciones sobre el proceso penal*. Tradução Santiago Sentís Melendo. Buenos Aires: Bosch y Cia. Editores, 1950, p. 180.
611 Nesse sentido, Romeu Pires de Campos Barros diz que, "Na verdade a expressão 'indícios suficientes' significa probabilidade certa de autoria e não simples possibilidade. Aliás, a expressão suficiente é usada no Código com o mesmo sentido de veemente, que é mais tradicional, e era usada no Código Criminal do Império e pela maioria dos processualistas reinícolas, tais como Paula Pessoa e outros." (*Processo penal cautelar*. Rio de Janeiro: ed. Forense, 1982, p. 194.)

Não parece haver dúvidas de que, a despeito da omissão do legislador da Reforma Tópica, essa doutrina sobre os requisitos ou pressupostos necessários para a prisão preventiva, que constam da parte final do caput do art. 312, são aplicáveis, em sua inteireza, às medidas cautelares pessoais criadas por meio da Lei nº 12.403, de 2011.

Não seria razoável admitir-se a imposição de restrições ao direito de liberdade da pessoa, mesmo que não importem o recolhimento à prisão, sem que haja a prova da existência do crime e de indício suficiente quanto à autoria. Até porque, em caso contrário, seria o caso de admitir-se a imposição de medida cautelar sem a exigência da demonstração de que há a fumaça do bom direito quanto à própria pretensão acusatória. Como se disse, ainda que a prova da existência do crime seja requisito, igualmente, reclamado para a propositura da ação penal, os *indícios suficientes*, reclamados para autorizar medida cautelar, são um *plus* em relação aos *indícios* que bastam para a imputação criminal por meio da denúncia ou queixa.

Sobre a matéria em foco, acrescente-se que, quando da criação da prisão temporária, pela Lei nº 7.960, de 21 de dezembro de 1989, a discussão em torno de sua constitucionalidade tinha como foco a falta de característica inerente às medidas cautelares, pois não teriam sido elencados como requisitos o *fumus boni iuris* e o *periculum libertatis*. Porém, a doutrina e a jurisprudência fixaram o entendimento de que, assim como ocorre em relação à prisão preventiva, também para a decretação de prisão temporária, além dos fundamentos, é preciso que estejam presentes os requisitos. De fato, enquanto em relação à prisão preventiva o legislador utilizou as expressões *certeza da materialidade* e *indício suficiente de autoria*, na Lei nº 7.960, de 1989, ficou preceituado que essa medida é admissível quando houver *fundadas razões de autoria ou participação* nos crimes especificados nas alíneas do inciso III do seu art. 1º (homicídio doloso, sequestro ou cárcere privado, roubo, extorsão, extorsão mediante sequestro, estupro, atentado violento ao pudor, rapto violento, epidemia com resultado de morte, envenenamento de água potável ou substância alimentícia ou medicinal qualificado pela morte, quadrilha ou bando, genocídio, tráfico ilícito de drogas e crime contra o sistema financeiro).

Dessa forma, para fins de prisão temporária, não basta, apenas, a prova da materialidade de um daqueles crimes mencionadas na Lei nº 7.960, de 1989, pois, além desse *fumus boni iuris* ou o *fumus commissi delicti*, o Diploma Normativo em foco exige, igualmente, prova que permita a conclusão quanto à existência de *fundadas razões de auto-*

ria ou participação do agente no fato em apuração. Note-se que *fundadas razões* é o mesmo que *indício suficiente de autoria*, contemplado na parte final do art. 312 do CPP, não havendo, entre um e outro, maior ou menor grau de certeza. Dessa maneira, tanto para a decretação da prisão temporária quanto para a preventiva não se pode determinar a medida cautelar contra um mero suspeito, sendo de mister a existência do sumário de culpa, que consiste na reunião de elementos probatórios concernentes em fundadas razões de autoria ou participação no crime ou indício suficiente de autoria.

Essa é a inteligência que sobressai da jurisprudência do Superior Tribunal de Justiça[612], conforme se observa da leitura da ementa adiante:

CRIMINAL. RHC. ROUBO. PERSEGUIÇÃO DE AUTORIDADES PÚBLICAS LOCAIS. AUSÊNCIA DE INDÍCIOS DE PARTICIPAÇÃO DOS PACIENTES NOS DELITOS. REVOLVIMENTO DO CONJUNTO FÁTICO-PROBATÓRIO. IMPROPRIEDADE DA VIA ELEITA. PRISÃO TEMPORÁRIA. FUNDAMENTAÇÃO SUFICIENTE. INDÍCIOS DE AUTORIA. PACIENTES EM LOCAL INCERTO E NÃO SABIDO. NECESSIDADE DA PRISÃO PARA AS INVESTIGAÇÕES. ORDEM PARCIALMENTE CONHECIDA E DENEGADA. (...) A determinação de prisão temporária deve ser fundada em fatos concretos que indiquem a sua real necessidade, atendendo-se os termos descritos na lei. Evidenciada a presença de indícios de autoria dos pacientes no delito de roubo, para o qual é permitida a decretação da custódia provisória (art. 1°, inciso III, alínea "c", da Lei n.° 7.960/89), bem como o fato de os pacientes encontrarem-se em lugar incerto e não sabido, necessária se torna a decretação da prisão temporária, tendo em vista a dificuldade de investigação e conclusão do inquérito quando ausentes os indiciados. Precedentes. (...).

Com essas assertivas, não procede a observação feita por Fabbrini Mirabete[613] de que, nesse ponto (inciso I do art. 1° da Lei n°

---

612 BRASIL. Superior Tribunal de Justiça, Relator Ministro Gilson Dipp, Classe: RHC — Processo: 17075, UF: PR, Quinta Turma, Data da decisão: 03/03/2005. Disponível em: www.cjf.gov.br/Jurisp/Juris.asp. Acesso em: 13 jul. 2005.
613 *Processo penal*. 13. ed. São Paulo: Atlas, 202,, p. 393.

7.960/89), a lei é draconiana, na medida em que, diferentemente do que está exposto no inciso II, possibilita a prisão até mesmo de qualquer pessoa, a exemplo de uma mera testemunha. Ora, como demonstrado, para a decretação da prisão temporária mister se faz a satisfação de seus requisitos, que repousam na *prova da materialidade do fato criminoso* e em *fundadas razões da autoria ou participação* no crime. Assim, resta claro que a prisão temporária não pode, em nenhuma hipótese, recair sobre quem não se tenha elementos probatórios, mesmo indiciários, quanto à autoria ou participação no crime, ficando afastada, assim, a menor possibilidade de que esse tipo de medida cautelar tenha como destinatária qualquer pessoa, dentre elas, até mesmo, a testemunha.

Exatamente por isso não se aceita a tese de que a prisão temporária pode ser utilizada como medida preparatória da prisão preventiva, prestando-se o encarceramento, nesse caso, para permitir a reunião de provas suficientes contra o agente. Ademais de ser necessária a presença de requisitos quanto à materialidade e à autoria a fim de permitir-se medida drástica como a prisão cautelar, seria admitir uma espécie de prisão limitada no tempo para viabilizar, depois, o pedido de outra mais elástica, a preventiva. Em síntese, prender para investigar, ao contrário de investigar para poder prender.

Daí por que, quer se trate de medida prisional (prisão preventiva ou temporária) ou alternativa, para a decretação de cautelar pessoal na seara criminal necessário que estejam preenchidos os requisitos, quais sejam, prova da existência do crime e *indício suficiente ou fundadas razões de autoria*, sendo que, no caso de prisão temporária, o crime tem de ser um daqueles previstos na Lei nº 7.960, de 1989.

6.1.6.2. Fundamentos quanto à necessidade da decretação de medida cautelar pessoal

Conforme o art. 282, inciso I, do CPP, em qualquer hipótese, o juiz terá de determinar a medida cautelar pessoal em decisão fundamentada, tendo em consideração a: (a) necessidade para a aplicação da lei penal; (b) necessidade para a investigação ou instrução criminal; e (c) necessidade para evitar a prática de infrações penais. Tem-se, assim, que, nesse passo, o legislador seguiu a orientação exposta no art. 312 do CPP, quanto a conceber as medidas cautelares como (1) *garantia de eficácia*; (2) *meio de instrução*; e (3) medida *de segurança*.

Aqui o legislador, estreme de dúvidas, pretendeu reproduzir o que dispõe o art. 312 do CPP quanto aos fundamentos para a prisão preventiva, cuja redação, na parte que interessa, é a seguinte: "A prisão preventiva poderá ser decretada como *garantia da ordem pública ou da ordem econômica*, por conveniência da instrução criminal, ou para assegurar a aplicação da lei penal ..." Como se vê, a prisão preventiva, uma das medidas cautelares de ordem pessoal, nos termos do art. 312 do CPP, pode ser fundamentada: (a) na necessidade de garantia da ordem pública ou da ordem econômica; (b) na necessidade para a instrução criminal; (c) na necessidade para a aplicação da lei penal.

Quanto aos dois últimos fundamentos, acima mencionados, percebe-se que o legislador da Reforma Tópica teve o cuidado de manter a mesma redação. Mas, note-se que, em relação a um deles, não se observou a mesma inteligência. Isso porque, enquanto no art. 282, I, do CPP, colocou-se como um dos fundamentos para a decretação da medida cautelar a sua necessidade como forma de *evitar a prática de infrações penais*, o art. 312 continua a prever, como um dos fundamentos para a prisão preventiva, a necessidade de *garantia da ordem pública ou da ordem econômica*.

Teria o legislador esquecido de promover a devida alteração no art. 312 do CPP, a fim de adequá-lo à terminologia do art. 282, I? Os anais do processo legislativo revelam o que, de fato, ocorreu.

Tenha-se presente que, há muito, existe acirrado debate quanto às hipóteses de decretação de medida cautelar detentiva. A bem da verdade, tendo em consideração os mais diversos argumentos, dentre os quais merecem destaque a vulneração do princípio da presunção de não culpabilidade e a real possibilidade de, sempre e sempre, poder ocorrer injustiça, com o encarceramento de um inocente, até mesmo discussão quanto à própria legitimidade da prisão preventiva já ocupou espaço considerável da doutrina. De toda maneira, malgrado a prisão preventiva seja considerada, em si mesma, um mal, esse é um *mal necessário*, daí por que, na sua utilização, deve-se ter a máxima prudência, a fim de que seja usada, apenas, nos casos restritos gizados em lei, quando demonstrada a sua absoluta necessidade e efetiva natureza cautelar do processo principal.

No nosso meio, sempre houve discordância quanto ao acerto da inclusão da *ordem pública* ou *econômica* como fundamento para a decretação da prisão preventiva, não apenas em razão de tratarem-se de expressões sobremaneira polissêmicas, a permitirem elástica interpretação, como, igualmente, devido à circunstância de, nesse caso, a medida não possuir efetivo caráter tutelar do processo principal, por se apresentar como uma genuína *medida de segurança*, cujo escopo é assegurar a própria *ordem pública*.

Porém, sem maior esforço, pode-se defender que não se tem por desvirtuada a finalidade de tutelar o processo quando decretada a prisão preventiva com base na necessidade de manutenção da ordem pública ou econômica, pois a medida serve para coibir prováveis danos que a liberdade do indiciado ou acusado pode ocasionar, que é a razão de um processo criminal focado na ressocialização, que não se preocupa em punir o acusado ou o seu passado, mas, desde o início, em conferir o tratamento adequado ao caso concreto, a fim de que a sociedade não fique à mercê de novas agressões, apenas diante da circunstância de a questão não ter sido definitivamente julgada.

Seja como for, a Comissão da Reforma Tópica, procurando atender a crítica da doutrina, a par da redação conferida para o art. 282, inciso I, sugeriu, por coerência sistêmica, a alteração, igualmente, do art. 312, a fim de excluir, como fundamento para a decretação da prisão preventiva, a *manutenção da ordem pública ou econômica*. Em seu lugar, fez a previsão da possibilidade de decretação da prisão como medida para evitar a prática de novas infrações relativas ao *crime organizado, à probidade administrativa ou à ordem econômica ou financeira consideradas graves, ou mediante violência ou grave ameaça à pessoa*[614]. Isto é, a prisão preventiva aplicada no desiderato de evitar a prática de novas infrações, consoante a proposta, só seria permitida em relação *aos casos expressamente previstos*[615].

---

614 A proposta para o art. 312 era a seguinte: "A prisão preventiva poderá ser decretada quando verificados a existência de crime e indícios suficientes de autoria e ocorrerem fundadas razões de que o indiciado ou acusado venha a criar obstáculos à instrução do processo ou à execução da sentença ou venha a praticar infrações penais relativas ao crime organizado, à probidade administrativa ou à ordem econômica ou financeira consideradas graves, ou mediante violência ou grave ameaça à pessoa. Parágrafo único. A prisão preventiva também poderá ser decretada em caso de descumprimento de qualquer das obrigações impostas por força de outras medidas cautelares (art. 282, § 4º)".

615 Muito provavelmente, a Comissão de Reforma se inspirou no Código de Processo Penal italiano, que, no art. 274, coma 1, c, preceitua: *"quando, per especifiche modalitá e circonstanze del fatto e per la personalitá dell'imputato, vi è il concreto pericolo che questi commetta gravi delitti con uso di armi o di altri mezzi di violenza personale o diretti contro l'ordine costituzionale ovvero delitti di criminalitá organizzata o della stessa specie di quello per cui se procede"* ("quando, por específica modalidade e circunstância do fato e da personalidade

Acontece que, no Parlamento, conquanto se tenha aceito, sem restrições, a proposta relativa ao art. 282, I, o mesmo não se verificou quanto à sugestão para o art. 312, que restou desaprovada, sendo, em consequência, mantida a mesma redação[616].

Apenas com essa explicação é que se compreende o que o legislador quis dizer, na parte final do inciso I do art. 282 do CPP, ao preceituar "... e, nos casos expressamente previstos, para evitar a prática de infrações penais". Essa expressão *nos casos expressamente previstos* tinha relação direta com a redação proposta para o art. 312 do CPP, a qual cuidava de anunciar quais eram os *casos expressamente previstos na lei*[617] como autorizadores da decretação da prisão preventiva com fundamentação na sua necessidade para evitar a prática de crimes.

Pois bem, rejeitada a redação proposta para o art. 312 do CPP, para manter a coerência sistêmica, no mínimo, deveriam ter sido providenciados os ajustes necessários no art. 282, I, com a retirada do texto não apenas da expressão *e nos casos expressamente previstos* como o retorno da referência à ordem econômica e financeira.

Sem embargo dessas considerações, fica patente que a intenção do legislador, ao preferir, na redação do art. 282, I, utilizar a expressão *evitar a prática de infrações*, em substituição às palavras *ordem pública ou ordem econômica*, foi no sentido de deixar positivado na lei a orientação de parte significativa da doutrinária, acompanhada de perto pela jurisprudência, que a prisão preventiva decretada como *medida de segurança* só é cabível para evitar que o acusado, solto, permaneça na sua atividade delitiva.

Com isso se quer dizer que a coexistência harmônica dos arts. 282, I, e 312, ambos do CPP, aceita como única interpretação razoá-

---

do imputado, exista o perigo concreto que este cometa grave delito com uso de arma ou outros meios violentos contra a pessoa, ou contra a ordem constitucional ou crimes de organização criminosa ou da mesma espécie daquele pelo qual está sendo processado." (tradução livre do autor).

616 O deputado federal Luiz Fleury assim justificou a rejeição da proposta: "A parte final do art. 312, além de omitir o tráfico, não substitui convenientemente o que foi suprimido, bastando imaginar que o autor de um crime extremamente grave, desde que não demonstre intenção de reincidir, não mais poderá ser preso, sendo irrelevante a intranquilidade que sua conduta tenha gerado na comunidade." (Exposição de Motivos 22 — Mj, Diário da Câmara dos Deputados, 30.03.2001, p. 9542)

617 Na proposta, a prisão preventiva, nessa hipótese, só seria admissível quando a medida fosse adotada para evitar infrações relativas a *crime organizado, à probidade administrativa ou à ordem econômica ou financeira consideradas graves, ou mediante violência ou grave ameaça à pessoa.*

vel a assertiva de que a autorização para o juiz decretar a prisão preventiva, sob o fundamento da necessidade de garantia da ordem pública ou econômica restinge-se à circunstância em que a medida se justifica para evitar a prática de novas infrações.

Quanto à prisão temporária, note-se que os fundamentos são específicos e estão nos incisos I e II do art. 1º da Lei nº 7.960, de 1989. Assim, cumpridos os requisitos, consubstanciados na prova da existência de um dos crimes indicados no inciso III do art. 1º da Lei nº 7.960, de 1989, e fundadas razões de autoria ou participação, é preciso que seja demonstrada a necessidade de sua decretação, pois, de conformidade com a jurisprudência firmada pelo Superior Tribunal de Justiça, não é suficiente para a decretação da prisão temporária a circunstância de o crime em apuração ser um dos mencionados pela Lei. Desse modo, além da satisfação do inciso III do art. 1º da Lei em foco, o caso tem de se subsumir ou na hipótese do inciso I (ser imprescindível para as investigações do inquérito policial) ou na do inciso II (o indiciado não ter residência fixa ou não fornecer elementos necessários ao esclarecimento de sua identidade)[618].

A bem da verdade, a *imprescindibilidade para as investigações do inquérito policial*, estampada no inciso I, é fundamento para a prisão temporária que abrange a hipótese do inciso II (*não ter o indiciado residência fixa ou não fornecer elementos necessários ao esclarecimento de sua identidade*), ambos da Lei em exame. Isso porque, a circunstância em si de o indiciado não possuir residência fixa ou não fornecer elementos necessários ao esclarecimento de sua identidade não é suficiente ou fundamento para a decretação de medida cautelar, de modo que, em se tratando de prisão temporária, sempre e sempre, haverá de

---

618 A respeito dos fundamentos necessários para a decretação da prisão temporária, surgiram três correntes: a primeira, em interpretação literal do art. 1º da Lei nº 7.960/89, defendia que, como na enumeração não se utilizou a conjunção aditiva "e", a medida seria cabível em qualquer uma das situações previstas nos incisos do mencionado artigo, de modo que os três requisitos devem ser considerados como alternativos (MIRABETE. Julio Fabbrini, *Processo penal*, p. 393). A segunda corrente, igualmente, parte de interpretação literal, para dizer que, como o legislador, ao contrário de como procedeu ao redigir o art. 312 do Código de Processo Penal, não fez uso da conjunção alternativa "ou", tem-se que, para infligir a prisão temporária, reclama-se a satisfação dos três fundamentos estampados nos incisos do art. 1º da Lei nº 7.960, de 1989; Por fim, a terceira corrente, a mais aceita, entende que sempre tem de estar presente a motivação do inciso III da lei em referência, conjugada com uma das duas encartadas nos incisos I e II.

ser adicionado o discurso de que a medida se mostra necessária, para viabilizar a investigação policial.

Ora, sendo a prisão temporária medida acautelatória a ser adotada ainda na fase pré-processual, tem-se que, para ser decretada, há necessidade de que seja imprescindível para as investigações do inquérito policial. Se ela não for necessária, não há por que limitar o direito de liberdade da pessoa. Ademais, o fato de uma pessoa não ter residência fixa ou de não apresentar os seus dados de identificação somente justifica o decreto prisional caso a medida se mostre indispensável para a instrução do inquérito policial. Nesse ponto, adverte Eugênio Pacelli[619] que, em se tratando de prisão temporária, "... devem estar presentes necessariamente, tanto a situação do inciso I, imprescindibilidade para a investigação, quanto aquela do III. A hipótese do inciso II, repetimos, já estaria contemplada pela aplicação do inciso I.".

Até porque a *dúvida sobre a identidade civil* não é, propriamente, fundamento para a decretação de medida cautelar, como expendido mais adiante, no item 6.2.5.1.4, infra. Essa circunstância nunca foi tratada como fundamento para a decretação da prisão preventiva, razão pela qual o legislador da Reforma Tópica, com acurado acerto, elencou essa hipótese apenas como exceção à regra que exige, para a decretação da prisão preventiva, que o crime seja doloso e a pena máxima superior a 4 (quatro) anos.

Por conseguinte, uma conclusão se impõe: os fundamentos do art. 282, I, do CPP, são comuns à prisão preventiva e às medidas cautelares diversas da prisão. Nem se pense que a redação art. 321 anima pensamento em contrário. Esse texto normativo, com a redação determinada pela Lei nº 12.403, de 2011, ao admitir que, "Ausentes os requisitos que autorizam a decretação da prisão preventiva, o juiz deverá conceder liberdade provisória, impondo, se for o caso, as medidas cautelares previstas no art. 219 deste Código e observados os critérios constantes do art. 282 deste Código", está se referindo a hipótese de prévia prisão (em flagrante ou por ordem judicial). Por *ausência de requisitos que autorizam a decretação da prisão preventiva*, referida pelo legislador, entenda-se a situação em que a pena do crime não seja superior a 4 (quatro) anos, ou, então, na qual uma medida cautelar diversa da prisão se mostra adequada e suficiente, nos termos dos arts. 282, § 6º, e 310, II, do Código de Processo Penal.

---

[619] *Curso de processo penal*, 16. ed. São Paulo: Atlas, 2012,. p. 539.

Quanto à prisão temporária, devido às regras específicas da Lei nº 7.960, de 1989, só se aplica, em parte, o fundamento consubstanciado na segunda parte do inciso I do art. 282 do CPP ("necessidade para a investigação criminal..."), uma vez que, como exposto mais adiante, esse tipo de prisão processual só é cabível, nos termos do art. 1º, I, alíneas *a* e segs., "quando imprescindível para as investigações do inquérito policial"[620].

6.1.6.2.1. Necessidade para a aplicação da lei penal

Desde logo, cabe advertir que a decretação de medida cautelar de ordem pessoal ao fundamento de que há *necessidade para a aplicação da lei penal* só é admitida em se tratando de prisão preventiva ou de uma das medidas cautelares alternativas. A Lei nº 7.960, de 1989, não contempla a *necessidade para a aplicação da lei penal* como fundamento para a decretação da prisão temporária. Essa espécie de fundamento estava prevista para a prisão preventiva, e, agora, em razão do art. 282, I, do CPP, se presta, igualmente, para autorizar medida cautelar diversa da prisão.

Cabe lembrar que a imposição da prisão preventiva com a finalidade de assegurar a aplicação da lei penal é a mais aceitável dentre as hipóteses contempladas pela lei de regência, na medida em que se identifica com a situação em que há demonstração da existência do perigo de fuga da pessoa. Não se há de negar que a principal finalidade com a decretação da prisão preventiva é, naturalmente, evitar a fuga do agente, até mesmo para assegurar o resultado útil do processo.

O grande problema, de toda maneira, é a caracterização, no caso concreto, do *risco de fuga* que legitima a aplicação de medida cautelar. É lugar-comum, na doutrina, dizer-se que o *risco ou perigo de fuga* resta configurado quando há evidências de que a pessoa se prepara para deixar o seu domicílio, com a alienação dos seus bens ou a aquisição de passagens ou a mera revelação, a alguém, da intenção de desaparecer do distrito da culpa.

De acordo com a jurisprudência do Supremo Tribunal Feral, tendo em conta que a privação cautelar da liberdade reveste-se de caráter excepcional, só sendo admissível quando presente situação de *absoluta necessidade*, para a decretação de medida cautelar sob o fundamento de que necessária para fins de aplicação da lei penal é imprescindí-

---

[620] Cf. item 6.2.6 e seguintes, infra.

vel "... que se evidenciem, com fundamento em base empírica idônea, razões justificadoras da imprescindibilidade dessa extraordinária medida cautelar de privação da liberdade do indiciado ou do réu."[621]

Não se mostra bastante, portanto, apenas conjecturas ou juízo de probabilidade, de modo que o mero *temor de fuga*, sem ser apontada situação concreta que justifique a real possibilidade de sua ocorrência[622], como é o caso em que a decisão é escorada na suposição de que o agente possui condições materiais ou facilidade de trânsito pelo território nacional ou internacional[623], não dá azo a que seja determinada a privação cautelar do direito de liberdade. Porém, o Supremo Tribunal Federal[624], dadas as características em si da atividade criminosa, considerou a existência de "(...) Risco evidente de que se frustre a aplicação da lei penal, decorrente de condições objetivas do caso concreto, notadamente a infiltração da suposta quadrilha em outros países (Uruguai e Estados Unidos)".

Assunto polêmico como justificativa para a decretação da prisão preventiva diz respeito à fuga do distrito da culpa. À primeira vista, a circunstância de o agente fugir para lugar não sabido e ignorado se manifesta como razão mais do que suficiente para autorizar, não apenas como conveniência para a instrução criminal, como também para garantir a eficácia de eventual aplicação da lei penal, a prolação de decisão determinando a imposição de medida acautelatória pessoal. Porém, não é bem assim, até porque a fuga, especialmente quando ela é empreendida como forma de esquivar-se da prisão em flagrante, deve ser encarada como lídima manifestação do direito de defesa. Daí por que, quando motivada pelo exclusivo desiderato de evitar a prisão em

---

621 BRASIL. Supremo Tribunal Federal, Relator Ministro Celso de Mello, Classe: HC — Processo: 80719/SP, Segunda Turma, Data da decisão: 26/06/2001, Disponível em: http://www.stf.gov.br/jurisprudencia/jurisp.asp. Acesso em: 4 jul. 2005.
622 "A custódia cautelar não pode se basear em conjecturas, mas na real necessidade de constrição que justifique a excepcionalidade da medida." STF, RTJ 128/749, Relator, Ministro Francisco Rezek.
623 "Por outro lado, não é tão somente o poder de mobilidade ou de trânsito pelos territórios nacional ou internacional que justifica a medida constritiva, mas, sim, a demonstração de que o acusado intenta promover sua fuga do distrito da culpa." (STF, HC 71.289-RS, Relator Ministro ILMAR GALVÃO)
624 BRASIL. Supremo Tribunal Federal, Relator Ministro Carlos Aires, Classe: HC — Processo: 91285/SP, Primeira Turma, Data da decisão: 13/11/2007, Disponível em: www.stf.jus.br/jurisprudencia. Acesso em: 4 jan. 2012.

flagrante, tal ocorrência não deve ser levada em consideração para a decretação da medida acautelatória[625].

Em julgados mais recentes, o Supremo Tribunal Federal[626] tem reiterado que "É ilegal o decreto de prisão preventiva que, a título de necessidade de garantia da ordem pública e da aplicação da lei penal, se baseia no *só fato de o réu ser revel*, tomando-o por fuga." Assim, embora não seja a fuga em si suficiente para a decretação da medida cautelar pessoal, esse é um dado que deve, sempre, ser levado em consideração, quando ocorrer. O que se quer dizer é que a fuga do distrito da culpa, dependendo das circunstâncias, pode, ou não, caracterizar situação que demonstra a necessidade de imposição da medida cautelar, sob pena de ser frustrada a aplicação da lei.

Por isso mesmo, o Superior Tribunal de Justiça[627], alinhado com o pensamento do STF, por sua Sexta Turma, em reiteradas oportunidades, tem ressaltado que "(...) A fuga do agente do distrito da culpa nem sempre pode ser interpretada como indício de que pretenda ele frustrar a aplicação da lei penal". Isto é, não se pode negar que, com a fuga, há um dado *indiciário e objetivo* de que o agente pretende se esquivar da aplicação da lei penal, porém, isso, por si só, não é suficiente para a decretação de medida cautelar. Portanto, verificada a fuga, esse dado objetivo não é bastante para a aplicação de medida cautelar, sendo necessário, para tanto, que seja apontado algum "... dado concreto que demonstre a necessidade da segregação provisória"[628].

De qualquer maneira, essa posição, conquanto se apresente como a mais acertada, parece que não é tão pacífica tanto no Supremo Tribunal Federal, quanto no Superior Tribunal de Justiça. De fato, consta acórdão, por maioria, da Primeira Turma do Supremo Tribunal Federal, lavrado pelo Ministro Ricardo Lewandowski[629], consignando

---

625 Cf. STF, RHC 59.386-PE, Relator Ministro Soarez Muñoz.
626 BRASIL. Supremo Tribunal Federal, Relator p/ o acórdão Ministro Cesar Peluso, Classe: HC — Processo: 94759, Segunda Turma, mv., Data da decisão: 02/09/2008, Disponível em: http://www.stf.jus.br/jurisprudencia. Acesso em: 4 jan. 2012
627 BRASIL. Superior Tribunal de Justiça, Relator Ministro Celso Limongi (Desembargador convocado do TJ/SP, Classe: HC — Processo: 201001665901, un., Data da decisão: 17/12/2010, Disponível em: www.cjf.jus.br/juris/unificada. Acesso em: 4 jan. 2012
628 Ibid.
629 BRASIL. Supremo Tribunal Federal, Classe: HC — Processo: 107723/MS,

que "(...) Conforme remansosa jurisprudência desta Suprema Corte, a fuga do réu do distrito da culpa justifica o decreto ou a manutenção da prisão preventiva"; assim como há decisão da Sexta Turma do Superior Tribunal de Justiça[630], no sentido de que "(...) A simples evasão do distrito da culpa é motivo suficiente para justificar a decretação da prisão preventiva, de modo a assegurar a aplicação da lei penal e a conveniência da instrução criminal."

Mas a *apresentação espontânea*, após a decretação da prisão preventiva, a não ser que existam outros elementos probatórios concretos demonstrando o contrário, objetivamente, tanto para o STF[631] quanto para o STJ[632], denota que o agente não tem a pretensão de sonegar a aplicação da lei, razão pela qual, nesse caso, não deve ser mantida a medida cautelar imposta com base na necessidade de assegurar a aplicação da lei.

O tempo que o agente está foragido tem sido considerado dado sobremaneira importante para fins de caracterização, ou não, da necessidade de medida cautelar para garantia da aplicação da lei penal. Atento a esse detalhe, embora no julgamento do Habeas Corpus 91741/PE, no qual foi relator para o acórdão o Ministro Eros Grau, se

---

Primeira Turma, Data da decisão: 28/06/2011, Disponível em: http://www.stf.jus.br/jurisprudencia. Acesso em: 4 jan. 2012. No acórdão, são citados, ainda, STF, HC 95159, HC 98145, HC 101309, HC 1010310, HC 101356, HC 101934, HC 102021 e HC 106438; STJ, HC 92240.

630 BRASIL. Superior Tribunal de Justiça, Relator Ministro Gilson Dipp, Classe: HC — Processo: 201001302698, Quinta Turma, un., Data da decisão: 28/06/2010, Disponível em: www.cjf.jus.br/juris/unificada. Acesso em: 4 jan. 2012.

631 BRASIL. Supremo Tribunal Federal, Relator p/ o acórdão Ministro Eros Grau, Classe: HC — Processo: 91741, Segunda Turma, mv., Data da decisão: 03/06/2008, Disponível em: http://www.stf.jus.br/jurisprudencia. Acesso em: 4 jan. 2012. Essa parte da ementa diz o seguinte: "Fuga e posterior apresentação espontânea. Comportamento expressivo de que a aplicação da lei penal não está ameaçada."

632 BRASIL. Superior Tribunal de Justiça, Relator Ministro Gilson Dipp, Classe: HC — Processo: 201001581766, Quinta Turma, un., Data da decisão: 16/10/2010, Disponível em: www.cjf.jus.br/juris/unificada. Acesso em: 4 jan. 2012. A ementa, no ponto, diz o seguinte: "(...) Se o magistrado, ao receber o aditamento à denúncia contra o paciente, decretou sua prisão preventiva e, tendo o réu comparecido espontaneamente à audiência de interrogatório, revogou sua segregação cautelar, não se pode falar em possibilidade concreta de fuga após a condenação, apta a justificar a necessidade da custódia para garantir a aplicação da lei penal."

tenha asseverado que "É da jurisprudência desta Corte que a fuga, por si só, não constitui motivação idônea para a decretação da prisão preventiva, sendo necessária a análise, caso a caso, para chegar-se à conclusão de que o paciente pretende subtrair-se ao cumprimento de eventual condenação ou foge para não se submeter a uma custódia que considera injusta", em outro voto, aprovado à unanimidade pela mesma Segunda Turma, tendo em conta esse aspecto temporal, Sua Excelência sustentou que há fundamento idôneo na " (...) Prisão preventiva decretada para garantia da aplicação da lei penal, sob o fundamento de que o paciente, acusado de homicídio, fugiu do distrito da culpa e permaneceu foragido por um ano, até ser capturado, o que evidencia nítida intenção de frustrar a aplicação da lei penal"[633], de modo "... que não se trata de hipótese em que o paciente foge para não se sujeitar a prisão cautelar que considera ilegal".

Por outro lado, em voto elaborado pela Ministra Carmem Lúcia[634], referente a julgamento feito pela Primeira Turma, restou consignado o "(...) Entendimento deste Supremo Tribunal Federal (é) no sentido de que a fuga do Paciente logo após a prática do delito, tendo sido encontrado pela polícia em outro Município por força de uma denúncia anônima é razão suficiente para a manutenção da prisão preventiva nos termos em que propostos".

Seja como for, a evasão do distrito da culpa, a fim de não caracterizar situação a ensejar a necessidade de garantia da aplicação da lei penal, precisa se escorar em justificativa que infirme o dado objetivo acarretado com a fuga em si. Por isso mesmo, o Supremo Tribunal Federal[635], ao julgar o Habeas Corpus 94036, denegou o *writ*, com suporte no argumento de que a medida cautelar resta justificada, quando "(...) Inexiste qualquer elemento de convicção a indicar que a fuga ocorreu porque o réu acreditava ser a sua custódia ilegal, especialmente se considerado que ele evadiu-se antes mesmo da decretação da sua prisão preventiva...".

---

633 BRASIL. Supremo Tribunal Federal, Classe: HC — Processo: 90352/GO. Data da decisão: 14/11/2006, Disponível em: http://www.stf.jus.br/jurisprudencia. Acesso em: 4 jan. 2012.
634 BRASIL. Supremo Tribunal Federal, Classe: HC — Processo: 89915. Data da decisão: 10/04/2007, Disponível em: http://www.stf.jus.br/jurisprudencia. Acesso em: 8 jan. 2012.
635 BRASIL. Supremo Tribunal Federal, Data da decisão: 16/12/2008, Disponível em: http://www.stf.jus.br/jurisprudencia. Acesso em: 4 jan. 2012

Diferente é a hipótese em que o agente, diante da circunstância de se encontrar em lugar incerto e não sabido, é citado por edital e, por não atender ao chamamento judicial nem contratar advogado para defendê-lo, acarreta, com esse comportamento, nos termos do art. 366, caput, do Código de Processo Penal, a suspensão do trâmite processual. Nesse caso, parece mais do que razoável a decretação da prisão por conveniência da instrução processual, pois, do contrário, o feito criminal permanecerá sobrestado até o dia em que o agente resolver, por sua livre e espontânea vontade, apresentar-se em Juízo. A própria dicção normativa do caput do art. 366 do CPP já sinaliza nesse sentido, ao dizer que o juiz, *se for o caso*, deve decretar a prisão preventiva. Claro que, para todos os efeitos, o juiz há de motivar a decretação da prisão preventiva de acordo com um dos fundamentos encartados no art. 312 do CPP, até porque, se assim não fosse, estar-se-ia, por linhas transversas, restaurando a indesejada *prisão preventiva obrigatória*, o que não se coaduna com a natureza acautelatória dessa medida, de forma implícita sufragada pela Constituição de 1988 e, reiteradamente, confirmada pela jurisprudência do Supremo Tribunal Federal.

Na jurisprudência do Supremo Tribunal Federal verifica-se aresto que não apenas confere azo a esse pensamento, como vai além, na medida em que, no julgamento do Habeas Corpus 8598-SP, a Segunda Turma, à unanimidade, tendo como relator o Ministro Joaquim Barbosa, considerou a *situação de foragido* como parâmetro suficiente para definir o requisito da garantia da aplicação da lei penal. A ementa daquele julgado, na parte que interessa, está assim redigida[636]: "(...) A paciente, acusada de tentativa de homicídio, não foi encontrada para fins de intimação da audiência de interrogatório. Citada por edital, a ré deixou de comparecer em juízo, permanecendo foragida. A situação de foragido é o parâmetro por definição do requisito da garantia da aplicação da lei penal, inscrito no art. 312 do Código de Processo Penal. Assim, é legítimo o decreto prisional nela fundamentado. Precedentes do Supremo Tribunal Federal".

Nessa toada, em posição ainda mais firme, o Supremo Tribunal Federal já considerou suficiente, para a decretação da medida cautelar detentiva com a finalidade de assegurar a aplicação da lei penal, a au-

---

[636] BRASIL. Supremo Tribunal Federal, Classe: HC — Processo 8598/SP. Data da decisão: 14/12/2006, Disponível em: http://www.stf.jus.br/jurisprudencia. Acesso em: 4 jan. 2012

sência a ato processual, aliada à mudança de endereço, sem a prévia comunicação ao juízo em que tramita o processo[637].

Diante das modificações vindas com a Reforma Tópica, o entendimento doutrinário e jurisprudencial aqui em referência deve ser levado em consideração quando da apreciação se há fundamento, ou não, para a decretação de medida cautelar pessoal. Firmada essa conclusão, o intérprete há de ter em consideração que, em princípio, em virtude do caráter subsidiário da prisão processual, deverá optar pela imposição de medida de urgência diversa. Especificamente quanto à necessidade de assegurar a aplicação da lei penal, cabe observar que há medida cautelar diversa da prisão própria, qual seja, a *proibição de ausentar-se da Comarca quando a permanência seja conveniente ou necessária para a investigação ou instrução* (art. 319, IV), que pode importar, até mesmo, na *proibição de ausentar-se do País*, hipótese na qual, sem embargo de o juiz ter o dever de comunicar *as autoridades encarregadas de fiscalizar as saídas do território nacional*, há de intimar *o indiciado ou acusado para entregar o passaporte, no prazo de 24 (vinte e quatro) horas* (art. 320 do CPP). O comparecimento periódico em juízo e, ainda, a monitoração eletrônica, com ou sem o acréscimo da fixação de fiança, também se apresentam como medidas cautelares pessoais que podem ser, conforme o caso concreto, *adequadas e suficientes* para assegurar a aplicação da lei penal, tornando desnecessária a decretação da prisão.

6.1.6.2.2. Necessidade para a investigação ou instrução criminal

A necessidade para a investigação ou instrução criminal também já

---

[637] BRASIL. Supremo Tribunal Federal, Classe: HC — Processo 92697/CE, Primeira Turma, mv. Relator Ministro Ricardo Lewandowski. EMENTA: HABEAS CORPUS. PENAL. PROCESSUAL PENAL. PRISÃO PREVENTIVA. AUSÊNCIA DOS REQUISITOS. INOCORRÊNCIA. NECESSIDADE DE ASSEGURAR A APLICAÇÃO DA LEI PENAL. RÉU QUE SE FURTA À APLICAÇÃO DA LEI PENAL. NECESSIDADE DE MANUTENÇÃO DA ORDEM PÚBLICA CARCTERIZADA PELA REITERAÇÃO CRIMINOSA. PRECEDENTES. ORDEM DENEGADA. I — O não comparecimento a sessões de julgamento e a mudança de endereço sem comunicação ao juízo são elementos aptos a configurar a necessidade de assegurar a aplicação da lei penal por meio da prisão preventiva. II — A reiteração criminosa, ademais, por si só, caracteriza a ameaça à ordem pública, autorizadora da custódia cautelar. III — Ordem denegada. Data da decisão: 12/02/2008, Disponível em: http://www.stf.jus.br/jurisprudencia. Acesso em: 4 jan. 2012.

estava no CPP como um dos fundamentos para a decretação da prisão preventiva. A Lei 7.960, de 1989, também catalogou essa *necessidade* como fundamento para a decretação da prisão temporária, ao estabelecer que ela é admissível "quando imprescindível para as investigações do inquérito policial" (art. 1º, I). Com a Reforma Tópica, o art. 282, I, estendeu esse fundamento para a medida cautelar pessoal diversa da prisão. Insta salientar que este é o único fundamento comum à prisão preventiva e à temporária[638].

Todavia, conforme exposto linhas atrás, saliente-se que, conforme a dicção normativa do art. 282, I, segunda parte, do CPP, a medida cautelar pode ser imposta em razão da *necessidade para a investigação ou instrução criminal*. Portanto, é cabível tanto na fase o inquérito quanto do processo. Diferentemente, em se tratando de prisão temporária, em razão de a lei específica esclarecer que essa medida só é admissível quando a necessidade for demonstrada para fins de *investigações do inquérito policial*, estreme de dúvidas, a sua admissibilidade está restringida à fase de investigação.

Note-se que o inciso II do art. 1º da Lei nº 7.960, de 1989, também só se refere ao inquérito policial, pois ali se fala, apenas, em *indiciado*, o que dá fôlego à doutrina majoritária no sentido de que a imposição dessa medida acautelatória não é admissível quando já ofertada a ação penal[639].

Nem se diga que a Lei nº 12.403, de 2011, ao dar nova redação para ao art. 283, caput, tenha alterado essa questão, diante da afirmação normativa de que "Ninguém poderá ser preso senão em flagrante delito ou por ordem escrita e fundamentada da autoridade judiciária competente, em decorrência de sentença condenatória transitada em julgado ou, *no curso da investigação ou do processo, em virtude de prisão temporária ou prisão preventiva*." (Grifos acrescentados). Leitura

---

638 Cf. itens 6.1.6.2, supra, e 6.2.6, infra.
639 A consequência que daí decorre é de que, tratando-se de medida acautelatória da instrução do inquérito policial, há de interessar à autoridade policial e ao Ministério Público, razão pela qual o juiz, em hipótese alguma, pode decretá-la de ofício. (Cf. OLIVEIRA. Eugênio Pacelli de. *Curso de processo penal*, p. 537; MIRABETE. Julio Fabbrini. *Processo penal*, p. 395.). Por isso mesmo, a lei de regência não fez referência quanto à possibilidade de o juiz decretá-la de ofício. Agora, com a regra geral do art. 282, § 2º, segunda parte, do CPP, restou consolidado o entendimento de que, na fase da investigação (inquérito policial), o juiz não pode decretar, de ofício, nenhuma medida acautelatória de ordem pessoal. A respeito, cf. item 6.1.7.2.

apressada do dispositivo pode sugerir que, agora, assim como a prisão preventiva, a temporária é admissível *no curso da investigação ou do processo*. Mas essa, à evidência, não é a inteligência que sobressai da norma em foco. A redação, é verdade, não é das melhores, uma vez que permite interpretação dúbia a respeito do ponto em destaque, no entanto, resta patente que o escopo do art. 283, caput, do CPP, é salientar, apenas, as espécies de prisão admissíveis em nosso sistema, e não, evidentemente, promover qualquer tipo de alteração na disciplina específica da prisão temporária, tratada em lei especial. O que se ressaltou ali é que a prisão temporária, ao lado da preventiva, é uma das espécies de prisão processual, com natureza, portanto, de medida cautelar[640].

Superada essa questão, observe-se que a doutrina nacional mais antiga salientava que a conveniência para a instrução criminal, na qualidade de fundamento para a decretação de medida cautelar de ordem pessoal, tinha função dúplice, qual seja, (i) utilizar-se do agente como elemento probatório do processo e (ii) evitar que o agente, solto, prejudicasse a descoberta da verdade. Essa primeira função apontada, evidentemente, restou eliminada de nosso sistema, a partir da Constituição de 1988, na medida em que, malgrado eventualmente o agente possa servir de elemento de prova, a sua posição na relação processual é de sujeito principal, que dela participa para exercer o seu direito à ampla defesa. Relembre-se que, quando se tratou, neste livro, da defesa efetiva, restou salientado que uma das preocupações da Comissão da Reforma Tópica foi desconstruir a lógica originária do Código de Processo Penal, que concebeu o chamamento do acusado para o processo com o fim *utilitarista* de que ele servisse de meio de prova, e não para se defender, como é de ser em um sistema acusatório, com perfil democrático[641]. Nessa nova visão, o interrogatório não pode mais ser visto e tratado como espécie de prova, porém como instrumento de defesa, o direito de audiência do acusado com o juiz responsável pelo seu julgamento, por se constituir, para todos os efeitos, em uma autodefesa a ser exercida, ou não, a critério do agente.

Não há sentido, assim, determinar-se medida cautelar com o fundamento de que necessária para a investigação ou instrução criminal,

---

640 Essa questão é abordada no item 6.2.6, infra.
641 Cf. itens 5.1.5.1, 5.1.5.7, 5.1.5.9 e 5.1.5.11. Cf., ainda, SILVA JÚNIOR, Walter Nunes da. *Curso de processo penal*: teoria (constitucional) do processo penal, p. 725-761.

diante da necessidade de ter o acusado por perto, ficando, assim, facilitada a tarefa de interrogá-lo.

Resta a possibilidade da decretação de medida cautelar pessoal à guisa da necessidade de assegurar a regular instrução da investigação ou do processo nos casos em que a medida se mostre de extrema necessidade para assegurar a produção das provas. Essa situação pode ocorrer quando há evidências de que, solto, o agente poderá destruir ou fazer desaparecer provas ou ameaçar testemunhas.

A esse respeito, a Excelsa Corte[642], da mesma forma como em relação à aplicação da lei penal, tem exigido a demonstração nos autos de "elementos concretos, e não meras conjecturas, que apontam o risco concreto de ser manipulada a instrução criminal pelo paciente". Daí por que não se presta para a imposição da medida cautelar pessoal, a presunção judicial de que, estando em liberdade, o agente irá constranger as testemunhas[643], assim como o mero temor da vítima e das testemunhas de que sejam procuradas pelo agente.

Agregue-se que, sendo a medida cautelar decretada com base, apenas, na sua necessidade para viabilizar a instrução da investigação ou do processo, tem-se que, concluída a fase instrutória, desaparece o motivo que a ensejou, de modo que deve ser, incontinenti, revogada a tutela de urgência, a não ser que, com base em outro fundamento, seja decretada nova medida. E mais. Se a medida cautelar pessoal é imposta na fase do inquérito policial a fim de garantir a sua eficiente instrução, em rigor, com a sua finalização, também não há mais motivo para que seja mantida. Inclusive, cabe agregar que, com as novas regras introduzidas pela Lei nº 12.403, de 2011, ficou expresso que a autoridade policial só tem legitimidade para representar pela decretação de medida cautelar pessoal preparatória, ou seja, na fase do inquérito[644]. Portanto, notadamente quando a decisão judicial é feita em atenção a representação oriunda da autoridade policial, a sua validade está restrita à instrução referente à fase pré-processual.

Dado o caráter subsidiário da prisão preventiva, em muitos casos, para preservar a regularidade da instrução da investigação ou do pro-

---

642 BRASIL. Supremo Tribunal Federal, Classe: HC — Processo: 93895/MG, Primeira Turma, Data da decisão: 06/05/2008, Disponível em: http://www.stf.jus.br/jurisprudencia. Acesso em: 4 jan. 2012.
643 BRASIL. Supremo Tribunal Federal, Classe: HC — Processo: 91741/PE, Relatora Ministra Ellen Gracie, Segunda Turma, Data da decisão: 03/06/2008, Disponível em: http://www.stf.jus.br/jurisprudencia. Acesso em: 4 jan. 2012.
644 Cf. itens 6.1.7, 6.1.7.1 e 6.1.7.2, infra.

cesso, será bastante a adoção de uma ou mais das medidas diversas da prisão. Se o problema é quanto ao temor quanto a pressões que podem vir a ser feitas pelo agente às testemunhas ou da vítima, o juiz pode determinar a sua proibição de acesso ou frequência a determinados lugares, assim como de contato com essas pessoas, com o controle mediante monitoração eletrônica, sem prejuízo, se for o caso, da fixação de fiança.

Por outro lado, se o comprometimento da busca da verdade com a instrução residir na circunstância da função pública ou da atividade de natureza econômica ou financeira ocupada pelo agente, poderá se mostrar adequada e suficiente apenas a medida cautelar diversa da prisão prevista no art. 319, VI, do Código de Processo Penal, ou seja, a suspensão do exercício da atividade profissional.

6.1.6.2.3. Necessidade para evitar a prática de infrações ou assegurar a manutenção da ordem pública ou econômica

Conforme salientado, essa é a hipótese de medida cautelar pessoal mais debatida, pois, à primeira vista, não se presta para tutelar, propriamente, o processo, apresentando-se mais como uma *medida de segurança* para a sociedade, cuja finalidade é manter a *ordem pública*[645]. Acontece que não seria nada razoável que não fosse prevista como hipótese para medida de urgência no campo criminal a necessidade de sua imposição na qualidade de instrumento hábil para evitar que o acusado continue a praticar crimes. Ademais, a finalidade do processo principal, no ambiente criminal, não se contenta, apenas, em buscar a punição, mas a ressocialização e, enfim, que o acusado não pratique novos delitos ou continue desenvolvendo a sua atividade criminosa. Por conseguinte, desde que a necessidade da manutenção da ordem pública ou econômica se confunda com a necessidade da decretação de medida cautelar pessoal a fim de evitar a prática de novos crimes, não há de negar-se a sua natureza cautelar.

Sobre o assunto, cabe reafirmar que a leitura do art. 312, caput, em conjunto com a do art. 281, I, última parte, ambos do CPP, leva à conclusão de que o legislador da Reforma Tópica teve a intenção de traduzir normativamente o pensamento jurisprudencial de que a decretação de medida cautelar pessoal com fulcro na necessidade da manutenção da ordem pública ou econômica só se mostra idônea quando

---

645 Cf. item 6.1.6.2, supra.

é para evitar a prática de novos crimes. Para não ser repetitivo, remete-se o leitor ao item 6.1.6, supra.

Tendo como premissa a assertiva acima, cumpre reafirmar que esse fundamento, previsto desde a redação originária do CPP para a prisão preventiva, conquanto sirva, por força do art. 282, I, terceira parte, para a decretação de medida cautelar diversa da prisão, não é cabível para dar suporte à prisão temporária, pois não se trata de hipótese contemplada na Lei nº 7.960, de 1989.

Feitas essas considerações, importa registrar que o Supremo Tribunal Federal firmou passo na inteligência de que a natureza da infração, por si só, não se revela circunstância apta para motivar a privação cautelar do *status libertatis*[646]. É irrelevante, portanto, a circunstância de o crime em apuração ser classificado, ou não, como hediondo ou ser a este equiparado pela lei, uma vez que "(...) A ameaça que o agente personalizaria à ordem pública só pode ser aferida no contexto dos fatos"[647], razão pela qual "Não preenche a teleologia do art. 312 do Código de Processo Penal a mera alusão à gravidade da pena do delito, imputado ao paciente, como fundamento para justificar a prisão preventiva enquanto forma de garantir a aplicação da lei penal." Com as novas regras, a *gravidade do crime* deve ser levada em consideração para, quando presente um dos fundamentos para a cautelar pessoal, o juiz definir qual a espécie de medida é a mais adequada e suficiente (art. 282, II, primeira parte, do CPP)[648].

Igualmente, não serve para a aplicação de medida cautelar pessoal com embasamento de que necessária para a manutenção da ordem pública ou econômica, a referência ao *clamor público* emergente das ruas ou mesmo à *repercussão social* do ilícito praticado. A lição lançada pelo Ministro Celso de Mello a respeito merece o devido destaque. Ei-la[649]:

---

646 "A gravidade do crime imputado, um dos malsinados crimes hediondos (Lei 8.072/90), não basta à justificação da prisão preventiva, que tem natureza cautelar, no interesse do desenvolvimento e do resultado do processo, e só se legitima quando a tanto se mostrar necessária: não serve a prisão preventiva, nem a Constituição permitiria que para isso fosse utilizada, a punir sem processo, em atenção à gravidade do crime imputado, do qual, entretanto, ninguém será considerado culpado até o trânsito em julgado de sentença penal condenatória (CF, art. 5º, LVII)." (RTJ 137/287, Rel. Ministro Sepúlveda Pertence).
647 BRASIL. Supremo Tribunal Federal, Classe: HC — Processo: 90936/RS, Primeira Turma. Relator Ministro Carlos Britto. Data da decisão: 03/08/2007, Disponível em: http://www.stf.jus.br/jurisprudencia. Acesso em: 4 jan. 2012.
648 Cf. item 6.1.6.3, infra.
649 Brasil. Supremo Tribunal Federal. HC — Processo: 80719/SP, Segunda

A prisão cautelar, em nosso sistema jurídico, não deve condicionar-se, no que concerne aos pressupostos de sua decretabilidade, ao clamor emergente das ruas, sob pena de completa e grave aniquilação do postulado fundamental da liberdade. Esse entendimento constitui diretriz prevalecente no magistério jurisprudencial do Supremo Tribunal Federal, que, por mais de uma vez, já advertiu que a repercussão social do delito e o clamor público por ele gerado não se qualificam como causas legais de justificação da prisão processual do suposto autor da infração penal, não sendo lícito pretender-se, nessa matéria, por incabível, a aplicação analógica do que se contém no art. 323, V, do CPP, que concerne exclusivamente, ao tema da fiança criminal" (RT 598/417 — HC 71.289-RS, Rel. Min. Ilmar Galvão — HC 78.425-PI, Rel. Min. Néri da Silveira — RHC 64.420-RJ, Rel. Min. Aldir Passarinho, v.g.).

Nem poderia ser diferente, até porque a opinião pública é extremamente manipulável, notadamente pelos meios de comunicação, além de ser marcada pela nota do passionalismo, o que se revela extremamente perigoso, por colocar em situação de vulnerabilidade preceito constitucional de tão vital importância, como é a garantia do direito de liberdade contra qualquer espécie de restrição, seja ela detentiva ou não.

Na mesma linha de entendimento, conforme o Supremo Tribunal Federal, não se apresenta como justificativa idônea para a decretação de medida cautelar com base na ordem pública ou econômica a assertiva de que ela é necessária para a *credibilidade do poder judiciário e a respeitabilidade das instituições públicas*[650]. Todavia, há decisão do Superior Tribunal de Justiça, sufragado por sua Quinta Turma, à unanimidade, no julgamento do Habeas Corpus 201001572590, que ocorreu em data de 16 de dezembro de 2010, tendo funcionado como relator o Ministro Napoleão Maia Filho[651], cujo entendimento foi dia-

---

Turma. Data da decisão: 26/06/2001, Disponível em: http://www.stf.gov.br/jurisprudencia/jurisp.asp. Acesso em: 4 jul. 2005.). Verificar, ainda, RTJ 112/1115, 1119, Rel. Min. Rafael Mayer; HC 80.379-SP, Rel. Min. Celso de Mello).

650 BRASIL. Supremo Tribunal Federal, Classe: HC —Agr — Processo: 89025, Segunda Turma. Relator p/ o acórdão Ministro Eros Grau. Data da decisão: 22/08/2006, Disponível em: http://www.stf.jus.br/jurisprudencia. Acesso em: 4 jan. 2012.

651 BRASIL. Superior Tribunal de Justiça, Disponível em:

metralmente o oposto, pois na ementa do acórdão restou dito que "(...) A preservação da ordem pública não se restringe às medidas preventivas da irrupção de conflitos e tumultos, mas abrange também a promoção daquelas providências de resguardo à integridade das instituições, à sua credibilidade social e ao aumento da confiança da população nos mecanismos oficiais de repressão às diversas formas de delinquência". O curioso é que há registro, igualmente, de outra decisão, agora referente ao Habeas Corpus 90936, relatado pelo Ministro Gilson Dipp[652], exarada na mesma data, ou seja, na mesma seção e com os mesmos Ministros, na qual se adotou a posição do Supremo Tribunal Federal, a fim de deixar consignado que "(...) A credibilidade do Poder Judiciário não constitui fundamentação idônea a autorizar a prisão para garantia da ordem pública, se desvinculada de qualquer fator concreto, que não a própria conduta, em tese...".

Por fim, nos casos em que há a demonstração de que o acusado praticou, reiteradas vezes, os crimes pelos quais responde, é bastante para configurar hipótese que justifica, com base na necessidade para a manutenção da ordem pública ou econômica, a imposição de medida cautelar pessoal. Quanto a esse tema, o Supremo Tribunal Federal, ao julgar o Habeas Corpus 92697/CE, cujo relator foi o Ministro Ricardo Lewandowski[653], afirmou que "(...) A reiteração criminosa, ademais, por si só, caracteriza a ameaça à ordem pública, autorizadora da custódia cautelar." Isso se verificava, notadamente, naqueles casos em que o crime, por não ser de maior gravidade, via de regra, ensejava a liberação do agente, porém, uma vez solto, logo ele voltava a delinquir, o que é muito comum em crimes de furto e estelionato, por exemplo.

A despeito dessas considerações, agora, mesmo quando a medida cautelar seja necessária para o fim de evitar a prática de novos crimes, pode ser *adequada e suficiente* uma medida cautelar diversa. Há, inclusive, espécies de medidas cautelares diversas da prisão previstas exatamente para evitar a prática de outras infrações criminais, como são os casos da *suspensão do acesso ou frequência a determinados lugares* (art. 319, II) e do *exercício de função pública ou de atividade de*

---

http://www.stf.jus.br/jurisprudencia. Acesso em: 4 jan. 2012.
[652] BRASIL. Superior Tribunal de Justiça, Disponível em: http://www.cjf.jus.br/juris/unificada. Acesso em: 4 jan. 2012.
[653] BRASIL. Supremo Tribunal Federal, Primeira Turma, mv. Data da decisão: 12/02/2008, Disponível em: www.stf.jus.br/jurisprudencia. Acesso em: 4 jan. 2012.

natureza econômica ou financeira (art. 319, VI). A imposição do recolhimento domiciliar no período noturno e, claro, a monitoração eletrônica, nesse caso, também são medidas que podem ser escolhidas, isoladas ou cumulativamente, em detrimento da prisão processual, que, como se sabe, com as novas regras, só deve ser imposta em caráter subsidiário.

6.1.6.3. Critérios para definição (adequação) da medida cautelar pessoal

Presentes os fundamentos para a decretação da medida cautelar, que estão contemplados no inciso I do art. 282 ("necessidade para aplicação da lei penal, para a investigação ou a instrução criminal e, nos casos expressamente previstos, para evitar a prática de infrações penais"), diante das várias espécies de medidas agora previstas, o legislador cuidou de preceituar, no inciso II do mesmo dispositivo ("adequação da medida à gravidade do crime, circunstâncias do fato e condições pessoais do indiciado ou acusado"), regra específica para guiar os passos do intérprete quanto à seleção daquela que seja a mais adequada e eficiente para o caso.

São duas questões distintas: (a) a necessidade e (b) a adequação. Em relação à necessidade, discorremos no item 6.1.4, supra, quando tratamos da excepcionalidade das cautelares, uma vez que só podem ser decretadas nas hipóteses em que presente um dos fundamentos estatuídos no art. 282, I, do CPP

Ao lado da necessidade, uma vez que agora há a possibilidade da aplicação de diversas espécies de medidas cautelares, mostrou-se pertinente estabelecer critérios normativos (art. 282, II, do CPP) a fim de orientar o juiz na definição de qual medida cautelar aplicar — se detentiva, ou não, e, se diversa da prisão, qual delas, isolada ou cumulativamente. Os critérios são os seguintes: adequação (a) da medida à gravidade do crime; (b) às circunstâncias do fato; e (c) às condições pessoais do indiciado ou acusado. Pela forma como redigido o caput do art. 282 ("As medidas cautelares previstas neste Título deverão ser aplicadas observando-se a:"), evidencia-se que o juiz há de sopesar os três critérios.

Esse preceito normativo tem suscitado acirrada crítica, notadamente quanto aos dois primeiros critérios mencionados. É que o legislador deixa transparecer ter eleito como critério para a definição do tipo de cautelar a ser decretada circunstâncias que, conquanto pertinentes quando se está para julgar e aplicar a pena cabível, não se apresentam adequadas para a seleção da medida mais adequada.

De fato, o tipo da infração em si, se de maior ou menor gravidade, não serve para justificar a decretação de medida cautelar. Isso aliás, restou esclarecido quando do estudo da hipótese de decretação de medida cautelar sob o fundamento de que necessária para *evitar a prática de infrações penais ou para a manutenção da ordem pública ou econômica*[654]. Se a finalidade da cautelar é garantir a ordem processual, pouco importa a qualidade do crime que está em apuração, conforme reiterados pronunciamentos do Supremo Tribunal Federal e do Superior Tribunal de Justiça.

Em outro giro, as *circunstâncias do fato* como critério eleito pelo legislador para solucionar o processo de escolha da medida cautelar, a exame perfunctório, também parece desfocado do escopo das medidas cautelares, pois não se pode, à evidência, determinar uma medida cautelar tendo em consideração *como, onde, quando e por que* o delito foi praticado. Para efeitos meramente endoprocessuais, não se vê como fundamentar uma medida de urgência com base na maior ou menor gravidade do delito ou nas circunstâncias do fato.

Mas, cabe lembrar que no inciso II do art. 282 do CPP não estão elencados os fundamentos que denotam a *necessidade* da decretação da medida cautelar, mas os *critérios* para a escolha da medida cautelar *adequada*. Portanto, esses critérios vão ser avaliados se e quando, com base no inciso I do mesmo artigo, a conclusão for no sentido de que há necessidade de aplicação de uma medida acautelatória.

Sendo este o escopo do inciso II do art. 282 do Código de Processo Penal, parece bastante razoável levar-se em consideração, ao lado da gravidade do crime, as circunstâncias nas quais o agente praticou a conduta delituosa, sem falar nas condições pessoais do agente. Um exemplo, certamente, serve para melhor compreensão. Vamos imaginar dois casos de tentativa de homicídio. No caso *A*, o agente, ao encontrar um inimigo, teria praticado o crime com o gargalo de uma garrafa que ele quebrou, para usar como arma. Já no caso *B*, o agente, querendo pegar o inimigo, teria comprado uma armar de fogo e preparado toda a ação criminosa. Se a cautelar, em ambos os casos, for aplicada com suporte no fundamento de sua necessidade para evitar a prática de crimes ou a manutenção da ordem pública, é mais do que per-

---

654 Cf. item 6.1.6.2.3, supra.

tinente que as circunstâncias de cada um dos fatos devam ser observadas, a fim de que escolhida a medida mais adequada para o caso.

Pode ser que, em relação ao primeiro caso exemplificado, o *A*, diante das circunstâncias do fato, aliadas às condições pessoais do acusado, seja bastante e suficiente a imposição de uma ou mais medidas cautelares diversas da prisão. De outra banda, com suporte nos mesmos elementos, pode-se ter a justificativa para a aplicação da medida cautelar mais drástica, exatamente a prisão.

O que parece ser evidente é a necessidade, sempre e sempre, de levar-se em consideração, para fins de definição da medida cautelar a ser aplicada, as condições pessoais do acusado e que, ademais, esse aspecto deva preponderar em relação à *gravidade do crime* e *às circunstâncias do fato*.

Por conseguinte, em que pese a circunstância de o acusado ser primário ou reincidente, ter bons ou maus antecedentes não ser fundamento para a decretação de cautelar criminal, seja ela detentiva ou não, esses dados devem ser associados às condições pessoais do agente, a fim de serem levados em consideração para a conclusão quanto à medida que é *adequada e suficiente*. Note-se que a jurisprudência, conquanto tenha afastado a circunstância em si de o agente ser primário, possuir residência fixa, estudar, trabalhar ou não como fundamento para a prisão preventiva, não descartou a necessidade de cotejar esses elementos com os fundamentos para a decretação da medida cautelar.

Com as alterações, fica claro que se pode, e deve, ter em consideração essas circunstâncias pessoais do agente, assim como a gravidade do crime e as circunstâncias do fato, para definição sobre a medida cautelar mais adequada e suficiente para o caso em estudo, mas não como fundamento.

6.1.7. Legitimidade para o requerimento de medida cautelar pessoal

Decerto que, em se tratando de medida cautelar, de natureza processual, só o juiz poderá decretá-la, independentemente de sua espécie, como deixa patente a primeira parte do § 2º do art. 282 do CPP, incluído pela Lei nº 12.403, de 2011. Aliás, a jurisprudência assente do Supremo Tribunal Federal é no sentido de que em relação à prisão vigora o princípio da *reserva de jurisdição*, pelo que apenas o juiz, no exercício de atividade jurisdicional, pode decidir sobre a restrição do direito de liberdade.

De toda sorte, o dispositivo em referência merece análise mais aprofundada para que seja revelado todo o seu alcance quanto à legitimidade para requerer a aplicação de medida cautelar, especialmente por causa de sua última parte.

Não fosse o que consta da parte final da norma em exame, poder-se-ia pensar que, quanto à legitimidade para requerer e decretar a prisão processual não teria havido nenhuma inovação em relação ao regramento anterior. Porém, houve, sim, e substancial.

Merece atenção que a proposta encaminhada pela Comissão de Reforma estava assim redigida: "As medidas cautelares serão decretadas de ofício, a requerimento das partes ou, quando cabível, por representação da autoridade policial." A norma aprovada ("As medidas cautelares serão decretadas pelo juiz, de ofício ou a requerimento das partes ou, quando no curso da investigação criminal, por representação da autoridade policial ou mediante requerimento do Ministério Público."), como a comparação dos dois textos revela, contém mudança significativa em relação à ideia original[655].

A leitura atenta do art. 282, § 2º, leva à conclusão de que o dispositivo contempla duas situações distintas: (i) medida cautelar preparatória e (ii) medida cautelar incidental, requerida e deferida no curso do processo judicial. A abordagem aqui há de ser mais detalhada, diante da distinção entre uma e outra, quanto à legitimidade para o requerimento e, mesmo, quanto à possibilidade de o magistrado agir de ofício, no exercício do poder geral de cautela.

Seguindo a ordem de como a questão foi tratada na norma em destaque, cabe apreciar, primeiro, a legitimidade referente à medida cautelar incidental.

6.1.7.1. Medida cautelar incidental

A primeira parte da norma jurídica em foco se ocupa da medida cautelar incidental. Note-se que, nesse caso, são previstas duas hipóteses de decretação da medida cautelar pelo juiz: (a) de ofício e (b) a requerimento das partes. Por conseguinte, compatibilizando o princí-

---

655 Em consonância com esse dispositivo, a fim de afastar qualquer dúvida em relação à inovação promovida em nosso sistema jurídico, o legislador cuidou de preceituar, no art. 311 do CPP, que "Em qualquer fase da investigação policial ou do processo penal, caberá a prisão decretada pelo juiz, de ofício, se no curso da ação penal, ou a requerimento do Ministério Público, do querelante ou do assistente ou por representação da autoridade policial."

pio acusatório com o do impulso oficial, permite-se, quando já em curso o processo, que o magistrado, diante da situação, independentemente de requerimento, *motu proprio*, decida impor uma das espécies de medidas cautelares, inclusive a prisão, tal como já ocorria na sistemática anterior.

A manutenção do poder geral de cautela nas mãos do juiz é alvo de acirrada crítica por grande parte da doutrina, especialmente dos doutrinadores que possuem visão mais radical do princípio acusatório.

A respeito, importa lembrar a crítica dirigida aos incisos I e II do art. 156 do Código de Processo Penal, com a redação dada pela Lei nº 11.690, de 2008, diploma que faz parte da Reforma Tópica do sistema processual aqui em análise. Ao abordar essa questão no item 5.1.8.1, supra, deste livro, corroboramos com a crítica apenas em relação ao inciso II do art. 156 do CPP, uma vez que ali se permite ao juiz que, de ofício, determine a produção antecipada de provas, antes de iniciado o processo. Não endossamos, todavia, a linha de pensamento quanto ao inciso I do mesmo artigo, sob o argumento de que o impulso oficial, nesse caso, seria o "... equilíbrio necessário entre os princípios acusatório e da verdade material..."[656].

Mantendo a coerência com o pensamento aqui relembrado em relação à produção, de ofício, de provas no curso do processo, parece acertada a admissibilidade da decretação de medida cautelar incidental de ofício, diante da necessidade de promover-se a harmonia entre o princípio acusatório e o impulso oficial e, ainda, o *poder geral de cautela* do magistrado.

Por outro lado, as pessoas legitimadas para requerer a decretação de medida cautelar incidental, conforme expresso na norma em exame, são apenas as *partes*, merecendo, de certa forma, aplauso por ter feito uso de terminologia própria de um processo vazado no sistema acusatório. Note-se que *partes*, no sentido técnico-processual penal, são o Ministério Público, o querelante, o assistente, se houver, e a defesa.

E aqui o legislador acertou a mão ao inovar na matéria, para incluir dentre os legitimados para requerer medida cautelar incidental tanto o querelante quanto o assistente, especialmente este. Como anotado entre os aspectos centrais da reforma tópica/global do Código de Processo Penal, o conjunto de propostas apresentado ao parlamento tinha em mira, ademais de outras intenções nobres, em obséquio ao *princí-

---

656 Cf. item 5.1.8.1, supra.

pio da justiça restaurativa, conferir maior proteção e assistência ao ofendido e satisfação de seus interesses.

Todavia, o legislador cometeu senões ao redigir a norma. Há de convir-se que, como qualquer tipo de medida cautelar importa em restrição, ainda que parcial e tênue, do direito de liberdade, a parte legitimada para requerer algum tipo de medida cautelar é, apenas, aquela que ocupa o polo ativo da relação processual. Aqui, sim, melhor teria agido o legislador caso tivesse, expressamente, feito a referência, no § 2º do art. 282 do CPP, apenas ao Ministério Público, ao assistente e ao querelante, como procedeu ao redigir o 4º do mesmo artigo[657].

Conforme expendido no item 6.1.2, supra, a própria defesa pode, muito bem, ter o interesse em que haja a substituição de uma medida cautelar por outra, daí por que o correto, na redação do § 4º do art. 282, teria sido o legislador, ao invés de restringir os legitimados para fazer esse tipo de pedido ao Ministério Público, ao assistente e ao querelante, ter conferido esse direito, igualmente, à defesa, daí por que o certo teria sido a utilização da expressão *partes*.

Inexplicavelmente, onde o legislador deveria ter, tecnicamente, mencionado como legitimados apenas quem eventualmente ocupa o polo ativo da relação processual, que era no § 2 º do art. 282 do CPP, cometeu o senão de falar em *partes*, ao passo que, no local no qual deveria fazer menção às partes, a fim de incluir, dentre os legitimados para o pedido igualmente a defesa (§ 4º do art. 282 do CPP), fez referência só ao Ministério Público, ao assistente e ao querelante.

Tanto isso é verdade, que o legislador, para sistematizar o CPP com a inovação operada pelo art. 282, §§ 2º e 4º, promoveu a alteração do art. 311 do Diploma Legal em referência, para esclarecer que "Em qualquer fase da investigação policial do processo penal, caberá a prisão preventiva decretada pelo juiz, de ofício, se no curso da ação penal, ou a requerimento do Ministério Público, do querelante ou do assistente, ou por representação da autoridade policial". Note-se que a diferença entre o conteúdo dessa norma em relação ao do art. 282, § 2º, ambos do CPP, é apenas porque este dita norma para toda e qualquer medida cautelar, enquanto aquele, mantendo a coerência sistêmica, repete a ideia especificamente para a medida cautelar na modalidade de prisão preventiva. Aqui, sim, com apuro técnico, o legislador não se referiu a *partes* como inadvertidamente procedeu no art. 282, § 2º, mas apenas ao Ministério Público, ao querelante e ao assistente.

---

657 Cf. item 6.1.2, supra.

Nota de fundamental importância, aqui, é que, dentre os legitimados para requerer medida acautelatória no curso do processo, não está incluída a autoridade policial. O detalhe técnico-processual merece a devida atenção e aplauso, pois se, como exposto mais adiante, a autoridade policial detém legitimidade para pedir a decretação da prisão preventiva se e enquanto estiver em curso a investigação criminal, ou seja, durante a fase do inquérito policial, não se mostra razoável que essa *capacidade processual* seja reconhecida quando já iniciado o processo.

Isso porque, em rigor, pode-se dizer que o *jus persequendi* manifesta-se, conforme seja a situação ou o estágio desse agir, por atores distintos. Na fase pré-processual, de regra, essa atribuição é conferida à autoridade policial, que cuida da instauração, direção e conclusão do inquérito policial, atividade eminentemente administrativa. Concluída essa etapa, o *jus persequendi*, a ser deduzido perante o Judiciário, é conferido ao Ministério Público, que é o órgão estatal ao qual atribuída *capacidade postulatória* para atuar em Juízo.

Aliás, em todo e qualquer sistema acusatório, como passou, a partir de 1988, a ser o nosso, não tem sentido nenhum atribuir à autoridade policial legitimidade para pedir, quando já concluído o inquérito policial, a prisão preventiva ou mesmo a aplicação de uma medida cautelar diversa. Até porque, sendo o Ministério Público o titular da *ação principal*, como é próprio da processualística, também o é da *ação cautelar* correspondente. Não é razoável, portanto, que a autoridade policial, tendo encerrado o seu mister, possa *postular e intervir* dentro de uma relação processual na qual, antes de tudo, não é parte. Seria uma interferência inadmissível em nosso sistema.

É fato que, embora antes da vigência da Lei nº. 12.403, de 2011, não houvesse regra específica a respeito do tema, não se tem notícia de casos em que a autoridade policial, já iniciado o processo, viesse a pedir a aplicação da prisão preventiva, única medida cautelar, até então, do Título IX do Livro I do CPP.

Todavia, o art. 13 do CPP, ao disciplinar o que a doutrina denomina *atribuições remanescentes* da autoridade policial, ou seja, que subsistem mesmo após a conclusão do inquérito policial, menciona, no inciso IV, "representar acerca da prisão preventiva"[658]. Mesmo antes

---

[658] Conforme o art. 13 do CPP, as atribuições remanescentes da autoridade policial são: (a) fornecer às autoridades judiciárias as informações necessárias à instrução e julgamento dos processos; (b) realizar as diligências requisitadas pelo

da nova redação conferida para o art. 282, § 2º, segunda parte, do CPP, já defendíamos que, sem embargo do disposto na norma em referência, a legitimidade para pedir a decretação da prisão preventiva pela autoridade policial só tinha sentido quando a medida fosse imprescindível para viabilizar o trabalho desenvolvido na fase do inquérito. Assim, não tinha razão de ser a praxe de a autoridade policial, ao encerrar o seu trabalho e enviar os autos para o Judiciário ou para o Ministério Público, por meio de representação, invariavelmente embutida no relatório, encaminhar pedido ao juiz, solicitando a decretação da prisão do indiciado[659].

Se assim já pensava, agora, com a mudança normativa, não há mais o que discutir. Como se verá no item seguinte, a legitimidade da autoridade policial para requerer a decretação de medida cautelar ficou reservada, apenas, ao momento da atividade investigatória preparatória do processo, o que, em certa medida, ainda é um resquício do sistema misto/inquisitivo, pois, mesmo nessa situação, está sendo reconhecida à autoridade policial capacidade postulatória para provocar a jurisdição, que não pode proceder de ofício.

6.1.7.2. Medida cautelar preparatória

Na segunda parte do art. 282, § 2º, do CPP, que trata da medida cautelar preparatória, não se fez referência a sua decretação de ofício e, por outro lado, conferiu-se legitimidade para postulação nesse sentido apenas ao Ministério Público, por meio de *requerimento*, e à autoridade policial, mediante *representação*.

Como se nota, o legislador, conquanto não tenha conferido legitimidade à autoridade policial para requerer medida cautelar incidental, tergiversou com o sistema acusatório, para manter essa legitimidade quando se trata da fase preparatória, ainda que, por puro eufemismo, ao invés de falar em *requerimento*, tenha se referido a *representação*. Ainda que sob a nomenclatura de *representação*, o que o legislador fez foi manter a nossa tradição de reconhecer à autoridade

---

juiz ou pelo Ministério Público; (c) cumprir os mandados de prisão expedidos pelas autoridades judiciárias; (d) representar a prisão preventiva.
659 O Conselho Nacional de Justiça, no Plano de Gestão das Varas Criminais e de Execução Penal, com suporte no princípio acusatório, orientou os juízes a adotar o sistema de tramitação direta do inquérito entre os órgãos da polícia e do Ministério Público (Cf. www.cnj.jus.br/images/programas/justica-criminal/plano-gestao-varas-criminais)

policial o direito de pedir, ao juiz, a decretação da prisão, o que, por linhas transversas, é o mesmo que conferir-lhe legitimidade para propor ação cautelar, ainda que a titularidade para a ação principal só seja reconhecida ao Ministério Público, o que, naturalmente, conflita com o art. 129, I, da Constituição.

Isso porque, para todos os efeitos, esse pedido feito pela autoridade policial, mesmo ainda na fase pré-processual, reproduz a cultura do processo misto/inquisitivo, pois, em verdade, quem deve possuir legitimidade para tanto é quem detém a capacidade postulatória, no caso, o Ministério Público. É o órgão ministerial quem detém o *jus persequendi* perante o Judiciário, pelo que não é coerente que seja conferido à autoridade policial, mesmo que a pretexto de tutelar a sua atividade investigatória, postular em juízo.

Caso a autoridade policial entenda necessária a determinação de uma medida cautelar para auxiliar o seu trabalho, seria o caso de encaminhar o assunto para o Ministério Público, que é o titular do direito de ação no processo principal, ficando aos cuidados deste analisar se é o caso, ou não, de fazer a solicitação ao Judiciário.

Ademais, não se pode perder de vista que o *jus persequendi* em si é uno, havendo, apenas, a divisão de atribuições entre dois órgãos distintos, a polícia e o Ministério Público, aquela com a incumbência de realizar os atos investigatórios anteriores e necessários à jurisdicialização do assunto, enquanto este com a capacidade postulatória para desenvolver, se for o caso, o *dever-poder de punir* perante o Judiciário. A autoridade policial trabalha, portanto, para fornecer ao Ministério Público os elementos indiciários e probatórios necessários para que este possa dar continuidade ao *poder-dever de punir* perante o Judiciário, na medida em que o Ministério Público é o *dominus litis* do processo principal. Porém, infelizmente, o legislador preferiu manter a nossa tradição, que reflete a *cultura do sistema misto-inquisitivo*, de atribuir à autoridade policial verdadeira capacidade postulatória, tal como ocorre em relação ao pedido de busca e apreensão, interceptação telefônica, quebra de sigilos fiscal e bancário.

Pena que não se avançou nessa matéria, a fim de vedar à autoridade policial capacidade postulatória em relação a qualquer tipo de medida cautelar, seja ela detentiva, ou não. Lamenta-se, ainda, a circunstância de o legislador não ter mantido coerência com a Lei nº 7.960, de 1989, na parte em que, a par de conferir essa legitimidade anômala, dispõe que, "Na hipótese de representação da autoridade policial, o juiz, antes de decidir, ouvirá o Ministério Público." (art. 2º, § 1º).

Esse preceito deveria ter sido estabelecido como regra geral para todo e qualquer tipo de medida cautelar incidental. Ora, se a investigação levada a cabo pela autoridade policial tem como finalidade fornecer ao Ministério Público os elementos probatórios, relativos à materialidade e à autoria, necessários para o oferecimento da ação penal, quando aquela entender da necessidade de que, para atingir esse desiderato, há a necessidade de restringir o direito de liberdade, nada mais óbvio do que se ouvir, previamente, o grande interessado nessa medida, no caso, o *parquet*.

Pode ser, e não é tão raro isso acontecer, que o Ministério Público, ao se pronunciar, seja contrário à medida cautelar solicitada, ou, então, entenda que é suficiente e adequada, ao invés da prisão, apenas a imposição de medida cautelar diversa. Muitos magistrados, mesmo no silêncio da lei, adotam, acertadamente, a praxe de providenciar, quando a solicitação de medida cautelar é feita pela autoridade policial, a prévia oitiva do Ministério Público[660]. Outros, mais ortodoxos, entendem que essa oportunidade deve ocorrer, apenas, no caso de expressa determinação legal.

Diga-se mais: em obséquio ao sistema acusatório, se o *parquet*, que é o titular do direito de ação, disser que não há necessidade da providência, o juiz não deve determiná-la. Se assim não for, não se pode dizer que se está em um sistema acusatório, modelo que a Reforma Tópica adotou como ponto de partida[661]. Se a manifestação do Ministério Público for favorável, não é preciso dizer, o juiz não está vinculado, porquanto, no sistema acusatório, aquele é parte, servindo o seu posicionamento apenas para materializar o seu interesse na medida. Nada mais do que isso.

O que se quer dizer é que, para todos os efeitos, no sistema acusatório, o deferimento pelo juiz de solicitação de medida cautelar preparatória formulada pela autoridade policial, sem que o Ministério Pú-

---

660 Essa orientação é adotada por magistrados, especialmente, em casos de busca e apreensão, quebras de sigilo bancário e fiscal. Como salientado, cremos que, em todas as hipóteses de medida cautelar solicitada diretamente pela autoridade policial, o juiz deve, antes, possibilitar a oitiva do Ministério Público.
661 Cf. item 3.2.2.2, supra. É comum a autoridade policial pedir audiência ao juiz, para explicar a necessidade do deferimento de pedido/solicitação/representação de algum tipo de medida cautelar. Nesses casos, o mais correto seria, antes, a autoridade policial procurar o Ministério Público, pois, com o pronunciamento deste em sentido contrário, no cenário do sistema acusatório, o juiz não deve decidir favoravelmente.

blico, antes da decisão, tenha respaldado o querer, é igual à determinação de ofício.

A esse respeito, cabe verificar que com a nova disciplina emprestada à matéria das medidas cautelares pessoais preparatórias, não há referência quanto à possibilidade de o juiz, de ofício, determinar a medida. Aqui, nesse ponto, adotou-se coerência sistêmica com o regramento a respeito da prisão temporária, que é um *minus* em relação à preventiva. Com efeito, nos termos da Lei nº 7.960, de 21 de dezembro de 1989, por se tratar a prisão temporária de medida cautelar que só cabe na fase pré-processual, os legitimados para o seu requerimento são, apenas, a autoridade policial e o Ministério Público, não sendo cabível a sua decretação de ofício.

Ora, se assim é, para se ter alguma coerência sistêmica, imprescindível que fosse defesa, igualmente, a decretação de ofício da prisão preventiva na fase do inquérito, pois, nesse caso, a medida cautelar somente interessa à fase pré-processual, não havendo, aqui, de falar-se seja de impulso oficial, seja de poder geral de cautela do juiz. Em um cenário de sistema acusatório, para justificar iniciativa do juiz sem provocação com suporte na aplicação do impulso oficial ou do poder geral de cautela do magistrado é imprescindível, no mínimo, a existência do processo[662]. Portanto, guardando a coerência com a disciplina a respeito da prisão temporária, com a Reforma Tópica, a prisão preventiva, na fase do inquérito, não pode ser decretada de ofício.

O mesmo elogio não acompanha o legislador, no ponto em que excluiu, do rol dos legitimados para o requerimento de medida cautelar preparatória, o querelante e o assistente. De fato, conquanto legitimados, conforme visto no item anterior, quando se cuida de medida incidental, quer o querelante quer o assistente não possui essa qualidade quando a medida é preparatória. A consideração normativa não se apresenta acertada, pois, se o querelante, quando se trata de ação de iniciativa privada ou na subsidiária, é o titular da ação penal principal, deveria sê-lo, igualmente, para a propositura da ação cautelar correspondente, seja ela preparatória, ou não. Ademais, se o assistente possui legitimidade para pedir a cautelar na fase do processo, deve ser

---

[662] Exatamente em razão desses argumentos, mais adiante, chama-se a atenção para a grande inovação com a nova sistemática, uma vez que, com as alterações, o juiz não poderá, sem que haja provocação pela autoridade policial ou pelo Ministério Público, converter, de ofício, a prisão/detenção em flagrante em prisão preventiva. Cf. item 6.2.4.1.5.3, infra.

estendida essa qualidade processual para postular no mesmo sentido como medida preparatória.

6.1.7.3. Ofendido (Assistente)

Conforme salientado no início do livro, os aspectos centrais da Reforma Tópica do Código de Processo Penal podem ser resumidos nos seguintes enunciados: (a) democratização do processo, alinhando-o à proteção dos direitos fundamentais, nos termos da Constituição e da Convenção Americana de Direitos Humanos; (b) desconstrução do sistema misto, com consequente sedimentação do sistema acusatório; (c) duração razoável do processo; (d) simplificação, com plena adoção do princípio da oralidade; (e) maior proteção e assistência da vítima e satisfação de seus interesses, notadamente em relação à indenização pelos danos sofridos com a ação ilícita[663]; g) prisão processual como exceção, com a previsão de medidas cautelares diversas da prisão e redefinição do papel da fiança.

Na Reforma de 2008 essa preocupação se fez sentir com as alterações relativas ao *ofendido*. O ofendido ou vítima, seguindo as diretrizes da *justiça restaurativa*, passa a ter participação mais ativa no processo penal. Tratado na ideia original do CPP mais como espécie de prova do que como sujeito de direitos na relação processual, com as modificações alvitradas mercê da Reforma Tópica, o ofendido passou a ter participação mais ativa no processo penal, a ponto de ser-lhe conferido o direito, ainda que não esteja habilitado nos autos por meio de assistente, de ser intimado dos atos processuais estimados pelo legislador como mais importantes, quais sejam, referentes à comunicação da prisão e da soltura do acusado, da data da audiência de instrução e julgamento, assim como da sentença e dos respectivos acórdãos, seja mantendo-a ou reformando-a (art. 201, § 2º, do CPP), assim como o direito a *atendimento multidisciplinar, especialmente nas áreas psicossocial, de assistência jurídica e de saúde, a expensas do ofensor ou do Estado* (art. 201, § 5º, do CPP)[664].

Acontece que a capacidade postulatória do ofendido, quando se trata de ação penal de iniciativa pública, que é a regra, se faz sob o *nomem juris* de assistente, por intermédio de advogado. O Assistente, assim, é o ofendido habilitado nos autos por meio de advogado contra-

---

663 Cf. item 3.2.2.6, supra.
664 Para não se repetitivo, veja-se, a respeito, o que aqui se falou nos itens 3.2.2.6 e 5.1.8.4, supra.

tado para, em seu nome, postular perante o juiz no processo criminal, auxiliando o Ministério Público, que é o *dominus litis*.

Quando da feitura do CPP, ao se atribuir a titularidade da ação penal ao Ministério Público, muito se questionou se, mesmo assim, haveria de ser reconhecida a possibilidade de o ofendido participar, por meio de advogado, do processo criminal, uma vez que, em rigor, o órgão ministerial, a um só tempo, representa os interesses da vítima imediata, o ofendido, e da mediata, a sociedade em geral. Nos debates, a par de duas posições extremadas, uma admitindo e outra não a participação do ofendido, preponderou posição eclética, no sentido de permitir a intervenção do ofendido, porém, de modo restritivo, apenas e tão somente, para os fins do art. 271, caput, do Código de Processo Penal, ou seja, para a prática de atos expressamente previstos, os quais se resumiriam a: (a) propor meios de prova; (b) requerer perguntas às testemunhas; (c) participar do debate oral e; (d) arrazoar os recursos interpostos pelo Ministério Público, ou por ele próprio, nos casos dos arts. 584, § 1º e 598 do CPP[665].

Essa posição conciliadora adotada em nosso sistema tinha como fundamento a admissão do ofendido no processo, sob a forma de assistente, apenas com a finalidade de preservar o interesse quanto aos efeitos civis de uma eventual condenação. Por isso mesmo, a doutrina e a jurisprudência majoritária tinham o entendimento de que o assistente não tinha legitimidade para pedir a prisão do indiciado ou acusado.

Isso era um puro eufemismo, pois, em verdade, quando o ofendido ou sua família contrata um advogado para que se dê a sua intervenção, na qualidade de assistente, no processo criminal, o seu interesse é que se faça *justiça*, ou melhor, a pessoa seja condenada e presa, não necessariamente nessa ordem. Esse estado de coisa estava a exigir visão mais alargada da questão, de modo que a solução encontrada para o problema criminal por meio do Judiciário possua mais legitimidade, a ponto de termos, anteriormente, afirmado[666]:

> A esse respeito, registre-se que um dos maiores desafios do processo penal reside, justamente, no resgate de sua legitimidade, especialmente em relação à vítima, que é, ainda hoje, a grande esquecida do

---

[665] O art. 271, caput, está assim redigido: "Ao assistente será permitido propor meios de prova, requerer perguntas às testemunhas, aditar o libelo e os articulados, participar do debate oral e arrazoar os recursos interpostos pelo Ministério Público, ou por ele próprio, nos casos dos arts. 584, § 1º. e 598."
[666] Cf. SILVA JÚNIOR, Walter Nunes da. *Curso de processo penal*: teoria (constitucional) do processo penal, p. 608.

sistema criminal. Se é certo que a finalidade do processo não é atender aos fins dos governantes, porém aos lídimos interesses da sociedade, até porque, em *ultima ratio*, a atividade jurisdicional é uma das manifestações do poder político que, embora exercida pelo juiz na qualidade de membro do Poder Judiciário, pertence e deve ser desempenhada em nome do povo, não se pode perder de vista a necessidade de que a resposta como resultado final do processo, na medida do possível, não se descure em satisfazer o sentimento de justiça da vítima.

Com o que se acabou de dizer não se pretende asseverar que o interesse da vítima seja atendido, porém, que, em consonância com um sistema democrático, com a garantia de amplo acesso à justiça, não se pode calar ou impedir o ofendido de falar nos autos, no sentido de postular o que ele acha de direito. Essa é a bandeira do movimento além fronteiras denominado *justiça restaurativa*, o qual propõe a reforma dos sistemas criminais, no escopo de que a vítima seja vista como parte interessada e, em uma perspectiva de acesso à justiça que abrange a adoção de medidas protetivas para que não sofra mais violências ou seja tratada dos traumas advindos, com ampla participação do processo.

Na esteira desse pensamento, a Lei n. 12.403, de 2011, incluiu o assistente dentre os legitimados para o requerimento de toda e qualquer medida cautelar (art. 282, § 2º), inclusive a prisão preventiva (art. 311 do CPP). A crítica diz respeito à circunstância de nos dois dispositivos a legitimidade para o pedido de medida cautelar pelo assistente ter sido restrita às de natureza incidental, sendo vedada, portanto, quando preparatória.

Note-se que, de fato, quem geralmente toma a iniciativa de solicitar, especialmente à autoridade policial, alguma medida contra o investigado, indiciado ou acusado é o ofendido, invariavelmente motivado pela necessidade de manutenção de sua segurança. Isso é bastante frequente, por exemplo, em caso de agressão física entre cônjuges. Não raro, devido a essa preocupação do ofendido/vítima, a autoridade policial, quando acha pertinente, faz a representação. Na hipótese em que a autoridade policial não se anima em fazer a representação, o ofendido fica sem voz, sem legitimidade para postular diretamente ao juiz.

Em obséquio ao princípio da justiça restaurativa, era chegada a hora de dar ao ofendido voz ativa igualmente quanto à postulação de medidas cautelares preparatórias, até porque, via de regra, é nesse momento em que, nos crimes de violência, está mais iminente a ocorrência de novas agressões, notadamente nos casos de ordem familiar.

6.1.8. Crimes nos quais cabível a medida cautelar pessoal

A fim de dissipar dúvidas, o legislador se ocupou em ressaltar que, independentemente da espécie, a medida cautelar somente será cabível nos casos em que isolada, cumulativa ou alternativamente a pena prevista para o crime seja privativa de liberdade (art. 283, § 1º: "As medidas cautelas previstas neste Título não se aplicam à infração a que não for isolada, cumulativa ou alternativamente cominada pena privativa de liberdade.").

Evidentemente, essa norma, apesar de estampada no § 1º do art. 283, cujo caput trata da prisão, está direcionada para as medidas cautelares diversas da prisão, pois o inciso I do art. 313 do CPP leva à conclusão de que, de regra, a cautelar sob a espécie de prisão preventiva só pode ser decretada quando a pena máxima prevista para o crime for superior a quatro anos[667]. E ainda, o comando normativo em destaque não se aplica à prisão temporária, pois, nesse caso, não basta que o crime seja doloso e a pena superior a 4 (anos), mas que ele seja um daqueles que compõe o rol estampado nas alíneas do inciso II do art. 1º da Lei nº 7.960, de 1989[668]. Desse modo, em verdade, temos três critérios distintos: (a) o do art. 283, 1º, referente às medidas cautelares diversas da prisão, no qual se exige, apenas, que seja prevista pena privativa de liberdade; (b) o do art. 313, I, pertinente à prisão preventiva, que exige ser o crime doloso e a pena de privativa de liberdade superior a 4 (quatro) anos; (c) o do inciso III do art. 1º da Lei nº 7.960, de 1989, que exige ser o crime um daqueles elencados em suas alíneas.

Quanto à regra do art. 283, § 1º, do CPP, o legislador da segunda etapa da Reforma Tópica foi bastante coerente, apesar de atécnico, pois deveria ter tratado do assunto no art. 282, local no qual traçou os princípios e regras gerais aplicáveis às medidas cautelares. Feita essa consideração, note-se que as medidas cautelares diversas da prisão foram trazidas para o nosso ordenamento como alternativas à decretação da prisão preventiva ou temporária. Portanto, se o crime cometido

---

[667] Cf. item 6.2.5.1.1, infra.
[668] Cf. item 6.2.6.1, infra.

é daqueles para os quais não é prevista, sequer, a pena de prisão, não há de falar-se, nesse caso, na admissibilidade de qualquer tipo de medida cautelar, razão pela qual, em princípio, só deve ser admitida quando o preceito secundário do tipo contemplar a pena de privação do direito de liberdade.

De qualquer sorte, a interpretação sistêmica dos arts. 283, § 1º e 313, ambos do CPP, conduz à conclusão de que aquele estabelece regra geral para todas as medidas cautelares, porém, diante do que dispõe este, ela não se aplica à prisão preventiva, que possui normas específicas e, muito menos, à prisão temporária que, nesse aspecto, é inteiramente regida por lei específica.

Em outras palavras, às medidas cautelares diversas da prisão não se aplica o art. 313 do CPP, de modo que elas podem ser determinadas mesmo em casos nos quais a pena máxima do crime em apuração não supera quatro anos. Por outro lado, a medida cautelar prisional, de regra, só é admissível quando se tratar de crime cuja pena abstrata máxima for superior a 4 (quatro) anos. Por fim, em relação à prisão temporária, vigora o princípio da tipicidade, ou seja, a sua admissibilidade diz respeito apenas aos crimes apontados na lei especial.

6.2. Medida cautelar detentiva: prisão/detenção em flagrante e prisão processual no direito constitucional

Conforme revela o exame do Direito Comparado, os contornos referentes à prisão determinada antes ou no curso do processo sempre ensejaram preocupações especiais. Com efeito, as delimitações quanto à aplicação da prisão se fizeram sentir já na Magna Carta inglesa de 1215, imposta pelos barões contra o Absolutismo do Rei João Sem Terra, com a consignação de que "Nenhum homem livre será detido ou preso..., senão mediante um juízo legal de seus pares ou segundo a lei da terra."[669]. Beccaria[670], na exposição da filosofia liberal no campo criminal, insurgia-se contra a ausência de segurança pessoal ao agente

---

[669] LEAL, Antônio Luiz da Câmara. *Comentário ao código de processo penal brasileiro*. Freitas Bastos: Rio de Janeiro, 1942. v. 2, p. 180. Câmara Leal igualmente destaca que a restrição à liberdade individual diz respeito a um dos direitos fundamentais do cidadão, de modo que a prisão somente pode ser decretada com suporte em embasamento legal e esteio em culpa formada, sob pena de caracterizar-se como arbitrária (Ibid., p. 179).

[670] BECCARIA. Cesare Bonesana. *Dos delitos e das penas*. Trad. Marcílio Teixeira. Rio de Janeiro, Ed. Rio, 1979.

que respondia pela prática de delito, pois o magistrado possuía "... o arbítrio de prender um cidadão, de tirar a liberdade de um inimigo por pretextos frívolos, de deixar impune um amigo, a despeito dos mais fortes indícios de culpabilidade."

Seguindo essa orientação, a declaração de direitos enxertada à Constituição americana por meio da Quinta Emenda estabeleceu a exigência da obediência ao devido processo legal para que fosse decretada a limitação ao direito de liberdade ("... ninguém... será privado de sua vida, liberdade ou bens, sem o devido processo judicial..."). Essa garantia fundamental restou, igualmente, sufragada na Declaração Universal dos Direitos do Homem (1948), com o preceito expresso no art. 9º, sob a máxima de que "Ninguém será arbitrariamente preso, detido ou exilado." No mesmo passo, o Pacto Internacional dos Direitos Civis e Políticos (1966) deixou plasmado que "Toda pessoa tem direito à liberdade e à segurança pessoais. Ninguém poderá ser objeto de detenção ou prisão arbitrárias. Ninguém poderá ser privado da sua liberdade, a não ser por motivo e em conformidade com procedimentos previstos em lei (art. 9.1)".

Sublinhando o caráter excepcional da prisão, notadamente quando adotada na qualidade de medida acautelatória, o PIDCP acrescenta, no art. 9.3, parte final, que "A prisão preventiva de pessoas que aguardam julgamento não deverá constituir regra geral, mas a libertação delas poderá estar subordinada a garantias que assegurem sua presença em todos os atos do processo penal e, se for o caso, para a execução da sentença."

Esse conjunto de normas internacionais, que formam aquilo que podemos denominar *Estatuto Internacional do Direito de Liberdade* é enriquecido pela Convenção Americana de Direitos Humanos (1969), ao ressaltar que "Ninguém pode ser privado de sua liberdade física, salvo pelas causas e nas condições previamente fixadas pelas constituições políticas dos Estados-Partes ou pelas leis de acordo com elas promulgadas" (art. 7.2), e arrematar que "Ninguém pode ser submetido a detenção ou encarceramento arbitrários." (art. 7.3).

6.2.1. Tratamento constitucional à prisão processual no direito comparado

Seguindo as diretrizes dos tratados internacionais e regionais, a prisão processual tem merecido o devido destaque nas constituições dos Países. A alemã, de 1949, expressa toda a preocupação em preservar o direito de liberdade, a partir da assertiva de que "A liberdade da pessoa só pode sofrer restrição por força de uma lei formal e com observância das formas por ela prescritas." Detalhista, o constituinte tedesco esclareceu que "Só ao juiz cabe decidir sobre a possibilidade de privação da liberdade e sobre a sua prorrogação (art. 104, 2, primeira parte), pelo que "Quando a privação da liberdade não tiver sido ordenada pelo juiz, deverá ser suscitada sem demora a sua intervenção" (art. 104, 2, segunda parte), uma vez que, em importante ressalva, está assegurado que "Ninguém pode ser detido por ordem da polícia para além do fim do dia em que se segue à sua detenção (art. 104, 2, terceira parte)[671].

A Constituição da Espanha igualmente contempla diversas regras sobre a privação do direito de liberdade no curso do processo criminal. Inicia com a exigência do devido processo legal para a determinação da perda do direito de liberdade (art. 17, 1) e salienta que "A prisão preventiva não poderá durar mais do que o tempo estritamente necessário para a realização das averiguações tendentes ao esclarecimento dos fatos[672] e, em qualquer caso, no prazo máximo de setenta e duas horas o detido deverá ser posto em liberdade ou à disposição da autoridade judicial" (art. 171, 2)[673]. Conquanto assegure que "Toda pessoa detida deve ser informada de forma imediata, e de modo que lhe seja compreensível, dos seus direitos e das razões da detenção, não

---

[671] Merece nota a consideração de que o constituinte alemão não fala em *prisão* pela polícia, mas sim em *detenção* ("Ninguém pode ficar *detido*... para além do dia que se segue à *detenção*"). Isso é de fundamental importância e, como se verá, ficou, agora, com a nova redação determinada para o art. 310, II, do CPP, claro, em nosso sistema, que, em verdade, a polícia não efetua *prisão em flagrante*, mas, sim, apenas a *detenção em flagrante*. Esse é entendimento que sustentamos mesmo antes da Lei 12.403, de 2011 (Cf. SILVA JÚNIOR, Walter Nunes da, op. cit., p. 875-878). A Constituição da Alemanha, na primeira parte do art. 104, 3, agrega que, detida sem ordem judicial, a pessoa deve ser "... levada à presença do juiz o mais tardar no dia imediato ao da detenção, devendo o juiz comunicar-lhe as causas da detenção, interrogá-lo e dar-lhe oportunidade de defesa", em seguida, acrescenta que o juiz, logo após a audiência com o preso, deverá "sem demora, emitir ordem escrita de prisão ou ordenar a libertação do detido" (art. 104, 3, segunda parte) para, então, arrematar que "da decisão judicial que ordene ou prorrogue a privação da liberdade", deve ser dada a comunicação imediata a um parente ou a alguém da confiança do preso (art. 104, 4).

[672] A Constituição registra que "A lei também determinará a duração máxima da prisão provisória."

[673] Observe-se que a Constituição espanhola, assim como a alemã, quanto à privação de liberdade pela autoridade policial, ao invés de *preso*, fala *detido*.

podendo ser obrigada a prestar declarações... e a assistência de advogado ao detido nas diligências policiais e judiciais..." (art. 171, 3), não há, de forma expressa, o direito do preso de ser apresentado, logo após a sua detenção, ao juiz, mas estabelece o direito ao habeas corpus "... com vista à imediata colocação à disposição do juiz de toda a pessoa detida ilegalmente" (art. 171, 4).

Lorca Navarrete, com base em análise da jurisprudência do Tribunal Constitucional da Espanha, arremata:

> 1) *La prisión provisional es una decisión judicial de carácter excepcional que incide negativamente en el status de libertad personal del inculpado, y por lo mismo es, con toda evidencia, restrictiva del derecho fundamental reconocido en el articulo 17, apartados 1 y 4, CE. 2) La institución de la prisión provisional se halla situada entre el derecho estatal de perseguir eficazmente el delito, por un lado, y el deber estatal de asegurar el âmbito de la libertad del ciudadano, por otro, y, habida cuenta de que aquella consiste en una privación de la libertad, há de regirse por el principio de excepcionalidad, sin menoscabo de su configuración como medida cautelar. 3) La vulneración de la ley que regula la duración máxima de la prisión provisional supone una vulneración del derecho fundamental a la libertad y a la seguridad consagrado por el artículo 17 CE (...). 4) En la interpretación y aplicación de lãs normas reguladoras de la prisión provisional debe tenerse en cuenta, ante todo, el carácter fundamental del derecho a ala libertad que tales normas restringen, y la situación excepcional en que la prisión provisional coloca al imputado en una causa penal: en esta dirección, la jurisprudencia ha reiterado que, en materia de derechos fundamentales, la legalidad ordinaria ha de ser interpretada de la forma más favorable a la libertad del inculpado (favor libertatis). 5) Dado el carácter anteriormente mencionado de dimensión ética del artículo 17 CE en su conjunto — implícita por supuesta su transcendente juridicidad —, opinamos, con algún sector doctrinal que ya se a pronunciado al efecto, que existe por parte del Estado una obligación de indemnizar en los casos de prisión preventiva cuando la inocencia se acredite posteriormente.*

O tratamento dispensado ao tema pela Constituição da Itália não é tão detalhista quanto às da Alemanha e da Espanha, todavia, estabelece, de forma segura, um alinha protecionista ao direito de liberdade. Define, como regra geral, que "A liberdade pessoal é inviolável" (art.

13, primeira parte), complementa que nenhuma detenção ou outra restrição à liberdade será admitida, com a ressalva de que medida dessa natureza somente é admissível "... por ato fundamentado da autoridade judicial, nos casos e nos termos da lei", com o esclarecimento de que "Em casos excepcionais de necessidade e urgência, taxativamente indicados na lei, a autoridade de segurança pública pode adotar providências provisórias, que têm de ser comunicadas, dentro de quarenta e oito horas, à autoridade judicial, e, se este não as valida nas quarenta e oito horas seguintes, elas considerar-se-ão revogadas e privadas de qualquer efeito", cabendo à lei estabelecer os limites máximos da prisão preventiva (art. 13).

O mestre Giuseppe Bettiol[674], em abalizada doutrina sobre o alcance dos dispositivos da Constituição italiana, observa que *"La libertad individual, como expresión de un valor absoluto, en una Constitución democrática debe ser reputada inviolable"*, daí por que, em regra, somente a autoridade judicial pode determinar a prisão processual, ressalvando-se, apenas, "... *en casos excepcionales de necesidad y urgência, indicados taxativamente por la Ley*"[675], os casos em que agentes de polícia podem efetuar, sem autorização do juiz, a detenção de alguém.

Adverte o jurista italiano que a privação da liberdade por ação da autoridade policial, sem a autorização judicial, só é admitida quando a pessoa é surpreendida com graves indícios e desde que subsista fundada suspeita de fuga, hipótese em que deve ser providenciada, no prazo de 24 horas, a devida comunicação ao juiz, a fim de que este a confirme, ou não.

A Constituição portuguesa, por sua vez, desceu a pormenores sobre o instituto da prisão processual. Tratou no art. 27, 1, de ressaltar que o sistema jurídico lusitano se pauta pelo princípio da liberdade, ao dizer que "Todos têm direito à liberdade e à segurança", de modo que a regra a ser seguida é a de que a prisão só deve ocorrer quando assim determinado em sentença criminal condenatória, (art. 27, 2, da Constituição de Portugal). Em seguida, como exceção a esse postulado, esclarece, no número 3 do mesmo dispositivo:

a) Prisão preventiva em flagrante delito ou por fortes indícios de prática de crime doloso a que corresponda pena maior;

---

674 *Instituciones de derecho penal y procesal*. Tradução Gutiérrez-Alviz y Conradi. Barcelona: Bosch, 1976, p. 224.
675 Ibid.

b) Prisão ou detenção de pessoa que tenha penetrado ou permaneça irregularmente no território nacional ou contra a qual esteja em curso processo de extradição ou de expulsão;
c) Prisão disciplinar imposta a militares, com garantia de recurso para o tribunal competente;
d) Sujeição de um menor a medidas de proteção, assistência ou educação em estabelecimento adequado, decretadas pelo tribunal judicial competente;
e) Detenção por decisão judicial em virtude de desobediência a decisão tomada por um tribunal ou para assegurar a comparência perante a autoridade judicial competente.

No desiderato de regrar as exceções ao princípio geral, os números 4 e 5 do art. 27 da Constituição de Portugal assegura ao preso o direito de ser informado, sem demora, das razões de sua prisão ou detenção e lhe assegura o direito à indenização, quando a privação da liberdade ocorrer sem a devida atenção às regras constitucionais. Importa mencionar, ainda, o disposto no art. 28 da Constituição portuguesa, o qual estabelece, no número 1, o prazo de 48 horas para que o juiz, mediante decisão, se manifeste pela validação ou manutenção da prisão efetuada sem culpa formada, sendo assegurado ao preso, de qualquer modo, o direito de ser interrogado e de defender-se. No número 2 do artigo em comento, consagra-se a ideia da excepcionalidade da cautelar detentiva, na medida em que se adverte que a prisão "... não se mantém sempre que possa ser substituída por caução ou por medida de liberdade provisória prevista em lei." Em regra idêntica à da Constituição alemã, a portuguesa assegura ao preso o direito de que a decisão judicial que ordene ou mantenha uma medida de privação de liberdade seja, desde logo, comunicada a um parente ou pessoa da confiança do detido (art. 27, 3). Por último, no número 4, está consagrada a garantia de que a prisão preventiva, determinada antes ou depois da formação de culpa, deve observar o prazo estabelecido na lei ordinária.

6.2.2. Sistema prisional no direito constitucional brasileiro

O escorço histórico das Constituições brasileiras revela que a prisão processual sempre foi um tema presente. A Constituição Imperial de 1824[676] estabeleceu como regra o direito de liberdade, condicio-

---

676 Sobre os direitos fundamentais nas Constituições brasileiras, cf. SILVA

nando a prisão à existência de *culpa formada* ("Ninguém poderá ser preso sem culpa formada...", art. 179, § 8º, primeira parte), com a ressalva de que "À exceção de flagrante delito, a prisão não pode ser executada, senão por ordem escrita da autoridade legítima." (art. 179, § 10, primeira parte). Mas cuidava de esclarecer que, no prazo de 24 horas, quando a prisão fosse efetuada próxima à residência do juiz, ou no prazo razoável, o juiz deveria entregar ao acusado a nota de culpa por ele assinada, na qual deveria constar, além do *motivo da prisão*, os nomes de seu acusador e os das testemunhas, quando houvesse (art. 179, § 8º, segunda parte)[677].

O art. 179, § 9º, possuía duas partes. Na primeira, definia a regra de que, sendo afiançável o crime, estava garantido o *direito à liberdade provisória* mediante o seu pagamento, ao tempo em que, na segunda parte, assegurou o *direito de livrar-se solto*, independentemente do pagamento de qualquer quantia em dinheiro, quando a pena prevista para o crime não fosse superior a seis meses de prisão, ou então de *desterro para fora da Comarca*.

Restaram, assim, desde o início, firmadas três regras importantes: (i) primeiro, a prisão em flagrante servia para autorizar a detenção e, por outro lado, para justificar a prisão processual, sempre que o crime não fosse afiançável (direito à liberdade provisória) ou o acusado tivesse o direito de livrar-se solto; (ii) segundo, o direito à liberdade provisória, quando o crime fosse afiançável e ocorresse o pagamento; (iii) terceiro, duas hipóteses de prisão, uma sem ordem judicial, a em *flagrante delito*, e outra mediante ordem judicial, a *preventiva*.

O constituinte de 1891 não se afastou das diretrizes até então traçadas: (a) "À exceção do flagrante delito, a prisão não poderá executar-se senão depois de pronúncia do indiciado, salvo os casos determinados em lei, e mediante ordem escrita da autoridade competente" (art. 72, § 13); (b) "Ninguém poderá ser conservado em prisão sem culpa formada, salvas as exceções especificadas em lei, nem levado à prisão ou nela detido, se prestar fiança idônea nos casos em que a lei a admitir." (art. 72, § 14).

JÚNIOR, Walter Nunes da, *Curso de processo penal*: teoria (constitucional) do processo penal, capítulo 4, p. 193-216. Acerca do histórico do sistema prisional no direito constitucional brasileiro, op. cit., p. 801-809.

677 Note-se que não foi assegurado o direito de a prisão ou detenção ser comunicada ao juiz, mas sim ao preso.

A Constituição de 1934 modificou a redação da carta anterior[678]. Manteve a regra de que "Ninguém será preso senão em flagrante delito, ou por ordem escrita da autoridade competente, nos casos expressos em lei." (inciso 21 do art. 133)[679], ao passo que, na segunda parte, inaugurou a regra da necessidade, nesse caso, de que a prisão ou detenção fosse "... imediatamente comunicada ao Juiz competente, que a relaxará, se não for legal...". Não tratou o constituinte de definir qual seria o prazo dessa *comunicação imediata*. Por fim, foi mantida a regra de que "Ninguém ficará preso, se prestar fiança idônea, nos casos por lei estatuídos." (art. 133, inciso 21).

A Constituição de 1937, exatamente a que serviu de paradigma para a elaboração do atual Código de Processo Penal, pelo seu caráter ditatorial e policialesco, como era de se esperar, não tratou de contemplar, dentre os direitos fundamentais, limitações ao *poder de prender*. O direito de liberdade, em rigor, foi tratado em um único inciso do art. 122. A par de manter a nossa tradição constitucional de que, exceto na hipótese de flagrante "... a prisão não poderá efetuar-se senão depois de pronúncia do indiciado, salvo os casos determinados em lei e mediante ordem escrita da autoridade competente." (art. 122, inciso 11, primeira parte), ainda agregou que, mesmo sem culpa sumária, a pessoa presa em flagrante delito podia permanecer recolhida, "... em virtude da lei e na forma por ela regulada" (art. 122, inciso 11, primeira parte). Ademais, a Carta de 1937 foi omissa quanto à *fiança* e à necessidade da *comunicação imediata* da prisão, que eram garantias constitucionais.

A Constituição de 1946, de cunho liberal, embalada pela volta do movimento pós-guerra em prol da defesa dos direitos fundamentais, conferiu o destaque devido ao tema referente ao direito de liberdade. Manteve a tradição de que, com exceção de caso de prisão em flagrante, a prisão somente pode ser efetuada por "... ordem escrita da autoridade competente, nos casos expressos em lei." (art. 141, § 20). O

---

678 Como principal inovação, tornou defesa a decretação de prisão por dívidas, multas ou custas (art. 112, inciso 30), ademais de não ter feito ressalva quanto à prisão civil nos casos de depositário infiel e de inadimplemento de prestação alimentícia.

679 Retirou, porém, a exigência de que a permanência na prisão fosse condicionada à presença de culpa formada e a necessidade da pronúncia do indiciado para colocar, em seu lugar, a ordem escrita da autoridade competente. Certamente porque a intenção era que o tribunal do júri não continuasse a ser o procedimento ordinário, como era na sistemática do Código de Processo Criminal de 1832.

constituinte reeditou a regra de que "Ninguém será levado à prisão, ou nela detido, se prestar fiança permitida por lei." (art. 141, § 21), enquanto no § 22 restabeleceu a exigência a respeito da *comunicação imediata da prisão ou detenção à autoridade competente*, que deveria relaxá-la, quando ilegal[680].

A Constituição de 1967, editada para conformar a ordem constitucional com o regime ditatorial imposto com o Golpe Militar, rompeu com o viés liberal da Carta de 1946. De toda sorte, manteve a regra de que, com exceção da hipótese de prisão em flagrante delito, somente seria admissível medida cautelar detentiva em relação a alguém quando houvesse ordem escrita de autoridade competente (art.153, § 12, primeira parte). Sobre a fiança, contentou-se em dizer que "A lei disporá sobre a prestação de fiança" (segunda parte do § 12 do art. 153), deixando para o legislador infraconstitucional a plena regulamentação a respeito desse instituto. Preservou-se, contudo, a exigência da imediata comunicação da prisão, tendo o mérito de ressaltar que essa informação deveria ser prestada ao *juiz*, o que foi importante, uma vez que, até então, a garantia era de que a comunicação fosse feita à *autoridade competente*, o que podia ser definido pela lei como outra que não o magistrado.

A Constituição de 1988, com seu perfil democrático, cuja proteção aos direitos fundamentais é a sua espinha dorsal, tratou do tema da prisão como uma questão da mais alta sensibilidade e importância, a fim de evitar, na medida do possível, o cerceamento do direito de liberdade[681]. A regra fundamental da Constituição de 1988 é de que todos possuem o direito de liberdade, ainda que a pessoa tenha cometido algum delito. Só excepcionalmente é tolerada, como medida processual, que ocorra a supressão do direito de liberdade, sem que tal caracterize afronta ao princípio da presunção de não culpabilidade ou de inocência[682].

---

680 Seguindo os passos do constituinte de 1934, voltou a vedar a prisão civil por dívida, multa ou custas, todavia, ressalvou a possibilidade dessa espécie de prisão nos casos de *depositário infiel ou do responsável pelo inadimplemento de obrigação alimenta* (§ 32 do art. 141 da Constituição). Daí em diante, as Constituições posteriores mantiveram essas duas exceções, até o Supremo Tribunal Federal, enfim, considerar a prisão no caso de depositário infiel inconstitucional.
681 Cf. SAMPAIO JÚNIOR, José Herval; CALDAS NETO, Pedro Rodrigues. *Manual de prisão e soltura sob a ótica constitucional*. Rio de Janeiro: Forense; São Paulo: Método, 2009; e GEMAQUE, Sílvio César Arouck. *Dignidade da pessoa humana e prisão cautelar*. São Paulo: RCS Editora, 2006.

Pode-se afirmar que a Constituição de 1988 permite a distinção entre três institutos: (a) *direito à liberdade* (caput do art. 5º); (b) *direito à liberdade provisória com ou sem fiança* (art. 5º, LXVI); (c) *direito ao relaxamento da prisão* (art. 5º, LXV). O direito à liberdade é o gênero, enquanto os outros dois são espécies. Tem em mira garantir a todos os cidadãos, tenham ou não praticado crime, tenham sido ou não acusados pelo Ministério Público, a possibilidade de permanecer ou responder o inquérito ou processo em liberdade, até que sentença condenatória de origem criminal, trânsita em julgado, determine a sua prisão.

O direito à liberdade provisória, com ou sem fiança, tem como pressuposto fático a anterior prisão do acusado, que pode ter sido decorrente de flagrante delito ou ordem judicial. Não identificada, na hipótese de flagrante delito, a satisfação dos fundamentos expostos no art. 312 do CPP, ou desaparecidos, quando seja o caso de prisão preventiva, os fundamentos que autorizaram o encarceramento, o agente passa a fazer jus à liberdade provisória, com ou sem fiança.

De outro lado, o direito ao *relaxamento da prisão* (art. 5º, LXV), assim como se dá no direito à liberdade provisória, tem como precedente lógico anterior prisão, em quaisquer de suas espécies, porém ocorrida com vício de ilegalidade, seja por não se consubstanciar em nenhuma das situações insertas no art. 302, I/IV, do CPP, no caso de prisão em flagrante delito, ou então, na hipótese de ordem judicial, em razão da nulidade do decreto judicial ou por circunstância posterior, a exemplo do excesso de prazo.

Por fim, a Constituição de 1988, mantendo a tradição verificada no Direito Comparado e nacional, tratou de duas espécies de prisão, uma proveniente de ordem judicial, outra oriunda de prisão em flagrante.

6.2.3. Prisão no código de processo penal

A primeira redação emprestada ao art. 282 do Código de Processo Penal repetia o que dispunha a Constituição de 1937, dispondo que

---

682 Cf. SILVA JÚNIOR, Walter Nunes da, *Curso de processo penal*: teoria (constitucional do processo penal, p. 545-547. Ali se registra que, embora os reflexos do princípio da presunção de não culpabilidade tenham maior repercussão quanto ao ônus de o Ministério Público provar a culpabilidade do acusado, a referida cláusula também tem o condão de realçar a natureza cautelar e excepcional da prisão processual.

"À exceção do flagrante delito, a prisão não poderá efetuar-se senão em virtude de pronúncia ou nos casos determinados em lei, e mediante ordem escrita da autoridade competente."[683] Esse dispositivo deveria ter sido alterado a partir da nova disciplina trazida com a Constituição de 1946, que, acertadamente, não fez mais referência à decisão de pronúncia, mas apenas aos casos previstos em lei, porém o dispositivo permaneceu com a mesma redação.

De toda maneira, tendo sido aprovadas as Leis n°s. 11.719 e 11.689, ambas de 2008, que, respectivamente, revogaram o art. 594 e conferiu nova redação ao art. 413, § 3°, todos do CPP, ficou sem sentido o texto do então art. 282 do CPP, uma vez que a única prisão possível, mesmo quando decretada na sentença condenatória ou na decisão de pronúncia, passou a ser a preventiva, nos termos do art. 312 do CPP[684].

A incongruência só se verificou devido ao método da Reforma Tópica escolhido pelo legislador, o qual, ao que parece, não contou com a possibilidade, extremamente fatível, de que alguns dos sete projetos de lei fossem aprovados, em um momento, enquanto outros depois ou, até mesmo, nem isso[685]. A aprovação, em 2008, das Leis 11.719 e 11.689, sem que, ao mesmo tempo, merecesse a mesma atenção o PL 4.208, de 2001, deixou o art. 282 desfocado, o que só veio a ser solucionado com a vinda a lume da Lei n°. 12.403, de 2011.

Com a nova disciplina, o teor do então art. 282 do CPP foi transferido para o caput do art. 283[686], cuja redação vazada nos seguintes termos: "Ninguém poderá ser preso senão em flagrante delito ou por ordem escrita e fundamentada da autoridade judiciária competente, em decorrência de sentença condenatória transitada em julgado ou, no curso da investigação ou do processo, em virtude de prisão temporária ou prisão preventiva."

Tem-se, assim, que, em princípio, restou ratificada a ideia quanto à existência de dois tipos distintos de prisão processual: com ou sem

---

683 A referência à prisão com a pronúncia é porque, antes da edição do atual Código de Processo Penal, portanto, no regime do Código de Processo Criminal de 1832, o procedimento comum era o previsto para o júri.
684 Cf. item 5.1.9.8.3, supra.
685 Cf. item 3.2.1, em que exposta a crítica ao método da reforma tópica.
686 Atecnicamente, o § 1° do art. 283 do CPP preceitua regra aplicável a todas as espécies de cautelares tratadas no título, tornando defesa a aplicação de qualquer medida dessa natureza quando a infração não for punida isolada, cumulativa ou alternativamente com sanção privativa de liberdade. Por isso mesmo, esse assunto foi abordado no item 6.1.8, supra.

ordem judicial, aquela a prisão preventiva ou temporária, esta a em flagrante. Portanto, a prisão processual seria o gênero, cujas espécies seriam a flagrante, a preventiva e a temporária, o que, porém, como se verá no item seguinte, não se coaduna com a previsão contida no art. 310, II, do CPP, pois o flagrante é mais *detenção* do que propriamente *prisão*, ademais de não possuir natureza processual, senão administrativa, daí por que, ao receber o auto respectivo, deverá o juiz, se for o caso, decidir, fundamentadamente, se deve ser determinada, ou não, medida cautelar, que poderá ser, ou não, a prisão preventiva.

6.2.4. Prisão/detenção em flagrante: natureza jurídica

O Código de Processo Penal, obediente à tradição de nosso sistema e, até mesmo, à nomenclatura utilizada pela Constituição de 1988, chama de *prisão* em flagrante o recolhimento da pessoa que ocorre sem a prévia ordem judicial. Não se faz, portanto, pelo menos em termos terminológicos, a distinção importante entre *detenção* e *prisão*. Conforme visto, no Direito Comparado ressalta-se a diferença entre uma e outra situação, na medida em que, em rigor, *prisão* só quem determina é o *juiz*, de modo que, quando o recolhimento tem origem em situação de flagrante delito, o que se verifica, no caso, é a mera *detenção*, a qual poderá, ou não, converter-se em *prisão*, a depender de decisão judicial nesse sentido.

Mas as Constituições brasileiras jamais fizeram essa distinção, porquanto, de acordo com a literalidade da dicção normativa empregada, ao longo do tempo, pelo constituinte, o nosso sistema teria duas espécies de prisão processual, uma decorrente de ordem judicial, que seria a regra, enquanto a outra a exceção, sem prévia determinação jurisdicional, desde que a pessoa capturada em flagrante delito[687]. Certamente em razão dessa circunstância, a doutrina e a jurisprudência nacionais ademais de não cuidarem de realçar a diferença entre um e outro instituto, estimuladas pela forma como a matéria foi tratada na redação originária do Código de Processo Penal, firmaram passo na tese de que há dois tipos de prisão, aqui já mencionados, ambos de natureza acautelatória: (a) em flagrante delito e (b) com ordem judicial.

A lógica do sistema nacional seria a seguinte: como regra, na me-

---

[687] Item 6.2.2 supra.

dida em que a prisão caracteriza a flexibilização de um tipo de direito fundamental (a liberdade), para a sua validade exige-se a prévia e fundamentada decisão judicial, demonstrando a sua necessidade. Lembre-se que os direitos fundamentais, no ambiente do direito processual criminal, são garantias asseguradas à pessoa que está submetida a inquérito ou processo. A regra, portanto, é de que o inquérito ou o processo seja desenvolvido sem que a pessoa sofra restrição quanto a qualquer tipo de direito fundamental. Tendo em consideração as circunstâncias do fato e a necessidade de restrição de direito essencial declarado na Constituição, para que sejam atingidos os fins da persecução criminal, o direito fundamental, que não é absoluto, senão relativo, pode ser flexibilizado, contanto que haja prévia e fundamentada decisão judicial a respeito. Em princípio, apenas o juiz, no exercício de atividade jurisdicional[688] ou comissão parlamentar de inquérito (art. 58, § 3º, da Constituição) pode determinar a flexibilização de direito fundamental. A par disso em relação a três tipos de direitos fundamentais há o que a doutrina denomina *cláusula de reserva de jurisdição*, de modo que só a autoridade judiciária é autorizada pela Constituição. Esses três tipos são a inviolabilidade do domicílio (art. 5º, XI, da Constituição), a inviolabilidade das comunicações telefônicas (art. 5º, XII, da Constituição) e, exatamente, o direito de liberdade (art. 5º, LXI, da Constituição)[689].

Nesse particular, o direito de liberdade apresenta grande singularidade. Ao tempo em que quanto ao direito de liberdade, há a *cláusula de reserva de jurisdição*, de modo que sequer a comissão parlamentar de inquérito pode restringi-la, de outro lado, a Constituição permite que, no exercício do poder de polícia do Estado, a pessoa seja *presa/detida*, independentemente de prévia e fundamentada decisão judicial[690]. Essa excepcionalidade constitucional quanto à proteção do direito à liberdade, a permitir a sua flexibilização sem prévia ordem judicial, verifica-se nas hipóteses em que a prisão se dá na situação de

---

688 Portanto, se se trata de apuração levada a efeito pela corregedoria, como a hipótese não é de exercício de atividade jurisdicional propriamente dita, porém, administrativa, se houver a necessidade de flexibilização de um direito fundamental, não poderá fazê-lo, caso não haja prévia e fundamentada decisão de um juiz no desempenho de função judicante típica.
689 Cf. SILVA JÚNIOR, Walter Nunes da. *Curso de processo penal*: teoria (constitucional) do processo penal, p. 295-312.
690 Cf. Ibid., p. 313-314.

flagrante delito, conforme regulamentação do legislador infraconstitucional[691].

Malgrado em tudo diferente da prisão preventiva, uma vez que não subordinada aos requisitos e fundamentos plasmados no art. 312, caput, do Código de Processo Penal, senão a uma das situações fáticas previstas nos incisos do art. 302 do mesmo ordenamento jurídico, o flagrante foi tratado pelo legislador como uma das espécies de prisão processual, o que levou a doutrina a concebê-lo com essa natureza jurídica.

Acontece que esse entendimento dogmático tinha razão de ser, conforme já destacado, apenas quando da redação originária do Código de Processo Penal, pois, nessa época, a circunstância em si de uma pessoa ser presa em flagrante era a justificativa para que fosse mantida na prisão, salvo no caso de crime afiançável ou em que o acusado tem o direito de livrar-se solto[692].

Todavia — repita-se —, essa era a orientação inicial do CPP. Mas houve alteração substancial a esse respeito, introduzida por meio da Lei nº. 6.414, de 1977, conforme já foi exposto linhas acima, mais precisamente no item 6 deste livro. A lei em referência introduziu um parágrafo único ao art. 310 do Código de Processo Penal, para dizer que, ocorrida a prisão em flagrante, independentemente de o crime ser afiançável ou não, a manutenção da prisão somente deverá ocorrer quando houver um dos motivos para a decretação da prisão preventiva. Ou seja, a prisão em flagrante, daí em diante, deixou de possuir um fim em si mesma, ou melhor, deixou de possuir a natureza de medida cautelar detentiva. A partir de então, a situação de flagrante delito passou a justificar, apenas, a captura da pessoa, cuja prisão propriamente dita só será determinada pelo juiz quando, ao exame do respectivo auto, este verificar os fundamentos para a decretação da prisão preventiva.

Dessa forma, assim como estabelecido no sistema alemão e espanhol, a autoridade policial, quando surpreende alguém em flagrante delito, não realiza, propriamente, a *prisão*, mas a *detenção*, cabendo-

---

691 A prisão em flagrante pode ser efetuada, até mesmo, por qualquer do povo, que na hipótese, por delegação legal, age como *fiscal do Estado* (art. 301 do Código de Processo Penal). Enquanto para o agente do estado a prisão em flagrante é um dever, para qualquer do povo constitui uma *faculdade*.
692 Essa regra, que foi concebida na redação originária do CPP, está bem esmiuçada no item 6, supra.

lhe, incontinenti, comunicar o fato ao juiz, que é o legitimado para decretar medida cautelar, que pode ser detentiva (prisão) ou não (alternativa), quando faz a devida conversão, ou conceder a liberdade provisória.

Por isso mesmo, deixamos consignado no livro *Curso de direito processual penal*: teoria (constitucional) do processo penal, o seguinte entendimento[693]:

> Assim, em verdade, a autoridade policial ou quem as suas vezes fizer não efetua ou decreta a prisão de quem quer que seja, mas apenas, quando flagra alguém no momento da prática do ilícito, efetua ou faz a detenção do agente. Ocorrida esta, é feita a comunicação do fato ao juiz e ele, após ouvir o preso, decide se decreta, ou não, a prisão. Veja que o magistrado não é chamado para dizer se mantém a prisão. Ele intervém para transformar, ou não, a detenção em prisão. Se entender que não deve decretá-la, o julgador determina a soltura do preso.

A despeito desse entendimento, era comum, nos casos de flagrante delito, o juiz, ao receber os autos respectivos, singelamente, quando não era o caso de relaxamento da prisão, cuidar, apenas, de homologar a *prisão*, ou seja, de dar respaldo ao ato administrativo consistente na *detenção*, sem qualquer fundamentação com suporte no art. 312 do CPP, sobre a sua necessidade. Paradoxalmente, quando era o caso de manutenção da prisão, a decisão, homologatória, não continha fundamentação, ao passo que, na hipótese de concessão da liberdade provisória, invariavelmente condicionada a requerimento da defesa, ou de relaxamento da prisão, aí, sim, o juiz tratava de expor os motivos que orientavam a sua posição.

Ora, se no flagrante delito não há, propriamente, *prisão*, mas sim *detenção*, até porque, seja como for, a pessoa para ser *levada à prisão* requer a demonstração da necessidade da decretação de sua prisão preventiva, parece óbvio que o certo seria o juiz, ao receber o respectivo auto, proceder a exame detalhado, a fim de verificar se é o caso, ou não, de transformar a *prisão/detenção* em flagrante na *prisão preventiva*.

Até porque, impõe-se indagar: a prisão preventiva é administrativa ou judicial? Ora, cabe lembrar que o flagrante se trata de hipótese em que a *prisão/detenção* ocorre sem ordem judicial, ou seja, ela não é

---

[693] Op. cit., p. 875-876.

judicial, o que a diferencia da que é feita com determinação do juiz, essa, sim, de caráter jurisdicional. Desenganadamente, trata-se de uma espécie de *autodefesa* da sociedade, com clara natureza de *ato administrativo*, ainda quando efetuada por um do povo, pois, nesse caso, por delegação normativa, pauta seu agir como *fiscal do estado*[694]. Se o ato de prender em flagrante não é jurisdicional, ele é, obviamente, administrativo, de modo que, nada obstante o que consta da parte final do inciso LXI do art. 5° da Constituição, existe outra espécie de prisão/detenção administrativa[695].

No afã de dar suporte à tese da natureza processual da prisão em flagrante, Tourinho Filho[696] reconhece que ela é uma *prisão-captura* oriunda do poder de polícia do Estado, porém, "... depois de efetivada a prisão e de lavrado o respectivo auto, a prisão em flagrante pode converter-se e se convolar numa verdadeira medida cautelar." Sem se preocupar com essa nuance, Mirabete[697] afirma que "A prisão em flagrante é um ato administrativo, como deixa entrever o artigo 301, uma medida cautelar de natureza processual que dispensa ordem escrita e é prevista expressamente pela Constituição Federal (art. 5°, XLI)."[698].

Não parece procedente o pensar de Mirabete. Se a prisão em flagrante é ato administrativo, não é possível que, a um só tempo, tam-

---

694 O art. 301 do CPP preceitua que "Qualquer do povo poderá e as autoridades policiais e seus agentes deverão prender quem quer que seja encontrado em flagrante delito." Ou seja, em relação ao agente policial, a prisão/detenção em flagrante é um dever, enquanto para o do povo é uma faculdade, que age como fiscal do Estado.
695 Assevera, com acerto, Tourinho Filho que, mesmo quando o juiz efetua a prisão em flagrante, ainda assim, essa medida não perde a sua natureza de ato administrativo, até porque, nesse caso, ele está exercendo uma função administrativa, e não jurisdicional (*Processo penal*, p. 424).
696 Ibid., p. 424.
697 *Processo penal*, p. 370.
698 Afrânio Silva Jardim registra que após a edição da Lei n° 6.414, de 1977, que acrescentou o parágrafo único ao art. 310 do Código de Processo Penal, a prisão preventiva passou a ostentar indisfarçável natureza cautelar (*Direito processual penal*, p. 259). Por sua vez, José Frederico Marques, mesmo antes da lei em referência, já defendia que a prisão em flagrante possuía *destacado aspecto de medida cautelar*, pois "Com a captura e a detenção do réu, não só se tutela e se garante o cumprimento ulterior da lei penal, mas também garantida fica a colheita imediata de provas e elementos de convicção sobre a prática do crime." (*Elementos de direito processual penal*, v. 4. p. 74).

bém seja considerada espécie de medida cautelar processual: ou é uma coisa ou outra.

A distinção defendida por Tourinho Filho é importante, e auxilia na tese que aqui se defende. Efetivamente, temos duas fases bem distintas: a primeira, que diz respeito à prisão-captura, de ordem administrativa, e a segunda, estabelecida no momento em que se faz a comunicação ao juiz, de natureza processual, quando a transformação do flagrante em medida cautelar somente deve ocorrer se presente um dos fundamentos do art. 282, I, do CPP, cabendo, ainda, conforme o inciso II do mesmo artigo, a definição quanto a sua espécie, se detentiva, ou não.

Tendo em consideração que para todos os efeitos somente quem pode determinar a prisão é o juiz, mediante decisão *escrita e fundamentada*, a despeito da nomenclatura utilizada pelo constituinte, o que a autoridade policial ou qualquer do povo tem autorização constitucional para fazer é a *detenção* do agente, quando este for flagrado no momento em que está praticando a ação delituosa[699]. Dessa forma, ao ser encaminhado o auto de prisão em flagrante, a missão do juiz não se resume em *homologar* ou *manter* a detenção, deve decidir se é o caso, ou não, por meio de decisão, de convertê-la em (em verdade decretar a) *prisão preventiva*, como, aliás, está claro no art. 310, II, do CPP[700].

Com isso, se quer dizer que não há, propriamente, uma prisão em flagrante como espécie de medida acautelatória processual penal. O flagrante delito ademais de ser a *mera detenção*, justifica apenas esta, não a *prisão*. É apenas a detenção do agente, a fim de que o juiz, conforme seja, decida se a pessoa deve *ser levada à prisão*, ou não, o que evidencia que não se trata de espécie de medida cautelar penal.

Aqui cabe transcrever essa tese que sustentamos em outra obra, especialmente na parte em que se ressalta a sua serventia para explicar o preceito constitucional que assegura ao acusado o *direito de não ser levado à prisão*, quando for o caso de liberdade provisória ou de livrar-se solto:

> ... tecnicamente, a autoridade ou agente policial ou o do povo não prende a pessoa que é surpreendida em flagrante delito, mas apenas faz a sua detenção. Esse entendimento também deixa patente que o juiz não pode, ao receber o auto de prisão em flagrante, dizer, laconi-

---

699 Cf. 6.2.4, supra.
700 Cf. item 6.2.4.1.5.3, infra.

camente, que mantém a prisão. Ele terá de proferir, se for o caso, decisão fundamentada de decretação da prisão preventiva, transformando, dessa forma, aquela medida administrativa de detenção em prisão processual.

(...)

A tese aqui sustentada, por outro lado, serve para resolver um problema que emerge da leitura do inciso LXVI do art. 5º da Constituição. Com efeito, ao catalogar dentre os direitos fundamentais a garantia de que o cidadão tem o direito à liberdade provisória, com ou sem fiança, o constituinte comete uma aparente impropriedade, ao dizer que, sempre que tiver o direito de responder o processo, solto, o cidadão não deverá ser levado à prisão. Ora, se a pessoa, por expressa disposição constitucional, não deve ser levada à prisão quando ela tem o direito à liberdade provisória, como então ela pôde ser presa em flagrante delito pela polícia, sendo, por conseguinte, levada à prisão, nas hipóteses em que o magistrado, comunicado — como deve ser — sobre o caso, ao fazer o seu estudo, entender que aquela deva ser solta? Nesse caso, teria a autoridade policial descumprido a cláusula constitucional, pois ela teria levado à prisão quem, posto ter sido reconhecido o direito à liberdade provisória, não deveria. Ademais, outra indagação se impõe: se o exame quanto ao direito à liberdade provisória, como aqui já foi dito, nesses casos de prisão em flagrante delito, pressupõe uma prisão válida, processada sem vícios formais, como cumprir a garantia constitucional que diz assegurar o direito de a pessoa, nessa hipótese, não ser levada à prisão? O impasse dogmático é evidente: o direito à liberdade provisória pressupõe que a pessoa tenha sido presa legalmente, enquanto a Constituição diz que a pessoa que detém esse direito à liberdade provisória não pode ser levada à prisão.

O problema dogmático é resolvido na medida em que se entender, como aqui está sendo defendido, que o flagrante delito não acarreta a prisão do agente, mas apenas a sua detenção. Dessa forma, a prisão em flagrante não tem a propriedade de levar o agente à prisão, mas apenas de detê-lo para que o juiz, este sim, decida a sua sorte, devendo, porém, deixar de prendê-lo, ou seja, não levá-lo à prisão, quando ele tiver o direito à liberdade provisória, com ou sem fiança.

Com o que foi dito, resta patente que a natureza jurídica da prisão em flagrante é de ato administrativo tão somente, não possuindo, por conseguinte, natureza jurisdicional, o que, por via de consequência, infirma qualquer pretensão de querer situá-la como medida processual acautelatória com a qual se determina a prisão de alguém, pois ela serve, apenas, para a detenção, devendo, a consequência daí decorrente, relaxamento da prisão, decretação da prisão preventiva ou concessão de liberdade provisória, ser analisada e decidida pelo juiz.

Ao contrário do que pode parecer, essa não se trata de uma questão bizantina, sem importância prática. Não é razoável que em um sistema democrático, com esteio na dignidade da pessoa humana que tem o direito da liberdade como farol, admita-se que alguém seja mandado ou mantido no cárcere sem amparo em uma decisão fundamentada de autoridade judiciária. Ademais, nos mutirões carcerários, ação promovida pelo Conselho Nacional de Justiça por meio do Departamento de Monitoramento e Fiscalização do Sistema Carcerário — DMF,[701], verificou-se que os casos mais agudos de prisão desnecessária residiam exatamente quando, ocorrida a prisão em flagrante, a situação não era analisada pelo juiz competente quanto à presença dos fundamentos da prisão preventiva, uma vez que o exame, via de regra, consistia, apenas, em verificar a legalidade, ou não, do ato administrativo, para, então, decidir pela sua homologação[702]. A eventual análise percuciente do juiz a respeito da existência, ou não, dos fundamentos para a decretação da prisão preventiva, ficava condicionada à existência de pedido de liberdade provisória, manejado pela defesa, o que raramente ocorria quando se tratava de pessoa integrante das camadas sociais mais carentes.

Ou seja, na sistemática de então, quando a prisão/detenção decorria de flagrante delito, a pessoa, salvo quando havia pedido de conces-

---

[701] Na tentativa de obviar essa situação, o Conselho Nacional de Justiça, sem se imiscuir na polêmica sobre ser a hipótese de conversão, ou não, da prisão em flagrante em preventiva, à época, editou a Resolução n°. 66, de 27 de janeiro de 2009, cujo art. 1° está assim redigido: "Ao receber o auto de prisão em flagrante, o juiz deverá, imediatamente, ouvido o Ministério Público nas hipóteses legais, fundamentar sobre: I — a concessão de liberdade provisória, com ou sem fiança, quando a lei admitir; II — a manutenção da prisão, quando presentes os pressupostos da prisão preventiva, sempre por decisão fundamentada observada a legislação pertinente; ou III — o relaxamento da prisão ilegal."
[702] Em caso de grande repercussão nacional, envolvendo uma pessoa do sexo feminino e de menor, que ficou recolhida junto a homens em uma unidade prisional no interior do Pará, reiteradas vezes abusada sexualmente, a prisão tinha sido em flagrante delito e, nada obstante fosse a hipótese de tentativa de furto de um bem de primeira necessidade, o que, no mínimo, tornava inviável a prisão preventiva, a juíza apenas homologou a prisão/detenção.

são de liberdade provisória, ficava encarcerada sem que houvesse decisão judicial fundamentada demonstrando a necessidade de que permanecesse na prisão. Não havia propriamente decisão, quando muito mera homologação, sem a devida fundamentação, muito embora o flagrante represente hipótese de restrição de direito fundamental da magnitude do direito à liberdade. Além de não haver decisão fundamentada, o mais interessado nessa história toda, o preso, não tinha a oportunidade de exercer o contraditório, ou seja, de ser ouvido antes de o juiz decidir a respeito[703].

A Lei n°. 12.403, de 2011, porém, colocou a última pá de cal nesse debate. Com a nova redação emprestada ao caput do art. 310 do Código de Processo Penal, editou norma cogente nos seguintes termos: "Ao receber o auto de prisão em flagrante, o juiz deverá fundamentadamente: I — relaxar a prisão ilegal; ou II — converter a prisão em flagrante em preventiva, quando presentes os requisitos constantes do art. 312 deste Código, e se revelarem inadequadas ou insuficientes as medidas cautelares diversas da prisão; ou III — conceder a liberdade provisória, com ou sem fiança.

Resta claro, portanto, que, agora, por expressa previsão normativa, o juiz, ao receber o auto de prisão em flagrante, caso entenda que a pessoa deve ficar recolhida na prisão, não pode mais se contentar em homologar a *detenção* ou o ato administrativo levado a seu conhecimento por meio do respectivo auto, pois terá de proferir *decisão fundamentada*, justificando a conversão da prisão/detenção em flagrante em medida cautelar, que poderá, subsidiariamente, ser a prisão. Em outras palavras, terá, se for o caso, de decretar, com a exposição relativa aos fundamentos, a prisão, assim como vários juízes já faziam, mesmo antes da alteração aqui em foco.

Mas não é só. Mantendo a coerência sistêmica decorrente do princípio da subsidiariedade da prisão preventiva como medida cautelar[704], deverá o magistrado, na decisão na qual proceder à conversão do flagrante em prisão preventiva, expor fundamentação quanto à *inadequação ou insuficiência* das medidas cautelares diversas da prisão[705].

---

703 Sobre a garantia da oportunidade de contraditório prévio antes da decisão do juiz sobre o flagrante delito, encartada com essa segunda etapa da Reforma Tópica, cf. item 6.2.4.1.5.1, infra.
704 Cf. item 6.1.5, supra.
705 Cf. item 6.2.4.1.5.3, infra.

6.2.4.1. Procedimento da prisão/detenção em flagrante

Uma das principais funções do Estado é garantir a segurança das pessoas, a vida social em harmonia e ordem, sendo esse dever cumprido mercê do exercício daquilo que a doutrina convencionou denominar *poder de polícia*. Na perspectiva moderna, os direitos fundamentais, a par de importarem em limitação ao *dever-poder de punir*, enviam para o Estado o *dever-poder de proteção* dos direitos mais caros à sociedade, de modo a coibir as ações ilícitas praticadas contra a vida, a inviolabilidade física e psíquica, a honra, a imagem, a intimidade, ao patrimônio etc. O poder de polícia, assim, para todos os efeitos, é mais um *dever* do que um *poder*, o qual, em verdade, vai além da segurança pública, porquanto esta é, apenas, uma de suas modalidades[706]. Quanto à segurança pública, esse poder de polícia se apresenta sob duas espécies: *polícia administrativa ou ostensiva e polícia judiciária*. A primeira "... possui como escopo impedir as transgressões às normas jurídicas e manter a ordem pública, mediante a intervenção nas relações, com a finalidade de evitar ou sustar a ocorrência de ilícitos"[707], enquanto a segunda, "impropriamente conhecida como polícia judiciária, ocupa-se em investigar os crimes que escaparam do patrulhamento preventivo e interventivo da polícia administrativa."[708]

Como no âmbito criminal, ainda que os direitos fundamentais sejam observados apenas quanto a sua função de limitar o exercício do *dever/poder de punir do Estado*, sendo válida essa assertiva para todo e qualquer poder de polícia, em relação aos órgãos que se ocupam em desenvolver os atos de *polícia ostensiva e de preservação da ordem* há

---

[706] "Com o que vem de ser dito, nota-se que essa atividade de polícia do Estado, que vai além da questão afeta propriamente à segurança pública, que é uma de suas modalidades, tem duas dimensões: (1) uma relativa às pessoas, na medida em que concede tutela à vida, à honra, à liberdade e ao patrimônio, bem como aos direitos e interesses valorados pelo sistema jurídico, pertencentes ao ser humano não apenas em razão dessa condição, mas também tendo em consideração a vida da pessoa em sociedade. Sob outra perspectiva, (2) o poder de polícia leva em consideração a figura do Estado, dimensão na qual esse atributo estatal "... tutela a livre função dos órgãos públicos, a honra, o patrimônio e todos os demais direitos e interesses respeitáveis, ao mesmo tempo que garante, principalmente, a própria existência do Estado e de sua forma de governo." (SILVA JÚNIOR, Walter Nunes da. *Curso de processo penal*: teoria (constitucional) do processo penal, p. 309).
[707] Ibid.
[708] Ibid.

um tratamento especial, até porque, nesse caso, a atividade estatal não é levada a efeito com a finalidade de punir, porém de prevenir ou sustar a prática de um delito, ademais de ser desempenhada em situações que exigem imediata intervenção. Seria surreal que, em caso de flagrante delito, tendo em conta que a liberdade é um direito fundamental, para deter a pessoa, a autoridade policial tivesse, antes, de ser autorizada por decisão fundamentada de um juiz.

Por conseguinte, nos termos do art. 5º, LXI, a Constituição garante que, de regra, para a validade da prisão de alguém, exige-se ordem escrita e fundamentada de juiz, porém, excepcionalmente, quando for hipótese de flagrante delito, a polícia ostensiva ou qualquer do povo pode, independentemente de autorização judicial, efetuar a prisão/detenção.

O constituinte de 2008, no afã de evitar arbitrariedades e permitir maior controle dessa situação excepcionalíssima, em que a pessoa tem o seu direito de liberdade restringido mesmo sem ordem judicial, elencou formalidades a serem observadas na hipótese de prisão/detenção em flagrante, a ponto de não ser desproposidado falar-se na existência, a esse respeito, de um catálogo de direitos específicos para a proteção ao direito de liberdade, todos eles de cumprimento obrigatório, sob pena de considerado inválido perante a ordem jurídica, a denotar o direito ao relaxamento da prisão.

Esse catálogo de direitos referentes aos aspectos formais do flagrante delito são os seguintes: (1) comunicação imediata, não só ao juiz competente, como também à família ou pessoa indicada, da ocorrência da detenção, com informação do local no qual está recolhida a pessoa (art. 5º, LXII); (2) informação ao detido dos seus direitos, especialmente o de permanecer calado (art. 5º, LXIII, primeira parte); (3) assistência jurídica e familiar (art. 5º, LXIII, segunda parte); (4) identificação do responsável pela prisão ou pelo interrogatório policial (art. 5º, LXIV); (5) relaxamento imediato da prisão ilegal (art. 5º, LXV); (6) não ser levado à prisão, quando tiver o direito à liberdade provisória, com ou sem fiança (art. 5º, LXVI); (7) ser encaminhado para estabelecimento adequado (art. 5º, XLVIII e L); e (8) respeito à integridade física e moral (art. 5º, XLIX).

Na Reforma Tópica contida na Lei nº. 12.403, de 2011, o legislador cuidou de três desses direitos[709]: (a) direito à separação dos presos

---

[709] Sobre esse catálogo de direitos referentes à prisão/detenção em flagrante, cf. SILVA JÚNIOR, Walter Nunes da, *Curso de processo penal*: teoria (constitucional) do processo penal, p. 882-894.

provisórios em relação aos definitivos e dos militares a recolhimento ao quartel da instituição a que pertencer (art. 300, caput e parágrafo único); (b) direito à comunicação imediata ao juiz competente, ao Ministério Público e à família do preso ou à pessoa por ele indicada (art. 306, caput); (c) direito à assistência jurídica. Esse catálogo de direitos será, a seguir, esmiuçado.

6.2.4.1.1. Recolhimento separado do preso provisório das pessoas presas definitivamente

O inciso XLVIII do art. 5º da Constituição determina que, quando do recolhimento ao cárcere, seja promovida a separação dos presos, levando em consideração a natureza do delito, a idade e o sexo da pessoa. À primeira vista, até parece que o comando normativo em destaque fora redigido tendo como foco os presos condenados. Mas resta claro que se aplica, até com mais razão, aos presos provisórios, especialmente aqueles recolhidos a título precaríssimo, como se dá em caso de prisão/detenção em flagrante delito. A garantia do direito ao preso provisório de ficar recolhido em local separado do destinado aos presos definitivos tem em mira, notadamente, prevenir para que a estada daquele não se preste para desenvolver a sua potencialidade criminógena, assim como para evitar que os presos, a mais tempo recolhidos e com o sentimento de permanência por espaço temporal considerável, invariavelmente mais organizados e/ou adaptados ao sistema prisional, venham a se sobrepor aos presos provisórios ou temporários.

Em outra oportunidade, sustentamos a seguinte posição[710]:

> Deve-se ter em consideração que a detenção em flagrante delito exige, como formalidade para a sua plena legalidade, que a autoridade policial cuide de encaminhar o detido para o estabelecimento adequado (art. 5º, XLVIII e L). Se o agente, flagrado quando da prática do ilícito, é apenas preso ou detido provisório, não pode ser encaminhado para estabelecimento criminal onde estão recolhidos aqueles que já foram condenados de forma definitiva pelo Poder Judiciário. Mesmo antes da Constituição de 1988, a Lei de Execução Penal tratou de anunciar, peremptoriamente, que "O preso provisório ficará

---

[710] SILVA JÚNIOR, Walter Nunes da, *Curso de processo penal*: teoria (constitucional) do processo penal, p. 886-887.

separado do condenado por sentença transitada em julgado." (art. 84, caput). Para tanto, mais adiante, após reservar os estabelecimentos denominados *penitenciária* e *colônia agrícola, industrial ou similar* para o cumprimento da pena dos condenados (art. 87 e 91), o legislador infraconstitucional esclareceu que "A Cadeia Pública destina-se ao recolhimento de presos provisórios." (art. 102).
Por conseguinte, para a regularidade formal da detenção em flagrante delito, é preciso que o detido seja encaminhado pelo delegado de polícia para o *estabelecimento adequado*, o que é definido na Lei de Execução Penal como sendo a *cadeia pública*.

A reforma regulamentou esse direito fundamental com a redação determinada para o art. 300 do CPP, assim dispondo: "As pessoas presas provisoriamente ficarão separadas das que já estiverem definitivamente condenadas, nos termos da lei de execução penal." A separação do preso provisório, portanto, passou a ser imperativa, pois, na redação anterior, o art. 300 dizia que isso deveria ocorrer *sempre que possível*[711]. Aqui cabem duas anotações preliminares.

O primeiro aspecto a ser destacado é que o comando normativo não é direcionado, apenas, para a hipótese em que ocorre a prisão/detenção em flagrante, mas a toda e qualquer situação em que há o encarceramento de alguém, sem que haja sentença condenatória transitada em julgado. Portanto, a norma se aplica, igualmente, aos casos em que a prisão é oriunda de decisão judicial, seja na qualidade de preventiva, que pode ser feita, inclusive, na sentença condenatória ou na decisão de pronúncia, seja na de prisão temporária.

A segunda questão é que não houve, propriamente, nenhuma novidade, na medida em que ocorreu, apenas, a repetição, com outras palavras, do que consta no art. 84, caput, da Lei de Execução Penal, sem que, com isso, se queira, aqui, dizer que o legislador não deveria ter feito a alteração do art. 300, até porque recomendável, a fim de que o assunto, assim como na lei extravagante, seja tratado, nos mesmos termos, no Código de Processo Penal.

Em verdade, conforme determinado pelo art. 102 da LEP, o preso provisório deve ser recolhido em cadeia pública. Uma das finalidades

---

711 O dispositivo era redigido da seguinte forma: "art. 300. Sempre que possível, as pessoas presas provisoriamente ficarão separadas das que já estiverem definitivamente condenadas." A Lei n. 12.403, como expendido a seguir, incluiu um parágrafo único ao art. 300, a fim de estabelecer norma específica para o preso que ostenta a condição de militar.

a ser atingida com a conservação do preso provisório em cadeia pública, além de mantê-lo distante de quem já foi condenado, é deixá-lo "... em local próximo ao seu meio social e familiar." (art. 103, segunda parte, da Lei de Execução Penal). Observe-se ainda que, por imposição legal, cada comarca deve possuir, pelo menos, uma cadeia pública (art. 103, primeira parte, da Lei de Execução Penal). Infelizmente, a norma não é cumprida pelo poder público.

Há uma carência muito grande de estabelecimentos carcerários sob a modalidade de cadeia pública, o que levou à praxe, inadequada, de proceder-se ao recolhimento de presos provisórios em penitenciárias ou em delegacias[712]. A situação era tão grave que, conforme dados do Conselho Nacional de Justiça, no início de 2010, havia no país 56.414 mil presos em delegacias[713]. Essa forma de remediar o problema ocasiona outros mais graves. De um lado, compromete o trabalho investigatório dos agentes policiais, que precisam compartilhar a função de *polícia judiciária* com a de *guarda de presos*. De outro, facilita as fugas e o resgate de presos, pois as delegacias não são construídas para o recolhimento de pessoas, razão pela qual não obedecem aos padrões de segurança para o encarceramento, mas apenas para a custódia durante o período necessário à lavratura do flagrante e, até mesmo, a conversão, ou não, em prisão preventiva. As fugas de delegacias são frequentes, da mesma forma como os resgates de presos[714]. Essa situação melhorou muito, a partir do trabalho do Conselho Nacional de Justiça desenvolvido nos mutirões carcerários e pelo fato de o referido órgão ter estabelecido, para 2010, a política de meta zero de presos em delegacias.

Espera-se que a norma seja cumprida e, ademais, o juiz, ao receber o auto de prisão em flagrante, verifique qual o local em que a pessoa

---

712 Em alguns estados, porém, o problema persiste, a ponto de o assunto ainda ser pauta dos meios de comunicação. Em outros, simbolicamente, o prédio que tinha o nome de *delegacia* passou a ser denominado *cadeia pública*. Cf. http://www.cnj.jus.br/programas-de-a-a-z/detentos-e-ex-detentos/pj-mutirao-carcerario/relatorios. Acesso em: 24 ago 2011.

713 Os estados com maior número de presos em delegacias eram respectivamente: Paraná (15.274; Minas Gerais (11.326); São Paulo (9.400) e Bahia (6.069) cf. (http://www.cnj.jus.br/noticias/8607-presidente-do-cnj-afirma-que-2010-sera-o-ano-da-justica-criminal. Acesso em: 24 ago 2011.)

714 Nas palavras do Conselho Nacional de Justiça, "preso em delegacia é sinônimo de superlotação, tortura, fuga, resgate de presos e repercute diretamente na segurança pública." (http://www.cnj.jus.br/noticias/8607-presidente-do-cnj-afirma-que-2010-sera-o-ano-da-justica-criminal. Acesso em: 24 ago 2011.)

está detida. Na hipótese de ser feita a conversão da *prisão/detenção* em *prisão preventiva*, o juiz, assim como faz na sentença condenatória, deve dizer em qual estabelecimento criminal, destinado a preso provisório, deve ser recolhida a pessoa[715]. Se assim não for, a norma não terá eficácia, ademais de a garantia constitucional, regulamentada pelo legislador infraconstitucional, continuar a ser descumprida. Admite-se que, diante das singularidades de cada Estado, o juiz, na decisão, não especifique o local propriamente dito, mas, desde logo, deixe ressaltado que o recolhimento do preso provisório deverá ser separado de onde estão os presos definitivos, ademais de determinar que, tão logo cumprido mandado de prisão, comunique ao juízo em qual unidade prisional está o preso.

O legislador se preocupou, ainda, com a peculiaridade do preso que ostenta a condição de militar, pelo que cuidou de explicitar, no parágrafo único do art. 300 do CPP: "O militar preso em flagrante delito, após a lavratura dos procedimentos legais, será recolhido a quartel da instituição a que pertencer, onde ficará preso à disposição das autoridades competentes."

Verifica-se, aqui, a incoerência entre o conteúdo do caput do art. 300 e o de seu parágrafo único. Em compasso com o exposto linhas acima, a norma do caput contempla regra pertinente a todo e qualquer tipo de detenção ou prisão que não seja definitiva. A do parágrafo único, ao contrário, refere-se, especificamente, ao *preso em flagrante delito*. Até por questão de ordem lógica, impõe-se entender que o comando normativo do parágrafo único é aplicável, igualmente, a toda e qualquer hipótese em que o recolhimento à prisão não seja decorrente de cumprimento de pena imposta em sentença condenatória transitada em julgado.

De outro lado, em que pese a tentativa de apresentar solução normativa à situação do preso militar que, por motivos óbvios, não deve ficar recolhido no mesmo ambiente em que estão os demais presos, a efetiva situação que se pretendeu tutelar com a norma não está bem explicitada[716]. O problema em si não é a circunstância de o preso provisório ainda integrar os quadros da instituição militar enquanto está recolhido. Não é rara a situação em que a pessoa, quando ocorre a prisão, integra os quadros da corporação castrense, porém, pouco tempo

---

715 Art. 310, II, do CPP.
716 O parágrafo único do art. 300 do CPP não constava da proposta apresentada pela Comissão de Reforma.

depois, exatamente em razão dessa circunstância, vem a ser expulsa da instituição.

E aí, perdida a patente, mesmo sendo preso provisório, o ex-militar deve ser recolhido junto aos demais presos? Naturalmente que não. Em qualquer presídio que se visite vemos, mesmo em relação aos presos definitivos, a separação de ex-integrantes de instituições policiais dos demais presos.

Ademais, inúmeras outras categorias profissionais merecem a mesma distinção. Um policial civil, por exemplo, que não estaria protegido pela norma, em princípio, não é colocado no meio dos demais presos, o mesmo ocorrendo com ex-membros do Ministério Público e da magistratura[717].

Ao que parece, a norma expressou mais o interesse corporativo da alta hierarquia militar quanto ao direito de o recolhimento se verificar no quartel do que o do militar de não ficar preso em qualquer unidade prisional. Essa conclusão se torna mais acertada quando analisado, com mais atenção, o que dispõe o parágrafo único do art. 300 do CPP. Com efeito, o direito assegurado pela regra jurídica em destaque não se restringe ao recolhimento *em quartel*, pois confere a garantia de que esse recolhimento seja *no quartel da instituição a que pertencer*. Ou seja, o militar tem o direito de ficar recolhido sob a autoridade de seus superiores.

Por conseguinte, tendo o militar praticado o crime em unidade da federação diversa daquela na qual exerce suas funções, ainda assim, o seu recolhimento haverá de ser no local da sede da corporação militar na qual é lotado. A norma, como se vê, foi longe demais, no sentido de preservar a autoridade dos superiores do militar preso, em detrimento, até mesmo, da instrução do processo, em um país das dimensões territoriais do Brasil.

6.2.4.1.2. Comunicação imediata ao juiz, à família ou pessoa indicada pelo detido

Se o flagrante é uma situação excepcional em que se admite a flexibilização de um direito fundamental sem que, antes, haja prévia autorização judicial, natural que isso venha a merecer especial atenção por parte do constituinte, a fim de evitar que ocorram arbitrariedades e que, acaso ocorridas, não se possa, de imediato, saná-las. Para tanto,

---

717 Cf. item 6.2.5.2.2, infra.

é imprescindível que o assunto seja levado ao conhecimento do Judiciário, o que, via de regra, não pode ser feito pelo titular do direito de liberdade, uma vez que está encarcerado, sem poder, ele próprio, buscar a proteção jurídica.

A Constituição alemã não estipula um prazo para que a autoridade responsável pela privação do direito de liberdade, quando flagra alguém na prática de um delito, faça a devida comunicação ao Judiciário, mas diz que essa comunicação ao juiz tem de ser feita sem demora, a par de garantir, ainda, que, até o dia seguinte, deve ser providenciada a oitiva do preso (*direito de audiência*) em juízo (art. 104, 2, segunda e terceira partes).

A Constituição da Espanha também, ainda que indiretamente, confere o direito ao detido de ser ouvido imediatamente pelo juiz, pois naquele sistema jurídico uma das finalidades do habeas corpus é materializar o direito da pessoa de ser ouvida pelo juiz responsável em decidir se deverá ser presa, ou não (art. 171, 4)[718].

O sistema constitucional brasileiro, infelizmente, não assegura ao detido o direito de ser apresentado ao juiz, a fim de, perante ele, apresentar as suas explicações sobre o que ocorreu. O máximo que se concedeu foi o direito de o preso ter a sua prisão/detenção *imediatamente* comunicada ao juiz e a alguém da família ou a pessoa por ele indicada. Aqui, ao que parece, falou mais alto a nossa tradição do processo escrito, em detrimento da oralidade.

Conquanto em nosso meio o habeas corpus possa ser manejado com a finalidade de dar ao detido a oportunidade de ser ouvido pelo juiz antes de decidir sobre a conversão, ou não, da prisão em flagrante na prisão detentiva, o art. 656 do Código de Processo Penal deixa ao talante do juiz entender quando essa audiência é necessária. Na prática, devido a nossa cultura do processo escrito, raramente o juiz determina a apresentação do detido, antes de decidir a respeito[719].

Portanto, o constituinte brasileiro se contentou em conferir ao detido o direito de a sua prisão ser comunicada diretamente ao juiz e, ademais, a alguém da família ou outra pessoa por ele indicada, em detrimento do *direito de audiência*. Ainda assim, tendo em considera-

---

718 Lorca Navarrete esclarece que o habeas corpus, tal como ele está previsto no sistema espanhol, tem a finalidade de garantir ao detido o *direito de ser ouvido pelo juiz* (*Derechos fundamentales y jurisprudencia*, p. 77).
719 Cf. SILVA JÚNIOR, Walter Nunes da. *Curso de processo penal*: teoria (constitucional) do processo penal, p. 888.

ção a assertiva de que os direitos fundamentais são mínimos, de modo que o legislador infraconstitucional pode ampliá-los, o ideal seria que as novas regras sobre a prisão/detenção em flagrante tivessem estabelecido o *direito de audiência do detido* com o magistrado responsável em decidir sobre a questão. Perdeu-se, pela segunda vez, grande oportunidade para tanto.

Dessa matéria o legislador ordinário já havia se ocupado com a edição da Lei nº 11.449, de 2007, porém, no ponto, assim como agora, apenas repetiu a regra constitucional. E aqui a Comissão de Reforma, de cujo texto teve origem a Lei nº 12.403, de 2011, merece ser criticada, não apenas por ter sido conservadora quanto à garantia constitucional, mas, ainda, por não ter mantido uma coerência sistêmica com o princípio da oralidade, uma das cláusulas reitoras das modificações encaminhadas ao Congresso Nacional[720].

Ora, conforme veremos, com as novas regras, antes de decidir sobre a conversão, ou não, da prisão/detenção em flagrante na prisão preventiva, o juiz deve dar a oportunidade para o contraditório, porém, um contraditório apenas escrito[721]. O melhor seria que o legislador, seguindo os demais ordenamentos jurídicos que adotam o sistema acusatório e, de permeio, o princípio da oralidade, quando não fosse o caso de concessão, de ofício, do relaxamento da prisão ou de liberdade provisória, decidisse sobre a conversão, ou não, da prisão/detenção na prisão preventiva em audiência, com as presenças tanto do Ministério Público quanto da defesa, ademais da oitiva do detido.

Em que pese a ausência de iniciativa do legislador em incluir a oralidade em outros momentos do processo penal e não apenas na audiência de instrução e julgamento, nada obsta que o juiz, para melhor decidir a respeito, quando não for o caso de decisão de ofício pelo relaxamento da prisão ou pela concessão da liberdade provisória, se entender pertinente, designe audiência, para o dia seguinte ao do envio do auto de prisão em flagrante, a fim de, após as manifestações do Ministério Público e da defesa ou, sendo o caso, da defensoria pública, e ouvir o detido, decidir sobre a conversão, ou não, da prisão/detenção em prisão.

De toda forma, não basta informar que a prisão ocorreu, mas dizer precisamente onde se encontra detida a pessoa. A inclusão do local onde está detida a pessoa, quando da comunicação imediata da prisão

---

720 Cf. item 3.2.2.6, supra.
721 Cf. item 6.2.4.1.5.1, infra.

tem três finalidades distintas: (a) demonstrar a legalidade da prisão quanto à observância da garantia constitucional assegurada ao preso provisório de ficar recolhido em cadeia pública, separado dos presos definitivo; (b) indicar para o juiz o local para aonde deverá enviar alguma comunicação, notadamente quando determine a sua apresentação em juízo ou eventual alvará de soltura; e (c) permitir que familiares, pessoas próximas, advogado ou a defensoria pública possam dar a devida assistência jurídica.

É importante essa última observação a respeito do escopo da comunicação imediata à família ou pessoa indicada pelo detido. Com isso o constituinte não assegura o direito à *defesa efetiva* no procedimento de lavratura do auto de prisão/detenção em flagrante, consistente na assistência jurídica propriamente dita, mas, pelo menos, o direito à informação do ocorrido para que, se for o caso, seja buscado o serviço de um advogado. Por isso mesmo, a excelsa Corte de Justiça, com desenganado acerto, decidiu: "Não ocorre descumprimento do inciso LXII do art. 5º da Constituição Federal, quando o preso, voluntariamente, não indica pessoa a ser comunicada da sua prisão."[722]

No entanto, o problema é que o constituinte não disse o que é *comunicação imediata* nem muito menos estabeleceu prazo limite para que essa informação, a ser dada pela autoridade policial responsável pela detenção, seja transmitida ao juiz, a pessoa da família ou indicada pelo detido. A esse respeito, meditando sobre essa questão, tivemos a oportunidade de dizer[723]:

> Resta definir, porém, o que o constituinte quis dizer ao estabelecer que a prisão (detenção) em flagrante deve ser comunicada imediatamente ao juiz competente e à família do preso (detido) ou à pessoa por ele indicada. O núcleo da questão está em definir o que é comunicar imediatamente. No escorço histórico das constituições brasileiras, percebe-se que a Carta Imperial dizia que, quando a prisão em flagrante fosse feita próxima à casa do juiz, caberia a este, ele próprio, expedir nota de culpa à pessoa, dentro do prazo de 24 horas[724]. Na-

---

[722] BRASIL. Supremo Tribunal Federal. Relator Ministro PAULO BROSSARD, Classe: HC — Processo: 69.630, DJ 04/12/1992, Disponível em: www.stf.gov.br/legislacao/constituicao/pesquisa/default.asp Acesso em: 24 jul. 2005.
[723] Cf. SILVA JÚNIOR, Walter Nunes da. *Curso de processo penal*: teoria (constitucional) do processo penal, p. 800-891.
[724] Conforme o art. 179, § 10, da Constituição Imperial, para os casos em que

quela época, não havia ainda a necessária separação das funções policiais e judiciárias, o que explica dar-se ao juiz a atribuição de expedir a nota de culpa, tarefa que é típica da autoridade policial.

Ademais, justamente devido a essa ausência de separação entre as atividades policiais e judiciárias, naquela Carta Política, não se assegurou à pessoa o direito de ter a sua detenção comunicada ao juiz, mas sim de ela ser comunicada por meio deste da razão pela qual fora encarcerada. Silente a Constituição de 1891, coube à Carta de 1934 iniciar a nossa tradição de catalogar, dentre os direitos fundamentais, a garantia de que a detenção em flagrante delito seja comunicada imediatamente ao juiz. Essa garantia desapareceu do rol dos direitos fundamentais com a Constituição de 1937, mas recuperou prestígio com a de 1946. Acontece que a Constituição de 1946, no art. 141, § 22, dizia que a comunicação da detenção deveria ser endereçada à autoridade competente, dando margem para o legislador subconstitucional disciplinar de modo a estabelecer que essa informação fosse passada a outra autoridade que não a judicante. A Constituição de 1967, porém, manteve a cláusula da comunicação imediata, mas teve o cuidado de especificar, a fim de afastar qualquer incompreensão, que ela deveria ser feita na pessoa do juiz (art. 153, § 12).

A Constituição de 1988 não apenas ratificou a necessidade de que a comunicação seja *imediatamente* prestada ao juiz, como acrescentou que ela deve ser feita, ainda, a uma pessoa da família ou da confiança do detido. Na praxe, tem-se entendido que comunicar imediatamente ao juiz se confunde com a necessidade de a autoridade policial encaminhar, no prazo de 24 horas, o auto de prisão em flagrante para o Judiciário. Em verdade, sequer o Código de Processo Penal estabelecia, efetivamente, o prazo para a remessa ao juiz do auto de prisão em flagrante. Tal prazo era assinalado, isto sim, para que a autoridade policial entregasse ao detido a nota de culpa (art. 304 do CPP). Porém, como a nota de culpa é documento que deve constar do auto de prisão em flagrante, passou-se a entender que essa formalização da detenção efetuada pela autoridade policial deveria estar concluída e entregue, no mesmo prazo, ao juiz, a fim de que este observasse a sua regularidade formal, para decidir se seria o caso de relaxamento da detenção ou, não sendo esta a hipótese, decretar a prisão preventiva ou conceder a liberdade provisória.

---

a prisão fosse efetuada em local distante da residência do juiz, a entrega da nota de culpa seria em prazo razoável.

Porém, quando o constituinte fala em comunicação imediata, ele não está querendo referir-se ao ato com o qual a autoridade policial envia o auto de prisão em flagrante. Uma coisa é a informação da ocorrência da detenção, outra, substancialmente diferente, é aquela com a qual a autoridade policial dá conta ao Judiciário de que concluiu a documentação desse ato administrativo e passa, ao mesmo tempo, a respectiva documentação. A comunicação imediata da detenção não quer dizer informação quanto à conclusão do auto de prisão em flagrante, mas notícia de que há uma pessoa que está detida sem que exista uma ordem judicial e está, ainda, sendo providenciada a conclusão do respectivo auto.

Com isso, se quer dizer que a garantia constitucional no sentido de que o juiz seja comunicado *imediatamente* da detenção serve para que a autoridade judiciária, desde então, passe a controlar os passos da autoridade policial, até mesmo no que concerne à conclusão, dentro do prazo legal de 24 horas, do auto de prisão em flagrante. Com efeito, sendo a comunicação imediata, o juiz pode fazer o controle desde o início da detenção, assim como acompanhar, com mais rigor, o cumprimento do prazo, e, sendo o caso, até mesmo antes da conclusão do auto de prisão em flagrante, já decidir que, após o interrogatório, a pessoa seja colocada em liberdade provisória. Sem embargo disso, a comunicação imediata, tal como aqui se defende, quando não serve para que o juiz decida, antes mesmo da conclusão do auto de prisão em flagrante, sobre a concessão da liberdade provisória, presta-se para fazer com que o juiz seja, desde logo, avisado da existência de uma detenção, cuja formalização está a ser enviada para o Judiciário. Isso é importante porque não são raros os casos em que, enquanto está sendo concluído o auto de prisão em flagrante, o juiz toma conhecimento do fato em razão de pedido de concessão de liberdade provisória ou de habeas corpus ofertado em nome do detido e, mesmo assim, sem prejuízo do trabalho de finalização do procedimento policial, desde logo, determina a sua soltura, tão logo seja colhido o interrogatório. Não fosse a relevância prática do que se deve entender por comunicação imediata suficiente para justificar a tese aqui defendida, ainda tem de ser levado em consideração o fato de que, se assim for, dificilmente haverá casos em que a pessoa passará a noite recolhida à prisão, sem que isso seja, sequer, do conhecimento de um juiz. Mantido o entendimento consolidado na doutrina e jurisprudência brasileiras, tal dará ensejo a que, na prática, se dê continuidade à praxe de fazer com que o juiz somente venha a tomar conhecimento da detenção depois de o detido ter passado uma noite no cárcere, rotina que deve ser escoimada de um sistema democrático-constitucional, compreendido sob a ótica dos direitos fundamentais.

Além da comunicação imediata ao juiz, a mesma providência deve ser feita em relação à família ou, sendo o caso, à pessoa indicada pelo detido. A autoridade policial deve ofertar ao detido os meios necessários para que essa garantia constitucional seja cumprida, disponibilizando o contato por meio telefônico ou outra via eficiente, podendo, até mesmo, fazer-se por meio de comunicação escrita entregue por agente policial. Essa garantia é importante porque confere ao preso/detido a possibilidade de contar com a assistência da família ou de uma pessoa de sua confiança em momento tão delicado, especialmente quanto à tomada de providências para que lhe seja prestada a devida assistência jurídica. Em muitos casos, ao invés de avisar a um membro da família, o preso/detido prefere que a comunicação seja levada a conhecimento de alguém de sua confiança pessoal, geralmente quem exerce a advocacia.

Com a Lei nº 11.449, de 2007, houve a preocupação, enfim, de fazer a distinção entre a *comunicação imediata* (caput do art. 306 do CPP)[725] e o *envio do auto de prisão em flagrante* (§ 1º do art. 306 do CPP). Mas o legislador não se ocupou de efetivamente regulamentar a garantia constitucional da *comunicação imediata da prisão*, na medida em que não definiu nem sequer disse como seria cumprida essa regra pela autoridade policial.

A esse respeito, a Lei nº 12.403, de 2011, não trouxe nenhuma novidade. Outra oportunidade desperdiçada pelo legislador, o que não é aceitável, pois, salvo raríssimas exceções, são poucos os juízes que exigem o efetivo cumprimento da garantia constitucional consubstanciada no direito à comunicação imediata da prisão/detenção, que não se confunde com o envio do respectivo auto de prisão/detenção, este, sim, cujo prazo é de 24 horas.

Em resumo, comunicação imediata não se confunde com o envio do auto de prisão em flagrante, no prazo de 24 horas, razão pela qual, ocorrida a prisão/detenção, a autoridade policial deve providenciar a

---

725 O caput do art. 306 do CPP, com a redação determinada pela Lei nº 11.449, de 2007, ficou assim: "a prisão de qualquer pessoa e o local onde se encontre serão comunicados imediatamente ao juiz competente e à família do preso ou à pessoa por ele indicada."

informação do ocorrido, o que pode ser feito pela via eletrônica[726]. Quanto à família do detido ou a pessoa por ele indicada, essa comunicação pode ser feita, até mesmo, por via telefônica, com certificação, no auto de flagrante[727].

O cumprimento dessas formalidades, estreme de dúvidas, diz respeito à legalidade da prisão/detenção. No entanto, em consonância com entendimento do Supremo Tribunal Federal, a falta de observância das formalidades estampadas no inciso LXII do art. 5º da Constituição pode, conforme o caso, representar ilegalidade, que faz originar o direito ao relaxamento da prisão, ou mera irregularidade, quando não venha a comprometer a materialidade do crime praticado ou os indícios da autoria, o que, a par de não acarretar prejuízo para a diligência em si, não exime a responsabilidade funcional da autoridade responsável pelo descumprimento da garantia constitucional[728].

6.2.4.1.3. Comunicação imediata ao Ministério Público

Quanto ao tema da comunicação imediata da prisão/detenção, a novidade introduzida pela Lei nº 12.402, de 2011, foi quanto à inclusão do Ministério Público, no caput do art. 306 do CPP, dentre os destinatários da informação a ser prestada pela autoridade policial. Era patente o senão cometido pelo constituinte devido a não inclusão do *Parquet* dentre as pessoas às quais deveria ser feita a comunicação imediata da prisão em flagrante. Sobre esse aspecto, asseveramos no

---

726 A orientação é para que os órgãos jurisdicionais acertem com órgãos policiais essa comunicação imediata pela via eletrônica, assim como, até mesmo, do auto de prisão em flagrante. Essa prática tem sido utilizada na Segunda Vara Federal da Seção Judiciária no Rio Grande do Norte, o que simplifica e agiliza o cumprimento dessas formalidades.
727 Há informações de que, nos Estados Unidos, a exemplo de Miami, quando a pessoa é presa em flagrante, é dada a oportunidade para que ela faça uma ligação telefônica para alguém de sua confiança.
728 BRASIL. Supremo Tribunal Federal. Relator Ministro Célio Borja, Classe: HC — Processo: 68.503, DJ 29/05/1992. Disponível em: www.stf.gov.br/legislacao/constituicao/pesquisa/default.asp Acesso em: 24 jul. 2005. No RE 197571 / SP, relatado pelo Ministro Octavio Galloti, a Primeira Turma do Supremo Tribunal Federal, à unanimidade, afastou a tese de nulidade da prisão, ao argumento de que não foi demonstrado o prejuízo "... decorrente de ausência de comunicação do flagrante à família..." (BRASIL. Supremo Tribunal Federal. Data da decisão: 28/06/1996. Disponível em: http://www.stf.gov.br/jurisprudencia/jurisp.asp. Acesso em: 25 jul. 2005.

livro *Curso de processo penal*: teoria (constitucional) do processo penal[729]:

> A Constituição, no entanto, infelizmente, deixou de determinar que a comunicação da prisão seja estendida ao Ministério Público para que, na qualidade de fiscal da lei, este observe a legalidade ou conveniência da prisão. A necessidade de o *parquet* ser igualmente comunicado, de forma imediata, da detenção em flagrante delito, decorre, implicitamente, do que consta do caput do art. 127 da Constituição. Sem embargo desse dispositivo, a necessidade de comunicação ao Ministério Público, a fim de que ele exerça o controle de legalidade da prisão efetuada pela autoridade policial, decorre, inegavelmente, do art. 129, VII, da Constituição, que lhe outorga a importante missão de exercer o controle externo da atividade policial. Isso tanto é verdade que a Lei Complementar nº 75, de 1993 (dispõe sobre o Ministério Público da União), no capítulo sob a epígrafe "DO CONTROLE EXTERNO DA ATIVIDADE POLICIAL", afirma que a ocorrência da prisão em flagrante deve "... ser comunicada imediatamente ao Ministério Público competente, com indicação do lugar onde se encontra o preso e cópia dos documentos comprobatórios da legalidade da prisão." (art. 10).
> Cabe ao órgão ministerial, ao ser comunicado, efetivamente exercer o controle da atividade policial e, sendo o caso, pedir mesmo o relaxamento de prisão ou a concessão de liberdade provisória, e não, como tem sido na prática, ficar aguardando que o juiz lhe dê vista do auto de prisão em flagrante. Essa comunicação imediata da detenção em flagrante ao Ministério Público serve não só para que este seja mais um a exercer o controle da atividade policial em momento tão delicado quanto o da privação do direito de liberdade sem ordem judicial, mas também para agilizar a apreciação do caso, evitando, assim, que o juiz, em razão do que dispõe o art. 310, caput e seu parágrafo único, do Código de Processo Penal, antes de decidir, tenha de dar vista ao *parquet*, o que só contribui para a demora na decisão sobre o assunto, enquanto a pessoa se encontra recolhida ao cárcere.
> Assim, para que seja materializada a garantia preceituada no art. 5º, LXII, da Constituição, no auto de prisão em flagrante, deve constar

---

[729] SILVA JÚNIOR, Walter Nunes da, *Curso de processo penal*: teoria (constitucional) do processo penal, p. 892-893.

documento dando conta de que a detenção foi comunicada imediatamente não só ao juiz, como igualmente a alguém da família ou da confiança pessoal do detido e ao Ministério Público.

Naquela mesma oportunidade, na nota de rodapé nº 2.031, p. 893, arrematamos:

> Aliás, em razão do entendimento aqui defendido, segundo o qual o Ministério Público há de ser comunicado também da prisão em flagrante, tem-se que se encontra revogada a determinação contida no art. 310, parágrafo único, do CPP, de que o juiz, para decidir sobre o relaxamento da prisão ou a concessão de liberdade provisória no momento em que aprecia o auto de flagrante, deve ouvir, previamente, o *parquet*. O silêncio do órgão ministerial deve ser interpretado como concordância quanto à legalidade da prisão e, ainda, em relação à decretação da prisão preventiva pelo juiz.

A Lei nº 12.403, de 2011, como dito linhas acima, deu atenção a essa reclamação. Com a redação determinada pela segunda etapa da Reforma Tópica, o art. 306, caput, agora dispõe: "A prisão de qualquer pessoa e o local onde se encontre serão comunicados imediatamente ao juiz competente, ao *Ministério Público* e à família do preso ou à pessoa por ele indicada." (Grifei).

Por conseguinte, com a entrada em vigor da nova disciplina para a matéria, tão logo efetuada a prisão/detenção em flagrante, deve a autoridade policial enviar, de forma imediata, a comunicação do ocorrido para o Ministério Público, assim como já era de seu dever fazê-la para o juiz competente e a alguém da família ou a pessoa indicada pelo detido[730]. A partir dessa comunicação, cabe ao Ministério Público iniciar o controle de legalidade da prisão/detenção e fiscalização da atividade policial, com intervenção independentemente de qualquer outra provocação, diretamente perante a autoridade policial ou por meio de promoção encaminhada ao juiz.

---

730 É verdade que o art. 10 da Lei Complementar nº 75, de 1995, já dispunha: "A prisão de qualquer pessoa, por parte de autoridade federal ou do Distrito Federal e Territórios, deverá ser comunicada imediatamente ao Ministério Público competente, com indicação do lugar onde se encontra o preso e cópia dos documentos comprobatórios da legalidade da prisão." Acontece que a forma como redigida a norma, especialmente a parte final, dava a entender que o disciplinamento era quanto ao envio do auto de prisão em flagrante, e não, propriamente, da *comunicação imediata*.

Merece atenção um aspecto. Note-se que com a nova redação determinada com a Lei n°. 12.403, de 2011, para o art. 322, caput, do CPP, ademais de ter sido mantida a possibilidade de a autoridade policial conceder liberdade provisória condicionada ao pagamento de fiança, houve considerável expansão dessa permissibilidade, na medida em que foi estendida para todo e qualquer crime cuja pena máxima não seja superior a 04 (quatro) anos[731]. Decerto que a autoridade policial só haverá de exigir o pagamento da fiança para, assim, liberar o detido, quando entender que não é hipótese de representar pela preventiva[732].

Exatamente por isso, o Ministério Público, ao ser comunicado da prisão em flagrante, deverá *controlar* a atuação da autoridade policial quanto ao cumprimento do art. 322, caput, do CPP, tanto para que ela, sem demora, arbitre a fiança, quanto para, se for o caso, já manifestar a sua discordância em relação a eventual liberação, quando sentir, pelos elementos então existentes, que, a um primeiro aviso, pode ser necessário o pedido da decretação da prisão processual.

Por outro lado, com as novas redações determinadas para os arts. 306, § 1°, 310, caput e parágrafo único, ambos do Código de Processo Penal, resta claro que o Judiciário não terá nenhuma obrigação de encaminhar qualquer comunicação ao Ministério Público sobre a prisão/detenção em flagrante[733]. Portanto, sendo comunicado imediatamente da ocorrência da prisão, cabe ao Ministério Público estabelecer ou exigir que a autoridade policial, daí em diante, passe a mantê-lo a par do desenvolvimento de seu trabalho, o que importa, até mesmo, o envio do correspondente auto de prisão em flagrante, assim que ocorra a sua conclusão.

Essa forma de tratamento em relação à prisão em flagrante está de acordo com o Projeto de Lei n° 4.209, de 2001, que cuida da reforma na parte relativa à fase pré-processual, mais precisamente quanto ao art. 9°, § 4°, o qual, em compasso com o sistema acusatório, determina a tramitação direta dos atos investigatórios entre a autoridade policial e o Ministério Público[734].

---

731 Na regra anterior, essa atribuição conferida à autoridade policial estava restrita aos *casos de infração punida com detença ou prisão simples*.
732 Cf. item 6.3.1.9.4, infra.
733 Não possui nem mesmo em relação à defesa. Cf. item 6.2.4.1.4, infra.
734 O dispositivo proposto com o Projeto de Lei n° 4.209, de 2001 é o seguinte: "Encerrada a investigação, a autoridade policial remeterá as demais peças de informação, documentadas em autos suplementares, e com relatório, ao Minis-

Se em decorrência do sistema acusatório há a nítida separação entre as atribuições do juiz e do Ministério Público, a consequência lógica dessa nova realidade é a relação direta entre este e a autoridade policial, sem a necessidade de intervenção ou intermediação da autoridade judicial. A autoridade policial deve manter relação direta com o Ministério Público, a ele prestando as informações necessárias para que exerça, em sua plena magnitude, o *dominus litis* na área criminal, de modo que, na qualidade de destinatário da investigação ou da atividade policial, passe a exercer a função de *supervisão e controle* de todas as etapas de procedimentos pré-processuais, até então conferidos, em um cenário de sistema misto de forte sotaque inquisitivo, ao juiz. Em outras palavras, essa comunicação direta decorre da cláusula constitucional que insere, dentre as atribuições do Ministério Público, o *controle externo da atividade policial* (art. 129, VII).

No sistema acusatório, no qual o órgão policial há de desenvolver os seus trabalhos investigatórios em sintonia com o Ministério Público, é ilógico que as informações daquele sejam levadas ao conhecimento deste por intermédio do Judiciário. Além de não ser razoável, essa triangulação desnecessária, ademais de representar forma obsoleta e desnecessária, burocratiza o procedimento e ocasiona indesejada e inquietante demora.

Com as novas regras, a autoridade policial, assim como se propôs para a investigação em si, deve não apenas promover a comunicação imediata ao Ministério Público sobre a prisão como, ainda, encaminhar o auto de prisão em flagrante, obrigação, aliás, que, de certa forma, já constava do art. 10 da Lei Complementar nº 75, de 1993[735].

6.2.4.1.4. Envio do auto de prisão em flagrante

Conforme ressaltado nos itens anteriores, a Constituição de 1988 fez uma nítida distinção entre dois deveres básicos da autoridade policial quando prende/detém alguém em flagrante delito: (a) efetuar a

---

tério Público."
735 Alguns magistrados, já determinavam que assim fosse, mesmo antes da inovação trazida com a Lei nº 12.403, de 2011. Na Segunda Vara Federal da Seção Judiciária no Rio Grande do Norte, em razão de ajuste mantido com a Superintendência da Polícia Federal e o Ministério Público Federal, o auto de prisão em flagrante é remetido para o Judiciário, fazendo parte do auto comprovante de seu envio, igualmente, para o órgão ministerial.

comunicação imediata (caput do art. 306 do CPP); e (b) encaminhar o auto de prisão/detenção em flagrante (§ 1º do art. 306 do CPP).

O constituinte também não se preocupou em estabelecer o prazo para o envio do auto de prisão/detenção em flagrante. A doutrina e a jurisprudência, em interpretação sistêmica do CPP, firmaram o entendimento de que o prazo seria de 24 horas. Posteriormente, por meio da Lei 11.449, de 15 de janeiro de 2007, o legislador, expressamente, assinalou esse como sendo o prazo para que a autoridade policial providencie o envio do auto de prisão em flagrante para o Judiciário.

Quanto ao § 1º do art. 306 do CPP, que trata do envio do auto de prisão em flagrante no prazo de 24 horas do momento em que ocorre a prisão/detenção, a disciplina conferida pela Lei nº 12.403, de 2011, não difere, quanto à substância, daquela que já constava a partir da redação que fora emprestada pela Lei nº 11.449, de 2007. Com efeito, a redação anterior do dispositivo era a seguinte: "§ 1º Em até 24 (vinte e quatro) horas após a realização da prisão, será encaminhado ao juiz competente o auto de prisão em flagrante acompanhado de todas as oitivas colhidas e, caso o autuado não informe o nome de seu advogado, cópia integral para a Defensoria Pública." Por outro lado, conforme a alteração operada com a Lei nº 12.403, de 2011, o texto ficou da seguinte forma: "§ 1º Em até 24 (vinte e quatro) horas após a realização da prisão, será encaminhado ao juiz competente o auto de prisão em flagrante e, caso o autuado não informe o nome de seu advogado, cópia integral para a Defensoria Pública."

Nota-se, assim, que, no texto atual, houve a supressão, apenas, da expressão *acompanhado de todas as oitivas colhidas*. Portanto, em rigor, a modificação foi apenas de redação, mas não de conteúdo, até porque a parte suprimida que constava do texto anterior era totalmente desnecessária. A obrigação da autoridade policial é de remeter o auto de prisão em flagrante, o que compreende, por óbvio, todos os depoimentos colhidos, o que, aliás, decorre do que dispõe o art. 304, caput, do CPP.

Todavia, o real sentido do § 1º do art. 306 do CPP não era bem compreendido porque não havia, ainda, ocorrido as modificações do seu caput e do art. 310, caput e parágrafo único, do CPP.

A exame perfunctório, pode parecer que o legislador tenha laborado em grave incoerência ao estabelecer destinatários diferentes daqueles mencionados no caput, para fins de envio do auto de prisão em flagrante. Não há, porém, em absoluto, incongruência nenhuma.

No item 6.2.4.1.3 foram feitas as considerações quanto à inclusão do Ministério Público dentre os destinatários da comunicação imediata, ademais de ter sido ressaltado, no item 6.2.4.1.2, supra, qual o escopo dessa garantia quando torna obrigatória a informação ao juiz e a alguém da família ou a pessoa indicada pelo próprio detido.

Como se disse, a comunicação imediata ao Ministério Público é para que este, na qualidade de *dominus litis* na seara criminal, daí em diante exerça o controle sobre a atividade policial e, caso entenda necessário, promova algum tipo de manifestação, sem embargo de essa ser a forma de diálogo direto entre as duas instituições, sem a intervenção ou intermediação do Judiciário.

O silêncio quanto ao envio pela autoridade policial de cópia integral do auto de flagrante delito ao Ministério Público não deve animar o intérprete a pensar que essa obrigação seja do Judiciário. A uma porque, conforme visto no item anterior, entendimento nesse sentido não é consentâneo com o sistema acusatório, pois o envio de informações e/ou documentos entre o Ministério Público e a polícia nesse modelo de processo deve ser sem a interferência ou intermediação do Judiciário. A duas em razão de não ser coerente que o legislador incluísse como obrigação da autoridade policial o envio de cópia integral para o advogado constituído ou, na sua falta, à Defensoria Pública e, de outra banda, em relação ao Ministério Público, impusesse a necessária intermediação do Judiciário. A três devido às modificações promovidos pela Reforma Tópica quanto ao art. 310 infirmar qualquer tentativa de conclusão dessa ordem, a partir do momento em que, além de não conter nenhum dispositivo expresso determinando que o Judiciário providencie o envio do auto de prisão/detenção em flagrante, não se exige mais, sequer, a obrigatória prévia oitiva do Ministério Público, antes de o juiz decidir (art. 310, caput). A quatro, verifique-se que a dicção normativa do art. 10 da Lei Complementar n. 10, notadamente sua parte final, dá a entender que a autoridade policial tem o dever de encaminhar os documentos que comprovam a legalidade da prisão, o que diz respeito, obviamente, ao auto de prisão em flagrante[736].

Ao magistrado, a informação imediata se presta, especialmente, para que seja feito o controle quanto ao prazo para a remessa do auto de prisão em flagrante e, por outro lado, garantir que ninguém fique

---

736 Não se pode deixar de reconhecer que, para evitar divergências, o melhor seria se o legislador tivesse deixado expresso que uma cópia integral deveria ser enviada, igualmente, para o Ministério Público.

detido por espaço de tempo considerável sem que isso seja do conhecimento de uma autoridade judiciária, a qual poderá, inclusive, em determinadas situações, sem esperar pela conclusão do auto de prisão, determinar, incontinenti, a liberação, seja sob a forma de relaxamento da prisão, seja em razão do reconhecimento do direito à liberdade provisória.

Quanto à informação a alguém da família ou a pessoa indicada pelo detido, a comunicação imediata vale, especialmente, para permitir que, em nome do recolhido, que não está podendo se locomover, seja buscada a assistência jurídica, sem que essa formalidade se apresente como garantia do exercício do direito de defesa.

Diferentemente da mera comunicação imediata, o auto de prisão em flagrante é um procedimento administrativo dirigido pela autoridade policial, com o qual são coletadas todas as informações sobre as circunstâncias segundo as quais foi efetuada a prisão/detenção de uma pessoa, a permitir que se verifique não apenas a materialidade e os indícios de autoria, mas se a ação policial se deu conforme uma das hipóteses do art. 302 do CPP, ademais de revelar se há, ou não, os fundamentos para a decretação da prisão preventiva, nos termos do art. 312, caput, do CPP.

Portanto, o envio do auto de prisão em flagrante tem outra finalidade, daí por que os destinatários são diferentes. Ademais da necessidade de seu envio para o Judiciário, não teria sentido que o fosse, novamente, para alguém da família ou a pessoa indicada pelo detido. Concluído o auto, diante da detenção da pessoa, tanto quanto melhor que, doravante, em nome do princípio da ampla defesa, ou melhor, da *defesa efetiva*, seja assegurado o direito à assistência jurídica propriamente dita[737].

Por isso mesmo, se não apareceu, durante o procedimento de lavratura do auto de prisão em flagrante, um advogado para defender o detido, a partir da sua conclusão, a assistência jurídica passa a ser obrigatória, de modo que, nesse caso, a autoridade policial, necessariamente, além de enviar os autos para o juiz, deverá, ele próprio, sem a intermediação do Judiciário, providenciar cópia integral para a Defensoria Pública.

---

737 Note-se que uma das ideias centrais da Reforma Tópica é a implementação no sistema processual criminal da *defesa efetiva*, conforme esposado no item 3.2.2.4, supra. Para não ser repetitivo, remetemos o leitor ao item em referência e, ainda, aos itens 5.1.5, 5.1.5.2, 5.1.5.3, 5.1.5.7 e 5.1.5.9, supra.

Nem é preciso dizer que, caso algum advogado tenha se apresentado, durante o procedimento de formalização do auto de prisão em flagrante, como defensor do detido, caberá à autoridade policial pegar o seu endereço, a fim de providenciar o envio de cópia integral, quando da conclusão. Essa providência pode ser realizada do modo mais informal, o que compreende, até mesmo, o envio de cópia do auto por meio da via eletrônica. Via de regra, no momento da lavratura do auto de flagrante, não há maior dificuldade da comunicação da autoridade policial com o advogado constituído, uma vez que este acompanha, de perto, todo o procedimento, procurando dar a assistência ao seu cliente.

Note-se que só com a vinda a lume da Lei nº 12.403, de 2011, é que se pode perceber, em sua essência, a importância e profunda repercussão dessa mudança para o novo sistema prisional do Código de Processo Penal. Isso porque, agora, quando ocorrer a prisão em flagrante, a *defesa efetiva* começa a ser obrigatória a partir da lavratura do auto, pois, ademais do envio ao juiz, terá de ser encaminhada uma cópia integral para o advogado constituído ou então, na sua falta, para a Defensoria Pública[738]. Ademais, se coaduna com o art. 282, § 3º, do CPP, que, em tema de medida cautelar, coloca como regra geral, salvo nos casos de urgência ou de perigo de ineficácia da medida, o contraditório prévio[739].

O Supremo Tribunal Federal, fazendo a interpretação quanto à assistência jurídica assegurada na Constituição, firmou o entendimento de que a autoridade policial não tem "... o dever de nomear defensor técnico ao indiciado, especialmente quando da realização de seu interrogatório na fase inquisitiva do procedimento de investigação"[740] pois a garantia constitucional se restringe à possibilidade de a pessoa "... fazer-se assistir, especialmente quando preso, por defensor técnico"[741], uma vez que "A Constituição não determinou, em consequência, que a autoridade policial providenciasse assistência pro-

---

738 O § 2º do art. 306 do CPP, que assinala o mesmo prazo de 24 horas para que seja "... entregue ao preso, mediante recibo, a nota de culpa, assinada pela autoridade, com o motivo da prisão, o nome do condutor e os das testemunhas", não sofreu modificação por meio da Lei nº 12.403, de 2011.
739 Cf. item 6.1.1, infra.
740 BRASIL. Supremo Tribunal Federal. Relator Ministro Celso de Mello, Classe: RE — Processo: 136.239, DJ 14/08/92. Disponível em: www.stf.gov.br/legislacao/constituicao/pesquisa/default.asp Acesso em: 24 jul. 2005.
741 Ibid.

fissional, ministrada por advogado legalmente habilitado, ao indiciado preso."[742]

Essa posição adotada pela Colenda Corte não parece ter sido a mais acertada, pois tornaria sem sentido a circunstância de o constituinte, no inciso LXIII do art. 5º, assegurar ao preso o direito à assistência de advogado, e mais adiante, no inciso LXXIV, agregar que "o Estado prestará assistência jurídica integral e gratuita aos que comprovarem insuficiência de recursos". A interpretação harmônica dos dois preceitos constitucionais, os quais expressam garantias sob a qualificação de direito fundamental, revela que o constituinte teve em conta conferir maiores garantias à pessoa quando ela é recolhida à prisão sem ordem judicial.

Não temos dúvida de que a nova regra deverá implicar na mudança da posição inicial do Supremo Tribunal Federal, pois a sua introdução em nosso sistema teve a intenção de conferir efetividade ao inciso LXIII do art. 5º da Constituição, na medida em que torna obrigatório o exercício do direito de defesa, em caso de prisão/detenção em flagrante, a partir da conclusão do correspondente auto.

O exegeta deve verificar que o nosso sistema jurídico saiu de uma situação anterior cujo entendimento, salvo algumas posições isoladas em contrário, era de que não havia a garantia, sequer, de que o juiz deveria examinar, mediante decisão fundamentada, quando da apresentação do auto de prisão/detenção em flagrante, se era o caso, ou não, de decretar a prisão preventiva, para um cenário em que, além de restar claro que o juiz não poderá mais contentar-se apenas em homologar o flagrante, agora, a partir da conclusão do auto, antes da eventual decisão que seja tomada, o detido terá de estar representado no procedimento. É verdade que, nos termos dispostos na lei, conquanto obrigatória a remessa de cópia do auto de prisão/detenção para o advogado constituído ou para a Defensoria Pública, não é necessária a prévia manifestação da defesa. A defesa efetiva, nesse particular, se contém na garantia da existência e conhecimento da defesa técnica das circunstâncias nas quais ocorreu a prisão/detenção em flagrante. Como veremos no item seguinte, isso implica que o juiz, antes de tomar a decisão sobre o auto, deverá dar oportunidade para que a defesa se pronuncie.

---

[742] Ibid.

É uma mudança e tanto e, claro, para melhor, que está em consonância com as perspectivas de um sistema democrático, que privilegia o amplo direito de defesa[743].

O envio de cópia integral do auto de prisão em flagrante para o defensor ou a Defensoria Pública — diga-se ainda — possui relação e é, em certa medida, consequência direta do art. 282, § 3º, do CPP, com a redação determinada pela lei em foco. A entrega do auto serve não apenas para a defesa do detido apresentar manifestação pelo relaxamento da prisão ou concessão da liberdade provisória, mas, essencialmente, para exercer o contraditório quando houver requerimento para que o juiz converta a prisão/detenção em flagrante em prisão preventiva.

Uma última palavra se impõe. A fiscalização quanto ao cumprimento dessa obrigação de envio de cópia integral do auto de prisão/detenção em flagrante ao defensor ou à Defensoria Pública recai sobre o Ministério Público e o juiz, daí por que, dentre os documentos referentes ao auto a ser entregue ao Judiciário, deverá a autoridade policial fazer constar prova de que cumpriu o seu mister. Portanto, a comprovação do envio de cópia do auto de prisão/detenção em flagrante para a defesa faz parte da legalidade do procedimento.

6.2.4.1.5. Decisão judicial

Conforme sustentado, o flagrante delito possui natureza jurídica de ato administrativo, praticado pelo agente no exercício do poder de polícia ou por qualquer do povo em nome do Estado, que importa na supressão de um direito fundamental sem prévia autorização judicial. O controle judicial, nesse caso, não é prévio, como é a regra, senão posterior, mediante o exame do auto de prisão/detenção em flagrante. Merece, portanto, especial destaque o regramento normativo estabelecido para esse controle judicial.

A esse respeito, as regras processuais sobre a decisão a ser proferida pelo juiz quando do recebimento do auto de prisão/detenção em flagrante estavam, e continuam, no art. 310, caput e parágrafo único. Porém, tanto o caput quanto o parágrafo único da norma em referência foram substancialmente modificados pela Lei nº 12.403, de 2011. A redação anterior era a seguinte:

---

743 Não sem razão, diz-se que a ampla defesa é o coração do sistema processual penal democrático.

Art. 310. Quando o juiz verificar pelo auto de prisão em flagrante que o agente praticou o fato nas condições do art. 19, I, II e III, do Código de Penal[744], poderá, depois de ouvir o Ministério Público, conceder ao réu liberdade provisória, mediante termo de comparecimento a todos os atos do processo, sob pena de revogação.
Parágrafo único. Igual procedimento será adotado quando o juiz verificar, pelo auto de prisão em flagrante, a inocorrência de qualquer das hipóteses que autorizam a prisão preventiva (arts. 311 e 312).

O texto atual, alterado pela Lei nº 12.403, de 2011, passou a ser assim:

Art. 301. Ao receber o auto de prisão em flagrante, o juiz deverá fundamentadamente:
I — relaxar a prisão ilegal; ou
II — converter a prisão em flagrante em preventiva, quando presentes os requisitos constantes do art. 312 deste Código, e se revelarem inadequadas ou insuficientes as medidas cautelares diversas da prisão; ou
III — conceder liberdade provisória, com ou sem fiança.
Parágrafo único. Se o juiz verificar, pelo auto de prisão em flagrante, que o agente praticou o fato nas condições constantes dos incisos I a III do caput do art. 23 do Decreto-Lei 2.848 — Código Penal, poderá, fundamentadamente, conceder ao acusado a liberdade provisória, mediante termo de comparecimento a todos os atos processuais, sob pena de revogação. ..."

Registre-se que o legislador foi extremamente lógico: (a) o primeiro exame do auto se concentra na questão da legalidade; (b) o segundo é quanto à existência, ou não, de fundamentos para a conversão da prisão/detenção em flagrante na prisão preventiva e, se for o caso, na sua substituição por uma medida cautelar diversa; (c) o terceiro, a concessão de liberdade provisória.

Percebe-se, desde logo, que o que era caput na redação anterior, passou a ser parágrafo único, com o novo texto. O que chama desde logo a atenção é que, ao contrário da disciplina anterior, em nenhum momento se fala mais em prévio pronunciamento do Ministério Público antes da decisão.

---

[744] Com a Lei nº 7.209, de 11 de julho de 1984, que instituiu a nova Parte Geral do Código Penal, passou a ser o art. 23.

Com efeito, veja-se, no ponto, o que dizia o caput do art. 310: "... poderá, *depois de ouvir o Ministério Público...*" (Grifei). Já o parágrafo único plasmava: "*Igual procedimento será adotado quando...*". Por isso mesmo, entendia-se que, remetido o auto de prisão/detenção em flagrante ao Judiciário, qualquer que fosse a situação, antes do pronunciamento judicial, deveria o juiz dar vista ao Ministério Público para, então, poder decidir a respeito.

Sem embargo do entendimento aqui defendido a respeito dessa questão mesmo antes das modificações agora introduzidas, exposto no item 6.2.4.1.2, com a nova redação do art. 306, caput, do CPP, que impõe a obrigatoriedade da comunicação imediata da prisão também ao Ministério Público, não tem mais o menor sentido que o juiz, antes de decidir, encaminhe os autos para fins de manifestação do *parquet*.

Agregue-se, ademais, que a leitura fácil e sistêmica tanto do caput quanto do parágrafo único do art. 310 do CPP, com a redação que lhe deu a Lei nº 12.403, de 2011, é estreme de dúvidas que, em nome da simplificação e maior celeridade do procedimento previsto para a prisão em flagrante, restou eliminada a burocracia de abrir vista ao Ministério Público, conforme explicado no item seguinte.

6.2.4.1.5.1. Contraditório, prazo e forma para a manifestação do Ministério Público e da defesa, antes da decisão judicial sobre o flagrante

Lembre-se que, na sistemática anterior, o procedimento referente ao auto de prisão em flagrante era extremamente burocrático, o que gerava demora excessiva até que o juiz viesse a decidir sobre a matéria. Isso porque a autoridade policial tinha 24 horas para remeter o auto de prisão em flagrante. Recebido o auto, o juiz, por meio de despacho, abria vista para o órgão do Ministério Público — o que nem sempre ocorria no mesmo dia. No prazo de 24 horas, contado da abertura da vista, o Ministério Público podia se pronunciar. Com a sua manifestação, o Ministério Público devolvia o auto ao Judiciário. Em seguida, o juiz, igualmente, tinha mais 24 horas para a decisão. Isto é, no cenário mais otimista, só 72 horas depois da prisão era que o juiz, enfim, decidia.

O mais impróprio nesse tipo de procedimento era porque a defesa ficava completamente alheia, razão pela qual, de regra, a sua intervenção era deferida, isto é, só se dava depois da decisão judicial. Para obviar esses senões, vieram as novas regras.

Como se observa pelo que já foi salientado, o procedimento referente ao exame do auto de prisão/detenção em flagrante, de conformidade com a ideia da *simplificação*, cláusula reitora da processualística moderna, ficou muito mais *simplificado e célere*. Ao receber o auto de prisão em flagrante, antes de decidir, o juiz não precisará abrir vista para o Ministério Público ou para a defesa, pois quem deverá fazê-lo, conforme asseveramos, é a própria autoridade policial, a qual deverá, sem embargo do encaminhamento do auto de prisão em flagrante para o juiz, enviar cópias para o órgão ministerial e para a defesa.

Essa nova disciplina, à míngua de norma expressa de como deve ser o procedimento, gera alguma dificuldade para o intérprete. A primeiro exame, parece um tanto quanto ilógico que o legislador, de um lado, tenha erigido o contraditório como princípio a ser observado como regra geral em todo e qualquer tipo de medida cautelar e, de outro, tenha, de forma deliberada, suprimido a exigência do prévio envio dos auto de prisão/detenção em flagrante ao Ministério Público, antes da decisão do juiz a respeito[745].

Porém, como acentuamos acima, com as novas regras, tanto a defesa quanto o Ministério Público passaram a possuir participação mais ativa no procedimento, que se inicia, propriamente, com a comunicação imediata e termina com o envio, pela própria autoridade policial, do auto de prisão/detenção em flagrante. O envio do auto, portanto, não é apenas para o juiz, mas, igualmente, para a defesa e para o Ministério Público, exatamente para que estes, querendo, se manifestem antes da decisão do juiz. O contraditório, aqui, diante da situação de urgência, não é *obrigatório*, porém, facultativo, sendo suficiente, assim, para que atendida essa regra, a mera oportunidade para a manifestação antes de o juiz decidir.

Note-se que, consoante os incisos do art. 310, caput, do CPP, o juiz poderá, ao receber o auto de prisão/detenção em flagrante, prolatar uma das seguintes decisões: (a) relaxamento da prisão; (b) conversão em medida cautelar que pode ser detentiva ou não; (c) concessão da liberdade provisória, com ou sem fiança. Das três decisões previstas, quanto à primeira e à terceira o juiz pode, e deve, decidir de ofício, porém, quanto à conversão do flagrante em prisão preventiva, só poderá assim decidir quando houver representação da autoridade policial ou requerimento do Ministério Público, uma vez que não lhe é dado, de ofício, deferir qualquer tipo de medida cautelar preparatória (art. 282, § 2º, do CPP), em especial quando se trata de prisão preventiva (art. 311 do CPP).

---

[745] Cf. item 6.1.1, supra.

Sem embargo de o juiz, nas duas hipóteses apontadas, poder decidir de ofício, é natural que tanto a defesa quanto o Ministério Público tenham pelo menos a oportunidade de manifestação antes da decisão, a fim de defender seu interesse: (a) a defesa para pedir o relaxamento da prisão, a concessão da liberdade provisória ou, ainda, alternativamente, se for o caso da imposição de cautelar, a aplicação de uma das medidas diversas da prisão; (b) o Ministério Público, conquanto possa, e deva, pedir decisão favorável ao detido, essencialmente para lhe possibilitar pedir a conversão do flagrante em medida cautelar detentiva ou não, notadamente quando a autoridade policial, ao enviar o auto, não tiver, na oportunidade, feito a representação em um dos dois sentidos, pois, nesse caso, o juiz não pode, de ofício, operar a conversão.

O problema é que a lei não cuidou de estabelecer o prazo para o Ministério Público ou a defesa, querendo, fazer a sua manifestação, para pedir, conforme seja, o relaxamento da prisão, a conversão da prisão/detenção em flagrante em medida cautelar ou a concessão da liberdade provisória. A pergunta que se impõe é: Qual o prazo para o Ministério Público ou a defesa se manifestar no procedimento referente ao auto de prisão em flagrante? Infelizmente, o legislador não foi taxativo a esse respeito. Todavia, interpretação sistêmica apresenta a solução razoável para essa questão.

De primeiro, note-se que o prazo para o envio do auto de prisão ao juiz é de 24 horas (art. 306, § 1º, do CPP). Portanto, o prazo para a autoridade policial fazer a representação pela decretação da prisão preventiva, logicamente, é de 24 horas, até porque deve fazê-la constar do auto. Se o prazo da autoridade policial é de 24 horas, igualmente, esse é o do Ministério Público. Esse parece ser o lapso temporal que está em compasso com o prazo dentro do qual deve ser dada a decisão a respeito. É verdade que o art. 310, caput, do CPP, não definiu o prazo no qual o juiz deve dar a decisão sobre o auto de prisão em flagrante, qualquer que seja a sua espécie: de relaxamento da prisão, conversão em medida cautelar ou concessão da liberdade provisória. Porém, aplica-se aqui o art. 2º, do § 2º, da Lei nº. 7.960, de 1989, que estabelece o prazo de 24 horas, contado a partir da representação ou do requerimento, para o juiz decidir sobre a prisão temporária. Se o juiz tem o prazo de 24 horas para decidir, não seria razoável prazo mais dilargado para a prévia manifestação do Ministério Público.

O termo inicial do prazo de 24 horas para a autoridade policial fazer a representação é fácil, pois é contado a partir do momento da prisão/detenção em flagrante. Mas, e o prazo de 24 horas para o Ministério Público? Não pode ser contado, é verdade, a partir da comunicação imediata de que trata o art. 306, caput, do CPP, até porque, salvo em algumas situações, não terá, ainda, a posse de elementos suficientes para definir se é caso, ou não, de pedir a conversão em medida cautelar.

Assim, cremos que o mais razoável é entender que o prazo para o Ministério Público tem o seu marco inicial a partir do momento em que a autoridade policial lhe envia o auto. Na dúvida, falta de comprovação ou ausência mesmo do encaminhamento ao Ministério Público do auto de prisão em flagrante pela autoridade policial, o termo inicial deve ser a data de envio ao Judiciário.

E o prazo para a manifestação por parte da defesa? Lembre-se que o auto de prisão em flagrante, por expressa disposição legal, deve ser encaminhado, em cópia, para o advogado constituído ou, então, na sua falta, para a defensoria pública. Esse envio é para permitir que, sendo o caso, a defesa peça o relaxamento da prisão, a concessão da liberdade provisória ou mesmo a aplicação, apenas, de medida cautelar diversa da prisão, o que deve ocorrer, naturalmente, também no prazo de 24 horas. A respeito, vale o princípio isonômico no sentido de que, em regra, os prazos entre as partes são iguais.

Poder-se-ia pensar que esse prazo de 24 horas seria sucessivo, de modo que primeiro fluiria para o Ministério Público e, em seguida, para a defesa. Todavia, assim não deve ser. Dentro da lógica da simplificação e da celeridade, o certo é que esse prazo seja comum, até porque o envio do auto de prisão em flagrante se dará no mesmo dia, para o juiz, o Ministério Público e a defesa, podendo haver variação, apenas, de alguns minutos ou horas.

Dessa forma, ao receber o auto de prisão em flagrante, o juiz, mesmo quando for a hipótese de decisão de ofício, que diz respeito ao relaxamento da prisão ou à concessão da liberdade provisória, deverá aguardar o transcurso do prazo de 24 horas para a manifestação do Ministério Público ou, até mesmo, formal ou informalmente, se certificar de que este não tem o interesse de pedir a conversão da prisão/detenção em flagrante em medida cautelar.

Não se pense que essa solução alvitrada seja incongruente, pois, no caso de relaxamento da prisão/detenção em flagrante, o que pressupõe vício de ilegalidade no agir da autoridade policial, apresenta-se violência ao direito de liberdade não ser providenciada pelo juiz a imediata soltura. Como esposado no item 6.2.4.1.5.2, infra, quando for caso de ilegalidade da prisão, nada obstante o seu reconhecimento pelo juiz, isso, por si só, não deve ter como consequência a soltura, pois, verificados os requisitos e fundamentos do art. 312, caput, do CPP, deverá, no mesmo pronunciamento, converter/decretar a medida cautelar pertinente que poderá, até mesmo, ser a prisão processual. Por outro lado, conforme consta da análise feita no item 6.2.4.1.5.3, infra, uma das hipóteses de concessão da liberdade provisória será na situação em que, nada obstante certificada a legalidade da prisão/detenção, não houver representação ou requerimento pedindo a conversão/decretação da prisão preventiva. Dessa forma, não pode o juiz, sem observar o prazo de 24 horas para o Ministério Público, querendo, apresentar o requerimento de conversão/decretação da prisão preventiva, decidir pela concessão da liberdade provisória, ao argumento de que não poder fazer a conversão de ofício.

A despeito de tudo o que foi dito, cabe reiterar a crítica feita pelo fato de o legislador não ter previsto, em prestígio ao principio da oralidade, o direito de audiência do preso/detido com o juiz responsável pela decisão sobre a sua prisão, ou não. Outros sistemas jurídicos, que adotam o *juízo oral* como base do processo, estabelecem a apresentação do preso/detido ao juiz, no prazo de 24 horas, quando, então, após a sua palavra e ouvidos o Ministério Público e a defesa, o juiz profere a decisão. Esse é o procedimento adotado em boa parte dos países da América Latina em suas reformas do processo penal, merecendo destaque, nesse ponto, o modelo chileno, em que essa audiência é presidida pelo *juiz de garantias*.

Como já foi ressaltado, pena que o legislador brasileiro não se desapegou, de todo, da cultura do processo escrito, perdendo, com isso, grande oportunidade em dar passo decisivo em direção da oralidade.

De qualquer sorte, sendo o caso, o juiz, sempre que entender pertinente, pode, ao receber o auto de prisão/detenção em flagrante, marcar audiência para o dia seguinte, a fim de dar oportunidade ao preso/detido de ser ouvido e se explicar e ao Ministério Público e à defesa para se manifestarem, para, em seguida, no mesmo ato, prolatar a sua decisão. Assim agindo, estará em consonância com os fins da Reforma Tópica, que é de, com a mudança do modelo inquisitivo/misto para o acusatório, dentre outros aspectos, substituir, a fim de dinamizar a relação processual, dentro do possível, as manifestações escritas pelas orais[746].

---

746 Cf. item 3.2.2.5, supra.

Por fim, insta ressaltar dois aspectos. Qualquer que seja a decisão, o juiz, nos termos do art. 201, § 2º, deverá determinar a comunicação ao ofendido. Conforme examinado no item 5.1.84, supra, dentro da ideia da *justiça restaurativa*, na parte da Reforma Tópica ocorrida em 2008, mais precisamente por força da Lei nº 11.690, de 2008, o ofendido passou a ter o direito de ser comunicado, dentre outros, dos atos processuais relativos ao ingresso e à saída do indiciado/acusado da prisão. Especialmente nos casos de agressão doméstica, a soltura do agressor precisa ser do conhecimento da vítima, que deverá redobrar os cuidados para não sofrer nova violência ou agressão de maior gravidade. Essa comunicação, inclusive, deve ser quanto a eventual aplicação de medida cautelar restritiva substitutiva da prisão, especialmente as do art. 319, II e III, do CPP.

No caso de convertido o flagrante em prisão preventiva, deve o juiz, na decisão, dizer o estabelecimento no qual deve ser feito o recolhimento, o qual deverá ser em cadeia pública e, mesmo quando isso não for possível, em lugar separado dos presos definitivos e, no caso de militar, no quartel da instituição a que pertencer (art. 300, caput e parágrafo único, do CPP).

6.2.4.1.5.2. Direito ao relaxamento da prisão

No item 6.2.2, supra, ressaltou-se que, em consonância com o plasmado na Constituição de 1988, percebe-se a existência de três institutos distintos: (a) *direito à liberdade* (caput do art. 5º); (b) *direito à liberdade provisória com ou sem fiança* (art. 5º, LXVI); (c) *direito ao relaxamento da prisão* (art. 5º, LXV). A liberdade, com o correspondente direito a ela, é princípio dominante no sistema democrático, sendo, por conseguinte, o gênero do qual dimanam os outros dois, quais sejam, o direito ao relaxamento da prisão e o direito à liberdade provisória, com ou sem fiança.

Toda e qualquer pessoa, independentemente de ter, ou não, praticado um crime, ser, ou não, processado, possui o direito de liberdade, que, em rigor, em obséquio à cláusula da presunção de não culpabilidade, só é suprimida devido a sentença condenatória transitada em julgada, com a qual se imponha, como sanção, a prisão.

O direito ao relaxamento da prisão ou à liberdade provisória, com ou sem fiança, tem como pressuposto fático a anterior prisão do indiciado ou acusado, que pode ter sido decorrente de flagrante delito ou ordem judicial.

Há, porém, como aqui foi acentuado, diferença basilar entre o direito ao relaxamento da prisão e o direito à liberdade provisória. Um instituto não se confunde com o outro. O direito de ser a prisão relaxada pressupõe um recolhimento ao cárcere considerado ilegal, uma vez que não observada formalidade essencial para sua validade. Tanto pode ocorrer quando se trata de prisão/detenção em flagrante quanto na decretação de prisão preventiva.

No caso do art. 310, I, a hipótese é quanto ao direito ao relaxamento da prisão/detenção em flagrante, o que pressupõe ilegalidade nesse ato administrativo, que pode decorrer da ausência de atenção às formalidades estabelecidas em lei, com especial destaque para as regras que identificam a situação de flagrância. Quanto às hipóteses de flagrante delito, a doutrina nacional, em sua maioria, tendo em conta o que prescreve o art. 302 do Código de Processo Penal, identifica três espécies, a saber: (i) *flagrante próprio* (também chamado de propriamente dito, real ou verdadeiro), que está caracterizado nos incisos I e II do art. 302 do CPP; (ii) *flagrante impróprio* (também chamado de irreal ou quase-flagrante), tipificado no inciso III do art. 302 do CPP; e (iii) *flagrante presumido* (ficto ou assimilado), previsto no inciso IV do art. 302 do CPP.

Nós defendemos, tendo em consideração a situação em que efetuado o flagrante, classificação que contempla quatro espécies diferentes[747]: (1) *flagrante próprio*, quando o agente *está cometendo* o cri-

---

747 Quanto à forma empregada para efetuar a prisão em flagrante, a doutrina apresenta a seguinte classificação: *flagrante preparado ou provocado*; *flagrante esperado*; *flagrante controlado ou diferido* e *flagrante forjado*. "O flagrante preparado ou provocado é aquele em que se incentiva, mediante a criação de condições favoráveis, a ação criminosa. Há muita crítica a esse incentivo ao crime, geralmente feito pela autoridade policial, sob o argumento de que a missão daquela deve ser de evitar os crimes, e não incentivá-los. Doutro lado, às vezes a intervenção preparatória é de tal maneira que impede ou torna impossível a prática mesmo do crime, o que motivou o Supremo Tribunal Federal editar a sumula nº 145, para dizer que "Não há crime quando a preparação do flagrante pela polícia torna impossível a consumação". Outro tipo é o flagrante esperado em que a atividade policial é apenas de alerta, sem instigar ou contribuir, de qualquer modo, para a prática da infração. Outra espécie é o flagrante controlado, em que a autoridade policial, sabendo da prática do crime, prefere não intervir desde logo, a fim de esperar um momento mais adequado para proceder ao flagrante delito, conforme admitem a Lei nº 9.034, de 1995 (art. 2º), e a Lei nº 11.343, de 2006 (art. 52, II). Por fim, fala-se no flagrante forjado, aquele em que a autoridade policial altera a situação, para tentar, com isso, caracterizar uma das hipóteses dos incisos do art. 302 do CPP, o que, sequer é preciso salientar, é

me (art. 302, I, do CPP); (2) *quase-flagrante*, quando o agente *acaba de cometer o crime* (art. 302, II); (3) *flagrante impróprio*, quando o agente é perseguido *logo após* a prática do delito (art. 302, III); e (4) *flagrante presumido ou ficto*, quando o agente é encontrado *logo depois*, com instrumentos, armas, objetos ou papéis que façam presumir ser ele o autor do delito (art. 302, IV). Essa classificação segue a orientação de que o flagrante propriamente dito somente pode ser aquele em que o agente é surpreendido quando *está cometendo a infração*, como assinalado no inciso I do art. 302 do CPP, e não, como na hipótese do inciso II do mesmo dispositivo, quando ele *acaba de cometê-la*. Se o agente, ao ser surpreendido, já tinha terminado de praticar o crime, para todos os efeitos, essa é uma situação de *quase-flagrante*, nunca, porém, de flagrante propriamente dito[748].

Ao tempo em que a prisão em flagrante, por si só, era a justificativa bastante para que o preso/detido ficasse recolhido ao estabelecimento penal, a discussão sobre a legalidade, ou não, da prisão, especialmente se a situação era efetivamente de flagrante delito, apresentava-se da mais alta relevância. Isso ocorria, como foi aqui registrado, na redação originária do Código de Processo Penal, uma vez que, não sendo o crime afiançável, ocorrida a prisão/detenção em flagrante, ainda que inexistente nenhum motivo para a decretação da prisão preventiva, mesmo assim, o detido deveria permanecer recolhido.

Com o enxerto, mediante a aprovação da Lei n° 6.416, de 1977, de um parágrafo único no art. 310 do CPP, tudo se modificou. Daí em diante, malgrado a prisão/detenção em flagrante, de qualquer sorte, para que a pessoa ficasse presa/detida passou a ser exigido que o juiz, ao examinar o correspondente auto, enxergasse a presença de um dos fundamentos para a decretação da prisão preventiva.

Por isso mesmo, no livro *Curso de processo penal*: teoria (constitucional) do processo penal, sobre o assunto, expressamos a seguinte posição[749]:

> ... como a pessoa presa em flagrante só tinha o direito de responder ao inquérito ou ao processo judicial em liberdade caso o crime fosse

ilegal." (SILVA JÚNIOR, Walter Nunes da. *Curso de processo penal*: teoria (constitucional) do processo penal, nota de rodapé da p. 897.
[748] Cf. SILVA JÚNIOR, Walter Nunes da. *Curso de processo penal*: teoria (constitucional) do processo penal, nota de rodapé da p. 897.
[749] P. 894-896.

afiançável e a fiança fosse recolhida aos cofres públicos, a única alternativa que restava para conseguir a liberdade, quando esta não era cabível, era com o relaxamento da prisão, o que pressupunha, obviamente, a existência de alguma ilegalidade no ato de detenção praticado pela autoridade policial. Como já foi dito à exaustão, agora não é mais assim. Mesmo sendo a detenção em flagrante legal e mesmo que não seja afiançável o crime, ainda assim, para que o detido permaneça preso, é preciso que o juiz, ao receber e examinar o auto de prisão em flagrante, perceba a existência de um dos fundamentos que autoriza a decretação da prisão preventiva.

O que se quer chamar a atenção é que a importância da regularidade da detenção em flagrante delito, desde a vigência do parágrafo único do art. 310 do Ordenamento Processual Penal, não é mais na mesma magnitude. Ainda que legal o procedimento adotado no flagrante delito, o juiz, só por si, não deverá transformar a detenção em prisão, pois, para tanto, ele precisa verificar a existência de um dos fundamentos para a decretação da prisão preventiva. A *contrario sensu*, nada obstante ilegal a detenção em flagrante delito, o juiz pode, e deve, reconhecer o direito ao relaxamento à prisão, mas, no mesmo pronunciamento, apresenta-se por demais razoável que ele, desde que enxergue a presença de um dos fundamentos encartados no art. 310 do Código de Processo Penal, decrete a prisão preventiva. Se assim não se entender, seria o mesmo que dizer que o juiz, observada a ilegalidade da detenção com o exame do auto de prisão em flagrante, tem de determinar o relaxamento da prisão, com consequente expedição do alvará de soltura, mas, logo depois, deverá, caso entenda a necessidade da decretação da prisão preventiva, determinar nova prisão da pessoa.

Concordando com essa visão, o Supremo Tribunal Federal, no julgamento do HC 77042/RJ, realizado por sua Primeira Turma, à unanimidade, tendo como relator funcionado o Ministro SEPÚLVEDA PERTENCE[750], decidiu que as irregularidades praticadas pela autoridade policial, consistentes na falta de sua assinatura e a omissão quanto à expedição de nota de culpa, restam superadas, se "... o Juiz

---

[750] BRASIL. Supremo Tribunal Federal. NULIDADE: AUTO DE PRISÃO EM FLAGRANTE, NOTA DE CULPA E AUTO DE APREENSÃO DE ENTORPECENTE NÃO ASSINADOS PELA AUTORIDADE POLICIAL: SUPERAÇÃO OU IRRELEVÂNCIA, NAS CIRCUNSTÂNCIAS DO CASO. Data da decisão: 26/05/1998. Disponível em: http://www.stf.gov.br/jurisprudencia/jurisp.asp. Acesso em: 24 jul. 2005.

relaxou o flagrante e decretou a prisão preventiva". Sendo mais clara, em outra oportunidade, ao apreciar o RHC 62855/SP, a Suprema Corte, sob a pena do Ministro RAFAEL MAYER[751], também em votação unânime, a Primeira Turma disse que "Se não se evidencia, do auto de prisão em flagrante, a inexistência dos motivos autorizadores de decretação de prisão preventiva, nos termos do art. 310 do CPP, injustificável é o relaxamento da prisão em flagrante."

A esse respeito, não houve, propriamente, alteração quanto ao quadro anterior. Apenas, eliminou-se, de uma vez por todas, eventual dúvida que ainda reinasse quanto ao dever do juiz de não se contentar em verificar, apenas, a legalidade, ou não, da prisão.

A única mudança efetiva é que, agora, quando examinar o auto de prisão/detenção em flagrante, independentemente de existir ilegalidade, ou não, o juiz só poderá decidir pela conversão em prisão preventiva caso haja, nesse sentido, representação da parte da autoridade policial ou, então, requerimento da alçada do Ministério Público. Por uma questão muito simples. Conforme expendido no item 6.1.7.1, supra, como não há, nesse momento, ainda o processo principal, a conversão da prisão/detenção em flagrante em cautelar, seja da espécie detentiva ou não, trata-se de medida preparatória, que não pode, conforme visto, ser decretada de ofício pelo magistrado[752].

Assim, se ilegal o flagrante, deve o juiz, de ofício, independentemente de qualquer provocação, relaxar a prisão/detenção, podendo, porém, se houver representação da polícia ou requerimento do Ministério Público, na mesma decisão, impor cautelar criminal, que pode ser, até mesmo, a prisão processual. Com isso se tem que, sendo ilegal a prisão em flagrante e não havendo representação ou requerimento para a sua conversão em medida cautelar, deve o juiz, incontinenti, *relaxar a prisão*. Não é caso, sequer, de indagar se há, ou não, o direito à liberdade provisória.

Aqui cabe relembrar o que já dissemos sobre o cumprimento das formalidades escritas no art. 5º, inciso LXII, que, em princípio, quan-

---

[751] BRASIL. Supremo Tribunal Federal. PRISÃO EM FLAGRANTE. INTERROGATÓRIO DO CONDUZIDO, NO HOSPITAL. SUBSISTÊNCIA DA PRISÃO. Data da decisão: 19/04/1985. Disponível em: http://www.stf.gov.br/jurisprudencia/jurisp.asp. Acesso em: 24 jul. 2005.
[752] Cf. os itens 6.1.7, 6.1.7.1 e 6.1.7.2, supra, em que se analisa a diferença entre as medidas cautelares preparatória e incidental quanto à possibilidade de deferimento de ofício.

do não observadas, geram, apenas, mera irregularidade, na medida em que a ilegalidade, com o consequente direito ao relaxamento da prisão, só se manifesta quando vier a comprometer a materialidade do crime praticado ou os indícios da autoria. Em rigor, nesse caso, a nulidade, quando muito, é, apenas, relativa, daí a necessidade de que seja demonstrada a ocorrência de prejuízo[753].

Por outro lado, mesmo sendo legal o flagrante, caso não haja representação ou requerimento solicitando a conversão em medida cautelar, como o juiz não pode, em se tratando de medida preparatória, determiná-la de ofício, a solução é a concessão da liberdade provisória.

Como se vê, o controle e a atuação do Ministério Público, a partir do recebimento da *comunicação imediata*, em relação ao auto de prisão em flagrante, pode ser decisivo quanto à solução judicial a ser emprestada para o caso. Como o juiz não terá mais que abrir vista para o Ministério Público a fim de que possa decidir, caberá ao órgão ministerial acompanhar e cobrar a comunicação da autoridade policial quanto à remessa do auto de prisão em flagrante, ademais de, no prazo de 24 horas, sempre se pronunciar. O mesmo se aplica, como já dissemos, em relação à defesa, a qual, agora, terá a oportunidade de manifestar-se antes da decisão do juiz, no prazo de 24 horas após o recebimento de cópia do auto de prisão/detenção em flagrante[754].

6.2.4.1.5.3. Conversão da prisão/detenção em medida cautelar (medidas cautelares diversas ou prisão processual)

A fim de dissipar, de uma vez por todas, qualquer dúvida quanto à natureza jurídica da prisão/detenção em flagrante, a Reforma Tópica implementada pela Lei n° 12.403, de 2011, cuidou de especificar que, ao receber o auto de prisão em flagrante, o juiz deverá, *quando presentes os requisitos constantes do art. 312 deste Código, e se revelaram inadequadas ou insuficientes as medidas cautelares diversas da prisão* (art. 310, II, do CPP), por meio de decisão devidamente fundamentada, *converter a prisão em flagrante em preventiva*. Veja-se:

---

[753] RE 197571 / SP, relator Ministro Octavio Galloti, Primeira Turma do Supremo Tribunal Federal (Data da decisão: 28/06/1996. Disponível em: http://www.stf.gov.br/jurisprudencia/jurisp.asp. Acesso em: 25 jul. 2005.
[754] Cf. item 6.2.4.1.5.1, supra.

Art. 310. Ao receber o auto de prisão em flagrante, o juiz deverá fundamentadamente:
I — *omissis*
II — converter a prisão em flagrante em preventiva, quando presentes os requisitos constantes do art. 312 deste Código, e se revelarem inadequadas ou insuficientes as medidas cautelares diversas da prisão; ou
III — *omissis*.

Chame-se a atenção para a circunstância de que a conversão de prisão/detenção em flagrante em cautelar criminal, seja ela detentiva ou não, em verdade, corresponde à decretação de medida cautelar. É hipótese mais de *decretação* do que de *conversão* em medida cautelar. De toda maneira, o dispositivo deixa patente que a prisão/detenção em flagrante não é espécie de medida cautelar, pois não possui tal natureza jurídica. Trata-se, apenas, de ato administrativo *autoexecutório*, praticado no exercício do *dever-poder de polícia*, que se consubstancia e se *basta* na *captura* de quem é flagrado em conduta delitiva, não possuindo, portanto, natureza processual[755]. Esse ato administrativo se presta, isso sim, para embasar a representação ou requerimento pela *conversão/decretação* de medida cautelar criminal, que tem como uma de suas espécies a prisão processual, gênero das prisões preventiva e temporária.

Saliente-se que a cautelar decretada pelo juiz ao examinar auto de flagrante delito é uma medida cautelar preparatória, pois não há, ainda, o processo principal. Assim sendo, por força do art. 282, § 2º, primeira parte, do CPP, não pode o juiz, de ofício, decidir a respeito. Só poderá fazê-lo se e quando houver representação ou requerimento, respectivamente, pela autoridade policial ou pelo Ministério Público, pedindo a concessão da cautelar, que pode ser uma das medidas diversas ou a prisão processual.

Portanto, nesse caso, a existência, ou não, de provocação quanto à conversão do flagrante em medida diversa ou em prisão processual, é determinante, pois, não havendo, o juiz só poderá proferir dois tipos de decisão: (a) relaxamento da prisão, se for ilegal o flagrante; (b) liberdade provisória, se legal o flagrante, por ausência de representação ou requerimento, sem a necessidade de examinar a presença, ou não, dos fundamentos para a imposição de medida cautelar (arts. 282, I, II,

---

755 Cf. item 6.2.4, supra.

§6º, e 312, caput, do CPP). Assim, a decisão sobre a conversão tem como requisito indispensável a prévia representação ou requerimento.

Existindo a representação ou o requerimento pela decretação da medida diversa ou prisão processual, independentemente de o flagrante ser legal, ou não, deverá o juiz, necessariamente, decidir a respeito. Em relação a esse aspecto, não há nenhuma mudança efetiva quanto ao que acontecia anteriormente. Não teria nenhum sentido o juiz, existindo a representação ou o requerimento pleiteando a conversão da prisão/detenção em flagrante em medida diversa ou em prisão processual, devido à circunstância de verificar vício de ilegalidade no flagrante, cindir o juízo decisório em dois momentos, o primeiro para determinar o relaxamento da prisão, a expedição do alvará de soltura e o seu respectivo cumprimento, para, posteriormente, decidir sobre a prisão preventiva.

Além de tratar-se de um contrassenso, inconciliável com a razoabilidade, o juiz possui um único prazo, que é de 24 horas, seja para decidir sobre o relaxamento, a conversão/decretação ou a liberdade provisória. Por isso mesmo, ao examinar o auto, na mesma decisão, o juiz deve apreciar, além da legalidade do flagrante, se deve ser acolhida, ou não, a representação ou o requerimento quanto à conversão em prisão preventiva ou em medida diversa.

Importa observar, ainda, que, para a conversão do flagrante em prisão preventiva, ou seja, deferir a medida cautelar, o juiz terá de fundamentar o *decisum* no art. 312, caput, demonstrando a sua necessidade *por conveniência da instrução criminal, para assegurar a aplicação da lei penal* ou para *evitar a prática de infrações penais*, sem se descurar, é lógico, de observar os requisitos, que dizem respeito à *prova da existência do crime e indício suficiente de autoria*.

Tenha-se presente que, se efetivamente a prisão/detenção ocorreu em flagrante delito, os requisitos para a conversão em medida diversa ou em prisão processual estão presentes, porquanto, conforme visto acima, em todas as quatro situações legais que caracterizam o flagrante delito parte-se do pressuposto de que o crime existe e que as circunstâncias indicam que o detido foi quem o perpetrou.

Concluindo que há os fundamentos para a conversão da prisão/detenção em flagrante em cautelar, deve o juiz dar prevalência a uma das medidas contempladas nos incisos do art. 319 do CPP, de modo que não deverá aplicar a prisão preventiva ou temporária, quando uma ou mais daquelas forem adequadas e suficientes. A literalidade do art. 310, II, do CPP, dá a entender que, primeiro, o juiz faz a valoração se é caso de conversão em prisão preventiva para, então, à semelhança do que ocorre na sentença condenatória, em que a pena privativa de liberdade não é superior a 4 (quatro) anos, decidir se deve ocorrer, ou não, a substituição por uma ou mais das medidas diversas.

No entanto, a interpretação desse preceito em conjunto com o do art. 282, I e II, demonstra que, em verdade, de início, o juiz verifica se há um dos fundamentos para a decretação da cautelar e, sendo a hipótese, em passo seguinte, passa a examinar, dentre as medidas, detentivas e diversas da prisão, qual é a adequada e suficiente, sendo o caso de prevalecerem estas, nos termos do art. 382, § 6º, do CPP.

Aqui cabe distinção importante, entre as medidas cautelares diversas da prisão previstas nos incisos do art. 319 do CPP como regra geral, da hipótese do art. 310, II, parte final. Impor uma medida cautelar quando a pessoa está solta é uma coisa, outra, totalmente diferente, é quando, ocorrida a prisão/detenção em flagrante, o juiz condiciona a soltura ao prévio cumprimento de uma obrigação, como ocorre na hipótese em que se exige o pagamento de fiança.

De fato, é bastante diferente a situação em que ao preso/detido se impõe, a título de cautelar diversa da prisão, obrigação ou obrigações prévias, que devem, portanto, ser cumpridas antes, na qualidade de condicionantes para o exercício do direito à liberdade provisória. Pensamos que, de regra, em se tratando de flagrante delito, o juiz não pode decretar medida cautelar que deva ser cumprida como condição prévia para a expedição do alvará de soltura, salvo na hipótese tratada no item seguinte.

Daí por que, tratando-se de prisão/detenção em flagrante, o juiz não pode, sob o argumento de que não é caso de conversão em preventiva, simplesmente, com base no art. 319 c/c o art. 321 do CPP, impor medida cautelar diversa da prisão, com exigência de prévio cumprimento para que, então, seja reconhecido o direito à liberdade provisória, como, por exemplo, condicionar o direito de liberdade ao prévio pagamento de fiança, o que, infelizmente, alguns juízes vêm fazendo.

A leitura dos dois dispositivos acima, quando se trata da situação especial de flagrante delito, precisa ser feita no contexto do que dispõe o art. 310, II, do CPP. É verdade que a leitura isolada do art. 321 leva a crer que "Ausentes os requisitos que autorizam a decretação da prisão preventiva, o juiz deverá conceder liberdade provisória, impondo, se for o caso, as medidas cautelares previstas no art. 319 deste Código e observados os critérios constantes do art. 282 deste Código." Aliás, literalmente, é isso que a norma em destaque expressa; porém, se lida em compasso com o que dispõe o art. 310, II, também do CPP, fica claro qual é o alcance da mensagem legislativa, senão vejamos.

Centrando a atenção inicial à interpretação literal do art. 321 do CPP, percebe-se que a sua primeira parte ("Ausentes os requisitos que autorizam a decretação da prisão preventiva, o juiz deverá conceder liberdade provisória...") não merece retoques, na medida em que mantém a lógica do art. 310, II, primeira parte, do CPP. Ou seja, ao examinar o auto de flagrante, o juiz só deve "converter a prisão em flagrante em preventiva, quando presentes os requisitos constantes do art. 312..." (art. 310, II, do CPP), de modo que, em caso contrário, deve "conceder a liberdade provisória..." (art. 310, III, do CPP).

A incongruência entre as duas normas parece estar nas partes finais dos dois dispositivos. Com efeito, a parte final do art. 321 do CPP ("... impondo, se for o caso, as medidas cautelares previstas no art. 319 deste Código e observados os critérios constantes do art. 282 deste Código"), seduz o entendimento de que o juiz pode, nesse caso, condicionar a liberdade provisória ao cumprimento de alguma medida cautelar imposta. Já a parte final do art. 310, II, do CPP ("... e se revelarem inadequadas ou insuficientes as medidas cautelares diversas da prisão") denota não apenas que a liberdade provisória deve ser concedida quando não for o caso da conversão em prisão preventiva como, ainda, que a medida cautelar diversa da prisão, de qualquer sorte, só pode ser estipulada quando houver fundamento para a decretação de medida cautelar.

Aliás, se se der a devida atenção à parte final do art. 321 do CPP, note-se que ali se esclarece que a possibilidade de decretar uma das medidas cautelares diversas deve ocorrer desde que "... observados os critérios constantes do art. 282 deste Código." Portanto, para todos os efeitos, a medida cautelar diversa da prisão só pode ser aplicada caso tenha um dos fundamentos do inciso I do art. 282.

Todavia, sendo o caso de conversão da prisão/detenção em flagrante em medida cautelar diversa da prisão, não é o caso de o juiz impor o prévio cumprimento de condição estabelecida, para então, assegurar o direito de o preso/detido ser solto. Em nosso entendimento, por imposição de ordem lógico/sistêmica, o juiz só pode assim proceder na hipótese tratada no item 6.2.4.1.5.4, infra.

Em um primeiro momento, chegamos a adotar a posição de que era cabível a imposição de medida cautelar como condição para a soltura, nos casos em que, para todos os efeitos, o preso/detido não possui o direito à liberdade provisória sem que sejam impostas algumas restrições a título de medida cautelar diversa. À vista das espécies de medidas cautelares estampadas no art. 319 do CPP, observa-se que as únicas que poderiam ser estabelecidas como exigência de cumprimento prévio na qualidade de condição para a liberdade provisória são as dos incisos VIII e IX, respectivamente, a fiança[756] e a monitoração eletrônica. Um exemplo de um caso concreto hipotético contribui para esclarecer a posição então adotada.

Imagine-se um caso de roubo, em que ocorreu a prisão em flagrante. O juiz, ao analisar o respectivo auto, conclui, a despeito do requerimento do Ministério Público, que não é o caso de conversão em medida cautelar, uma vez que não há a presença de nenhum dos fundamentos do art. 382, I e II, e 312, caput, do CPP. A consequência é a concessão da liberdade provisória. A imposição de medida cautelar diversa, nesse caso, é claramente indevida.

Adotando o mesmo exemplo, suponha-se que o juiz, entendendo presente um dos fundamentos para a conversão do flagrante em medida cautelar, defere, no todo ou em parte, representação da autoridade policial ou pedido do Ministério Público, para, em obséquio ao art. 282, II, do CPC, sopesando a *adequação da medida à gravidade do crime, as circunstâncias do fato e condições pessoais do preso/detido*, por entender *adequadas e suficientes* (art. 310, II, parte final, do CPP), decretar medidas cautelares diversas sob a modalidade de fiança, monitoração eletrônica e de proibição de manter contato com pessoa determinada, razão pela qual condiciona o direito à liberdade provisória ao prévio pagamento da fiança e da colocação do equipamento para possibilitar a fiscalização eletrônica.

Porém, o juiz não pode *impor e condicionar* o exercício do direito à liberdade provisória ao cumprimento de medida cautelar diversa, até porque o descumprimento da condição imposta não acarreta, como consequência necessária, a decretação da prisão. Essa é a inteligência do art. 282, § 4º, do CPP, que determina, no caso de descumprimento de medida cautelar diversa da prisão, que se dê preferência pela imposição de outra ou outras medidas diversas, sendo a opção pela prisão processual cabível, apenas, *no último caso*.

Ademais, esse entendimento é imprescindível para que se compreenda o que o legislador quer dizer, no inciso III do art. 310 do

---

[756] Aliás, no art. 310, III, do CPP, consta a fiança com uma das hipóteses de condição a ser estabelecida pelo juiz.

CPP, ao colocar, dentre as hipóteses de decisão quando do exame do auto de flagrante, *conceder liberdade provisória, com ou sem fiança*, objeto de exame a seguir.

6.2.4.1.5.4. Liberdade provisória, com ou sem fiança

Como aqui já acentuado, a expressão *liberdade provisória* contém um paradoxo, pois, em verdade, o que é provisória é a *pena* ou a *prisão*. Acontece que, na tradição de nosso Direito, tem-se utilizado essa terminologia para identificar a situação em que, tendo sido recolhida à prisão e sendo esta legal, a pessoa pode, nada obstante, ser solta, caso detenha o direito à liberdade provisória. Note-se que a Constituição brasileira não se limita a proibir a prisão perpétua, mas sim a prisão de *caráter* perpétuo[757]. A consequência lógica é que a privação do direito de liberdade é que deve ser, necessariamente, *provisória*. A liberdade, que é um direito fundamental que guarda intimidade direta com o sistema democrático, é que é considerada *permanente*, sendo admissível a sua restrição, apenas, quanto a *intervalo de tempo* que, ademais de não poder ser indefinido, não pode ter, sequer, *caráter* perpétuo.

Para todos os efeitos, pode-se acrescentar que a *provisoriedade* do direito de liberdade quer dizer mais com a *precariedade* com que é concedida a soltura do agente, em razão da possibilidade de que, logo depois, venha a ser determinada, em face da mesma infração criminal, outra ordem de prisão, desde que alicerçada nos requisitos e fundamentos reclamados. Nessa perspectiva, a lógica da expressão liberdade provisória se explica pela circunstância de o legislador da época, em consonância com a sistemática de que a regra era a prisão, tê-la concebido como uma espécie de *contracautela*[758].

---

[757] Art. 5º, XLVII, da Constituição.
[758] Desde o advento da Lei nº 6.416, de 1977, a liberdade provisória não pode ser vista como uma espécie de *contracautela*, mas, sim, a consequência natural quando ocorre a prisão/detenção em flagrante, na medida em que, mesmo nessas circunstâncias, a regra é a liberdade. Isso porque, a partir de então, o juiz, ao analisar o auto, só poderia determinar a prisão se estivesse presente um dos fundamentos para a preventiva, que é uma cautelar de caráter excepcional. Ademais, agora, com a Lei nº 12.403, de 2011, conquanto presente um dos fundamentos para a decretação de cautelar criminal, o juiz deve dar preferência pelas medidas diversas elencadas nos incisos do art. 319 do CPP, que podem ser aplicadas cumulativamente, tantas quantas o juiz entender pertinentes para o caso, conforme avaliação feita nos termos do art. 282, II, do CPP.

Ou seja, mesmo quando não era o caso de a pessoa ser mantida na prisão, o reconhecimento do direito à liberdade provisória ocorria a *título precário*, pois poderia, a todo e qualquer momento, vir a ser determinada a sua volta ao estabelecimento penal, com a decretação da preventiva, caso não fossem cumpridas as condições estabelecidas pelo juiz, como também quando surgissem novos elementos que justificassem a prisão e, até mesmo, devido ao trânsito em julgado de eventual sentença condenatória que aplicasse pena privativa de liberdade.

Saber ou definir/conceituar o que é liberdade provisória, porém, não basta, pois é de fundamental importância ter presente quando deve ser reconhecido o direito à liberdade provisória. Essa é uma tarefa a ser desempenhada pelo legislador, notadamente no Código de Processo Penal, como, aliás, está em nosso sistema.

Na redação originária do CPP, a prisão preventiva não foi tratada como espécie de medida cautelar, o que ensejou regramento bastante severo para o reconhecimento do direito à liberdade provisória. Tanto é assim que, ao lado da prisão preventiva determinada e fundamentada pelo juiz, existia a prisão preventiva obrigatória, ou seja, em que o recolhimento à prisão deveria se dar, independentemente de demonstrada a sua necessidade, toda vez que a pena máxima prevista para o crime praticado fosse igual ou superior a dez anos. Era a prisão preventiva por *força da lei*.

A par disso, ocorrida a prisão/detenção em flagrante, não sendo caso de relaxamento da prisão e de decretação da prisão preventiva, o direito à liberdade provisória só poderia ser reconhecido quando, ademais de afiançável o crime, o preso efetuasse o devido pagamento.

Verifique-se bem como era gizado pelo legislador infraconstitucional o direito à liberdade provisória, quando se dava a prisão/detenção em flagrante. Ocorrida a prisão/detenção em flagrante, se o crime não fosse afiançável, o preso não tinha direito à liberdade provisória, razão pela qual respondia, mesmo quando não demonstrada a necessidade de sua prisão, recolhido ao estabelecimento penal.

O direito à liberdade provisória, quando verificada a prisão/detenção em flagrante, estava condicionado a três requisitos: (a) ser o crime afiançável; (b) não haver motivo para a decretação da prisão preventiva; e (c) ser efetuado o pagamento da quantia estipulada pelo juiz. Bastava que um dos três requisitos não fosse observado para que ao preso não fosse reconhecido o direito à liberdade, razão pela qual deveria permanecer recolhido à prisão. Em outras palavras, nesses casos — repita-se uma vez mais o que aqui já foi dito — a prisão/detenção em flagrante, por si só, era a justificativa para que a pessoa ficasse presa.

Relembre-se, porém, que essa situação foi alterada radicalmente com a inclusão de um parágrafo único no art. 310 do CPP, operada pela edição da Lei nº 6.416, de 1977. Depois da referida inovação legal, a prisão/detenção em flagrante deixou de ter importância para que uma pessoa respondesse, ou não, o processo recolhida à prisão, pois, independentemente de ser o crime afiançável ou inafiançável, não havendo motivo para a decretação da prisão preventiva, o juiz deve reconhecer o direito à liberdade provisória.

O que se quer dizer é que, daí em diante, o juiz deixou de poder condicionar a liberdade provisória ao pagamento de fiança. Ora, se a partir de então passou a ser irrelevante a circunstância de o crime ser afiançável, ou não, de modo que, em todo e qualquer caso, ao receber o auto de prisão/detenção em flagrante, não cabendo a decretação de prisão preventiva, deveria conceder a liberdade provisória, desapareceu a hipótese da *liberdade provisória com fiança*.

Ainda mais porque, em nosso sistema, os crimes afiançáveis eram — apesar das modificações trazidas pela Lei nº. 12.403, de 2011, continuam a ser, como veremos adiante — exatamente os delitos menos graves do que os inafiançáveis. Dessa forma, caso entendido que o juiz, ao analisar a prisão/detenção em flagrante, poderia conceder a liberdade provisória condicionada ao pagamento da fiança, teríamos um contrassenso inaceitável. Isso porque, nesse caso, o juiz poderia estabelecer a fiança como condição para a liberdade provisória apenas quando o crime fosse afiançável, ao passo que nos crimes mais graves, portanto inafiançáveis, a liberdade seria concedida sem ter como condição o prévio pagamento de quantia em dinheiro.

Em rigor, a interpretação literal leva a duas situações: *(a) prisão/detenção em caso de crime afiançável:* o juiz, ao analisar o auto, não havendo motivo para a decretação da prisão preventiva, reconhece o direito à liberdade provisória, porém, condiciona a soltura ao pagamento de quantia a título de fiança; *(b) prisão/detenção em caso de crime inafiançável:* o juiz, ao analisar o auto, não havendo motivo para a decretação da prisão preventiva, reconhece, necessariamente, o direito à liberdade provisória, sendo que, na hipótese, não pode condicioná-lo ao pagamento de quantia em dinheiro, simplesmente porque não é admissível.

A incongruência é clara como a luz solar. Se o crime afiançável é menos grave, como é que o juiz, sem arranhar a lógica das coisas, para reconhecer o direito à liberdade provisória tem de observar que não é o caso de prisão preventiva e, ainda, exigir o pagamento da fiança, enquanto, em se tratando de crime inafiançável, portanto, delito mais grave, basta que não tenha motivo para a preventiva?

A esse respeito, o legislador da segunda etapa da Reforma Tópica foi bastante lógico ao tratar do tema. Primeiro, o juiz examina a legalidade da prisão (art. 310, I, do CPP). Depois, verifica se é caso de medida cautelar e, se for, observa se é *adequada e suficiente* uma das medidas cautelares diversas, dentre elas, a fiança (art. 310, II, c/ arts. 282, I, II e § 6º, e 319, I a VIII, todos do CPP). Portanto, a fiança, quando da apreciação do ato de flagrante pelo magistrado, só pode ser arbitrada como condição quando, entendendo ser o caso de prisão preventiva, houver a conclusão de que essa espécie de medida cautelar, cumulada ou não com outra ou outras, apresenta-se *adequada e suficiente* para tutelar o processo principal ou sustar o risco de que seja comprometida a ordem pública ou econômica[759].

Portanto, o reconhecimento do direito à liberdade provisória com fiança, ou seja, condicionada a fiança, tem como pressuposto lógico o reconhecimento pelo juiz de que, por estar presente hipótese da conversão do flagrante em prisão processual, o agente não possui o direito à liberdade provisória, sem que seja exigida a fiança como contracautela, cumulada, ou não, com outras medidas diversas pertinentes.

Esse entendimento, em princípio, conflita com o disposto no art. 324, IV, do CPP, que veda a concessão de fiança, nas hipóteses em que é caso de decretação da prisão preventiva. Mas a regra ali explicitada é pertinente para a fiança denominada autônoma, não a substitutiva da prisão[760], assim como os limites traçados pelo legislador quanto aos fins da fiança, preceituados no art. 319, VIII, do CPP[761].

Dessa forma, sendo o crime afiançável ou não, se não for o caso de conversão do flagrante em delito em prisão processual, o juiz deve reconhecer o direito à liberdade provisória. Na hipótese, não pode o juiz, pelo fato de o crime ser afiançável, condicionar o direito à liber-

---

759 Cf. item 6.2.4.1.5.3, supra.
760 Cf. item 6.3 e 6.3.1.9.1, infra.
761 Cf. item 6.3.1.9.2.

dade ao pagamento de fiança. Se assim fosse, voltaríamos à incoerência de tratar os crimes afiançáveis de forma mais severa do que os inafiançáveis.

De outra banda, ante a verificação pelo juiz, nos termos do art. 282, I, do CPP, de que é caso de conversão do flagrante em medida cautelar, deverá examinar se a imposição de medida diversa da prisão é adequada e suficiente (art. 282, II, § 6º, c/c o 310, II, última parte). Se entender que a medida adequada e suficiente é a prisão preventiva, diante da circunstância de o crime ser afiançável, o juiz deve examinar se, com a imposição da fiança, sozinha ou cumulada com outra medida diversa, é recomendável a substituição, a fim de que o agente responda o processo em liberdade.

Com esse entendimento, confere-se prestígio maior à política criminal de conceder mais alternativas para que, quem praticou crime considerado pelo sistema jurídico como menos grave, que são os afiançáveis, responda o processo em liberdade. O fato de o crime ser afiançável, menos grave, justifica que sejam assumidos maiores riscos em se colocar a pessoa em liberdade provisória mesmo diante da conclusão de que, em princípio, o mais recomendável seria a prisão processual. Nesse caso, parece mais do que razoável o juiz cumular a fiança com função substitutiva da prisão processual com a monitoração eletrônica e, ainda, o recolhimento domiciliar. A circunstância de o agente não possuir residência e trabalho fixos, que são requisitos necessários para a medida cautelar de recolhimento domiciliar[762], são ótimos indicadores para justificar, ou não, no caso concreto, a substituição da prisão processual pela fiança.

Por outro lado, essa tese também se conforta com a ideia de reservar a prisão apenas para casos extremos, notadamente quando se trata de crimes mais graves, categoria na qual estão todos os inafiançáveis.

Insista-se que, nesse caso, a fiança é cabível como condição para a soltura porque o direito à liberdade provisória, em verdade, não existe. Não fosse o crime afiançável o agente teria de cumprir a prisão processual decretada, o que só não ocorre porque o juiz pode substituí-la pela fiança, cumulada, ou não, com outras medidas.

Diante do esposado, cabe dizer que o juiz não pode arbitrar a fiança como condição para o direito à liberdade, quando não fundamen-

---

762 Cf. item 6.3.1.5, infra.

tar, antes, que a hipótese é de conversão do flagrante em prisão preventiva. A fiança, nesse caso, substitui efetivamente a prisão preventiva. Só pode ser fixada, como condição para o direito à liberdade provisória, em substituição à prisão preventiva. Aqui é hipótese na qual a fiança é utilizada em substituição à prisão preventiva, pelo que não tem aplicação o disposto no art. 319, VIII, do CPP, i. e., que reserva a fiança apenas para os casos em que essa medida possui a serventia para garantir que o agente compareça aos atos do processo, não obstrua o seu andamento ou quando houver resistência injustificada à ordem judicial.

Há outra hipótese em que é possível admitir-se que o direito de liberdade seja condicionado ao prévio pagamento de fiança. É quando a lei autoriza a própria autoridade policial, independentemente do exame do juiz, a determinar a soltura do detido. Sem embargo da crítica pertinente a essa previsão normativa, aqui há uma explicação em se condicionar, ao prévio pagamento de fiança, o reconhecimento do direito à liberdade provisória pela própria autoridade policial[763].

Nesse caso, se o crime for inafiançável, efetuada a prisão/detenção pela autoridade policial, apenas quem pode reconhecer o direito à liberdade provisória é o magistrado, quando do exame do auto de prisão/detenção. Portanto, só o juiz poderá decidir pela concessão da liberdade provisória, sendo vedado à autoridade policial.

Porém, sendo o ilícito afiançável e a pena correspondente igual ou inferior a 4 (quatro) anos, há dois momentos: (a) a lei autoriza a própria autoridade policial, naturalmente quando verificar que não é hipótese de representar pela prisão preventiva, a proceder ao reconhecimento do direito à liberdade provisória, desde que estipule, como *contracautela*, o pagamento de valor a título de fiança; (b) não tendo a autoridade reconhecido o direito à liberdade provisória ou, tendo reconhecido, o detido não efetuar o pagamento, *pode/deve* o juiz, quando do exame do auto de prisão/detenção em flagrante, não sendo o caso da conversão em preventiva, conceder a liberdade provisória, situação na qual não poderá condicionar o exercício desse direito ao pagamento de fiança.

---

763 Cf. item 6.3.1.9.4, infra.

MOMENTO POLICIAL

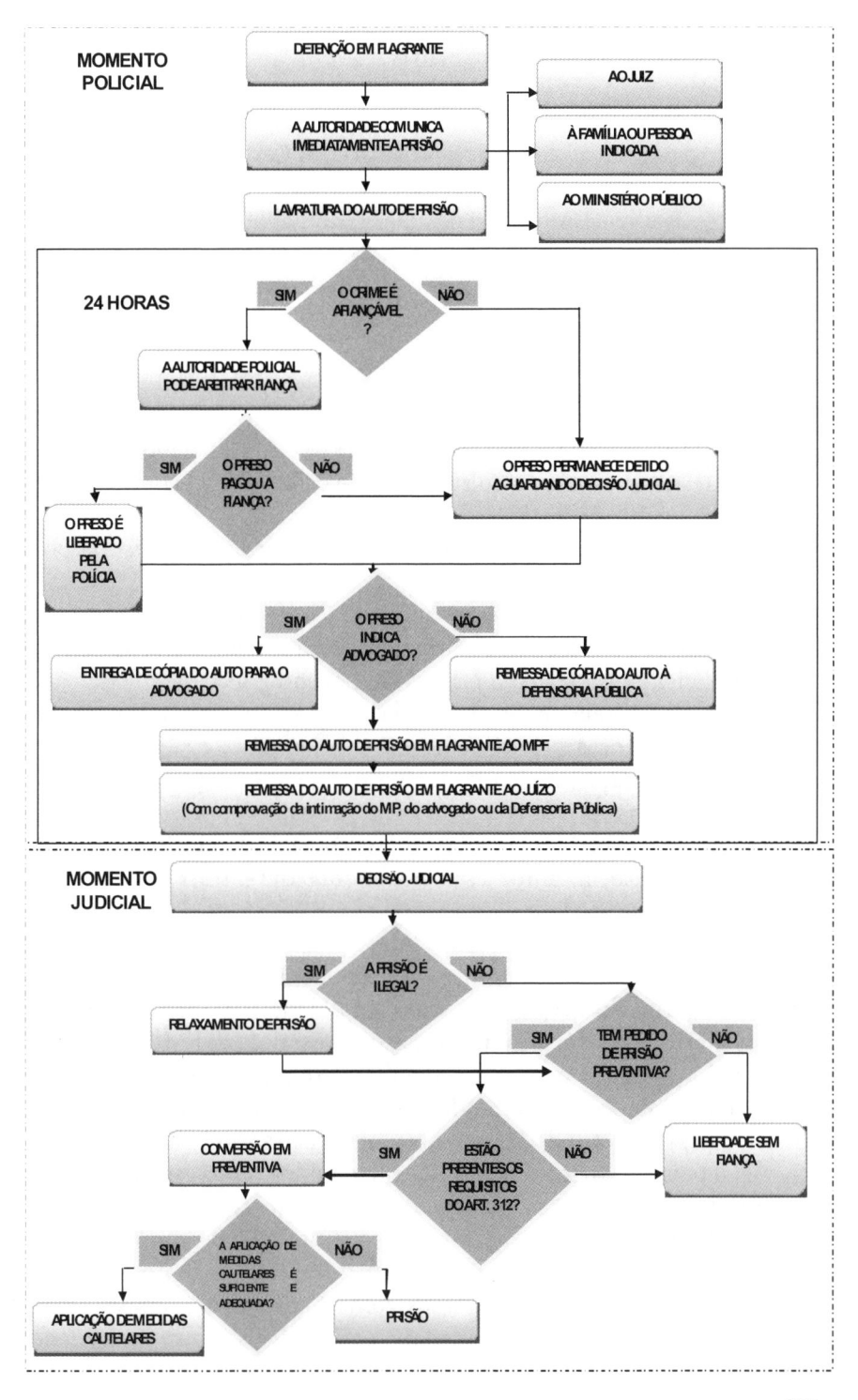

```
DETENÇÃO EM FLAGRANTE
        ↓
A AUTORIDADE COMUNICA IMEDIATAMENTE A PRISÃO  →  AO JUIZ
        ↓                                      →  À FAMÍLIA OU PESSOA INDICADA
LAVRATURA DO AUTO DE PRISÃO                    →  AO MINISTÉRIO PÚBLICO
```

24 HORAS

```
O CRIME É AFIANÇÁVEL?
   SIM ↓                                    NÃO ↓
A AUTORIDADE POLICIAL
PODE ARBITRAR FIANÇA
        ↓
   O PRESO PAGOU A FIANÇA?
   SIM ↓         NÃO →    O PRESO PERMANECE DETIDO
                          AGUARDANDO DECISÃO JUDICIAL
O PRESO É
LIBERADO
PELA
POLÍCIA
              ↓
        O PRESO INDICA ADVOGADO?
        SIM ↓               NÃO ↓
ENTREGA DE CÓPIA DO AUTO      REMESSA DE CÓPIA DO AUTO À
PARA O ADVOGADO                DEFENSORIA PÚBLICA
              ↓
REMESSA DO AUTO DE PRISÃO EM FLAGRANTE AO MPF
              ↓
REMESSA DO AUTO DE PRISÃO EM FLAGRANTE AO JUÍZO
(Com comprovação da intimação do MP, do advogado ou da Defensoria Pública)
```

MOMENTO JUDICIAL

```
DECISÃO JUDICIAL
        ↓
A PRISÃO É ILEGAL?
SIM ↓                    NÃO ↓
RELAXAMENTO DE PRISÃO    TEM PEDIDO DE PRISÃO PREVENTIVA?
                         SIM ↓               NÃO ↓
CONVERSÃO EM  ← SIM  ESTÃO PRESENTES    →    LIBERDADE SEM
PREVENTIVA           REQUISITOS DO          FIANÇA
    ↓                ART. 312? NÃO →
A APLICAÇÃO DE MEDIDAS CAUTELARES É SUFICIENTE E ADEQUADA?
SIM ↓                    NÃO ↓
APLICAÇÃO DE MEDIDAS     PRISÃO
CAUTELARES
```

537

6.2.4.2. Vedação da liberdade provisória

Algumas leis extravagantes tornam defeso, para os crimes nelas especificados, o direito à liberdade provisória. A Lei nº 8.072/90 veda o direito à liberdade nos crimes hediondos, tortura, tráfico ilícito de entorpecentes e terrorismo, a Lei nº. 9.034, de 1995, nos crimes organizados, a Lei nº. 9.613, de 1998, nos crimes de "lavagem" ou ocultação de bens, direitos e valores, e a Lei nº. 10.868, de 2003, nos crimes de porte ou registro ilegal de arma. Quer dizer, então, que em relação aos crimes tratados nas leis em referência não cabe o direito à liberdade provisória? Qual a consequência dessa vedação? Isso implica dizer que, ao receber o auto de prisão/detenção em flagrante, por ser vedada em lei específica a liberdade provisória, o juiz não poderá, se não for caso de relaxamento, a soltura do preso/detido, mesmo que não haja motivo para a decretação de prisão processual?

A consequência da negativa do direito à liberdade provisória por essa lei, em rigor, permite quatro linhas de interpretação: (1) como não é admitida a liberdade provisória, praticado o crime, mesmo que não seja situação de flagrante delito e não haja ordem judicial, a autoridade policial deve efetuar a prisão; (2) havendo necessidade ou não, a prisão preventiva há de ser decretada pelo juiz, por força da vontade da lei; (3) ocorrida a prisão/detenção em flagrante, o juiz não pode conceder a liberdade provisória, somente podendo o agente recuperar a liberdade, caso a prisão seja ilegal, hipótese em que ele terá direito ao relaxamento da prisão; e (4) a despeito de a norma jurídica vedar a liberdade provisória, ainda assim, somente deve ser decretada ou mantida a prisão caso seja necessária.

Qual ou quais dessas soluções interpretativas são constitucionalmente válidas? De primeiro, antes de responder a essa indagação, faz-se mister, a fim de evitar inconstitucionalidade, a interpretação das normas em foco conforme a premissa que ressai da Lei Maior, segundo a qual a prisão processual é medida cautelar extrema, que tem como consequência a privação do exercício de um direito fundamental, a exigir, portanto, decisão judicial demonstrando a sua necessidade, razão pela qual não se pode, por meio de lei, simplesmente vedá-la, levando em consideração o tipo de crime cometido.

Como se não bastasse, note-se que, na intenção de conferir tratamento mais rigoroso para os crimes de tortura, tráfico ilícito de entorpecentes, terrorismo e os definidos como hediondos, o constituinte disse, expressamente, que eles eram *inafiançáveis e insuscetíveis de graça ou anistia* (art. 5°, XLIII), e não que, nesses casos, *não seria admitida a liberdade provisória*. Nem mesmo ao tratar da ação de grupos armados, civis ou militares, que atentem contra a ordem constitucional e o Estado democrático, o constituinte chegou a preceituar a vedação da liberdade provisória (art. 5°, XLIV); quando muito, disse que eles, além de *inafiançáveis*, seriam *imprescritíveis*.

Feita a consideração acima, vamos às respostas. A primeira solução pensada não pode ser, pois, se aceita, equivaleria a dizer que ademais das duas hipóteses tradicionalmente previstas nas Constituições brasileiras — prisão/detenção em flagrante delito ou por ordem judicial (LXI do art. 5° da Constituição de 1988) —, diante de inovação introduzida no sistema jurídico por obra do legislador ordinário, teríamos uma terceira, a que poderia ser, possivelmente, denominada *prisão por ordem legal ou ordem/vontade do legislador*[764]. Ora, temos apenas duas formas de prisão permitidas na Constituição. O constituinte, ao utilizar a expressão *quando a lei admitir a liberdade provisória*[765], não disse que o legislador poderia, tendo em consideração apenas a natureza do crime, vedá-la para determinados casos. Pelo contrário, em interpretação sistêmica da Constituição, partindo-se da premissa de que a prisão processual detém natureza acautelatória, como assevera o Supremo Tribunal Federal, não se pode estabelecer, *a priori*, que, em certos delitos, a pessoa não pode responder o processo em liberdade.

Assim, não sendo situação de flagrante delito, mesmo que a autoridade policial encontre a pessoa que praticou um crime para o qual a lei diz que não se admite liberdade provisória, não havendo ordem judicial escrita e fundamentada da autoridade judicial, não poderá, validamente, efetuar a detenção ou prisão[766].

---

764 Cf. item 6.2.2, supra, no qual se faz a abordagem do sistema prisional na seara constitucional.
765 Art. 5°, LXVI, última parte.
766 Faz algum tempo, no Rio Grande do Norte houve caso que despertou acirrado debate perante os meios de comunicação, envolvendo situação que se enquadra na questão posta em debate. Isso se deu em rumoroso caso de homicídio, tipificado como hediondo, em que os agentes praticaram o crime e fugiram. Depois de lapso temporal considerável, eles retornaram à cidade do interior, sendo o delegado comunicado do fato. Este se negou a efetuar a prisão porque não era hipótese de flagrante delito e não havia ordem judicial, de modo que a circunstância de ser vedada, naquele caso, a concessão de liberdade provisória, não autorizava a ação policial no sentido de efetuar a prisão. Estava certa a autoridade policial, o que não a poupou de severa crítica perante os órgãos de

A segunda forma de pensar não merece melhor sorte. Esse entendimento, por linhas transversais, reintroduziria, em nosso sistema, a famigerada *prisão preventiva obrigatória*, revogada do Código de Processo Penal com a edição da Lei n° 5.349, de 1967[767]. Por isso mesmo, o Supremo Tribunal Federal, em várias passagens, deixou assentado que o fato de o crime ser hediondo não impede a concessão da liberdade provisória, pois a prisão processual, detendo natureza acautelatória, somente há de ser imposta excepcionalmente e, ainda assim, quando for demonstrada a sua extrema necessidade. Essa linha de pensamento que já vinha, faz tempo, sendo adotada pelo Supremo Tribunal Federal, ganhou repercussão nacional quando assim se decidiu no exame do Habeas Corpus 8.071/SP, no emblemático caso envolvendo o jornalista Pimenta Neves, acusado de matar a sua namorada, também jornalista, em crime de homicídio classificado como hediondo[768].

comunicação.
[767] Luiz Flávio Gomes aponta a inconstitucionalidade das normas jurídicas infraconstitucionais que tornam defesa, assim como a fiança, a liberdade provisória, pois tal previsão, em verdade, acaba por "... reintroduzir no nosso sistema a prisão compulsória, obrigatória, que desapareceu na década de sessenta com o regime militar." (*Lei de lavagem de capitais:* delação premiada e aspectos processuais penais. p. 359) Nesse caso em que a lei proíbe a liberdade provisória, a decisão que impõe a prisão — diz Luiz Flávio Gomes — não seria judicial, porém legislativa (Ibid. 359). A respeito da prisão preventiva obrigatória, cf. item 6.2.3, supra, que trata do sistema prisional originário previsto no Código de Processo Penal de 1941.
[768] A ementa de autoria do Ministro CELSO DE MELLO tem a seguinte redação: HABEAS CORPUS — CRIME HEDIONDO — ALEGADA OCORRÊNCIA DE CLAMOR PÚBLICO — TEMOR DE FUGA DO RÉU — DECRETAÇÃO DE PRISÃO PREVENTIVA — RAZÕES DE NECESSIDADE INOCORRENTES — INADMISSIBILIDADE DA PRIVAÇÃO CAUTELAR DA LIBERDADE — PEDIDO DEFERIDO. A PRISÃO PREVENTIVA CONSTITUI MEDIDA CAUTELAR DE NATUREZA EXCEPCIONAL. — A privação cautelar da liberdade individual reveste-se de caráter excepcional, somente devendo ser decretada em situações de absoluta necessidade. A prisão preventiva, para legitimar-se em face de nosso sistema jurídico, impõe — além da satisfação dos pressupostos a que se refere o art. 312 do CPP (prova da existência material do crime e indício suficiente de autoria) — que se evidenciem, com fundamento em base empírica idônea, razões justificadoras da imprescindibilidade dessa extraordinária medida cautelar de privação da liberdade do indiciado ou do réu. (...) O CLAMOR PÚBLICO, AINDA QUE SE TRATE DE CRIME HEDIONDO, NÃO CONSTITUI FATOR DE LEGITIMAÇÃO DA PRIVAÇÃO CAUTELAR DA LIBERDADE. — O estado de comoção social e de

A resposta negativa à segunda alternativa prejudica a da terceira, muito embora mereça registro que o pensamento exposto como uma das possibilidades interpretativas, e aqui criticado, chegou, a ser seguido pelo Supremo Tribunal Federal[769]. Cabe agregar que, nesse caso, a prisão se justificaria pelo tipo de crime praticado, mesmo que não demonstrada a necessidade de que a pessoa ficasse recolhida à prisão. Julgar-se-ia o fato, em detrimento da pessoa ou pessoas envolvidas na ação criminosa, o que, ainda, vulnera o princípio da *individualização*, que também tem sede constitucional. Infirmaria, ademais, a natureza acautelatória da prisão processual, pois implicaria manter no cárcere a pessoa sem que houvesse nenhuma necessidade para tanto. Por outro lado, essa interpretação restabeleceria o flagrante delito como espécie de medida cautelar, pois ele, por si só, seria justifi-

---

eventual indignação popular, motivado pela repercussão da prática da infração penal, não pode justificar, só por si, a decretação da prisão cautelar do suposto autor do comportamento delituoso, sob pena de completa e grave aniquilação do postulado fundamental da liberdade. O clamor público — precisamente por não constituir causa legal de justificação da prisão processual (CPP, art. 312) — não se qualifica como fator de legitimação da privação cautelar da liberdade do indiciado ou do réu, não sendo lícito pretender-se, nessa matéria, por incabível, a aplicação analógica do que se contém no art. 323, V, do CPP, que concerne, exclusivamente, ao tema da fiança criminal. Precedentes. — A acusação penal por crime hediondo não justifica, só por si, a privação cautelar da liberdade do indiciado ou do réu. (...) (BRASIL. Supremo Tribunal Federal, 2ª. Turma, un. Data da decisão: 26/06/2001. Disponível em: http://www.stf.gov.br/jurisprudencia/jurisp.asp. Acesso em: 25 jul. 2005.)
[769] Com efeito, em julgamento unânime da Primeira Turma, a Excelsa Corte, em votação relatada pelo Ministro Sidney Sanches, constou da ementa que, ocorrida a prisão em flagrante, tratando-se de crime hediondo, em princípio, não se deve aplicar a regra do parágrafo único do art. 310 do Código de Processo Penal, e, sim, a especial, prevista na Lei nº 8.072, de 1990, que veda a liberdade provisória ((BRASIL. Supremo Tribunal Federal. Classe: HC — Processo: 82316, UF: PR, Data da decisão: 11/02/2003. Disponível em: http://www.stf.gov.br/jurisprudencia/jurisp.asp. Acesso em: 25 jul. 2005.) Algum tempo antes, a Segunda Turma do Supremo Tribunal Federal, no Habeas Corpus 79386/AP, em votação na qual restou vencido o Ministro Marco Aurélio, sendo designado para relatar o acórdão o Ministro Maurício Corrêa, já tinha deixado consignado que existe a "Impossibilidade de concessão de liberdade provisória em face de expressa vedação contida no artigo 2º, II, da Lei nº 8.072/90, cuja constitucionalidade já foi reconhecida por esta Corte." (BRASIL. Supremo Tribunal Federal. Data da decisão: 05/10/1999.Disponível em: http://www.stf.gov.br/jurisprudencia/jurisp.asp. Acesso em: 25 jul. 2005)

cativa para que a pessoa ficasse presa durante o transcurso do inquérito e do processo[770].

Em nosso sentir, a única resposta válida é a quarta, o que, aliás, sempre foi seguido pelo Superior Tribunal de Justiça. Dessa forma, em que pese a forma imperativa como estampada nas normas em referência a vedação da liberdade provisória nos crimes nelas tratados, mesmo quando se dá o flagrante delito, nesses casos, o juiz, ao examinar o respectivo auto, se entender que não há fundamento para a conversão em preventiva, deve exarar *decisum* determinando a liberdade provisória. Eis o entendimento do Superior Tribunal de Justiça, expressado no julgamento do Habeas Corpus 36.452, sem divergência de votos, pela Sexta Turma[771]:

> PROCESSO PENAL. HABEAS CORPUS. PRISÃO EM FLAGRANTE. REQUISITOS. AUSÊNCIA. MOTIVAÇÃO CONCRETA. PERICULUM LIBERTATIS. INEXISTÊNCIA. PRESUNÇÃO CONSTITUCIONAL DE NÃO CULPABILIDADE. PREVALÊNCIA. HOMICÍDIO QUALIFICADO. LEI 8.072/90. INCONSTITUCIONALIDADE.

---

[770] Com esse entendimento, "... a sorte de quem responde por esses crimes para os quais há vedação expressa da concessão de liberdade provisória estaria resolvida diante da circunstância de ter ocorrido, ou não, a prisão em flagrante. Se feita a prisão em flagrante, ele terá de ficar preso durante todo o processo. Em sentido contrário, se ele não for detido em flagrante, mesmo em se tratando de crime hediondo, de tortura, de tráfico ilícito, de terrorismo, organizado ou de "lavagem" de capitais, a prisão somente pode ser ordenada caso esteja presente um dos fundamentos para a decretação da prisão preventiva. " (SILVA JÚNIOR, Walter Nunes da. *Curso de processo penal*: teoria constitucional do processo penal, p 905.)

[771] A Quinta Turma do STJ também tem o mesmo posicionamento: HABEAS CORPUS. CRIME DE TRÁFICO ILÍCITO DE ENTORPECENTES. PRISÃO EM FLAGRANTE. LIBERDADE PROVISÓRIA. INDEFERIMENTO. AUSÊNCIA DE CONCRETA FUNDAMENTAÇÃO PARA A MANUTENÇÃO DA CUSTÓDIA PREVENTIVA. PRECEDENTES DO STJ. 1. Ainda que o crime seja classificado como hediondo pela Lei n.º 8.072/1990, a simples alegação da natureza hedionda do delito cometido, em tese, pelo paciente não é, de per se, justificadora do indeferimento do pedido de liberdade provisória, devendo, também, a autoridade judicial devidamente fundamentar e discorrer sobre os requisitos previstos no art. 312 do Código de Processo Penal. Precedentes do STJ (Quinta Turma do Superior Tribunal de Justiça, também à unanimidade, em voto redigido pela Ministra LAURITA VAZ, no aresto firmado no Habeas Corpus 38.466/SC.)

No ordenamento constitucional vigente, a liberdade é regra, excetuada apenas quando concretamente se comprovar a existência de periculum libertatis.

Não foi dada ao legislador ordinário legitimidade constitucional para vedar, de forma absoluta, a liberdade provisória quando em apuração crime hediondo e assemelhado. Inconstitucionalidade do art. 2°, II, da Lei n° 8.072/90.

Os princípios constitucionais do Estado de Inocência e da Liberdade Provisória não podem ser elididos por normas infraconstitucionais que estejam em desarmonia com os princípios e garantias individuais fundamentais.

A manutenção da prisão em flagrante deve, necessariamente, ser calcada em um dos motivos constantes do art. 312 do Código de Processo Penal e, por força do art. 5°, XLI, e 93, IX, da Constituição da República, o magistrado, ao negar a liberdade provisória, está obrigado a apontar os elementos concretos mantenedores da medida.

(...)

Porém, o Supremo Tribunal Federal, ao argumento de que, nesses casos, a vedação da liberdade provisória se justificava pela *gravidade dos fatos*, trilhava outro caminho, como se observa do aresto abaixo[772]:

HABEAS CORPUS. PENAL. PROCESSUAL PENAL. CRIME ORGANIZADO. PRISÃO EM FLAGRANTE. MANUTENÇÃO. NECESSIDADE DA PRISÃO COMO GARANTIA DA ORDEM PÚBLICA E CONVENIÊNCIA DA INSTRUÇÃO CRIMINAL. Necessidade da manutenção da custódia cautelar exsurge da própria gravidade dos fatos evidenciados nos autos, razão bastante a desautorizar a liberdade provisória em obséquio da garantia da ordem pública. Precedentes deste Supremo Tribunal, o qual considera necessária a manutenção da prisão em flagrante como garantia da ordem pública quando a gravidade dos fatos narrados nos autos a justifica. Habeas corpus a que se denega a ordem.

Finalmente, o Supremo Tribunal Federal, tendo como *leading case* a ADI 3137/DF, relatada pelo Ministro Ricardo Lewandowski, proposta contra a vedação da liberdade provisória embutida no art. 21

---

772 BRASIL, Supremo Tribunal Federal. HC 89491/SP, un., Rel. Ministra Carmem Lúcia. Data da decisão: 26/09/2006. Disponível em: http://www.stf.gov.br/jurisprudencia/jurisp.asp. Acesso em: 17 jan. 2007. O Supremo Tribunal Federal, em reiterados julgados, vem mantendo, sobranceira, essa posição.

na Lei nº 10.868, de 2003, o chamado Estatuto do Desarmamento, após ressaltar que essa disposição contém vício de inconstitucionalidade por afrontar as cláusulas da presunção de inocência e do devido processo legal, ressaltou "que, não obstante a interdição à liberdade provisória tenha sido estabelecida para crimes de suma gravidade, liberando-se a franquia para os demais delitos, a Constituição não permite a prisão *ex lege*, sem motivação, a qual viola, ainda, os princípios da ampla defesa e do contraditório (CF, art. 5º, LV)."[773]

Devido a essa nova orientação da Suprema Corte, o legislador infraconstitucional tratou de alterar, por meio da Lei nº 11.464, de 28 de março de 2007, a redação do art. 2º, II, da Lei nº 8.072, de 1990, que dispõe sobre os crimes hediondos, no desiderato de suprimir a vedação da liberdade provisória.

Seguindo essa posição, o art. 310 do CPP, com a redação conferida pela Lei nº 12.403, de 2011, acertadamente, não faz qualquer distinção quanto ao direito à liberdade provisória qualquer que seja o crime, desde que não existentes os requisitos constantes do art. 312 do CPP. Sendo ainda mais coerente, com a Lei nº 12.683, de 9 de julho de 2012, o legislador revogou o art. 3º da Lei nº 9.613, de 3 de março de 1998, de modo que, doravante, não é mais vedada, em se tratando de crime de lavagem de dinheiro, quer a liberdade provisória, quer a fiança.

Em resumo, temos duas situações: (a) não existindo fundamento para a decretação da prisão preventiva, o juiz deverá *conceder a liberdade provisória, sem fiança*, não sendo admissível condicionar o exercício desse direito a nenhuma tipo de obrigação prévia, pouco importando se o crime é afiançável, ou não, ou se lei específica veda, ou não, a concessão de liberdade provisória; (b) sendo convertido o flagrante em prisão preventiva, o juiz poderá, caso se trate de crime afiançável, em substituição, *conceder a liberdade provisória, com fiança*, ademais de impor outras medidas cautelares diversas e condições.

6.2.5. Prisão preventiva

Em consonância com o princípio da presunção de não culpabilidade, em rigor, o cerceamento do direito de defesa só deveria ser possível após a certeza da culpabilidade. Todavia, todos os sistemas jurídicos contemplam hipóteses que, quando presentes, autorizam o juiz a impor medida cautelar de ordem pessoal, com o condão de suprimir o

---

[773] Brasil. Supremo Tribunal Federal, Tribunal Pleno, m.v. Data da Decisão 2/5/2007. Disponível em: http://www.stf.gov.br/jurisprudencia/jurisp.asp. Acesso em 4 jun. 2007.

direito de liberdade, mediante a determinação do recolhimento do acusado a estabelecimento carcerário.

Em nosso meio, à época do Brasil Colônia, já se permitia ao magistrado decretar a prisão preventiva nos casos mais graves e quando houvesse necessidade para a segurança da instrução ou, se fosse o caso, a execução da pena. Em verdade, mediante o Decreto de 23 de maio de 1821, restou consignado que o direito de liberdade, salvo quando fosse situação de flagrante delito, somente poderia ser restringido em razão de prévia ordem escrita de juiz ou magistrado criminal, a qual haveria de ter como suporte a *culpa formada*. A Exposição de Motivos do Decreto em referência, redigida com a pena do Príncipe Regente revela o fim almejado com a mencionada disciplina[774]:

> considerando que alguns governadores, juízes criminais e magistrados, abusando de sua jurisdição, mandavam prender por mero arbítrio, e antes de culpa formada, pretextando denúncias secretas, suspeitas veementes e outros motivos, para impunemente conservar presos homens que na sociedade deviam gozar dos bens que ele promete e o primeiro dos quais é, sem dúvida, a segurança individual, ordenava que dali por diante, nenhuma pessoa livre no Brasil pudesse jamais ser presa sem ordem por escrito do juiz ou magistrado criminal do território, salvo o caso de flagrante delito, em que qualquer do povo deve prender o delinquente; e que nenhum juiz ou magistrado criminal poderá expedir ordem de prisão sem preceder culpa formada.

De qualquer sorte, isso não quer dizer que, desde então, no cenário jurídico brasileiro tenha sido adotada a regra de que, afora a prisão em flagrante, a restrição do direito de liberdade decorria, necessariamente, de decisão judicial, nos moldes de como ocorre na atualidade. É que, conforme a incipiente organização judiciária da época, não havia a separação entre as atividades judicantes e as de cunho policial, de modo que os juízes, a maioria dos quais leigos, nomeados para o exercício da função, eram encarregados tanto dos inquéritos e do processo como, até mesmo, do policiamento de bairros, enquanto os delegados e subdelegados, escolhidos dentre desembargadores e juízes de direito, eram nomeados pelo chefe de polícia[775].

---

774 LEAL. Câmara. *Comentários ao Código de Processo Penal*, p. 180. Para conferir o inteiro teor do Decreto de 1821, cf. item 4.1, supra.
775 Cf. SILVA JÚNIOR, *Curso de Processo Penal:* teoria (constitucional) do

Consoante visto supra, na redação originária do CPP havia dos tipos de prisão preventiva; ambas exigiam prévia ordem judicial, porém, distinguiam-se porque uma era obrigatória, enquanto a outra facultativa. A prisão preventiva obrigatória constava do então art. 312, o qual assim dispunha:

> Art. 312. A prisão preventiva será decretada nos crimes a que for cominada pena de reclusão por tempo, no máximo, igual ou superior a dez anos.

A prisão preventiva facultativa constava do art. 313 do CPP, com a seguinte redação:

> Art. 313. A prisão preventiva poderá ser decretada como garantia de ordem pública, por conveniência da instrução criminal ou para assegurar a aplicação da lei penal:
> I — Nos crimes inafiançáveis, não compreendidos no artigo anterior;
> II — Nos crimes afiançáveis, quando se apurar no processo que o indiciado é vadio, ou quando, havendo dúvida sobre a sua identidade, não fornecer ou indicar elementos suficientes para esclarecê-la;
> III — Nos crimes dolosos, embora afiançáveis, quando o réu tiver sido condenado por crime da mesma natureza, em sentença transitada em julgado.

Como se vê, a prisão preventiva tinha dois tratamentos. Um, em relação à prisão preventiva facultativa, disciplinada no art. 313 do CPP, de natureza cautelar, pois, para a decretação se exigia que o juiz, na decisão, a ser motivada com suporte em um dos fundamentos do seu caput, demonstrasse a sua necessidade. A outra, quanto à prisão preventiva obrigatória, tratada no art. 312 do CPP, em que não se exigia a demonstração da necessidade da prisão, senão a evidência do dado objetivo de a pena abstrata prevista para o fato criminoso ser igual ou superior a dez anos.

A prisão preventiva obrigatória guardava coerência com o tratamento então dispensado à prisão/detenção em flagrante no caso de crime inafiançável[776], que previa hipótese de prisão processual mesmo

---

processo penal, p. 803. O chefe de polícia era hierarquicamente superior aos juízes de direito e aos juízes municipais.
776 Cf. item 6.2.4, supra.

que não houvesse necessidade da medida. Conforme salientado linhas acima, essa disciplina normativa foi definitivamente desconstruída com a Lei nº 6.416, de 24 de maio de 1977. Ada Pellegrini Grinover[777], em livro lançado no ano de 1979, já chamava a devida atenção para o fato de que "É com relação à prisão preventiva e em flagrante delito que a Lei nº 6.416/77 introduz relevantes alterações, atenta à orientação de que só deve haver prisão cautelar quando estritamente necessário. É o princípio da necessidade, ao qual alude Tornaghi (Compêndio de Processo Penal, Konfino, Rio, 1967, vol. III, p. 1.079), que deve marcar o ponto de equilíbrio entre o direito à liberdade do réu e o interesse social a que justiça seja feita."

A esse respeito, merecem destaque duas passagens da Exposição de Motivos da lei em referência, de autoria do então Ministro da Justiça, Armando Falcão:

> 8. (...) Com a preocupação de resolver o problema da superlotação das prisões, sem contudo deixar dos delinquentes impunes, foi procurada uma solução condizente com a moderna tendência de... ser utilizada (a prisão preventiva) somente quando e na medida em que for necessária aos interesses da Justiça, à segurança social e à ordem pública.
> 14. Quanto à prisão provisória (em flagrante, preventiva e por efeito de pronúncia), considerou-se que, com frequência, principalmente na prisão em flagrante, a medida é relaxada pelo juiz competente ou é anulada por via de habeas corpus, patenteando-se a sua desnecessidade em muitos casos. Foi ela reduzida ao mínimo indispensável à garantia dos interesses da Justiça, à segurança social e à ordem pública. (...)

A partir de então, a prisão preventiva, também denominada provisória, passou a ter como fim tutelar o processo iniciado ou a ser iniciado, no qual será travada discussão sobre a culpabilidade do acusado, com nítido caráter cautelar, e, ademais, deixou de ter como referência, para fins de decretação da prisão preventiva, a circunstância de o crime ser afiançável, ou não, e passou a adotar, como critério, a espécie de pena prevista para o crime, se de reclusão ou de detenção. Ade-

---

777 A nova lei penal [por] Paulo José da Costa jr. e A nova lei processual penal [por] Ada Pellegrini Grinover: comentários à Lei 6.416, de 24 de maio de 1977. São Paulo, ed. Revista dos Tribunais, 2. ed. 1979.

mais, certamente para preencher o vazio que ficaria com a supressão da prisão preventiva obrigatória que era tratada no art. 312, com a reforma trazida pela Lei nº 6.416, de 1977, a prisão preventiva passou a ser disciplinada em dois dispositivos, exatamente os arts. 312 e 313 do CPP, cujas redações eram as seguintes:

> Art. 312. A prisão preventiva poderá ser decretada como garantia da ordem pública, por conveniência da instrução criminal, ou para assegurar a aplicação da lei penal, quando houver prova da existência do crime e indício suficiente de autoria.
> Art. 313. Em qualquer das circunstâncias, previstas no artigo anterior, será admitida a prisão preventiva nos crimes dolosos:
> I — punidos com reclusão;
> II — punidos com detenção, quando havendo dúvida sobre a sua identidade, não fornecer ou não indicar elementos para esclarecê-la;
> III — se o réu tiver sido condenado por outro crime doloso, em sentença transitada em julgado, ressalvado o disposto no parágrafo único do art. 46 do Código Penal.

Essa disciplina normativa consolidou a natureza jurídica da prisão preventiva de medida cautelar de ordem processual, de modo que, assim como toda e qualquer medida de urgência, para a sua decretação, mister a demonstração de sua necessidade ou imprescindibilidade, o que se faz mediante a presença de um dos seus fundamentos, que representa o *periculum in mora* ou *periculum libertatis* (garantia da ordem pública ou econômica — medida para garantir a segurança pública —, conveniência da instrução criminal — medida para garantir a eficácia da instrução do processo — ou para assegurar a aplicação da lei penal — medida para garantir a eficácia do resultado do processo), além dos seus pressupostos ou requisitos (materialidade e indício de autoria)[778].

---

[778] Aqui não cabe discussão quanto aos aspectos referentes à primariedade ou aos antecedentes criminais. É que para a decretação de prisão preventiva se reclama, em primeiro plano, que estejam presentes a materialidade do ilícito e indícios suficientes de que o réu seja o seu autor e que se agregue àqueles requisitos um dos fundamentos plasmados no art. 312 do CPP. A jurisprudência do Supremo Tribunal Federal, nessa linha de entendimento, tem deixado consignado, em vários de seus pronunciamentos, que "A mera condição de primariedade do agente, a circunstância de este possuir bons antecedentes e o fato de exercer atividade profissional lícita não pré-excluem, só por si, a possibilidade

Por isso mesmo, a jurisprudência do Supremo Tribunal Federal é remansosa quanto a ressaltar a natureza cautelar da prisão processual, de modo a coibir a decretação da prisão antes da decisão definitiva, senão quando for *absolutamente necessária*. Com efeito, no julgamento do HC 80.282-SC, relatado pelo Ministro Nelson Jobim[779], a ementa do acórdão restou assim vazada:

> EMENTA: HABEAS CORPUS. PENAL. PROCESSO PENAL. PRISÃO PREVENTIVA. REVOGAÇÃO. LIBERDADE PROVISÓRIA MEDIANTE FIANÇA. TRANCAMENTO DA AÇÃO PENAL. 1. A prisão preventiva deve ser decretada, quando absolutamente necessária. Ela é uma exceção à regra da liberdade. Não mais subsistentes os motivos que levaram a sua decretação, como no caso concreto, impõe-se que seja revogada. (...)

No mesmo passo, o Superior Tribunal de Justiça[780] tem asseverado que "(...) 2. A prisão cautelar, de natureza processual, só pode ser decretada em se mostrando a absoluta necessidade de sua adoção, de acordo com a atual orientação do Plenário da Suprema Corte. (...)".

Quanto aos requisitos e fundamentos para a decretação da prisão preventiva, para não repetir o que já foi exposto, remetemos o leitor para o item 6.1.6 e seguintes, pois o que se falou ali é aplicável a toda e qualquer espécie de medida cautelar pessoal, detentiva, ou não.

Não é demais uma vez mais repetir que, em razão da característica de subsidiariedade da prisão preventiva em ralação às medidas cautelares pessoais diversas, contemplada, por obra da Lei nº 12.403, de 2011, nos arts. 282, §6º e 310, II, parte final, ambos do CPP, a despeito de fundamentar a necessidade de imposição da medida cautelar

---

jurídica de decretação da sua prisão cautelar" (RTJ 99/651 — RT 649/275 — RT 662/347). Do mesmo modo que a primariedade e os bons antecedentes não desautorizam a decretação da prisão preventiva, a circunstância de a pessoa não reunir esses elementos não autoriza a aplicação dessa medida extrema. A primariedade e os bons antecedentes podem, e devem, ser analisados como fundamento para a escolha da medida cautelar adequada, mas não para a decretação, em si, da medida cautelar. A respeito, cf. item 6.1.6.3, supra.

779 BRASIL. Supremo Tribunal Federal, Segunda Turma, Data da decisão: 30/10/2000, Disponível em: www.stf.jus.br/jurisprudencia. Acesso em: 4 jan. 2012.

780 BRASIL. Superior Tribunal de Justiça, Quinta Turma, Data da decisão: 04/06/2009, Disponível em: www.cjf.jus.br/juris/unificada. Acesso em: 4 jan. 2012

detentiva com suporte em um dos fundamentos do art. 312 do CPP, o juiz tem, ainda, que explicitar, na decisão, que nenhuma das outras medidas se mostra *adequada e suficiente* para, no caso concreto, prestar a tutela ao processo[781].

6.2.5.1. Hipóteses de admissibilidade da prisão preventiva

Conquanto não houvesse, na redação originária do Código de Processo Penal, medidas cautelares diversas da prisão, ainda assim, a prisão preventiva, como regra, só era prevista para delitos que, conforme a política legislativa referente ao sistema criminal de então, eram considerados mais graves. Primeiro, adotou-se como critério a circunstância de o crime ser afiançável, ou não, de modo que, como regra geral, a preventiva só era cabível quando o delito fosse inafiançável. Diante da reforma promovida pela Lei nº 6.416, de 1977, mudou-se o critério para a espécie de pena prevista para a definição do crime como de maior ou menor gravidade. Assim, os crimes punidos com reclusão eram considerados os mais graves, que eram, como regra, os passíveis de prisão preventiva, ao passo que os sancionados com a detenção eram os de menor gravidade, para os quais a cautelar detentiva só era admissível em situações excepcionais.

Na redação originária do art. 313, caput, do CPP, não constava, como condição para a admissão da preventiva, a exigência de o crime ser doloso. Bastava que fosse punido com reclusão. Mediante a reforma de 1977, no caput do art. 313, foi incluída a circunstância de o crime ser doloso como condição para a admissibilidade da prisão preventiva, de modo que, conforme a regra geral anterior à segunda etapa da Reforma Tópica, essa medida era cabível apenas quando o crime em apuração fosse *doloso* e punido com *reclusão* (art. 313, caput e I, do CPP). De fato, para não deixar dúvidas de que a prisão preventiva só era cabível em se tratando de crime praticado com dolo, o caput do art. 313 do CPP estava assim redigido: "Em qualquer das circunstâncias previstas no artigo anterior, será admitida a decretação da prisão preventiva nos *crimes dolosos*." (Grifos acrescentados). Portanto, de modo expresso, não se admitia, em qualquer que fosse a hipótese, a imposição de medida preventiva, em crime culposo.

No inciso I do dispositivo em comento constava a regra geral de que, conquanto o crime fosse doloso, a preventiva só deveria ser de-

---

[781] Cf. item 6.1.5, supra.

cretada se a pena fosse de reclusão. Assim se o tipo de sanção estabelecido para o ilícito, em que pese privativa do direito de liberdade, fosse de detenção, em princípio, não cabia a decretação de prisão preventiva, salvo quando a situação se enquadrasse em uma das exceções tratadas nos incisos II, III e IV[782] do art. 313 do CPP.

Só excepcionalmente, desde que atendida a exigência do caput de tratar-se de ação dolosa, admitia-se a prisão preventiva em crimes punidos com detenção, quando: (a) apurado que o agente era vadio, ou, havendo dúvida sobre a sua identidade, não fornecesse ou não indicasse os elementos para esclarecê-la (art. 313, II, do CPP); (b) quando o agente tivesse sido condenado por outro crime doloso, em sentença transitada em julgado, salvo quando já tivesse ocorrido a prescrição da reincidência (art. 64, I, do Código Penal), que se dá cinco anos depois do cumprimento ou da extinção da pena (art. 313, III, do CPP); e (c) o crime envolvesse violência doméstica e familiar contra a mulher, nos termos da Lei 11.340, de 2006 (Lei Maria da Penha), para garantir a execução das medidas protetivas de urgência.

Portanto, devido à circunstância de a condição de crime doloso ter figurado como requisito estampado no caput do art. 313 do CPP, tanto no caso da regra geral (inciso I) quanto das exceções (incisos II, III e IV), sendo o crime culposo, não era cabível a prisão preventiva.

Todavia, nas sucessivas reformas tópicas levadas a efeito no sistema criminal brasileiro, o legislador foi, paulatinamente, abandonando a classificação do crime como de maior ou de menor gravidade tendo em conta o tipo de pena, se de reclusão ou detenção. Notadamente a partir de 1998, quando o legislador alterou o Código Penal para admitir a substituição da pena de prisão, cujo máximo não fosse superior a 4 (quatro) anos, pela restritiva de direitos, essa quantidade da pena passou a ser o parâmetro utilizado como política legislativa para fins de adoção de tratamento normativo mais ou menos rigoroso.

Observe-se que, antes da primeira etapa da Reforma Tópica, o critério considerado para a definição do tipo de procedimento, se ordinário ou sumário, era conforme o tipo da pena, respectivamente, se de reclusão ou detenção. O procedimento ordinário, o mais elástico, em que há maior amplitude de exercício da ampla defesa, era previsto para os crimes punidos com reclusão, enquanto o sumário, mais estreito, era estabelecido para os delitos nos quais era cabível a pena de

---

782 Esse inciso fora acrescentado ao art. 313 do CPP com a edição da Lei n° 11.340, de 2006 (Lei Maria da Penha).

detenção. Conforme vimos linhas atrás, com a primeira etapa da Reforma Tópica implementada em 2008, o legislador cuidou de alterar as regras pertinentes aos procedimentos ordinário e sumário e, ademais, substituiu o então critério de definição com base no *tipo* da pena (reclusão ou detenção) pelo da *quantidade* da pena abstrata máxima. Assim, para os crimes em que a pena abstrata máxima é igual ou superior a 4 (quatro) anos, procedimento ordinário, enquanto para aqueles em que a privativa de liberdade é superior a 2 (dois), mas inferior a 4 (quatro) anos, o procedimento sumário[783].

Mantendo essa nova política legislativa, o legislador da segunda etapa da Reforma Tópica, com a Lei nº 12.403, de 2011, também deixou de ter como referencial, para fins de estabelecer a regra geral de admissibilidade da prisão preventiva, a *espécie* de pena (reclusão ou detenção) e adotou a *quantidade* da pena. Com isso, de acordo com a redação atual do art. 313, I, a prisão preventiva só é cabível, de regra, "nos crimes dolosos punidos com pena privativa de liberdade máxima superior a 4 (quatro) anos".

Nos incisos II e III (acrescentou além dos casos de crimes contra a mulher, os que forem praticados contra *criança, adolescente, idoso, enfermo* ou *pessoa com deficiência*) do art. 313 do CPP, o legislador da segunda fase da Reforma Tópica manteve as exceções que constavam, respectivamente, dos incisos III e IV do citado artigo. A exceção que era estampada no inciso II da norma em destaque, findou sendo deslocada para um parágrafo único, com supressão da primeira parte que se referia à situação de vadio. Desse modo, o art. 313 do CPP hoje está escrito conforme abaixo:

> Art. 313. Nos termos do art. 312 deste Código, será admitida a decretação da prisão preventiva:
> I — nos crimes dolosos punidos com pena privativa de liberdade máxima superior a 4 (quatro) anos;
> II — se tiver sido condenado por outro crime doloso, em sentença transitada em julgado, ressalvado o disposto no inciso I do caput do art. 64 do Decreto-Lei nº 2.848, de dezembro de 1940 — Código Penal;
> III — se o crime envolver violência doméstica e familiar contra a mulher, criança, adolescente, idoso, enfermo ou pessoa com defi-

---

[783] Cf. item 5, supra. Se a pena máxima não for superior a dois anos, o procedimento é o sumaríssimo.

ciência, para garantir a execução das medidas protetivas de urgências; Parágrafo único. Também será admitida a prisão preventiva quando houver dúvida sobre a identidade civil da pessoa ou quando esta não fornecer elementos suficientes para esclarecê-la, devendo o preso ser colocado imediatamente em liberdade após a identificação, salvo se outra hipótese recomendar a manutenção da medida."

Uma questão desde logo merece destaque. O legislador da segunda fase da Reforma Tópica deslocou a exigência de que o crime seja doloso do caput do art. 313 do CPP, como era antes, para o inciso I do mesmo dispositivo. Uma leitura apressada pode dar a entender que, agora, salvo quando for a hipótese do inciso I, não haverá a exigência de que o crime seja doloso, a fim de que admissível a preventiva. Ainda que exegese história, técnica e literal anime essa conclusão, ela não se apresenta razoável, pois não se mostra afinada com a lógica sistêmica. O deslocamento da exigência de ser o crime doloso, para fins de admissibilidade da prisão preventiva, do caput para o inciso I do art. 313, como exposto a seguir, tudo indica, foi com a intenção deliberada de retirar essa exigência quando a situação se encaixar na hipótese estampada no parágrafo único da norma jurídica em destaque.

6.2.5.1.1. Crimes dolosos com pena privativa de liberdade superior a 4 (quatro) anos

Como regra geral, a prisão preventiva, na qualidade de medida cautelar pessoal, só é cabível quando, presentes os requisitos, existir um dos fundamentos e nenhuma das medidas diversas se apresentar como suficiente e adequada, a pena prevista para o crime é superior a 4 (quatro) anos. A regra geral, portanto, é de que a prisão preventiva só é admissível quando a pena máxima prevista para o crime for superior a 4 (quatro) anos.

Em outras palavras, isso quer dizer que, em princípio, sendo um crime com pena inferior a 4 (quatro) anos, nada obstante presentes os requisitos, os fundamentos e não seja adequada e suficiente nenhuma medida cautelar diversa, o juiz, mesmo nessa situação, não deverá decretar a prisão preventiva. Resta considerar que essa regra geral é restrita à prisão preventiva, sem aplicação na prisão temporária, pois, em relação a ela, a exigência é de que o crime seja um daqueles mencionados nas alíneas do inciso III do art. 1º da Lei nº 7.960, de 1989.

Essa mudança de critério teve o condão de restringir as hipóteses de decretação da prisão preventiva. Para exemplificar, cabe verificar, por exemplo, que o crime plasmado no art. 218-B do Código Penal, a despeito de ter a pena máxima inferior a 4 (quatro) anos, era passível de prisão preventiva, uma vez que a pena era da espécie de reclusão, o mesmo valendo para o furto simples, do art. 155, caput, do Código Penal. Com a mudança de critério da *espécie da pena* para o da *quantidade da pena*, de regra, em nenhum dos dois casos se admite mais a prisão preventiva.

O legislador da segunda etapa da Reforma Tópica merece elogio quanto à mudança do critério para estabelecer a regra geral quanto à admissibilidade da prisão preventiva. A partir do momento que, conforme o Código Penal, a pena privativa de liberdade fixada na sentença não for superior a 4 (quatro) anos, sempre que possível, deve ser substituída pela restritiva de direitos, isso demonstra o quão precipitada, e até certo ponto ilógica, é a prisão processual, nos casos em que a pena máxima é inferior a 4 (quatro) anos[784]. Isso porque, mesmo que o juiz, na dosagem da pena, aplique o máximo previsto na lei, pelo menos em tese, é admissível a substituição[785]. Por outro lado, hoje, no Brasil, segundo dados do Ministério da Justiça, há mais pessoas cumprindo penas e medidas alternativas do que pena privativa de liberdade, a demonstrar que mesmo em vários casos em que a pena máxima em abstrato é alta, quando o juiz fixa a pena em quantidade que não

---

[784] O art. 44 do Código de Penal é imperativo, ao determinar, como requisito objetivo, a substituição da pena privativa de liberdade pela restritiva de direitos, quando não for superior a 4 (quatro) anos. Por isso mesmo, é considerada omissão da sentença criminal condenatória, quando fixa a pena em quantidade que não é superior a 4 (quatro) anos, a ausência de fundamentação quanto substituição, ou não, pela restritiva de direitos.

[785] É muito difícil o juiz, na dosimetria da pena, aplicar o máximo previsto em abstrato na norma penal. Como se sabe, a dosimetria da pena obedece a três fases (circunstâncias judiciais = pena base + circunstâncias judiciais + causas de diminuição e/ou de aumento = pena concreta), sendo muito difícil que, nessa operação, o juiz chegue a fixar a pena máxima. Por outro lado, não se pode deixar de reconhecer que, na hipótese de o juiz, em relação a um crime cuja pena não pode passar de 4 (quatro) anos, chegue, com a dosimetria, ao seu máximo, ou perto dele, não haverá como fazer a substituição, especialmente porque as condições subjetivas do inciso III do art. 44 do CP são, praticamente, as mesmas estampadas no art. 59 do mesmo Diploma Normativo, que cuidam das circunstâncias judiciais. Ora, se as circunstâncias judiciais forem desfavoráveis ao acusado, inexoravelmente, ele não terá as condições subjetivas para a substituição da privativa de liberdade em restritiva de direitos.

seja superior a 4 (quatro) anos, de regra, ocorre a substituição. Sem mencionar que, se a pena aplicável for igual ou inferior a quatro anos, de regra, o regime de cumprimento é o aberto, daí por que, nesse caso, a prisão preventiva, acaso decretada, pode vir a ser mais rigorosa, até, do que a eventual pena que for fixada (art. 33, § 2º, alínea *c*). E mais: se cumprido um terço, também de regra, o agente já terá o direito ao livramento condicional, devendo ser levado em conta que o sistema brasileiro, seguindo a tendência mundial, tem evitado, tanto quanto possível, o encarceramento por curto espaço de tempo, pois, nesse caso, os efeitos da prisão são mais negativos do que naturalmente já são[786].

Ademais de ser crime para o qual a pena prevista seja superior a 4 (quatro) anos, ainda há de se observar a natureza do crime, pois a medida, assim como era antes, só é possível quando se trate de crime doloso.

Como expendido supra, conquanto correto eleger a natureza dolosa da infração como condição para a prisão preventiva, não foi adequado o deslocamento dessa exigência do caput do art. 313 do CPP, tal qual era antes da Reforma Tópica, para o inciso I do mesmo dispositivo, como ficou, em razão da Lei nº 12.403, de 2011. O certo era ter permanecido a exigência de ser o crime doloso no próprio caput do art. 313 do CPP, pois, nesse caso, não haveria dúvidas de que esse comando normativo seria pertinente para quaisquer das situações tratadas nos incisos. Como será exposto no item 6.2.5.1.4, infra, a intenção do legislador, certamente, foi deixar claro que, na exceção à regra geral que consta do parágrafo único do art. 313, não se faz necessário, para fins de admissibilidade da prisão preventiva, que o crime seja doloso.

De toda sorte, não se pense que não há sentido em fazer-se a ressalva, como condição para a prisão preventiva, de que se trate de ilíci-

---

[786] Os mais diversos estudos apontam que a prisão é um contrassenso, pois não se pode ter a vã esperança em ressocializar uma pessoa, retirando-a do convívio em sociedade para inseri-la em um ambiente povoado por pessoas que possuem as mais diversas espécies e graus de delinquência. Na prisão, ao lado das regras do sistema estatal, há outras, criadas pelos próprios presos, as quais, decididamente, não servem para a boa formação de quem quer que seja. Por isso mesmo, é mais comum a pessoa sair com grau de delinquência bem superior àquele com o qual ingressou no sistema carcerário, cujo retrato fiel é o alto índice de reincidência, seguramente superior a 70%. Embora não aja estudo mais confiável a respeito da taxa de reincidência, basta verificar o noticiário sobre prisões, para observar que, geralmente, são pessoas com passagem anterior em prisões.

to para o qual preceituada pena privativa de liberdade superior a 4 (quatro) anos, e, de toda maneira, não seja de modalidade culposa. É verdade que, conforme o art. 121, § 4º, do Código Penal, mesmo no caso de homicídio culposo considerado mais grave, a pena máxima abstrata, adicionada a causa de aumento, não é superior a 4 (quatro anos). Todavia, cabe notar que no homicídio culposo ocorrido na direção de veículo automotor, quando presente uma das hipóteses dos incisos do parágrafo único do art. 302 da Lei nº 9.503, de 23 de setembro de 1997 (Código de Trânsito), a pena prevista é superior a 4 (quatro) anos.

Portanto, não basta que a pena prevista seja superior a 4 (quatro) anos. Deve-se observar, ainda, se o crime imputado é, ou não, doloso. Essa observação é sobremaneira importante, especialmente para os casos de acidente de automóvel. Se o crime é culposo, tendo havido, ou não, a prisão/detenção em flagrante, não deve ser convertida ou decretada a prisão preventiva, nada obstante, consoante o tipo penal específico, a pena, em abstrato, seja superior a 4 (quatro) anos.

De certo essa circunstância tem feito com que, na maioria dos casos, a autoridade policial considere que o elemento subjetivo da conduta é o dolo eventual, e não a culpa, exatamente para tentar, com essa linha de condução do caso, justificar a prisão do agente. Nessas situações, merece especial atenção a distinção entre *dolo eventual e culpa em sentido estrito*, a fim de verificar se é admissível, ou não, a prisão preventiva. Não se mostra suficiente, por óbvio, a circunstância de a autoridade policial estar tratando do caso como se fosse um crime doloso, de modo que cabe ao juiz, antes de qualquer coisa, na qualidade de questão prévia, examinar, de forma acurada, o elemento subjetivo da conduta em apuração.

Para os fins do art. 313, I, do CPP, as qualificadoras devem ser levadas em consideração, pois representa um subtipo da espécie. O mesmo se diga quanto ao crime continuado, que, para todos os efeitos, é uma ficção jurídica de que as várias ações ilícitas caracterizam, apenas, um crime, com a pena aumentada, em todo caso, no máximo, de dois terços. No caso de crime na forma tentada, deve-se diminuir de um terço, que equivale à pena máxima.

6.2.5.1.2. Condenação em outro crime doloso

A despeito da ideia central de reservar a prisão preventiva para os crimes mais graves, assim considerados conforme a quantidade da pena máxima prevista, o legislador manteve a intenção normativa de contemplar, de forma comedida, exceções ao critério objetivo eleito.

Assim como já era antes da segunda etapa da Reforma Tópica, dentre as exceções à regra geral estampada no inciso I do art. 313 do CPP, foi estabelecida a *anterior condenação*, com decisão trânsita em julgado, pela prática de crime doloso, desde que não tenha havido, ainda, a reabilitação (art. 64, caput, I, do Código Penal), como justifica para que, sem prejuízo da demonstração da necessidade da imposição de medida cautelar pessoal, seja decretada a prisão preventiva, ainda que a pena prevista para o crime seja inferior a 4 (quatro) anos.

A norma exalada do estudo do art. 313, caput e incisos I e II, do Código de Processo Penal é clara e suficiente, ao esclarecer que será admitida a prisão preventiva, independentemente da quantidade da pena, se o agente "... tiver sido condenado por outro crime doloso, em sentença transitada em julgado, ressalvado o disposto no inciso I do caput do art. 64 do Decreto-Lei nº 2.848, de 7 de dezembro de 1940 — Código Penal." (art. 313, II, do CPP).

Observe-se, igualmente, a expressão *tiver sido condenado por outro crime doloso*, que consta da primeira parte do inciso II do art. 313 do CPP. Como o legislador fala em *outro crime doloso*, isso implica em reconhecer que ambos, tanto aquele em relação ao qual o agente foi condenado, quanto ao que está em exame para fins de decretação da medida cautelar, precisam ser de natureza dolosa. Se um dos dois crimes, o anterior ou o posterior, for culposo, não resta caracterizada a hipótese do inciso em foco. Essa observação só se faz necessária porque, como já foi salientado, o legislador, inadvertidamente, não manteve no caput do art. 313 a observação de que, em qualquer situação, seja referente à regra geral ou a uma das exceções, de todo modo, independentemente da quantidade da pena, é indispensável, para a decretação da prisão preventiva, que o crime seja doloso.

Por outro lado, essa abertura serve para autorizar a decretação da prisão preventiva em casos nos quais, malgrado em princípio não fosse admissível, pela circunstância de o acusado ter sido condenado em outro crime doloso, a exceção se justifica. O que não se pode perder de vista é que os incisos do art. 313 contemplam hipóteses de crimes nos quais é admissível a prisão preventiva. Não se trata, por conseguinte, de *fundamento* para esse tipo de medida cautelar. Dessa forma, a circunstância em si de o acusado ter sido condenado em outro crime doloso não é suficiente para justificar a prisão preventiva.

Essa circunstância é hábil, apenas, para excepcionar a regra geral, a fim de admitir, quando houver fundamento com base na necessidade para a aplicação da lei penal, para a instrução da investigação ou do processo ou para evitar a prática de crimes, que o juiz decrete a prisão preventiva, ainda que a pena prevista para o ilícito em apuração não seja superior a 4 (quatro) anos.

Um último detalhe precisa ser abordado. Note-se que o legislador não elegeu como condição que o acusado ostente a situação técnica de *reincidente*. Isso porque, como se sabe, a reincidência só resta caracterizada quando o agente, após ter sido condenado em sentença transitada em julgado, volta a praticar outro crime. Portanto, para a ocorrência da reincidência, a data da prática do segundo crime há de ser posterior ao trânsito em julgado. Porém, nos termos do inciso II do art. 313, a circunstância eleita como exceção à regra geral de que o crime seja punido com pena superior a 4 (quatro) anos é a condenação transitada em julgada *por outro crime doloso*.

O trânsito em julgado da condenação referente ao primeiro crime, naturalmente, pode ocorrer, e em muitos casos ocorre, quando o segundo crime já foi praticado e está, ainda, em apuração, na fase investigatória ou do processo. Esse aspecto é desimportante, porque, repita-se, não se escolheu a reincidência como parâmetro, mas, apenas, a condenação em outro crime, com trânsito em julgado.

Aliás, a data da prática do crime em apuração pode, até mesmo, ter sido anterior à referente ao ilícito pelo qual o agente foi condenado. Imagine-se a situação em que o agente tenha praticado dois crimes: ambos de furto simples, sem caracterizar concurso material, formal ou crime continuado. A despeito da coexistência dos dois crimes, e presentes os fundamentos para a decretação da prisão preventiva, como a pena máxima para cada um deles não é superior a 4 (quatro) anos, o juiz não tem como aplicar a medida cautelar detentiva. Todavia, digamos que o segundo crime, pelos mais diversos fatores, venha a ser julgado antes, com o posterior trânsito em julgado, enquanto o primeiro está, ainda, sendo apreciado. Nesse caso, para todos os efeitos, resta satisfeita a exigência estampada no art. 313, inciso II, do Código de Processo Penal, a permitir, desde que presentes os requisitos e fundamentos e não seja adequada ou suficiente a aplicação de medida diversa, a decretação da prisão preventiva em relação ao primeiro crime de furto que está, ainda, pendente de decisão final.

Como se nota, essa exceção à regra é muito importante. Sem a exceção do inciso II do art. 313 do CPP, uma pessoa dada à prática de crimes como o de furto, poderia responder a vários processos e, mesmo condenado com decisão transitada em julgado em relação a um deles, não poderia ter decretada a sua prisão preventiva. Isso levaria ao descrédito e, por outro lado, viabilizaria situação indesejada.

Portanto, a flexibilização da regra geral do inciso I do art. 313 do CPP pertinente à quantidade da pena, a fim de possibilitar, de alguma forma, a decretação de prisão preventiva em todo e qualquer crime, independentemente da sanção prevista, quando o agente for condenado por outro crime, em sentença transitada em julgado, é medida que se impõe.

6.2.5.1.3. Crime envolvendo violência doméstica e familiar

Diante da regra geral de que a prisão preventiva só era cabível em se tratando de crime punido com reclusão, em vários casos de violência doméstica contra a mulher, notadamente nos casos de lesão corporal de natureza leve, cuja pena prevista é de detenção (art. 129, caput), diante da impossibilidade da decretação de prisão preventiva, muitas vezes o crime ficava impune e, ademais, não raro, pela circunstância de o fato chegar ao conhecimento da autoridade policial, com a consequente instauração da investigação, o agente, solto, findava voltando a praticar agressões, muitas vezes mais graves e, até mesmo, tendo como resultado a morte.

Para obviar esse problema, a Lei nº 11.340, de 2006 (Lei Maria da Penha), a par de estabelecer uma série de medidas cautelares pessoais diversas da prisão, incluiu o inciso IV no art. 313 do CPP, a fim de estabelecer mais uma exceção à regra geral de admissibilidade da prisão preventiva apenas para os crimes com pena máxima superior a 4 (quatro) anos, qual seja, se o crime, independentemente da pena prevista, envolvesse "... violência doméstica e familiar contra a mulher, nos termos da lei específica, para garantir a execução das medidas protetivas de urgência".

A Lei nº 12.403, de 2011, manteve a exceção em relação à violência doméstica e familiar praticada contra a mulher, retirou a referência a *nos termos da lei específica* e ampliou-a para os casos em que a agressão é feita contra *criança, adolescente, idoso, enfermo ou pessoa com deficiência*. Com a nova disciplina, essa exceção ampliada ficou plasmada no inciso III do art. 313, com o seguinte enunciado: "se o crime envolver violência doméstica e familiar contra a mulher, criança, adolescente, idoso, enfermo ou pessoa com deficiência, para garantir a execução das medidas protetivas de urgências."

De acordo com definição normativa, considera-se criança a pessoa de até 12 anos incompletos, adolescente aquela entre 12 (doze) e 18 (dezoito) anos (art. 2º da Lei nº 8.069, de 1990 — Estatuto da Criança e do Adolescente), enquanto idosa é quem possui idade igual ou superior a 60 (sessenta) anos (art. 1º da Lei nº 10.741, de 2003 — Estatuto do Idoso). Não há, entretanto, propriamente, a definição jurídica do que seja *enfermo ou pessoa com deficiência*. Aqui, cabe como referência o conceito de pessoa vulnerável, passível de crime de estupro, preceituado no art. 217-A, § 1º, do Código Penal, acrescido pela Lei nº 12.015, de 7 de agosto de 2009, que é aquela que, ".. por enfermidade ou deficiência mental, não tem o necessário discernimento para a prática do ato, ou que, por qualquer outra causa, não puder oferecer resistência."

A Lei nº 11.340, de 2006, por sua vez, no art. 5º, define, para os fins legais, *violência doméstica e familiar contra a mulher* como

"... qualquer ação ou omissão baseada no gênero que lhe cause morte, lesão, sofrimento físico, sexual ou psicológico e dano moral ou patrimonial: I — no âmbito da unidade doméstica, compreendida como o espaço de convívio permanente de pessoas, com ou sem vínculo familiar, inclusive as esporadicamente agregadas; II — no âmbito da família, compreendida como a comunidade formada por indivíduos que são ou se consideram aparentados, unidos por laços naturais, por afinidade ou por vontade expressa; III — em qualquer relação íntima de afeto, na qual o agressor conviva ou tenha convivido com a ofendida, independentemente de coabitação."

Em interpretação adequada da norma em destaque, o Superior Tribunal de Justiça tem entendido que não é necessária a coabitação para o enquadramento da situação em uma das hipóteses do art. 5º da Lei nº 11.340, de 2006, sendo bastante a constatação da existência de relação íntima na época dos fatos ou no passado[787], e abrange, até mesmo, os casos envolvendo ex-cônjuges ou ex-namorados[788].

---

[787] Em verdade, a "... Lei 11.340/2006 buscou proteger não só a vítima que coabita com o agressor, mas também aquela que, no passado, já tenha convivido no mesmo domicílio, contanto que haja nexo entre a agressão e a relação íntima de afeto que já existiu entre os dois." (STJ, CC 102.832/MG, Rel. Min. Napoleão Maia Filho, Terceira Seção, data da decisão 25.3.2009, DJe de 22.4.2009).
[788] Até porque, "... o namoro é uma relação íntima de afeto que independe de coabitação; portanto, a agressão do namorado contra a namorada, ainda que

Acontece que não há definição jurídica do que seja *violência doméstica e familiar contra criança, adolescente, idoso, enfermo ou pessoa com deficiência*. Mostra-se adequada, porém, a aplicação subsidiária do que dispõe a respeito a Lei nº 11.340, de 2006. Essa consideração é importante, pois implica em definir que, também nessa hipótese do inciso III, o crime em que se admite a prisão preventiva independentemente da quantidade da pena é apenas em relação ao de natureza dolosa. Isso porque a expressão *baseada na condição de gênero*, que consta do caput do art. 5º da Lei nº 11.340, de 2006, está a indicar que a conduta precisa ser dolosa. Assim, a conclusão que se impõe é que, do mesmo modo, o crime envolvendo violência doméstica e familiar contra *criança, adolescente, idoso, enfermo ou pessoa com deficiência*, que, independentemente da quantidade da pena, torna admissível a prisão preventiva, é apenas aquele que seja intencionalmente.

Obviamente que a caracterização de crime envolvendo violência doméstica e familiar só se revela, para fins de decretação da prisão preventiva, importante, quando a pena máxima prevista para o crime praticado não for superior a 4 (quatro) anos.

Por fim, cabe considerar que a exceção contida no inciso III do art. 313, em sua parte final, diz que a prisão preventiva, nesse caso, é admitida "para garantir a execução das medidas protetivas de urgência". A indagação que se impõe é sobre quais *medidas protetivas de urgência* a lei está se referindo. Na redação anterior não havia dúvidas de que a norma contida no então inciso IV do art. 313 do CPP se referia à Lei nº 11.340, de 2006, pois lá estava dito "... nos termos da lei específica, para garantir a execução das medidas protetivas de urgências." A lei específica, claro, não podia ser o CPP, mas, sim, a Lei nº 11.340, de 2006, que trata da violência doméstica e familiar contra a mulher.

Mas a atual redação do dispositivo, que consta do inciso III do art. 313 do CPP fala, apenas, que, nessa hipótese, a prisão preventiva deve ser aplicada quando ela for necessária *para garantir a execução das medidas protetivas de urgência*, sem fazer qualquer menção a eventual lei específica. E assim procedeu o legislador porque, em verdade, a prisão preventiva, nesse caso, é admitida quando se revelar necessária para que qualquer medida cautelar diversa seja cumprida, não ape-

tenha cessado o relacionamento, mas que ocorra em decorrência dele, caracteriza violência doméstica". (STJ, CC 102.832/MG, Rel. Min. Jane Silva (Desembargador Convocada do TJ/MG), Terceira Seção, data da decisão 5.12.2008, DJe de 19.12.2008)

nas as estabelecidas na Lei nº 11.340, de 2006, mas, também, as que foram introduzidas no próprio Código de Processo Penal, pela Lei nº 12.403, de 2011 ou estipuladas em outras leis.

De toda maneira, as medidas cautelares diversas da prisão com características protetivas disciplinadas no Código de Processo Penal são apenas as dos incisos II, III e IX do art. 319, as quais, salvo a monitoração eletrônica, estão contempladas nos incisos II, III e IV do art. 22 da Lei nº 11.340, de 2006[789]. Contudo, não haveria nenhum sentido decretar a prisão preventiva, a fim de que a medida protetiva pretendida com a monitoração eletrônica fosse cumprida.

Por fim, resta considerar que não basta o crime envolver violência doméstica e familiar. Para todos os efeitos, o legislador restringiu a hipótese, de modo a só admitir a prisão preventiva, nessa excepcionalidade, quando for necessário para que seja garantida a execução de medida protetiva. Isso não implica dizer que, primeiro, tem de ser imposta a medida cautelar diversa de natureza protetiva para, só depois, se não cumprida, ser decretada a prisão preventiva. Em alguns casos, é possível ter elementos suficientes para identificar situação em que a prisão é a única medida viável para garantir que o agente não volte a praticar agressão caracterizada como violência doméstica e familiar contra a mulher, criança, adolescente, enfermo ou pessoa com deficiência.

[789] As medidas protetivas da Lei nº 11.340, de 2006, estão no art. 22, cuja redação é a seguinte:"Constatada a prática de violência doméstica e familiar contra a mulher, nos termos desta Lei, o juiz poderá aplicar, de imediato, ao agressor, em conjunto ou separadamente, as seguintes medidas protetivas de urgência, entre outras: I — suspensão da posse ou restrição do porte de armas, com comunicação ao órgão competente, nos termos da http://www.planalto.gov.br/ccivil_03/LEIS/2003/L10.826.htm; II — afastamento do lar, domicílio ou local de convivência com a ofendida; III — proibição de determinadas condutas, entre as quais: a) aproximação da ofendida, de seus familiares e das testemunhas, fixando o limite mínimo de distância entre estes e o agressor; b) contato com a ofendida, seus familiares e testemunhas por qualquer meio de comunicação; c) frequentação de determinados lugares a fim de preservar a integridade física e psicológica da ofendida; IV — restrição ou suspensão de visitas aos dependentes menores, ouvida a equipe de atendimento multidisciplinar ou serviço similar; V — prestação de alimentos provisionais ou provisórios." O art. 130, caput, da Lei 8.069, de 1990, prevê, na qualidade de medida cautelar, *o afastamento do agressor da moradia comum*, quando *verificada a hipótese de maus-tratos, opressão ou abuso sexual impostos pelos pais ou responsável* a criança ou adolescente.

A situação deve ser bem analisada pelo juiz, no caso concreto. O que não seria razoável era exigir, como condição prévia, que o juiz, primeiro, experimentasse uma medida cautelar diversa, pois isso poderia, obviamente, ser determinante para que a pessoa ofendida voltasse a ser agredida, e, até mesmo, resultar em morte[790].

6.2.5.1.4. Dúvida sobre a identidade civil

Na redação anterior, a dúvida sobre a identidade civil do agente também era uma das exceções à regra geral segundo a qual a prisão preventiva só era admissível em se tratando de crime cuja pena era de reclusão. A disciplina estava no inciso II do art. 313 do CPP, nos seguintes termos: "punidos com detenção, quando se apurar que o indiciado é vadio ou, havendo dúvida sobre sua identidade, não fornecer ou não indicar elementos para esclarecê-la".

Por força da Lei nº 12.403, de 2011, essa exceção foi transferida para um parágrafo único, sendo retirada a menção à circunstância de o crime ser punido com pena de detenção, suprimida a hipótese de o agente ser *vadio* e acrescentada a observação de que deve ser providenciada a liberdade, *imediatamente após a identificação*, a não ser que haja outro motivo para que permaneça preso. Assim, a norma agora diz: "Também será admitida a prisão preventiva quando houver dúvida sobre a identidade civil da pessoa ou quando esta não fornecer elementos suficientes para esclarecê-la, devendo o preso ser colocado imediatamente em liberdade após a identificação, salvo se outra hipótese recomendar a manutenção da medida." (art. 313, parágrafo único, do CPP).

Parece acertada a iniciativa do legislador da segunda etapa da Reforma Tópica em deslocar a hipótese para um parágrafo único. Isso porque, para todos os efeitos, a decretação da prisão preventiva, quando há dúvida sobre a identidade civil, se faz com base na necessidade de manutenção da ordem pública e/ou conveniência para a instrução da investigação ou do processo. É como se a lei, em verdade, estabelecesse uma presunção legal, *juris et de jure*, de que, nessas circunstân-

---

790 A preocupação com a proteção em casos de violência doméstica tem sido de tal magnitude que o Supremo Tribunal Federal, no julgamento da ADI 4424 declarou a inconstitucionalidade do dispositivo da Lei Maria da Penha que condicionava, à representação da ofendida, a ação penal nos crimes praticados contra a mulher. Agora teria ampliado a efetividade da medida cautelar, ao dispensar a representação da vítima?

cias, mostra-se adequado determinar-se a prisão preventiva, independentemente da quantidade da pena prevista para o crime praticado, pois, não se sabendo ao certo quem é o agente, pode ser que ele esteja sendo procurado pela prática de outro crime mais grave, sem embargo de essa falta de certeza em relação à identidade do agente, certamente, prejudicar a investigação ou o processo judicial, na medida em que haverá dificuldade de encontrá-lo para a cientificação dos atos praticados e dos atos processuais aos quais deva comparecer.

Some-se a essa presunção a peculiaridade das dimensões continentais do País, que comprometem, de forma acentuada, a interlocução entre os mais diversos órgãos, estaduais e federais, do Executivo e do Judiciário, que atuam na área de segurança pública ou criminal, a justificar, ainda mais, a exceção que já é da tradição de nosso sistema, posto que está prevista desde a redação originária do Código de Processo Penal em vigor.

A supressão da *vadiagem* como motivo para a decretação da prisão em flagrante também revela outro acerto do legislador. Notadamente após a Constituição de 1988, tomou fôlego a crítica quanto à previsão da decretação de prisão preventiva, independentemente da quantidade da pena, quando apurado que o agente era vadio, até mesmo pela dificuldade de sua definição. Em verdade, a norma, em reflexo da ideologia dos anos 1930 e 1940, demonstrava indisfarçável preconceito em relação aos pobres, com nítida malferição à cláusula universal do tratamento isonômico. *Vadio* não era quem não fazia nada, mas quem, sendo pobre, não tinha nenhuma ocupação ou era desempregado. O rico que vivia no ócio era qualificado como *bon vivant*, pessoa que sabe viver ou aproveitar a riqueza que possui. Naturalmente, norma com esse tipo de preconceito não se confortava com um código que precisa estar alinhado ao perfil democrático, com esteio na pauta de valores dimanadas dos direitos fundamentais.

O tratamento dessa matéria em um parágrafo único também se revela adequada, na medida em que está a ressaltar que, nesse caso de dúvida quanto à identificação do agente, é possível a decretação da prisão preventiva qualquer que seja a pena máxima, e, até mesmo, em se tratando de crime culposo. Veja-se o caso em que o agente se envolve em acidente de trânsito, em clara situação de crime culposo, no entanto, não se sabe, efetivamente, quem é a referida pessoa. Pode ser que contra o agente haja um mandado de prisão, o que não pode ser conferido, pois não se sabe, propriamente, quem ele é[791].

---

[791] Sem se saber a identificação correta do agente, não há, sequer, como ser

Essa é uma mudança substancial que se verificou com a Lei nº 12.403, de 2011. Na disciplina anterior, como a exigência sobre ser o crime doloso constava do caput do art. 313 e a exceção quanto à admissão da prisão preventiva, independentemente do tipo da pena, no caso de dúvida sobre a identidade do agente, estava no inciso II do referido dispositivo, mesmo nessa hipótese, não cabia a medida, se o crime fosse culposo.

Agora, resta evidenciado que, estando a matéria disciplinada no parágrafo único do art. 313 e, ainda, não havendo, no caput, nenhuma referência a crime doloso, no caso de dúvida sobre a identificação do agente, a prisão preventiva é admissível, inclusive, quando se tratar de crime de natureza culposa.

6.2.5.2. Prisão domiciliar (art. 317 do CPP)

A prisão domiciliar propriamente dita já constava de nosso sistema jurídico como forma do cumprimento da pena em regime aberto. A Lei de Execução Penal, que é de 1984, por questão de ordem humanitária, no art. 117, elencou as hipóteses em que o condenado com direito a cumprimento da pena em regime aberto poderia ser transferido de estabelecimento carcerário para a residência particular.

Acontece que o Código de Processo Penal, com a sua característica autoritária e tratamento diferenciado em relação a determinadas classes sociais, embora não tenha tratado da prisão domiciliar como medida cautelar, regulou, no art. 294 e segs., o direito à prisão especial para diversas pessoas, as quais interessavam ao sistema de então conferir regalias[792]. O pior é que a Lei nº 5.256, de 6 de novembro de

---

feita a checagem adequada no Banco Nacional de Mandados de Prisão — BNMP, do art. 289-A, do Código de Processo Penal. Cf. item 6.2.9.3, infra.
792 Conforme o art. 295 do Código de Processo Penal, "Serão recolhidos a quartéis ou a prisão especial, à disposição da autoridade competente, quando sujeitos a prisão antes de condenação definitiva: I-os ministros de Estado; II — os governadores ou interventores de Estados ou Territórios, o prefeito do Distrito Federal, seus respectivos secretários, os prefeitos municipais, os vereadores e os chefes de Polícia; III-os membros do Parlamento Nacional, do Conselho de Economia Nacional e das Assembleias Legislativas dos Estados; IV-os cidadãos inscritos no "Livro de Mérito"; V — os oficiais das Forças Armadas e os militares dos Estados, do Distrito Federal e dos Territórios; VI-os magistrados; VII-os diplomados por qualquer das faculdades superiores da República; VIII-os ministros de confissão religiosa; IX-os ministros do Tribunal de Contas; X-os cidadãos que já tiverem exercido efetivamente a função de jurado, salvo quando excluídos

1967, permitiu ao juiz, quando não houvesse estabelecimento adequado ao recolhimento dos que possuem direito a prisão especial, considerando a gravidade e as circunstâncias do crime, com a prévia oitiva do Ministério Público, autorizar o recolhimento do agente na própria residência (art. 1º). Com esse tratamento leniente, por meio de várias leis esparsas, diversas categorias profissionais passaram a usufruir do direito à prisão especial, visando, em verdade, preservar o direito de ficar recolhido em prisão domiciliar[793].

Seja como for, sob a modalidade de prisão especial ou domiciliar, não se pode perder de vista que, notadamente na seara criminal, e, particularmente, nas questões relativas ao aprisionamento, as normas, ademais de comuns a todos, independentemente das condições pessoais dos agentes, devem ser vistas e aplicadas de forma solidária, no desiderato de que o tratamento em consonância com a dignidade da pessoa humana seja compartilhado sem distinção entre as pessoas.

Por conseguinte, as normas referentes às condições do local de recolhimento devem ser pautadas com a máxima garantia do tratamento de acordo com a *essência humana/dignidade da pessoa humana*, extensiva a todos, não apenas àqueles parecidos ou iguais aos que *elaboram, julgam ou executam as leis*, mas também aos que apresentam características diametralmente diferentes, especialmente em relação às questões de oportunidade quanto à estrutura familiar e à educação. Se assim não for, exatamente os que mais precisam serão os que menos receberão do Estado.

Essa digressão serve, apenas, para salientar que a *prisão* seja ela rotulada de *especial* ou *domiciliar*, contempla, desenganadamente, *tratamento diferenciado* a pessoa que, em princípio, independentemente de seu grau de instrução ou atividade desempenhada, deveria receber *tratamento igual* às outras, que, quando presas, são recolhidas a estabelecimento carcerário.

---

da lista por motivo de incapacidade para o exercício daquela função; XI — os delegados de polícia e os guardas-civis dos Estados e Territórios, ativos e inativos."

[793] Leis nºs. 5.350, de 1967, e 4.878, de 1965 (policial civil); 5.606, de 1970 (oficial da Marinha Mercante); 7.102, de 1983 (vigilante de empresa particular que explora serviço de vigilância e de transporte de valores); 7.172, de 1983 (professor de ensino de primeiro e segundo graus); 8.069, de 1990 (conselheiro tutelar); 8.625, de 1993 e LC 75, de 1993, (promotor de Justiça); 8.906, de 1994 (advogados); LC 80, de 1994 (defensores públicos da União).

A prisão preventiva com recolhimento ao cárcere de acordo com as regras comuns é a regra, sendo, as demais, exceções que precisam ser bem ponderadas, sob pena de tratamento diferenciado sem justificativa. Exatamente em razão dessa consideração, nada obstante vários pronunciamentos do Supremo Tribunal pela validade, as normas que disciplinam modo especial de prisão, tendo em consideração a situação pessoal do preso, são de discutível constitucionalidade, sem embargo de não serem convenientes a uma política criminal democrática.

Exatamente tendo em conta essas considerações, um dos maiores entraves para a aprovação do PL 4.208, de 2001, que findou sendo transformado na Lei 12.403, de 2011, residiu na falta de consenso quanto à supressão do Código de Processo Penal da prisão especial estampada no art. 295. Paralelamente ao referido Projeto de Lei, findou sendo aprovada a Lei nº 10.258, de 11 de julho de 2001, que, ao invés de revogar o art. 295, incluiu cinco parágrafos para, na parte que interessa, explicitar que a prisão especial "... consiste, exclusivamente no recolhimento em local distinto da prisão comum" (§ 1º), que na falta de *estabelecimento específico* o aprisionamento deve ser "... em cela distinta do mesmo estabelecimento" (§ 2º) e que "Os demais direitos e deveres do preso especial serão os mesmos do preso comum".

Essa lei representou um inegável avanço. Apesar de não ter eliminado a prisão especial, deixou claro que por prisão especial deve ser entendido todo e qualquer local distinto daquele destinado para a prisão comum, o qual pode ser em *estabelecimento específico* ou, apenas, *em cela distinta do mesmo estabelecimento*. Não há de negar-se que, diante de determinadas circunstâncias, independentemente do cargo, função ou título que possua, uma pessoa não pode ser recolhida à prisão juntamente com as outras. Não apenas um magistrado, membro do Ministério Público e da polícia, como, igualmente, delatores não podem ficar misturados aos demais internos de um estabelecimento carcerário, sob pena de sérios riscos às suas vidas e integridades físicas e psíquicas. Até mesmos em razão das regras criadas pelas comunidades carcerárias, em se tratando de crimes como de pedofilia ou de estupro, os autores precisam ser separados dos demais.

Portanto, não era o caso de eliminar a prisão especial, mas deveria ter sido aproveitada a oportunidade para alterar a orientação normativa, no sentido de ser estabelecida como fundamento para a prisão especial a sua efetiva necessidade para a preservação da vida e da integridade física e psíquica do agente, não sendo suficiente para tanto, por si só, o título do qual eventualmente seja portador, como são os casos, por exemplo, dos inscritos no *Livro de Mérito* e detentores de formação universitária (art. 295, incisos IV e VII).

O mais adequado teria sido a aprovação do substitutivo apresentado quando da discussão da matéria no Senado, que propunha a seguinte redação para o art. 295: "É proibida a concessão de prisão especial, salvo a destinada à preservação da vida e da incolumidade física e psíquica do preso, assim reconhecida por decisão fundamentada da autoridade judicial ou, no caso de prisão em flagrante ou cumprimento de mandado de prisão, da autoridade policial encarregada do cumprimento da medida."

A prisão especial, assim, a nosso sentir, para todos os efeitos, é o direito a recolhimento em local distinto — que pode ser, apenas, uma cela distinta no mesmo estabelecimento — que só se justifica quando destinada à preservação da vida e da incolumidade física do agente preso, cuja necessidade seja, previamente, demonstrada mediante decisão fundamentada da autoridade judiciária, salvo na hipótese de flagrante delito, em que o juiz, ao receber o auto, caso proceda à conversão (decretação da) em prisão preventiva, deve dizer se mantém, ou não, a prisão onde a pessoa se encontra por escolha da autoridade policial.

Não só foi mantida a prisão especial nos termos da redação do caput do art. 295 do CPP, como a Reforma Tópica, por meio da Lei nº 12.403, de 2011, inovou na matéria, a fim de trazer, para o âmbito das medidas cautelares de natureza prisional, a prisão domiciliar. Assim, nos termos do art. 317, "A prisão domiciliar consiste no recolhimento do indiciado ou acusado em sua residência, só podendo dela ausentar-se com autorização judicial." Por sua vez, o art. 318 do CPP diz que

> "Poderá o juiz substituir a prisão preventiva pela domiciliar quando o agente for:
> I — maior de 80 (oitenta) anos;
> II — extremamente debilitado por motivo de doença grave;
> III — imprescindível aos cuidados especiais de pessoa menor de 6 (seis) anos de idade ou com deficiência;
> IV — gestante a partir do 7º (sétimo) mês de gravidez ou sendo esta de alto risco.
> Parágrafo único. Para a substituição, o juiz exigirá prova idônea dos requisitos estabelecidos neste artigo.

A inovação, é certo, merece aplauso, pois resolveu a discussão sobre a possibilidade de se ter a prisão domiciliar não apenas quando da execução da pena, mas, igualmente, quando a privação do direito de liberdade for determinada por medida cautelar. Era recorrente a tentativa da defesa, junto ao Judiciário, em obter a aplicação subsidiária do art. 117 da Lei de Execução Penal, nos casos de prisão preventiva.

Agora, por expressa previsão normativa, também em razão de questão humanitária, é possível que o recolhimento, em razão de prisão preventiva ou temporária, seja feito no próprio domicílio do agente.

O que a *prisão domiciliar* tem a ver com a *prisão especial*? No nosso sentir, tudo. A prisão domiciliar, para todos os efeitos, é uma *prisão especial*. Aliás, é uma prisão das mais especiais. Se a prisão especial, mesmo com os enxertos da Lei nº 10.258, de 2001, representa um privilégio em relação à prisão comum, o que não dizer da prisão domiciliar, trazida para o nosso sistema pela Lei nº 12.403, de 2011, que nada mais é do que a prisão preventiva ou temporária em que a pessoa, ao invés de ser recolhida a estabelecimento comum ou especial/específico, tem o direito de ficar recolhida em sua própria residência.

Nesse particular, há de ser feita crítica à aparente antinomia entre os arts. 317 e 318, caput, do CPP. Com desenganado acerto, o legislador, com a feitura do art. 317, conferiu a definição legal de prisão domiciliar, contentando em dizer, apenas, que "... consiste no recolhimento do indiciado ou acusado em sua residência..." Em outras palavras, não se trata de mais uma espécie de medida cautelar prisional. A prisão cautelar é o gênero, da qual, em nosso sistema, as espécies são a (i) preventiva e a (ii) a temporária. A chamada prisão domiciliar é a mesma medida cautelar prisional, preventiva ou temporária, porém, em que o recolhimento do agente, ao invés de ser feito em estabelecimento comum ou especial, se dá na sua própria residência.

Mas, sem a melhor técnica, o caput do art. 318 diz que, presente uma das hipóteses de seus incisos, "Poderá o juiz substituir a prisão preventiva pela domiciliar..." Ora, à toda evidência, não se trata, efetivamente, de substituição da prisão preventiva pela domiciliar, mas a substituição, para fins de cumprimento da medida cautelar, que pode ser, naturalmente, apesar da omissão do legislador, tanto a preventiva quanto a temporária, do estabelecimento prisional pela residência do agente.

O reconhecimento do direito ao recolhimento na própria residência e, cabe agregar, a estabelecimento ou cela especial, não tem o condão de mudar a natureza da espécie de medida cautelar. É a mesma prisão preventiva ou temporária, só que cumprida no próprio domicílio ou em estabelecimento ou cela especial.

Essa assertiva dissipa qualquer dúvida em relação ao reconhecimento, no caso de prisão domiciliar, do direito à detração penal, contemplada no art. 42 do Código Penal. Serve, ainda, para distinguir a prisão domiciliar da medida cautelar diversa da prisão, prevista no art. 319, V, do CPP, porquanto o *recolhimento domiciliar*, nesta hipótese, se circunscreve ao período noturno e aos dias de folga, de modo que não se trata, propriamente, de prisão.

A esse respeito, cabe agregar que a prisão domiciliar, na qualidade de medida cautelar, só deve ser determinada se for para recolhimento durante todo o período, independentemente de ser durante o período diurno ou noturno, dia útil ou de folga. Com a prisão domiciliar, não se pode, por exemplo, reconhecer o direito de o preso, durante o dia trabalhar ou estudar. Se assim for, o mais adequado é estabelecer a medida alternativa do recolhimento domiciliar no período noturno[794] Até porque, como exposto no exame dos requisitos para a prisão domiciliar, ela é incompatível com a situação em que, tendo reconhecido esse direito, se quer conciliá-lo com o exercício de atividade laborativa ou frequência a estabelecimento de ensino.

Por fim, verifique-se que, conforme o art. 117, c/c art. 146-B, IV, da Lei de Execução Penal, com a redação determinada pela Lei nº 12.258, de 15 de junho de 2010, "O juiz poderá definir a fiscalização por meio da monitoração eletrônica quando... determinar a prisão domiciliar". A norma em destaque tem em mira a prisão domiciliar disciplinada no art. 117 da Lei de Execução Penal. Mas o juiz, pode, ao decretar cautelar detentiva com recolhimento em domicílio nos termos do art. 318 do CPP, aplicar, cumulativamente, a medida diversa da monitoração, aliás, providência que se mostra salutar e necessária para que ocorra a efetiva fiscalização[795].

6.2.5.2.1. Requisitos para a prisão domiciliar (art. 318 do CPP)

São quatro os requisitos que autorizam o juiz a reconhecer ao agente o direito de ser recolhido à prisão domiciliar, devido à decretação da prisão preventiva ou temporária. De acordo com o art. 318 do

---

[794] Cf. item 6.3.1.5, infra.
[795] Cf. item 6.3.1.8, infra.

Código de Processo Penal, o agente poderá ser recolhido cautelarmente em sua residência, quando for:

I — maior de 80 (oitenta) anos;
II — extremamente debilitado por motivo de doença grave;
III — imprescindível aos cuidados especiais de pessoa menor de 6 (seis) anos de idade ou com deficiência;
IV — gestante a partir do 7º (sétimo) mês de gravidez ou sendo esta de alto risco.

As quatro situações imaginadas pelo legislador podem ser divididas da seguinte forma: (a) idade; (b) estado de saúde; (c) assistência familiar e/ou social, relativa a menor; (d) questão de gênero, específica à gestação. Em linhas gerais, esses requisitos são os mesmos previstos no art. 117 da Lei de Execução Penal:

I — condenado maior de 70 (setenta) anos;
II — condenado acometido de doença grave;
III — condenado com filho menor ou deficiente físico ou mental;
IV — condenada gestante.

Embora a prisão domiciliar própria da execução penal também tenha quatro requisitos e sejam de mesma ordem — questão de idade (maior de 70 (setenta) anos); de saúde (acometido de doença grave), familiar e/ou social (filho menor ou deficiente físico ou mental), de gestação (gestante) —, para fins de prisão cautelar, o direito ao recolhimento na própria residência é mais restrito. Cabe lembrar que a prisão domiciliar, tratada na Lei de Execução Penal, é direito reconhecido, apenas, a quem tenha sido condenado a prisão em regime aberto ou tenha progredido, após satisfeitas as condições temporais e subjetivas, para essa etapa de cumprimento da pena. Como se trata de um privilégio, espécie de prisão mais benéfica do que a própria *prisão especial*, tratada no art. 295 do CPP, estreme de dúvidas que essa é uma medida excepcional, ou melhor, a *exceção da exceção*. De fato, digamos que alguém, com grau de instrução de nível superior, cumpra um dos requisitos do art. 318 do CPP. Naturalmente que ele não possui somente o direito de ser recolhido em estabelecimento específico ou cela especial (art. 295, §§ 1º e 2º, do CPP), mas de ficar detido em sua própria residência, que é um *plus* em relação à prisão especial. Isso fica mais patente ainda, quando a Lei nº 5.256, de 1967, garante ao agente, no caso de inexistência de estabelecimento específico ou cela especial para o gozo do direito à prisão especial, que o seu recolhimento se dê na própria residência (art. 1º)[796].

Por isso mesmo, no parágrafo único do art. 318 do CPP, esclareceu-se, de forma imperativa, que o juiz, para fins de reconhecer o preenchimento de um dos requisitos do inciso, *exigirá prova idônea*. Não basta, portanto, alegar que a situação se enquadra em uma das situações catalogadas nos incisos do art. 318. É preciso que haja *prova idônea*.

Feitos esses esclarecimentos, importa fazer a análise de cada um desses requisitos elencados para o gozo do direito à prisão domiciliar de que cuida o art. 318 do CPP

6.2.5.2.1.1. Idade

É da política criminal nacional e do Direito Comparado dispensar olhar mais atento para as pessoas que estão na terceira idade, diante da consideração de que são pessoas que inspiram maiores cuidados, sendo mais vulneráveis a doenças e acidentes e mais fracas física e mentalmente, em decorrência do longo tempo de vida. Cuida-se de preocupação de ordem humanitária. A legislação civil brasileira contém regras específicas de proteção ao idoso, qualificando como tal aquele que possui idade igual ou superior a 60 anos[797]. A própria lei penal, em alguns casos, toma esse referencial etário para estatuir normas protecionistas, quando faz menção a pessoa considerada idosa. De toda maneira, o sistema criminal adotou a idade superior a 70 (setenta) anos como parâmetro para a incidência de atenuante (art. 65, I, segunda parte, do CP), redução, pela metade, da prescrição (art. 115, última parte, do CP) e para a prisão domiciliar como etapa de cumprimento da pena (art. 117, I, da Lei de Execução Penal).

Na primeira proposta da Comissão da Reforma Tópica, a idade escolhida foi de 60 (sessenta) anos. No texto definitivo, subiu para 70

---

796 A Lei nº 5.256, de 1967, não foi revogada pela Lei nº 10.258, de 2001. Pode-se dizer, até, que ela foi derrogada, pois, agora, não é bastante para o reconhecimento, com base nessa norma, do direito à prisão domiciliar, a inexistência de estabelecimento específico, mas, ainda, de cela específica, ainda que situada em estabelecimento prisional destinado para os presos comuns.

797 Lei nº 10.741, de 2003, art. 1º (Estatuto do Idoso). Não há, todavia, propriamente a definição jurídica do que seja *enfermo ou pessoa com deficiência*.

(setenta) anos. Todavia, em razão dos debates no Parlamento, o legislador resolveu ir um pouco mais além para considerar a idade avançada, por si só, como requisito para que o recolhimento em razão de prisão processual seja efetivado na própria residência. Talvez por não ter adicionado nenhuma outra circunstância além da idade para caracterizar o requisito do inciso I do art. 318 do Código de Processo Penal, o legislador achou por bem elevar o referencial temporal. Assim, para fins de prisão cautelar domiciliar devido à idade, exige-se que o agente seja maior de 80 anos de idade. Portanto, conquanto o maior de 70 anos faça jus a cumprimento a pena em regime aberto no seu próprio domicílio, o mesmo não se diga no caso de medida cautelar prisional, pois esse direito só é reconhecido para quem tem mais de 80 anos de idade.

Não se vê, aqui, nenhuma antinomia sistêmica. Repita-se que, tendo em consideração que a prisão domiciliar, na Lei de Execução Penal, é pertinente, apenas, para quem tem reconhecido o direito ao cumprimento da pena no regime aberto, o que pressupõe a satisfação prévia de pressupostos objetivos e subjetivos, é natural que os seus requisitos sejam mais amenos do que aqueles previstos para o cumprimento de medida cautelar prisional, que é pertinente a qualquer agente, independentemente do crime e das suas condições pessoais.

A prova idônea, reclamada no parágrafo único do art. 318 do Código de Processo Penal para o reconhecimento do direito à prisão domiciliar de quem é maior de 80 (oitenta) anos, é a certidão de nascimento ou casamento. A falta desse documento exige, como prejudicial, que a matéria seja resolvida no ambiente civil, de conformidade com a Lei de Registros Públicos.

6.2.5.2.1.2. Doença grave e saúde extremamente debilitada

Também aqui há uma diferença basilar entre a *doença grave* para fins da prisão domiciliar do art. 117, II, da Lei de Execução Penal e a do art. 318, II, do Código de Processo Penal. No art. 117, II, da Lei de Execução Penal, o direito à prisão domiciliar exige, apenas, que o agente esteja *acometido de doença grave*. Em se tratando de prisão cautelar, o legislador foi mais rigoroso, pois não é suficiente comprovar a existência de doença grave, mas também que, como consequência dela, está *extremamente debilitado*. O dado para a obtenção do direito à prisão cautelar domiciliar, portanto, não é apenas objetivo. Por conseguinte, o fato em si de o agente ser portador de doença grave não assegura o direito à prisão domiciliar, caso não seja apresentada prova idônea de que, devido à anomalia de ordem grave da qual padece, o agente está com a saúde *extremamente debilitada*.

E note-se, ademais, que o legislador não se contentou, apenas, com a demonstração de que a saúde do agente, devido à doença grave, está debilitada. A norma requer, para que seja assegurado o direito, que a saúde, por motivo da doença grave, esteja *extremamente debilitada*. Essa é uma análise, naturalmente, de natureza técnica e subjetiva, a ser reconhecida em laudo pericial elaborado para tanto. A prova idônea, para comprovação de que o requisito do art. 318, II, do CPP, está cumprido, é o laudo pericial que, a par de comprovar ser o agente acometido de doença grave, apresente diagnóstico, não apenas um prognóstico, definindo o estado de saúde como *extremamente debilitado*. É conveniente, inclusive, para bem orientar o experto, na elaboração dos quesitos, fazer, além de outras, duas perguntas distintas, uma se o agente, em razão da doença grave, está com *a saúde debilitada* e outra se a saúde do agente pode ser classificada como *extremamente debilitada*.

6.2.5.2.1.3. Assistência familiar e social

A preocupação com a humanização do sistema prisional é antiga, havendo muitos estudos a respeito e normas internacionais e nacionais[798]. Porém, são recentes as iniciativas quanto ao tratamento específico que deve ser experimentado conforme a condição de gênero, notadamente tendo em conta a condição de mãe. A maior participação social, política e econômica da mulher, promoveu o aumento e a multiplicidade da ação criminosa feminina: colocou-a na cena do crime, ao lado do homem, na qualidade de protagonista, fenômeno que, em consequência, inseriu a mulher, também, no cárcere[799].

Sem embargo desse fenômeno, a legislação penal e de execução penal se mostram, no trato das diferenças de gênero na questão crimi-

---

798 Malgrado estudos revelem que o cumprimento de pena em regime penitenciário teve início com a *House of Correction* (Casa de Correção) edificada em Londres, em 1552, a humanização das penas só apareceu a partir da obra de Beccaria "Dos delitos e das penas".
799 Dados do Ministério da Justiça demonstram que o número de mulheres presas no país vem aumentando significativamente nos últimos anos, em proporção bastante superior à dos homens: 14,6 mil, em 2000; 25,8 mil, em 2007; e 34,20 mil, em 2010. Em 2011, passou a representar 7% da população carcerária.

nal, em alguns instantes omissas, enquanto em outros conservadoras. Se a prisão é uma instituição de encarceramento — encarcera-se não apenas o direito de liberdade, mas a voz, a imagem, a identidade, a dignidade, enfim, a pessoa, no seu todo — que torna a pessoa invisível para a sociedade —, em relação à mulher presa, essa situação é potencializada. Coube a Julita Lemgruber, em seu prestigiado livro *Cemitério dos vivos: análise sociológica de uma prisão de mulheres*, chamar a atenção para a situação peculiar da mulher encarcerada e como ela, além de invisível para a sociedade livre, é esquecida e destratada pelo sistema criminal e carcerário; desvalorizada dentro do contexto sóciopenitenciário. Com um perfil similar ao dos homens — a maioria é não branca, tem pouca escolaridade —, há questões de ordem social e familiar agregadas, que precisam ser levadas em consideração.

Com efeito, conquanto a maior incidência dos crimes cometidos pelas mulheres seja de tráfico de drogas, essa conduta criminal, não raro, revela mais submissão à autoridade do companheiro que está preso ou, então, obediência a ordens emanadas de grupos organizados dentro dos estabelecimentos prisionais, do que perfil propriamente criminoso. Não passam de pessoas vulgarmente denominadas *mulas*, tratadas, inadequadamente, com todos os rigores do olhar insensível do legislador e do aplicador da lei. Não é por outro motivo que a maioria das mulheres recolhidas à prisão pelo delito de tráfico de entorpecentes foi presa tentando inserir drogas em presídios.

Esse perfil é a moldura de um quadro de desigualdade social, discriminação e seletividade do sistema de justiça criminal, cuja consequência é a maior vulnerabilidade da pessoa de acordo com a raça, condição social e gênero.

Porém, infelizmente, as consequências familiares e sociais são piores: a prisão da mulher, muitas vezes, representa o abandono da educação e guarda do filho, que já não tem o convívio com o pai. Como se não bastasse, em outras tantas, o filho fica encarcerado junto com a genitora. Em 2011, de acordo com levantamento do Departamento de Monitoramento e Fiscalização do Sistema Carcerário — DMF do Conselho Nacional de Justiça, havia no sistema prisional 195 crianças em presídios, acompanhando suas mães presas. Qual o futuro dessas crianças?

A prisão cautelar no domicílio, *quando imprescindível aos cuidados especiais da pessoa menor de 6 (seis) anos de idade ou com deficiência*, tem como finalidade evitar que outro problema, de consequências graves, seja ocasionado, qual seja, o abandono de criança que requer cuidados especiais e, de outro, que elas sejam levadas, em razão da prisão da mãe, também para o cárcere[800]. A norma é importante e é preciso que os magistrados tenham a devida sensibilidade para essa chaga social, que é o abandono de pessoa que requer assistência, em razão da prisão de quem se ocupava de lhe dar amparo.

É óbvio que esse direito à prisão domiciliar não é reconhecido apenas à mulher. Embora em nosso contexto sócio-cultural, comumente, quem se encarrega da guarda e da educação da prole ou de cuidar de pessoas com deficiência seja a mulher, em alguns casos esse papel é exercido pelo homem.

Também aqui, diferentemente do que ocorre em relação à prisão domiciliar tratada na Lei de Execução Penal, não basta que a pessoa possua filho menor ou, sendo de maior, seja deficiente físico ou mental (art. 117, III). Há a necessidade de *prova idônea* de que "o agente é imprescindível aos cuidados especiais de pessoa menor de 6 (seis) anos de idade ou com deficiência" (art. 318, III, do CPP). Tem de provar, primeiro, que a pessoa é menor de 6 (seis) anos ou, sendo maior, é possuidora de deficiência mental ou física. A primeira prova se faz com suporte na certidão de nascimento, enquanto a segunda por meio de laudo pericial. A prova de que o agente é imprescindível para os cuidados especiais já é mais complexa, mas poderá ter como base documento elaborado por assistente social ou mesmo audiência específica para essa finalidade, com os depoimentos pessoais do agente e da pessoa que merece proteção, além da oitiva de testemunhas[801].

Infelizmente, apesar de uma das diretrizes da Reforma Tópica estar concentrada na oralidade, essa técnica processual na visão moderna não foi aproveitada pelo legislador quanto às medidas cautelares pessoais[802]. Em muitos casos, para verificar qual é a medida mais adequada, se detentiva ou não, é da mais alta valia a audiência para que o juiz conheça, mais de perto, o agente, sem falar que a prévia oitiva do acusado, nos casos de flagrante delito, é de fundamental importância para que o juiz decida sobre a conversão, ou não, da detenção em prisão preventiva. Igualmente, para apreciar a satisfação do requisito do art. 318, III, não raro, será necessária audiência para a produção de

---

800 Em visita a estabelecimento carcerário, nos deparamos com uma situação em que a criança, com 7 anos de idade, desde o nascimento, estava acompanhando mãe na prisão. Simplesmente, inadmissível.
801 Cabe aqui a crítica já feita pelo fato de o legislador não ter feito referência à oralidade no procedimento próprio para a aplicação de medida cautelar.
802 Cf. item 3.2.2.5, supra.

prova pessoal (depoimento do agente, de testemunhas e mesmo do menor).

6.2.5.2.1.4. Período de gestação

A segunda etapa da Reforma Tópica seguiu a orientação da Lei de Execução Penal, no sentido de levar em consideração a situação da mulher gestante, a fim de assegurar, nesse caso, o direito à prisão domiciliar. Porém, a nova lei foi mais precisa, a fim de evitar maiores discussões quanto ao alcance da norma. Enquanto na Lei de Execução Penal o direito à prisão domiciliar de quem está no regime aberto é assegurado, indistintamente, à gestante (art. 117, IV), para o cumprimento de medida cautelar prisional em residência se exige que a mulher esteja no 7º (sétimo) mês de gravidez ou, então, que a gravidez seja de alto risco (art. 318, IV, primeira parte, do CPP). Assim como na hipótese do inciso I, a questão é meramente objetiva: prova da gravidez de 7 (sete) meses. Aqui o legislador, tendo em conta a literatura médica a respeito, adotou a presunção legal *juris et de jure* de que, a partir do 7º mês, a gravidez requer maiores cuidados, passando a ser de maior risco, o que justifica o direito da mulher de ficar recolhida em sua própria residência.

Houve sensibilidade, ainda, para os casos em que, independentemente do tempo de gestação, a gravidez se apresenta de alto risco. O legislador, portanto, adotou dois parâmetros distintos: (a) na primeira parte, o alto risco é presumido, o que se tem a partir do 7º mês; (b) na segunda parte, independentemente do mês de gravidez, o alto risco há de ser provado, por meio de laudo médico.

Portanto, antes do 7º (sétimo) mês, a mulher gestante só terá direito a prisão cautelar em domicílio se provar que a sua gravidez é de alto risco, enquanto daí até o parto esse é um direito que, para o seu reconhecimento, basta a prova do tempo da gestação, nada mais do que isso. A pergunta que se há de fazer é até quando, nesse caso, perdura o direito à prisão domiciliar. É apenas até o parto? No mínimo, esse inciso IV há de ser interpretado em compasso com o inciso III, de modo que o recolhimento no próprio domicílio deve ser reconhecido quando e enquanto a mãe for imprescindível aos cuidados especiais do recém-nascido, o que, se não deve ser considerado que seja até a criança atingir 6 (seis) anos de idade, deve ser considerado, como tal, pelo menos, o período de amamentação.

Esse entendimento se coaduna com o direito fundamental, encartado na Lei Maior no art. 5º, L, segundo o qual "às presidiárias serão asseguradas condições para que possam permanecer com seus filhos durante o período de amamentação". A regra do art. 83, § 2º, da Lei de Execução ("Os estabelecimentos penais destinados a mulheres serão dotados de berçário, onde as condenadas possam amamentar seus filhos"), não deve ser levada em consideração para dirimir a questão, pois destinada a quem ostenta a condição de condenada e, ainda, cumpre a pena em regime fechado ou semiaberto.

Não se há de questionar que a criança no período de amamentação requer cuidados especiais, os quais, de regra, só podem ser prestados pela mãe, sendo mais razoável assegurar a esta que, no caso de prisão cautelar, ainda é considerada inocente, o direito à prisão domiciliar do que fazer com que o direito à amamentação se transforme no dever da criança de ficar em um estabelecimento carcerário.

Porém, certamente, ainda vai demorar muito para os magistrados se preocuparem, efetivamente, com situações dessa natureza. Notícia veiculada pela *Folha de São Paulo*, sob o título *Vídeo mostra presa algemada no pós-parto*, dá conta de episódio inaceitável, da prisão/detenção em flagrante de uma grávida, após o furto de duas bonecas, um chuveiro e quatro frascos de xampu de uma loja, no mês de novembro de 2011, que levada para o Centro de Detenção Franco da Rocha, lá permaneceu presa e deu à luz a uma menina, no dia 31 de janeiro de 2012, tendo uma reportagem da TV Record feito a sua imagem algemada à cama pelo braço e pela perna direita, com o corte visível da cesariana. Essa barbárie toda na capital do estado mais rico do País, São Paulo[803].

6.2.5.2.2. Prisão domiciliar em razão da ausência de estabelecimento ou local distinto para o cumprimento de prisão especial: prisão em sala de Estado-Maior

A despeito dos requisitos plasmados nos incisos do art. 318 do Código de Processo, como a Lei nº 5.256, de 1967, não foi revogada nem pela Lei nº 10.258, de 2001, nem pela Lei nº 12.403, de 2011, tem-se que temos mais uma hipótese de prisão domiciliar, qual seja, quando, tendo a pessoa direito a prisão especial, não houver estabelecimento

---

[803] http://www.1.folha.uol.com.br/fsp/cotidiano/23766. Acesso em 02 fev. 2012.

específico ou cela especial para o seu recolhimento, ainda que no mesmo presídio destinado aos presos comuns. Há leis que denominam o local da prisão especial como *sala de Estado-Maior*, tal como fazem o Estatuto da Magistratura (Lei Complementar nº 35, de 1979, art. 33, III), o Estatuto do Ministério Público Federal (Lei Complementar nº 75, de 1993, art. 18, II, *e*), o Estatuto do Ministério Público Estadual (Lei nº 8.625, de 1993, art. 40, V), o Estatuto da Advocacia (Lei nº 8.906, de 1994, art. 7º, V) e o Estatuto dos Defensores Públicos da União (Lei Complementar nº 80, de 1994, art. 44, III).

Registre-se que qualquer norma que imponha considerações especiais sobre o local no qual deve ser recolhida alguma pessoa, expressa discriminação que se desarticula da sistemática comum, de maneira que a abordagem há de ser feita *cum grano salis*, sob pena de conferir-se tratamento privilegiado para uma determinada classe de pessoas, em malferição à cláusula constitucional, e universal, da isonomia.

Ademais, se o núcleo da norma que assegura o direito a prisão especial ou ao recolhimento em *sala de Estado-Maior* já caracteriza excepcionalidade à regra geral, que é o recolhimento da pessoa, em caso de medida cautelar detentiva, a estabelecimento prisional comum, o reconhecimento do direito de a pessoa, à falta de cárcere específico ou sala especial ou de *sala de Estado-Maior*, ser recolhida ao próprio domicílio, corresponde à *exceção da exceção*.

Quanto à prisão especial, a Lei nº 10.258, de 2001, cuidou de dizer que "... consiste exclusivamente no recolhimento em local distinto da prisão comum" (art. 295, § 1º), e de esclarecer que "Não havendo estabelecimento específico para o preso especial, este será recolhido em cela distinta do mesmo estabelecimento." (art. 295, § 2º) A possibilidade, portanto, de o direito a prisão especial se transformar em direito a recolhimento em prisão domiciliar resta sobremaneira diminuída.

Todavia, o direito a prisão em sala de Estado-Maior tem sido considerado um *plus* em relação à prisão especial, de sorte que, não havendo estabelecimento adequado, a pessoa faz jus ao recolhimento em domicílio, notadamente em se tratando de advogado, na forma que dispõe o art. 7º, V, do Estatuto da Advocacia. Como não há definição do que seja esse tipo de estabelecimento, o Supremo Tribunal Federal, em *leading case* relatado pelo Ministro Sepúlveda Pertence[804], assim se pronunciou:

---

804 STF, Recl. nº 4535/ES, j. 07.05.2007.

(...) 1. Por Estado-Maior se entende o grupo de oficiais que assessoram o Comandante de uma organização militar (Exército, Marinha, Aeronáutica, Corpo de Bombeiros e Polícia Militar); assim sendo, 'sala de Estado-Maior é o compartimento de qualquer unidade militar que, ainda que potencialmente, possa por eles ser utilizado para exercer suas funções. 2 A distinção que se deve fazer é que, enquanto uma 'cela' tem como finalidade típica o aprisionamento de alguém — e, por isso mesmo, de regra contém grades —, uma 'sala' apenas ocasionalmente é destinada para esse fim. 3. De outro lado, deve o locar oferecer 'instalações e comodidades condignas', ou seja, condições adequadas de higiene e segurança."

Em outra oportunidade, o Supremo Tribunal Federal[805] asseverou que "A Sala de Estado-Maior se define por sua qualidade mesma de sala e não de cela ou cadeia, Sala, essa, instalada no Comando das Forças Armadas ou de outras instituições militares (Polícia Militar, Corpo de Bombeiros) e que em si mesma constitui tipo heterodoxo de prisão, porque destituída de portas ou janelas com essa específica finalidade de encarceramento. (...)", não descaracterizando essa condição a circunstância de o local ser guarnecido por grades, pois "A questão referente à existência de grades nas dependências da Sala de Estado-Maior onde o reclamante se encontra recolhido, por si só, não impede o reconhecimento do perfeito atendimento do disposto no art. 7º, V, da Lei nº 8.906/94 (...)[806]"

Assim, embora não haja, propriamente, uma definição jurídica do que seja sala de Estado Maior, segundo o entendimento sedimentado do Supremo Tribunal Federal, não se deve aplicar a *exceção da exceção*, que é o reconhecimento do direito à prisão domiciliar fora das hipóteses do art. 318 do CPP, quando o recolhimento se dá em qualquer unidade das forças armadas ou da polícia militar ou do corpo de bombeiros, ainda que o local seja guarnecido por grades.

6.2.5.3. Prazo da prisão preventiva (duração razoável)

Toda e qualquer abordagem crítica a respeito do funcionamento do Judiciário tem como tema central a questão da morosidade, sendo

---

805 STF, HC 91089, Rel. Min. Carlos Britto.
806 STF, Recl. 5.192, rel. Min. Menezes Direito.

desafio permanente a busca de soluções no sentido de tornar a atividade jurisdicional mais rápida. Não basta que a decisão seja justa, pois precisa ser, igualmente, eficiente, o que tem a ver com o tempo de duração do processo. Nessa linha, a duração razoável do processo foi colocada como bússola a guiar os passos da Comissão engajada em elaborar a Reforma Tópica[807], antes mesmo de essa cláusula, expressamente, ter sido inserida, por obra da Emenda Constitucional nº 45, de 2004, dentre os direitos fundamentais[808].

Não foi sem razão que o legislador cuidou de estabelecer prazos para o encerramento do processo, conforme fosse o procedimento, ordinário (60 dias), sumário (30 dias) ou o do júri (90 dias). De toda sorte, conquanto parte considerável da doutrina critique o detalhe de no sistema brasileiro não ser previsto prazo próprio e específico para a validade da prisão preventiva, pois, sem prazo fixo para a sua duração da prisão, em muitos casos, o agente fica na prisão durante o trâmite do processo, lá permanecendo por vários anos, sendo, porém, na decisão condenatória transitada em julgado, é fixada pena privativa de liberdade por tempo inferior, essa situação não sensibilizou a Comissão do Executivo, de modo que, ao elaborar a proposta, esta não cuidou de estabelecer qual seria a duração razoável desse tipo de medida cautelar pessoal.

Tratou, apenas, de estabelecer um momento específico do processo no qual o juiz, de ofício, necessariamente, terá de reexaminar a necessidade, ou não, da manutenção da prisão preventiva. Fê-lo mediante a inserção de um parágrafo único no art. 387 do CPP, a fim de dispor que, na sentença condenatória, "O juiz decidirá, fundamentadamente, sobre a manutenção... de prisão preventiva... ou de outra medida cautelar". Estabeleceu, portanto, um marco processual que torna obrigatória nova decisão sobre a preventiva[809]. Não há de negar-se que essa norma representou um bom avanço, até porque, em muitos casos, proferida a sentença, não mais se justifica a prisão preventiva, sem falar que, em outros tantos, mostra-se adequada e suficiente a sua substituição por medida cautelar alternativa.

---

807 Cf. item 3.2.2.3, supra.
808 Os 7 (sete) projetos de lei contendo o teor da Reforma Tópica foram encaminhados ao Parlamento, pela Comissão do Executivo, no ano de 2001. Cf. item 3.2, supra.
809 Cf. item 5.1.9.8.3.1, supra.

Observe-se que, dos três fundamentos para a decretação da prisão preventiva, com a sentença, que pressupõe o encerramento da fase investigatória, permanecem, em tese, apenas dois. Desse modo, se o juiz deferiu a prisão cautelar com suporte na necessidade para a instrução processual, se já não tiver sido revogada a prisão preventiva, deverá fazê-lo na sentença condenatória, salvo se, por outro fundamento, houver por bem manter referida medida cautelar. Por outro lado, pode ser que, tendo em conta a pena concreta e o regime de cumprimento estabelecido na sentença condenatória e, ainda, o tempo de duração da prisão temporária, seja mais conveniente substituir a preventiva por uma cautelar diversa[810].

Ainda assim, essa previsão normativa não se presta para tratar, adequadamente, do problema crucial a respeito do controle da duração da prisão preventiva, apontado acima. Por isso mesmo, quando da discussão do projeto de lei no Senado, surgiu a proposta de que fosse acrescentado um § 7º ao art. 282, a fim de estabelecer que o juiz ou tribunal, responsável pela decretação da prisão preventiva, teria que, obrigatoriamente, a cada 60 (sessenta) dias ou, em caso de situação excepcional, em prazo menor, reexaminar e decidir sobre a necessidade de sua manutenção.

Sem embargo dessa proposição, apareceu outra proposta, no sentido efetivamente de estabelecer prazo próprio e específico para a duração máxima da prisão preventiva, que seria de 180 (cento e oitenta) dias em cada grau de jurisdição[811].

Infelizmente, nenhuma das duas propostas foi acolhida pelo Parlamento, de modo que não há norma jurídica encartada no Código de Processo Penal disciplinando controle quanto ao tempo de duração da prisão preventiva.

De qualquer maneira, os mutirões carcerários realizados pelo Conselho Nacional de Justiça por intermédio do Departamento de

---

810 Antes da entrada em vigor da Lei nº 12.403, de 2011, o parágrafo único do art. 387 do CPP, para quem não conhecia todos os projetos de lei que integram a Reforma Tópica, ficava sem sentido, no ponto em que fala *ou de outra medida cautelar*. A referência contida no dispositivo em foco é à medida cautelar diversa, que só foi disciplinada com a Lei nº 12.403, de 2011.
811 ROIG, Rodrigo Duque Estrada. *Breve depoimento sobre algumas reformas e propostas de reforma do código de processo penal*. In Reforma infraconstitucional: processo penal. Brasília: Ministério da Justiça, 2009, p. 103. A proposta era de que fosse acrescentado o art. 315-A.

Monitoramento e Fiscalização do Sistema Carcerário — DEMF, a par de revelarem um crescimento significativo de presos provisório, entre os anos de 2005 e 2008, indicaram a necessidade de implantação de mecanismo eficiente de acompanhamento das medidas cautelares detentivas e da sua duração razoável, razão pela qual o referido órgão central do sistema judicial editou a Resolução nº 66, de 27 de janeiro de 2009 — com seguidas alterações, no sentido de aprimorar a fiscalização quanto ao seu cumprimento.

Três dispositivos encartados na Resolução em destaque, por pertinentes ao tema tratado, merecem referência especial, todos impondo obrigações para o melhor controle das prisões cautelares[812]: (a) obrigação de os órgãos jurisdicionais com competência criminal enviarem, com a periodicidade mínima trimestral, relatório às Corregedorias dos respectivos tribunais, com a identificação do número, data e natureza das prisões cautelares, com o acréscimo da data e do conteúdo do último movimento de cada processo (art. 2º, caput); (b) dever funcional dos servidores de, verificada a paralisação de inquérito ou processo por mais de três meses, fazer, incontinenti, a conclusão ao juiz (art. 3º); (c) dever do juiz de, por meio de relatório, no caso de paralisação de inquérito ou processo por mais de três meses, informar à corregedoria as providências que foram adotadas, com as devidas justificativas para a demora na movimentação (art. 5º).

Se não foi estabelecido prazo específico para a duração da prisão preventiva, já antes da Reforma Tópica, a doutrina e a jurisprudência firmaram passo no sentido de que, levando em consideração os prazos processuais, estando o acusado preso a título de prisão preventiva, o processo teria de estar encerrado no prazo global de 81 (oitenta e um) dias, sob pena de restar caracterizado o constrangimento ilegal, devido à pessoa ficar presa por tempo superior ao previsto em lei.

Diante da modificação estrutural dos procedimentos ordinário, sumário e do júri, com o estabelecimento de novos prazos, à evidência que não se aplica mais a orientação anterior de que, salvo quando a demora do processo for imputada à defesa, o prazo máximo para a conclusão do processo, por meio da prolação da sentença, é de 81 (oitenta e um) dias.

---

812 A Resolução nº 66, de 2009, também disciplinou a criação de um banco de dados para cooperar na fiscalização das medidas cautelares. Porém, pelo que se sabe, o sistema não foi criado.

À primeira vista, como o legislador cuidou de especificar o prazo de duração dos procedimentos ordinário, sumário e do júri, não haveria maior problema quanto a fixar, a depender do rito, qual o prazo, estando o agente preso, para o encerramento do processo e, via de consequência, qual a duração razoável da prisão preventiva, entre a data do início do processo ou de sua decretação até a sentença de primeiro grau.

Acontece que o legislador sequer previu, propriamente, o prazo de duração de todo o procedimento, quer o ordinário, o sumário ou o do júri. Conforme foi salientado nos itens 3.2.2.2.3, supra, o legislador tratou de dizer, apenas, que a audiência de instrução e julgamento deve ser realizada no prazo máximo de 60, 30 ou 90 dias, conforme seja o rito, respectivamente, ordinário, sumário ou o da primeira fase do tribunal do júri.

A interpretação sistêmica leva à conclusão de que esse prazo deve ser contado a partir da data da decisão sobre a resposta do acusado, que é, para todos os efeitos, uma espécie de saneador, com o qual, não sendo acolhida nenhuma preliminar ou o pedido de absolvição sumária, deve ser designada a data para a realização da audiência de instrução e julgamento, com especificação das provas a serem nela produzidas.

Nos itens 3.2.2.3.1, 3.2.2.3.2 e 3.2.2.3.3, supra, respectivamente, referentes aos procedimentos ordinário, sumário e relativo ao tribunal do júri, detalhamos todas as fases do processo e estimamos a duração razoável do processo, tempo que há de ser considerado como o de validade da prisão processual. Para não repetir tudo o que foi dito a respeito da duração razoável do processo, remetemos o leitor para verificar, nos itens em foco, o detalhamento sobre as fases de cada um dos procedimentos. Cabe aqui, apenas, lembrar que, conforme o estudo aqui feito, os prazos são os seguintes:

I — Procedimento ordinário
a) Defesa constituída:
(a1) de regra: *105 (dias)*; ou
(a2) se houver intimação do Ministério Público para falar das preliminares e/ou documentos anexados com a resposta, *112 (cento e doze) dias*; ou
(a3) razões finais por memórias, sem o item 2: 131 (cento e trinta e um) dias; e

(a4) razões finais por memoriais, com o item 2: 138 (cento e trinta e oito) dias.
b) Defesa pública ou dativa:
(b1) de regra: 115 (dias);
(b2) se houver intimação do Ministério Público para falar das preliminares e/ou documentos anexados com a resposta: *122 (cento e vinte e dois) dias*;
(b3) razões finais por memoriais, sem o item 2: 146 (cento e quarenta e seis) dias; e
(b4) razões finais por memoriais, com o item 2: 153 (cento e cinquenta e três).
II — Procedimento sumário
a) Defesa constituída:
(a1) de regra: *75 (setenta e cinco) dias*; ou
(a2) se houver intimação do Ministério Público para falar das preliminares e/ou documentos anexados com a resposta: *82 (oitenta e dois) dias*; ou
b) Defesa pública ou dativa:
(b1) de regra: 85 (oitenta e cinco) dias; ou
(b2) se houver intimação do Ministério Público para falar das preliminares e/ou documentos anexados com a resposta: *92 (noventa e dois) dias*.
III — Procedimento relativo ao tribunal do júri
a) Defesa constituída:
(1) de regra: *135 (cento e trinta e cinco) dias*; ou
(2) se houver intimação do Ministério Público para falar das preliminares e/ou documentos anexados com a resposta: *142 (cento e quarenta e dois) dias*; ou
(3) sentença em gabinete, sem o item 2: 145 (cento e quarenta e cinco) dias; ou
(4) sentença em gabinete, com o item 2: 152 (cento e cinquenta e dois) dias.
b) Defesa pública ou dativa:
(1) de regra: 145 (cento e quarenta e cinco) dias; ou
(2) se houver intimação do Ministério Público para falar das preliminares e/ou documentos anexados com a resposta: *152 (cento e cinquenta e dois) dias*.
(3) sentença em gabinete, sem o item 2: 155 (cento e cinquenta e cinco) dias; ou

(4) sentença em gabinete, com o item 2: 162 (cento e sessenta e dois) dias.

Porém, sendo o processo da competência da justiça federal, devido à circunstância de o prazo para a conclusão do inquérito policial ser de 15 (quinze) dias, prorrogável por igual prazo, a duração razoável do procedimento ordinário pode variar entre 110 (cento e dez) a 178 (cento e setenta e oito) dias; do sumário entre 80 (oitenta) e 107 (cento e sete) dias; e do tribunal do júri, quanto à primeira fase, entre 140 (cento e quarenta) e 187 (cento e oitenta e sete) dias.

Ainda que desnecessário, cabe salientar que a validade temporal da prisão preventiva não comporta apenas um exame aritmético da contagem dos prazos. Várias e várias circunstâncias podem implicar em prolongamento do trâmite processual. De fato, um processo, por exemplo, com 10 (dez), 20 (vinte), 30 (trinta) ou mais acusados, com excessivo número de testemunhas ou mesmo com testemunhas residentes em outros estados ou no exterior, necessariamente, com a expedição de carta precatória ou rogatória, terá tramitação mais alongada, sendo impossível o cumprimento, em si dos prazos.

Deve-se atentar, ainda, para a inteligência da Súmula 64 do Superior Tribunal de Justiça, segundo a qual "Não constitui constrangimento ilegal o excesso de prazo na instrução, provocado pela defesa." Em muitos casos, quando ocorre a decretação da prisão, a defesa inicia com série interminável de intervenções, muita delas meras repetições de pedidos de relaxamento ou de revogação da prisão preventiva, ademais da utilização de outros meios, no afã de retardar o andamento do processo e, em seguida, interpor habeas corpus[813]. Por fim, apesar do que dito em relação à súmula 52 do Superior Tribunal de Justiça no item 5.1.9, infra, também há de ser levado em consideração o enunciado naquele verbete, segundo o qual, "Encerrada a instrução criminal, fica superada a alegação de constrangimento por excesso de prazo.", de modo que a demora na prolação da sentença, em rigor, diante de eventual habeas corpus sob o fundamento de constrangimento ilegal, o pleito deve ser recebido como reclamação, a ensejar a determinação para que o juiz dê prioridade ao julgamento do feito.

---

813 Em alguns casos, quando são vários os acusados, cada advogado cuida de fazer pedidos diferentes, esgotando a capacidade decisória do órgão jurisdicional. No meio forense, há quem denomine essa prática como *tática do cansaço*.

6.2.6 . Prisão temporária

A Lei nº 12.403, de 2011, não trouxe, expressamente, nenhuma alteração em relação à Lei nº 7.960, de 1989, lei específica que disciplina a prisão temporária. Restou mantida, portanto, a sistemática do tratamento normativo em lei especial da medida processual em referência. Porém, o legislador, com desenganado acerto, cuidou de, pela primeira vez, fazer constar a prisão temporária como espécie de medida cautelar pessoal, ao preceituar que "Ninguém poderá ser preso senão em flagrante delito ou por ordem escrita e fundamentada da autoridade judiciária competente, em decorrência de sentença condenatória transitada em julgado ou, no curso da investigação ou do processo, em virtude de prisão temporária ou prisão preventiva." (art. 283, caput)[814].

Essa iniciativa, aliada ao argumento de que as alterações trazidas pela Lei nº 12.403, de 2011, introduziram regras gerais para as medidas cautelares em geral, especialmente para todas aquelas classificadas como pessoais, dissipa qualquer dúvida de que se faz necessária a releitura da prisão temporária, tendo em consideração os princípios e regras gerais estabelecidos, a começar, notadamente, pelo seu caráter subsidiário, ou seja, de que a sua decretação pressupõe não ser adequada e suficiente a imposição de cautelar diversa[815].

Cabe relembrar, como já foi salientado, que, na sua redação originária, o Código de Processo Penal fez a previsão de duas espécies de prisão processual: (a) prisão com prévia ordem judicial, a preventiva, a decorrente da sentença recorrível e a da decisão de pronúncia; (b) prisão sem ordem judicial, a chamada prisão em flagrante. Deixando de lado as duas outras modalidades de prisão com ordem judicial que, até mesmo, não são mais previstas em nosso sistema, cabe notar que a prisão preventiva, como vimos, era dividida em obrigatória e faculta-

---

814 Essa disciplina, antes da segunda etapa da Reforma Tópica, estava no art. 282, o qual estabelecia que "À exceção do flagrante delito, a prisão não poderá efetuar-se senão em virtude de pronúncia ou nos casos determinados em lei, e mediante ordem escrita da autoridade competente." Tendo desparecido, já com a primeira etapa da Reforma Tópica implementada em 2008, todas as outras hipóteses de prisão processual, senão a preventiva e a temporária, o conteúdo da norma em destaque teria de ser alterado. A modificação foi providenciada e o enunciado, agora, está no art. 283 do CPP.
815 Cf. item 6.1.5, supra.

tiva. Com as modificações tópicas ocorridas no decorrer do tempo, especialmente em razão da Lei nº 6.416, de 1977, a prisão processual passou a ter efetiva natureza cautelar, sendo eliminadas a prisão preventiva obrigatória e a prisão em flagrante em si. A partir da inserção do então parágrafo único do art. 310 do CPP por obra da Lei nº 6.416, de 1977, o flagrante em si deixou de ser justificativa para que alguém ficasse preso, sendo necessário, de toda sorte, que o juiz, ao examinar o auto, decretre, ou não, a prisão preventiva.

Com a atecnia e a linha autoritária que é a marca registrada de sua redação originária, o Código de Processo Penal previu a possibilidade de que fosse determinada a *incomunicabilidade do indiciado*, por despacho nos autos, "... quando o interesse da sociedade ou a conveniência da investigação o exigir..." (art. 21, caput), sendo ressaltado, no parágrafo único, apenas que essa medida não poderia exceder *a* 3 (três) dias. Era a chamada *incomunicabilidade*.

A forma como redigido o dispositivo, embora com algumas vozes em contrário, levou a doutrina a defender que era da alçada da autoridade policial decidir sobre a incomunicabilidade, e que essa medida implicava na proibição de contato do agente com qualquer outra pessoa, "... exceto com a autoridade ou funcionários devidamente autorizados, no exercício de suas funções e em assunto relativo a elas."[816] Mesmo àquela época, o viés autoritário do dispositivo era alvo de acirrado debate, especialmente porque, mesmo por lapso temporal exíguo, não se pode impedir o direito do agente de se entrevistar com o seu advogado. A norma em destaque encerrou muita discussão quanto ao seu alcance, pois havia quem defendesse que, sendo a decisão da autoridade policial, exarada no interesse da investigação levada a efeito por meio do inquérito, a incomunicabilidade se estendia, até mesmo, à pessoa do juiz. A posição majoritária, porém, firmou-se no sentido de que a incomunicabilidade não se estendia ao juiz, pois, a despeito da forma como redigida a norma, para todos os efeitos, o preso ficava sob a autoridade deste.

Diante da discussão sobre se a incomunicabilidade alcançava, ou

---

816 LEAL, Antonio Luiz da Câmara. *Comentário ao Código de Processo Penal brasileiro.* v. I, Rio de Janeiro: Freitas Bastos, p. 125. Câmara Leal explica que "Essa medida existia no processo penal desde épocas remotas, dando-nos dela notícia os antigos praxistas lusitanos. Dela cogitavam os alvarás de 7 de agosto de 1702 e de 5 de março de 1790." (Idem).

não, a figura do advogado, a Lei nº 4.215, de 27 de abril de 1963 — antigo Estatuto da Ordem dos Advogados do Brasil —, no art. 89, III, em homenagem ao princípio da ampla defesa, assegurou ao advogado a prerrogativa de se entrevistar com o seu cliente, ainda que ele tivesse contra si decretada a incomunicabilidade[817].

Todavia, o discurso jurídico contra o autoritarismo da norma encartada no art. 21, do CPP, findou conferindo azo à modificação do seu parágrafo único pela Lei nº 5.010, de 1966, o qual passou a ter a seguinte redação: "A incomunicabilidade, que não excederá de 3 (três) dias, será decretada por despacho fundamentado do juiz, a requerimento do Ministério Público, ou do órgão do Ministério Público, respeitado, em qualquer hipótese, o disposto no art. 89, III, do Estatuto da Ordem dos Advogados do Brasil (Lei nº 4.215, de 27 de abril de 1963)". Essa alteração, é verdade, minorou o viés policialesco do dispositivo, na medida em que restou esclarecido que a autoridade competente para a decisão era o juiz, ao tempo em que ressalvou a prerrogativa do contato do advogado com o *preso*.

A expressão preso empregada acima é correta, pois, para todos os efeitos, o legislador subconstitucional chamou de *incomunicabilidade* o que, em rigor, é espécie de prisão; aliás, não de uma prisão qualquer, pois não se resume ao recolhimento em estabelecimento carcerário, mas situação em que o agente fica *preso e incomunicável*, para não atrapalhar as investigações. A decretação da incomunicabilidade servia para que a autoridade policial, na condução do inquérito, pudesse ter facilitada a sua atividade investigatória, não apenas pelo fato de imobilizar o indiciado, como diante da circunstância de tê-lo, a todo e qualquer tempo, a sua disposição, para fins de realização de infindáveis e cansativos interrogatórios. Via de regra, a incomunicabilidade precedia a prisão preventiva e servia de instrumento para que, quando ainda não existentes elementos suficientes para pedir esse tipo de tutela cautelar, tornasse possível aprofundar as investigações, no desiderato de que fossem produzidas as provas necessárias para tal finalidade. Em outros casos, conquanto o agente já estivesse recolhido à prisão, era pedida a decretação da incomunicabilidade para, assim, a autoridade policial ficar mais *à vontade* com o preso.

Por se tratar, portanto, de medida mais severa ainda do que a prisão, desde sempre houve discussão quanto a sua constitucionalida-

---

[817] Hoje Lei nº 8.906 de 1994, art. 7º, III.

de[818]. Finalmente, com a Constituição de 1988, em virtude do disposto no art. 136, IV, que veda a *incomunicabilidade do preso* até mesmo na excepcionalidade da vigência de estado de defesa, restou consolidado o entendimento quanto à revogação do art. 21, caput e parágrafo único, e, ainda, as então admitidas *prisões para averiguações*, que eram feitas pela autoridade policial, sem prévia ordem do juiz, especialmente em casos de embriaguez.

Revogada a incomunicabilidade do preso, teve inicio movimento, patrocinado por representações da classe dos agentes policiais, no sentido de suprir o que seria a lacuna deixada diante do entendimento da revogação do art. 21 do Código de Processo Penal[819] pela Constituição de 1988. Essa intenção é revelada às escâncaras, com a simples leitura da exposição de motivos da Lei nº 7.960, de 21 de dezembro de 1989, que criou a chamada prisão temporária. Na exposição de motivos, está dito que a finalidade da lei em destaque é "... permitir que a autoridade policial, diante da prática de um crime, não possuindo ainda elemento de prova que permitiria a prisão, e na ausência do flagrante, permaneça com o investigado sob a sua disposição, com o fim de proceder à coleta de elementos demonstrativos de autoria e materialidade"[820], pelo prazo máximo de cinco dias, "... durante os quais o indiciado poderá ficar *incomunicável*, medida necessária para o êxito das investigações sem exclusão, portanto, da possibilidade de sua entrevista com o advogado." (Grifo acrescentado)[821]. Note-se que na exposição de motivos falou-se, abertamente, que a real intenção da norma era que a prisão temporária fosse o instrumento para que o agente ficasse *incomunicável*.

Por isso mesmo, Valdir Sznick[822], com suporte na análise da expo-

---

818 Câmara Leal dá conta de que "Com a Constituição Política de 1824, surgiram divergências entre os criminalistas pátrios se a incomunicabilidade permanecia em nosso direito positivo, ou havia sido abrogada pelo art. 178, § 8º, da referida Constituição, que determinava a entrega ao preso da nota de culpa dentro de 24 horas." (Op. cit., p. 125).
819 Não se trata de inovação brasileira, pois é prevista em outras legislações, como a portuguesa, espanhola, francesa, italiana e americana (Cf. MIRABETE, Julio Fabbrini. *Processo penal*, p. 392; BOAS, Marco Anthony Steveson; PÓVOA, José Liberato da Costa. *Prisão temporária*. São Paulo: Editora Acadêmica, 1994, p. 31).
820 SZNICK, Valdir. *Liberdade, prisão cautelar e temporária*. São Paulo: Livraria e Editora Universitária de Direito, 1994. p. 484.
821 Ibid., p. 485.
822 Ibid., p. 485.

sição de motivos e do conteúdo da lei que instituiu a prisão temporária, sem rodeios, sustenta que o verdadeiro e único objetivo foi o de dar à polícia, sob outra forma, após a Constituição, "... maior alcance no que se refere às prisões, as chamadas 'prisões para averiguações', que eram ilegais, mas que a autoridade policial teimava em fazê-las e o Poder Judiciário a fechar os olhos como se a mesma não existisse."[823] O que se pretendia, efetivamente, era legalizar a praxe mantida pela polícia, mesmo depois da Constituição de 1988, de efetuar prisões sem ordem judicial, pois, conforme Liberato Povoa e Anthony Steveson, a despeito da vedação constitucional, antes do irromper da Lei nº 7.960, de 1989, "... já era comum ouvirem-se comentários sobre prisões para averiguação e até mesmo corretivas, em nome de um trabalho ágil e competente da polícia, mas violadoras dos mais notórios preceitos constitucionais, concebíveis como medidas típicas de regimes de exceção."[824]

A Lei nº 7.960, de 1989, até mesmo em razão dos termos da exposição de motivos, foi severamente atacada pela doutrina, sendo identificada a sua inconstitucionalidade, porquanto seria uma espécie de prisão processual sem natureza cautelar. Essa corrente de pensamento parte de uma interpretação literal do art. 1º da Lei nº 7.960/89, consubstanciada na assertiva de que, como o legislador, na enumeração dos incisos I, II e III, não se utilizou da conjunção aditiva "e", para a decretação da prisão temporária basta, apenas, uma das situações ali especificadas, ou seja, as hipóteses dos incisos seriam alternativas[825]. Portanto, seria suficiente para a imposição da prisão tem-

---

[823] Como reporta Valdir Sznick, quando da edição da lei em referência, instituindo, em nosso meio, a prisão temporária, houve muita discussão a respeito de sua constitucionalidade, e mesmo de sua real necessidade. Contra, Cf. CENEVIVA, Walter. Folha de São Paulo, 9 de novembro de 1980, p. 58; BASTOS, Márcio Thomas. *Jornal do Advogado*, 1980, nº 67, p. 3; FLACH, Luiz Maria. *Prisão cautelar e plantão judicial*. Ajuris, nº 27. p. 107. A favor, OLIVEIRA. Eugênio Pacelli de. *Curso de processo penal*, p. 530-535; MIRABETE, Julio Fabbrini. *Processo Penal*, p. 392-396; CAPEZ. Op. cit., p. 215-218; TOURINHO FILHO. Fernando da Costa. *Processo penal*, v. 3, p. 348; BOAS, Marco Anthony Steveson; PÓVOA, José Liberato da Costa. *Prisão temporária*, p. 34-36; CARVALHO, Luiz Augusto Grandinetti. *O processo penal em face da constituição*, p. 116; GRINOVER, Ada Pellegrini. *Constitucionalidade da prisão temporária*. Cadernos de doutrina e jurisprudência da Associação Paulista do Ministério Público, São Paulo, 1993, 27/49.
[824] Op. cit., p. 29.
[825] MIRABETE. Julio Fabbrini, op. cit., p. 393.

porária o fato de o agente não ter residência fixa ou, então, ter praticado um dos crimes indicados na referida lei. Essa linha de pensamento admite a prisão temporária independentemente da demonstração de sua necessidade, o que acentuava a inconstitucionalidade da lei.

Contra essa posição, surgiu uma segunda corrente, também com base em exegese literal, procurando conferir interpretação da lei conforme a Constituição de 1998, a qual defende exatamente o oposto, com o argumento de que como o legislador, ao contrário da forma como procedeu ao redigir o art. 312 do Código de Processo Penal, não fez uso da conjunção alternativa "ou", tem-se que para a decretação da prisão temporária haveria de reclamar-se a satisfação cumulativa dos três fundamentos estampados nos incisos I, II e III do art. 1º da Lei nº 7.960, de 1989[826].

Por fim, apareceu a terceira corrente, a mais aceita, segundo a qual, resguardando a natureza cautelar da prisão temporária, entende que sempre tem de estar presente a motivação do inciso III da lei em referência, conjugada com uma das duas encartadas nos incisos I e II. Em verdade, conforme visto, como a circunstância em si de o indiciado não possuir residência fixa ou não fornecer elementos necessários ao esclarecimento de sua identidade (art. 1º, II, da Lei nº 7.960, de 1989), sem a demonstração da necessidade para a instrução do inquérito, não justifica a decretação da prisão temporária, tem-se que, para todos os efeitos, sempre e sempre, é preciso que esteja satisfeito o fundamento do inciso I da Lei em foco[827].

Com suporte nessa terceira corrente, a par de ser feita interpretação da Lei nº 7.960, de 1989, conforme à Constituição, consolidou-se o entendimento de que a prisão temporária é uma espécie do gênero prisão processual, de modo que possui natureza cautelar, com requisitos e fundamentos que, em certa medida, são iguais aos reclamados para a prisão preventiva[828]. Essa é a posição adotada neste livro.

Antes de passar a tratar das demais questões afetas à prisão temporária, cabe lamentar a circunstância de o legislador da segunda etapa da Reforma Tópica não ter tratado de revogar, expressamente, o art. 21, caput e parágrafo único, do Código de Processo Penal. Isso se explica, mas não justifica, pelo fato de a Comissão da Reforma Tópica, constituída pelo Executivo, ter cuidado da matéria no Projeto de Lei

---

826 CARVALHO, Luiz Augusto Grandinetti. Op. cit., p. 115.
827 Cf. item 6.2.5.1.4, supra.
828 Cf. itens 6.1.6, 6.1.6.1 e 6.1.6.2, supra.

nº 4.209, de 2001, que ainda não foi aprovado no Congresso Nacional. De toda sorte, ao ser aprovada a Lei nº 12.403, de 2011, sem que o Projeto de Lei fosse ou já tivesse sido aprovado, caberia ao legislador ter inserido o art. 21, caput e parágrafo único, no rol dos dispositivos que foram expressamente revogados[829].

6.2.6.1. Hipóteses de admissibilidade da prisão temporária

Conquanto a prisão temporária seja uma das espécies de prisão processual ou, impropriamente, chamada provisória, com natureza cautelar, a ser decretada pelo juiz a requerimento do Ministério Público ou representação de autoridade policial, ao contrário da prisão preventiva, que é cabível, em regra geral, para todo e qualquer crime cuja pena seja superior a 4 (quatro) anos, a sua admissibilidade é restrita, apenas, aos crimes expressamente identificados na Lei nº 7.960, de 1989, e na Lei nº 8.072, de 1990, e, ainda assim, desde que se trate da fase do inquérito policial.

Conforme o inciso III do art. 1º da Lei nº 7.960, de 1989, a prisão temporária caberá nos seguintes crimes: (1) homicídio doloso; (2) sequestro ou cárcere privado; (3) roubo; (4) extorsão; (5) extorsão mediante sequestro; (6) estupro; (7) atentado violento ao pudor; (8) rapto violento; (9) epidemia com resultado de morte; (10) envenenamento de água potável ou substância alimentícia ou medicinal qualificado pela morte; (11) quadrilha ou bando; (12) genocídio; (13) tráfico de drogas; (14) crimes contra o sistema financeiro.

A Lei nº 8.072, de 1990 (Lei dos Crimes Hediondos), por sua vez, especifica os seguintes crimes nos quais é admissível a prisão temporária: (1) tortura; (2) tráfico ilícito de entorpecentes e drogas afins; (3) terrorismo; (4) homicídio, quando praticado em atividade típica de grupo de extermínio, ainda que cometido por um só agente, e homicídio qualificado; (6) latrocínio; (7) extorsão qualificada pela morte; (8) extorsão mediante sequestro e na forma qualificada; (9) estupro; (10) estupro de vulnerável; (11) epidemia com resultado morte; (12) falsificação, corrupção, adulteração ou alteração de produto destinado a fins fisioterapêuticos ou medicinais; (12) genocídio.

Aqui, o legislador não quis tomar como parâmetro o tipo da pena (reclusão ou detenção) ou a quantidade da pena (inferior ou superior

---

829 O rol dos dispositivos do Código de Processo Penal expressamente revogados está no art. 4º da Lei nº 12.403, de 2011.

a quatro anos), mas a espécie em si do crime. É claro que o legislador teve em mira tornar admissível a prisão temporária apenas naqueles crimes que, independentemente da pena prevista, são considerados mais graves.

Esse aspecto é de suma importância, pois há crimes indicados na Lei nº 7.960, de 1989, cujas penas privativas de liberdade são inferiores a 4 (quatro) anos, como são os casos dos crimes de quadrilha (art. 288 do CP), sequestro e o cárcere privado, na forma simples (art. 148, caput) e vários dos crimes contra o sistema financeiro (arts. 8º, 12, 16, 18, 21 e 23). Por conseguinte, em relação a esses crimes, conquanto seja possível a decretação da prisão temporária, não se admite, via de regra, a prisão preventiva (salvo nas exceções dos incisos II, III e IV e parágrafo único do art. 313 do CPP).

Note-se que todos os crimes previstos para a prisão temporária, sejam os que estão indicados na Lei nº 7.960, de 1989, sejam os arrolados pela Lei nº 8.072, de 1990, dizem respeito a crimes dolosos contra a vida. Assim, pode-se dizer que a prisão temporária só é admissível em se tratando de crime doloso. Aliás, o único dos crimes indicados para a prisão temporária que se admite a forma culposa é o de homicídio, mas o legislador cuidou de esclarecer que, nesse caso, o que comporta essa medida é apenas o que for praticado na forma dolosa (art. 1º, III, aliena *a*, da Lei nº 7.960, de 1989).

O que aqui foi dito quanto à *dúvida sobre a identidade civil* para fins da prisão preventiva, objeto do item 6.2.5.1.4, aplica-se, apenas, no ponto em que se assevera que essa circunstância em si não se presta para fundamentar a decretação da prisão temporária. Conforme salientado, em todo e qualquer caso, de prisão temporária, além do inciso III do art. 1º da Lei nº 7.960, de 1989, tem de estar presente o fundamento do inciso I da mesma norma jurídica. Por conseguinte, em nenhuma situação a hipótese do inciso II afastará a necessidade de que a prova da materialidade seja em relação a um dos crimes especificados nas Leis nºs. 7.960, de 1989, e 8.072, de 1990.

A tese aqui sustentada está em compasso com a jurisprudência do Superior Tribunal de Justiça, segundo a qual a prisão temporária só cabe nos crimes definidos no art. 1º, III, da Lei nº 7.960, de 1989 — e na Lei nº 8.072, de 1990. Nesse sentido, confira-se a decisão, à unanimidade de seus pares, da Quinta Turma do Superior Tribunal de Justiça, em voto da lavra do relator, Ministro Félix Fischer[830]:

---

830 BRASIL. Superior Tribunal de Justiça, Classe: RHC — Processo: 35557-

PROCESSUAL PENAL. HABEAS CORPUS. ART. 155 DO CP. PRISÃO TEMPORÁRIA. IMPOSSIBILIDADE. — Não pode subsistir o *decisum* que decretou a prisão temporária do paciente, investigado em sede de inquérito policial pela suposta prática do delito insculpido no art. 155 do CP, o qual não está inserido no rol do art. 1°, III, da Lei n.° 7.690/89. (Precedentes). Writ concedido, para revogar a decisão que determinou a prisão temporária do paciente, sem prejuízo de que nova custódia cautelar seja decretada, desde que em observância aos requisitos legais.

Não há, portanto, exceções à regra geral como em relação à prisão preventiva, de modo que tanto não se aplica à prisão temporária o que dispõe o art. 313, I, do CPP, como igualmente nenhum dos outros incisos e o parágrafo único do dispositivo em comento.

6.2.6.2. Prazo e prorrogação da prisão temporária (duração razoável)

A prisão temporária, tendo sido criada com o propósito de substituir a incomunicabilidade — prevista no art. 21, caput e parágrafo único do CPP, mas que foi, consoante entendimento jurisprudencial e doutrinário, revogada com a Constituição de 1988 —, também foi concebida com prazo de validade fixado em lei. De acordo com o art. 2°, caput, da Lei nº 7.960, de 1989, de regra, o prazo da prisão temporária é de "... 5 (cinco) dias, prorrogável por igual período em caso de extrema e comprovada necessidade." Porém, em se tratando de crime hediondo ou a ele equiparado, por força da Lei nº 8.072, de

---

UF: PR, Data da decisão: 20/09/2004, Disponível em: www.cjf.gov.br/Jurisp/Juris.asp . Acesso em: 11 jul. 2005. Nesse sentido, o Tribunal Regional Federal da Primeira Região, em decisão tomada à unanimidade por sua Quarta Turma, no Recurso Criminal de registro cronológico 200038000241551-MG, relatado pelo Desembargador Federal Mário César Ribeiro, assim decidiu: "PROCESSUAL PENAL. INQUÉRITO POLICIAL. FALSIDADE DOCUMENTAL. ENVOLVIMENTO DE FUNCIONÁRIOS PÚBLICOS. INDICIADO EM LUGAR INCERTO E NÃO SABIDO. INVESTIGAÇÃO. PRISÃO TEMPORÁRIA. DILIGÊNCIAS. IMPRESCINDIBILIDADE 1. A prisão temporária pode ser decretada quando imprescindível para as investigações do inquérito policial e houver fundadas razões, de acordo com qualquer prova admitida na legislação penal, de autoria ou participação do indiciado em fato típico e antijurídico previsto na Lei nº 7.906/89. (...)."

1990, esse prazo é de 30 (trinta) dias, também prorrogável por igual período, nas mesmas condições (art. 2º, § 4º).

Assim, como regra geral, a prisão temporária só é permitida pelo prazo máximo de 5 (cinco) dias. Excepcionalmente, diante da maior complexidade dos crimes hediondos e a ele equiparados, o prazo é de até 30 (trinta) dias. Independentemente da hipótese, admite-se a prorrogação por igual período, *em caso de extrema e comprovada necessidade*. Essa é a sua duração razoável, de modo que a inobservância gera a nulidade da medida, com consequente relaxamento da prisão e, até mesmo, o dever de indenização[831].

Como a prisão temporária não pode ser decretada de ofício, exigindo-se representação da autoridade policial ou requerimento do Ministério Público, se esvaído o prazo da prisão temporária sem que requerida a sua prorrogação, a consequência é que o agente terá de ser colocado em liberdade, pois o juiz não poderá, nesse caso, de ofício, proferir decisão estendendo o prazo. Se antes poderia haver alguma dúvida a esse respeito, com a vinda a lume da Lei nº 12.403, de 2011, eventual divergência resta afastada, na medida em que, tendo em consideração a adoção do sistema acusatório, ao magistrado é defeso deferir, de ofício, medida cautelar na fase do inquérito policial[832].

Tendo havido o pedido de prorrogação, pela autoridade policial ou pelo Ministério Público, o juiz só haverá de acolhê-lo caso esteja demonstrada a sua *extrema e comprovada necessidade*. Esse requisito específico para a prorrogação merece a devida atenção. Note-se que, para fins de decretação da prisão temporária, a lei coloca como fundamento ser a medida (comprovadamente) *imprescindível para as investigações do inquérito policial*. Todavia, em se tratando da prorrogação, o legislador quis ser mais exigente ainda, ao exigir *extrema* (e comprovada) *necessidade*. Portanto, ainda que a jurisprudência do Supremo Tribunal Federal seja no sentido de que, para todos os efeitos, a medida cautelar prisional só deve ser aplicada quando houver *extrema necessidade*, não se há de olvidar que a prorrogação deve ser tratada como a *exceção da exceção*: a prisão temporária, por si só, é uma exceção, sendo, de regra, admissível, conforme seja o caso, pelo período máximo de 5 (cinco) ou 30 (trinta) dias, prazo que, em determinados casos, quando demonstrada a *extrema necessidade*, pode ser prorrogado por igual período.

[831] Cf. item 6.2.8, infra.
[832] Cf. item 6.1.7.2, supra.

Ainda quanto ao período, tenha-se presente que o prazo de 5 (cinco) ou 30 (trinta) dias é o máximo. Dependendo do caso, o juiz pode fixar lapso temporal inferior. Da mesma forma, embora esteja dito que o período da prisão temporária pode ser prorrogado por igual prazo, nada obsta, pelo contrário, que o juiz determine a medida, conforme o caso, por 5 (cinco) ou 30 (trinta) dias, mas, quando da prorrogação, em razão da peculiaridade do caso concreto, assinale tempo inferior. Entendimento diferente não seria razoável, ademais de dar ensejo a que seja estabelecido prazo para a prorrogação superior ao necessário para resguardar os interesses da investigação criminal.

Como se isso não bastasse, lembre-se que aqui foi dito que a prisão temporária somente é cabível quando imprescindível para o inquérito policial (art. 1º, I, da Lei nº 7.960, de 1989). Desse modo, encerrada a investigação policial, *ipso facto*, perde a validade a prisão temporária, devendo o agente, incontinenti, ser colocado em liberdade. Isso fica mais evidente ainda, em razão de a Resolução do Conselho Nacional de Justiça nº 137, de 13 de julho de 2011, determinar, dentre as informações indispensáveis que devem estar contidas no mandado, o prazo da prisão, quando se tratar de prisão temporária (art. 3º, X)[833].

Seja qual for o motivo da perda do prazo de validade da prisão temporária, não há necessidade, sequer, do alvará de soltura, a fim de que o agente seja colocado em liberdade. Ultrapassado o prazo de 5 (cinco) ou, conforme seja, de 30 (trinta) dias, não tendo havido pedido de prorrogação da prisão temporária, o agente deve ser colocado em liberdade, independentemente de alvará de soltura. O mero pedido de prorrogação feito pela autoridade policial ou pelo Ministério Público, sem a respectiva decisão a tempo, não tem o condão de validar a permanência a título de prisão temporária.

Em virtude dessa consideração, tanto o pedido quanto a decisão sobre a prorrogação deve anteceder ao encerramento do prazo de validade da prisão temporária. Do mesmo modo, concluído o inquérito policial, desaparece o motivo para a prisão temporária, sendo o caso de imediata soltura.

Fica claro, assim, que, sendo decretada a prisão temporária, sabe-se que, mais cedo ou mais tarde, o agente vai ser colocado em liberda-

---

833 Cf. item 6.2.9.3, infra, que discorre sobre o Banco Nacional de Mandados de Prisão — BNMP, criado pelo Conselho Nacional de Justiça por meio da Resolução nº 137, de 2011, em cumprimento ao disposto no 289-A, caput e § 6º, da Lei nº 12.403, de 2011.

de. Nem se diga que a prisão temporária pode ser, apenas, o estágio inicial para, em seguida, diante do aprofundamento da investigação, pedir-se a prisão preventiva. Não seria razoável a existência de uma medida cautelar detentiva preparatória de outra de igual natureza. Ademais, essa ideia não se conforta com um sistema criminal de perfil democrático, focado na proteção dos direitos fundamentais, pois subverte a lógica de que se deve investigar primeiro para depois prender-se, e não o contrário, prender primeiro para, depois, investigar. Antes do advento da Constituição de 1988, o hoje Ministro do Supremo Tribunal Federal Celso de Mello[834] já criticava essa prática então adotada pelos órgãos policiais, com o seguinte arremate: "... a denominada *prisão para averiguações*, que constitui prática policial comum, além de configurar o delito de abuso de autoridade, representa a mais típica manifestação de arbitrariedade contra a liberdade de locomoção física (ou o direito de *ir, vir e permanecer*). Daí por que o Judiciário — prossegue — tem profligado, censurando a conduta dos agentes policiais que dela lançam mão, esquecendo-se de que a investigação deve *preceder a* prisão. Investiga-se primeiro para depois prender-se. O contrário, prender para investigar — implica numa verdadeira subversão de princípios jurídicos."

Como a prisão temporária se trata de encarceramento, a despeito de sua natureza acautelatória, a norma processual é considerada de conteúdo misto, razão pela qual a contagem do prazo há de ser feita de conformidade com a disciplina do art. 10 do Código Penal, que é mais benéfica, na medida em que o dia do começo é incluído, sendo excluído o do vencimento, diferentemente do que prescreve o art. 798, § 1º, do Código de Processo Penal, que não computa o dia do início e inclui o final.

6.2.7. Distinções entre a prisão temporária e a preventiva

Diante de tudo o que foi exposto, observa-se que em caso no qual seja admissível a prisão temporária, não raro, é possível, igualmente, a decretação da prisão preventiva, embora a recíproca não seja verdadeira. O exame atento está a demonstrar que a admissibilidade da prisão preventiva é bem mais ampla do que a da prisão temporária.

Note-se que, em rigor, os requisitos (*fumus boni iuris* ou *fumus commissi delicti*) para ambas as medidas são os mesmos, quais sejam,

---

[834] Apud SZNICK, Valdir. *Liberdade, prisão cautelar e temporária*, p. 486.

prova da materialidade do crime e indício suficiente de autoria (ou participação) ou fundadas razões de autoria ou participação. Quanto aos requisitos, a diferença única é que a prova da materialidade, em relação à prisão preventiva, diz respeito a crime doloso contra vida cuja pena seja superior a 4 (quatro) anos (art. 313, I, do CPP), enquanto para a prisão temporária refere-se apenas aos crimes dolosos elencados nas alíneas do inciso III do art. 1º. da Lei nº 7.960, de 1989 e, ainda, os crimes hediondos e os a eles equiparados, conforme a Lei nº 8.072, de 1990. Portanto, o rol de crimes que admitem a prisão preventiva é muito superior ao que dá suporte à prisão temporária. Esse aspecto denota que, em muitos casos, conquanto seja admissível a prisão preventiva, não o é a temporária. De qualquer maneira, em alguns poucos casos, naqueles em que os crimes indicados nas leis em referência tenham pena inferior ou igual a 4 (quatro) anos, será possível a prisão temporal, mas não a preventiva.

Em relação aos fundamentos, resta evidenciada, ainda mais, a maior amplitude, quanto à admissibilidade, da prisão preventiva em relação à temporária. Enquanto a temporária só é admissível tendo como fundamento a necessidade para a investigação na fase do inquérito policial, a preventiva não apenas é permitida para esse fim como, ainda, em razão da conveniência da investigação na fase do processo e, igualmente, para assegurar a aplicação da lei penal ou, então, para evitar a prática de infrações penais (manutenção da ordem pública ou econômica).

Afora isso, enquanto a prisão temporária tem prazo fixo e só é admitida na fase do inquérito, a preventiva, além de não possuir propriamente um prazo específico, pode ser decretada a qualquer momento, tanto na fase do inquérito quanto do processo, antes do trânsito em julgado da decisão condenatória.

Em resumo, para bem delimitar as distinções basilares entre essas duas espécies de medidas cautelares pessoais detentivas, cabe assinalar o seguinte:

(I) Quanto à prisão preventiva:
(1) pode ser decretada em qualquer fase do inquérito ou do processo, enquanto não ocorrer o trânsito em julgado;
(2) na fase processual, pode ser imposta de ofício, pelo juiz;
(3) de regra, só é admissível nos crimes dolosos com pena máxima superior a 4 (quatro) anos, salvo nas hipóteses dos incisos II e III e parágrafo único do art. 313 do CPP, em que é admissível inde-

pendentemente da quantidade da pena e, no último caso, até mesmo em crime culposo;

(4) pode ser decretada com suporte em três fundamentos: manutenção da ordem pública ou econômica (evitar a prática de infrações penais), conveniência da instrução criminal ou assegurar a aplicação da lei penal; e

(5) não tem prazo fixo, porém, deve perdurar de acordo com a duração razoável prevista para o procedimento, podendo, em tese, ser revogada e redecretada no curso do processo, tantas vezes quantas forem necessárias.

(II) No que diz respeito à prisão temporária:

(1) só pode ser decretada na fase do inquérito policial;

(2) é vedado ao juiz decretá-la de ofício;

(3) é admissível apenas nos crimes dolosos indicados nas Leis n°s 7.960, de 1989, e 8.072, de 1990;

(4) sua admissibilidade tem como único fundamento a imprescindibilidade para a instrução criminal (do inquérito policial);

(5) tem prazo fixo estabelecendo a sua duração razoável, 5 (cinco) ou 30 (trinta) anos, admitindo-se uma prorrogação, no máximo, por igual prazo.

Como além dessas peculiaridades referentes a cada um dos institutos, para a decretação tanto da prisão preventiva quanto da temporária se exige o *fumus boni iuris* ou *fumus commissi delicti*, ou seja, a culpa sumária consubstanciada na prova da materialidade do crime e indício suficiente de autoria (fundadas razões de autoria ou participação), o que se observa é que, salvo em relação aos crimes indicados na Lei n° 7.960, de 1989, para os quais prevista pena privativa de liberdade que não é superior a 4 (quatro) anos, em todos os casos que se pode pedir a prisão temporária, é admissível, igualmente, a prisão preventiva.

Por isso mesmo é que não se vê, na prática, muita utilidade com a prisão temporária, pois se a autoridade policial ou o Ministério Público já pode pedir a prisão preventiva, que não tem prazo fixo e pode se estender até o processo, não há razoabilidade em solicitar-se a temporária, cujo prazo máximo é de cinco dias, prorrogável por outro tanto, salvo na hipótese de crime considerado hediondo, em que o lapso temporal é elevado para trinta dias, prorrogável por mais trinta, caso demonstrada a sua absoluta necessidade (art. 2°, § 3°, da Lei n° 8.072/90).

De fato, a interpretação da Lei nº 7.960, de 1989, de modo a conceber a prisão temporária com natureza acautelatória, finda por torná-la compreendida na maior abrangência da prisão preventiva, a ponto de aquela não se prestar para o fim que foi concebida, que era de dar à autoridade policial a possibilidade de, por seu intermédio, coletar elementos probatórios mais consistentes para, daí, com base neles, poder solicitar a decretação da prisão preventiva. Aí reside a explicação pela qual esse instituto é tão pouco utilizado pela autoridade policial e pelo Ministério Público que, diante dos requisitos para a concessão da prisão temporária, preferem, racionalmente, pedir logo a prisão preventiva, situação que é refletida na escassa jurisprudência formada sobre o assunto.

Portanto, repita-se — à exaustão —, o pedido de prisão temporária em detrimento da prisão preventiva só tem razão, salvo outra explicação, em relação a crime indicado na Lei nº 7.960, de 1989, que possui pena inferior ou igual a 4 (quatro) anos, pois, nesse caso, via de regra, não cabe a prisão preventiva. Aliás, é razoável que o juiz, diante do pedido de prisão preventiva, entenda que é suficiente a temporária, já que a medida, a fim de viabilizar a instrução do inquérito policial, só se justifica, em princípio, por tempo que não supera os 5 (cinco) dias.

Todavia, na prática, é comum, em grandes operações, a autoridade policial pedir, quanto a uma parte dos envolvidos, em relação aos quais possui provas a respeito da materialidade e indícios suficientes de autoria, a prisão preventiva, enquanto, para os demais, sob a justificativa de que ainda não tem essa culpa sumária, pede, apenas, a temporária[835]. Evidentemente, nesse caso, não deve ser acolhido o pedido relativo à prisão temporária, salvo se o magistrado, a despeito do alegado, verificar que estão presentes os requisitos que formam o *fumus boni iuris* ou o *fumus commissi delicti*.

6.2.8. Ressarcimento por dano decorrente de prisão indevida

Na história constitucional brasileira, sempre houve a previsão da responsabilidade civil do Estado, tendo sido mantida essa tradição

---

[835] Com vários anos de magistratura federal, raros eram os casos de pedido de prisão temporária. Agora, tem sido muito frequente, notadamente nas grandes operações. Geralmente, procura-se utilizar a prisão temporária como medida acautelatória para a prisão preventiva, em descompasso com a doutrina e a jurisprudência firmada a respeito.

com o art. 37, § 6º. Mas, a par dessa regra geral, foi contemplada, dentre os direitos fundamentais, a garantia do art. 5º, LXXV, da Constituição, segundo a qual "O Estado indenizará o condenado por erro judiciário, assim como o que ficar preso além do tempo fixado na sentença"[836].

Aliás, conquanto a regra em nosso sistema seja da irresponsabilidade do Estado quanto a eventuais erros praticados por agentes políticos, como é o caso do juiz, no ambiente criminal de há muito se garante o direito ao ressarcimento por prejuízos que venham a ser causados[837]. Lembra Câmara Leal[838] que o direito à justa indenização em nosso sistema tem como fonte primária o art. 86, § 2º, da Consolidação das Leis Penais, que atribuía à "Nação" ou ao "Estado" a responsabilidade quanto ao ressarcimento por todos os prejuízos sofridos com a condenação, nos casos em que a sentença do juiz reconhecer a reabilitação do condenado. O Código de Processo Penal, desde a sua redação originária, assegura ao condenado por erro judiciário, "... o direito a justa indenização pelos prejuízos causados." (art. 630, caput)

No Direito Comparado, alguns Países, expressamente, reconhecem a responsabilidade civil do Estado devido a erro judiciário no ambiente criminal. A Constituição portuguesa elenca como direito fundamental o dever do Estado de indenizar, quando ocorre a "... privação da liberdade contra o disposto na Constituição e na lei..." (art. 27º, 2). Conforme o Código de Processo Penal lusitano, essa indeni-

---

[836] Cf. PORTO, Mário Moacyr. *Responsabilidade civil do estado*. Revista do Centro de Estudos Jurídicos do Rio Grande do Norte. Natal: CEJERN, 1995, v. 2, p. 15

[837] Na doutrina brasileira, sempre vigorou, em ampla maioria, o entendimento de que os atos políticos, assim classificados os praticados pelos chefes do Executivo das três entidades federativas, parlamentares, juízes e, ainda, membros do Ministério Público, não geram o direito de indenizar, mesmo ante a identificação de eventuais erros capazes de acarretar prejuízos a terceiros. Especificamente em relação ao Judiciário, o que se tem é que o erro proveniente da atividade judicial, em princípio, não é indenizável, sendo admissível o pedido de ressarcimento pelos danos daí decorrentes apenas quando o juiz houver operado com dolo ou má-fé (art. 133, I, do CPC), hipótese em que a ação deve ser ofertada contra o próprio magistrado, e não contra o Estado. Contudo, na seara criminal, o erro judiciário é causa para ressarcimento de danos.

[838] *Comentário ao Código de Processo Penal brasileiro*, v. 4. p. 148. Conforme lição haurida de Tourinho Filho, a preocupação quanto à reparação dos prejuízos advindos do erro judiciário na seara criminal vem desde a época romana. No Direito romano, quando a acusação era considerada temerária, o acusador era obrigado a indenizar o acusado por perdas e danos. (Op. cit., v. 4, p. 583).

zação é devida quando, em processo de revisão da sentença condenatória, a pessoa é absolvida (art. 462º, 1).[839] A Constituição espanhola igualmente garante a indenização quanto "Aos prejuízos causados pelo Poder Judiciário, e os que forem consequência do funcionamento anormal da administração da Justiça..." (art. 121).

Em nosso sistema, o que constava como mera previsão infraconstitucional, mercê da Constituição de 1988, passou a fazer parte dos direitos fundamentais. A norma contida no inciso LXXV do art. 5º da Constituição seguiu a ideia do constituinte português, de modo que o direito à indenização por erro judiciário permaneceu restrito ao campo criminal[840], na medida em que faz menção, como hipótese para gerar o dever de indenizar do Estado, ao *condenado por erro judiciário* e à pessoa que *ficar presa além do tempo fixado na sentença*. Vê-se, assim, que o direito à indenização foi sensivelmente alargado, a fim de ser acrescida outra hipótese de admissibilidade do ressarcimento em decorrência do mau funcionamento do judiciário criminal, qual seja, nos casos em que a pessoa ficar presa além do tempo fixado na sentença.

Essa é a grande inovação constitucional e que, por outro lado, interessa, de perto, ao estudo da prisão. Quando a norma constitucional fala em dever do Estado em indenizar a quem *ficar preso além do tempo fixado na sentença*, não se está a dizer que a garantia se restringe à situação de quem, por erro na condução da execução da pena, permanecer encarcerado além do que era devido. A garantia não pode ser interpretada dessa forma restritiva, até porque ela se faz, apenas, com base na literalidade do enunciado da cláusula constitucional[841]. É de crer-se que o princípio, tal como redigido, permite conclusão de que a indenização se faz devida, ainda, naqueles casos em que o agente, sendo preso em razão de medida cautelar pessoal de natureza detentiva (prisão preventiva ou temporária), depois, ao final do processo, vier a ser absolvido ou então, como algumas vezes ocorre, sequer vier a ser denunciado.

---

839 Costa Pimenta explica que, no processo de revisão da decisão condenatória, sempre que ocorrer a modificação do julgado com consequente absolvição, o condenado terá o direito de *indenização pelos danos sofridos*, pois, em qualquer hipótese, mesmo que não haja dano patrimonial, estará presente o moral (*Código de Processo Penal anotado*, 2. ed. Lisboa: Rei dos Livros, p. 844).

840 Diferente se deu na Constituição espanhola, pois ali o direito de indenização é assegurado para os prejuízos em geral oriundos do serviço jurisdicional.

841 Se a interpretação literal é considerada odiosa em relação às regras jurídicas, o que não dizer quando se está a examinar o conteúdo de um princípio.

Evidentemente, o erro judiciário tanto pode ocorrer da prisão oriunda do cumprimento de sentença condenatória transitada em julgado como da decisão que determina a prisão preventiva ou temporária. Conforme sustentamos em outro momento, a restrição do direito de liberdade, como medida cautelar, pode estar apoiada em testemunhos inverídicos ou em documentos inautênticos, da mesma maneira como pode dar-se com a sentença transitada em julgado[842]. Em ambas, pode ocorrer o dano, sendo inconcebível, assim, que não se reconheça o direito à indenização na primeira hipótese. Certo que não é o caso de interpretar-se o dispositivo constitucional no sentido de enxergar, na norma em exame, a inteligência de que a indenização é devida em todos os casos nos quais, tendo havido a decretação da prisão processual, o acusado vier, ao final do processo, a ser considerado inocente na sentença[843].

A tese que se defende é que[844]

... a expressão ficar preso além do tempo fixado na sentença contempla também os casos em que o acusado é levado à prisão indevidamente, em erro verificado pelo fato de a decretação da prisão cautelar ter sido exarada eivada de uma das irregularidades encartadas nos incisos I e II do art. 621 do Código de Processo Penal, as mesmas que dão guarida à revisão da sentença condenatória, desprezada a situação do inciso III do mesmo dispositivo, que não tem pertinência para a hipótese. Dessa forma, quando a decretação da prisão preventiva for contrária a texto expresso da lei penal ou à evidência dos autos ou quando ela se fundar em depoimentos, exames ou documentos comprovadamente falsos, o dever de indenizar se faz presente, pelo fato de a pessoa ficar presa indevidamente. Essa compreensão do assunto é importante para resguardar, ainda mais, o direito de liberdade, coibindo, com o rigor necessário, os abusos que, infelizmente, são praticados nessa área. Basta examinar o noticiário nacional para se detec-

---

842 Cf. SILVA JÚNIOR, Walter Nunes da. *Curso de processo penal:* teoria (constitucional) do processo penal, p. 921.
843 Certamente, interpretação nessa amplitude poderia fazer com que o juiz, nos casos em que previamente, como medida cautelar, tivesse determinado a prisão do agente, se sentisse pressionado psicologicamente a condenar o acusado. Mas esse entendimento era defendido até mesmo por Garofalo, expoente da Escola Positiva (*Criminologia*, p. 431).
844 Cf. SILVA JÚNIOR, Walter Nunes da. *Curso de processo penal:* teoria (constitucional) do processo penal, p. 922.

tarem vários e vários casos em que pessoas, especialmente das camadas mais carentes, são levadas à prisão sem o menor resquício de legalidade.

Infelizmente, ao contrário da posição acima, o Tribunal Regional Federal da Quinta Região, por sua Primeira Turma, à unanimidade, no julgamento da Apelação Cível nº 245.429/RN, relatado pelo Desembargador Federal Francisco Wildo[845], decidiu:

> CONSTITUCIONAL. ADMINISTRATIVO. CIVIL. PRISÃO EM FLAGRANTE. POSTERIOR ABSOLVIÇÃO. RESPONSABILIDADE CIVIL POR ERRO JUDICIÁRIO. NÃO CONFIGURAÇÃO. HIPÓTESE DE RESPONSABILIZAÇÃO SUBJETIVA.
> - A prisão cautelar, mesmo com posterior absolvição, não pode se encaixar na hipótese do art. 5º, LXXV, da CF, que fala expressamente em indenização do "condenado por erro judiciário, assim como o que ficar preso além do tempo fixado na sentença".
> (...)

O aresto em referência teve como paradigma o entendimento sufragado pelo Supremo Tribunal Federal ao apreciar o 429518/SC, no qual a Primeira Turma, em decisão unânime, tendo funcionado como relator o Ministro Carlos Velloso[846], consignou na ementa o seguinte:

> EMENTA: CONSTITUCIONAL. ADMINISTRATIVO. CIVIL. RESPONSABILIDADE CIVIL DO ESTADO: ATOS DOS JUÍZES. C.F., ART. 37, § 6º. I. — A responsabilidade objetiva do Estado não se aplica aos atos dos juízes, a não ser nos casos expressamente declarados em lei. Precedentes do Supremo Tribunal Federal. II. — Decreto judicial de prisão preventiva não se confunde com o erro judiciário — C.F., art. 5º, LXXV — mesmo que o réu, ao final da ação penal, venha a ser absolvido. III. — Negativa de trânsito ao RE. Agravo não provido.

---

[845] BRASIL. Tribunal Regional Federal da Quinta Região. Revista do Tribunal Regional Federal da 5ª Região. n. 59. Jan./Mar. 2005. p. 171.
[846] BRASIL, Supremo Tribunal Federal. Data da decisão: 05/10/2004. Disponível em: http://www.stf.gov.br/jurisprudencia/jurisp.asp. Acesso em: 18 jan. 2007.

Ao comentar essas duas decisões em outro estudo, salientamos:[847]

Certamente, o debate sobre o assunto ainda não está encerrado, pelo contrário, voltará a ser agitado perante o Supremo Tribunal Federal e espera-se que, no final, reste consolidada a tese sufragada neste trabalho. Não é consentâneo com o Estado Democrático-Constitucional, centrado e construído sob os alicerces dos direitos fundamentais, que se sustente a irresponsabilidade estatal quanto a eventuais abusos praticados contra o direito de liberdade, apenas pelo fato de a ilegalidade ter sido praticada pelo juiz, esteja ele de boa ou má-fé. O Estado há de ser responsável pelos seus atos, especialmente em tema tão sensível quanto é o direito de liberdade, ponto nevrálgico de todo sistema democrático.

A mudança de orientação está de fato se operando. Herval Sampaio e Pedro Rodrigues Caldas[848] fazem menção a decisão do Supremo Tribunal Federal, exarada no RE 5005.393, relator Ministro Sepúlveda Pertence, em 26/06/2007, que proclamou a responsabilidade civil objetiva do Estado em decorrência de prisão preventiva, forte no argumento de que, a despeito do "... entendimento consolidado de que a regra geral é a irresponsabilidade civil do Estado por atos de jurisdição...", a Constituição estabelece, com o art. 5º, LXXV, que, no ambiente criminal, "... a indenização e uma garantia individual e, manifestamente, não a submete à exigência de dolo ou culpa do magistrado", ou seja, "... é uma garantia, um mínimo, que nem impede a lei, nem impede eventuais construções doutrinárias que venham a reconhecer a responsabilidade do Estado em hipóteses que não a de erro judiciário *stricto sensu*, mas de evidente falta objetiva do serviço pública da justiça."

No mesmo passo, no RE 385.943-0/SP, o Ministro Celso de Mello, em decisão monocrática, reconheceu o direito à indenização em razão de prisão cautelar indevida, cuja ementa vazada nos seguintes termos:

EMENTA: RESPONSABILIDADE CIVIL OBJETIVA DO ESTADO (CF, ART. 37, § 6º). CONFIGURAÇÃO. "BAR BODEGA".

---

847 Cf. SILVA JÚNIOR, Walter Nunes da. *Curso de processo penal*: teoria (constitucional) do processo penal, p. 923.
848 *Manual de prisão e soltura sob a ótica constitucional*, p. 511.

DECRETAÇÃO DE PRISÃO CAUTELAR, QUE SE RECONHECEU INDEVIDA, CONTRA PESSOA QUE FOI SUBMETIDA A INVESTIGAÇÃO PENAL PELO PODER PÚBLICO. ADOÇÃO DESSA MEDIDA DE PRIVAÇÃO DA LIBERDADE CONTRA QUEM NÃO TEVE QUALQUER PARTICIPAÇÃO OU ENVOLVIMENTO COM O FATO CRIMINOSO. INADMISSIBILIDADE DESSE COMPORTAMENTO IMPUTÁVEL AO APARELHO DE ESTADO. PERDA DO EMPREGO COMO DIRETA CONSEQUÊNCIA DA INDEVIDA PRISÃO PREVENTIVA. RECONHECIMENTO, PELO TRIBUNAL DE JUSTIÇA LOCAL, DE QUE SE ACHAM PRESENTES TODOS OS ELEMENTOS IDENTIFICADORES DO DEVER ESTATAL DE REPARAR O DANO. NÃO-COMPROVAÇÃO, PELO ESTADO DE SÃO PAULO, DA ALEGADA INEXISTÊNCIA DO NEXO CAUSAL. CARÁTER SOBERANO DA DECISÃO LOCAL, QUE, PROFERIDA EM SEDE RECURSAL ORDINÁRIA, RECONHECEU, COM APOIO NO EXAME DOS FATOS E PROVAS, A INEXISTÊNCIA DE CAUSA EXCLUDENTE DA RESPONSABILIDADE CIVIL DO PODER PÚBLICO. INADMISSIBILIDADE DE REEXAME DE PROVAS E FATOS EM SEDE RECURSAL EXTRAORDINÁRIA (SÚMULA 279/STF). DOUTRINA E PRECEDENTES EM TEMA DE RESPONSABILIDADE CIVIL OBJETIVA DO ESTADO. ACÓRDÃO RECORRIDO QUE SE AJUSTA À JURISPRUDÊNCIA DO SUPREMO TRIBUNAL FEDERAL. RE CONHECIDO E IMPROVIDO.

Em comentário acerca dessa decisão do Supremo Tribunal Federal, Luiz Flávio Gomes[849] fez abordagem percuciente sobre o tema, a merecer transcrição:

Sem dúvida nenhuma, uma decisão merecedora de aplausos. Ora, a excepcionalidade de prisão preventiva deixa evidente o dever de cautela imposto ao Estado.
Trata-se de dever extraído do art. 9º, n. 5, do Pacto Internacional dos Direitos Civis e Políticos, segundo o qual: "Qualquer pessoa vítima de prisão ou encarceramento ilegais (sic) terá direito à reparação".
Nessa mesma linha, a Constituição Federal, em seu art. 5º, art. 5º, LXXV determina que "o Estado indenizará o condenado por erro

---

[849] http://www.blogdolfg.com.br.

judiciário, assim como o que ficar preso além do tempo fixado na sentença".

A decisão proferida pelo Min. Celso de Mello (retificando o posicionamento do Tribunal *a quo*) mostra a evolução da jurisprudência brasileira, que sempre se mostrou muito conservadora nessa área. Por muito tempo não se cogitava a possibilidade de indenização em razão de uma prisão indevida. Esse quadro vem se alterando desde o ano 2000. Vejamos: REsp 220982/RS. DIREITO CONSTITUCIONAL E ADMINISTRATIVO. RESPONSABILIDADE OBJETIVA. PRISÃO ILEGAL. DANOS MORAIS. 1. O Estado está obrigado a indenizar o particular quando, por atuação dos seus agentes, pratica contra o mesmo prisão ilegal. 2. Em caso de prisão indevida, o fundamento indenizatório da responsabilidade do Estado deve ser enfocado sobre o prisma de que a entidade estatal assume o dever de respeitar, integralmente, os direitos subjetivos constitucionais assegurados ao cidadão, especialmente, o de ir e vir. 3. O Estado, ao prender indevidamente o indivíduo, atenta contra os direitos humanos e provoca dano moral ao paciente, com reflexos em suas atividades profissionais e sociais. 4. A indenização por danos morais é uma recompensa pelo sofrimento vivenciado pelo cidadão, ao ver, publicamente, a sua honra atingida e o seu direito de locomoção sacrificado. 5. A responsabilidade pública por prisão indevida, no direito brasileiro, está fundamentada na expressão contida no art. 5°, LXXV, da CF. 6. Recurso especial provido. (REsp 220982/RS. STJ. Primeira Turma. Relator Min. José Delgado. DJ 22/02/2000).

No REsp 802.435-PE (que confirmou indenização em favor de um preso ilegal), rel. Min. Luiz Fux, sublinhou, com todo acerto, que o Estado constitucional e democrático de Direito tem como um dos seus fundamentos a dignidade da pessoa humana e como ideal buscar a construção de uma sociedade justa e solidária. O cidadão que fica encarcerado quase treze anos, sem condenação final transitada em julgado, faz jus a uma indenização a ser paga pelo Estado, em razão da grave ofensa a vários direitos fundamentais (sobretudo quando, dentro da prisão, vem a contrair doença pulmonar grave e fica cego dos dois olhos, em razão de uma rebelião).

Num outro caso (REsp 872.630-RJ, rel. Min. Mauro Campbell Marques), também foi enfatizada a responsabilidade estatal por manter o autor em prisão preventiva por 741 dias, não tendo sido, posteriormente, pronunciado pelo Juiz, no conhecido caso da "chacina de Vigário Geral".

O raciocínio é simples. Todo erro judiciário (ou falha no dever de cautela) que implique prisão ou encarceramento ilegal deve naturalmente gerar a consequência da indenização: "A prisão por erro judiciário ou permanência do preso por tempo superior ao determinado na sentença, de acordo com o art. 5º, LXXV, da CF, garante ao cidadão o direito à indenização." "Assemelha-se à hipótese de indenizabilidade por erro judiciário, a restrição preventiva da liberdade de alguém que posteriormente vem a ser absolvido. A prisão injusta revela ofensa à honra, à imagem, mercê de afrontar o mais comezinho direito fundamental à vida livre e digna. A absolvição futura revela da ilegitimidade da prisão pretérita, cujos efeitos deletérios para a imagem e honra do homem são inequívocos (*notoria no egent probationem*)."

No caso em comento foi reconhecida a concretização de uma prisão injusta. Nos termos da decisão "no caso dos autos, comprovada a prisão provisória do embargado, seguida da segregação preventiva e do arquivamento do inquérito policial, inafastável a conclusão de que houve falha da Administração na execução das diligências policiais, donde emerge a responsabilidade objetiva do Estado."

É preciso que a cultura jurídica brasileira siga os precedentes citados. Está havendo muito abuso na decretação de prisões no Brasil. Quase metade da nossa população carcerária não tem condenação definitiva (ou seja: são presos provisórios). Estão sofrendo a violação de inúmeros direitos fundamentais. Se no final são absolvidos ou impronunciados etc., claro que contam com direito à indenização, a ser paga pelo Estado.

Como se percebe, embora a decisão do Supremo Tribunal Federal tenha sido monocrática, o Superior Tribunal de Justiça vem, sistematicamente, defendendo o entendimento do dever de indenizar do Estado, quando a prisão cautelar se revela indevida em razão de sua absolvição, situação que caracteriza, no mínimo, dano moral. A esse respeito, cabe agregar que a forma como estampada na Constituição a garantia ("o Estado indenizará o condenado por erro judiciário") não se permite interpretação no sentido de que o direito ao ressarcimento é, apenas, quanto ao dano material. Em reforço a essa conclusão, tenha-se presente que o art. 5º, X, da Constituição, assegura, como mesmo *status* de direito fundamental, o direito à reparação pelo dano material e moral, sempre que ocorrer a violação indevida da intimidade, da vida privada, da honra e da imagem das pessoas[850].

---

850 Mário Moacyr Porto diz que, com a Constituição de 1988, a responsabilidade civil do Estado, em razão do que dispõe o inciso X do art. 5º, restou ampliada,

Note-se, por fim, duas questões importantes. Ao contrário da prisão preventiva, que é decretada pelo juiz, sem embargo de tudo o que foi dito no item 6.2.4 e segs., supra, a que ocorre em flagrante delito se trata de ato praticado por agente que pertence ao Executivo. Dessa forma, as detenções ilegais levadas a efeito pelas autoridades policiais, por se tratarem de atos administrativos, geram a responsabilidade civil do Estado com base na regra geral do art. 37, § 6º, da Constituição. Portanto, em caso de flagrante forjado ou, de qualquer modo, fora das hipóteses do art. 302 do Código de Processo Penal ou sem a observância das formalidades para a sua legalidade, dentre as quais a comunicação imediata ao juiz, à família ou pessoa indicada pelo detido e ao Ministério Público, assim como o envio, no prazo de 24 (vinte e quatro) horas, ao juiz e ao defensor constituído ou à defensoria pública — e, no nosso entendimento, ao Ministério Público —, do respectivo auto, que ocasione permanência indevida na prisão ou por mais tempo do que o permitido, caracteriza hipótese de ressarcimento pelos danos materiais e morais.

De outra banda, a prisão temporária tem prazo especificado em lei, cujo regra é de cinco dias, prorrogável por mais cinco, salvo em relação aos crimes hediondos ou a eles equiparados, em que é de 30 (trinta) dias prorrogável por igual prazo. Parece evidente que, ficando a pessoa presa além desse prazo, ela faz jus, por força do princípio constitucional em estudo, a ressarcimento decorrente de erro praticado pelo Judiciário, que lhe deixou presa por mais tempo do que o permitido em lei.

Essa observação é válida, outrossim, para a prisão preventiva, pois em que pese não haja prazo expresso para a sua duração, tem-se que a medida se torna ilegal quando o processo, sem que a defesa tenha dado causa, não é concluído, de acordo com o procedimento (ordinário, sumário ou especial), nos prazos previstos, que representam, para todos os efeitos, a sua duração razoável[851].

6.2.9. Cumprimento do mandado de prisão (arts. 288, §2º, 289 e 299)

Embora não se tenha maior precisão, pois, até então, não havia ne-

---

tendo o cuidado de acrescentar, ainda, que a enumeração do dispositivo em destaque é meramente exemplificativa. (*Responsabilidade civil do Estado*, p. 15).
851 Cf. itens 3.2.2.3 a 3.2.2.3.3 e 6.2.5.3, supra.

nhum banco de dados central contendo todas as informações a respeito dos mandados de prisão expedidos e, ademais, não cumpridos, estimativas do Ministério da Justiça indicam que deve existir no Brasil por volta de 350.000 (trezentos e cinquenta mil) mandados de prisão para serem cumpridos. Esse dado estatístico, a par de revelar a falta de capilaridade dos órgãos de segurança quanto ao cumprimento dos mandados de prisão expedidos pelo Judiciário, denota a dificuldade no conhecimento e identificação das pessoas procuradas.

A segunda etapa da Reforma Tópica, seguindo a linha da simplificação dos atos processuais como instrumento para buscar a duração razoável do processo e a sua maior eficiência, promoveu algumas modificações substanciais no que se refere ao cumprimento dos mandados de prisão, especialmente no caso de agente situado em lugar fora da jurisdição em que tramita o processo.

As questões tratadas na reforma quanto ao cumprimento do mandado de prisão estão abordadas nos tópicos a seguir.

6.2.9.1. Cumprimento do mandado de prisão quanto ao dia, hora e o lugar

O sistema criminal brasileiro sempre estabeleceu, como regra, a possibilidade de o mandado de prisão ser cumprido a qualquer dia, hora e lugar. O Código de Processo Criminal de 1832 já ressaltava que "As prisões podem ser feitas em qualquer dia útil, santo ou domingo, ou mesmo de noite." (art. 184). Não havia ressalva, sequer, em relação à inviolabilidade do domicílio, detalhe que não deixou de ser percebido pelo legislador do Código de Processo Penal de 1941, ao explicitar, com a redação originária do art. 283, que "A prisão poderá ser efetuada em qualquer dia e a qualquer hora, respeitadas as restrições relativas à inviolabilidade do domicílio." O legislador da segunda etapa da Reforma Tópica não trouxe, a respeito, nenhuma alteração em relação à disciplina anterior. Apenas deslocou o seu conteúdo do caput para § 2º do art. 283.

Assim, diferentemente da regra geral quanto ao horário para a prática dos atos judiciais, consagrada no Código de Processo Civil e que se aplica, subsidiariamente, ao ambiente criminal, em se tratando de mandado de prisão, o responsável pelo seu cumprimento pode cumprir a ordem judicial em qualquer dia e hora, ou melhor, durante o dia ou à noite, desde que resguardada a inviolabilidade do domicílio[852].

---

852 Quanto ao alcance da inviolabilidade do domicílio e a definição das expres-

Observe-se que a norma em destaque não está regulando a prisão/detenção em flagrante, mas, sim, a prisão que é efetuada com base em ordem judicial, ou seja, a situação em que o agente do estado pratica um ato processual, mediante a execução do mandado. Por exemplo, se um policial, em uma blitz, identifica que a pessoa tem contra si um mandado de prisão expedido, poderá, independentemente do horário, efetuar a prisão. Pode ser dia de domingo, na rua ou em estabelecimento aberto ao público[853].

Pena, porém, que o legislador não aproveitou a oportunidade para esclarecer de uma vez por todas que, estando a pessoa contra quem há o mandado expedido em lugar protegido pela garantia constitucional da inviolabilidade do domicílio, independentemente do horário, sem o consentimento do morador, deverá, necessariamente, além do mandado de prisão, ser expedido o de busca e apreensão ou um único documento, de busca e apreensão/prisão, embasado em decisão judicial que, fundamentadamente, flexibilize os dois direitos fundamentais, quais sejam, o direito de liberdade e o de inviolabilidade do domicílio que, não raro, no caso concreto, pertencem a pessoas diferentes. Aliás, o art. 243, § 1º, do CPP é expresso, ao dizer que, "Se houver ordem de prisão, constará do próprio texto do mandado de busca."

Por isso mesmo, em outro trabalho, sustentamos[854]:

Do mesmo modo, a expedição de mandado de busca e apreensão não dá poder para a prisão processual. Uma coisa é o juiz determinar a prisão de alguém, outra, totalmente diferente, é autorizar o policial a ter acesso ao interior de uma casa. Quando o magistrado decreta apenas a prisão e manda expedir o respectivo mandado, a ordem é para que, sendo ele encontrado, proceda-se ao seu recolhimento.

---

sões *casa, morador, noite* e *determinação judicial,* cf. SILVA JÚNIOR, Walter Nunes da. *Curso de processo penal:* teoria (constitucional) do processo penal, p. 642-661.

853 Bares, clubes, teatros, cinemas, restaurantes, mercados, supermercados, shoppings centers etc., "... diferentemente dos locais nos quais são desempenhadas outras atividades da iniciativa privada, quando abertos ao público, não estão compreendidos pela expressão casa, de modo que as autoridades policiais podem, livremente, transitar e exercer o poder de polícia, independentemente do consentimento ou de autorização judicial. Porém, no momento em que esses estabelecimentos se encontram fechados para o público, para neles ingressar, é preciso o consentimento do morador. (Ibid., p. 648)

854 Ibid., p. 661.

Caso se queira permitir que a autoridade policial entre na casa para lá efetuar a prisão, o juiz tem, além de fundamentar a decretação da prisão, de justificar a flexibilização do direito fundamental à inviolabilidade do domicílio, naturalmente com a exposição dos motivos que o faz crer que se encontra refugiada no local a pessoa contra quem expedido o mandado[855]. Como dois são os direitos fundamentais — direito de liberdade física e à inviolabilidade do domicílio —, a flexibilização, por ordem judicial, tem de ser motivada em relação aos dois aspectos. Por isso mesmo, a autoridade policial, munida apenas do mandado de prisão, não tem autorização judicial para proceder à busca domiciliar. Se a pessoa procurada estiver escondida ou recolhida em uma determinada casa, para que seja efetuada, legalmente, a sua prisão no local, havendo recusa por parte do morador, é preciso que se obtenha a autorização judicial para a invasão[856].

Esse entendimento já era defendido por Câmara Leal[857], ao esclarecer que "O simples mandado de prisão não dá ao executor o direito de penetrar na casa alheia, e sem um mandado especial, concedendo-lhe esse poder, o executor não poderá penetrar na casa em que se acha homisiado aquele contra quem se dirige a prisão." Essa orientação é perfilhada por Nestor Távora e Rosmar Rodrigues[858], pois, nesse caso, defendem que "... o mandado de prisão deve se fazer acompanhar por autorização judicial para o ingresso domiciliar."

Naturalmente, se o morador da casa na qual estiver a pessoa a ser presa der o consentimento para que o mandado de prisão seja cumprido, não haverá necessidade da ordem de busca, senão que seja a diligência realizada durante o dia. A não ser, é claro, que a pessoa tenha ingressado na casa sem o consentimento do morador, hipótese a caracterizar a prática do crime de invasão de domicílio, a permitir a prisão/detenção em flagrante por esse fato delituoso.

---

855 Aliás, essa é a inteligência a ser emprestada ao art. 233, § 1º, do Código de Processo Penal, ao estabelecer que, sendo deferida a diligência investigatória, bem assim a captura de alguém, deve constar do mandado de busca a ordem de prisão ("Se houver ordem de prisão, constará do próprio texto do mandado de busca.").
856 Em alguns casos, de conformidade com as circunstâncias, o juiz, por força de decisão motivada, manda expedir mandado de *busca, apreensão e prisão*.
857 *Comentários ao Código de Processo Penal brasileiro*, v. II, p. 182.
858 TÁVORA, Nestor. ALENCAR. Rosmar Rodrigues. *Curso de direito processual penal*. 4. ed. Revista, ampliada e atualizada. Salvador: Jus Podium, 2010, p. 502.

A forma imperativa do disposto no art. 293, caput, do Código de Processo Penal não infirma o que foi salientado acima. Para melhor exame, merece reprodução a dicção normativa do art. 293, caput, do CPP:

> Se o executor do mandado verificar, com segurança, que o réu entrou ou se encontra em alguma casa, o morador será intimado a entregá-lo, à vista da ordem de prisão. Se não for obedecido imediatamente, o executor convocará duas testemunhas e, sendo dia, entrará à força na casa, arrombando as portas, se preciso; sendo noite, o executor, depois da intimação ao morador, se não for atendido, fará aguardar todas as saídas, tornando a casa incomunicável, e, logo que amanheça, arrombará as portas e efetuará a prisão.

Câmara Leal, em lição dada ainda quando estava em vigor a Constituição de 1937, com a sua perspicácia, alertava que esse art. 293, caput, do CPP, não se coadunava com a regra do art. 240, § 1º, letra *a* e tornava sem sentido a norma do art. 243, § 1º, aqui já referido. Eis, pela maestria, as palavras de Câmara Leal a respeito:

> O art. 293 carece de um reparo. Não parece que esteja em harmonia com o dispositivo do art. 243 do Código. Quando o réu se encontra em alguma casa, e há ordem de prisão contra ele, parece que o mandado para sua prisão deverá ser o de busca e apreensão, não bastando o simples mandado de prisão. Se assim não fora o art. 243 ficaria sem aplicação no caso de busca para prisão de criminosos. Pelo art. 240, § 1º, letra a, a busca domiciliar deve ser efetuada para prender criminosos. Fica, pois, entendido que, se o réu se ocultar em alguma casa, o meio para tornar efetiva sua prisão é a busca. Ora esta depende de mandado especial, cujas formalidades são estabelecidas pelo art. 243. Cumpre ainda notar que o § 1º do art. 243 faz referência especial ao mandado de busca com ordem de prisão.
> Não se poderá, portanto, conciliar os dois dispositivos. Sendo necessário o mandado de busca, não se explica a entrada à força na casa, com simples mandado de prisão.

Se a norma em destaque não resiste, sequer, à crítica feita com um olhar apenas subconstitucional, melhor sorte não lhe é reservada ao exame conforme a Constituição em vigor. O art. 293, caput, do CPP, foi elaborado em consonância com a Constituição de 1937, a qual, laconicamente, a respeito, apenas disse que "A Constituição assegura a inviolabilidade do domicílio" (art. 122, § 6º), ao passo que as demais constituições, até a de 1967, a par de retomar o cuidado de explicitar a garantia com mais detalhes, excepcionava as hipóteses disciplinadas em lei ordinária. A Constituição de 1988, com seu verniz democrático, não conferiu espaço para o legislador infraconstitucional estabelecer exceções à garantia constitucional da inviolabilidade do domicílio, senão nas situações nela descritas, quais sejam, "... em caso de flagrante delito ou desastre, ou para prestar socorro, ou durante o dia, por determinação judicial."

Portanto, a exceção do art. 293, caput, do Código de Processo Penal, criada pelo legislador infraconstitucional, ademais de apresentar antinomia em relação aos arts. 240, § 1º, letra *a*, e 243, § 1º, todos do CPP, está revogada pela Constituição de 1988.

6.2.9.2. Cumprimento de mandado de prisão de agente fora da jurisdição do juiz processante

Antes do Código de Processo Penal de 1941, a forma de cumprimento do mandado de prisão de agente fora da jurisdição do juiz processante era mediante mecanismo denominado *extradição interestadual*, disciplinado pelo Decreto nº 39, de 30 de janeiro de 1892[859]. O CPP atual simplificou a forma do cumprimento do mandado de prisão nessa hipótese, com a adoção no ambiente criminal, mediante a redação emprestada ao art. 289, caput, da carta precatória como meio de comunicação processual entre os órgãos jurisdicionais ("Quando o réu estiver no território nacional, em lugar estranho ao da jurisdição, será deprecada a sua prisão, devendo constar da precatória o inteiro teor do mandado.").

Essa regra do art. 289, caput, foi mantida, tendo o legislador da segunda etapa da Reforma Tópica aproveitado, diante da introdução de novos parágrafos, apenas para substituir a expressão *em lugar estranho ao da jurisdição* por *em lugar fora da jurisdição do juiz processante*. A norma aqui prevista é para aquela situação em que o juiz, quando expede o mandado de prisão, já sabe, de antemão, que o agente está em localidade submetida à jurisdição de outro magistrado.

Se pelas informações dos autos o agente reside na sede do juízo no qual tramita o processo, o juiz providencia, apenas, a expedição do

---

[859] Ibid., p. 203.

mandado de prisão, devendo o agente encarregado de cumpri-lo executá-lo independentemente do dia, hora e lugar, com as ressalvas feitas no tópico 6.2.9.1, supra. O mesmo se diga caso o agente esteja foragido, em lugar incerto e não sabido.

A simplificação quanto ao cumprimento do mandado de prisão de agente que se encontra à distância principia com a ressalva referente aos casos em que houver urgência. Na disciplina anterior, o então parágrafo único do art. 289 permitia que, havendo urgência, o juiz processante requisitasse a prisão por meio de telegrama, exigindo, porém, na parte final, que, antes, o original fosse levado à respectiva agência telegráfica, para fins de autenticação da firma do magistrado, providência que tinha de ser mencionada na mensagem.

Com a segunda etapa da Reforma Tópica, no caso de urgência, a forma de requisição pelo juiz do cumprimento do mandado de prisão expedido por outro magistrado ficou mais simples, pois poderá fazê-lo não apenas por *telegrama*, mas "... por qualquer meio de comunicação", sem a necessidade de autenticação da firma do magistrado, devendo constar, apenas, "... o motivo da prisão, bem como o valor da fiança se arbitrada." (art. 289, § 1º, do CPP). Alertou-se, apenas, para que a autoridade judiciária solicitada tome "... as precauções necessárias para averiguar a autenticidade da comunicação." (art. 289, § 2º, do CPP).

Resta clara a intenção do legislador em permitir que a comunicação entre os órgãos jurisdicionais seja feita, igualmente, por meios eletrônicos, o que, aliás, já vem sendo observado, diante do que dispõe a Lei nº 11.419, de 19 de dezembro de 2006 (Lei da Informatização do Processo)[860], a qual diz que "As cartas precatórias, rogatórias, de ordem e, de um modo geral, todas as comunicações oficiais que transitem entre órgãos do Poder Judiciário, bem como entre os deste e os dos demais Poderes, serão feitas preferencialmente por meio eletrônico." (art. 7º). Nessa linha, o Conselho Nacional de Justiça, com supedâneo, além de outros fundamentos, na eficiência operacional, razoável duração do processo e na modernização da administração da justiça, por meio da Resolução nº 100, de 6 de abril de 2010, disciplinou a

---

[860] Embora não houvesse necessidade, para evitar qualquer dúvida quanto à aplicação da Lei nº 11.419, de 2006, a todo e qualquer processo, ressaltou-se, que "Aplica-se o disposto nesta Lei, indistintamente, aos processos civil, penal e trabalhista, bem como aos juizados especiais, em qualquer grau de jurisdição." (art. 1º, § 1º).

comunicação oficial por meio eletrônico no Poder Judiciário, elegendo o sistema Hermes — Malote Digital como padrão[861].

A requisição do cumprimento do mandado de prisão, portanto, ainda que não seja caso de urgência, poderá ser feita pela via eletrônica, independentemente de um dos órgãos jurisdicionais não adotar o Sistema Hermes, já que, acertadamente, em atenção ao art. 7º da Lei nº 11.419, de 2006, a Resolução do CNJ de nº 100, de 2010, não veda a comunicação oficial por "... outros meios de comunicação eletrônica utilizados pelos sistemas processuais existentes nos órgãos do Poder Judiciário." (art. 1º, § 1).

A crítica a ser feita é que o legislador da segunda etapa da Reforma Tópica, com visão sistêmica do ordenamento jurídico nacional, assim como da política judicial desenvolvida pelo Conselho Nacional de Justiça, deveria ter redigido a norma de modo diferente, a fim de colocar a comunicação eletrônica como a regra, ou melhor, desde que possível, e não apenas para os casos de urgência. Seja como for, cabe ao juiz, como salientado, independentemente de o caso ser urgente, ou não, sempre que possível, encaminhar a requisição do cumprimento do mandado de prisão pela via eletrônica.

Ainda sobre o cumprimento à distância, o legislador da segunda etapa da Reforma Tópica se ocupou em modificar a redação do art. 299 do CPP. A razão de ser foi a mesma que guiou a modificação do art. 289, comentada acima. Conforme a redação anterior do art. 299 do Ordenamento Processual Penal, "Se a infração for inafiançável a captura poderá ser requisitada, à vista de mandado judicial, por via telefônica, tomadas pela autoridade, a quem se fizer a requisição, as precauções necessárias para averiguar a autenticidade desta." A alteração promovida com a Reforma Tópica no art. 299 do CPP foi apenas para retirar a referência à circunstância de a *infração ser inafiançável*, o que efetivamente não tinha mais sentido e, por outro lado, para

---

[861] O Sistema Hermes foi desenvolvido pelo Tribunal de Justiça do Rio Grande do Norte. Trata-se de um "conjunto de módulos de sistemas computacionais com finalidade de organização, autenticação e armazenamento de comunicações recíprocas, oficiais ou não, entre as Unidades Organizacionais do Poder Judiciário Nacional." (item XI do Anexo da Resolução do CNJ nº 100, de 2010), enquanto malote digital é o "módulo do Sistema Hermes responsável pela organização, autenticação e armazenamento de comunicações oficiais recíprocas entre as Unidades Organizacionais do Judiciário Nacional." (item XII do Anexo da Resolução do CNJ nº 100, de 2010)

substituir a expressão *via telefônica*, a fim de colocar, em seu lugar, *por qualquer meio de comunicação*[862].

Exame menos atento pode dar a entender que essa disciplina do art. 299 se contrapõe à do art. 289, caput, ambos do Código de Processo Penal. A assimetria, porém, é apenas aparente. A hipótese imaginada no art. 299 do CPP é aquela em que, tendo o magistrado expedido o mandado de prisão no pressuposto de que a pessoa reside na sede na qual tramita o processo, quando está para cumprir a ordem judicial, a autoridade verifica que a pessoa está em outra localidade, fora da jurisdição. Não fosse essa norma, cuja intenção é desburocratizar o cumprimento do mandado de prisão, a autoridade policial, à vista dessa informação, teria de efetuar a devolução da ordem judicial ao magistrado, a fim de que, então, fosse expedida a carta precatória. A situação aqui imaginada, não se pode negar, é simples. Mas não é raro a pessoa, sabendo que há mandado de prisão contra si, ficar mudando de cidade em cidade, a fim de não ser presa. Seria burocracia desarrazoada, a dificultar o cumprimento do mandado de prisão e a eficiência do sistema criminal, exigir que o juiz processante, a cada nova notícia de modificação da cidade do agente, ter de expedir nova carta precatória.

A regra do art. 299 também não se confunde com a do art. 290, ambos do CPP. Este último autoriza o agente policial, no cumprimento do mandado de prisão, que pode ter sido encaminhado por precatória, ou não, a entrar em outro Estado da federação para efetuar a

---

[862] Anteriormente, esse art. 299 do CPP se referia, apenas, aos crimes inafiançáveis. Isso porque, quanto aos crimes afiançáveis, a disciplina estava no art. 298 do CPP. Em razão de o comando normativo do art. 299 do CPP, com a alteração efetuada, ser aplicável, indistintamente, aos crimes inafiançáveis ou não, não tinha mais sentido a manutenção da regra do art. 298 do CPP. Não cabe dizer que a regra em destaque deve permanecer, uma vez que ali se diz que, sendo afiançável, deve ser arbitrada a fiança. Ora, bastava ter sido feita essa ressalva no próprio texto do art. 299 ou, então, inserir um parágrafo único. Por outro lado, não era o caso mesmo de referência à fiança. De fato, se for decretada a prisão preventiva ou temporária é porque não é caso de fiança, porquanto se sabe que esta não é admissível, salvo na hipótese do art. 310, III, do CPP, "quando presentes os motivos que autorizam a decretação da prisão preventiva (art. 312)" (art. 324, IV, do CPP). O pior é que, tal como está no dito no art. 298, a requisição da captura na hipótese lá imaginada, que excepciona a expedição da carta precatória, permite como meios de comunicação a *via postal ou telegráfica*, ao passo que a alteração promovida no art. 299 foi, exatamente, para permitir que a requisição seja feita *por qualquer meio de comunicação*.

diligência, desde que a ultrapassagem dos limites territoriais tenha ocorrido em razão da perseguição empreendida contra a pessoa procurada. Não seria razoável que o agente policial tivesse de parar a perseguição, apenas em razão de ter chegado aos limites territoriais de seu Estado. De toda sorte, nos parágrafos do art. 290 do CPP, a fim de evitar abusos e a burla, conforme o sistema federativo adotado pela Constituição, à autonomia política e administrativa de cada Estado, o legislador cuidou de definir quando se considera que há *perseguição policial* a justificar a realização da diligência conforme permitido em seu caput[863].

Na intenção de simplificar ainda mais o cumprimento dos mandados de prisão, foi determinada, no art. 289-A do CPP, a criação, pelo Conselho Nacional de Justiça, de um banco de dados para fins de registro dos mandados de prisão, o que foi levado a efeito mediante a Resolução nº 137, de 13 de julho de 2011, denominando-o Banco Nacional de Mandados de Prisão — BNMP. O ato normativo em referência será objeto de estudo no item a seguir, cabendo, por ora, abordar o § 1º do art. 289-A do Código de Processo Penal, que dispõe: "Qualquer agente policial poderá efetuar a prisão determinada no mandado de prisão registrado no Conselho Nacional de Justiça, ainda que fora da competência territorial do juiz que o expediu."

Como se vê, trata-se de norma direcionada à autoridade policial, não sendo, propriamente, uma exceção à regra da expedição da carta precatória, embutida no art. 289, caput, do Código de Processo Penal. Se o agente reside em outra localidade e lá se encontra, sendo essa circunstância do conhecimento do juiz que decretou a prisão, deve o magistrado expedir a carta precatória, sem prejuízo da necessidade de fazer o registro no Banco Nacional de Mandados de Prisão. Porém, independentemente da expedição da carta precatória, ou não, se o mandado de prisão estiver registrado no Banco Nacional de Mandados de Prisão, controlado pelo Conselho Nacional de Justiça, qualquer agente policial, sendo possível, tem o dever de efetuar a captura.

A expressão *poderá* do art. 289, §1º, do CPP, utilizada pelo legislador, não deve ser considerada como se o cumprimento da diligência

---

[863] Por definição legal, conforme o art. 290, § 1º, do CPP, "Entender-se-á que o executor vai em perseguição do réu, quando: a) tendo-o avistado, for perseguindo-o sem interrupção, embora depois o tenha perdido de vista; b) sabendo, por indícios ou informações fidedignas, que o réu tenha passado, há pouco tempo, em tal ou qual direção, pelo lugar em que o procure, for no seu encalço."

seja uma *faculdade* do agente de polícia, pois, como se sabe, nessa área de atuação, o princípio reitor é o da *obrigatoriedade*. O *poderá* é mais no sentido de *validade* da intervenção do agente policial do que uma atribuição a ser desempenhada, ou não, conforme o seu juízo de *oportunidade e conveniência*.

Em qualquer hipótese, efetuada a prisão em cumprimento ao mandado de prisão expedido por juiz de outra jurisdição, deve ser feita, imediatamente, pela autoridade judiciária deprecada, no caso do art. 289, caput, ou pela autoridade policial, na situação descrita no art. 299, ambos do CPP, a comunicação do fato, a fim de que aquele providencie *a remoção do preso no prazo máximo de 30 (trinta) dias, contados da efetivação da medida*. (art. 289, § 3º).

6.2.9.3. Banco Nacional de Mandados de Prisão — BNMP

A Lei nº 12.403, de 4 de maio de 2011, ao determinar a criação de banco de dados para registro dos mandados de prisão, atribuiu essa missão ao Conselho Nacional de Justiça, na qualidade de órgão estratégico e central do sistema judicial, a quem cabe regulamentar e manter o sistema (art. 289-A, *caput* e § 6º, do Código de Processo Penal). Cumprindo a missão legal, o Conselho Nacional de Justiça editou a Resolução nº 137, de 2011, com a qual criou o sistema eletrônico, denominado Banco Nacional de Mandados de Prisão — BNMP, para fins de registro dos mandados de prisão expedidos pelas autoridades judiciárias, ficando a cargo dos magistrados o envio das informações e a atualização dos dados (art. 1º, § 1º da Resolução nº 137, de 2011).

Tendo em consideração que uma das finalidades do banco de dados para registro dos mandados de prisão é dar o conhecimento, a qualquer pessoa, de quem está sendo procurado pelo Judiciário, facilitar o cumprimento de diligências por parte das autoridades policiais, assim como auxiliar os juízes no exercício de sua jurisdição, restou consignado no art. 2º da Resolução em foco que o BNMP ficará à disposição de toda e qualquer pessoa, hospedado em sítio eletrônico mantido na rede mundial de computadores (internet) pelo CNJ, sendo acessível o seu conteúdo independentemente de prévio cadastramento ou demonstração de interesse[864], a qualquer hora ou dia[865].

---

864 Para fazer a devida sistematização das normas editadas pelo CNJ, a Resolução nº 137, de 2011, determinou a inclusão do inciso V no art. 2º da Resolução nº 121, de 2010 (disciplina a disponibilização de informações processuais na

Pelo sistema criado, está disponível no site do Conselho Nacional de Justiça, na parte em que estão selecionados os "serviços ao cidadão", o Banco Nacional de Mandados de Prisão, com a "consulta pública"[866], de modo que quem quer que seja, agente do Estado, ou não, pode digitar, por exemplo, um nome e se, eventualmente, existir algum registro em relação à pessoa, aparecerá o mandado de prisão, com todas as informações.

Não merece agasalho a ponderação de que essa exposição na internet pode ocasionar maltrato aos preceitos constitucionais do direito à privacidade, imagem, vida privada ou à honra, diante da ampla possibilidade de acesso às informações por qualquer pessoa pela rede mundial de computadores. Ora, estamos falando de dados a respeito de pessoas que estão foragidas, sendo procuradas pela polícia, em razão de determinação judicial. Por outro lado, caso não haja a ampla publicidade, restaria frustrada uma das principais finalidades do BNMP, que é facilitar o cumprimento dos mandados pelas autoridades policiais.

A intenção é que o policial, em uma blitz, por exemplo, possa, facilmente, conferir se há, em relação a uma determinada pessoa em atitude suspeita, algum mandado de prisão expedido. Por outro lado, servirá, até mesmo, para que qualquer pessoa, ao se relacionar com outra, possa saber se aquela é, ou não, foragida da justiça. Restringir

---

rede mundial de computadores), a fim de que, assim, fique relacionado, dentre os dados básicos dos processos, disponíveis a livre acesso por qualquer do povo na rede mundial de computadores, "os mandados de prisão registrados no BNMP." (art. 12)

865 Quanto ao funcionamento do BNMP, obviamente a ideia é de que funcione ininterruptamente, às 24h, sábados, domingos e feriados. Acontece que, sendo da responsabilidade do CNJ a manutenção do sistema, diante do número reduzido e insuficiente de servidores, na Resolução ficou consignado que a consulta ao BNMP na rede mundial de computadores está garantida, apenas, em dias úteis, das 8h às 22h, até que o Conselho Nacional de Justiça seja dotado de estrutura que possibilite esse suporte (art. 8º). Não se está dizendo que o serviço não será ininterrupto, ou seja, que não funcionará às 24h, sábados, domingos e feriados. Estar-se dizendo, tão somente, o período que está garantido o funcionamento, de modo que se, nesse intervalo de tempo, ocorrer algum problema no fornecimento do serviço, haverá técnicos para restaurar o acesso. Esse preceito só foi inserido em atenção à preocupação expressada pela equipe do setor de Tecnologia e da Informação do CNJ, que não quis, diante da falta de estrutura, assumir a responsabilidade pelo que, no momento, não pode garantir.

866 A consulta pública a respeito dos mandados de prisão está no endereço eletrônico http://www.cnj.jus.br./bnmp.

implica em exigir senha ou outro mecanismo de acesso, o que burocratizaria a consulta ao banco de dados, ademais de afastar o policial que atua na rua de fazer a conferência com a agilidade necessária.

E não é só. Episódio envolvendo um pedófilo considerado uma das pessoas mais procuradas pela polícia americana, serve de exemplo quanto à razão de ser de o BNMP ficar acessível a qualquer do povo. Apenas após a exposição de fotografia da pessoa procurada em programa de televisão de grande audiência, dois rapazes tiveram ciência de que quem estavam hospedando em casa era um foragido da justiça[867]. Em um País das dimensões continentais do Brasil, um banco de dados dessa natureza é ferramenta tecnológica indispensável para a maior eficiência no cumprimento dos mandados de prisão.

Até para que efetivamente o BNMP sirva para os seus fins, a Resolução 137, de 2011, padronizou os mandados de prisão, incluindo, dentre os elementos mínimos, a pessoalidade do mandado de prisão — devendo ser um para cada pessoa (art. 3º, caput) —, numeração única nacional[868], prazo da prisão temporária[869], data limite presumida para cumprimento do mandado de prisão preventiva de acordo com a prescrição em abstrato ou em concreto[870] e os dados existentes a respeito da pessoa, inclusive, quando possível, características físicas relevantes, conforme parâmetros já existentes no INFOSEG e a foto da pessoa procurada (art. 3º, § 2º, XII)[871].

---

[867] Sem embargo das críticas, não se pode deixar de reconhecer que um programa de televisão expondo as fotografias das pessoas foragidas, auxiliou no cumprimento de diversos mandados de prisão pelo País a fora. Era comum pessoas assistirem aos programas e, em razão das fotografias, saberem do paradeiro de quem estava sendo procurado, providenciando a comunicação à autoridade policial.

[868] Adotou-se, para tanto, a ideia de a numeração corresponder ao número do processo judicial, como preceitua a Resolução nº 65, de 2008, do CNJ, acrescido de um número sequencial de quatro dígitos.

[869] A fixação do prazo da prisão, quando se tratar de prisão temporária (art. 3º, X, da Resolução 137, 2011), reforça o que foi dito no item 6.2.6.2, supra, de que, não tendo havido a prorrogação, a autoridade policial deve, incontinenti, esgotado o prazo, colocar o agente em liberdade, independentemente da expedição de alvará de soltura pelo magistrado.

[870] Esse requisito é muito importante, para evitar que diversos mandados de prisão em aberto fiquem com as autoridades policiais, quando as penas já estão prescritas. Em outras palavras, todo mandado de prisão há de ser expedido com data de validade assinalada, tanto em se tratando de prisão temporária quanto de preventiva.

[871] A Resolução, em verdade, colocou os requisitos uniformes quanto a infor-

Não se há de negar que a ampla publicidade só há de ocorrer depois que a autoridade policial, tendo procurado dar cumprimento à ordem, não conseguir localizar o agente. Se o juiz, antes de entregar à autoridade policial, providenciar o registro do mandado de prisão no BNMP, poder ser frustrado o cumprimento da diligência, diante do prévio conhecimento pela pessoa contra quem expedido o mandado de prisão, precipitando a sua fuga. Para evitar que tal ocorra, o § 2º do art. 2º da Resolução em estudo prevê que "Na hipótese de o juiz determinar que o mandado de prisão seja expedido em caráter restrito, o prazo para inclusão no BNMP se iniciará após seu cumprimento ou quando afastado esse caráter por decisão judicial." O caráter restrito só não deve ser imposto quando se souber, de antemão, que se trata de pessoa foragida.

A missão do Conselho Nacional de Justiça quanto ao BNMP se esgota no dever de manter e disponibilizar o sistema eletrônico, de modo que a responsabilidade pela atualização das informações, assim como pelo conteúdo disponibilizado, é, exclusivamente, dos tribunais

mações sobre o órgão jurisdicional responsável pela expedição do mandado de prisão e o respectivo processo e os dados quanto à identificação da pessoa a quem se refere a ordem. As informações sobre o órgão jurisdicional e o processo estão no caput do art. 3º, que são as seguintes: "I — seu número, composto pelo número do processo judicial, na forma da Resolução nº 65/2008 do CNJ, acrescido de um número sequencial de quatro dígitos; II — o número do processo ou procedimento, na forma da Resolução n.º 65/2008 do CNJ; III — tipo e número do procedimento ou documento que originou o processo judicial em que foi expedido o mandado, conforme tabela a ser editada em portaria da Presidência do CNJ; IV — nome do magistrado expedidor; V — denominação do órgão judiciário em que foi expedido o mandado; VI — qualificação da pessoa a que se refere o mandado de prisão; VII — códigos nacionais dos assuntos criminais a que se refere o mandado; VIII — espécie da prisão decretada; IX — dispositivo da decisão que decretou a prisão; X — prazo da prisão, quando se tratar de prisão temporária; XI — pena imposta e regime de cumprimento da pena, quando se tratar de prisão decorrente de condenação criminal, recorrível ou definitiva; XII — data limite presumida para cumprimento do mandado de prisão de acordo com a prescrição em abstrato ou em concreto; XIII — o valor do montante da fiança arbitrada, quando for o caso; e XIV — data e local da expedição." Os dados referentes à qualificação da pessoa procurada, que deverão, necessariamente, ser incluídos, quando disponíveis, estão no § 1º do art. 3º da Resolução 137, de 2011, os quais são: "I — nome; II — alcunha; III — filiação; IV — data de nascimento; V — naturalidade; VI — sexo; VII — cor; VIII — profissão; IX — endereço no qual pode ser encontrada; X — características físicas relevantes, conforme parâmetros já existentes no INFOSEG; XI — códigos identificadores de documentos oficiais; XII — fotografia."

e das autoridades judiciárias responsáveis pela expedição dos mandados de prisão (art. 2°, segunda parte e § 3°, da Resolução n° 137, de 2011). Por isso mesmo, quaisquer esclarecimentos sobre as informações constantes do BNMP deverão ser solicitadas, exclusiva e diretamente, ao órgão judiciário responsável pela expedição e registro do mandado de prisão (art. 2°, § 5°, da Resolução n° 137, de 2011).

A finalidade do BNMP é não apenas servir de instrumento para tornar mais eficiente o cumprimento dos mandados de prisão como, igualmente, facilitar a atuação do juiz, quanto a saber se em relação a uma determinada pessoa existe, ou não, mandado de prisão expedido. Por isso mesmo, o art. 5°, § 2°, da Resolução em referência dispõe que, "No caso de conversão da prisão em flagrante em prisão preventiva, nos termos do art. 310, inciso II, do CPP (redação da Lei n° 12.403/11), a informação prestada pelo tribunal incluirá a circunstância de o mandado já estar cumprido". Essa medida, que, em princípio, seria dispensável, pois, na conversão/decretação o agente já está preso, mostra-se adequada para outras finalidades, como facilitar o conhecimento de onde a pessoa se encontra para fins de citação, evitando, portanto, a expedição de edital para esse fim, com consequente suspensão do processo, e, igualmente, para que, na eventualidade de outra prisão em flagrante, saber-se se aquela pessoa está sendo procurada ou se foi, anteriormente, levada à prisão.

Como para o efetivo funcionamento do BNMP é preciso que os mandados de prisão sejam expedidos contendo os requisitos mínimos necessários elencados, a começar da numeração única, naturalmente que todos os mandados pendentes de cumprimento, para fins de registro no sistema nacional, deverão ser reeditados nos termos do art. 2° da Resolução em destaque (art. 7°, caput). Até porque, em razão da criação pela Lei n° 12.403, de 2011, das medidas cautelares alternativas, conferindo-se à prisão temporária ou preventiva caráter subsidiário, a Resolução determinou que os juízes responsáveis pelos mandados devem atuar, "... em razão do disposto nos artigos. 282, § 6° e 313 do Código de Processo Penal, na revisão da necessidade, ou não, da manutenção da prisão preventiva decretada[872].

No desiderato de chamar os tribunais à responsabilidade quanto à coordenação, orientação, auxílio e fiscalização da reedição dos mandados de prisão pelos magistrados, determinou-se que o "Os Tribunais, com o auxílio das Corregedorias Gerais, deverão, no prazo de 30 (trinta) dias, criar grupo de trabalho para o cumprimento do disposto no

---

[872] Cf. item 6.1.5, supra.

caput do artigo antes referido (§ 1º do art. 7º), com a definição das atribuições (incisos I, II e III)[873].

Infelizmente, apesar de o art. 6º ter definido o prazo de seis meses, contados da publicação da Resolução[874], para fins de obrigatoriedade de registro no BNMP dos mandados de prisão, até agora, a alimentação do banco de dados está bastante incipiente. Como se pode verificar em consulta à página eletrônica do CNJ, o BNMP foi criado, está disponível para acesso e alimentação dos dados, porém, são pouquíssimos os mandados de prisão registrados[875], o que põe por terra toda a intenção do legislador.

6.2.9.4. Banco nacional de dados sobre as medidas cautelares diversas da prisão

Errou o legislador por ter determinado a criação de sistema eletrônico de dados apenas a respeito das prisões cautelares detentivas. Deveria ter previsto, igualmente, que as medidas cautelares alternativas fossem registradas em banco de dados nacional, mantido pelo Conselho Nacional de Justiça.

Essa providência facilitaria o conhecimento e consequente fiscalização mais eficiente quanto às medidas restritivas impostas em relação a uma determinada pessoa. Até porque o grande problema para a fiscalização e cumprimento das medidas cautelares reside exatamente na falta de ciência quanto às eventuais restrições existentes contra alguém.

---

873 Essas atribuições são apenas de "coordenar e fiscalizar o cumprimento da presente Resolução, oferecendo apoio técnico operacional aos magistrados encarregados da expedição do mandado de prisão", "analisar e conferir a consistência das informações no banco de dados local e das informações encaminhadas ao BNMP" e, por fim, "apoiar os magistrados, em razão do disposto nos artigos 282, § 6.º, e 313 do Código do Processo Penal, na revisão da necessidade, ou não, da manutenção da prisão preventiva decretada." Não há, portanto, nenhuma interferência na independência jurisdicional nem muito menos ofensa ao juiz natural.
874 O prazo foi bastante generoso, uma vez que a Resolução em referência foi editada em 23 de julho de 2011. Em verdade, de acordo com a Lei nº 12.403, de 2011, esse sistema deveria estar funcionando a partir da vigência da Lei, ou seja, do mês de julho 2011. A Resolução estendeu a obrigatoriedade por mais 7 (sete) meses, mas, mesmo assim, os tribunais não cumpriram a determinação legal.
875 Conforme os dados disponíveis em 29 de fevereiro de 2012, eram 230 aguardando cumprimento; 29 cumpridos; e 35 com prazo de validade expirado. Menos de quatro meses depois, de acordo com consulta feita ao BNMP em 24 de junho de 2012, são 29.318 aguardando cumprimento; 7.677 cumpridos; e 1.325 com prazo de validade expirado. (Cf. http//www.cnj.jus.br./bnmp).

Estabelecimentos como casas de espetáculo poderiam, por exemplo, mediante checagem simples no sistema[876], verificar se a pessoa que se apresenta para ingressar no recinto tem alguma medida restritiva contra si. Essa ideia chegou a ser ventilada quando da edição da Resolução nº 137, de 2011, mas não foi levada adiante, infelizmente. Há espécie de medida cautelar diversa da prisão em que o registro em banco nacional seria de fundamental importância para fins de fiscalização quanto ao seu cumprimento e, até mesmo, para dar-lhe efetividade. É a hipótese em que, havendo risco de fuga do distrito da culpa, o juiz entende ser adequada e suficiente medida restritiva no sentido de proibir o agente de ausentar-se da comarca, acompanhada da apreensão do passaporte. Não se há de negar, como salienta Pierpaolo Bottini que[877]:

> Seria importante que a decisão constasse do cadastro, para que as autoridades policiais ou judiciais de outras comarcas ou de outras unidades da Federação tivessem ciência das restrições impostas, auxiliando em sua fiscalização e cumprimento. Assim, caso o acusado procure sair da comarca ou do País para se subtrair à aplicação da lei, as autoridades em todo o território nacional, em especial aquelas competentes para fiscalizar o trânsito de pessoas para o exterior, teriam a informação, mesmo que sobre o acusado não pairasse mandado de prisão, mas tão somente medida cautelar menos gravosa.

O mesmo se diga em relação à determinação de que o agente, à noite e durante os finais de semana e feriados, fique recolhido em seu domicílio. O registro dessa restrição no banco de dados permitiria que em uma blitz a autoridade policial, ou mesmo ao funcionário de algum estabelecimento quando fosse passar o cartão de crédito ou ao fazer identificação da pessoa que estivesse querendo entrar no recinto, flagrasse uma pessoa que não poderia estar, àquela hora e/ou dia, na rua.

Nada obstante o silêncio da lei, o Conselho Nacional de Justiça pode inovar, mediante alteração da Resolução nº 137, de 2011, a fim

---

[876] Como foi dito aqui, pelo sistema criado, qualquer pessoa, agente do estatal, ou não, pode fazer a consulta pública no endereço http://www.cnj.jus.br/bnmp, digitando o nome da pessoa. Se houver registro em relação a ela, aparecerá o mandado de prisão. Poderia ser, no caso, o *Registro de Restrição*.

[877] Medidas cautelares: projeto de lei 111/2008, In: *As reformas no processo penal*: as novas leis de 2008 e os projetos de reforma. Coordenação Maria Thereza Rocha de Assis Moura. São Paulo: Revista dos Tribunais, 2008, p. 500.

de determinar, igualmente, o registro das medidas cautelares diversas da prisão. Enquanto isso não for levado a efeito, os órgãos jurisdicionais podem, e devem fazê-lo, criando nas respectivas páginas eletrônicas esse tipo de banco de dados, com consulta pública franqueada a qualquer do povo.

6.3. Medidas cautelares diversas da prisão

Conforme acentuado, ao lado da intenção de deixar consignada a natureza acautelatória das medidas processuais restritivas impostas contra o indiciado ou acusado, as quais têm caráter excepcional e, por isso mesmo, só podem ser decretadas, independentemente da espécie, quando presentes os requisitos (*fumus boni iuris* ou *fumus commissi delicti* = prova da materialidade e indício suficiente de autoria) e houver um dos fundamentos (*periculum in mora* ou *periculum libertatis* = necessidade para a aplicação da lei penal, para a investigação ou instrução criminal ou para evitar a prática de infrações ou para manter a ordem pública ou econômica), as medidas cautelares de ordem pessoal diversas da prisão representam o ponto central da Lei nº 11.403, de 2011.

Essa questão foi debatida amiúde no art. 6.1.6, supra, quanto à exata compreensão do art. 282, I e II, do Código de Processo Penal, com a redação determinada pela Lei nº 12.403, de 2011 e, de permeio, o que dispõe o art. 321 do CPP, especialmente a sua parte final. Seja como for, para a decretação de qualquer medida cautelar diversa da prisão, além de haver a prova da materialidade do crime e indício suficiente de autoria, faz-se necessário, como consta da parte final do art. 321 do CPP, que sejam "... observados os critérios constantes do art. 282 deste Código", o qual explicita os princípios e regras gerais que incidem sobre as medidas cautelares em geral.

Observe-se que as medidas cautelares pessoais diferentes da prisão não são propriamente nenhuma novidade. Diversas leis especiais cuidaram, paulatinamente, de introduzir essa espécie de medida em nosso sistema processual. Algumas medidas dessa natureza, inclusive, estão presentes em nosso sistema faz bastante tempo. O Decreto-Lei nº 201, de 27 de fevereiro de 1967, que disciplina os crimes praticados pelos prefeitos, por exemplo, determina que, ao ser feita a deliberação pelo recebimento da ação penal, deverá haver, obrigatória e motivadamente, manifestação *sobre o seu afastamento do exercício do cargo durante a instrução criminal* (art. 2º, II). O *afastamento do exercício de função pública* como medida cautelar pessoal diversa da prisão também foi prevista no art. 29 da Lei Complementar nº 35, de 14 de março de 1979 (Estatuto da Magistratura) e, mais recente, no art. 56, § 1º, da Lei nº 11.343, de 23 de agosto de 2006 (Lei de Drogas). O *afastamento do agressor da moradia comum, quando verificada a hipótese de maus-tratos, opressão ou abuso sexual impostos pelos pais ou responsável* a criança ou adolescente, veio com o art. 130, caput, da Lei nº 8.069, de 13 de julho de 1990. Outra hipótese de afastamento do lar, domicílio ou local de convivência com a vítima foi introduzida pela Lei nº 10.455, de 13 de maio de 2002, ao conferir nova redação para o parágrafo único do art. 69 da Lei nº 9.099, de 1995. A suspensão da permissão ou da habilitação para dirigir veículo automotor, ou a proibição de sua obtenção é admitida no art. 294 da Lei nº 9.503, de 23 de setembro de 1997 (Código de Trânsito Brasileiro). Por fim, a Lei nº 11.340, de 7 de agosto de 2006 (Lei Maria da Penha), no art. 22, trouxe um rol de várias medidas de cautelares de ordem protetiva, a saber: I — suspensão da posse ou restrição do porte de armas, com comunicação ao órgão competente, nos termos da lei; II — afastamento do lar, domicílio ou local de convivência com a ofendida; III — proibição de determinadas condutas, entre as quais: a) aproximação da ofendida, de seus familiares e das testemunhas, fixando o limite mínimo de distância entre estes e o agressor; b) contato com a ofendida, seus familiares e testemunhas por qualquer meio de comunicação; c) frequentação de determinados lugares a fim de preservar a integridade física e psicológica da ofendida; IV — restrição ou suspensão de visitas aos dependentes menores, ouvida a equipe de atendimento multidisciplinar ou serviço similar; V — prestação de alimentos provisionais ou provisórios.

Afora isso, o Código Penal especifica como condições para a suspensão condicional da pena, aplicáveis cumulativamente, a *proibição de frequentar determinados lugares*, de *ausentar-se da comarca onde reside, sem autorização do juiz* e a obrigação de *comparecimento pessoal e obrigatório a juízo, mensalmente, para informar e justificar suas atividades* (art. 78, § 2º, alíneas *a*, *b* e *c*.). A Lei de Execução Penal, por sua vez, estabelece como condição obrigatória do condenado para a obtenção do livramento condicional *comunicar periodicamente ao juiz sua ocupação, não mudar do território da comarca do juízo da execução, sem prévia autorização* e, facultativamente, *não mudar de residência sem prévia comunicação, recolher-se à habitação em hora rixada* e não *frequentar determinados lugares* (art. 132, § 1º, alíneas *b* e *c*, e § 2º, alíneas *a*, *b* e *c*).

A iniciativa quanto à incorporação das medidas cautelares diversas alinha o Código de Processo Penal à política criminal quanto à adoção de mecanismos para evitar, tanto quanto possível, a prisão, que já estava implantada no Código Penal por meio das penas alternativas.

De acordo com a disciplina normativa conferida pelo legislador às medidas cautelares diversas da prisão, podemos ter duas correntes de pensamento. Uma de que ela é sempre *autônoma* e outra de que, dependendo do caso, *autônoma* ou substitutiva *da prisão*.

Conforme a primeira linha de pensamento, cabe ao juiz, de início, estando presentes os requisitos, verificar se há um dos fundamentos para a decretação de cautelar pessoal (art. 282, I, do CPP). Existindo um dos fundamentos, aí, sim, caberá verificar qual, se a prisão ou a diversa da prisão, é a medida adequada e suficiente (art. 282, II, c/c o art. 310, II, parte final, do CPP), sendo preferida a detentiva, apenas, quando não for possível a substituição desta (art. 282, § 6º, do CPP).

Dessa forma, o ato decisório, em matéria de cautelar penal, há de conter, afora a abordagem sobre os requisitos (materialidade e indício suficiente de autoria), duas fundamentações, uma quanto à necessidade da medida, outra em relação à espécie a ser imposta (art. 282, I, II, § 6º, e 310, II, parte final, do CPP).

Segundo o outro pensar, que tem como suporte a leitura do art. 282, § 6º, combinada com a do art. 310, II, parte final, do CPP, a medida cautelar diversa da prisão é substitutiva da prisão preventiva, semelhante ao que ocorre com a prisão alternativa, imposta com a sentença condenatória. Dessa maneira, em um primeiro momento, o juiz faz a avaliação se o caso é, ou não, de decretação da prisão preventiva para, depois, sendo a conclusão positiva, verificar se a substituição por medida diversa é *adequada e suficiente*. Nessa segunda linha de pensamento, a medida cautelar diversa da prisão seria de duas espécies: (a) autônoma, em se tratando de crimes para os quais não é cabível a prisão preventiva ou temporária; (b) substitutiva, quando possível a prisão preventiva, ela a substitui.

No nosso entendimento, a cautelar diversa da prisão, regra geral, trata-se de medida autônoma, como, aliás, já ficou ressaltado quando fizemos a diferença entre os *fundamentos* para a decretação e os *critérios* para a definição do tipo de medida a ser escolhida[878]. A exceção

---

878 Cf. itens 6.1.6.2 e 6.1.6.3, supra. Cf., ainda, item 6.3.1.9.1, que trata da fiança.

diz respeito à fiança, que é tratada como medida cautelar autônoma e substitutiva da prisão. A hipótese em que a fiança pode ser utilizada como forma de substituir a prisão processual é na hipótese do art. 310, II, segunda parte, do CPP, como foi demonstrado no item 6.2.4.1.5.4, supra.

Quanto à duração da medida cautelar diversa da prisão, seguindo a mesma orientação em relação à prisão preventiva, o legislador da segunda etapa da Reforma Tópica achou por bem não estipular o prazo máximo de validade, sendo pertinente, portanto, a crítica aqui já feita a esse respeito. Melhor seria se o legislador, tendo em conta o princípio da duração razoável do processo, estipulasse prazo máximo de validade da medida cautelar diversa da prisão, pelo menos até a sentença condenatória, em primeiro grau de jurisdição.

Não tendo assim procedido, cabe para as medidas cautelares alternativas tudo o que foi expendido, sobre a duração razoável, em relação à prisão preventiva[879]. Inclusive, merece atenção o parágrafo único do art. 387 do CPP, objeto da parte da primeira etapa da Reforma Tópica implementada em 2008 (foi acrescentado pela Lei nº 11.719, de 2008), o qual determina ao juiz, na sentença condenatória, decidir, fundamentadamente, se for o caso, quanto à manutenção ou decretação da medida cautelar diversa da prisão[880].

As considerações acima não invalidam o entendimento de que, revogada a prisão preventiva devido ao excesso de prazo, de modo que subjacente, em consonância com o art. 282, I, do CPP, o fundamento para a decretação de medida cautelar pessoal, deve ser determinada a substituição por medidas diversas, dentre elas, o recolhimento domiciliar, a proibição de acesso ou frequência a determinados lugares, de contato com certas pessoas e de ausentar-se da Comarca e, ainda, conforme seja, o comparecimento periódico em juízo e a suspensão de exercício de função pública ou de atividade econômica ou financeira. Essa determinação pode, e deve, ser feita, até mesmo, de ofício, pelo tribunal, quando da concessão de habeas corpus.

6.3.1. Espécies de medidas cautelares diversas no Código de Processo Penal (art. 319)

A Lei nº 12.403, de 2011, tendo em conta as experiências pontuais quanto às cautelares diversas da prisão previstas em leis específi-

---

879 Para não ser repetitivo, cf. o item 6.2.5.3, supra.
880 Cf. item 5.1.9.8.3.1, supra.

cas, ao tempo em que as incorporou para fins de aplicação, como regra, quando presentes os fundamentos e requisitos para a decretação de cautelar criminal, em todos os crimes punidos com pena privativa de liberdade, alargou o rol dessas medidas. Foram inseridas 9 (nove) medidas cautelares pessoais diversas da prisão, a saber:

(1) Comparecimento periódico em juízo.
(2) Proibição de acesso ou frequência a determinados lugares.
(3) Proibição de manter contato com pessoa determinada.
(4) Proibição de ausentar-se da Comarca.
(5) Recolhimento domiciliar.
(6) Supensão do exercício de função pública ou de atividade econômica ou financeira.
(7) Internação provisória de inimputável ou semi-imputável.
(8) Fiança.
(9) Monitoração eletrônica.

Dessas medidas diversas da prisão, a única que não estava prevista, em lei especial, para determinados crimes como medida alternativa, era a monitoração eletrônica, embora esse mecanismo de controle já tivesse sido introduzido pela Lei nº 12.258, de 15 de junho de 2010, em relação aos beneficiados com saídas temporárias no regime semiaberto (arts. 122 a 125, c/c o art. 146-B, II, da Lei de Execução Penal) e aos que estiverem em prisão domiciliar (art. 117, c/c art. 146, IV, da Lei de Execução Penal). Todas as demais já eram conhecidas e aplicadas em nosso sistema.

Inclusive, a fiança é mecanismo antigo, corretamente incluído, com a segunda etapa da Reforma Tópica, dentre as espécies de medidas cautelares diversas da prisão, com a intenção de revitalizá-la, uma vez que, como salientado linhas acima, diante das sucessivas alterações no nosso sistema, em uma interpretação sistêmica, tinha perdido a sua razão de ser.

Cada uma das espécies de medidas cautelares diversas da prisão, contempladas no art. 319 do CPP, merece exame mais detalhado, o que será feito nos itens seguintes.

6.3.1.1. Comparecimento periódico em juízo

O comparecimento pessoal e obrigatório a juízo, mensalmente, para informar e justificar as atividades desempenhadas, sempre constou do Código Penal como exigência para a suspensão condicional da pena (art. 78. § 2º, *c*)[881]. A Lei nº 9.099, de 1995, estatuiu como condição para a suspensão condicional do processo, "o comparecimento pessoal e obrigatório a juízo, mensalmente, para informa e justificar suas atividades" (art. 89, § 1º, IV). Nesse caso, o *comparecimento período a juízo* foi posto no sistema como *medida alternativa*[882] cuja finalidade é a resolução do processo sem a imposição de pena, mediante a declaração por sentença, a final, depois do período de prova sem falta pelo *cumpridor*[883], da extinção de punibilidade.

Com a segunda etapa da Reforma Tópica, o *comparecimento periódico em juízo* foi colocado em nosso sistema como medida cautelar diversa da prisão. Em rigor, essa exigência já existia em nosso sistema como espécie de cautelar diversa da prisão, pois, no então art. 310, caput, do CPP, estava dito que, havendo elementos no sentido de que o preso/detido em flagrante cometeu a ação delituosa amparado em excludente de criminalidade, o juiz, poderia conceder a liberdade provisória, "... mediante termo de comparecimento a todos os atos do processo, sob pena de revogação."

A hipótese de determinação de comparecimento periódico como condição para a liberdade provisória, nessa parte, não sofreu nenhuma alteração, estando, agora, em razão da segunda etapa da Reforma Tópica, consubstanciada no parágrafo único do art. 310 do CPP. O legislador deveria, no entanto, ter feito a devida adaptação às novas regras, porquanto, sem a promoção de nenhuma alteração, faz parecer que existem duas hipóteses de medidas cautelares diversas da prisão consisten-

---

[881] Quanto ao livramento condicional, a obrigação não é propriamente de comparecimento, senão de *comunicar periodicamente ao juiz sua ocupação* (art. 132, § 1º, *b*, da Lei de Execução Penal).

[882] No sistema jurídico brasileiro, a partir da vigência da Lei nº 9.099, de 1995, passou a existir as *medidas alternativas*, das quais são espécies as *medidas alternativas propriamente ditas* e as *penas alternativas*. As medidas alternativas propriamente ditas ou medidas restritivas têm natureza jurídica despenalizante, são mecanismos de solução do processo de forma consensuada, sem reconhecimento da culpa do agente e, por isso mesmo, sem aplicação de pena. Ocorre com a transação ou a suspensão do processo. Já as penas alternativas substituem a pena privativa de liberdade por uma ou mais restritivas de direito, com o prévio reconhecimento da culpa do agente, consistindo, por via de consequência, em aplicação de pena. É imposta com a sentença condenatória. Sobre o assunto, cf. SILVA JÚNIOR, Walter Nunes da. *Curso de processo penal*: teoria (constitucional) do processo penal, p. 424-436.

[883] A expressão *cumpridor* é a utilizada para se referir ao agente submetido a *medida alternativa propriamente dita*, nos casos de transação e suspensão condicional da penal, pois, na hipótese, como ressaltado na nota de rodapé acima, não se trata de condenado.

tes na imposição de *comparecimento período em juízo*: (a) compulsória (art. 310, parágrafo do CPP); e (b) facultativa (art. 319, I, do CPP).

No nosso entendimento, seja como for, a imposição de comparecimento periódico em juízo, a despeito da prova da materialidade e de indício de autoria, há de ser fundamentada no art. 282 do CPP, tendo em conta a sua natureza acautelatória. Aqui estamos de acordo com a doutrina exposta por Renato Brasileiro[884] apenas no ponto em que ele diz:

> ... enquanto o descumprimento da medida cautelar do art. 319, inc. I, do CPP, autoriza a substituição da medida, a imposição de outra em cumulação, ou, em último caso, a decretação da prisão preventiva, preenchidos os requisitos dos arts. 312 e 313 do CPP, do não comparecimento aos atos processuais, não é possível o recolhimento do acusado à prisão, já que, por força do art. 314, a prisão preventiva em nenhum caso será decretada se o juiz verificar pelas provas constantes dos autos ter o agente praticado o fato nas condições previstas nos incs. I, II e III do art. 23 do Código Penal.

Por outro lado, note-se que o legislador da segunda etapa da Reforma Tópica não especificou, ao contrário do que consta no art. 89, § 1º, IV, da Lei nº 9.099, de 1995, que o comparecimento em juízo deve ser mensal. Com efeito, no art. 319, I, consta, como modalidade de medida cautelar diversa da prisão, o "comparecimento periódico em juízo, no prazo e nas condições fixadas pelo juiz, para informar e justificar as atividades." Fez bem. Muitos juízes, em razão da quantidade de cumpridores de medidas alternativas, mesmo ao arrepio da lei, findam estabelecendo prazo superior a um mês para o comparecimento[885]. Mais do que o intervalo de tempo assinalado para o comparecimento em juízo, o importante é que haja a efetiva fiscalização quanto ao cumprimento da cautelar, sendo recomendável o desenvolvimento de sistema informatizado para esse fim[886], de modo que, constatada a falta praticada pelo

---

884 *Nova prisão cautelar*: doutrina, jurisprudência e prática. Niterói: Impetus, 2011, p. 358.
885 Na Segunda Vara da Justiça Federal na Seção Judiciária do Rio Grande do Norte foi criado um sistema informatizado para o efetivo acompanhamento e fiscalização das medidas e penas alternativas, que inclui uma espécie de relógio de ponto para registro dos comparecimentos periódicos em juízo. O sistema também serve para acompanhar o comparecimento estabelecido como medida cautelar.
886 No sistema informatizado desenvolvido na Segunda Vara Federal em Natal, relatórios mensais são emitidos, com registro das pessoas que compareceram, ou não, em juízo.

agente, incontinenti, seja providenciada a sua intimação para os devidos esclarecimentos e, sendo o caso, a imposição, em substituição ou reforço, de outra medida ou, até mesmo, dependendo das circunstâncias, da prisão preventiva ou temporária.

A criação de sistema eletrônico para auxiliar na fiscalização quanto ao comparecimento periódico em juízo deve ser sem prejuízo da exigência de o agente informar e justificar as suas atividades. É importante saber se o agente está ou continua empregado e mesmo o que tem feito em liberdade. A informação com esse conteúdo pode ser encaminhada pelo sistema eletrônico criado, o que complementa o comparecimento em juízo para colocar, por exemplo, apenas a impressão digital em uma espécie de livro de ponto informatizado.

Certamente essa é a medida cautelar diversa da prisão mais fácil de realizar a fiscalização eficiente. Se nem a fiscalização quanto ao comparecimento periódico em juízo for possível, nenhuma outra o será.

Qual deve ser o fundamento para decretar a medida cautelar diversa da prisão consistente no comparecimento periódico em juízo? Como a finalidade da imposição do comparecimento em juízo é para que o agente, periodicamente, *informe e justifique as suas atividades*, o fundamento é a necessidade de estabelecer medida adequada para evitar a prática de infrações penais (art. 291, I, última parte, do CPP) e, em menor sentido, para a aplicação da lei penal.

6.3.1.2. Proibição de acesso ou frequência a determinados lugares

A proibição de frequência a determinados lugares já constava em nosso sistema como condição para a concessão do sursis (art. 78, § 2º, *a*, do Código Penal) e para fins do livramento condicional (art. 132, § 2º, *c*, da Lei de Execução Penal). Também foi incluída como espécie de pena restritiva de direitos, denominada *interdição temporária de direitos*, a "proibição de frequentar determinados lugares" (art. 47, IV, do Código Penal). O art. 89, § 1º, II, da Lei nº 9.099, de 1995, colocou a "proibição de frequentar determinados lugares" como medida alternativa para finalizar o processo sem a imposição de pena. A Lei nº 12.299, de 27 de julho de 2010, alterou a Lei nº 10.671, de 15 de maio de 2003 (Estatuto do Torcedor), a fim de incluir, com o art. 41-B, a pena alternativa de proibição de *comparecimento às proximidades do estádio, bem como a qualquer local em que se realize evento esportivo, pelo prazo de 3 (três) meses a 3 (três) anos* (art. 41-B, § 2º,) e, ainda, *a obrigatoriedade suplementar de o agente permanecer em es-*

tabelecimento indicado pelo juiz no período compreendido entre as 2 (duas) horas antecedentes e as 2 (duas) horas posteriores à realização de partidas de entidade de prática desportiva ou de competição.

Leis esparsas cuidaram de prever, como medidas cautelares de proteção, a proibição de frequência a determinados lugares nos crimes nelas especificados. O afastamento e consequente proibição de acesso ou frequência ao lar, domicílio ou local de convivência ou de moradia com a pessoa ofendida foi disciplinado no Estatuto da Criança e do Adolescente (art. 130, caput), na Lei do Juizado Especial (parágrafo único do art. 69, com a redação determinada pela Lei nº 10.455, de 13 de maio de 2002), e pela Maria da Penha (art. 22, inciso II).

O legislador da segunda etapa da Reforma Tópica, ciente do que já existia a respeito em nosso sistema, contentou-se em inserir dentre as medidas cautelares diversas da prisão a "proibição de acesso ou frequência a determinados lugares quando, por circunstâncias relacionadas ao fato, deva o indiciado ou acusado permanecer distante desses locais para evitar o risco de novas infrações." Essa medida cautelar, portanto, que era específica apenas para determinados crimes, notadamente para os casos de violência doméstica, agora está ditada para todo e qualquer crime. Como se percebe, o legislador não foi muito detalhista e, da forma como redigida a norma, abrange o que dispunham o Estatuto da Criança e do Adolescente, a Lei do Juizado Especial e a Lei Maria da Penha.

A proibição de acesso ou frequência, prevista no art. 319, II, do CPP, pode ser em relação a qualquer tipo de estabelecimento, portanto, ao próprio lar, domicílio ou lugar de convivência comum. Aliás, a medida cautelar do art. 319, II, vai além de mera *medida protetiva* em relação à pessoa ofendida, pois pode ser imposta com essa finalidade específica, como é a regra nos casos de agressão que se processa no meio familiar, como ainda para evitar que outros crimes sejam praticados, na medida em que determinados lugares podem incentivar o comportamento criminoso contra vítimas indistintas, como são os casos de estádios de futebol, bares, boates, áreas de prostituição *ou* de consumo de substância entorpecente etc.

Trata-se de medida diversa da prisão específica para substituir, cumulada com outra ou não, a prisão preventiva sob o fundamento de que necessária para *evitar a prática de infrações penais* ou para a *manutenção da ordem pública ou econômica* (art. 282, II, última parte, e 312, caput, primeira parte, ambos do CPP). Sobre a pertinência de medida cautelar no escopo de evitar a prática de novas infrações, cabe conferir o que foi dito no item 6.1.6.2.3, supra, não sendo o caso aqui de repetição.

É o caso, porém, de relembrar o que se disse sobre o disposto no art. 313, III, do CPP, quanto a não ser necessário, primeiro, aplicar a medida cautelar diversa da prisão para, então, constatada a sua ineficácia, poder aplicar a prisão[887]. Mais do que nunca, tendo em consideração a *gravidade do crime*, as *circunstâncias do fato* e as *condições pessoais* do agente, deve-se fazer a avaliação se, para evitar que o agente volte a agredir o ofendido ou a praticar crimes, é adequado e suficiente, apenas, estabelecer a *proibição de acesso ou frequência a determinados lugares*. Dependendo das circunstâncias, retirar um dos cônjuges do lugar onde se dá a convivência em comum pode ser bastante para evitar novas agressões, enquanto, em outras, pode potencializar o desejo de novas ofensas físicas[888]. Não é situação de fácil avaliação. Sempre haverá área de risco.

Não se tratando de violência doméstica a situação é menos complicada, a exemplo de pessoa que tenha praticado lesão corporal em briga envolvendo torcedores. Impedi-la de comparecer às partidas de futebol, na maioria dos casos, será o bastante. Do mesmo modo, para pessoas que, sob influência de bebidas alcoólicas, quando em lugares como bares e boates, com frequência, tornam-se violentas e provocam brigas, a proibição de acesso a esses lugares evitará, na maioria dos casos, a prática de novas infrações.

Importa ver que a proibição de acesso ou frequência a determinados lugares, na qualidade de medida cautelar, há de ser fundamentada, ainda, tendo em consideração as circunstâncias relacionadas ao fato criminoso revelarem que é prudente manter o agente longe desses locais, evitando-se, assim, o risco de novas infrações. Portanto, não se pode, sem a devida razão de ser, com base no art. 319, II, do CPP, proibir o indiciado ou acusado de participar de festas ou comemorações ou de frequentar lugares de uso comum como praias, caso não se tenha em mira, com a medida, evitar o risco de novas infrações. Se assim não for, a medida será imposta mais em sentido punitivo do que acautelatório.

---

[887] Cf. item 6.2.5.1.3, supra.
[888] O episódio do assassinato de uma procuradora federal, amplamente divulgado na imprensa nacional, mostra como essa questão é delicada. No dia em que recebeu a comunicação de que, por decisão judicial, deveria ficar afastado do lar conjugal, o então marido matou a procuradora federal.

Em relação aos crimes previstos na Lei Maria da Penha, está contemplada, dentre as medidas protetivas, a proibição de o agente frequentar "... determinados lugares a fim de preservar a integridade física e psicológica da ofendida" (art. 22, III, c). A norma é mais abrangente, pois a finalidade não precisa ser, necessariamente, para evitar a prática de novas infrações, mediante a preservação da integridade física, mas, igualmente, a *integridade psicológica* da ofendida, que pode ser comprometida com a mera presença ou possibilidade de presença do agressor.

Por conseguinte, em se tratando de crime previsto na Lei Maria da Penha, a proibição de acesso ou frequência pode ser do lar, domicílio conjugal ou lugar de convivência e, ainda, de outros lugares mais nos quais a presença do infrator pode gerar ofensa à integridade psicológica da pessoa ofendida, diante dos traumas hauridos da agressão.

Aparentemente, o legislador cuidou apenas de estabelecer a proibição de acesso ou frequência, sem dizer nada quanto à aproximação. Imagine-se o caso do torcedor. A proibição de acesso ou de frequentar o estádio de futebol se circunscreve ao impedimento quanto ao ingresso ou compreende, igualmente, a vedação de ficar nas proximidades do local do espetáculo? Não restam dúvidas de que a proibição, a fim de ter eficácia, compreende também a vedação de o agente ficar nas redondezas do local. A esse respeito, o Estatuto do Torcedor, acertadamente, colocou como pena alternativa a proibição de *comparecimento às proximidades do estádio* (art. 41-B, § 2º). O mesmo se diga quanto à proibição de uma pessoa frequentar bares, restaurantes ou boates, ou no caso de alguém acusado da prática do crime de pedofilia, em que o juiz o proíbe de se aproximar de escolas nas quais estudam crianças e adolescentes. Isso pode ocorrer, igualmente, quanto a quem é acusado do crime de tráfico, em que a proibição não é propriamente à frequência a bares, boates ou colégios, mas à aproximação desses locais.

De qualquer sorte, deve-se ter em conta que, conforme o dicionário Aurélio, a palavra *acesso*, além de significar *ingresso*, *entrada*, quer dizer, também, o *trânsito*, *passagem* e mesmo simples *avizinhação* ou *aproximação*. É com essa abrangência que deve ser entendida, na qualidade de medida cautelar, a proibição de *acesso*.

Assim, cabe ao juiz, tendo em consideração as peculiaridades do caso e da localidade, ao estabelecer a proibição de acesso e frequência, definir uma distância que o agente deverá manter do local. É verdade que isso poderá, em alguns casos, trazer alguns questionamentos, pois pode ter como consequência, até mesmo, impedir que a pessoa continue residindo com a sua família em determinada casa ou desempenhando a sua atividade pública ou privada. O assunto deve ser analisado com a devida ponderação. Havendo necessidade, a obrigatoriedade da manutenção de prudente distância do local pode acarretar, até mesmo, que o agente fique impedido de frequentar a sua casa ou de dar continuidade a sua atividade privada. Lembre-se que o afastamento do lar, que é mais drástica, pois impede que o agente tenha o direito de conviver com a sua família, pode ser determinada como medida cautelar, assim como a suspensão do exercício de função pública ou privada (art. 319, VI).

Cremos que nada impede o juiz, na qualidade de medida cautelar, em se tratando de proibição a acesso e frequência a estádio de futebol, especificar na decisão, a fim de que ocorra o efetivo cumprimento da medida e seja possível melhor fiscalização, que o agente, em intervalo de tempo anterior e posterior à realização de partidas, permaneça em determinado estabelecimento.

Até porque o problema crucial dessa espécie de medida é a fiscalização, que não é nada fácil, especialmente porque, infelizmente, não foi determinada a criação de banco de dados nacional a fim de que ficasse registrada a medida e, assim, possibilitasse um melhor acompanhamento por parte da sociedade em si. Conforme já foi dito, se houvesse o cadastro nacional sobre as medidas cautelares diversas da prisão, os responsáveis pelos estabelecimentos poderiam fazer a consulta pública no sistema eletrônico, antes de autorizar a entrada de alguém[889]. Além de o próprio juízo poder criar banco de dados para fornecer informações ao público em geral sobre as pessoas que estão com restrições impostas por cautelar criminal, o magistrado deve encaminhar, pela via eletrônica, comunicação para todos os estabelecimentos objeto da medida de proibição de acesso ou frequência.

Essa comunicação pode ser enviada, conforme o caso, para as secretarias de educação municipal e estadual, associação dos pais de alunos de colégios privados do Estado, associação de bares e restaurantes, federação dos clubes etc., solicitando para que seja dada a mais ampla divulgação. Se a proibição de frequência for a um local específico, a exemplo da sede do trabalho do ofendido, deve a comunicação ser endereçada ao responsável pela direção do estabelecimento, a fim de que seja expedida ordem proibindo a entrada do agente, sem prejuízo

---

[889] Cf. item 5.2.9.4, supra.

da devida comunicação à vítima. Essa comunicação à vítima há de ser feita, pois, do mesmo modo como, em nome do princípio da justiça restaurativa, o ofendido tem de ser informado dos atos mais relevantes do processo, aí incluída a decretação ou revogação da prisão, também deve ser comunicado, a despeito do silêncio da lei, das medidas cautelares diversas da prisão tomadas a seu favor.

Em muitos casos, notadamente quando se trata de crime envolvendo relações domésticas ou de abuso de criança ou adolescente, essa medida cautelar haverá de ser cumulada com a de proibição de manter contato com pessoa determinada.

Essa é uma típica medida cautelar que há de ser, quando possível, cumulada com a monitoração eletrônica. Na Espanha, por exemplo, o monitoramento eletrônico foi estabelecido para os casos de violência doméstica, exatamente para controlar o agressor e alertar sobre a sua presença em locais nos quais ficou proibido de frequentar pelo juiz[890].

Por tudo o que foi exposto, a proibição de acesso ou frequência a determinados lugares, uma vez que a sua finalidade é evitar o risco de novas infrações, deve ser fundamentada tendo como suporte normativo o art. 282, I, última parte, do CPP.

6.3.1.3. Proibição de manter contato com pessoa determinada

A proibição de manter contato com pessoa determinada se trata de medida cautelar diversa da prisão típica dos crimes envolvendo violência doméstica. É espécie de *medida protetiva*. Seguindo as diretrizes traçadas pelo Direito Comparado no trato dos crimes de gênero, a Lei Maria da Penha preceituou como medida cautelar protetiva a proibição de determinadas condutas pelo agente, dentre as quais de "aproximação da ofendida, de seus familiares e das testemunhas, fixando o limite mínimo de distância entre estes e o agressor" e de "contato com a ofendida, seus familiares e testemunhas por qualquer meio de comunicação" (art. 22, II, alíneas *a* e *b*).

Nessa toada, a Lei nº 12.403, de 2011, elencou como medida cautelar diversa da prisão a "proibição de manter contato com pessoa determinada quando, por circunstâncias relacionadas ao fato, deva o in-

---

[890] JAPIASSÚ, Carlos Eduardo Adriano; MACEDO, Celina Maria. O Brasil e o monitoramento eletrônico. In: *Monitoramento eletrônico*: uma alternativa à prisão? Experiências internacionais e perspectivas no brasil. Brasília: Ministério da Justiça, 2008, p. 18.

diciado ou acusado dela permanecer distante" (art. 319, III, do CPP). Com um enunciado simples e direto a norma em destaque contemplou em uma mesma espécie de medida cautelar não apenas a proibição de *contato* como de *aproximação*, o que é o mais natural. Ora, se não é aconselhável o contato, que poderia ser, inclusive, à distância, sem maior risco quanto à agressão física, o que não dizer da aproximação para contato pessoal. Se o agente é proibido de manter contato, por imposição de ordem lógica, está proibido de se aproximar.

Note-se que na Lei Maria da Penha restou explicitado que, quando imposta como cautelar medida protetiva que impede a aproximação, o juiz, na decisão, deve fixar *o limite mínimo de distância* que o agressor deve manter em relação à pessoa ofendida. Embora no art. 319, III, do CPP, não tenha ficado expresso que o juiz deve fixar a distância que o agressor deverá ficar afastado de uma determinada pessoa, não há a menor dúvida de que, na decisão, devem ser extremados os limites da proibição. Se assim não for, a medida fica um tanto quanto sem sentido. Em rigor, essa é conclusão que se obtém da leitura da parte final do inciso III do art. 319 do CPP, quando diz que essa é medida a ser imposta quando, por circunstâncias relacionadas ao fato, *deva o indiciado ou acusado dela permanecer distante*.

Cuida-se, portanto, de medida cautelar cuja finalidade é manter o indiciado ou acusado a certa distância da pessoa ofendida, a fim de evitar que sofra novas agressões. É evidente que deve ser estabelecida qual é a distância. O legislador não se ocupou, assim como não o fez o da Lei Maria da Penha, em estabelecer parâmetros mínimos e máximos a guiar o magistrado quando da determinação da medida. Deixou ao prudente arbítrio do juiz, tendo em consideração às peculiaridades dos fatos e do local, estimar qual a distância que o agente deve manter da pessoa ofendida. Tem-se notícia de caso em que, diante da distância determinada pelo juiz, para o devido cumprimento, o agressor teve de sair da cidade, indo morar em outra. Não vai ser raro caso em que o agente terá, devido à distância determinada pelo juiz, de deixar de morar em sua residência. Imagine-se a situação envolvendo dois vizinhos, morando em casa ou em apartamento.

Mesmo que em razão da distância fixada com a medida cautelar o agressor tenha de sair de seu domicílio ou residência, essa circunstância, por si só, não representa excesso. Como já foi ressaltado, há medidas cautelares específicas que consistem no afastamento do lar, domicílio ou lugar de convivência comum. Também não se apresenta desarrazoado que, tendo em conta a distância estabelecida na medida cautelar protetiva, o agressor fique impossibilitado de exercer função pública ou privada. Considere-se hipótese na qual agressor e agredido desempenham as suas atividades laborativas na mesma empresa e no mesmo ambiente de trabalho. Pode ser, inclusive, situação envolvendo servidor público. Não se pode olvidar que permitir essa convivência próxima pode ser decisivo para que nova ofensa seja praticada.

O que se quer dizer é que a proibição de manter contato pode acarretar, como consequência inexorável, o impedimento para que o agente continue morando em domicílio ou residência ou, ainda, para que mantenha o exercício de função pública ou privada. Não se vê a necessidade, sequer, de ser aplicada, cumulativamente, a medida cautelar do art. 319, IV, do CPP, malgrado não se apresente, a nosso sentir, inadmissível que assim seja[891].

A medida cautelar em exame é prevista, do mesmo modo como a do inciso II do art. 319 do CPP, para ser aplicada sob o fundamento de que necessária para evitar a prática de novas infrações ou para a manutenção da ordem pública ou econômica. Pode ser determinada, igualmente, para satisfazer conveniência da instrução criminal, quando imposta para proibir que o agente se aproxime de testemunha ou da vítima, a fim de evitar que seja exercida pressão que possa comprometer os depoimentos a serem prestados.

Por outro lado, insta considerar que, nos termos do art. 319, III, do Código de Processo Penal, a medida cautelar consistente na proibição de manter contato com pessoa determinada só é pertinente quando demonstrado que as circunstâncias específicas relacionadas ao fato indicam que o indiciado ou acusado deve ficar distante da pessoa ofendida.

Ademais, conforme já exposto no item anterior, invariavelmente, quando for o caso de ser imposta medida cautelar de proibição de manter contato com determinada pessoa, será necessária, ainda, a determinação da proibição de acesso ou frequência a determinados lugares.

A medida de proibição de manter contato, igualmente à de vedação de acesso ou frequência a determinados lugares, é de difícil fiscalização e controle. Exatamente por isso, apresenta-se de todo pertinente que, sendo possível, cumulativamente, seja aplicada, ainda, a monitoração eletrônica. No Direito Comparado, há registro do uso de equipamentos utilizados para a monitoração eletrônica para saber se o

---

[891] Cf. item 6.3.6, infra.

agente está cumprindo a proibição judicial de se aproximar ou entrar em contato com determinada pessoa[892].

Da leitura do que foi exposto acima, tem-se que a proibição de manter contato com pessoa determinada pode ter como fundamento tanto a sua necessidade para a investigação ou a instrução criminal como para evitar a prática de infrações penais (art. 282, I, segunda e terceira partes, do CPP).

6.3.1.4. Proibição de ausentar-se da comarca

A proibição de ausentar-se da comarca sem a prévia autorização do juiz é prevista como condição para a suspensão condicional da pena, o livramento condicional e a suspensão do processo. O legislador da segunda etapa da Reforma Tópica introduziu essa proibição como medida cautelar diversa da prisão, quando a permanência na Comarca for *conveniente ou necessária para a investigação ou instrução* (art. 319, IV, do CPP). A iniciativa não se houve com o devido acerto. Deveria ter ido além da conveniência ou necessidade para a investigação ou a instrução criminal, a fim de abranger, ainda, a necessidade para a aplicação da lei penal.

Isso porque o desaparecimento do agente do distrito da culpa tanto põe em risco a investigação ou a instrução como, igualmente, a aplicação da lei penal. Aliás, não se há de negar, a fuga do agente é mais preocupante em relação à aplicação da lei penal do que quanto à investigação ou instrução, uma vez que, em obséquio à cláusula do direito ao silêncio, o acusado tem pouco a colaborar na produção de provas. Especialmente em razão de, em um processo moderno e democrático, o agente não ser chamado para a investigação ou o processo, a fim de servir de elemento de prova, senão para exercer o seu amplo direito de defesa.

Nos casos envolvendo estrangeiros, de regra, o juiz se via impelido a decretar a prisão preventiva, sob o fundamento de que, solto, o agente poderia ir para o seu País de origem, o que frustraria eventual aplicação da lei penal, se viesse a ser condenado. Isso porque, como em nosso sistema há, na categoria de direito fundamental, a proibição da extradição de brasileiros natos, em razão do princípio da reciprocidade, que norteia as relações internacionais, não seria atendida a solici-

---

[892] JAPIASSÚ, Carlos Eduardo Adriano; MACEDO, Celina Maria. O Brasil e o monitoramento eletrônico, p. 24.

tação da justiça brasileira para que fosse extraditado o estrangeiro para o cumprimento da pena, se este estivesse no território de seu País de origem. Diante disso, para obviar a medida drástica de decretar a prisão preventiva, em muitos casos, mesmo sem previsão legal, o juiz permitia que o agente permanecesse solto ou, no caso de flagrante, que fosse colocado em liberdade, mediante a apreensão do passaporte.

A esse respeito, note-se que ao se referir à proibição de ausentar-se da comarca como medida cautelar, o legislador incluiu, obviamente, a restrição de o agente sair do País. Para dissipar qualquer dúvida quanto ao alcance do art. 319, IV, do CPP, o legislador esclareceu mais adiante, no art. 320, que "A proibição de ausentar-se do País será comunicada pelo juiz às autoridades encarregadas de fiscalizar as saídas do território nacional, intimando-se o indiciado ou acusado para entregar o passaporte, no prazo de 24 (vinte e quatro) horas.

De qualquer modo, o legislador, no ponto, merece crítica. É que esse tipo de medida cautelar, em razão da forma como foi redigido o art. 319, IV, do CPP, só há de ser imposta quando a permanência na Comarca for *conveniente ou necessária para a investigação ou instrução*. O mais adequado, porém, seria o legislador ter explicitado que a proibição de ausentar-se da comarca é tanto para os casos em que a permanência seja conveniente ou necessária para a investigação ou instrução quanto para assegurar a aplicação da lei penal. É verdade que, até certo ponto, as mesmas circunstâncias que conferem amparo ao fundamento de que a medida é conveniente ou necessária para a investigação ou a instrução criminal servem, igualmente, para supedanear a restrição tendo como base a sua necessidade para assegurar a aplicação da lei penal. Mas o que fazer se a instrução já está encerrada? Nesse caso, se o juiz tiver imposto a cautelar de proibição de ausentar-se da comarca, a medida terá, inevitavelmente, caducado, porquanto atingida a sua finalidade, qual seja, tutelar a instrução.

Um exemplo serve para melhor ilustrar a questão. Digamos que o agente é um estrangeiro e o juiz, com receio de que ele viaje para o seu País de origem e não retorne mais ao Brasil, com isso prejudicando a instrução e, essencialmente, comprometendo, no caso de eventual condenação, a aplicação da lei penal, ao invés de decretar a prisão preventiva, impõe a cautelar que proíbe o agente de ausentar-se da comarca, com o devido recolhimento do passaporte. Pois bem, terminada a instrução do processo, com a condenação em sentença recorrível, o passaporte terá de ser devolvido ao agente. A partir daí, como não há nenhuma restrição no sentido de proibi-lo de ausentar-se da comarca, o agente poderá, livremente, ir para o seu País de origem.

Não parece nada razoável que assim seja. Esse paradoxo, certamente, vai findar fazendo com que o juiz, na sentença, justifique a decretação da prisão preventiva com a sentença condenatória, ante a inexistência de medida cautelar diversa da prisão adequada e suficiente para satisfazer a necessidade de assegurar a aplicação da lei penal.

Diante disso, é recomendável que seja decretada, cumulativamente, a monitoração eletrônica. Pelo menos, quando as duas forem aplicadas cumulativamente, a perda de objeto da proibição de se ausentar da comarca não implicará na da outra. A monitoração eletrônica pode ser imposta, nesses casos, como medida para assegurar a aplicação da lei penal, pelo que poderia subsistir quando, encerrada a instrução, fosse prolatada a sentença condenatória.

Finalizando, resta claro que o único fundamento para a medida cautelar diversa da prisão sob a modalidade de proibição de ausentar-se da comarca é a necessidade da investigação ou da instrução criminal (art. 282, I, segunda parte, do CPP). Portanto, quando o legislador fala que a cautelar diversa da prisão pode ser decretada nas situações em que a proibição de ausentar-se da comarca é *conveniente ou necessária*, a interpretação escorreita é de que, de qualquer maneira, a medida só pode ser imposta se *necessária*, não apenas *conveniente*.

6.3.1.5. Recolhimento domiciliar

De todas as medidas cautelares diversas da prisão, a que é mais contundente em impor restrições é a prevista no art. 319, V, do CPP, que consiste no "recolhimento domiciliar no período noturno e nos dias de folga quando o investigado[893] ou acusado tenha residência e trabalhos fixos". É bastante similar à prisão domiciliar do art. 317 do CPP, que veio a lume também com a segunda etapa da Reforma Tópica, porém com aquela não se confunde.

Primeiro, resta lembrar que a prisão domiciliar, em verdade, é a preventiva ou temporária em que o recolhimento ao estabelecimento prisional, por questão de ordem humanitária, se faz no próprio domicílio do agente. Em sentido contrário, o *recolhimento domiciliar* é medida cautelar diversa da prisão. Portanto, não é espécie de prisão.

---

[893] Aqui o legislador fala em *investigado*. Porém, nos incisos II e III do mesmo art. 319 do CPP utiliza a palavra *indiciado*. Trata-se apenas da falta de uniformização das expressões, a revelar mais atecnia do que a intenção de pontuar alguma diferença entre uma e outra previsão normativa.

Note-se que os requisitos para a prisão domiciliar são bastante estreitos, apenas aqueles relacionados no art. 318, incisos I, II, III e IV, do CPP. O recolhimento domiciliar, ao contrário, de regra, é cabível em todo e qualquer crime punido com pena privativa de liberdade. A prisão domiciliar tem como pressuposto a decretação da prisão preventiva. O recolhimento domiciliar, ao contrário, pressupõe que, a despeito da presença dos requisitos e de pelo menos um dos fundamentos para a imposição de cautelar criminal, uma ou mais medidas cautelares diversas da prisão se mostram adequadas e suficientes para prestar a devida tutela ao inquérito ou ao processo principal.

Apesar dessas diferenças, o recolhimento domiciliar se assemelha, e muito, à prisão domiciliar. A diferença é que, no recolhimento domiciliar, o agente está autorizado a sair, durante o dia, para exercer a sua atividade funcional pública ou privada, enquanto na prisão domiciliar deve permanecer, durante os períodos diurno e noturno, recolhido em casa. Todavia, note-se que em dias feriados, quais sejam, aqueles nos quais o agente não desempenha atividade laborativa, o agente deve ficar recolhido durante todo o dia no domicílio. Ademais, ao agente é defeso se ausentar do domicílio para ir a qualquer lugar que não seja para o trabalho. A única saída do domicílio justificável, em rigor, seria apenas para o deslocamento do trabalho, de ida e volta.

Parece ser hipótese na qual, em princípio, diante da gravidade do crime e das circunstâncias fáticas, seria pertinente decretar a prisão temporária ou preventiva, porém, diante das condições pessoais do agente, com especial destaque para o fato de possuir residência e trabalho fixos — que também são requisitos para a medida —, mostra-se mais adequado e suficiente, apenas, o recolhimento domiciliar.

A exigência da residência e de trabalho fixos, como requisito para o recolhimento domiciliar, parece ser óbvia. Se o agente não possui residência fixa, como poderia ser imposta a medida alternativa de recolhimento domiciliar? Possuir residência fixa, porém, é requisito contemporâneo ao cumprimento da medida cautelar. A casa não precisar, sequer, ser do agente, bastando que seja de alguém que se comprometa em destiná-la a servir de domicílio para o agente, especialmente para o cumprimento da medida cautelar.

O requisito do trabalho fixo está a evidenciar, ainda mais, que as condições pessoais do agente específicas são preponderantes para a escolha da medida cautelar ao invés da prisão. Tendo o agente ocupação lícita, por meio dessa medida alternativa, adota-se a política criminal de incentivo à manutenção da atividade funcional, em detrimento do recolhimento à prisão.

Não fosse o cumprimento desses requisitos, domicílio e trabalho fixos, seria determinada a prisão. O que se quer dizer é que, como o recolhimento domiciliar se trata de cautelar diversa da prisão que impõe severas restrições ao direito de liberdade, aproximando-se, e muito, da prisão domiciliar, o juiz deve utilizá-la quando as outras medidas não forem suficientes e adequadas. Caso em que, como se disse, não fosse a circunstância de o agente possuir residência e trabalhos fixos, seria decretada a prisão processual.

Por outro lado, dependendo da gravidade do crime e das circunstâncias do fato, além do recolhimento domiciliar, podem ser impostas outras medidas cautelares diversas, sendo a mais pertinente, afora a monitoração eletrônica, a proibição de contato com pessoa determinada. Se o agente está em cumprimento de medida cautelar mediante o recolhimento domiciliar, para todos os efeitos, está proibido, também, de acesso ou frequência a qualquer lugar que não seja a casa onde está cumprindo a medida e o seu local de trabalho. Não seriam necessárias, portanto, as medidas cautelares dos incisos II e III do art. 319 do CPP. Mas o agente poderia, mesmo sob recolhimento domiciliar, e a tanto não estaria proibido, manter contato, pelas mais diversas formas, com quem quisesse. Por conseguinte, se for o caso, juntamente com o recolhimento domiciliar, cabe a proibição de manutenção de contato com determinada pessoa. Poderia ser agregada, ainda, a medida cautelar referente ao comparecimento periódico em juízo, para informar e justificar as atividades.

Seja como for, assim como acontece na prisão domiciliar, no recolhimento domiciliar se mostra mais do que pertinente ser determinada, cumulativamente, a monitoração eletrônica, a fim de que seja feito o devido acompanhamento quanto ao efetivo cumprimento dessa medida.

Por todo o exposto, o recolhimento domiciliar pode ser decretado tendo como fundamento qualquer um dos fundamentos do inciso I do art. 282 do CPP, ou seja, como necessidade para a aplicação da lei penal, para a investigação ou a instrução criminal e para evitar a prática das infrações penais.

6.3.1.6. Suspensão do exercício de função pública ou de atividade econômica ou financeira

A suspensão do exercício de função pública ou de atividade econômica ou financeira tem despertado muita atenção dentre as medidas cautelares diversas da prisão trazidas à baila com a Lei nº 12.403, de 2011. Porém, não se trata, propriamente, de nenhuma grande novidade. Essa espécie de medida cautelar já era prevista em três diplomas legais. De fato, o afastamento do exercício de função pública como medida cautelar diversa da prisão foi incluída em nosso sistema com o Decreto-Lei nº 201, de 1967 (Lei dos Crimes de Responsabilidade dos Prefeitos e Vereadores — art. 2º, II), seguido da Lei Complementar nº 35, de 1979 (Estatuto da Magistratura — art. 29) e na Lei nº 11.343, de 23 de agosto de 2006 (Lei de Drogas — art. 56, § 1º).

Conforme a dicção normativa do art. 319, VI, deve ser decretada a medida cautelar de "suspensão do exercício de função pública ou de atividade de natureza econômica ou financeira quando houver justo receio de sua utilização para a prática de infrações penais." Em várias situações esse tipo de medida cautelar se apresentava como a mais adequada e suficiente para permitir o aprofundamento de investigação ou para evitar a prática de novas infrações, porém, o juiz criminal não podia dela se utilizar, à ausência de previsão normativa.

Em caso emblemático envolvendo a apuração de corrupção sistêmica que seria comandada por um então governador do Distrito Federal, verificou-se que a medida eficiente para viabilizar a apuração dos fatos era o afastamento do exercício da função. Aliás, nos crimes em geral praticados por servidores públicos valendo-se do exercício da função (corrupção passiva, concussão, peculato, fraude a licitação etc.) e em delitos de lavagem de dinheiro a suspensão do exercício da função pública ou privada é medida de extrema necessidade.

Embora estabelecida em lei especial para os crimes praticados pelos prefeitos, magistrados e de tráfico de entorpecentes (arts. 33, caput, § 1º, e 34 a 37, da Lei de Drogas), a suspensão do exercício de função de servidor público, não existia norma jurídica respaldando, nos mais diversos casos também envolvendo agentes públicos, a tomada dessa medida. Essa lacuna no ordenamento jurídico animou alguns juízes criminais a utilizar, subsidiariamente, o art. 20, parágrafo único, da Lei nº 8.429, de 2 de julho de 1992 (Lei de Improbidade Administrativa), o qual permite à *autoridade judicial ou administrativa* determinar "... o afastamento do agente público do exercício do cargo, emprego ou função, sem prejuízo da remuneração, quando a medida se fizer necessária à instrução processual."

Acontece que, como se sabe, a Lei de Improbidade Administrativa trata de apurações administrativas e processos cíveis, não criminais, de modo que as disposições ali contidas não são aplicáveis ao processo penal. Não se presta, portanto, para ser adotada como medida cautelar no ambiente criminal.

Ademais, em vários e vários casos, a exemplo do que acontece, em regra, nos crimes de lavagem de dinheiro, a ação ilícita é praticada pelo agente se utilizando, para tanto, da atividade privada por ele exercida. A Lei º 9.613, de 1998 (Lei de Lavagem de Dinheiro), em certa medida, dispõe de medida cautelar assecuratória, de ordem patrimonial, que, ao fim e ao cabo, gera como consequência o afastamento do exercício de atividade empresarial do agente ou de pessoa que age a seu mando, como é a hipótese na qual, nos termos do art. 5º, da Lei em referência, a par do sequestro dos bens, direitos ou valores, o juiz nomeia pessoa qualificada para administrar os bens. Não raro, a nomeação se faz para que, em substituição ao agente investigado ou acusado, a pessoa designada pelo juiz administre empresa privada, como bares, restaurantes, lojas, prestadoras de serviço etc.

A existência de medida cautelar pessoal na área criminal, diversa da prisão, restringindo o exercício de função, portanto, era acalentada pelos operadores jurídicos, em razão de sua extrema utilidade em muitas situações. E o legislador da segunda etapa da Reforma Tópica se desincumbiu bem de sua missão, na parte em que admitiu como medida cautelar de ordem pessoal o afastamento tanto de função pública quanto de natureza privada, econômica ou financeira.

Essa é a interpretação que sobressai da norma que alberga a medida cautelar sob a modalidade de suspensão de função, a qual está assim redigida: "suspensão do exercício de função pública ou de atividade de natureza econômica ou financeira quando houver justo receio de sua utilização para a prática de infrações penais" (art. 319, VI, do Código de Processo Penal). Resta evidente que a expressão *ou de atividade de natureza econômica ou financeira*, como desempenho profissional diferente de *função pública*, está a indicar que a referência é a qualquer tipo de atividade profissional privada, submetida ao regime da Consolidação das Leis do Trabalho, de contrato de prestação de serviços ou como empresário autônomo, dono de seu próprio negócio.

De outra banda, pelo que consta do texto normativo, esse tipo de medida só há de ser decretada *quando houver justo receio* de que a função pública ou privada é *utilizada para a prática de infrações penais*. Portanto, na decisão que a decreta, deve fazer parte da fundamentação o detalhe de que o desempenho do cargo ou emprego servia de instrumento para a prática dos crimes em apuração.

Isso não quer dizer, todavia, que a medida cautelar de suspensão de função só pode ter como fundamento a necessidade de sua decretação para evitar a prática de infrações ou para a manutenção da ordem pública ou econômica. Em absoluto. O fundamento da medida cautelar pode estar escorado, igualmente, na necessidade do afastamento do agente da atividade pública ou privada no escopo de assegurar a investigação ou instrução processual, o que, aliás, é muito comum em casos envolvendo servidores públicos. A permanência do agente no desempenho da função estatal, quando o crime é praticado em razão dessa condição, ainda que não haja risco da prática de novas infrações — o que é raro, diga-se —, pode prejudicar, severamente, a apuração, não apenas diante da intimidação de seus subordinados, mas porque poderá, das mais variadas formas, inviabilizar a colheita de provas. Com o afastamento do cargo, o ambiente fica mais saudável para o desenvolvimento da apuração, ficando os demais servidores ou funcionários mais à vontade para colaborar.

Dois aspectos merecem consideração especial. O primeiro é que a norma não fala na eventual designação, pelo juiz, de alguém para responder pelo serviço do qual o indiciado ou acusado vier a ser afastado. Em se tratando de servidor público, por óbvio, não há a menor necessidade, porquanto a substituição se verifica conforme as regras de substituição definidas em lei ou ato normativo. Entretanto, se for atividade privada, como, por exemplo, gerenciamento de uma empresa, haverá de ser feita a designação de alguém. Até porque, a permitir que qualquer pessoa assuma a função, pode tornar, ainda que em parte, ineficaz a medida, diante da continuidade na prática de novos crimes ou da interferência para prejudicar a apuração do ilícito.

Talvez o legislador não tenha se ocupado em dizer, quando necessário, algo a respeito da nomeação de alguém para gerenciar a empresa no lugar da pessoa afastada, porque, em verdade, essa medida guarda identidade maior com medida cautelar de ordem patrimonial. Mas seria o caso de ter feito essa consideração, ainda que fosse mediante a inclusão de dispositivo no capítulo VI do Título VI do Livro I do Código de Processo Penal, que cuida das medidas assecuratórias. Em se tratando de crime de lavagem de dinheiro, não haverá nenhum problema, pois, conforme asseverado acima, o art. 5º da Lei nº 9.613, de 1998, contempla essa medida. Se for outro tipo de crime, tendo o juiz determinado a suspensão da atividade privada e sendo necessária a designação de alguém para responder pelo serviço, pensamos que o juiz está autorizado a fazê-lo. Não poderá deixar a empresa acéfala ou à própria sorte, até porque se trata de patrimônio que há de ser preservado, tanto em caso de condenação, para que reverta em proveito de quem seja devido, como na absolvição, com a restituição ao agente da empresa com a sua saúde econômica e financeira preservada.

O segundo aspecto é quanto à remuneração da pessoa afastada. O legislador foi desatento em relação a essa questão, quando deveria ter sido expresso, a fim de dissipar dúvidas. Tem-se notícia de casos em que juízes criminais, fazendo uso dessa nova modalidade de cautelar, têm determinado o afastamento do exercício de função pública, com a consequente suspensão da remuneração pelo cargo. Não parece que essa seja a posição mais acertada, uma vez que não há disposição legal expressa nesse sentido. A norma aqui não pode ser interpretada a fim de que se torne mais restritiva do que a sua leitura indica. Até porque, para todos os efeitos, em se tratando de servidor público, cláusula constitucional veda, até mesmo, a mera redução, o que não dizer a sustação do pagamento em si.

Naturalmente que o legislador tinha ciência, quando redigiu a norma, que tanto o servidor público quanto o da iniciativa privada percebem remuneração em razão do desempenho de atividade funcional. Dessa maneira, se o legislador falou em suspensão da atividade, mas silenciou quanto à remuneração, é porque esta não se encontra compreendida na restrição que vier a ser imposta, a título de medida cautelar. E não seria o caso mesmo de a suspensão do exercício da função acarretar, também, a interrupção do pagamento da remuneração. Caso o afastamento implicasse, *ipso facto*, na sustação da remuneração, muito provavelmente os juízes seriam bastante parcimoniosos na determinação da medida cautelar em exame. Imagine-se o caos familiar se o seu provedor, de uma hora para a outra, tiver suspensa a sua remuneração: Como ficaria a alimentação do cônjuge e da prole e o pagamento de outras despesas vitais, como educação, água, energia etc.?

Cabe notar que no caso de afastamento de magistrado do exercício da função jurisdicional, em razão do recebimento de ação penal ou de instauração de Procedimento Administrativo Disciplinar, resta conservado o direito ao recebimento da remuneração, nos termos do art. 27, § 3º, da Lei Orgânica da Magistratura. De igual modo, quando se trata de afastamento em razão da prática de ato de improbidade administrativa, o afastamento do agente público do exercício do cargo, emprego ou função é sem prejuízo da remuneração (art. 20, parágrafo único, da Lei nº 8.429, de 1992).

De qualquer maneira, em nosso sentir, não parece justo e adequado que o servidor público afastado de suas funções conserve o direito de receber a remuneração integral. O mais indicado seria que fosse mantido o pagamento, apenas, de parte da remuneração, em razão da redução, por exemplo, de 1/3. A esse respeito, o Superior Tribunal de Justiça, em voto da Ministra Maria Thereza de Assis Moura, no RMS 21.778/MT, referendou lei estadual que previa a redução da remuneração do servidor afastado administrativamente da função para fins de apuração de crime praticado em razão da função[894].

Seja como for, iniciativa dessa ordem por parte dos estados da federação foi, infelizmente, inibida com a decisão do Supremo Tribunal Federal exarada no RE 482.006/MG, cujo relator foi o Ministro Ricardo Lewandowski, no sentido de que a redução de vencimentos de servidores processados não está em compasso com os princípios da presunção de não culpabilidade e da irredutibilidade de vencimentos[895]. Esse entendimento não parece ser o mais acertado. A redução

---

[894] RECURSO ORDINÁRIO. MANDADO DE SEGURANÇA. ADMINISTRATIVO. DELEGADO DA POLÍCIA CIVIL. PRISÃO PREVENTIVA. REDUÇÃO EM UM TERÇO DE SEU SUBSÍDIO. ART. 64 DA LEI COMPLEMENTAR ESTADUAL Nº 04/90. CONSTITUCIONALIDADE. 1. A previsão do Estatuto dos Servidores Públicos do Estado do Mato Grosso segundo a qual, em havendo a prisão preventiva de um servidor, sua remuneração deve ser reduzida em um terço, não ofende os princípios constitucionais da irredutibilidade de vencimentos e da não-culpabilidade. Com efeito, trata-se de redução temporária de vencimentos decorrente de sua ausência ao serviço e, em caso de absolvição, haverá o pagamento do um terço reduzido. 2. "Não há falar, em hipóteses tais, em força maior. Isso porque, em boa verdade, é o próprio agente público que, mediante sua conduta tida por criminosa, deflagra o óbice ao cumprimento de sua parte na relação que mantém com a Administração Pública." (BRASIL. Superior Tribunal de justiça. Data da decisão: 31/10/2007. Disponível em: www.stf.jus.br/jurisprudencia. Acesso em 31 jan. 2012.

[895] "EMENTA: ART. 2º DA LEI ESTADUAL 2.364/61 DO ESTADO DE MINAS GERAIS, QUE DEU NOVA REDAÇÃO À LEI ESTADUAL 869/52, AUTORIZANDO A REDUÇÃO DE VENCIMENTOS DE SERVIDORES PÚBLICOS PROCESSADOS CRIMINALMENTE. DISPOSITIVO NÃO RECEPCIONADO PELA CONSTITUIÇÃO DA REPÚBLICA FEDERATIVA DO BRASIL DE 1988. AFRONTA AOS PRINCÍPIOS DA PRESUNÇÃO DE INOCÊNCIA E DA IRREDUTIBILIDADE DE VENCIMENTOS. RECURSO IMPROVIDO. I — A redução de vencimentos de servidores públicos processados criminalmente colide com o disposto nos arts. 5º, inciso LVII, e art. 37, inciso XV, da Constituição da República Federativa do Brasil de 1988, que abrigam, respectivamente, os princípios da presunção de inocência e da irredutibilidade de vencimentos. II — Norma estadual não recepcionada pela atual

da remuneração não se trata, propriamente, de tipo de diminuição remuneratória vedada pela Constituição, mas a consequência pelo fato de a pessoa estar recebendo sem trabalhar. Se assim não for, em determinados casos, para o servidor vai ser como uma espécie de prêmio, tendo em consideração, ainda, que ele poderá ficar muitos anos ganhando sem exercer a função, até o trânsito em julgado. Não parece razoável.

Na atividade privada, essa suspensão de função não caracteriza, no sentido técnico-trabalhista, *suspensão do contrato de trabalho*. Está mais para *interrupção do contrato de trabalho*, em que ocorre a sustação temporária da principal obrigação do empregado, que é a prestação do serviço, sem que o empregador esteja desonerado de pagar o salário[896].

Em síntese, a suspensão do exercício de função pública ou privada pode ser fundamentada na necessidade da instrução da investigação ou do processo ou para evitar a prática de crimes ou a manutenção da ordem pública ou econômica (art. 282, I, segunda e terceira partes, do CPP).

6.3.1.7. Internação provisória de inimputável ou semi-imputável

O tratamento dispensado aos presos no sistema jurídico brasileiro, diante das péssimas condições carcerárias, agravadas em razão da superlotação, como é do conhecimento de boa parte da população, está abaixo da linha do aceitável, não sendo despropositado dizer que muitos dos presídios mais se parecem com masmorras medievais ou meros depósitos de seres humanos. Ainda assim, a parte mais sensível e, a um só tempo, menos visível desse problema reside na falta de cuida-

---

Constituição da República Federativa do Brasil de 1988, sendo irrelevante a previsão que nela se contém de devolução dos valores descontados em caso de absolvição. III — Impossibilidade de pronunciamento desta Corte sobre a retenção da Gratificação de Estímulo à Produção Individual — GEPI, cuja natureza não foi discutida pelo tribunal a quo, visto implicar vedado exame de normas infraconstitucionais em sede de RE. IV — Recurso extraordinário conhecido em parte e, na parte conhecida, improvido. (BRASIL. Supremo Tribunal Federal. Data da decisão: 7/11/2007. Disponível em: www.stf.jus.br/jurisprudencia. Acesso em 31 jan. 2012).

[896] SILVA, Flávia Martins André da. *Suspensão e interrupção do contrato de trabalho*. http://www.boletimjuridico.com.br/doutrina/texto. Acesso em: 31 jan. 2012.

dos com as internações dos inimputáveis e simi-imputáveis, nos poucos manicômios judiciários existentes.

Não raro, o manicômio judiciário não passa de uma ala de estabelecimento carcerário destinado às pessoas com falta de higidez mental. Na maioria das vezes, o inimputável finda recebendo tratamento muito mais severo do que o reservado para os presos em geral, pois as internações não possuem, sequer, prazo definido para a sua validade. Sem contato com a família, muitos acabam *institucionalizados*, segregados *ad eternum*[897]. A problemática possui ingredientes a mais, em razão de se tratar, antes de tudo, mais de questão afeta à área de saúde e humanitária do que de segurança pública ou jurídica.

Para todos os efeitos, tanto o antigo art. 80 do Código Penal quanto os arts. 378 e 152, § 1º, do Código de Processo Penal cuidavam da internação como medida cautelar, destinada aos inimputáveis e aos ébrios habituais e toxicômanos. Revogado o art. 80 do CP mercê da adoção do sistema vicariante com a reforma da Parte Geral do Código Penal operada pela Lei nº 7.209, de 1984, e de permeio, do art. 378 do CPP, restou a disciplina do art. 152, § 1º, do CPP, segundo a qual, constatada a doença mental, "o juiz poderá, nesse caso, ordenar a internação do acusado em manicômio judiciário ou em outro estabelecimento adequado." Essa disposição normativa, que permaneceu em vigor, com frequência, era aplicada pelos juízes como medida automática para a internação provisória, sem levar em consideração a sua necessidade, ou não, tendo em consideração, apenas a circunstância de o agente apresentar deficiência mental.

Parte considerável da doutrina sempre se posicionou de forma crítica a essa postura judicial, advertindo que a internação provisória só é cabível quando, a par da materialidade e dos indícios de autoria, restar demonstrada a necessidade de ser aplicada essa medida restritiva. Mesmo assim, grande parte das internações vinha sendo pautada na presunção *jusris et de jure* de periculosidade aferida com base apenas na circunstância de o agente ser portador de doença mental, em evidente violação aos direitos e garantias fundamentais do cidadão.

---

[897] Para obviar essa situação, o Conselho Nacional de Justiça, por meio da Portaria nº 26, de 31 de março de 2011, instituiu grupo de trabalho para realizar mutirões, elaborar estudos e apresentar propostas relativas à fiscalização e ao acompanhamento do cumprimento de medidas de segurança, no desiderato de promover desinternamento de expressivo número de pessoas que se encontram internadas há longo tempo.

E pior é que, malgrado o art. 97, caput, segunda parte, do Código Penal, dispor que a internação dos sentenciados com medida de segurança, em princípio, só deve ser determinada se o crime cometido for passível de pena de reclusão, de modo que se se trata de pena de detenção, a medida a ser aplicada é apenas o tratamento ambulatorial, levantamento feito pelo Conselho Nacional identificou país afora a existência de um expressivo número de hospitais psiquiátricos (verdadeiros manicômios) superlotados de pessoas portadoras de sofrimento mental acusadas da prática de crimes de menor gravidade, algumas das quais confinadas por tempo muito superior ao prazo determinado na medida de segurança imposta, sem que recebessem a assistência à saúde necessária e nem mesmo uma avaliação clínica sobre a necessidade, ou não, da continuidade da internação.

A segunda etapa da Reforma Tópica objeto da Lei nº 12.403, de 2011, tem o mérito de esclarecer que a internação provisória é medida cautelar e como tal há de ser tratada, notadamente quanto à existência da presença dos requisitos e da necessidade de sua imposição. Ademais, ao dizer que esse tipo de medida cautelar só é admissível "... nas hipóteses de crimes praticados com violência ou grave ameaça, quando os peritos concluírem ser inimputável ou semi-imputável (art. 26 do Código Penal) e houver risco de reiteração", caminha passo a passo com a política mundial antimanicomial e em sintonia com os princípios e diretrizes constantes da Lei nº 10.216, de 6 de abril de 2001, princípios e diretrizes aprovados nas II e IV Conferências Nacionais de Saúde Mental (2001 e 2010) e na Resolução nº 4, de 30 de julho de 2010, do Conselho Nacional de Política Criminal e Penitenciária do Ministério da Justiça, diplomas normativos editados no afã de reduzir ao máximo as internações.

Para todos os efeitos, para esse tipo de medida, dois são os requisitos específicos: (a) prova da materialidade de crime praticado com violência ou grave ameaça, não sendo suficiente, portanto, que seja prevista pena privativa de liberdade, como é a regra geral para as cautelares diversas da prisão; e (b) necessidade para evitar a reiteração de crimes.

Quanto a essa necessidade específica, fica ratificada a posição de que não pode ser adotada a medida tendo em conta a maior ou menor periculosidade do agente, ou como se vê na prática, na mera *presunção de periculosidade*, aplicando-a em virtude de o agente *ser o que é*, e não pelo necessidade de evitar novos crimes.

Mas o legislador não está indene a crítica. Ele admitiu como medida cautelar apenas a internação, sem fazer referência à determinação de submissão a tratamento ambulatorial. Aqui, como o tratamento ambulatorial é medida mais benéfica para o agente, pensamos que nada impede o juiz, ao invés de determinar a internação, impor, apenas, que o agente seja submetido a essa terapia. Essa posição se conforta com as diretrizes da Lei nº 10.216, de 2001, da Resolução nº 113, de 20 de abril de 2010, e da Recomendação nº 35, de 12 de julho de 2011, as duas últimas editadas pelo Conselho Nacional de Justiça, que apontam como norte a política antimanicomial. Até porque, exegese tendo em conta o art. 97, caput, segunda parte, do Código Penal, leva à conclusão de que, em qualquer hipótese, se a pena prevista para o crime for a pena de detenção, em regra, deve ser determinado apenas o tratamento ambulatorial. Se assim não for, teríamos o paradoxo de admitir que a medida cautelar seja mais grave do que a medida de segurança a ser aplicada, no final do processo, com a sentença.

Por fim, cabe ressaltar que essa medida cautelar só pode ter como fundamento a necessidade de sua decretação para evitar a prática de infrações ou a manutenção da ordem pública ou econômica (art. 282, I, última parte, do CPP).

6.3.1.8. Monitoração eletrônica

No direito comparado, faz tempo se tem notícia da utilização da monitoração eletrônica como instrumento hábil para evitar o recolhimento à prisão, seja quando aplicada na qualidade de pena, seja como medida cautelar alternativa. Há registros de que, ainda no ano de 1946, o monitoramento eletrônico foi utilizado no Canadá, como forma de fiscalização de pessoa presa em seu próprio domicílio. Mas foi a partir da década de 1980 que se deu, propriamente, o início da fiscalização eletrônica, por meio de projetos pilotos experimentados nos Estados Unidos, em Washington, na Virgínia e na Flórida[898]. Além dos

---

[898] JAPIASSÚ, Carlos Eduardo; MACEDO, Celina Maria. O Brasil e o monitoramento eletrônico. In: *Monitoramento eletrônico*: uma alternativa à prisão? Experiências internacionais e perspectivas no Brasil, p. 14. Em verdade, a iniciativa se deu no Novo México, em 1983, com a intenção de monitoração de cinco presos, ideia retirada de uma história em quadrinhos, na qual o super-herói Homem-Aranha ficava sendo monitorado pelo vilão, por meio de bracelete

Estados Unidos, esse mecanismo foi implementado no Canadá, Reino Unido, Suécia, Países Baixos, Holanda, França, Bélgica, Itália, Alemanha, Espanha, Portugal, Suíça, Hungria, Andorra, Austrália, Nova Zelândia, Argentina, Singapura e África do Sul[899]. São as mais variadas as experiências colocadas em prática. Basicamente, existem dois sistemas, denominados (a) *front-door*; e (b) *back-door*. O *front-door* tem como finalidade maior evitar o ingresso do agente no sistema carcerário, em que o monitoramento é utilizado como pena principal ou substitutiva da privativa de liberdade ou como medida cautelar. Já o *back-door* é o uso da fiscalização eletrônica como forma de se dar continuidade ao cumprimento da pena, geralmente quando da progressão para regime similar ao aberto.

Com base nessas duas linhas do sistema de monitoramento eletrônico, diversas foram as experiências pioneiras registradas no Direito Comparado: (a) prisão domiciliar, provisória ou definitiva (Estados Unidos); (b) violência doméstica (França); (c) *probation*, em que o acusado é colocado em vigilância, sem necessidade de recolhimento à prisão (Estados Unidos); (d) *parole*, espécie de liberdade condicionada, sendo o condenado liberado antes do cumprimento de toda a pena (Estados Unidos); (e) *curfew orders*, ordens monitoradas que impedem ou determinam a permanência do condenado em determinado local, associado ao programa *Home Detention Curfew*, com a finalidade de promover a soltura dos condenados 2 (dois) meses antes do final da pena (Inglaterra e País de Gales).

Para além do tipo de medida imposta como condição para evitar o recolhimento à prisão, o perfil para a definição dos usuários do monitoramento, via de regra, concentra-se em agentes multirreincidentes, pessoas que exigem maior controle, como forma de conferir maior proteção à sociedade. Também é comum para usuários de drogas e acusados de dirigir sob influência de álcool, assim como para os que praticam crimes sexuais.

Quanto à tecnologia, basicamente, o sistema de monitoramento pode ser *estático ou móvel*. O estático, que é mais barato, é indicado para os casos em que o monitoramento se resume à fiscalização de que o agente, conforme estabelecido, deve permanecer em determinados

---

colocado sem seu braço, conectado a um radar. (ibid.)
[899] Ibid., p. 17.

lugares, como é o exemplo clássico da prisão domiciliar ou, então, no local qual que ele não deve comparecer, podendo, assim, ser utilizado para a definição de zonas de *inclusão ou de exclusão*. O móvel serve para, além de certificar o cumprimento da obrigação, informar os locais por onde eventualmente o agente tenha se deslocado, pelo que se presta, também, para tentar evitar a reincidência. Embora mais cara, é a tecnologia preferida, pois possibilita que se saiba, em tempo real, se o agente está descumprido o que lhe foi determinado. Há no mercado equipamentos, inclusive, com receptor de voz, similar a telefone celular, permitindo que o órgão fiscalizador se comunique com o agente, em qualquer situação de necessidade. A par disso, o equipamento de aço é revestido de couro com fios que servem para identificar a tentativa de rompimento. No primeiro instante em que se tenta o rompimento, é emitido uma espécie de apito de baixo decibel e caso o agente persista na tentativa de rompimento, há o aumento do volume, com som similar ao de uma sirene, sem embargo da possibilidade de ser enviada pelo órgão de controle de comunicação de voz. Quando da apresentação dessa tecnologia no Workshop de Boas Práticas de Gestão das Varas Criminais e de Execução Penal, realizado em 9 de fevereiro de 2010, promovido pelo Conselho Nacional de Justiça, não havia registro de nenhum caso de sucesso no rompimento das tornozeleiras utilizadas pelo estado do Rio Grande do Sul, que adota essa tecnologia mais sofisticada.

Mesmo em Países mais avançados, embora estudos apontem que o monitoramento eletrônico importe em despesa *per capita* inferior ao gasto com a manutenção de pessoa recolhida à prisão, o custo tem se apresentado como empecilho para a sua utilização em escala nacional[900]. Para obviar esse senão de ordem financeira, alguns Países, como

---

900 Em workshop promovido pelo Conselho Nacional de Justiça, em dia 9 de fevereiro de 2011, estados como Rio Grande do Sul, Rio de Janeiro, São Paulo, Rondônia, Mato Grosso do Sul e Paraíba relataram iniciativas quanto ao monitoramento eletrônico. De acordo com o levantamento feito na época, havia mais de 5.500 (cinco mil e quinhentos) presos sendo monitorados eletronicamente. Os custos para o funcionamento do sistema foram os mais diversos, com variação entre R$ 300,00 (trezentos) reais mensais por preso (sistema da Paraíba) a pouco mais de R$ 600,00 (seiscentos) reais (Rio Grande do Sul). De qualquer sorte, despesa bem inferior em relação ao recolhimento à prisão, cujo custo, em fevereiro de 2011, era estimado em 1.800,00 (mil e oitocentos) reais. (http://prisional.blogspot.com/2011_02_01_archive.html, acesso em 07/02/2012.)

Estados Unidos, Bélgica, Suécia e França, cobram os custos de quem faz uso do equipamento.

Ao contrário do que geralmente se diz, e se pensa, o monitoramento eletrônico não se presta para evitar a prática de crimes nem muito menos tem como finalidade precípua diminuir o grave problema da superpopulação carcerária, com consequente redução dos custos com a manutenção da infraestrutura de pessoal e material. Em verdade, cuida-se de eficiente mecanismo para melhor fiscalização do cumprimento de obrigações que sejam impostas ao agente, assim como meio pertinente para evitar o processo de marginalização e de incremento da deliquência inerente a todo e qualquer estabelecimento carcerário, dando-se preferência ao tratamento curativo sem impedir o desenvolvimento da atividade laborativa do agente e a manutenção de sua vida social e familiar[901].

Em nosso meio, a adoção da técnica de monitoramento eletrônico encontrou muita resistência entre alguns juristas de escol, sob o argumento de que é aviltante, porquanto qualquer que seja o equipamento utilizado para esse fim (tornozeleira, bracelete, colar etc.) irá gerar constrangimento à pessoa, no convívio social. Aqueles mais alinhados à filosofia liberal apontam, ainda, ofensa ao livre arbítrio, o qual compreende, até mesmo, o direito de quebrar as regras, tendo a plena consciência de que isso lhe acarretará sanções. Mas não se pode deixar de reconhecer que não há nada mais agressivo à dignidade humana do que a prisão, especialmente em razão das precárias condições carcerárias em nosso País. O conhecimento mínimo da realidade do sistema penitenciário brasileiro está a revelar que ninguém, em sã consciência, irá preferir o recolhimento à prisão a ficar, em razão de submetido à monitoração eletrônica, apenas com o direito de liberdade com algumas restrições.

O mais importante, de toda sorte, é que o monitoramento eletrônico seja medida condicionada à aceitação do acusado ou condenado, de modo que caberá ao próprio interessado direto na questão, por sua

---

[901] No Workshop de Boas Práticas na Gestão das Varas Criminais e de Execução Penal, promovido pelo CNJ, na condição de Conselheiro do órgão, afirmamos que o "foco (do monitoramento eletrônico) não é a redução da população carcerária, mas garantir o controle das determinações impostas pelo juiz". (http://prisional.blogspot.com/2011_02_01_archive.html, acesso em 07/02/2012.)

livre e espontânea vontade, fazer a escolha entre ser ou permanecer recolhido à prisão ou ficar ou ser colocado em liberdade, sob monitoramento eletrônico. É alternativa que dependerá, sempre, da vontade do agente, seja com a prévia aceitação formalizada, por meio de algum documento, ou, então, implicitamente, pela aceitação em portar o equipamento e cumprir as condições ou demais medidas cautelares impostas pelo juiz cumulativamente.

Quando da elaboração do Plano de Gestão das Varas Criminais e de Execução Penal pelo Conselho Nacional de Justiça[902] foi aprovada e encaminhada para o Congresso Nacional sugestão de lei disciplinando o monitoramento eletrônico para os casos de prisão em regime aberto — em verdade, seria transformado em espécie de prisão domiciliar com fiscalização à distância —, semiaberto e para os beneficiados com saídas temporárias[903]. A referida sugestão findou sendo transformada na Lei nº 12.258, de 15 de junho de 2010, primeiro do que o Projeto de Lei que deu origem à Lei nº 12.403, de 2011. Porém, infelizmente, só foi aprovada quanto à introdução do monitoramento eletrônico para os beneficiados com saídas temporárias no regime semiaberto (arts. 122 a 125, c/c o art. 146-B, II, da Lei de Execução Penal) e aos com direito a prisão domiciliar (art. 117, c/c art. 146-B, IV).

Finalmente, com a aprovação da Lei nº 12.403, de 2011, a monitoração eletrônica foi aprovada como medida cautelar diversa da prisão. O legislador, de forma simplista, prescreveu a *monitoração eletrônica* dentre as modalidades de medidas cautelares pessoais diversas da prisão. A norma está assim prescrita: "Art. 319. São medidas cautelares diversas da prisão: (...). IX — monitoração eletrônica."

---

902 Coordenamos o grupo de trabalho que elaborou o Plano de Gestão, ademais de termos sido o relator da matéria em plenário, aprovada à unanimidade.
903 No texto, além de apoiar o então Projeto de Lei nº 4.208, de 2011, transformado, enfim, na Lei nº 12.403, de 2011, foi apresentada a sugestão de criação do monitoramento eletrônico para a execução penal, nos casos de cumprimento de pena nos regimes aberto e semiaberto e de saída temporária. Quanto ao regime aberto, que consiste na colocação do condenado em liberdade com recolhimento noturno a casa de albergado, a ideia era alterar o art. 36, § 1º, do Código Penal, a fim de que o recolhimento noturno fosse no domicílio, com a fiscalização por meio de monitoramento eletrônico, uma vez que, segundo consenso entre os juízes com exercício em varas de execução penal, o modelo atual não tem se mostrado medida eficaz, ademais de alimentar a criminalidade. (http://www.cnj.jus.br/images/programas/justica-criminal/plano-gestao-varas-criminais)

Não se fala em nenhuma condicionante, mas não há dúvidas de que passa pela necessária concordância do agente que irá ser submetido ao monitoramento eletrônico. Até porque não se pode, à força, colocar um equipamento eletrônico em quem quer que seja, obrigando-o a usá-lo como condição para ficar em liberdade. Se a pessoa não quiser se sujeitar a tal, a consequência será a aplicação de outra medida cautelar diversa ou, então, entendendo o juiz que essa medida, isolada ou cumulativa com outras, é a única forma de evitar a prisão, decretar a medida cautelar detentiva. Aliás, muito provavelmente, diante da recusa em usar o equipamento eletrônico, a alternativa será a decretação da prisão.

Note-se que a monitoração eletrônica, raramente, deverá ou será imposta como única medida cautelar. Ela é uma espécie de medida subsidiária de vital importância para obter maior controle quanto ao cumprimento de outra — ou outras — medida imposta pelo juiz. Ao contrário do que se pensa, a monitoração eletrônica se mostra mais pertinente para os casos que, devido à gravidade do crime, às circunstâncias do fato e pessoais do agente, inspiram maiores cautelas para que a medida ou medidas diversas decretadas não sejam ineficazes. É plenamente compatível e recomendável com as medidas diversas de (a) proibição de acesso ou frequência a determinados lugares; (b) proibição de manter contato com pessoa determinada; (c) proibição de ausentar-se da comarca; e (d) recolhimento domiciliar no período noturno e nos dias de folga. Parece, igualmente, medida adequada aos casos de suspensão do exercício de função pública ou atividade privada, a fim de fiscalizar se o agente está frequentando o local onde executava as suas tarefas.

No workshop promovido pelo Conselho Nacional de Justiça restou demonstrado que os Estados têm dado preferência ao sistema eletrônico de monitoração móvel, que permite acompanhar, em tempo real, os passos do agente em *liberdade vigiada* onde quer que ele esteja localizado, por meio de dispositivo de localização global, denominado *Global Positioning System* — GPS, alguns deles com sistema de som a permitir que o responsável pela fiscalização encaminhe avisos sonoros. Ressalte-se, entretanto, que o mais importante não é que o sistema seja inviolável quanto ao rompimento do dispositivo eletrônico, mas sim que ele seja eficiente no rastreamento do agente, a fim de se saber, efetivamente, se ele está cumprindo o que lhe foi determinado. Em todos os casos, pelo menos parte da monitoração eletrônica é terceirizada, com algum controle pelo órgão jurisdicional respectivo, como uma espécie de acompanhamento compartilhado.

Pena que o legislador não cuidou de estabelecer a cobrança do custo do monitoramento eletrônico, o que deveria ter sido providenciado, com a ressalva da gratuidade em relação aos considerados pobres na forma da lei. Sem embargo do silêncio do Código de Processo Penal, acreditamos cabível a cobrança do custo na qualidade de *despesa* processual, assim como ocorre com perícia solicitada pela parte que tem condições financeiras de suportar o pagamento. Não se trata, naturalmente, de taxa judiciária, que, para todos os efeitos, prescinde de criação por lei, mas, sim, de *despesa*, até porque parte do serviço é terceirizado, tendo o Judiciário que pagar à empresa contratada para implantar e operacionalizar o sistema[904].

---

[904] A doutrina e a jurisprudência fazem a distinção entre *despesa* e *custa* processual. A respeito, cabe conferir decisão unânime da Primeira Seção do Superior Tribunal de Justiça, cuja ementa, em acórdão relatado pelo Ministro Luiz Fux, é a seguinte: "PROCESSUAL CIVIL. EMBARGOS DE DECLARAÇÃO. ERRO MATERIAL CONFIGURADO. (RECURSO ESPECIAL REPRESENTATIVO DE CONTROVÉRSIA. ART. 543-C, DO CPC. EXECUÇÃO FISCAL. PAGAMENTO ANTECIPADO PARA EXPEDIÇÃO DE OFÍCIO AO CARTÓRIO DE TÍTULOS E DOCUMENTOS E CIVIL DE PESSOAS JURÍDICAS PELA FAZENDA PÚBLICA. DESNECESSIDADE. ART. 39, DA LEI Nº 6.830/80. ART. 27, DO CPC. DIFERENÇA ENTRE OS CONCEITOS DE CUSTAS E DESPESAS PROCESSUAIS. PRECEDENTES.) 1. Os embargos de declaração são cabíveis quando houver no acórdão ou sentença, omissão, contrariedade ou obscuridade, nos termos do art. 535, I e II, do CPC. 2. Deveras, restou assentado no acórdão recorrido que, in verbis: "A isenção de que goza a Fazenda Pública, nos termos do art. 39, da Lei de Execuções Fiscais, está adstrita às custas efetivamente estatais, cuja natureza jurídica é de taxa judiciária, consoante posicionamento do Pretório Excelso (RE 108.845), sendo certo que os atos realizados fora desse âmbito, cujos titulares sejam pessoas estranhas ao corpo funcional do Poder Judiciário, como o leiloeiro e o depositário, são de responsabilidade do autor exequente, porquanto essas despesas não assumem a natureza de taxa, estando excluídas, portanto, da norma insculpida no art. 39, da LEF. Diferença entre os conceitos de custas e despesas processuais." 3. Destarte, incorreu em erro material o julgado, porquanto o pedido declinado nas razões recursais referiu-se à isenção das custas processuais, sendo que, no dispositivo constou o provimento do recurso especial, com o adendo de que, se vencida, a Fazenda Nacional deveria efetuar o pagamento das custas ao final. 4. Embargos de declaração providos para determinar que se faça constar da parte dispositiva do recurso especial: "Ex positis, DOU PROVIMENTO ao recurso especial para determinar a expedição da certidão requerida pela Fazenda Pública, cabendo-lhe, se vencida, efetuar o pagamento das despesas ao final." (BRASIL. Superior Tribunal de Justiça. Data da decisão 23/06/2010. Disponível em http://www.cjf.jus.br.juris/unificada. Acesso em 7 fev. 2012. Esse entendimento quanto à distinção entre custas e despesas judiciais, repetido em diversos

Uma última palavra se impõe. Conforme dissemos, em determinados casos, naqueles em que o juiz, ao examinar o auto de flagrante em delito, entender que é caso para a decretação/conversão em prisão preventiva, sendo afiançável o delito, poderá condicionar a soltura ao pagamento da fiança e, ainda, se for o caso, à submissão a monitoração eletrônica.

De acordo com o entendimento aqui sustentado, a liberdade provisória condicionada ao prévio pagamento de fiança, que pode ser cumulada com a exigência do monitoramento eletrônico, possui como pressuposto lógico o reconhecimento pelo juiz, ao examinar o auto de flagrante delito, que a hipótese é de decretação/conversão em prisão processual, mas, como o crime é afiançável, caso seja reforçada a garantia por meio dessa garantia, cumulada, ou não, com outras medidas cautelares, poderá ser colocado em liberdade. Em resumo, não sendo caso de transformação da prisão/detenção em flagrante em prisão processual, a liberdade deve ser concedida sem qualquer condicionante, seja o crime afiançável, ou não. Porém, se se entender que é cabível a imposição da prisão processual, diante da circunstância de o crime ser afiançável, é possível que se confira mais uma possibilidade de ser reconhecido o direito de liberdade provisória, desde que o agente ofereça garantia por meio do pagamento da fiança e, ainda, se for o caso, seja submetido a outras medidas cautelares diversas, sendo pertinente, dependendo do caso, a aplicação da monitoração eletrônica. Nessa hipótese, conforme salientamos, a soltura do agente pode ser condicionada, quando existente o sistema, à aceitação pelo agente de que seja colocado o dispositivo eletrônico, a fim de que seja feita a fiscalização mais efetiva[905].

6.3.1.9. Fiança

Consoante acentuado em várias passagens deste livro, as diversas modificações tópicas resultaram na descaracterização do instituto processual da fiança, apresentando-se necessária a redefinição de seu papel. Na ideia originária do Código de Processo Penal a regra era que,

---

outros pronunciamentos do Superior Tribunal de Justiça, aplica-se, em sua inteireza, aos casos em que a monitoração eletrônica é realizada com o auxílio de empresa terceirizada, que pode ser legitimamente cobrada do agente que detém recursos financeiros suficientes para assumir esse encargo.
905 Cf. item 6.2.4.1.5.4, supra.

em se tratando de crime inafiançável, o agente respondia o processo submetido a prisão, mesmo em situações nas quais não restasse demonstrada a necessidade da medida. A fiança era o instrumento indispensável para que o agente tivesse reconhecido o seu direito de ficar em liberdade, notadamente nos casos em que ocorria o flagrante delito.

Alterada a política legislativa para adotar-se como regra no processo penal, independentemente do tipo de crime, o direito de o agente responder em liberdade, sendo irrelevante a circunstância de o ilícito penal ser, ou não, afiançável, obviamente que era preciso redefinir o papel da fiança no sistema processual penal. Com essa nova orientação, de regra, não é a circunstância de o crime ser afiançável, ou não, que irá ser levada em consideração para a definição quanto ao direito de o agente responder o processo em liberdade, pois toda e qualquer medida cautelar, independentemente de sua espécie, só há de ser determinada se e enquanto for necessária.

Desse modo, de acordo com a nova orientação, sendo o crime afiançável ou não, o agente, mesmo no caso de flagrante delito, só será preso ou terá contra si decretado algum tipo de medida cautelar penal quando a decisão for fundamentada na necessidade da preservação da lei penal, da instrução da investigação ou do processo ou para evitar a prática de infrações.

Por isso mesmo, se antes, conforme a política legislativa adotada na redação originária do Código de Processo Penal, a circunstância de um crime ser classificado como inafiançável era a forma de conferir tratamento mais rigoroso, depois, com a alteração da orientação, estabelecer a restrição de um tipo de medida cautelar tinha o condão de traduzir, equivocadamente, um *benefício*.

Tendo em conta essa nova ordem das coisas, para ser coerente, o legislador teria de prever a fiança como medida cautelar admissível, conforme a regra geral, indistintamente para todos os crimes punidos com pena privativa de liberdade ou, então, apenas para crimes que fossem considerados mais graves.

Até porque, pelas características da fiança e por ela servir, ainda, de instrumento com a qual se assegura o ressarcimento pelo menos de parte dos danos sofridos pelo ofendido, cuida-se de medida importante para reforçar o compromisso do agente quanto ao cumprimento de outra eventual cautelar diversa da prisão, aplicada pelo juiz.

O certo seria, portanto, repita-se, que a fiança fosse prevista para toda espécie de crime ou, então, pelo menos para os mais graves e de ordem financeira, a exemplo das infrações de base organizativa como de lavagem de capitais, sonegação fiscal, contra o sistema financeiro, a ordem econômico-financeira e de corrupção. A fiança deveria ter sido disciplinada como um instrumento de contracautela para fazer com que o agente cumpra as exigências estabelecidas pelo juiz, sob pena de perda do valor caucionado e, de permeio, assegurar ao ofendido, inclusive ao ente público, o ressarcimento, ainda que de parte, do prejuízo ocasionado pelo delito.

Se assim tivesse sido concebido, o instituto estaria em sintonia com a justiça restaurativa, transformando-se em garantia para o ressarcimento dos prejuízos ocasionados em decorrência do crime, uma vez que, quando o juiz, na sentença condenatória, fixasse o valor mínimo da indenização (art. 387, parágrafo único, acrescentado pela Lei n° 11.719, de 2008), poderia, com o trânsito em julgado, determinar a liberação do valor para o ofendido[906].

Infelizmente, conquanto o legislador da Reforma Tópica tratada na Lei 12.403, de 2011, tenha procurado revitalizar e conferir nova função ao instituto da fiança, caso não seja feita a devida interpretação sistêmica, o paradoxo não terá sido resolvido e, pior, a nova disciplina terá incluído restrições quanto à sua aplicação, na medida em que essa medida só seria admissível, em qualquer situação "... para assegurar o comparecimento a atos do processo, evitar a obstrução do seu andamento ou em caso de resistência injustificada à ordem judicial." (art. 319, VIII, do CPP).

Se assim for, inadvertidamente, não será admissível a fiança para o fim de reforçar o cumprimento de outra medida cautelar diversa da prisão ou, de forma genérica, para garantir o cumprimento das obrigações processuais do acusado. Falha imperdoável que reduziria, e muito, a grande serventia que a fiança deve ter em nosso sistema.

A iniciativa teve o mérito, todavia, de ressaltar a sua natureza de medida cautelar de espécie diversa da prisão, ao incluir a fiança no rol do art. 319 do CPP. Dessa forma, não resta a menor dúvida de que é aplicável à fiança tudo o que foi dito em relação às medidas cautelares diversas da prisão, mas, mesmo assim, o legislador, a fim de não conferir azo a divergências, deixou claro, no § 4° do art. 319 do CPP, que "A fiança será aplicada de acordo com as disposições do Capítulo VI deste Título, podendo ser cumulada com outras medidas cautelares."

---

[906] Cf. item 5.1.9.8.1, supra.

6.3.1.9.1. Conceito e espécies de fiança

A fiança, que pode ser feita em dinheiro, pedras, objetos ou metais preciosos, títulos da dívida pública ou em hipoteca em primeiro lugar, é a garantia prestada pelo agente a quem imputada a prática do crime ou por alguém em seu nome de que cumprirá as suas obrigações em relação ao processo, cabível, como regra geral, em todo e qualquer crime para o qual seja prevista pena privativa de liberdade. Mas não é só. Como a condenação e o não comparecimento para o cumprimento da pena imposta acarretam, respectivamente, a perda parcial e total da fiança, tem-se que com essa medida o agente garante que não pode ser considerado culpado e, ainda, que se compromete a se recolher à prisão, caso seja aplicada a pena privativa de liberdade[907].

Assim, pode-se definir a fiança como a garantia em dinheiro, pedras, objetos ou metais preciosos, títulos da dívida pública ou em hipoteca em primeiro lugar dada pelo acusado de que cumprirá as obrigações referentes ao processo, não será considerado culpado e que, na eventualidade de ser condenado, se apresentará para cumprir a pena de prisão. Na parte em que serve para garantir que cumprirá a pena de prisão, a fiança serve para assegurar a eficácia de sentença penal, ou melhor, garantir a aplicação da lei penal.

A sua natureza jurídica, por conseguinte, é de cautelar criminal diversa da prisão, cabível, naturalmente, como só ocorre com as demais medidas pessoais aqui estudadas, quando, isolada ou cumulativamente, for adequada e suficiente (art. 282, I, II, § 6º, c/c o art. 310, II, última parte, todos do CPP)[908].

Concordamos com o entendimento de que há duas espécies de fiança, uma *autônoma ou originária e outra substitutiva*[909]. Nos termos do que sustentamos acima, a medida cautelar diversa da prisão, a despeito das circunstâncias, em regra, é sempre autônoma[910]. Importa lembrar que as modificações pontuais operadas no Código de Processo Penal ao longo do tempo, eliminaram a fiança substitutiva da pri-

---

907 Cf. item 6.3.1.9.7, que trata dos casos de perda da fiança.
908 A ressalva que se pode fazer é, apenas, em relação à incidência da monitoração eletrônica, como instrumento eficiente e adequado para fiscalizar o cumprimento de prisão temporária ou preventiva em que o recolhimento do agente ocorre em seu próprio domicílio. Cf. item 6.2.5.2, supra.
909 Andrey Borges de Mendonça defende que a fiança pode ser de duas espécies, ou seja, medida cautelar originária ou substitutiva da prisão, como contracautela (*Prisão e outras medidas cautelares*. São Paulo: Método, 2011, p. 27).
910 Cf. item 6.3, supra.

são, prevista no sentido de que, em determinados casos, não fosse a sua admissibilidade, o agente teria de permanecer na ou ter decretada a sua prisão[911].

Esse tipo de fiança era especialmente utilizado para os casos de prisão/detenção em flagrante em que, de regra, salvo em se tratando de crime afiançável, o agente respondia o processo encarcerado, mesmo não havendo nenhum motivo para a decretação da prisão preventiva. Como já foi aqui salientado, o cenário jurídico sofreu alteração substancial com a inclusão de um parágrafo único no então art. 310 do CPP por obra da Lei nº 6.416, de 1977, de modo que, desde então, independentemente de o crime ser afiançável, ou não, em caso de prisão/detenção em flagrante, não havendo motivo para a decretação da prisão preventiva, deve o juiz conceder a liberdade provisória.

Porém, para manter coerência sistêmica e materializar a intenção do constituinte em definir como inafiançáveis os crimes por ele considerados os mais graves previstos em nosso ordenamento jurídico, a fiança substitutiva da prisão processual foi reintroduzida com a Lei nº 12.403, de 2011. A fiança substitutiva da prisão preventiva foi restabelecida mediante a redação do art. 310, III, do CPP (redação determinada pela Lei nº 12.403, de 2011), com o perfil adaptado ao sistema processual democrático, que tem como esteio o primado da liberdade. O que a norma em destaque está a indicar é que, sendo afiançável o crime, mesmo tendo o juiz chegado à conclusão de que a hipótese seria de conversão do flagrante delito em prisão processual, poderá ser concedida a liberdade provisória, desde que seja prestada a fiança. A circunstância de o crime ser afiançável, portanto, menos grave do que os mencionados pelo constituinte e considerados inafiançáveis, dará a possibilidade de o juiz assumir maiores *riscos* na concessão da liberdade provisória, desde que o faça, a despeito da imposição de outras medidas cautelares diversas, aí incluída a monitoração eletrônica e o recolhimento domiciliar noturno, mediante a exigência do pagamento de fiança.

Apenas a interpretação literal do dispositivo em foco conduz ao entendimento de que o juiz pode, singelamente, quando se trata de crime afiançável, condicionar a soltura ao prévio pagamento de quantia em dinheiro, a título de fiança. Se assim for, os crimes inafiançáveis, que são exatamente aqueles considerados mais graves, terão tratamento mais benéfico do que os afiançáveis, que são menos graves.

911 Cf. itens 6.2.3 e 6.2.4.1.5.2, supra.

Ora, a prisão preventiva, assim como e toda cautelar pessoal, ainda que na forma de *conversão* da prisão/detenção em flagrante, do art. 310, III, do CPP, a par da existência dos requisitos e de um dos fundamentos, só pode ser imposta caso não seja adequada e suficiente uma das medidas diversas. Portanto, se o crime é afiançável, ou não, se se chegar à conclusão quanto à necessidade de decretação de medida cautelar, o juiz só poderá converter em prisão preventiva, caso nenhuma medida cautelar diversa seja adequada e suficiente.

Assim, temos as seguintes conclusões: (a) primeiro, inexistindo nenhum dos fundamentos para a medida cautelar, não há a menor razão de ser de impor a fiança, ainda que na hipótese do art. 310, III, do CPP; (b) segundo, existente um dos fundamentos para a cautelar criminal, porém, sendo suficiente e adequada qualquer uma das medidas diversas, o juiz não deve decretar a prisão preventiva ou temporária; c) terceiro, existindo um dos fundamentos para a decretação de cautelar criminal, no caso de conclusão pela prisão, sendo o crime afiançável, o juiz pode, se achar suficiente, substituí-la pela fiança, geralmente cumulada com outras medidas detentivas, como, por exemplo, o recolhimento domiciliar noturno e a monitoração eletrônica.

Portanto, para a aplicação do art. 310, III, do CPP, com alguma coerência sistêmica, há de entender-se que a fiança como condição prévia para o gozo do direito de liberdade seria para os casos em que, tendo havido a conclusão quanto a ser a prisão preventiva a medida mais adequada, pelo fato de o crime ser afiançável, admitir-se a sua substituição, mediante a prévia prestação de garantia de que todas as condições estabelecidas pelo juiz serão regiamente cumpridas.

Esse pensar não se atrita com o art. 324, IV, do Código de Processo Penal, que torna defesa, assim como era na disciplina anterior, a concessão de fiança, "quando presentes os motivos que autorizam a decretação da prisão preventiva." A regra em destaque tem seu raio de ação circunscrito à fiança autônoma ou originária, tratada no art. 319, VIII, do CPP, não àquela substitutiva da prisão, de que cuida o art. 310, III, co CPP.

A tese aqui defendida — e já esposada[912] — é de que a liberdade provisória condicionada a fiança tem como pressuposto lógico a situação em que, no exame do auto de prisão/detenção em flagrante, chega-se à conclusão de que há fundamento para a decretação de cautelar (art. 282, I, do CPP), sendo a medida mais adequada a prisão (art.

---

912 Cf. itens 6.2.4.1.5.3 e 6.2.4.1.5.4, supra.

282, II, do CPP), todavia, como se trata de crime afiançável, que é menos grave do que os inafiançáveis, o legislador concebe uma outra alternativa para que se evite a prisão, com suporte na exigência de garantia econômico-financeira, geralmente cumulada com outras medidas, dentre as quais se mostram sempre pertinentes o recolhimento domiciliar e a monitoração eletrônica.

6.3.1.8.1. Hipóteses para a decretação da fiança

Sendo duas as espécies de fiança, originária ou substitutiva, temos hipóteses distintas para a decretação da fiança. A fiança substitutiva, conforme a interpretação aqui emprestada ao art. 310, III, do CPP, é cabível quando, ocorrida a prisão/detenção em flagrante, há a conclusão de que a prisão preventiva é a cautelar adequada e suficiente, porém, em virtude de o crime ser afiançável, o juiz pode conceder o direito à liberdade provisória, condicionado ao prévio pagamento da fiança e ao cumprimento de outras medidas cautelares, notadamente o recolhimento domiciliar no período noturno. Aqui, como se trata de excepcionalidade, e deve o juiz se cercar de maiores cuidados para evitar que, solto, o agente fuja do distrito da culpa, prejudique o andamento do processo ou pratique outras infrações, o juiz está livre para impor as condições que achar pertinentes, assim como cumular com as demais medidas diversas que forem recomendáveis. Não parece desarrazoado que, em casos que tais, a monitoração eletrônica, quando possível, seja imposta como condição prévia para o gozo do direito de liberdade.

A fiança originária ou autônoma, tratada no art. 319, VIII, do CPP, requer como fundamentação a demonstração de que a fiança se mostra necessária *para* (a) *assegurar o comparecimento a atos do processo*; (b) *evitar a obstrução do seu andamento* ou (c) *devido a resistência injustificada à ordem judicial*.

Centrando atenção maior na fiança originária ou autônoma, já que a outra espécie já foi aqui tratada, verifique-se que, conforme a análise das espécies de medidas cautelares diversas da prisão, feita linhas atrás, nenhuma delas consiste em impor o *comparecimento a atos do processo*. O tipo de medida cautelar diversa que mais se aproxima dessa hipótese é a do *comparecimento periódico em juízo*. Mas veja que não se trata de medida que impõe, propriamente, o *comparecimento a atos do processo*, mas, sim, o *comparecimento em juízo*, que é coisa substancialmente diversa. Se o juiz quer determinar ao acusado que ele compareça aos mais diversos atos do processo, deve fazê-lo por meio da aplicação da própria fiança.

Quando o comparecimento aos atos do processo pelo acusado se revela tão importante a ponto de o juiz decretar a fiança para forçá-lo a estar presente? Certamente que não é válido invocar a imprescindibilidade do interrogatório do agente ou a produção de qualquer tipo de prova. O princípio do direito ao silêncio torna defesa medida tendente a impor ao agente a produção, à força, de prova contra si. Qual o ato processual que, sem o comparecimento do acusado, fica frustrada a sua realização? Nenhum. Inclusive, a parte da Reforma Tópica de 2008 eliminou a obrigatoriedade da presença do acusado como condição para a realização da sessão de julgamento pelo júri. Agregue-se que, conforme o entendimento aqui expendido, independentemente do tipo de procedimento, o interrogatório do acusado, que consiste no direito de audiência ou de se explicar perante o juiz responsável pelo seu julgamento, é *facultativo*, não podendo ele ser obrigado a tanto[913].

Sob a batuta de um sistema criminal democrático, a imposição da fiança para forçar o comparecimento aos atos do processo só se tal medida for estabelecida no intuito de a participação efetiva do acusado sirva como forma de (re)educação.

A segunda hipótese de admissibilidade da fiança é para evitar a obstrução do seu andamento. Nesse caso, sim, a fiança deve ser cumulada com as medidas cautelares de *proibição de ausentar-se da comarca* e/ou de *manter contato* com o ofendido ou a testemunha. Aqui, a fiança pode ser colocada, ao lado das demais, como medida a força o cumprimento do que foi determinado pelo juiz, por meio de outra cautelar.

A terceira e última hipótese de imposição da fiança é em caso de *resistência injustificada à ordem judicial*. O arbitramento da fiança não é para o fim de assegurar o *cumprimento* de ordem judicial, que seria o mais adequado. É preciso que a ordem seja dada e, posteriormente, em razão de o agente resistir, injustificadamente, ao seu cumprimento, o juiz impor a fiança, no desiderato de forçá-lo a dar atenção à ordem judicial. A ordem judicial, é certo, pode ser aquela que há de ser cumprida devido à decretação de uma ou mais medidas cautelares. Portanto, a fiança pode ser imposta com a finalidade de que outras medidas cautelares sejam cumpridas.

---

913 Cf. item 5.1.5.9, supra.

6.3.1.9.3. Inadmissibilidade da fiança

A intenção do legislador da segunda etapa da Reforma Tópica era ampliar, ao máximo, as hipóteses de admissibilidade da fiança, pois, para todos os efeitos, qualquer que seja o crime, independentemente de ser classificado como hediondo ou a ele equiparada ou como inafiançável, o recolhimento à prisão como medida cautelar só há de ocorrer se, ademais dos requisitos, estiver presente um dos fundamentos estampados no art. 282, II, do CPP. Em que pese tenha aumentado, e muito, as hipóteses de crimes afiançáveis, o legislador, apenas em parte, logrou êxito em sua pretensão. Isso porque se sentiu tolhido em levar a efeito a sua ideia, devido à circunstância de a própria Constituição de 1988 ter definido como inafiançáveis alguns crimes nela considerados da mais alta gravidade. Diante disso, seguindo a diretriz constitucional, o legislador deixou consignado no art. 323, incisos I, II e III, do CPP, que não se admite a fiança nos crimes de: (a) racismo; (b) tortura, tráfico ilícito de entorpecentes e drogas afins, terrorismo e nos definidos como hediondos; (c) cometidos por grupos armados, civis ou militares, contra a ordem constitucional e o Estado Democrático.

Aqui três críticas procedem. A Constituição de 1988, quando veda a fiança em relação aos crimes que foram repetidos nos incisos I, II e III do Código de Processo Penal, assim procedeu tendo como norte a orientação originária de nosso sistema em que a fiança era prevista como medida substitutiva da prisão preventiva.

Relembre-se de que quando falamos de como era o sistema prisional na versão originária do Código de Processo Penal, dissemos que a regra era de que o acusado respondia o processo recolhido à prisão, regra que não se aplicava, notadamente no caso de flagrante delito, quando o crime era qualificado como afiançável. A circunstância de o crime ser afiançável, portanto, era de vital importância, porque isso, na maioria dos casos, era determinante para definir se o agente iria, ou não, responder o processo em liberdade. A fiança era, assim, medida substitutiva da prisão preventiva. Essa foi a razão de a Constituição de 1988 ter tido a preocupação em eleger os crimes considerados mais graves, a fim de dizer que, quanto a eles, não seria admissível a fiança, querendo, com isso, conferir-lhes tratamento mais rigoroso. Em outras palavras, a verdadeira *mens legis* do constituinte foi não aceitar em nosso sistema jurídico, quanto aos crimes nela mencionados, a previsão da fiança como medida substitutiva da prisão.

Portanto, sendo o caso de decretação da prisão preventiva, estando o crime no rol da Constituição, não se admite a fiança como medida substitutiva. Acontece que, conforme a redação em vigor do CPP quando foi aprovada a Constituição de 1988, não havia mais nenhuma hipótese em que a fiança fosse admitida para substituir a prisão preventiva[914]. Ela era prevista apenas para quando não fosse caso de motivo para a prisão preventiva. Por isso mesmo, a fiança perdeu a sua razão de ser, especialmente nos casos de flagrante delito. Ora, se o autor de crime inafiançável — portanto, mais grave —, tinha o direito de liberdade independentemente do pagamento de fiança, bastando que não houvesse motivo para a decretação da prisão, o mesmo, por imposição de ordem lógica, teria de ser reconhecido a quem pratica crime afiançável — portanto, menos grave —, não sendo coerente que se exigisse deste, a fim de obter a soltura, o prévio pagamento da fiança.

Sendo esta a razão de ser da vedação da fiança para os crimes elencados na Constituição, tem-se que não haveria óbice para que o legislador tivesse previsto a fiança para os delitos em destaque, desde que o fizesse, apenas, como medida originária ou autônoma, ou seja, para aqueles casos em que não houvesse motivo para a decretação da prisão. Aliás, essa teria sido a melhor estratégia legislativa, pois a fiança teria campo de aplicação mais amplo, servindo para garantir pelo menos parte da indenização do ofendido, e o sistema ficaria mais lógico. Isso porque exatamente em crimes graves como de racismo, tortura e homicídio, ao lado de outros financeiros, como de lavagem de dinheiro, a fiança na qualidade de medida autônoma serviria para reforçar a garantia de o agente cumprir com as obrigações impostas pelo juiz a título de condição para que responda o processo em liberdade e, por outro lado, de fonte de recurso para a indenização líquida fixada na eventual sentença condenatória.

Não tendo sido essa a escolha do legislador, a única forma de conferir alguma razão de ser para o art. 310, III, do CPP e, de outro lado, conferir algum tratamento diferenciado aos crimes afiançáveis, que são menos graves, é construir linha interpretativa de que houve o restabelecimento da fiança substitutiva da prisão apenas para os crimes

---

914 A bem da verdade, existiam duas situações em que a fiança substituía a prisão, que eram nos casos de sentença condenatória ainda passível de recurso e de decisão de pronúncia, quando o agente era considerado reincidente ou de maus antecedentes.

afiançáveis. Ou seja, mesmo quando o juiz, ao apreciar auto de flagrante delito, entender que a medida mais adequada é a prisão, diante do fato de o crime ser afiançável, poderá estabelecer a fiança como medida substitutiva, cumulada, ou não, com outra diversa da prisão[915].

A segunda crítica é de que a assimetria de tratamento entre crimes mais e menos graves, em razão de ter-se dado a preferência em vedar a fiança para os crimes mais graves não está resolvida, de todo. Dizer que a fiança autônoma ou originária não é cabível para determinados crimes só tem um único e efetivo efeito que é o de restringir os tipos de medidas cautelares cabíveis para determinados crimes. Desse modo, em um caso hipotético, sendo crime afiançável, o juiz pode fixar como cautelar alternativa a proibição de manter contato com determinada pessoa, o recolhimento domiciliar no período noturno e, ainda, a fiança, enquanto, sendo inafiançável, por conseguinte, infração mais grave, apenas as duas primeiras medidas.

A terceira é que, mercê de legislação especial, no pressuposto de conferir tratamento mais grave a determinadas matérias, há outros crimes que, por iniciativa infraconstitucional, também são inafiançáveis, aos quais também finda sendo dado o privilégio ao agente que o prática de não ter a possibilidade de ser obrigado a pagar fiança como medida autônoma ou originária. Ainda que não seja da melhor técnica, diante da escolha feita pelo legislador, o melhor seria estabelecer uma regra geral, fundada no princípio da igualdade, esclarecendo que a fiança do art. 319, VIII, do CPP, teria aplicação em qualquer que fosse a infração ou, então, que a única exceção admissível seria aquela plasmada no texto constitucional.

De outra banda, além dos crimes para os quais é vedada a fiança, o legislador, nos incisos do art. 324 do CPP, definiu algumas circunstâncias como causas impeditivas para a admissibilidade da fiança, quais sejam: (a) aos que, no mesmo processo, tiverem quebrado fiança anteriormente concedida ou infringido, sem motivo justo, qualquer das obrigações a que se referem os arts. 327 e 328 deste Código; (b) em caso de prisão civil ou militar; (c) quando presentes os motivos que autorizam a decretação da prisão preventiva.

Todas as hipóteses em que a fiança é considerada quebrada serão examinadas a seguir, cabendo, por ora, assentar que, concedida a fiança, por imposição dos arts. 327 e 328 do CPP, ficará o agente com as

---

915 Cf. itens 6.2.4.1.5.4 e 6.3.1.9.1, supra.

seguintes obrigações processuais: (a) comparecer perante a autoridade, seja no inquérito ou no processo, todas as vezes que for intimado; (b) não mudar de residência, sem prévia permissão da autoridade processante; e (c) não se ausentar, por mais de 8 (oito) dias, de sua residência, sem a comunicação ao juiz do local onde poderá ser encontrado. Se o agente deixar de cumprir uma dessas obrigações, alem de representar situação que acarreta o quebramento da fiança, impede que, no mesmo processo, seja reconhecido outro direito a essa medida.

A inadmissibilidade da fiança quando se trata de prisão civil ou militar não deveria, sequer, estar incluída no rol do art. 324, pelo simples fato de se tratar de matéria estranha ao Código de Processo Penal, que não deve ser por este tratada. De qualquer modo, talvez tenha sido melhor deixar a questão bem esclarecida, a fim de evitar a pretensão de aplicação subsidiária das normas do Código de Processo Penal ao Código de Processo Civil ou ao Código de Processo Penal Militar.

A última hipótese de inadmissibilidade da fiança, estampada no inciso IV do art. 324 do CPP, é quando presentes os motivos para a imposição da prisão preventiva ou temporária. O que essa norma esclarece é que a fiança não pode ser utilizada como *contracautela* à prisão preventiva ou temporária entendida como pertinente para o caso. Por outro lado, evita que se queira, de forma canhestra, entender ser possível exigir a fiança, mesmo quando o acusado for recolhido à prisão, como uma forma de garantir que ele não irá fugir ou deixar de cumprir com as obrigações que lhe sejam impostas.

Ressalte-se, apenas, que, tendo em conta a tese aqui sustentada, essa regra só tem aplicação no caso de fiança autônoma ou originária, pois, quando se trata do art. 310, III, do CPP, a fiança pode ser utilizada como medida alternativa substitutiva da prisão processual[916].

6.3.1.9.4. Competência para a concessão da fiança

A Lei nº 12.403, de 2011, igualmente, não foi feliz ao estabelecer os legitimados para fixar e conceder a fiança. Seguindo a ideia anterior, o legislador infraconstitucional achou por bem manter a sistemática de admitir que a autoridade policial, ao lado do juiz, detenha competência para fixar e conceder fiança. Na sistemática anterior, a autoridade policial era competente quando se tratava de crime punido

---

[916] Cf. item 6.2.4.1.5.4, supra.

com pena de detenção, enquanto o juiz nos casos em que era de reclusão.

Com a mudança do paradigma do tipo da pena para a quantidade da pena, houve a intenção de manter essa sistemática. Dessa forma, em se tratando de crime punido com pena inferior a 4 (quatros), a autoridade policial, enquanto superior, o magistrado.

Acontece que a autoridade policial só possui competência para fixar e conceder fiança quando se trata de prisão/detenção em flagrante, ou seja, em caso no qual, de regra, conforme o art. 313, I, do CPP, não cabe a conversão em prisão preventiva. Desse modo, essa exigência do pagamento de fiança é em hipótese na qual o agente, devido à menor gravidade do crime, cuja pena não é superior a 4 (anos), deve responder o processo em liberdade. Ainda assim, se houver um dos fundamentos do art. 282, I, do CPP, também como regra, ao invés de ser convertido o flagrante delito em prisão processual, deve ser dada preferência pela conversão em medida cautelar diversa da prisão (art. 282, II, do CPP)[917].

Se o agente não quiser pagar a fiança, quando o auto de flagrante for submetido ao juiz, este, invariavelmente, irá conceder a liberdade provisória, independentemente da exigência de fiança, pois nesse caso, além de o juiz só poder fixar quando a pena for superior a 4 (quatro) anos, não seria coerente que exigisse fiança, como exaustivamente aqui já explicitamos[918]. Qual a razão, então, de ser prevista a fiança sob a responsabilidade da autoridade policial? A única justificativa para essa previsão normativa é a maior celeridade em se conceder a liberdade provisória. Isso porque, não fosse a possibilidade de arbitramento da fiança pela autoridade policial, o agente teria de esperar a conclusão do auto de prisão em flagrante, cujo prazo é de 24 horas e, ainda, a decisão do juiz, a qual, conforme a tese aqui sustentada, de regra, para tornar possível o contraditório, seria exarada nas 24 horas após o decurso desse mesmo prazo para as manifestações do Ministério Público e da defesa[919].

Em outras palavras, independentemente da situação, ainda quando, pelos elementos probatórios angariados no auto de flagrante deli-

---

917 Cf. item 6.2.5.1 e 6.2.5.1.1, supra.
918 Cf. item 6.2.4.1.5.4, supra.
919 Cf. item 6.2.4.1.5 e 6.2.4.1.5.1, supra. O prazo para as manifestações do Ministério Público e da defesa é comum e de 24 horas, ademais de não ser obrigatório, devendo o juiz decidir, mesmo no silêncio das partes.

to, seja constatado que o ilícito foi praticado com suporte em uma excludente de criminalidade, a autoridade policial não pode conceder a liberdade provisória[920]. A autoridade policial só tem competência para assim proceder quando, sendo afiançável a infração, houver a devida prestação da garantia, exceto em crime em que o agente se livra solto ou da alçada do juizado especial, neste último caso sendo bastante a palavra do autor do fato no sentido de que comparecerá a todos os atos do processo.

A decisão quanto ao pedido de arbitramento de fiança, seja a competência da autoridade policial ou do magistrado, é de 48 horas (art. 322, parágrafo único, e 335, última parte, do CPP). Muito embora haja uma tendência moderna na fixação dos prazos em dias, em matéria processual penal, quando é caso de decisão sobre prisão/detenção em flagrante, o mais certo é que os lapsos temporais sejam estimados em horas, diante da urgência requerida para a devida apreciação do caso.

O que parece sem sentido é a ressalva do art. 335 do CPP quanto à competência subsidiária do juiz para apreciar o pedido em crime cuja pena máxima não é superior a 4 (quatro) anos, nas hipóteses em que a autoridade policial se recusa ou retarda a concessão da fiança. Ora, como dissemos, só há sentido alguém, quando a pena da infração é inferior a 4 (quatro) anos, pagar a fiança como condição para ter reconhecido o direito à liberdade provisória, na hipótese em que é do seu interesse que a sua soltura se dê de forma rápida, antes da conclusão do auto de flagrante delito

Se a autoridade policial não concedeu a fiança ou retardou, sendo necessário que o agente peça ao juiz o reconhecimento de seu direito à liberdade, é mais do que óbvio que este deverá deferir a pretensão, sem condicionar a soltura ao pagamento de fiança, salvo se a situação estiver enquadrada em uma das hipóteses do art. 313, II, III, IV e parágrafo único, do Código de Processo Penal. Ademais, se o assunto é submetido ao crivo do juiz, não há mais razão de se condicionar a soltura ao prévio pagamento da fiança, pois, diferentemente da autoridade policial, o magistrado pode conceder a liberdade provisória independentemente de fiança.

---

920 Note-se que a parte inicial do parágrafo único do art. 310 do CPP, que trata da liberdade provisória quando se verificar que o crime foi praticado em uma das condições dos incisos I a III do caput do art. 23 do Código Penal, diz que essa decisão é da alçada do juiz.

Se dessa forma não for, teremos a situação absurda de que, quando a pena da infração for inferior a 4 (quatro) anos, sempre e sempre, o agente, para obter o direito à liberdade, mesmo não havendo motivo para a decretação da prisão processual, terá de pagar a fiança.

6.3.1.9.5. Critérios para fixação do valor da fiança

Na linha adotada de revitalização da fiança, conquanto tenha sido mantida a orientação de estabelecer os parâmetros para a sua fixação, houve a preocupação em possibilitar que a quantia estabelecida se ajuste, tanto quanto possível, à situação concreta submetida em análise, no desiderato de que essa medida seja eficiente instrumento de política criminal alternativa à prisão, ademais de atender o ideário da justiça restaurativa, quanto ao atendimento de outros interesses do ofendido, dentre eles o ressarcimento dos danos materiais e morais que este sofreu com a ação ilícita.

Dois foram os critérios adotados, a serem observados em duas fases distintas, para guiar a fixação do valor da fiança, a saber: (a) quantidade da pena; (b) situação econômica do acusado. Na primeira fase, dependendo da pena prevista para o crime, é fixado o número de salários mínimos a que corresponde o valor, nos seguintes termos: (a) pena igual ou inferior a 4 (quatro) anos, de 1 a 100 salários mínimos; (b) pena superior a 4 (quatro) anos, de 10 a 200 salários mínimos. Exaurida essa primeira fase, o juiz deve atentar para a situação econômica do acusado, sendo possível, com base nesse critério, (a) confirmar o valor estipulado; (b) dispensar o pagamento; (c) reduzir o valor até de 2/3; ou (d) aumentar em até 1.000 vezes.

Pode-se dizer que a diferença para o tratamento anterior foi substanciosa, a partir da mudança do indexador, que agora passou a ser o salário mínimo, que é um critério mais seguro e estável, com variação periódica de um ano, a facilitar o cálculo[921]. De outro lado, podendo variar de 1 a 100 salários mínimos, no caso de infração com pena igual ou inferior a 4 (quatro) anos, e de 10 a 200 salários mínimos, nos crimes com pena superior, ou mesmo ser aumentada em até 1.000 vezes,

---

921 O indexador era o salário mínimo de referência, que foi extinto pela Lei nº 7.789, de 1989, passando, depois, a ser o Bônus do Tesouro Nacional — BTN e, depois, a Taxa de Referência — TR. O cálculo tinha certa complexidade, pois devia ser considerado o valor do último BTN, de 20 de janeiro de 1991, para daí aplicar a TR do mês anterior, atualizada em Real.

o valor da fiança pode ser fixado em montante sobremaneira significativo, de modo que, por mais rico que seja o agente, ainda assim, a garantia estabelecida será expressiva.

Outro detalhe é que, nada obstante o valor fixado na primeira fase, a autoridade policial ou o juiz, conforme seja, poderá ir de um extremo a outro, ou seja, dispensar o pagamento ou aumentar o valor em até 1.000 vezes. É verdade que na regência anterior também havia a possibilidade de variação conforme as condições econômicas do agente, porém, era em patamares bastante inferiores[922].

Inadvertidamente, não foi promovida, com a segunda etapa da Reforma Tópica, a alteração do art. 326 do CPP, que preceitua os critérios para a fixação do valor da fiança. Isso porque, consoante o dispositivo em destaque, na fixação da fiança, deve-se considerar: (a) a natureza da infração; (b) as condições pessoais do *acusado*[923]; (c) as circunstâncias indicativas de sua periculosidade; (d) a importância provável das custas do processo, até final julgamento. Ora, se a Reforma Tópica tem em mira adaptar o nosso sistema processual penal aos postulados da justiça restaurativa, um critério preponderante para a fixação do valor da fiança tem de ser, naturalmente, os danos materiais e morais ocasionados ao ofendido.

Aliás, perdeu-se grande oportunidade de adequar o enunciado do art. 326 com o do art. 336 do CPP, uma vez que este, corretamente, já salientava que a garantia prestada com a fiança servirá, no caso de condenação, para o *pagamento das custas*, da *indenização do dano* e da quitação da *multa*[924]. O legislador se contentou em acrescentar, ao rol das prioridades a serem atendidas com o valor da fiança, no caso de condenação, o pagamento da *prestação pecuniária* que vier ser aplicada, como pena alternativa.

Portanto, a leitura sistêmica do Código de Processo Penal, forte no princípio da justiça restaurativa, preceito orientador da Reforma Tópica[925], leva à conclusão de que o juiz deve ter em consideração, na

---

922 O aumento possível era, no máximo, até o décuplo, sobre uma base de cálculo bem inferior, correspondente a, no máximo, 100 salários mínimos de referência, que foi, como vimos, depois, substituído por outros indexadores.
923 A expressão deveria ser *agente* ou *infrator*, pois pode ser fixada pelo delegado de polícia ou, então, pelo juiz na apreciação de auto de flagrante delito, quando não há, ainda, tecnicamente, de falar-se em acusado.
924 A questão referente ao destino da fiança, no caso de condenação, está examinada com mais vagar no item 6.3.1.9.8, infra.
925 Cf. item 3.2.2.6, supra.

fixação do valor da fiança, mais do que qualquer outro aspecto, os danos materiais e morais sofridos pelo ofendido, a fim de dar eficácia à sentença condenatória, na parte em que fixa o valor mínimo para o ressarcimento dos prejuízos[926].

O valor fixado, consoante o art. 340 do CPP, pode ser reforçado, quando: (a) a autoridade tomar, por engano, fiança insuficiente; (b) houver depreciação material ou perecimento dos bens hipotecados ou caucionados, ou depreciação dos metais ou pedras preciosas; (c) for inovada a classificação do delito.

Embora pela dicção normativa do art. 340 do CPP o valor fixado só possa ser revisto nas hipóteses nele estipuladas, em compasso com o princípio da justiça restaurativa, as partes, tanto o Ministério Público e o acusado, quanto o ofendido, na qualidade de assistente, podem questionar o valor fixado. O acusado pode não concordar com o valor, especialmente por entender que ficou acima de sua capacidade econômica, assim como é possível que o ofendido acredite que não reflete quantia razoável tendo como parâmetro os danos ocasionados. Se o assistente, com a segunda etapa da Reforma Tópica, passou a deter capacidade postulatória para solicitar a aplicação de qualquer medida cautelar, incluída, aí, a fiança, não há dúvidas de que lhe é outorgado, igualmente, apresentar a sua discordância quanto ao eventual valor fixado.

6.3.1.9.6. Quebra da fiança e consequência

Com a imposição da fiança, o agente assume obrigações em relação ao inquérito ou ao processo, cujo descumprimento acarreta o que se convencionou chamar de *quebra da fiança*[927], sendo uma das consequências, a perda de parte ou de todo o valor.

No art. 341 do CPP, o legislador da segunda etapa da Reforma Tópica pretendeu enumerar as hipóteses de quebra da fiança. Acontece que os arts. 327 e 328 do CPP também albergam circunstâncias que acarretam o quebramento[928]. Assim, na leitura conjunta dos três dispositivos, tem-se que as hipóteses de quebra da fiança são: (a) deixar

---

926 Cf. item 5.1.9.8.1, supra.
927 TÁVORA, Nestor; ALENCAR, Rosmar Rodrigues. *Curso de direito processual penal*, p. 603.
928 Aparentemente, a hipótese contemplada no art. 327 está tratada no art. 341, I, do CPP, porém, neste não se fala na falta de comparecimento a ato do inquérito policial.

de comparecer, sem motivo justo, a ato do inquérito ou do processo; (b) obstruir o andamento do processo; (c) descumprir outra medida cautelar diversa da prisão imposta cumulativamente; (d) resistir injustificadamente a ordem judicial; (e) praticar nova infração dolosa; (f) mudar de residência sem prévia permissão; e (g) ausentar-se, por mais de 8 (oito) dias da residência, sem prévia comunicação quanto ao local no qual pode ser encontrado.

O quebramento da fiança, ainda que a medida tenha sido determinada pela autoridade policial, só poderá ser objeto de decisão da alçada do juiz do processo, isso mesmo, em razão da cláusula do contraditório, após a prévia oitiva do agente e do Ministério Público. Resta claro que há de ser dada a oportunidade para que o agente se explique para, então, ser tomada a decisão, até porque pode haver justificativa para o descumprimento da obrigação. Mesmo no caso em que o motivo apontado para a quebra seja o fato da prática de nova infração dolosa, deve ser conferida a oportunidade para a manifestação do agente.

Note-se que a primeira parte do art. 342 do CPP, ainda que de forma implícita, trata desse contraditório, ao fazer menção ao *quebramento injustificado*. Se o juiz, para decidir pela revogação da fiança tem de considerar o quebramento *injustificado*, é porque, antes, o beneficiário da medida precisa ser ouvido a respeito.

Por outro lado, a decisão pela quebra da fiança, em si, não tem como consequência inexorável a decretação da prisão cautelar. Conforme a regra geral do art. 282, § 4º, do CPP, no caso de descumprimento de qualquer espécie de medida cautelar diversa, o juiz "... poderá substituir a medida, impor outra em cumulação, ou, em último caso, decretar a prisão preventiva." Nesse caso, naturalmente, deve-se obedecer ao princípio da subsidiariedade da prisão processual, que está insculpida, ainda, no art. 282, § 6º, do CPP[929]. Mas, de qualquer forma, para não deixar nenhuma dúvida a respeito, o legislador cuidou de ressaltar que, ao decidir pelo quebramento injustificado da fiança, o juiz deverá, na mesma oportunidade, dispor "... sobre a imposição de outras medidas cautelares ou, se for o caso, a decretação da prisão preventiva." (art. 343 do CPP).

A quebra da fiança tem como consequência, além da sua substituição por outra medida cautelar diversa ou, até mesmo, quando for o caso, pela prisão processual, a perda de metade do valor (art. 343 do CPP), ainda que, no final, o agente venha a ser absolvido. A quebra é

---

929 Cf. item 6.1.5, supra.

a sanção pelo descumprimento de obrigação processual assumida com a fiança, não tendo nenhuma relação direta com a circunstância de o acusado ser, ou não, considerado culpado.

6.3.1.9.7. Perda da fiança e consequência

Ao contrário da quebra, a perda se dá quando o acusado, nada obstante tenha cumprido todas as obrigações que lhe foram impostas, ao final do processo, é considerado culpado, hipótese na qual corresponderá à parte do valor da fiança necessária para o pagamento das custas, da indenização ao ofendido, da prestação pecuniária (se for o caso) e da multa, salvo se, após o trânsito em julgado, não se apresentar para o cumprimento da pena, quando será equivalente ao total.

É como se a fiança fosse, igualmente, uma garantia que o acusado dá de que não será considerado culpado, e não apenas de que cumprirá as obrigações processuais às quais ficou sujeito. Por isso, mesmo tendo adimplido todas as exigências estabelecidas, se for condenado, perderá a quantia objeto da fiança que sirva para pagar as custas, os danos, a pena pecuniária e a multa aplicada com a sentença. A perda da fiança com a condenação, em princípio, é apenas parcial, ou seja, apenas do valor correspondente à quitação das custas, da indenização, da prestação pecuniária e da multa, de modo que o que sobejar deve ser devolvido ao agente. Pode ser, é claro, que o valor da fiança não seja suficiente, sequer, para quitar todos esses encargos, hipótese em que, para todos os efeitos, a perda, apenas em razão da condenação, já será em sua totalidade.

A perda da totalidade do valor da fiança ocorrerá — independentemente do que for devido a título de pagamento das custas, da indenização, da prestação pecuniária e da multa —, como sanção pela circunstância de o agente não se apresentar para cumprir eventual pena que vier a ser aplicada com a decisão definitiva. Como dissemos, nesse caso, a fiança cumpre o papel de *assegurar a aplicação da lei penal*, na medida em que procura garantir a efetividade da sentença condenatória[930]. Ao prestar a fiança, o agente assume o compromisso de, no caso de condenado definitivo, apresentar-se para cumprir a pena privativa de liberdade, cuja consequência para o descumprimento é a perda da totalidade do valor.

---

930 Cf. item 6.3.1.9.1, supra.

6.3.1.9.8. Destino da fiança

O destino da fiança, independentemente se a hipótese é de quebra ou perda, será sempre o mesmo. Conforme vimos, a quebra, que é o descumprimento de obrigação relativa ao processo, corresponde apenas à metade do valor da fiança. A perda, por sua vez, com a sentença condenatória transitada em julgado, é do valor correspondente ao pagamento das custas, da indenização do ofendido, da prestação pecuniária e da multa; com a não apresentação para o cumprimento da pena, de sua totalidade.

A leitura harmônica dos arts. 336, 344, 345 e 346 do Código de Processo Penal conduzem à conclusão de que o valor da fiança, em caso de quebra ou perda, deverá ser, em primeiro momento, utilizada para pagar as custas, a indenização do ofendido, a prestação pecuniária e a pena de multa. Em se tratando de quebra ou de perda total, o que sobrar depois de deduzidos os encargos mencionados, deve ser recolhido ao *fundo penitenciário*. Sendo caso de perda parcial, se, após abatida a quantia suficiente para o pagamento das custas, da indenização, da prestação pecuniária e da multa, restar algum valor, deverá ser devolvido ao condenado.

Como dissemos no item 5.1.9.8.1, supra, há uma ordem de preferência estabelecida no art. 336, caput, do CPP. Assim, de primeiro, deve ser realizado o pagamento referente às custas, o restante para a indenização dos danos e assim por diante. Se o valor da fiança for pequeno, quando muito, será suficiente para o pagamento das custas. Porém, como visto acima, o valor da fiança, a depender da situação econômica do acusado, pode ser fixado em patamar bastante elevado, hábil a satisfazer todos os fins da lei.

A mudança quanto à disciplina anterior é que, antes, ao invés de a sobra referente à quebra ou perda da fiança ser recolhida ao *fundo penitenciário*, tinha como destino o Tesouro Nacional, ou seja, os cofres da União, podendo, assim, ser utilizada para os mais diversos fins. Agora, como o destino do restante do valor, se houver, é o fundo penitenciário, servirá de fonte de recursos para a melhoria do sistema penitenciário.

A contrário senso, se o agente cumpre todas as obrigações processuais e, no final, é absolvido, tem o direito à restituição da totalidade do valor pago a título de fiança, o mesmo ocorrendo quando, por qualquer motivo, a fiança for cassada ou declarada sem efeito (art. 337, 338 e 339 do CPP).

6.3.2. Detração penal em relação às medidas cautelares diversas da prisão

Tem-se discutido quanto à aplicação, ou não, da detração penal no caso de medidas alternativas à prisão. O legislador foi silente em relação à matéria, por entender que não haveria necessidade de dispor a respeito ou, então, por lapso. Certamente, não houve a intenção de alterar o instituto da detração penal que, conforme o art. 42 do Código Penal, corresponde ao cômputo, na pena privativa de liberdade e na medida de segurança, do tempo de prisão provisória, no Brasil ou no estrangeiro, e o de internação em hospital de custódia e tratamento psiquiátrico.

Estreme de dúvidas que, pelo menos quanto a uma espécie de medida cautelar diversa, qual seja, a *internação provisória* (art. 319, VII, do CPP), deve ser feita a detração penal, por se enquadrar em uma das situações descritas no art. 42 do Código Penal. Portanto, havendo a internação provisória, aplicada medida de segurança com a decisão final, deve ser levado em consideração o tempo daquela, para fins do § 1º do art. 97 do Código Penal.

Não se pode pretender, porém, fazer a detração penal com a pena privativa de liberdade quando se dá o *recolhimento domiciliar noturno* (art. 319, V, do CPP), pois, conforme asseverado, essa não é hipótese de medida cautelar detentiva, não se confundindo com a prisão domiciliar[931]. A diferença é substancial.

No mais, o que parece acertado é, dependendo das circunstâncias, fazer-se a detração penal de *medida cautelar alternativa* com *pena alternativa* eventualmente aplicada. Exemplo clássico envolve exatamente o recolhimento domiciliar. É plenamente razoável aplicar a detração penal em caso que, tendo cumprido medida cautelar de recolhimento domiciliar, no final do processo, o juiz impõe, como pena alternativa, a limitação de fim de semana (art. 48, caput e parágrafo único, do CP). Note-se, inclusive, que nessa hipótese a medida cautelar é, até mesmo, mais severa do que a pena alternativa, pois nesta a limitação é apenas em relação aos finais de semana, enquanto naquela é durante os feriados e finais de semana, assim como, as noites dos dias úteis. A pena alternativa de *proibição de exercício de profissão, atividade ou ofício* (art. 47, I e II, do CP) também é inteiramente compatível, para fins de detração penal, com a medida diversa da pri-

---

931 Cf. itens 6.2.5.2 e 6.3.1.5, supra.

são de *suspensão do exercício de função pública ou privada* (art. 319, VI, do CPP).

Deve-se ter em consideração que a detração penal entre medidas cautelares diversas da prisão e penas alternativas é, em tese, possível, porém, deve-se examinar, no caso concreto, se elas são semelhantes e compatíveis, em termos de grau de exigência

REFERÊNCIAS BIBLIOGRÁFICAS

ALEXY, Robert. Los derechos fundamentales en el estado constitucional democrático. In: *Neoconstitucionalismo(s)*. Madrid: Editorial Trota, 2003.
ALMEIDA JÚNIOR. João Mendes. *O processo criminal brasileiro*, 4. ed. Rio de Janeiro: Livraria Freitas Bastos, 1959.
ALTAVILA. Enrico. *Psicologia judiciária:* personagens do processo penal. 4. ed. Tradução Fernando de Miranda. Coimbra: Armênio Amado Editor Sucessor. 1959.
AMBOS, Kai; CHOUKR, Fauzi Hassan. *A reforma do processo penal no brasil e na américa latina*. São Paulo: Editora Método, 2001.
ANDRADE, Manuel da Costa. *Sobre as proibições de prova*. Coimbra: Coimbra Editora, 1992.
ASSOCIAZIONE FRA GLI STUDIOSI DEL PROCESSO PENALE. Il giusto processo. Milano Giuffré Editore, 1998.
BEDÊ JÚNIOR, Américo; SENNA, Gustavo. *Princípio do processo penal*: entre garantismo e a efetividade da sanção. São Paulo: Revista dos Tribunais, 2009.
BELING, Ernst Beling. *Derecho procesal penal*. Tradução Miguel Fenech. Buenos Aires: DIN editora, 2000.
BARROS, Romeu Pires Campos. *Sistema do processo penal brasileiro*. Rio de Janeiro: Forense, 1987. v. 1.
BOAS, Marco Anthony Steveson; PÓVOA, José Liberato da Costa. *Prisão temporária*. São Paulo: Editora Acadêmica, 1994.
_____. *Processo penal cautelar*. Rio de Janeiro: Editora Forense, 1982.
CARVALHO, Luiz Augusto Grandinetti. *O processo penal em face da constituição*. Rio de Janeiro: Forense, 1992.
CAMPOS, Francisco. *Código de processo penal*. 41 ed. São Paulo: Saraiva.

CARNELUTTI, Francesco. *Das provas no processo penal*. Tradução Vera Lúcia Bison. Campinas: Impactus, 2005.

_____. *Leciones sobre El proceso penal*. Tradução Santiago Sentís Melendo. Chile/Buenos Aires: Ediciones Jurídicas Europa América/Bosch y Cía. Editores, 1950.

CHIAVARIO, Mario. Processo penal na Itália. O processo penal na frança. In: *Processo penal e direitos do homem:* rumo à consciência europeia. Mereille Delmas-Marty (org.). Tradução Fernando de Freitas Franco. Barueri: Manole, 2004.

DALLARI, Dalmo de Abreu. *O poder dos juízes*. São Paulo: Saraiva, 1996.

DEL VECCHIO, Giogio. *Lições de filosofia do direito*, 5. Ed. Tradução Antônio José Brandão. Coimbra: Armênio Amado — Editor, Sucessor, 1979.

DELLEPIANE, Antonio. *Nova teoria da prova*. Tradução de Érico Maciel. 5. ed. Rio de Janeiro: José Konfino, 1958.

DRESSLER, Joshua. *Undestanding criminal procedure*. 3 ed. New York: LexisNexis.

DELMAS-MARTY, Mireille. *Processo penal e direitos do homem:* rumo à consciência europeia. Tadução Fernando de Freitas Franco. Barueri: São Paulo, 2004.

_____. *Processos penais da europa*. Tradução Fauzi Hassan Choukr e colaboração Ana Cláudia Ferigato Choukr. Editora Lumen Juris: Rio de Janeiro, 2005.

ESPENCER, John. O processo penal na Inglaterra. IN: *Processo penal e direitos do homem:* rumo à consciência europeia. Mereille Delmas-Marty (org.). Tradução Fernando de Freitas Franco. Barueri: Manole, 2004.

FARIA, José Eduardo. *Justiça e conflito: os juízes em face dos novos movimentos sociais*. São Paulo: Revista dos Tribunais, 1991

FERNANDES, Antonio Scarance. *Processo penal constitucional*. 2. ed. São Paulo. Editora Revista dos Tribunais, 2000.

_____. *O papel da vítima no processo penal*. São Paulo: Malheiros, 1995.

FERRAJOLI, Luigi. Pasado y futuro del Estado de derecho. In: *Neoconstitucionalismo(s)*. Madrid: Editorial Trota, 2003.

FERRI, Enrico. *Princípios de direito criminal*: o criminoso, e o crime. 2. ed. Tradução Paulo Capitano. Campinas: Bookseller, 1998.

FLACH, Luiz Maria. *Prisão cautelar e plantão judicial*. Ajuris, nº 27.

FREITAS, Ricardo de Brito A. *As razões do positivismo penal no brasil*. Rio de Janeiro: Lumen Juris, 2002.
GARCIA, Basileu. *Comentários ao código de processo penal*. Rio de Janeiro: Forense, 1945, v. 3.
GEMAQUE, Sílvio César Arouck. *Dignidade da pessoa humana e prisão cautelar*. São Paulo: RCS Editora, 2006.
GOMES, Luiz Flávio. *A Dimensão da magistratura no estado constitucional e democrático de direito: independência judicial, controle judiciário, legitimação da jurisdição, politização e responsabilidade do juiz*. São Paulo: Revista dos Tribunais, 1997.

_____. As garantias mínimas do devido processo criminal nos sistemas jurídicos brasileiro e interamericano: estudo introdutório. In: O sistema interamericano de proteção dos direitos humanos e o direito brasileiro. São Paulo: Revista dos Tribunais, 2000.
GOMES, Luiz Flávio; CUNHA, Rogério Sanches; PINTO, Ronaldo Batista. *Comentários às reformas do código de processo penal e da lei de trânsito*: novo procedimento do júri (Lei 11.689/08)... São Paulo: Editora Revista dos Tribunais, 2008.
GRECO FILHO, Vicente. *Manual de processo penal*. 5. ed. São Paulo: Saraiva, 1998.
GRINOVER, Ada Pellegrini; FERNANDES, Antônio Scarance; GOMES FILHO, Antônio Magalhães. *As nulidades no processo penal*. 6. ed. São Paulo: Revista dos Tribunais, 2000.

_____, *Constitucionalidade da prisão temporária*. Cadernos de doutrina e jurisprudência da associação paulista do ministério público, São Paulo, 1993, 27/49.
HAIRABEDIÁN, Maximiliano. *Eficácia de la prueba ilícita y sus derivadas em el proceso penal*. Buenos Aires: Villela editor, 2002.
JARDIM, Afrânio Silva. *Direito processual penal*. 8. ed. Rio de Janeiro: Forense, 1999.

_____, *Direito Processual Penal*: Estudos e Pareceres, RJ, Forense, 1987.
JAPIASSÚ, Carlos Eduardo Adriano; MACEDO, Celina Maria. O brasil e o monitoramento eletrônico. In: *Monitoramento eletrônico*: uma alternativa à prisão? Experiências internacionais e perspectivas no brasil. Brasília: Ministério da Justiça, 2008.
LEAL, Câmara. *Comentários ao código de processo penal brasileiro*. Rio de Janeiro: Livraria Editora Freitas Bastos, 1942.
LIEBMAN, Tulio. *Manual de direito processual civil*. Tradução Cândido Rangel Dinamarco, v. 1, Forense: São Paulo, 1984.

LYRA, Roberto. *Novíssimas escolas penais*. Rio de Janeiro: Editor Borsoi, 1956.

LOPES, Paulo Guilherme M.; TOSTO, Ricardo. *O processo de tiradentes*. São Paulo: Conjur Editorial, [?].

MALATESTA, Nicola Framarino. *A lógica das provas em matéria criminal*. Tradução Waleska Girotto Silverberg. São Paulo: CONAN editora Ltda., 1995. v. 2.

MARQUES, José Frederico. *Elementos de direito processual penal*. Campinas: Bookseller, 1997. v. 1.

MATHIESEN, Thomas. A caminho do século XXXI: abolição, um sonho impossível?, In: Conversações abolicionistas: uma crítica do sistema penal e da sociedade punitiva. Tradução Jamil Chade. São Paulo: IBBCrim, 1997.

MENDONÇA, Andrey Borges de. *Nova reforma do código de processo penal*: comentada artigo por artigo. São Paulo: Método, 2008.

_____, *Prisão e outras medidas cautelares*. São Paulo: Método, 2011.

MIRABETE, Julio Fabbrini. *Processo penal*. 13. ed., São Paulo: Atlas, 2002.

MOURA, Maria Thereza Rocha de Assis (Coord.). *As reformas no processo penal:* as novas leis de 2008 e os projetos de reforma. São Paulo: Editora Revista dos Tribunais, 2008.

_____. *Justa causa para a ação penal*: doutrina e jurisprudência. São Paulo: Revista dos Tribunais, 2001, p. 221).

NAVARRETE, Jose F. Lorca. *Derechos fundamentales y jurisprudencia*. Madrid: Ediciones Pirâmide, 1999.

NORONHA, E. Magalhães. *Curso de processo penal*. 8. ed. São Paulo: Saraiva, 1981.

ROCHA, José de Albuquerque. *Estudos sobre o Poder Judiciário*. São Paulo: Malheiros, 1995.

PIMENTA, José da Costa. *Código de processo penal anotado*. 2. ed. Lisboa: Rei dos Livros, [19--?]

PORTO, Mário Moacyr. *Responsabilidade civil do estado*. Revista do Centro de Estudos Jurídicos do Rio Grande do Norte. Natal: CEJERN, 1995, v. 2.

REALE JÚNIOR, Miguel. *Novos rumos do sistema criminal*. Rio de Janeiro: Ed. Forense, 1983.

RIEGO, Cristián; DUCE, Maurício (Org.). *Prisión preventiva y reforma procesal penal em américa latina*: evaluación y perspectiva. Santiago: CEJA-JSCA, 2009.

RIEGO, Cristián (Org.). *Reformas de La justicia em América latina*: experiencias de innovación. Santiago: CEJ-JSCA, 2010.

ROSENBERG, Leo. *Tratado de derecho procesal civil*. 4. ed. Tradução Ângela Romera Vera. Buenos Aires: Ediciones Jurídicas Europa-America, 1995, p. 70).

SAMPAIO JÚNIOR, José Herval; CALDAS NETO, Pedro Rodrigues. *Manual de prisão e soltura sob a ótica constitucional*. Rio de Janeiro: Forense; São Paulo: Método, 2009.

SILVA, Flávia Martins André da. *Suspensão e interrupção do contrato de trabalho*. . Acesso em: 31 jan. 2012

SILVA, Germano Marques da. *Curso de processo penal*. 3. ed. Lisboa/São Paulo: Verbo, 1996, v. 1.

SILVA, Marco Antonio Marques. *A vinculação do juiz no processo penal*. São Paulo: Saraiva, 1993.

SILVA JÚNIOR, Walter Nunes da Silva. *Curso de direito processual penal*: teoria (constitucional) do processo penal. Renovar: Rio de Janeiro, 2008

_____. Informatização do processo. In: Direito processual do trabalho: reforma e efetividade. Ltr: São Paulo, 2007.

_____. Direito de acesso à informação. In: Revista de direito do estado. n° 9. Rio de Janeiro: Renovar, 2006, p. 149-172.

SIQUEIRA, Geraldo Batista de. *Processo penal*: comentários à lei n° 5.941, de 22 de novembro de 1973. Bauru: Editora Jalovi Ltda., 1980.

SOUZA, Percival de. *Autópsia do medo*: vida e morte do delegado Sérgio Paranhos Fleury. São Paulo: Globo, 2000.

STRECK, Lenio Luiz. *Jurisdição constitucional e hermenêutica*: uma nova crítica do direito. Porto Alegre: Livraria do Advogado, 2002.

TÁVORA, Nestor. ALENCAR. Rosmar Rodrigues. *Curso de direito processual penal*. 4. ed. Revista, ampliada e atualizada. Salvador: Jus Podium, 2010, p.502.

TONINI, Paulo. *A prova no processo penal italiano*. Tradução Alexandra Martins e Daniela Mróz. São Paulo: Editora Revista dos Tribunais, 2002.

TOURINHO FILHO, Fernando da Costa. *Processo penal*. 7. ed. São Paulo: Saraiva, 1982-1984. v. 1.

TULKENS, Françoise. O *procedimento penal*: Grandes linhas de comparação entre sistyemas nacionais. In: Processo penal e direitos do homem: rumo à consciência europeia, p. 9-16. SALAS, Denis. *Al-*

guns exemplos nacionais. In: Processo penal e direitos do homem: rumo à consciência europeia, p. 27-29.

ZAFFARONI, Eugenio Raúl. *Poder judiciário: crises, acertos e desacertos*. Tradução Juares Tavares. São Paulo: Revista dos Tribunais, 1985.